中国教育方针论稿

杨天平 著

中国社会科学出版社

图书在版编目(CIP)数据

中国教育方针论稿 / 杨天平著. —北京：中国社会科学出版社，2020.10
ISBN 978-7-5203-6374-7

Ⅰ. ①中⋯　Ⅱ. ①杨⋯　Ⅲ. ①教育方针—研究—中国　Ⅳ. ①G520

中国版本图书馆 CIP 数据核字（2020）第 068045 号

出 版 人	赵剑英
责任编辑	宫京蕾
责任校对	秦　婵
责任印制	郝美娜

出　　版		中国社会科学出版社
社　　址		北京鼓楼西大街甲 158 号
邮　　编		100720
网　　址		http：//www.csspw.cn
发 行 部		010-84083685
门 市 部		010-84029450
经　　销		新华书店及其他书店
印刷装订		北京君升印刷有限公司
版　　次		2020 年 10 月第 1 版
印　　次		2020 年 10 月第 1 次印刷
开　　本		710×1000　1/16
印　　张		31.75
插　　页		2
字　　数		535 千字
定　　价		188.00 元

凡购买中国社会科学出版社图书，如有质量问题请与本社营销中心联系调换
电话：010-84083683
版权所有　侵权必究

目　录

导　论 …………………………………………………………（1）

第一篇　教育方针基础论

第一章　教育方针的研究 …………………………………（9）
　一　清朝末年的教育宗旨研究 ……………………………（9）
　二　民国时期的教育宗旨研究 ……………………………（10）
　三　新中国成立以后的教育方针研究 ……………………（12）
　四　改革开放以来的教育方针研究 ………………………（15）

第二章　教育方针的含义 …………………………………（68）
　一　教育方针的定义述要 …………………………………（68）
　二　教育方针的定义思路 …………………………………（70）
　三　教育方针的多维定义 …………………………………（80）
　四　教育方针的基本特性 …………………………………（90）

第三章　教育方针的关联 …………………………………（96）
　一　教育方针与教育政策 …………………………………（96）
　二　教育方针与教育法规 …………………………………（100）
　三　教育方针与教育目的 …………………………………（103）
　四　教育方针与教育宗旨 …………………………………（107）

第四章　教育方针的活动 …………………………………（112）
　一　教育方针的制定 ………………………………………（113）
　二　教育方针的分析 ………………………………………（118）
　三　教育方针的实施 ………………………………………（120）
　四　教育方针的评价 ………………………………………（122）

第二篇　教育方针演变论

第五章　清朝末期的教育宗旨 （127）
　　一　清末教育宗旨的理论基础 （127）
　　二　清末教育宗旨的历史演进 （135）

第六章　民国前期的教育宗旨 （149）
　　一　民初教育宗旨的理论基础 （150）
　　二　民初教育宗旨的形成 （159）
　　三　民初教育宗旨的流变 （162）
　　四　民初教育宗旨的沉寂 （167）

第七章　民国后期的教育宗旨 （180）
　　一　广州政府的党化教育方针 （180）
　　二　南京政府的三民主义教育宗旨 （189）

第八章　特定地区的教育方针政策 （220）
　　一　台湾地区的教育方针政策 （221）
　　二　香港地区的教育方针政策 （228）
　　三　澳门地区的教育方针政策 （233）
　　四　日伪地区的教育方针政策 （234）

第三篇　教育方针发展论

第九章　新中国成立前中国共产党的教育方针 （245）
　　一　建党前后党的教育方针的理论准备 （246）
　　二　1921年中国共产党建立以后的教育纲领 （267）
　　三　1931年苏区政府建立后的文化教育方针 （273）
　　四　1940年以后新民主主义的文化教育方针 （286）

第十章　新中国成立后中国共产党的教育方针 （309）
　　一　新中国教育方针的理论基础 （312）
　　二　1949年新中国成立以后的教育方针 （321）
　　三　1957—1978年社会主义的教育方针 （341）

第十一章　改革开放新时期中国共产党的教育方针 …………（369）
  一　新时期教育方针的理论基础 ……………………………（369）
  二　新时期教育方针的历史演进 ……………………………（387）

第四篇　教育方针评价论

第十二章　教育方针的百年回视 ……………………………（399）
  一　清末政府的教育宗旨 ……………………………………（399）
  二　民初政府的教育宗旨 ……………………………………（403）
  三　南京政府的教育宗旨 ……………………………………（407）
  四　新中国的教育方针 ………………………………………（411）
  五　新时期的教育方针 ………………………………………（421）
第十三章　教育方针的内容分析 ……………………………（428）
  一　教育为社会主义现代化建设服务 ………………………（429）
  二　教育为人民服务 …………………………………………（444）
  三　教育与生产劳动相结合 …………………………………（451）
  四　教育与社会实践相结合 …………………………………（462）
  五　培养德智体美劳全面发展的社会主义建设者和接班人 ……（468）
结　语 …………………………………………………………（482）
主要参考文献 …………………………………………………（488）
后　记 …………………………………………………………（502）

导 论

教育方针（guiding principle for education）是一个中国化的概念。前清和民国习称教育宗旨，[①] 新中国改称教育方针，名异而实同，其概念运演走过了由简单到宏富、由抽象到具体的路程，在近现代教育发展史上具有举足轻重的地位。教育方针是一定统治集团在一定历史时期关于教育发展的总方针及其规范、引导和管理教育行为的政策活动，既是教育目的与内容、原则与途径、性质与地位、方向与任务等规定的有机结合，又是教育的个体本位与社会本位、教育的本体功能与社会功能、教育促进人的发展与社会发展的辩证统一；既是中国教育管理规制的核心内容，也是中国教育管理文化的传统特色。它集中体现了不同时代国家的教育意志及其关于教育发展的总方向、总目标、总纲领、总政策和总原则，具有主体意向性、历史发展性和规范统一性。

纵观世界不同国家的教育学研究，几乎看不到教育方针的提法，[②] 但

[①] 注：其间，蔡元培、陈独秀等人曾有过"教育方针"的提法，但未获官方采用。因此，本书所使用的教育方针概念，在很多情况下与教育宗旨是同一的，有时则是包含教育宗旨的。

[②] 注：文献检索显示，国外鲜有教育方针的提法，有些国家的立法机构、政府部门或执政机关虽也颁定"教育目标""教育宗旨""教育政策""教育法案""教育规划"之类，但与我国的教育方针有着很大的不同。查阅相关英文网站，其对教育方针与教育政策、教育宗旨与教育目的、教育规律和教育法规的区分不是很严格，明明用这个单词检索，搜出的却是另一个相关语词的意思，根本不是对所要搜索概念的解释。有些语词如"教劳结合"等，系中国特有，外文资料里很少见。英文对译的教育方针词汇有 educational policy/educational tenets/educational principle 等，在指向教育目的、任务、功能、作用等方面，具有一定的可比性。输入"中国教育方针：教育为社会主义现代化建设服务、为人民服务"等英文词语，搜索 EBSCO host 数据库中的 Eric、Teacher Reference Center、Newspaper Source 等子数据库，得到 3831446 条结果，内容包括国外学者对我国新教育方针的分析性研究与解读及中国学者研究所译成的外文，此外还有各国教育部门和其他官方网站、报刊文摘的相关言论。搜索加利福尼亚大学（University of California）国际和区域数字馆藏中的 Scholarship Repository 数据库及澳大利亚 Wollongong 大学图书馆藏数据库，没有发现与中国教育方针密切关联的研究文献。

一国的教育方略和指导思想,可不冠以"教育方针"之名,有关教育方针的内容却实存于其教育政策法规之中。自19世纪中后期清朝政府开办新式学堂、奠立现代教育基础、宣示教育宗旨,至20世纪20年代前后民国政府重新厘定教育宗旨,直至20世纪中叶中华人民共和国政府废止旧教育宗旨、颁施新教育方针以来,历代政权均重视教育方针的工具职能和价值导向,用以端正教育趋向、规范教育活动、领导教育工作。换言之,教育方针与100多年来中国的教育如影随形,虽然中途有过曲折,但即便是在那些特殊的年代,两者也未分离,已演绎为中国教育管理文化不可或缺的组成部分,构成独特的教育方针现象。因此,研究中国的教育问题,教育方针不能缺席,否则就是不完整的,也难以解释近现代教育发展史上的一系列事件。

19世纪末至21世纪的中国,历经晚清、民国和中华人民共和国三个不同性质的政权形式,于教育的宏观管理方面,先后颁布了六个里程碑式的教育方针,走过了由旧政权规定教育目的到侧重教育内容、强化教育功能再到新中国先注重教育目的和内容后强调教育任务和途径进而包含为谁培养人、培养什么人、怎样培养人三要素的历程。相对而言,晚清和民初政府表述较窄,开头关注教育的内部,或是定位于教育目的和趋向,或是着眼于教育的内容和形式,后来随社会形势的发展而注重教育的外铄,或是侧重于教育的性质和方向,或是着意于教育的功能和任务等。新中国成立以后,表述更加宽广,先侧重于教育目的和内容,后侧重于教育任务、原则和途径,进而几合一,形成新的内容框架,并不断赋予其新的内容。

从中国共产党近100年教育方针的理论与实践活动来看,始终围绕着党的中心工作,服从服务于党的基本路线,既一脉相承,又与时俱进,既有宝贵的经验,又有深刻的教训,是一部寻求马克思主义教育原理同中国教育实际相结合、确定党在各个时期教育工作总指针的发展史。以1949年中华人民共和国建立为界,党的教育方针走过两段"之"字形曲折路程。[①] 一是建立全国政权之前的28年间,从早期理想化的共产主义的苏维埃文化教育总方针到后来抗战期间回归现实的新民主主义文化教育的总方针;二是新中国成立以后70余年间,从前30年沿袭战争年代新民主主

[①] 参见余信红《从共产主义文化教育方针到新民主主义文化教育方针的"之"字路程》,《华北水利水电学院学报》(社会科学版)1999年第2期。

义的基本路线及其政治教育的思维强调教育为当前的革命斗争服务、为阶级斗争服务、为无产阶级政治服务到后40多年改革开放以来强调教育为经济建设服务、为社会主义建设服务、为社会主义现代化服务、为社会主义现代化建设服务再到教育为社会主义现代化服务、为人民服务的丰富旅程。

不仅前后两段"之"字路相辅相成，其各自内部也相辅相成。没有前面共产主义理想化教育方针的探索，也就没有后来新民主主义文化教育总方针的形成；没有改革开放前的社会主义理想化、政治化教育方针的实践，也就没有改革开放以后社会主义初级阶段教育方针的科学理论和实践；没有新中国成立前党的文化教育总方针的探索，也就没有新中国70余年教育方针的创新和发展。任何否认与肯定前者或后者的说法与做法，都有违于历史事实，有悖于历史唯物主义，也是不客观、不科学、不正确的。

经过改革开放40余年的讨论，新时期的教育方针先后载明于1995年3月18日第八届全国人民代表大会第三次会议通过的《中华人民共和国教育法》，2002年11月8日中国共产党第十六次代表大会报告《全面建设小康社会，开创中国特色社会主义事业新局面》，2010年7月8日中共中央、国务院公布的《国家中长期教育改革和发展规划纲要（2010—2020）》，2012年11月8日中国共产党第十八次全国代表大会报告《坚定不移沿着中国特色社会主义道路前进，为全面建成小康社会而奋斗》，2015年12月27日第十二届全国人民代表大会常务委员会第十八次会议通过的修改后的《中华人民共和国教育法》以及2019年2月23日中共中央、国务院印发的《中国教育现代化2035》等党和国家的法规文件中。最新的权威提法是"教育必须为社会主义现代化建设服务、为人民服务，必须与生产劳动和社会实践相结合，培养德智体美等方面全面发展的社会主义建设者和接班人"。[①]

党和国家现行的教育方针是马克思主义教育思想中国化的最新产物，她经历了曲折而复杂的丰赡修润过程。从"教育必须为无产阶级政治服务，教育必须同生产劳动相结合"旧的"两个必须"到"教育必须为社

[①] 《中华人民共和国教育法》，国务院法制办公室：《中华人民共和国法规汇编2015年1月—12月》（上），中国法制出版社2016年版，第532页。

会主义现代化建设服务，必须与生产劳动相结合"新的"两个必须"，从"教育为社会主义现代化建设服务"的"一为"到"教育为社会主义现代化建设服务，为人民服务"再到"教育必须为社会主义现代化建设服务、为人民服务"的"二为"，从"教育与生产劳动相结合"的"一个结合"到"教育与生产劳动和社会实践相结合"再到教育"必须与生产劳动和社会实践相结合"的"两个结合"，从"使受教育者在德育、智育、体育几方面都得到发展"到"德智体全面发展"再到"德智体等方面全面发展"进而到"德智体美等方面全面发展"乃至"德智体美劳全面发展"，[1]从培养"有社会主义觉悟的有文化的劳动者"到培养"建设者""建设者和接班人"再到培养"社会主义事业的建设者和接班人"乃至"社会主义建设者和接班人"等。其思维日益缜密，内容日趋丰厚，结构日渐整备，形式日臻完善，不仅标志着中国共产党人对教育、教育规律、教育方针认识的不断深化，而且也充分体现了马克思主义教育学说在中国教育方针理论和实践活动中的继承和创新，从而有效地指导、规范和促进了我国教育事业的科学发展，为提高全民族的文化教育素养发挥了无与伦比的作用。

《中国教育方针论稿》是国内第一部系统研究教育方针的通史、通论性学术专著。本书以教育方针的发展史实为基础，致力于形而上与形而下相结合的教育方针通论研究，旨在阐发其基础理论，呈现其发展轨迹，分析其丰富意涵，揭示其基本规律。笔者遵循源于史实、忠于史实、以述为主和高于史实、论从史出、述论结合的要则，运用形式逻辑、辩证逻辑、价值逻辑相结合的定义思路，多维聚焦于教育方针的概念，阐明教育方针的含义，揭示教育方针的特性，并运用关联辨析、发生学定义等方法，对教育方针与教育政策、教育法规、教育目的、教育宗旨等概念加以比较，着重阐明教育方针与相关概念的区别与联系，分析教育方针的制定、分析、实施、评价等活动过程。同时，以唯物史观和马克思主义的教育原理为指导思想，系统梳理教育方针的发展脉络，总结教育方针的是非利弊，

---

[1] 参见习近平出席全国教育大会并发表重要讲话，2018-09-10 19：27，来源：新华社，中华人民共和国中央人民政府网，http：//www.gov.cn/xinwen/2018-09/10/content_5320835.html；中共中央国务院印发《中国教育现代化2035》，2019年2月24日05：49，来源：人民网-人民日报，http：//politics.people.com.cn/n1/2019/0224/c1001-30898642.html。

科学分析现行教育方针的内容,对中国共产党建立全国政权70余年来教育方针的内容和形式进行解读与诠释。

全书分四篇:第一篇教育方针基础论,阐述教育方针的基础理论,综述前清、民国至新中国、新时期有关教育方针的研究,界说教育方针的内涵、外延、特性与关联及其活动过程;第二篇教育方针演变论,缕述晚清政府、民国前期、民国后期教育宗旨的演变及民国以来各殖民地区的教育方针,分析其基本内容和特性;第三篇教育方针发展论,专述中国共产党成立后至新中国成立前28年的文化教育总方针,新中国成立后30年社会主义教育方针的确立,改革开放40余年教育方针的拨乱反正和科学发展;第四篇教育方针评价论,综合运用教育政治学、教育政策学、教育史学、教育管理学等学科思维,纵论中国教育方针的百年发展,着重从学理层面阐释党和国家现行的教育方针,从而为读者准确了解教育方针的来龙去脉、科学理解和全面贯彻教育方针提供系统的研究参考。

我们深知,作为中央政府规范指导教育发展的工具及其与集权型管理模式相符的教育方针,之所以能够在近现代中国得到不断的运演、进化乃至强化,有着深刻的历史渊源和复杂的时代背景。虽然其不免从国家和社会角度对教育提出要求,希望教育为国家和社会服务,习惯于以办教育者、管教育者、施教育者的思维为出发点提出教育方针,意图端正教育趋向、指导教育活动、约律教育行为、提高教育质量、培养优秀人才,偏重乃至偏颇于教育的社会本位及其价值导向,从而表现出对个人本位的忽视,既淡泊和疏忽于对受教育者个体需求的关怀,更在不同时期、不同程度上表现出对教育规律及教育方针规律的违背,但这是由中国特殊的国情民情、特殊的发展阶段、特殊的管理水平、特殊的管理文化等因素综合决定的。

19世纪末至21世纪初的100余年,中国社会虽完成了由封建社会向半封建半殖民地社会再向社会主义社会的过渡,但其教育管理尚处于由经验管理向科学管理转进阶段,这是一个特定的社会发展阶段。立基于这样的时代来看待教育方针,其副面往往也可以看作正面,诚如恩格斯所言,一个苹果切掉一半就不是苹果,因为它契合中国实际,在近现代中国教育发展的长河中,它所处的地位、所扮演的角色和所发挥的作用,是任何教育管理手段都无法替代的。

因此,以唯物史观和马克思主义教育思想为理论指导,以近现代中国特别是中国共产党教育方针的演进与发展为研究对象，以中华人民共和国教育方针的理论与实践活动为研究重点，以社会主义现代化国家的大教育方针思维为分析框架，跳脱旧有意识形态的束缚，将政治的敏感性、时代的适切性、实践的可行性与教育的规律性、历史的真实性、理论的科学性有机统一起来，对党在新民主主义革命时期的文化教育总方针和社会主义建设时期的教育方针进行全面考察，发凡探微，兼综条贯，总结经验教训，分析成败得失，鉴往而知新，进一步深化基础理论研究，从而为党和国家的教育方针活动提供系统的学理支持，应该是当前及今后一个时期我国教育方针研究的方向。

第一篇

教育方针基础论

本篇遵循从现象到本质再到概念及概念是从历史中产生出来的结果等方法论原则，运用政策科学、教育科学、管理科学及哲学科学等跨学科视野，并综合运用历史法、文献法和比较、综合、分析等逻辑方法，科学辨析教育方针、党的教育方针、国家的教育方针、党和国家的教育方针，党的文化教育总方针与教育方针，党的教育方针与党的领袖人物关于教育方针的思想等概念。着重阐明教育方针的定义、特性、关联、活动等基础理论。运用辩证唯物主义的方法论原则，界说教育方针的内涵和外延及其特性。运用关联比较的定义方法，厘清教育方针与教育政策、教育法规、教育目的、教育宗旨等概念之间的关系。运用政策科学的分析框架，揭示教育方针的制定、分析、实施、评价等活动过程。

第一章　教育方针的研究

自19世纪末至21世纪初，前后一个多世纪，有关教育方针的研究文献浩如烟海，殊难逐一查找、挖掘、缕述。兹根据不同时期不同的研究重点，梳理出一个大致的轮廓和梗概，以便全景式地瞰视近现代中国教育方针研究的历史脉络与走向。同时，鉴于1949年中共建政后的70年间教育方针是一个历久弥新、常议常新的课题，其研究文献的数量及学术价值均远超以往，因而采取前轻后重、厚今薄古的办法，着重综述新中国尤其是改革开放以来的研究情况。

一　清朝末年的教育宗旨研究

20世纪以前，无论是肇基于19世纪之初的教会学校，还是发达于19世纪下半叶的洋务学堂，乃至勃盛于19世纪末端的维新学堂，虽各有其迥别于科举旧学的设学旨要，也不乏相关的理论阐述，其赋予新学堂之设应培养通晓洋务的人才、变法图强的"新民"以及体智德三育和谐发展、注重美育和军国民教育等指导思想亦不无现实意义，但既无统一倡导，亦无系统组织，不免自发、零散而粗疏。20世纪初叶，各类新式学堂纷纷建立，良莠不齐，亟须加以规范和引导。因而，有关教育宗旨的第一波研究，集中于要不要制定全国统一的立学大旨及其表述等方面，其中，又以梁启超1902年发抒的《论教育当定宗旨》一文为时代主音。梁指出："教育无宗旨，则寸毫不能有成"，[①]"中国兴学数十年而迄无少效者，正由不知定宗旨耳"，[②]应"洞察五洲各国之趋势，熟考我国民族之特性"，研定教育宗旨，以"养成一种特色之国民"，使其"备有资格，享有人

[①] 梁启超：《饮冰室合集·文集之四》第二册，中华书局1989年版，第52—61页。

[②] 同上。

权"，富有"品行、智识、体力"，进而"结成团体，以自立竞存于优胜劣败之场地也"。①

1904年，清廷颁施近代中国第一个学制《奏定学堂章程》（史称"癸卯学制"，又称"1904年学制"），第一次规定各学堂的立学宗旨："无论何等学堂，均以忠孝为本，以中国经史之学为基。俾学生心术壹归于纯正，而后以西学瀹其智识、练其艺能，务期他日成材、各适实用，以仰副国家造就通才、慎防流弊之意。"② 1906年，又颁定"忠君，尊孔，尚公，尚武，尚实"的教育宗旨，是为近现代中国教育管理史上第一个号令全国执行的教育宗旨，延续至清亡。

二 民国时期的教育宗旨研究

民国政府存续的37年中，教育宗旨的研究经历了1912年1—9月教育宗旨内容的讨论、1913—1916年教育宗旨复古流变的曲折、1917—1927年教育宗旨存废的争鸣、1927—1949年教育宗旨转型的探索几个阶段。

民国元年之初，首任教育总长蔡元培执掌教育部印信伊始，即致力于规划新生资本主义共和国的教育发展蓝图，倡行民主平等、和谐发展，以养成完全之人格的教育。是年4月，他在《东方杂志》上发表《对于教育方针之意见》，首次使用"教育方针"概念，提出民国教育应包括军国民教育、实利主义教育、公民道德教育、世界观教育和美育五个部分，希图以此为嚆引，组织大家"平心而讨论"。其后，教育界乃至社会各界人士纷纷著文，参与讨论。有人力主"今日教育方针，亟采实利主义，以为对症之药"；③ 有人建言以公民道德教育为主；有人倡导以军国民教育为主、实利教育为从；还有人主张"以实利为教育方针之主，又以军国民为教育方针之从"。④ 应该说，这些意见，分别从某一侧面反映了对民国教育性质的认识，体现了民国教育的特点，并突出了民国教育的重点，

---

① 梁启超：《饮冰室合集·文集之四》第二册，中华书局1989年版，第52—61页。
② 舒新城：《中国近代教育史资料》（上册），人民教育出版社1981年版，第195页。
③ 陆费逵：《教育文存》卷1，中华书局1922年版，第44页。
④ 庄俞：《论教育方针》，《教育杂志》第4卷，1912年。

不无集思广益的意义。然而，它们各持一端，难以涵括民国教育的本质和全面性。由是，蔡元培的"五育说"就以其卓尔不群的理论权威和思想力量凸显于当时乃至于其后数十年，无可替代而又历史性地成为民国前期教育宗旨的强音。

1912年7—8月，教育部在北京召开会议，除认为蔡氏"世界观教育"一说"陈意太高、不易为人所了解"、未列入教育宗旨（方针）以外，其余"四育"之说悉数采纳，且议定仍沿袭清末旧称，于9月公布中华民国新的教育宗旨："注重道德教育，以实利教育、军国民教育辅之，更以美感教育完成其道德。"[①] 然而，该教育宗旨未及实施，反对之声即纷至沓来，先是袁世凯政权于1915年发布"爱国，尚武，崇实，法孔孟，重自治，戒贪争，戒躁进"的教育要旨，1916年袁病逝后教育总长范源濂宣布恢复民初教育宗旨，继而为声浪日高的教育独立潮流所吞没，至1919年前后北洋政府治下的全国教育联合会倡行教育独立，"废止教育宗旨，宣布教育本义"，遂致形成"五四"时期特有的教育无宗旨现象。[②]

1927年，国民政府迁都南京后，在前期广东革命政权党化教育方针理论与实践探讨的基础上，将三民主义的基本国策原封不动地复制于教育宗旨，并组织开展了一系列讨论。1928年，南京政府大学院召开全国教育会议，研议通过《中华民国教育宗旨说明书》："以后中华民国的教育宗旨，就是三民主义的教育，就是以实现三民主义为目的的教育。"[③] 至1929年，在广泛征求意见的基础上，中国国民党第三次全国代表大会议决，以"充实人民生活、扶植社会生存、发展国民生计、延续民族生命"为教育的具体目的，以"民族独立、民权普遍、民生发展""促进世界大同"为教育的根本目的，据以构成教育宗旨的基本框架。其表述为："中华民国之教育，根据三民主义，以充实人民生活、扶植社会生存、发展国民生计、延续民族生命为目的，务期民族独立、民权普遍、民生发展，以

[①] 教育部：《中华民国教育法规汇编》，文海出版社1919年版，第87页。
[②] 朱元善：《主张·教育独立》，《教育杂志》第8卷第1号，1916年1月15日。
[③] 孙培青、李国钧：《中国教育思想史》（第3卷），华东师范大学出版社1995年版，第396—397页。

促进世界大同。"① 该教育宗旨沿用至1949年。

三 新中国成立以后的教育方针研究

中华人民共和国的成立,揭开了教育方针研究的新篇章。70余年来,研究文献十分丰富,20世纪50—60年代初是第一个高峰,其研究内容主要集中于新中国教育方针的性质、任务以及"全面发展"与"因材施教"的关系诸方面。

1949年9月,中国人民政治协商会议第一届全体会议通过的具有临时宪法作用的《共同纲领》规定:新中国的文化教育是新民主主义的,即民族的、科学的、大众的文化教育。应以提高人民的文化水平、培养国家建设的人才、发展为人民服务的思想作为文化教育的主要任务。11月,中央人民政府教育部成立。12月,教育部召开第一次全国教育工作会议,提出"为人民服务,首先是为工农服务,为当前的革命斗争与建设服务"的教育方针。1950年5月和1951年3月,教育部党组书记、副部长钱俊瑞和教育部部长马叙伦先后提出,当前新民主主义教育的中心方针是,"为工农服务,为生产建设服务",使青年一代"在德育、智育、体育、美育各方面获得全面发展,成为新民主主义社会自觉的、积极的成员"。

1951—1957年间,在凯洛夫《教育学》理论的影响下,讨论主要围绕"全面发展"与"因材施教"的问题而展开。1951年,《人民教育》开辟专栏:凡对于教育工作上带原则性的重大问题,而在认识上尚有分歧的,就提出公开讨论。1952年,教育部颁发《中小学暂行规程(草案)》,提出"实施智育、德育、体育、美育全面发展的教育"。1953年,进入社会主义改造时期后,中共中央公布了过渡时期的总路线,教育方针也随之改变。1954年1月,全国中等学校教育工作会议提出:应以国家总路线的精神教育学生,将中学生培养成积极参加社会主义建设和保卫祖国的全面发展的新人。同年5月,进一步提出:必须贯彻全面发展的教育,以社会主义思想教育学生,将他们培养成为社会主义社会全面发展

---

① 宋荐戈:《中华近世通鉴》(教育专卷),中国广播电视出版社2000年版,第165页。

的成员。1955年，中华全国学生会第16次代表大会提出，青年学生要在党的领导下，贯彻毛主席1952年所提倡的"三好"要求，努力使自己成为有社会主义觉悟、掌握现代科学知识、身体健康、全面发展的社会主义建设者。①

与此同时，潘梓年、张凌光分别在《人民教育》上刊发《谈"全面发展"》和《我对"全面发展"的看法》等文，开启讨论先声。1954年、1955年，张凌光连续刊文，进一步阐述其全面发展的观点，引发不少争议，如《人民教育》1954年第8期董纯才的《为培养社会主义社会全面发展的成员而努力》、1955年第6期丁丁的《不要把中学教育引上歧途》、1955年第8期陈恬的《我对"实行全面发展教育中若干问题的商榷"一文的意见》、1956年第9期张健的《谈谈我对个性全面发展教育争论的看法》、1956年第10期曹孚的《对于"全面发展的教育"问题的看法》、1956年第11期刘少华的《"全面发展"讨论应多联系实际》等。

除质疑的声音之外，还主张教育方针应将"全面发展"与"因材施教"结合起来。比如，吴研因在《人民教育》1956年第10期上发文《我不反对"全面发展、因材施教"的提法》，曹孚在1956年10月26日的《文汇报》上发表《"全面发展"并非"平均发展"》一文，主张"在尽先发展学生的一般才能下，培养学生的特殊兴趣"，应强调因材施教与全面发展有机结合，但不应与之并列为教育方针，因为那样做不仅在教育理论上没有根据，而且在实际教育中也会引出困难和偏差。这些讨论，无疑为新中国社会主义建设时期教育方针的确立奠定了研究基础。

1956年6月，中共中央宣传部长陆定一在部分省、市宣传（文教）部长座谈会上提出"全面发展和因材施教相结合"的意见后，讨论更趋热烈。教育部、高等教育部多次召开座谈会，《教师报》也邀请北京10所中等学校负责人座谈，专题研讨"全面发展"和"因材施教"的问题。一种意见认为，"全面发展"不是"平均发展"，"因材施教"侧重于发

---

① 注：1950年，毛泽东给时任教育部长马叙伦写信，提出学生"健康第一，学习第二"的要求。1952年，毛泽东提出"三好"："身体好，学习好，工作好。"1953年，毛泽东在接见中国新民主主义青年团第二次全国代表大会代表时，充满热情和希望地对青年们说："我给青年们讲几句话：第一，祝贺他们身体好；第二，祝贺他们学习好；第三，祝贺他们工作好。"参见人民教育出版社《毛泽东同志论教育工作》，人民教育出版社2000年版，第198、267页。

展学生个性、培养兴趣爱好，应作为教育方针的内容，以补"全面发展"之不足；另一种意见认为，"全面发展"已包括发展学生特长，"因材施教"是方法，不宜提为方针；还有人认为，方针即目的，"因材施教"不是目的，不便作为方针；等等。①

1957年2月，毛泽东在最高国务扩大会议上发表《关于正确处理人民内部矛盾的问题》讲话，提出："我们的教育方针，应该使受教育者在德育、智育、体育几方面都得到发展，成为有社会主义觉悟的有文化的劳动者。"②是年9月，《人民教育》杂志社发表社论，认为这就是我国社会主义现阶段的教育方针。其与以往提法的区别，一是正式使用"教育方针"的概念；二是把"德育"放到首位；三是提出使受教育者德智体"几方面都得到发展"，以代替"全面发展"的提法；四是没有提"美"和"美育"，从而也事实上给"全面发展"与"因材施教"的讨论作了结论；五是明确提出"劳动者"的培养目标。该教育方针的提法在我国影响特别大，许多人对它耳熟能详、出言成诵。在20世纪80年代教育方针的讨论中，各种表述方案大都是以它为蓝本的。同时，1988年的一次调查显示，在新中国成立以来12个教育方针的表述中，91%的人对它持肯定态度，足见其已深入人心。

1958年9月，中共中央、国务院根据毛泽东的讲话，发布《关于教育工作的指示》："党的教育工作方针，是教育为无产阶级的政治服务，教育与生产劳动相结合，为了实现这个方针，教育工作必须由党领导"，③后来概括为"两个必须"。《指示》还规定："在一切学校中，必须把生产劳动列为正式课程。每个学生必须依照规定参加一定时间的劳动。"《指示》更进一步指出，教育的目的就是要"培养有社会主义觉悟的有文化的劳动者"。④该教育方针不仅是对毛泽东1957年培养"劳动者"、1958年"劳动人民知识化，知识分子劳动化"思想的响应，而且也是对新中国建立之前中国共产党领导下的苏区、边区和解放区政权所提教育与生产劳动相联系及1949—1957年间将生产劳动列为各级各类学校的正式课程，

---

① 正谦：《评"最完美的学说论"和"方针目的论"》，《人民教育》1957年第3期。
② 毛礼锐、沈灌群：《中国教育通史》（第6卷），山东教育出版社1989年版，第134页。
③ 同上。
④ 同上。

并作为新民主主义教育区别于旧教育重要标志之一的总结和继承，对我国教育所产生的影响同样深远而重大。

1961年，中共中央批准发布《教育部直属高等学校暂行工作条例》（简称"高教六十条"）；1963年，中共中央批准公布《全日制中学暂行工作条例》（简称"中学五十条"）和《全日制小学暂行工作条例》（简称"小学四十条"）。① 这几个文件分别从高等教育和中小学教育的角度对教育方针作了表述，虽各有侧重，但都将毛泽东1957年和1958年的两个讲话合成一体，正式定为我国社会主义的教育方针："教育必须为无产阶级政治服务，教育必须同生产劳动相结合，使受教育者在德育、智育、体育几方面都得到发展，成为有社会主义觉悟的有文化的劳动者。"②

至此，新中国初期教育方针的研究告一段落，其后数十年，特别是"文化大革命"期间，该教育方针不仅不容讨论，且将教育为无产阶级政治服务及教劳结合推向极端化，学界万马齐喑，1978年3月五届人大一次会议通过的《宪法》更将其载入第十三条。③ 其影响之大、时间之长，在共和国历史上是唯一的。

四　改革开放以来的教育方针研究

1978年5月11日，历经7个多月打磨、先后4次修改的《实践是检验真理的唯一标准》一文，署名特约评论员在《光明日报》刊发，拉开了"实践是检验真理的唯一标准"讨论的大幕，从而也开启了改革开放新时期教育方针研究的先声。是年12月13日，邓小平在中央工作会议上发表《解放思想，实事求是，团结一致向前看》的著名报告，为党和国家的中心工作，从而也为教育事业和其他各项工作确立了理论联系实际、一切从实际出发的马克思主义指导思想。12月18—22日，中国共产党在北京召开了历史性的第十一届中央委员会第三次全体会议，确立了以经济

---

① 注：《高教六十条》《中学五十条》《小学四十条》几个文件先后于1961—1963年公布，其对教育方针的概括各有侧重，但上述意思均包含其中，是其共同性或一致性的表述，下同。
② 贠峰、朱选朝：《教育政策法规要论》，陕西人民出版社1991年版，第136—137页。
③ 注：《中华人民共和国宪法》，1978年3月5日，中华人民共和国第五届全国人民代表大会第一次会议通过，http://centurybiao.5d6d.com/thread-400-1-1.html。

建设为中心、坚持四项基本原则、实行改革开放的总路线,更是为教育战线真理标准的讨论,包括教育性质、功能、目的和教育方针等核心问题的讨论,提供了直接的总方针依据。

1979年4月15日,《教育研究》创刊号首发《根据实践是检验真理的唯一标准,探讨教育工作的规律》宏文,同年第4期再发特约评论员《补好真理标准讨论这一课,教育问题要来一次大讨论》(该刊尚未发行,《光明日报》即于同年10月20日抢先转载)一文,《人民教育》第9、10期也连刊评论员文章,《光明日报》《文汇报》等群起响应,加盟争鸣,终致引发20世纪80年代教育方针研究的繁盛。①

(一) 文献类型分析

新时期教育方针的研究成果,散见于各类学术论文、著作和学位论文,其文献千文万华,纷然不可胜识。可以从多个维度进行综述,下面作扼要呈示与分析。

1. 学术论文类

利用图书网络资源,选择镜像服务器,登录中国知网;选择中国期刊全文数据库和中国期刊全文数据库(世纪期刊),进行跨库检索;分别以"教育方针""党的教育方针""国家的教育方针""党和国家的教育方针"为检索词,以1979—2019年为检索区间,从题名、关键词、摘要等几个方面,分别进行匹配精确查找。其检索结果见表1.1。

表1.1　1979—2019年教育方针多检索词和检索项综合查找结果表

检索项 检索词	题名查找	关键词查找	摘要查找
教育方针	642	2481	16250
党的教育方针	188	2707	7931
国家的教育方针	4	0	1791
党和国家的教育方针	2	0	714

利用图书网络资源,远程登录中国知网,选择中国期刊全文数据库,

---

① 陈桂生:《略论中国的"教育方针现象"》,《上海高教研究》1989年第2期。

第一章　教育方针的研究　　　17

以篇名为检索项，以"教育方针"为检索词，以1979—2019年为检索区间，以全部期刊为检索范围，匹配为精确（模糊检收的文献与本研究关涉不紧密，兹略，下同），检索到642条记录①。分析表明，40年中，教育方针的研究呈波浪式发展，1982年形成第一波，1991年达至波峰，1995年和2000年两个年度再掀微澜，而后逐步递减、时有余波，以2003年为新世纪研究之最，多为对新教育方针的阐释性文字，2008年、2009年，陆续出现一些改革开放30年、共和国60年教育方针的回溯性研究文献。其走势见图1.1。

教育方针文献趋势分析图（1979—2009）

教育方针文献趋势图（1979—2019）

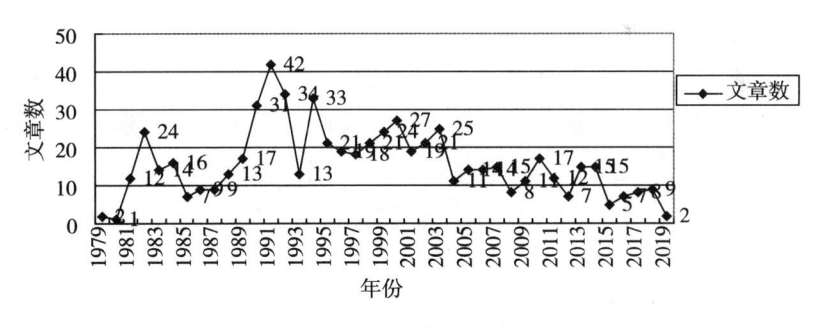

图1.1　教育方针文献趋势分析图（1979—2019）

2. 学位论文类

利用图书网络资源，远程登录中国学术期刊网，选择中国博士学位论

---

① 注：从远程登录，1980—2019年的数据，在检索结果中可直接显示，计有642篇文章；1979年的文献，须通过1911—1979年的数据库进行检索，再根据时间一一查找，据此查找的结果是，1979年有4篇文章，两者相加，1979—2019年间，共有642篇教育方针的专门研究文献。

文全文数据库和中国优秀硕士学位论文全文数据库，以题名为检索项，以"教育方针"为检索词，1999—2019年为检索区间（由于中国博士学位论文全文数据库和中国优秀硕士学位论文全文数据库的建库时间及其论文收录的起始年份为1999年，因而本检索的起讫时间为1999—2019年），匹配为精确，其检索结果为2篇和13篇。13篇优秀硕士学位论文中，2001年、2002年和2008年各1篇，2006年2篇，2007年为3篇，2010年为4篇，2011年为3篇，其态势分布见图1.2。

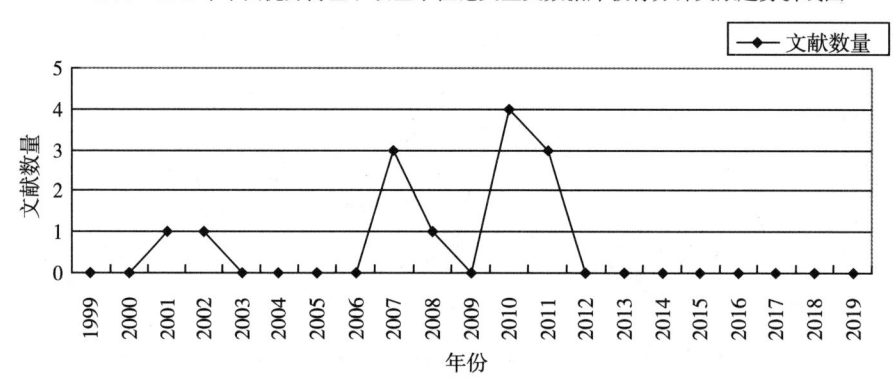

1999—2019年中国优秀博士、硕士学位论文全文数据库教育方针文献趋势折线图

图1.2 教育方针文献趋势折线图（1999—2019）

3. 学术著作类

登录国家数字图书馆，在文津搜索框中输入"教育方针"进行学术专著类的初次检索，检索到中文及特藏文的记录数为310册；而后点开这一链接，进行二次检索，检索字段为正题名，检索词为"教育方针"，作品语种为中文，文献类型为书，馆藏书目为全部，进行精确搜索，检索结果为78本。其检索情况见表1.2。

表1.2 教育方针学术著作类数量统计简表

教育方针学术著作类	
出版年份	专著数
2017	1
2015	1
2011	1
2002	2

续表

教育方针学术著作类	
出版年份	专著数
1999	1
1985	1
1982	1
1977	6
1976	3
1975	1
1966	1
1965	2
1964	1
1960	6
1959	16
1958	25
1957	1
1956	3
1955	1
1945	3
1944	1

图表及文献分析显示，有关教育方针的学术专著，改革开放以前出版的占90%，且大都带有明显"左"的历史印记，学术价值不高，兹略。改革开放以后的研究书目只有8本，且2017年之后，再未有新著面世。

王铁所著的《中国教育方针的研究》（上册：新民主主义教育方针的理论与实践，中册：社会主义教育方针的理论与实践），教育科学出版社1982年版、1999年版），对中国共产党在新民主主义革命时期及1949年建立全国政权至1956年社会主义过渡时期教育方针的理论与实践，进行了较为系统的梳理，对其历史演变做了阶段性总结，无疑是一项开创性工作，但其令人期待的下册终未出版，留下了至少在时间延续上应包括新中国各个时期教育方针的专题和系统研究等未竟之任务。

吴畏主编的《教育方针的理论与实践》（河北教育出版社1990年版），是一部系统荟萃教育方针研究成果、研究社会主义建设时期教育方针的专著。该书以对我国教育方针的历史回顾和对国外教育方针政策法规的介绍和比较为基础，全面论述我国社会主义教育方针的理论和实践依据及其基本内容，包括教育方针的地位与性质、特性与功能、目标与任务、内容与途径、制定与贯彻等。

滕纯主编的《中国教育魂——从毛泽东教育思想到邓小平教育理论》（江西教育出版社有限责任公司1998年版）一书，客观地展示了中国共产党早期领袖李大钊、陈独秀等人教育指导思想的产生、形成和发展过程。同时，明确指出，在从新民主主义文化教育到社会主义教育发展的历程中，以毛泽东为第一代领导核心的教育方针思想和以邓小平为第二代领导核心的教育方针思想，是中国共产党教育方针史上两面光辉的旗帜，是当代中国教育改革发展的理论基础、思想灵魂和战略指导方针。

张健所著的《中国教育的方针与政策研究》（教育科学出版社1992年版），汇集了作者发表的19篇论文，主要从理论与实际相结合的角度，探讨教育改革的战略指导思想及各级各类教育事业发展的方针政策。其《关于社会主义人民教育方针的探讨》一文，系统阐述了我国社会主义教育方针的内容，并提出三个文本表述方案。

刘世峰主编的《中国教劳结合研究》（教育科学出版社1996年版，系卓晴君主持的全国哲学社会科学"八五"规划国家级重点课题《教育同生产劳动相结合的研究与实验》的系列成果之一）一书，从马克思主义教劳结合思想及综合技术教育思想的角度出发，结合当今世界教劳结合的新趋势，回顾中国教劳结合的历史经验，进而提出教劳结合的三个里程碑之说，在系统梳理马克思和恩格斯、列宁和毛泽东教劳结合思想的基础上，着重阐发了邓小平关于教育必须同国民经济发展的要求相适应的"大教育"与"大生产"紧密结合的新思想，认为这是马克思主义教劳结合原理在中国教育发展史上新的里程碑，具有强烈的时代特征和丰富的思想蕴含。

陕西师范大学教育研究所编的《陕甘宁边区教育资料：教育方针政策部分》（教育科学出版社1981年版）、滕纯主编的《中国教育改革与发展的指针》（教育科学出版社1995年版）、劳凯声等著的《教育与生产劳动相结合问题新探索》（湖南教育出版社1998年版）等，也应归类于教育方针研究的专门著述。孙喜亭主编的《教育学问题研究概述》（天津教育出版社1989年版）第9章"关于教育方针的研究"及相关章节，对新中国成立以来教育方针的嬗变及新时期有关教育方针的争论作了系统的疏解和述要。肖宗六主编的《教育管理研究》(华中师范大学出版社 2000 年版)、《学校管理学》(人民教育出版社 2001 年版)、《教育改革与学术争鸣》(人民教育出版社 2003 年版) 等,则是列专章或专文发表对教育方针的一系列看法,影响甚大 (详见下文)。

此外,还有相当一部分研究中国共产党领袖人物教育思想或教育方针思想的论述。[①] 对于把握各个时期教育方针的精髓具有很好的参考价值,但也存在着概念模糊、思维不清晰、零散单一等弊病。这个问题由来已久,不仅与时下的学术生态有关,更受制于整个社会的大环境,从根本上讲,反映了中国社会及其教育管理所处的发展水平,兹略。[②]

(二) 研究内容分析

改革开放新时期关于教育方针的研究,以 1991 年为界,分为前后两个时期或两个阶段。

前期主要讨论对"两个必须"教育方针的评价、要不要制定教育方针、教育方针的定义及新教育方针如何表述等问题。大的讨论有四次:第一次集中于 1980 年第五届人大第三次会议关于修改《宪法》议案的意见前后,第二次始于 1983 年邓小平"三个面向"的题词,第三次始于 1984 年《中共中央关于教育体制改革的决定》文件的酝酿,第四次始于 1988

[①] 注:比如,张健的《毛泽东的教育实践》,陈桂生的《毛泽东同志提出的"民族的科学的大众的"教育方针的精神实质及其现实意义》,王炳照的《传承与创新——从新民主主义教育方针到社会主义教育方针》,孙喜亭的《试论毛泽东关于教育与生产劳动相结合思想的特定含义》,方晓东的《从我国教育方针的发展看邓小平的历史贡献》,杜德栎、苏振武的《江泽民对我国教育方针的丰富与发展》,操国胜的《论江泽民对社会主义教育方针的坚持和创新》,杨天平的《党的三代领袖论教育方针》和《"两个必须"与"三个面向"》及《"五四"前后共产主义知识分子的教育方针思想》等,限于篇幅,不一一列举。

[②] 注:教育思想是对教育现象系统的理性认识,主要包括教育主张与观点、教育理念与理论、教育论述与学说等。教育方针思想是关于如何定位教育、举办教育、管理教育、发展教育的指导性认识,主要包括对教育纲领与原则、教育性质与方向、教育目的与任务、教育功能与作用、教育价值与取向、教育内容与途径、教育决策与实施等规定的看法。教育思想与教育方针思想既有联系与统一的一面,又有包含与交叉的一面,还有相互区别的一面。同样,党和国家领导人的教育思想或教育方针思想与教育方针也是既有联系又有区别。但需要注意的是,长期以来,学术界乃至教育界对这些问题缺乏足够的认识,不少研究指东说西、不得要领,或以偏概全、随意拔高等。

年《中国教育改革和发展纲要》文件的酝酿起草。

后期研究主要集中在对新教育方针的完善、阐发和对新中国70年、改革开放40余年教育方针的回顾以及中共几代领袖人物教育方针思想的总结提炼等方面。概括起来，40余年教育方针研究的焦点问题主要有教育方针正误及其存废的辩论、教育方针概念及其定义的辨析、教育方针内容及其表述的探讨、教育方针含义及其诠释的研究、教育方针思想及其原理的阐发、教育方针历史及其沿革的研究等几个方面。下面摘要述评。

1. 关于教育方针正误及其存废的研究

教育方针正误及其存废的研究多集中于20世纪70年代末至90年代初。正误辩论主要是针对"文化大革命"前17年及"文化大革命"期间教育方针的理论和实践而展开的，症结在于，教育为无产阶级政治服务、为阶级斗争服务、与生产劳动相结合等口号是对还是错，对在哪里，错在何处，等等。存废辩论是由正误之争而引起的更深层次的思考，是对教育方针本身在中国教育管理体制中的工具价值及其功能作用的历史性反思。

（1）教育方针正误的辩论。1980年4月，素有教育界"质疑专家"之称的肖宗六先生在《人民日报·情况汇编》上发表《现行教育方针质疑》一文，继而又在第二届全国性教育学学术年会上进一步宣讲其观点。他尖锐地指出，"两个必须"即"教育必须为无产阶级政治服务，教育必须与生产劳动相结合"的提法，是含混不全的，是"左"倾路线的产物，既不正确，也不科学，不利于指导教育工作，不适宜作为教育方针。[①] 是年8月，《教育研究》第4期发表周扬的文章，对"两个必须"的教育方针提出异议，认为"还是毛主席讲的，培养德智体各方面都得到发展的、有社会主义觉悟的有文化的劳动者更合适一些"。[②] 11月4日，《文汇报》刊发潘益大的《关于教育方针的探讨》一文，指出：现行教育方针是以阶级斗争为纲的产物，既没有反映教育工作内在各方面的关系，也没有反映"四化"[③] 建设对人才要求的鲜明特点，更没有反映教育与社会生产

---

① 肖宗六：《现行教育方针质疑》，《人民日报·情况汇编》1980年4月10日。
② 周扬：《进一步解放思想，搞好教育科学研究》，《教育研究》1980年第4期。
③ 注："四化"即四个现代化，包括工业现代化、农业现代化、国防现代化、科学技术现代化。1964年12月第三届全国人民代表大会第一次会议上，周恩来根据毛泽东建议，在政府工作报告中首次提出，在20世纪内，把中国建设成为一个具有现代农业、现代工业、现代国防和现代科学技术的社会主义强国，并宣布实现四个现代化目标的"两步走"设想。

力、生产关系及其与现代化建设等之间错综复杂的关系，等等。此后，各报刊相继发文，反思"文化大革命"前17年及"文化大革命"10年教育方针的理论与实践问题。

至1981年6月，情况发生了变化。是年6月27—29日，中共十一届六中全会通过《关于建国以来党的若干历史问题的决议》。《决议》虽没有提"教育为什么服务"和"教育必须同生产劳动相结合"，但保留了前30年教育方针的基本精神，强调要"坚持德智体全面发展、又红又专、知识分子与工人农民相结合、脑力劳动与体力劳动相结合的教育方针"。[①] 8月1—11日，全国学校思想政治教育工作会议期间，李先念、习仲勋、万里等接见与会人员，习仲勋代表中央书记处就"两个必须"正误的问题答复教育部的请示时指出，同意仍提这两句话。会议强调，要与《决议》保持一致，全面贯彻党的教育方针。[②] 9月7日，教育部长蒋南翔进一步指出：近几年来，有的报刊发文批评"教育为无产阶级政治服务，教育与生产劳动相结合"的教育方针，"中央书记处认为，这个方针是正确的，今后仍应坚持"。[③] 此后，国务院总理赵紫阳在1981年、1982年的《政府工作报告》中两次重申上述观点，从而引发阐述教育方针正确的系列性论文，逐步将研究推向高潮。

10月25日，《人民日报》刊文指出，"教育必须为无产阶级政治服务"的提法是正确的，问题主要出在对它的错误理解和实践方面，在教育工作中，强调以阶级斗争为纲，政治运动过多过滥，严重冲击教学秩序。11月17日，《教育研究》编辑部邀请国家教育部及北京市委、教育局和一些大中小学的领导、老师，就准确理解和全面贯彻教育方针的问题进行座谈。与会人员认为，1957年、1958年与1981年提出的三个教育方针，其精神实质是一致的，既符合马克思主义的教育原理，也为新中国32年的教育实践所证明是正确的。其间所走过的弯路和曲折，不在于口号本身，而是在贯彻实施的过程中受到极"左"思潮的影响和干扰。

---

① 中国教育年鉴编辑部：《中国教育年鉴（1949—1981）》，中国大百科全书出版社1984年版，第22页。

② 新华社：《李先念等同志同出席全国学校思想政治工作会议的代表座谈做好思想政治工作教育祖国下一代》，《人民日报》1981年8月12日。

③ 参见何东昌《中华人民共和国重要教育文献》（上、中、下），海南出版社1998年版。

1982年,《教育研究》在第2期上组织发表4篇论文,从不同侧面论证教育方针的正确性和科学性。①

时至1983年,经过否定之否定式的讨论,情况再次转变。这年5月,第二次全国教育科学规划会议认为,几十年来,我们提"教育为无产阶级政治服务",这个口号本身并没有什么错误,但是不完全。教育的问题很复杂,其对象也十分丰富,单一地强调教育为政治或经济服务的职能而不及其余,或者用一个限制性的口号框束教育的发展,是行不通的。教育方针的问题,还可以继续讨论。② 7月,在《邓小平文选(1975—1982)》出版之际,他自己动手将教育"更好地为无产阶级政治服务"改为"更好地为社会主义建设服务"。③ 这个修改思维及其信号,促成了对教育方针评价的舆论转向。

后来,他又提出"三个面向"和"四有新人"④等系列性教育方针思想,对教育方针的讨论产生了重要而深刻的影响。⑤ 不少人认为,新的历史时期,应该重新认识并定义教育的功能,制定新的教育方针。教育的功能是什么?通俗地说,是教育所能发挥的作用。教育有哪些功能?说法很不一致。一般认为,教育的功能是多方面的,可概括为促进人的身心发展和促进社会发展两大类。⑥

教育与社会的经济基础、上层建筑有着诸多联系,其社会作用也是多方面的,不能以一种关系代替多种关系、以一种职能代替多种职能、以特称判断代替全称判断。按照历史唯物主义的基本观点,教育具有上层建筑的性质,既与政治受同一经济基础决定,又为同一经济基础服务,两者既有直接关系,又有间接关系,但更多的是间接关系,而不是决定和被决

---

① 参见《教育研究》1982年第2期:《正确理解、全面贯彻党的教育方针》《认真学习党的教育方针》《新时期教育工作的方针》《关于教育工作方针的几个理论问题》。

② 孙喜亭:《新教育方针的确立步履维艰》,《高等教育研究》2000年第1期。

③ 邓小平:《邓小平文选(1975—1982)》,人民出版社1983年版,第100—101页。

④ 注:"四有新人"是从邓小平的题词中演变而来的。1980年5月26日,中共中央副主席邓小平给《中国少年报》和《辅导员》杂志题词:"希望全国的小朋友,立志做有理想、有道德、有知识、有纪律的人,立志为人民作贡献,为祖国作贡献,为人类作贡献。"

⑤ 邓小平:《邓小平文选(1975—1982)》,人民出版社1983年版,第100—101页。

⑥ 肖宗六:《简论教育功能、教育目的与教育方针的表述》,《江西教育科研》1990年第4期。

定、服务和被服务的关系,因此,新时期应停用"教育为无产阶级政治服务"的口号,而代之以更为科学的提法,以结束和避免教育沦为政治的附庸和仆从等反常现象,从而引导人们走出教育政治化的误区,准确奠立教育在我国社会主义现代化建设中的战略地位。

1984年11月,为进一步征询对即将出台的《中共中央关于教育体制改革的决定》的意见,教育部在南京召开"新时期教育方针表述研讨会"。会议指出,1958年"两个必须"的教育方针,在《决定》中不宜再提。1985年5月,正式颁施的《中共中央关于教育体制改革的决定》改为:"教育必须为社会主义建设服务,社会主义建设必须依靠教育",虽未明示其为教育方针,却标志着我国教育改革指导思想的重大转折。此后,在官方的文献或民间的研究中,鲜见"教育为政治服务"的提法。时至1988年,酝酿起草《中国教育改革和发展纲要》文件,特别是1989年学潮风波后检讨教育的得失,有人旧话重提,认为"教育必须为无产阶级政治服务"的口号没有错,在新的历史条件下,还是应该坚持的。[①] 有人对改革开放10年来的教育持否定态度,指责其为"人本主义"教育、是对执行教育为无产阶级政治服务方针的含糊、是对资产阶级自由化思潮的反映,有人甚至组织清理学术界批评教育为政治服务和提倡教育为社会主义建设服务的材料,等等。[②] 但是,1989年11月在天津大学举行的中国教育学会第三次学术研讨会,充分发扬学术民主和"双百"精神,就教育为什么服务和培养什么人的问题展开热烈讨论,多数人认为,改革开放近10年,是教育事业恢复、改革、探索与发展并取得重要成就的10年,不能否定。

1990年,讨论达到了高潮。根据国家教委主任李铁映的指示,中国教育学会就新时期教育方针的问题进行了广泛深入的研究。学会的正、副会长纷纷发表看法,《光明日报》与《中国教育报》等主流报刊也详细报道讨论情况,《中国教育学刊》还刊载10多位教育界知名人士的座谈发言。大多数人认为,"教育必须为社会主义现代化建设服务"的提法更科学、更准确,也更完整、更符合时代要求。是年12月,中共十三届七中

---

① 成有信:《试论教育方针的根本性转变——兼论两个教育理论在转变中的作用》,《教育研究》1999年第6期。

② 同上。

全会《关于制定国民经济和社会发展十年规划和"八五"计划的建议》采纳了这个意见,提出要继续贯彻"教育必须为社会主义现代化服务"的教育方针。翌年1月,李铁映在《努力建设有中国特色的社会主义教育体系》报告中予以确认,从而实现了对新中国50年来教育方针及教育本质与功能认识的质的飞跃。[1]

至于教育与生产劳动相结合的正误问题,也有分歧和争论。早在1980年4月,肖宗六就提出,将"教育与生产劳动相结合"作为我国的教育方针,既是对马克思主义教劳结合理论的庸俗化,是对无产阶级教育本质特征的曲解,也脱离我国的基本国情,20年来,教劳结合"出现了一片混乱,至今谁也不知道怎样结合才对"。[2] 继而,他又连篇申言,称教育与生产劳动相结合仅仅是"马克思、恩格斯、列宁等革命导师的一些语录",是片言只语,而不是马克思主义的教育原理,将教育与生产劳动相结合作为中国社会主义建设时期的教育方针,要求各级各类学校都来贯彻是不合适的,几十年的教劳结合实践证明也是不成功的,因此,既要认真总结历史的经验和教训,又要将新教育方针中教劳结合的表述改为"教育与社会实践相结合"。[3]

顾明远的论辩更是直接,他认为,肖宗六的理论分析是不充分、不全面的,教劳结合并非几条语录,而是马克思主义教育学说一以贯之的基本原理。[4] 马克思主义经典作家把人的全面发展看作是大工业生产生死攸关的问题,而人的全面发展只有通过教劳结合才能实现。在研究作为大工业生产的特征以及人在其中的地位和作用时,他们提出了教劳结合的思想。大工业生产的技术基础是革命的,既提出了教劳结合的要求,也提供了现实的可能。教育与生产劳动相结合不仅是发展社会生产力一种必要的手段,而且也是改造资本主义旧社会、培养社会主义全面发展新人的唯一途径。我国数十年的教劳结合实践,确有不少问题和教训,但只要认真总结,是能够找到解决办法的,社会主义教育方针应该坚持这

---

[1] 中国教育年鉴编辑部:《中国教育年鉴(1992)》,人民教育出版社1993年版。
[2] 肖宗六:《现行教育方针质疑》,《人民日报·情况汇编》1980年4月10日。
[3] 肖宗六:《也谈新时期的教育方针》,《中国教育学刊》1990年第6期。
[4] 顾明远:《教育同生产劳动相结合应该成为社会主义教育方针的重要内容——与肖宗六同志商榷》,《中国教育学刊》1991年第2期。

条原理。

厉以贤指出，不能简单地把马克思主义经典作家的教劳结合思想仅理解为实现教育目的的一种途径和方法。他们从不同的方向和角度，揭示了教劳结合对生产和人的发展、对社会改造的重要意义，既着眼于现实又指向于未来，既为在资本主义制度下的童工争取受教育权又把它作为一个普遍的原则，社会主义教育应实践教劳结合的思想。吴有训则认为，教育始终是与生产劳动相结合的。[①]

虽然，当时教育界、学术界乃至社会各界对如何实施教劳结合，存有诸多歧见。比如，不少人提出，应该坚持将生产劳动与教育有机结合起来，培养体脑结合的人才；[②] 也有人强调受教育者必须参加劳动，加强劳动教育；[③] 更有人主张教育与生产劳动两种过程的结合，即既指劳动者要接受教育，也指教育者要参加劳动；[④] 还有人提出，应将教劳结合分为教育与生产相结合（即邓小平所提教育发展要与国民经济发展相适应的观点）、教育与劳动相结合（即教育过程与劳动实践相结合）；等等。[⑤] 但是，实际上，顾、厉二人的观点代表了当时高层的态度，同时也反映了大多数人的看法，代表了时代的主流声音，如在1990年12月中国教育学会召开的教育方针座谈会上，不少人仍坚持认为，教劳结合是培养人的根本途径，应写入教育方针。因而，1991年中国共产党中央委员会批准正式公布的新教育方针保留了"教育与生产劳动相结合"而删除了"教育为无产阶级政治服务"的内容。至此，历经10余年有关教育方针正误的研讨落下帷幕。

（2）教育方针存废的争议。教育方针存废的争论，是伴随着以下问题的讼争而兴起并展开的："教育为无产阶级政治服务"是否适用于新时代，"教育与生产劳动相结合"应否写入教育方针；要不要制定新的教育方针，新教育方针由哪些内容组成、如何表述、是长一点还是短一点；"三个面向"与"四有新人"等是否载入其中；新时期的教育为什么服

---

① 吴有训：《教育始终是与生产劳动相结合的》，《教育研究》1981年第2期。
② 孙喜亭：《教育与生产劳动相结合的原理被曲解了》，《教育研究》1981年第2期。
③ 邱光、何谓：《马列本来意义的教劳结合》，《教育研究》1981年第7期。
④ 马玉琪：《全面理解马克思教育与生产劳动两种过程结合的学说》，《扬州师范学院学报》（社会科学版）1986年第4期。
⑤ 肖川：《教育与生产劳动相结合新解》，《教育研究与实验》1989年第4期。

务、培养什么样的人;对受教育者是进行"德智体三育"或"德智体美四育"还是"德智体美劳五育"等。讨论持续了20世纪整个80年代,以1983—1990年这一时段为例,既有来自学术团体的呼喊,也有来自官方与半官方的声音,焦点在于今后还要不要教育方针的问题上。其间,有人提出,作为各级各类学校共同遵守的教育方针,不一定需统一的口号,口号太笼统,应代之以具体的教育法条,将教育纲领置于《教育法》总则中,以条款形式载明,将教育目标置于各级各类教育法规中,以"根据教育法""执行教育法"的新口号代替传统的"根据教育方针""贯彻教育方针"等提法。

"文化大革命"结束后,摆在中国人面前一个生死攸关的问题是,今后的路怎么走?"文化大革命"之路是肯定不能再走了,"文化大革命"前、20世纪50年代与60年代之交以阶级斗争为纲的那条路还能不能走?对此,1978年底召开的中共十一届三中全会作出了历史性的回答。全会确立了新时期社会主义建设的总路线,相应地,教育界作为"文化大革命"的重灾区,也应拨乱反正,将教育为无产阶级政治服务转移到为社会主义建设服务和为人民服务的轨道上来。然而,进展并不是一帆风顺的。在20世纪70年代末、80年代初,教育战线在废止"教育为无产阶级政治服务"的方针、执行"教育为社会主义建设服务"的路线方面,反应是迟钝的,动作是迟缓的,远远跟不上中央的思维。这种情况,在1989年学运风波发生至1992年邓小平南方谈话公开发表前再度复演。

实际上,这个时期教育界有关真理标准、教育方针和教育性质、地位、功能的讨论及对"两个估计"的批判是不彻底的,主要是思想认识和方法有问题,对党在新时期的基本路线缺少深刻的理解,还没有能全面贯彻邓小平"解放思想、实事求是"的精神,更未能体悟邓小平根据十一届六中全会《决议》和1982年《宪法》对教育方针所做的重大原则性修改,未能及时从"左"倾路线的束缚下解脱出来、站在方针政策的高度正本清源,而是处于"二律背反"的矛盾之中,又要肯定"两个必须"的正确性,又要否定该方针指导下的错误实践,是一种羞羞答答、二值逻辑式的讨论,左支右绌,进退维谷。正是在这样的背景下,有关教育方针的存废之争走到了前台。

论者认为,口号式方针容易概念化、固定化、程式化,乃至束缚教育的发展、桎梏教育的活力，加之全国各级各类教育差异很大，上至研究生教育、下至幼儿园教育，既有普通学校教育又有成人继续教育等，很难用统一甚至单一的教育方针号令复杂的教育对象和丰富的教育实践。然而，这并不是说社会主义教育就无须遵循一定的方针。概览世界各国教育的发展，有教育政策之说，而没有教育方针之名，其关于教育发展的指导原则融入教育政策与法规之中，从而构成其教育制度的基本内容。故而，中国教育发展的纲领，也即教育方针，可以通过教育基本法以及各级各类学校教育专门法来反映和呈现。其内容应包括三个方面：一是说明教育与社会主义现代化建设的辩证关系，二是说明各级各类学校的培养目标，三是说明各级各类教育遵循的指导原则。应以教育法规作为办教育、评学校、培养人才、服务社会的根本依据，逐步走向遵循教育自身规律、坚持依法治教的道路。

有意思的是，这种教育方针的存留之争与五四运动前后10年间去教育宗旨、存教育本义之论，无论在思想启蒙与开放的背景还是在争议的主要内容与实质等方面，都有贯通与相似之处，都因不贴合中央集权型的教育管理体制、传统与文化无果而终。但是，对反省、反思前此教育宗旨、教育方针的理论与实践及富有时代特点的新教育宗旨、新教育方针的产生，特别是对如何赋予教育宗旨、教育方针以统治集团或执政阶层的教育意志及其规范和引导教育发展的工具性作用，进而运用教育宗旨、教育方针的手段和形式，有效实施对教育的科学管理与领导，提高教育质量，促进人才培养，无疑具有十分重要的意义。

2. 关于教育方针概念及其定义的研究

毋庸置疑，社会主义教育应远比资本主义教育先进，应更充分体现教育的个人本位与社会本位、本体功能与社会功能的和谐统一。教育方针的概念及其科学的界说，也更应遵循教育规律，充分反映教育方针的本质特征、体现教育方针的基本原理。随着讨论的逐步深入，围绕着教育方针的概念及其定义的研究也日益增多，其内容涉及以下几个方面。

（1）教育方针主体的研究。研究者按照对教育方针主体的不同理解，将其分为三个类别或形态。

其一，认为教育方针是由国家制定发布的，国家是颁布教育方针的主体，是为国家主体型（表1.3）。

表 1.3　　　　　　　　　　　国家主体型相关论述简表

论者	主要观点
顾明远	教育方针是国家为了发展教育事业而制定的比较宏观的、具有战略高度的总政策，或者叫总的指导思想，其内涵包括教育在社会发展中的地位、教育目的、培养目标和途径以及发展的战略等。①
原国家教委政策法规司法规处	教育方针是国家为实现一定的历史时期的基本路线和基本任务而对教育工作提出的总的指导方针。②
熊明安	教育方针是国家为实现一定时期的教育目的、根据一定社会的经济和政治要求而规定的教育工作总方向。③
肖宗六	教育方针应统称国家的教育方针，是教育工作的根本指导思想。④
杨天平、吴根土	教育方针是国家为实现一定历史阶段的基本路线和任务而对教育发展提出的总指导方针，它体现和代表了一定统治集团的教育意志。⑤
李静	教育方针是国家在一定历史阶段，根据社会和个人两方面发展的需要与可能，为了发展教育事业而制定的具有战略意义的总政策或总的指导思想，包括教育的性质、地位、目的和基本途径等内容。⑥
李英、郑刚	教育方针是国家根据政治、经济的要求，为实现教育目的所规定的教育工作方向，是教育政策的总概括，它规定着教育目的和内容。⑦
蔡卓倪、徐凯旋	教育方针的主体应该是国家。首先，教育方针是关于国民教育的方针，主体当然是国家；其次，《中华人民共和国义务教育法》第三条明确规定"义务教育必须贯彻国家的教育方针……"，《中华人民共和国教师法》第八条明确规定"贯彻国家的教育方针……"，《中华人民共和国高等教育法》第四条也明确规定"高等教育必须贯彻国家的教育方针……"，其共同点是，都认为教育方针的主体是国家；最后，《中华人民共和国宪法》第五条明确规定实行依法治国，建设社会主义法治国家，所以，《中华人民共和国教育法》第五条规定的教育方针，当然就是国家的教育方针，以充分实现依法治教。⑧

---

①　顾明远：《教育方针要有科学性、针对性、时效性》，《中国教育学刊》1990 年第 3 期。

②　国家教委政策法规司法规处：《中华人民共和国教育法适用大全》，广东教育出版社 1995 年版，第 57 页。

③　熊明安：《教育学名词浅释》，青海人民出版社 1982 年版，第 260 页。

④　肖宗六：《教育方针、教育政策和教育法规——教育行政学讲座》（六），《人民教育》1997 年第 11 期。

⑤　杨天平、吴根土：《党的三代领袖论教育方针》，《河南职业技术师范学院学报》（职业教育版）2002 年第 5 期。

⑥　《教育大辞典》，上海教育出版社 1998 年版，第 744 页；《教育学辞典》，北京出版社 1987 年版，第 395 页；《实用教育大词典》，北京师范大学出版社 1995 年版，第 229—230 页。

⑦　李英：《我国教育方针的过去、现在和未来的趋势研究》，《天府新论》2004 年 12 月；郑刚：《中国教育方针的百年变迁历程》，《教育探索》2005 年第 9 期。

⑧　蔡卓倪：《建国以来国家的教育方针发展研究——从环境影响的视角思考现行国家的教育方针的变革》，硕士学位论文，四川师范大学，2007 年；徐凯旋：《建国以来党的教育方针演变述论》，硕士学位论文，湖南师范大学，2008 年。

其二，认为教育方针是由政党制定发布的，政党是颁布教育方针的主体，是为政党主体型（表1.4）。

表 1.4 政党主体型相关论述简表

论者	主要观点
中共中央、国务院关于教育工作的指示	党的教育工作方针，是教育为无产阶级的政治服务，教育与生产劳动相结合，为了实现这个方针，教育必须由党来领导。①
方晓东	教育方针是党领导教育工作的根本指导思想，反映着一定历史时期社会发展和人的个体发展对教育的需要。因此，教育方针对我国的教育工作具有巨大的规范性、导向性和鲜明的时代性。②
孙亚东	党的教育方针，是教育工作的行动纲领，是制定教育政策的总依据。③
徐志伟	教育方针是关系教育工作全局的总方向，是一个动态概念，是一个历史范畴，它反映着党领导教育工作的基本指导思想。④
黄宝春	新中国成立前，教育方针的制定主体是中国共产党。随着时间的推移，中国共产党人不断运用马克思主义的理论总结经验教训，适时修改完善教育方针，……党的教育方针是在其领袖人物教育方针思想的影响下形成的。⑤

当然，也有对"党的教育方针"一说的质疑之声，认为教育方针不是专属于党的，或者说党的教育方针可以存在，但只能限于在其政党范围内，不能任意夸大或拔高。然而，事实上新中国成立70年来，"党的教育方针"已成为官方与民间的通用语，典型反映了在教育行政与教育管理方面的以党代政、以党领政、党政合一与党国一体思维。

其三，认为教育方针是由政党和国家一起研制的，它们是联合制定教育方针的共同主体，是为政党和国家主体型（表1.5）。

---

① 杨天平、陈小东：《简论教育方针的内容和结构》，《浙江树人大学学报》第2卷第5期，2002年9月；转引自毛礼锐、沈灌群《中国教育通史·第6卷》，山东教育出版社1989年版，第134页。

② 方晓东：《从我国教育方针的发展看邓小平的历史贡献》，《教育研究》2004年第8期。

③ 孙亚东：《论我党教育方针的形成与发展》，《辽宁教育学院学报》2001年第7期。

④ 徐志伟：《解读十六大对教育方针的新表述》，《中国教育现代化》2004年第3期。

⑤ 黄宝春：《建国前中国共产党的教育方针研究》，硕士学位论文，浙江师范大学，2007年。

表 1.5　　　　　　　　　政党和国家主体型相关论述简表

论者	主要观点
中国大百科全书·教育	教育方针是国家或政党在一定历史阶段提出的教育工作发展的总方向，是教育基本政策的总概括。教育方针所概括的内容一般有教育的性质、教育的目的及实现教育目的的基本途径等，其中，以培养什么规格的人，即教育目的为最重要。①
郭咏	教育方针是由党和国家的总路线、总政策所决定并为它服务的。党和国家的教育方针，体现了社会主义教育的性质，反映了我国社会不同历史时期政治经济发展对教育的基本要求。②
来永宝	教育方针是党和国家按照马克思主义教育学原理、根据教育自身规律所规定的教育应该达到的目的以及为达到特定目的所必须遵循的教育路线。实际上，教育方针就是教育为谁服务和培养什么人的问题，就是办学方向问题。③
李静	教育方针的制定者是国家或政党，教育方针具有全局性、变动性、现实性、阶段性等特性。④

（2）教育方针指向的研究。按照教育方针活动过程的目的或出发点的不同，研究者将其分为社会目的型与教育目的型两个类型。

其一，认为教育方针是根据一定历史阶段国家和社会的发展要求而提出的教育工作的指导方针，其着眼点在于实现社会的总目标、总任务或为社会服务（或曰功能、任务）。如 1929 年南京政府公布的教育宗旨（方针）定位于教育的具体目的和根本目的，而又侧重于服务于三民主义的社会目的，是为社会目的型。

其二，认为教育方针是为实现一定历史时期的教育目的也即人才培养的总目标而制定的教育工作的指导原则，旨在规范、指导和促进教育事业的健康发展，培养合格的人才，是为教育目的型。

表 1.6 所示为新中国教育方针典型的社会目的与教育目的表述。

---

① 中国大百科全书出版社：《中国大百科全书·教育》，中国大百科全书出版社 1985 年版，第 158 页。

② 郭咏：《党的教育方针与德育为先》，《无锡商业职业技术学院学报》2008 年第 10 期。

③ 来永宝：《坚持教育创新，努力为人民服务——学习十六大报告中关于教育方针新精神的体会》，《龙岩师专学报》2003 年第 1 期。

④ 李静：《"教育目的"与"教育方针"概念辨析》，《黑龙江高教研究》2007 年第 6 期。

表 1.6　　　　　　　　　指向性研究分类相关简表

类型	主要观点
社会目的型	1958 年《中共中央、国务院关于教育工作的指示》：教育必须为无产阶级政治服务，教育必须同生产劳动相结合。其后，教育方针始终本着为国家和社会服务、造福于人民的性质、任务和宗旨，尤其突出教育的社会服务指向。
	梅克：教育是全民的事业，教育方针是针对整个社会的，是党和国家为实现一定时期社会的总任务而对教育提出的根本要求。①
	郝克明：教育方针是从经济和社会发展的要求出发，从教育的总体上高度概括教育的根本任务、培养目标和基本的培养途径。②
教育目的型	《中国教育百科全书》：教育方针是为达到一定教育目的提出的教育工作发展的总方向，包括教育的性质、目的及实现的基本途径等。③
	沙培宁：教育方针处于教育目标体系的最高层次，揭示了教育发展的终极目的，回答了教育总的培养目标是什么的问题。④
	赵庆典：教育方针是国家或政党在一定历史时期提出的指导教育事业发展的总方向、总目标。有些国家或有些教育家使用教育宗旨的提法，实质上这与教育方针是相通的，都是教育目的的集中体现。⑤

（3）教育方针定义项的研究。按照教育方针定义项的不同，研究者将其分为三种类型。

其一，认为教育方针是国家或政党（执政党）在一定历史阶段规定的教育工作的总方向，一般包括教育的性质、目标、任务、功能及实现途径等方面的原则性规定。教育方针正确与否，对各级各类教育政策及其实践具有重要的导向作用，是为总方向型（表 1.7）。

表 1.7　　　　　　　　　总方向型相关论述简表

论者	主要观点
邓 彧	教育方针引导教育事业前进的方向和发展的目标，对教育事业的健康发展具有指引性和方向性的作用。⑥

---

① 梅克：《我的三点看法》，《中国教育学刊》1990 年第 3 期。

② 郝克明：《教育方针的提出必须有政策、措施和立法的保证》，在 1990 年 3 月 6 日中国教育学会教育方针问题座谈会上的讲话。

③ 中国教育百科全书编委会：《中国教育百科全书》，海洋出版社 1991 年版，第 63 页。

④ 沙培宁：《"为什么"和"怎样做"——简析教育方针与素质教育的关系》，《中小学管理》1998 年第 7—8 期。

⑤ 赵庆典：《按"三个面向"的要求，全面贯彻教育方针》，《辽宁高等教育研究》1995 年第 5 期。

⑥ 邓彧：《论我国教育方针的过去现在和未来》，《四川教育学院学报》2005 年第 9 期。

续表

论者	主要观点
刘海南	教育方针规定着办教育的目的和内容，是国家在一定历史时期关于教育工作发展的总方向。①
操国胜	教育事业是社会主义现代化大厦的基础，教育方针是教育的核心和灵魂，如一面旗帜引领教育发展方向。②
蔡中宏	教育方针是一个国家教育工作的总目标和总方向，是教育事业的根本指针和主导价值。③
邵发明	教育方针是一定时期教育工作的总方向和行动指南，它规定了教育的性质与服务方向、教育的目的以及实现教育目的的途径。④
杜德栎、苏振武	教育方针是国家在一定历史条件下关于教育工作发展的总方向，是教育性质、地位、目标、任务、功能及实现途径的总规定。⑤
张冬兰等	教育方针是教育制度的重要组成部分，是根据国家性质和为实现教育目的而规定的教育工作的总方向和总途径。⑥
郭金哲	教育方针（也称教育宗旨），是一个国家兴办教育最根本的指导思想，它规定着人才培养的大方向。⑦
何菊仙	教育方针是国家或阶级制定的关于教育工作的总方向和总政策。⑧

其二，认为教育方针是一定历史时期国家发展教育工作总体的指导思想或根本的指导原则，集中体现和代表了国家的教育价值倾向和教育意志，是为总指导思想型（表1.8）。

---

① 刘海南：《论新中国教育方针的演进与启示》，《西南师范大学学报》（哲学社会科学版）1999年第5期。

② 操国胜：《论江泽民对社会主义教育方针的坚持和创新》，《中国教育学刊》2003年第12期。

③ 蔡中宏：《新中国教育方针嬗变的考察与反思》，《兰州大学学报》（社会科学版）2005年第5期。

④ 邵发明：《对我国教育方针的辩证认识》，《民主》2007年第8期。

⑤ 杜德栎、苏振武：《江泽民对我国教育方针的丰富与发展》，《教育探索》2002年第4期。

⑥ 张冬兰、杨槐：《试论贯彻教育方针与实施素质教育的关系》，《辽宁师范大学学报》（社会科学版）2000年第3期。

⑦ 郭金哲：《试论我国教育方针的发展》，《沈阳师范学院学报》（社会科学版）1996年第1期。

⑧ 何菊仙：《试论江泽民对我国教育方针的发展》，《黑龙江高教研究》2000年第5期。

表 1.8　　　　　　　　　总指导思想型相关论述简表

论者	主要观点
俞家庆等	教育方针是在一定历史时期内，国家根据社会发展和个体发展的需要，而确定的具有全局性的教育工作的指导思想或行动纲领。①
王长乐	教育方针作为教育的指导思想，是国家制定教育政策和教育法规的思想原则或思想基础。②
郭殿文等	教育方针是教育工作根本的或总的指导思想，是具有全局性的指导思想和行动纲领，它总是随着形势任务的变化而变化。③
王森等	教育方针是国家在一定时期内，根据基本国情，借鉴国际教育发展的趋势，适应社会政治、经济和科技发展的需要，为实现教育目的而提出的教育工作发展的总方向或基本指导思想，其重要性是不言而喻的。④
孙文雄	教育方针是教育工作的总的指导思想与行动纲领，是中国特色的教育实践活动中的一个基本范畴与核心内容。⑤
孙明祯等	教育方针是一定时期的具有全局性的教育工作的指导思想或行动纲领，是党和国家根据社会发展和受教育者个体发展的需要而确定的教育总则。⑥

其三，认为教育方针是对不同时代教育实践经验教训的总结，是教育基本政策的总概括，是教育性质、地位、目的、任务、功能及其实现途径等各项政策的总规定，是为总政策型（表 1.9）。

---

① 俞家庆、于建福：《我国社会主义教育方针的形成与发展》，《教育研究》1999 年第 10 期。

② 王长乐：《教育方针的形态变化与教育本性的回归》，《西北师大学报》（社会科学版）2006 年第 4 期。

③ 郭殿文等：《略论建国五十年来教育方针的演变》，《辽宁教育学院学报》1999 年第 3 期。

④ 王森等：《对教育方针的再认识》，《高等工程教育研究》1994 年第 2 期。

⑤ 孙文雄：《我国的教育方针在转折时期的几点历史性转变》，《中国科技信息》2006 年第 21 期。

⑥ 孙明祯：《全面贯彻党的教育方针是事关教育发展方向的重大问题》，《湖北教育学院学报》2000 年第 4 期；孙秋杰：《对十七大报告关于教育方针新内涵的解读》，《甘肃政法成人教育学院学报》2007 年第 6 期；汪浩：《论江泽民对教育方针的新发展》，《淮阴师范学院学报》（哲学社会科学版）2000 年第 4 期。

表 1.9　　　　　　　　　　总政策型相关论述简表

论者	主要观点
王炳照	我国历来十分重视教育方针的制定和执行，通常都把教育方针作为指导和规范教育发展的总纲领。教育方针一般要标明教育的性质、指导思想、培养目标、教育原则、教育途径和方式方法，是上述要素的基本概括。①
朱登武	教育方针是党和国家根据一定历史时期社会政治经济发展的需要而提出的教育的总政策。②
王长乐	教育方针是国家对于教育活动的政治性指令和政策性要求。③
魏薇	教育方针随着国家政治、经济工作中心的转移以及社会发展总路线、总方针的发展而变化，是对不同时代教育基本政策和教育实践经验的总结与概括。④
梁伟	（新中国成立初期的文化）教育方针是教育工作未来的指针，它规定了新民主主义教育的性质、任务、国民道德标准、教育方法以及教育改造过程的步骤和重点。⑤

当然，上述划分仅具有相对性。其中，有的定义是一个多角度解释的统一体，分属于几个类型，很难将其归并到某一类型；有的定义是从特定角度所作的诠释，也很难给它一个类型归属；还有的定义，是比喻性的，缺乏定义的起码构成要件和规则，难以给它们戴上某个类型的帽子。

（4）教育方针和相邻概念的研究。学界几乎是不约而同地将教育方针与教育目的（教育目标、培养目标）、教育价值、教育规律、教育政策、教育法规等概念进行比较，在辨析中界定教育方针。40 余年来，此类研究不断，但相对而言，20 世纪 80—90 年代讨论得比较热烈。

第一，教育方针与教育目的之辨析。研究首先涉及教育目的、教育目标、培养目标等概念的辨析问题。不少研究人员对这些概念的认识比较模糊，没有能很好地给以甄别和说明，而是混淆乃至等同使用，结果不仅指东而说西、影响研究质量，甚至移花接木、张冠李戴，越发扯不清楚。比

---

① 王炳照：《传承与创新——从新民主主义教育方针到社会主义教育方针》，《北京大学教育评论》2009 年第 1 期。
② 朱登武：《论党的教育方针的与时俱进》，《教育与职业》2004 年第 17 期。
③ 王长乐：《教育方针实践形态变化的动因探析》，《教育与现代化》2007 年第 2 期。
④ 魏薇：《对新世纪党的教育方针的再认识》，《当代教育科学》2003 年第 9 期。
⑤ 梁伟：《从新民主主义文化教育总方针到社会主义教育方针》，浙江师范大学，硕士学位论文，2006 年，系该文转引自新中国第一任教育部长马叙伦在 1949 年 12 月 23 日第一次全国教育工作会议上的开幕词。

如，人民教育出版社 1984 年版的南京师范大学教育系所编《教育学》第六章，将教育目的解释为"通过教育把受教育者培养成什么样的质量和规格的人"。1990 年，王枬在《教育研究与实验》第 4 期上发文认为，南京师范大学教育系的定义将教育目的和培养目标混为一谈。[①] 1991 年，徐志京又发表论文与王枬讨论，提出不同看法。[②] 肖宗六更是发专文加以阐述。[③] 何宝安也在《江苏教育研究》1992 年第 4 期上发表《教育方针、教育目标、教育目的的区别和联系》，进一步予以辨析。此外，还有不少学者对它们作了分析和比较，且多认为教育目的和教育目标是同一概念，是教育的……总目标（总要求、总规格、总标准），而培养目标则是教育目的或教育目标的具体化，是各级各类学校的育人标准和要求。

关于教育目的的研究，文献十分丰富。《教育大辞典》："教育目的（aims of education）是培养人的总目标，是教育实践活动的出发点"；[④]《中国大百科全书·教育》："教育目的是把受教育者培养成为一定社会需要的人的总要求，是教育工作的出发点和最终目标"；[⑤]《实用教育大词典》：教育目的"规定着把受教育者培养成什么样的质量和规格的人，是教育工作的出发点和归宿，是教育要达到的标准或效果"；[⑥] 王道俊、王汉澜主编《教育学》（新编本）第四章：教育目的是对教育所要造就的社会个体的质量规格总的设想或规定。[⑦]

杨天平对教育方针与教育目的关系作了较全面的分析。他指出，教育目的这一范畴在不同场合使用，表示不同的含义。其中，最主要的有以下四种：一是国家、社会、部门、单位办教育的目的；二是教师从事教育工作的目的，即教育者施教之目的；三是各级各类教育具体的教学目的要求；四是学生受教育的目的。这四种教育目的与教育方针都有联系，但通

---

① 王枬：《"教育方针、教育目的、培养目标"辨析》，《教育研究与实验》1990 年第 4 期。
② 同上。
③ 徐志京：《对〈"教育方针、教育目的、培养目标"辨析〉一文的商榷》，《教育研究与实验》1991 年第 1 期。
④ 《教育大辞典》，上海教育出版社 1998 年版，第 765 页。
⑤ 中国大百科全书出版社编辑部：《中国大百科全书·教育》，中国大百科全书出版社 1985 年版，第 172 页。
⑥ 王焕勋：《实用教育大词典》，北京师范大学出版社 1995 年版，第 238—239 页。
⑦ 王道俊、王汉澜：《教育学》（新编本），人民教育出版社 1989 年版，第 95 页。

常人们所讲的教育目的,主要是指与教育方针相并列或相从属的教育目的,也即国家、社会、学校办教育之目的,系指教育培养的人才规格的总的设想或规定。这里的"总的设想或规定"是教育目的最邻近的属;"社会个体的质量规格"是其种差;在"设想或规定"前边冠以"总的"二字,则把教育目的与各级各类学校具体的培养目标或规格区分开来。也就是说,教育目的是指培养人的总目标和总要求,它规定着把受教育者培养成什么样的人的根本性问题。在历史上,因社会制度、文化传统、教育观念的差异而不同。首先应对教育目的加以界说,然后再辨析其与教育方针之关系。①

关于教育方针与教育目的的联系,有四种说法。一是"服务说",教育方针为实现教育目的服务,是手段与目的之关系;二是"包含说",教育方针包含教育目的,是包含与被包含之关系;三是"等同说",两者是同一关系,没有实质性区别,将教育方针与教育目的当作同一概念使用;四是"区别说",两者有区隔,教育方针是"两个必须",教育目的是"培养有社会主义觉悟的有文化的劳动者"。前者规定教育如何发展、发挥什么作用,后者规定培养什么人。②

关于教育方针与教育目的的区别,亦有四种说法。一说出发点不同,二说功能作用不同,三说对象领域不同,四说理论层次不同。教育目的侧重于在个体发展与社会发展之间进行价值选择,教育方针侧重于教育对社会的作用;教育目的强调受教育者素质的养成,教育方针注重教育的社会功能;相对而言,教育方针注重宏观领域,教育目的侧重微观领域;教育目的是教育理论研究的对象,具有理念性,是理论术语和学术性概念,属于原理范畴,教育方针虽也可以展开学理研究,但属于政策范畴,是政治性概念。李静发文指出,教育目的是多主体性的,教育方针是单一主体性的;教育目的价值取向是多元的,教育方针的价值取向则是一元的,即历来只强调教育的社会工具价值。③

关于教育方针与培养目标的关系,熊明安等认为,培养目标"是培

---

① 杨天平:《教育方针基本理论初探》,《教育理论与实践》1995年第6期。
② 王炳照、阎国华:《中国教育思想史》,湖南教育出版社1994年版,第287页。
③ 李静:《"教育目的"与"教育方针"概念辨析》,《黑龙江高教研究》2007年第6期。

养人才要求达到的标准,或者说,是培养人才的规格"。① 王枬指出,教育方针具有总体性,培养目标则有具体性。② 黄定粘将培养目标定义为:"各级各类学校对受教育者的身心发展所提出的具体标准和要求",且认为教育目的和培养目的都是学术性概念,属于基本理论范畴,而教育方针是政治性概念。从两者内容及其表述变化与调整程度来看,教育目的较稳定,教育方针随社会大环境的变化及各级各类教育的发展而变化(其实,这些说法本身还值得商榷)。教育目的对教育制度、教育内容、教育方式、教育方法、教育评价等有制约作用,是制定教育方针、培养目标的依据。教育目的与教育方针是目的与手段的关系,教育目的是教育方针制定的前提,培养目标是教育目的的具体化。③

第二,教育方针与教育宗旨之辨析。论者多从逻辑分析和语义分析的角度对两者进行比较,认为教育方针与教育宗旨既有相通、相同、相等之处,都指向于教育的指导思想、培养目标等,又有不同之处,前者可解释为指导教育事业向前发展的纲领,后者则指教育的主要目的、意向、意图、旨趣。

唐钺、朱经农、高觉敷主编的《教育大辞书》将"教育宗旨"释义为:"或称教育之目的,即教育之一种预定的结果"。④ 喻立森在《教育目的的依据》一文中指出,就它是"教育的主要目的和意图"而言,与"教育目的"相通;就它是"教育的主要旨趣"和"主意所在而言",又与"教育目的"迥异。⑤ "异"在什么地方?郑金洲在《教育通论》一书中援引作者这一观点时,以晚清政府"忠君、尊孔、尚公、尚武、尚实"的教育宗旨为例证,以说明当把教育宗旨作为教育方针也即"教育的主要旨趣"和"主意所在"时,它与教育目的是不同的。但查阅有关工具书,鲜有用"教育的主要旨趣"和"主意所在"来定义教育方针的;相反,倒有把"主要旨趣"解释为"主要目的和意义、意图、意思"或"主意"的。从词义辨析的角度来看,不仅看不出它们之间的"迥异"之

---

① 熊明安:《教育学名词浅释》,青海人民出版社1982年版,第309页。
② 王枬:《教育方针、教育目的、教育目标》,《教育研究与实验》1990年第4期。
③ 黄定粘:《教育目的、教育方针、培养目标的概念和表述》,《河池师专学报》1991年第2期。
④ 转引自瞿葆奎《教育基本理论之研究》,福建教育出版社1998年版,第611页。
⑤ 同上。

处，相反，倒显示出其在本质上的共通之处。①

第三，教育方针与教育价值之辨析。论者多持教育方针是教育价值取向的反映等观点，并蕴含着教育政策的价值分析思维。什么是价值？国内学者习惯于引用马克思主义的价值理论展开分析，大多以"价值这个普遍的概念是从人们对待满足他们需要的外界物的关系中产生的"②"是人们所利用的并表现了对人的需要的关系的物质属性"③ 为引证，将价值定义为客体与主体需要之间的一种特定的关系。刘一帆认为，教育价值是指教育客体适应和满足主体的人及社会发展需要的程度，它始终渗透于教育方针，是教育方针的永恒主题和核心内容。④ 多数文献持下列观点。

从人自身的发展来看，人是自然与社会存在物的统一体。随着社会的进步，人自身也在不断发展，但只有消灭桎梏人的自由发展的私有制，人才能得到全面发展，成为社会和自然的真正主人。从人类社会的发展来看，没有抽象的社会，只有现实的社会，社会的发展与人的发展不是绝对对立的，而是辩证统一的。从人类教育的发展来看，有人本主义教育价值观、功利主义教育价值观、实用主义教育价值观、马克思主义教育价值观等几种。从我国教育方针的沿革来看，20世纪前50年的教育宗旨，主要以封建的忠君主义、德育中心主义、国家主义、军国民主义和新生资产阶级的共和主义及至后来政教合一的三民主义等为价值指向，兼具人本主义、工具主义的价值倾向，其间，一度倡行教育本义、废止教育宗旨，以民主实用主义为旨归；20世纪后半叶的教育方针多持马克思主义的教育价值观，或以马克思主义教育价值观为指导和取向，无论是当年的"两个必须"还是后来的"两个必须"，及至时下的"二为"和"两个结合"，包括前后一以贯之、不断修缮的培养目标，都是以马克思主义的价值观及其教育价值原理为指向和依归的。

第四，教育方针与教育规律之辨析。多数研究认为，教育规律是客观的、第一位的，教育方针是主观的、第二位的，两者是决定与被决定、制

---

① 参见郑金洲《教育通论》（第六章 教育目的），华东师范大学出版社2000年版。

② 中共中央马克思恩格斯列宁斯大林著作编译局：《马克思恩格斯全集》（第34卷），人民出版社2008年版，第163页。

③ 中共中央马克思恩格斯列宁斯大林著作编译局：《马克思恩格斯全集》（第19卷），人民出版社2008年版，第406页。

④ 刘一帆：《教育价值与教育方针》，《高等工程教育研究》1992年第1期。

约与被制约、作用与反作用的关系,教育规律表明了教育活动的客观必然,教育方针的制定与实施应遵循教育规律及教育方针自身的发展规律。扈中平认为:教育规律,简单讲,就是教育活动的客观必然性。一般认为,教育有两个基本规律:一是教育必须适应社会发展并为之服务,二是教育必须适应人的身心发展并为之服务。这两条规律是教育实践最基本的客观依据,任何教育活动,包括教育方针的理论和实践活动,都必然会受到教育规律的制约,都必须遵循一定的教育规律。① 杨天平发文指出:教育规律具有客观性、普遍性、重复性和稳定性等特征,教育方针则是主观反映客观的产物,主观意志性、倾向性、主导性等是其本有、应有的特性。教育方针与教育规律的作用是不同的。教育方针具有规范作用,特别是当教育方针纳入法规体系,载明于《宪法》《教育法》等国家的根本大法时,这种作用则具有强制性和权威性,任何部门和个人都不得违背、偏离或抵触。教育规律的作用既是自然、自发的,又是决定性、终极性的,因而具有更强的客观制约性和持久性,遵循它会产生好的结果,违背它则会带来消极的后果。②

第五,教育方针与教育政策之辨析。多数人认为,教育方针是教育的总政策,包含于教育政策。杨天平发文指出:教育方针是政党和国家在一定历史阶段关于教育工作的指针,而教育政策则是具体的工作方针和行动准则。教育方针是教育发展的大政方针,是教育工作的总政策,是教育基本政策的总概括,两者是总体与具体、包含与被包含的关系。教育政策有广义、狭义之分,广义的教育政策包含了教育方针、教育法规等;狭义的教育政策是相对于教育方针、教育法规而言的,是指具体的教育工作方针,是教育总方针的具体化,包括各级各类教育和学校制定的各类具体政策,两者在本质上是一致的,不同点在于,前者具有总体性、方向性、指导性,后者则具有具体性、操作性、实践性,等等。③

第六,教育方针与教育法规之辨析。论者多认为,教育方针与教育法规既有联系,又有区别,但在本质上是一致的,都体现了国家或统治集团的教育意志。然而,两者毕竟是不同的社会活动与现象,因而也有诸多不

---

① 扈中平:《教育规律与教育价值》,《教育评论》1996年第2期。
② 杨天平:《教育方针基本理论初探》,《教育理论与实践》1995年第6期。
③ 同上。

同点。杨天平认为，它们的主要区别在于，第一，制定的组织和程序不同。第二，文本的表述和形式不同。教育法规具有确定性、规范性和强制性，以条款形式公布实施；教育方针具有指导性、号召性和宣传性，以简要文字公布实施。① 教育方针规定了教育工作的总方向和总目标，制定教育政策和教育法规，是为了更好地贯彻教育方针，二者具有本质与目标上的一致性。②

3. 关于教育方针内容及其表述的研究

关于教育方针内容及其表述的研讨，是与教育方针的正误、存废以及教育的本质、功能、地位之争连在一起的。"文化大革命"结束后，教育界先是于1977年推翻了1971年在极"左"背景下《全国教育工作会议纪要》提出的"两个估计"，即所谓"文化大革命"前17年，教育战线是黑线专政，是资产阶级专了无产阶级的政；大多数知识分子是资产阶级知识分子，毛主席的无产阶级教育路线基本上没有得到贯彻执行。③ 继而，展开了对"两个必须"及培养目标的研究，从最初质疑与辩护之间拉锯式的反复，到后来的相对理性的分析，进而探讨新时期教育方针应如何表述。④ 讨论十分热烈，内容也很丰富，仅中国教育学会等学术社团就组织了七八次研讨，仁智纷呈，蔚为大观。此外，还将"我国社会主义教育方针的（理论与实践）研究"列入全国教育科学"六五""七五"规划重点课题，展开深入系统的研究。

（1）20世纪80年代前期的讨论。1983年5月，第2次全国教育科学规划会议将教育方针列入"六五"（1981—1985）规划重点研究课题，名称为"我国社会主义教育方针的研究"，由吴畏负责。从7月开始，课题组先后赴上海、北京、天津、辽宁、陕西等地进行调查研究。

1984年10月，中共中央启动新时期的教育体制改革，建立由胡耀邦和赵紫阳领衔挂帅、万里和胡启立具体负责的领导小组，组织起草体制改革的文件，新教育方针作为体制改革的纲领性表述，受到高度重视。1985

---

① 杨天平：《教育方针基本理论初探》，《教育理论与实践》1995年第6期。
② 肖宗六：《教育方针、教育政策和教育法规》，《人民教育》1997年第11期。
③ 中共中央党史研究室、中央档案馆：《中共党史资料（71辑）》，中共党史出版社1999年版，第120页。
④ 厉以贤：《关于教育工作方针的几个理论问题》，《教育研究》1982年第2期。

年起,由国家教育委员会牵头组织,北京大学、中国人民大学、华东师范大学、华中师范大学、中央教育科学研究所、中国社会科学院法学研究所等单位的专家学者参与研制,全国人民代表大会教科文卫委员会和法制工作委员会不同程度地予以介入指导,国务院法制局及其他相关单位也都积极参与,进一步启动《中华人民共和国教育法》的研制工作。其中,一个核心的内容就是关于新时期教育方针的表述。国家教育委员会分别委托北京、辽宁、上海、陕西等省市开展有关研究工作,表 1.10 是他们提交的表述方案。[①]

表 1.10　　　　　　　相关研究部门提交的表述方案

研究部门	表述方案
北京市教育科学研究所	教育是建设社会主义物质文明与精神文明的重要前提,使受教育者在德、智、体、美、劳诸方面都得到发展,成为有社会主义觉悟、有文化、有健康体魄的建设者。 教育是建设社会主义物质文明和精神文明的重要前提,通过德、智、体、美、劳动教育,使受教育者得到生动、活泼、主动的发展,成为有理想、有道德、有文化、有创造能力、有健康体魄的建设者。 教育要面向现代化,面向世界,面向未来,以共产主义思想教育青少年儿童,培养德、智、体全面发展有理想、有道德、有文化、守纪律的劳动者和富有创造力的各种建设人才,为建设社会主义物质文明、精神文明打好基础。
辽宁省教育厅	教育必须为社会主义现代化建设服务,使受教育者在德、智、体、美、劳动技术几方面得以生动活泼、主动的发展,成为有社会主义觉悟、有文化、有健康体魄的建设者。
陕西省高等教育局及高等教育学会	教育为社会主义建设服务,教育与生产劳动相结合(或理论与实际相结合),使受教育者在德、智、体几方面都得到发展,成为有社会主义觉悟、有文化、体魄健全的建设者。 教育要面向现代化,面向世界,面向未来,培养德、智、体、美全面发展的社会主义建设者。
上海市高等教育学会	教育必须为建设社会主义物质文明和精神文明服务,培养有理想、有道德、有科学文化、有健康体魄、有创造精神的建设者,使受教育者在德、智、体方面生动活泼地主动地发展。

这些表述沿袭"57+58 型"的内容结构及其形式,又增加了邓小平 1983 年 4 月和 10 月关于"四有新人"和"三个面向"的两个提法,为新教育方针的表述提供了新的内容及其选择方案,为新教育方针的制定和实

---

① 陈桂生:《略论中国"教育方针现象"》,《上海高教研究》1989 年第 2 期。

施提供了不同以往的视角。

1984年11月,教育部关于"新时期教育方针表述研讨会"在南京召开。会议就1985年即将出台的《中共中央关于教育体制改革的决定》征询意见。教育部负责人在会议的开场白中说,对教育方针的质疑和发难,始于华中师范大学的肖宗六。不少人反映,国家要求各级各类学校全面贯彻教育方针,但新时期的教育方针如何表述,这个问题一直没有明确的说法,中央没有下文,国家也没有规定,让基层无所遵循、无所贯彻、无所适从。这次会议要研究回答这些问题,要集思广益,充分发扬学术民主,着重研究探讨新时期教育方针的内容及如何科学表述的问题。与会者各抒己见,见仁见智,气氛活跃。会议讨论认为,1958年提出的"两个必须"不宜再提,应代之以新的教育方针。新时期的教育方针,应说明教育与整个社会主义现代化建设的关系、教育培养的人的规格以及办教育所应遵循的原则和途径等核心问题。会议提出的表述方案有三个,① 见表1.11。

表1.11　　　　1984年教育方针研讨会议提出的表述方案

表述方案	表述内容
第一方案	教育要面向现代化、面向世界、面向未来,使受教育者在德、智、体、美、劳动技术教育等方面生动活泼地发展,成为有理想、有道德、有文化、有创造能力、体魄健全的建设者。
第二方案	教育为社会主义现代化建设服务,面向世界和未来,坚持理论与实践一致的原则,使受教育者在德智体美劳动技术等方面生动活泼地发展,成为有理想、有道德、有文化、有创造力、守纪律的劳动者。
第三方案	教育必须同经济建设和社会发展相适应,面向世界和未来,坚持统一性与多样性相结合、普及与提高相结合、统一领导和简政放权相结合,建设有中国特色的社会主义教育,依靠学校和家庭、社会教育的配合,以爱国主义思想、共产主义和科学文化知识教育学生,使受教育者在德、智、体、美、劳动技术教育等方面生动活泼地发展,成为有社会主义觉悟、有文化、有创造能力、体魄健全的劳动者和专门人才。

40多位与会代表大都认为,第三个方案文字太长,不宜作为新教育方针。其他两个方案,会议讨论的意见也不集中,没有形成最终结果,因而未引起广泛的社会反响,但还是为中央高层的决策提供了一定的参考。

---

① 参见孙喜亭《教育学问题概述》(第九章 关于教育方针的研究),天津教育出版社1989年版。

其成果反映于 1985 年《中共中央关于教育体制改革的决定》所提出的"两个必须"和教育的"三个面向"及"四有新人"的培养目标等方面。①

应该说，从 1978 年中共十一届三中全会确立新时期的基本路线，到 1981 年十一届六中全会关于教育方针表述的变化及 1982 年《中华人民共和国宪法》对教育为无产阶级政治服务提法的取消，再到 1983 年《邓小平文选》提出教育为社会主义建设服务，直至 1985 年《中共中央关于教育体制改革的决定》的全新表述，说明阶级斗争为纲、斗争高于一切价值的教育方针已经成为历史或为历史所淘汰，大转变已基本完成，新的教育方针已基本确立。② 1987 年，何东昌进一步指出：各级各类学校教育都要贯彻为社会主义建设服务的方针，加强教育与生产劳动、与社会实践的联系。③ 然而，讨论并没有就此止步。

（2）20 世纪 80 年代后期至 90 年代前期的讨论。"七五"（1986—1990）期间，就明确新时期教育方针的意义、内容及其理论依据、教育方针应否坚持及如何理解全面发展、如何定位与表述培养目标等问题，中国教育学会先后于 1989 年 3 月（北京）、1990 年 3 月（北京）、1990 年 5 月（深圳）、1990 年 11 月（北京）召开四次座谈会，继续咨诹善道、深化研究。直至"八五"初期，新教育方针的文字表述方始确定。④ 事实上，新时期教育方针的研究，不只是一个如何表述的问题，讨论过程也是一个总结历史经验、澄清思想、解放思想、统一认识的过程，因为当时不仅在"教育为社会主义建设服务"与"教育为无产阶级服务"方面仍然存在争议，在对人的全面发展、培养目标及其表述上也各有说法。

有人认为，人的全面发展是一个教育学概念，既指人的体力和智力的发展，也包括思想品德的发展，而后者是从人作为一定社会关系的个体来看的，主要是指个体在精神风貌包括道德、品质、思想等方面健康与正常

---

① 中共中央文献研究室：《改革开放三十年重要文献选编》，中央文献出版社 2008 年版，第 381—390 页。
② 成有信：《试论教育方针的根本性转变——兼论两个教育理论在转变中的作用》，《教育研究》1999 年第 6 期。
③ 中国教育年鉴编辑部：《中国教育年鉴》，人民教育出版社 1988 年版，第 12 页。
④ 余立：《教育方针问题讨论综述》，《黑龙江高教研究》1989 年第 1 期。

的发展；有人认为，人的全面发展是一个经济学概念，从人作为生产力发展的要素来看，既指个人体力和智力的统一发展，又指个人体力和智力各自充分自由的发展，①更指人的生产能力即智力和体力广泛、充分、自由的发展；②还有人认为，全面发展涵括三个意思，即自然历史进程赋予人的各种潜能的充分自由的发展、人的对象性关系的全面生成和个人社会关系的高度丰富；更有人认为，全面发展是一个科学社会主义的概念，其涵盖甚广、内涵甚丰；等等。③参与讨论的人很多，众说纷纭。

一说应提德、智、体全面发展。有人抱持1957年毛泽东所提且在1978年《宪法》中得以强化的培养劳动者的观点，有人坚守1981年《关于建国以来党的若干历史问题的决议》中培养又红又专人才的看法，有人主张贯彻1982年《宪法》中所提使青少年儿童品德、智力、体质等方面全面发展的精神等。

二说应提德、智、体、美、劳全面发展。④1986年3月，国务院总理赵紫阳在《关于国民经济发展第七个五年计划的报告》中指出，要认真执行德育、智育、体育、美育全面发展的方针，适度加强劳动教育。⑤同年10月，国家教育委员会副主任柳斌在全国少年儿童校外教育工作会议上也提出，要坚持德、智、体、美全面发展的教育方针，正确处理进行思想品德教育与学习知识、培养能力之间的关系。⑥1988年3月，国务院代总理李鹏在第七届全国人民代表大会第一次会议上再次指出，要努力使学生德、智、体、美各方面都得到发展，并适当加强劳动教育。⑦

三说应提"四有新人"。1985年5月，万里指出，要培养有理想、有

---

① 鲁洁：《马克思主义全面发展学说与社会主义教育目的》，《教育研究》1982年第7期。

② 陈桂生：《全面地历史地研究马克思主义关于人的全面发展的理论》，《教育研究》1982年第8期。

③ 丁学良：《马克思主义"人的全面发展概览"》，《中国社会科学》1983年第7期。

④ 注：长期以来，我国社会包括政界与学界、官方与民间、教育界与社会各界等，将人的全面发展与全面发展的教育这两个既相联系又相区别的概念混淆使用，谬误流传，因而德、智、体、美、劳全面发展的提法也未能跳出这个模糊认识的怪圈。

⑤ 何东昌：《中华人民共和国重要教育文献》（上、中、下），海南出版社1998年版，第2402页。

⑥ 同上书，第2513页。

⑦ 李鹏：《政府工作报告1988年3月25日在第七届全国人民代表大会第一次会议上》，人民出版社1988年版。

道德、有文化、有纪律的人才。① 1987年2月，何东昌提出，要进一步明确办学方向，培养"四有"人才。② 3月，赵紫阳在《政府工作报告》中指出，要努力培养有理想、有道德、有文化、有纪律的社会主义新人。③ 1988年12月，中共中央《关于改革和加强中小学德育工作的通知》提出，要培养有理想、有道德、有文化、有纪律的一代新人。④ 1989年2月，李铁映提出，教育是建设社会主义现代化的基石，培养"四有"的劳动者和专门人才，是社会主义教育事业的根本方针。⑤ 1990年3月，中共十三届六中全会再次强调，要努力培养有理想、有道德、有文化、有纪律的社会主义新人。⑥ 同年4月，国家教育委员会发布《关于进一步加强中小学德育工作的几点意见》，要求中小学校将为培养社会主义事业的接班人打好基础作为学校教育的根本任务。⑦

四说应提"全面发展"+"四有新人"。1986年4月，《中华人民共和国义务教育法》第三条规定：必须使儿童、少年在品德、智力、体质等方面全面发展，为提高全民族的素质奠定基础；⑧ 1987年、1988年，李鹏先后在首都教师节座谈会和全国高教工作会议上明确指出，教育必须为社会主义现代化建设服务，使青少年学生在德、智、体等各方面得到全面发展，成为有理想、有道德、有文化、有纪律的合格人才。⑨ 其间，国家教委下发的文件及其负责人的讲话也是全面发展与"四有"并提。

---

① 中国教育年鉴编辑部：《中国教育年鉴（1982—1984）》，湖南教育出版社1986年版，第23页。

② 何东昌：《中华人民共和国重要教育文献》（上、中、下），海南出版社1998年版，第2578页。

③ 本书编写组：《政府工作报告汇编》（上），中国言实出版社2017年版，第668—700页。

④ 何东昌：《中华人民共和国重要教育文献》（上、中、下），海南出版社1998年版，第2821页。

⑤ 中国教育年鉴编辑部：《中国教育年鉴（1990）》，人民教育出版社1991年版，第7页。

⑥ 新华社：《中共中央关于加强党同人民群众联系的决定》，《人民日报》1990年4月21日。

⑦ 何东昌：《中华人民共和国重要教育文献》（上、中、下），海南出版社1998年版，第2965页。

⑧ 新华社：《中华人民共和国义务教育法》，《人民日报》1986年4月13日。

⑨ 新华社：《深化教育改革，为发展教育事业做出更大的贡献——李鹏同志在首都庆祝教师节优秀教师代表座谈会上的讲话》，《人民日报》1987年9月9日。

1990年3月，国务院总理李鹏在《政府工作报告》中重申，教育为社会主义建设服务，与生产劳动相结合，促进学生德智体全面发展，培养社会主义的"四有新人"。①

关于培养目标的表述，也即人才培养规格的定位，新中国70余年来，大致经历了"劳动者——建设者——建设者和接班人"的演变过程。20世纪50年代提"有社会主义觉悟的有文化的劳动者""全面发展的人才"等，80年代以后，为避免实践中继续将劳动者误解、曲解为体力劳动者或组织师生过多地参加体力劳动，学术界或官方文件中相继出现了"劳动者和又红又专的人才"或"社会主义的合格人才""公民"或"合格公民""人"或"人才"或"又红又专的人才""新人"或"四有新人""建设者"或"建设者和保卫者"或"建设者和接班人"等提法。但也有人认为，"建设者"不仅涵盖面窄，不能代表那些不直接从事国家建设的人，而且并不比"劳动者"的提法更科学；"人"或"人才"或"新人"的口号，质量规定不明确，标准难以把握；"公民"的提法，其教育的规格、层次和要求均偏低；"建设者和保卫者""建设者和接班人"文字都长，且有将培养目标分为两类之嫌；等等。

1989年春夏之交的学潮风波以后，有关教育方针表述的讨论，主要集中在教育目的、功能以及对改革开放10年来德育工作的检讨等问题上。是年11月，在中国教育学会第三次学术讨论会上，不少人主张，教育的功能在不同的国家和历史时期有不同的内容，鉴于前一阶段德育工作的失误，应强化教育的政治功能、培养无产阶级事业的接班人，从而为无产阶级政治服务。

另一种意见认为，教育的根本目标及其社会功能在于培养社会人，教育是促进个体社会化的活动，应将实现人的社会化作为教育目的。多数人认为，应统筹兼顾教育的社会本位和个人本位，促进受教育者个体和社会整体的和谐发展。

肖宗六著文认为，"教育的种种功能，可概括为两大类，一是促进人的身心发展的功能，二是促进社会发展的功能。前者是指促进人的品德的发展、智力的发展、美感的发展、体质的发展等；后者是指教育为政治服务，为经济服务，为文化、科学、艺术服务，为社会生活各方面服务。这

---

① 本书编写组：《政府工作报告汇编》（下），中国言实出版社2017年版，第785—825页。

两类功能，都是教育的基本功能"。①

厉以贤说，教育目的与培养目标是有区别的，教育目的是引导现实的方向，既要指导现实又要超越现实，并着重于超越，既要培养人，更要培养无产阶级革命事业的接班人。培养目标是具体的，有层次类型之别。

刘佛年讲，社会发展与人的发展是联系在一起的，社会对教育提出要求，教育则通过培养人来满足社会要求。把教育单纯地看作是个人的发展并由此得出个人本位的观点是片面的，容易使受教育者走向极端个人主义。

张承先总结新中国成立40余年来教育发展的经验教训时强调指出：要坚定无产阶级的教育观及其价值取向；要坚持以教学工作为中心，但不能忽视正确的政治方向；在社会主义现阶段，仍应坚持共产主义的思想政治教育；教育与生产劳动相结合的方针没有过时，必须继续实施。

在讨论过程中，不少人提出新的教育方针表述方案，见表1.12。

表1.12　　　　　新时期教育方针讨论的表述方案简表

论者	表述方案
张承先	教育要面向现代化、面向世界、面向未来，教育要为无产阶级政治服务，同生产劳动相结合，使学生在德、智、体、美、劳诸方面得到生动活泼的、主动的、全面和谐的发展，成为有理想、有道德、有文化、有纪律的社会主义建设者和保卫者。
柳斌	教育必须为社会主义建设服务，必须与生产劳动相结合，使受教育者在品德、智力、体质等方面全面发展，成为有社会主义觉悟的、有文化的、有健康体魄的建设者。
顾明远	教育为实现社会主义现代化服务，教育与生产劳动相结合，使学生在德、智、体、美诸方面都能生动活泼主动地得到发展，成为社会主义的建设者。
肖宗六	教育必须为社会主义建设服务，使受教育者在德智体美劳等方面全面发展，成为社会主义的建设者；其中核心内容是"德智体美劳等全面发展"；为便于宣传报道，可简称为"德智体美劳全面发展的教育方针"。

---

① 肖宗六：《简论教育功能、教育目的与教育方针的表述》，《江西教育科研》1990年第4期。

续表

论者	表述方案
张 健	新教育方针，可以根据国家、社会和教育发展的形势和要求，分层分类表述，有全面的、中等的和简易的表述三种方案。 全面的表述：教育要面向现代化、面向世界、面向未来，要开发智力、提高素质、增强国力，使受教育者德、智、体、美、劳全面发展，走又红又专、用脑动手、与工农结合、为人民服务的道路，成长为无产阶级革命事业接班人和社会主义建设者。 中等的表述：教育要面向现代化、面向世界、面向未来，使受教育者德、智、体、美、劳全面发展，走又红又专、用脑动手、与工农结合为人民服务的道路，成长为无产阶级革命事业接班人和社会主义建设者。 简易的表述：教育要面向现代化、面向世界、面向未来，使受教育者德、智、体、美、劳全面发展，成长为社会主义建设者和接班人。

  1990年5月，中国教育学会副会长吕型伟与深圳市教委主任廖槎武在深圳主持召开"关于新时期的教育方针"座谈会。会议认为，教育方针应包括教育的社会功能、实施途径、培养目标三个方面内容。在教育功能方面，应该用"教育必须为社会主义建设服务"代替"教育必须为社会主义现代化建设服务"，以避免误解，因为"社会主义现代化建设"容易被片面理解为只强调物质文明而忽视精神文明建设；在教育途径方面，应该用"教育必须与社会实践相结合"代替"教育必须与生产劳动相结合"，因为社会实践的涵盖内容比生产劳动广泛，可包括社会调查等，这样比较全面；在教育目标方面，应该将"建设者"后面的"接班人"提法删除，因为二者是一致的，分开写容易引起误解等。概言之，新教育方针可作如是表述："教育必须为社会主义建设服务，必须与社会实践相结合，培养德智体美等全面发展的建设者。"会议还强调，为了避免执行时发生歧义，新的教育方针出台以后，应配以详细、具体的说明，同时还要制定各级各类教育的培养目标。①

  1990年8月，中国教育学会举行第四次研讨会，提出三个表述方案。大多数人主张，"三个面向""四有新人"不必载入，"教育为社会主义现代化建设服务"和"培养德、智、体、美、劳全面发展的社会主义建设者和接班人"应写进去，应强调受教育者的"和谐发展"。有的人不同意提培养"接班人"，而主张提培养"人才""建设者"或"合格公民"。

---

① 《"关于新时期的教育方针"座谈纪要》，《中国教育学刊》1990年第4期。

有的人坚持认为，教劳结合应写入教育方针。这次会议以后，肖宗六赶写了《也谈新时期的教育方针》一文，对中国教育学会会长张承先、副会长顾明远、国家教委副主任柳斌关于教育方针表述的方案逐一进行评析，并系统阐述自己关于教育方针表述的意见。

肖文指出，张、顾、柳三位的共同点有二：一是都提到教劳结合；二是都认为应培养建设者。不同点有三：一是主张把"三个面向"和"四有新人"都载入教育方针，顾、柳没有纳入，但顾、柳都提教育要服务于社会主义建设，张仍坚持教育要服务于无产阶级政治；二是张提德智体美劳全面发展，顾提德智体美全面发展，柳提德智体全面发展；三是张、顾均主张受教育者"生动活泼地、主动地得到发展"，柳未提。①

据此，他认为：新教育方针不宜再提教育为无产阶级政治服务，因为无产阶级在我国早已成为历史名词；教劳结合也不宜再提，因为1958年提出以后，理论上扯不清楚，实践上也不成功；"三个面向"不必写入，因为它是教育发展的战略方向，不是工作方针；"四有"也不宜写入，因为它与"德智体美劳全面发展"的内容重复；教育方针的文字宜精练，"生动活泼地主动地得到发展"等能省的文字尽量省去。新教育方针的制定应该总结历史的经验和教训，文字表述应尽量简明扼要："教育必须为社会主义现代化建设服务，培养德、智、体、美、劳全面发展的人才。"②

1990年11月，张承先主持召开中国教育学会会长、副会长座谈会，专题讨论新教育方针的表述问题。在主题发言中，他提出，教育为无产阶级政治服务的方针是正确的，必须坚持，不能再含糊。但大多数人主张，应该提教育为社会主义建设服务，而摒弃教育为无产阶级政治服务的口号。会议形成三个表述方案，供中央决策参考。见表1.13。

表 1.13　　　　　　　　1990年会议形成的表述方案

表述方案	表述内容
第一方案	教育要为社会主义现代化建设服务，面向世界，面向未来，坚持与生产劳动相结合，培养德、智、体、美、劳和谐发展的社会主义建设者和接班人。

---

① 肖宗六：《也谈新时期的教育方针——兼评张承先、顾明远等同志的教育方针表述方案》，《中国教育学刊》1990年第6期；《新华文摘》1991年第2期全文转载。

② 同上。

续表

表述方案	表述内容
第二方案	教育必须为社会主义现代化建设服务，必须与生产劳动相结合，培养德、智、体、美、劳和谐发展的接班人。
第三方案	教育必须为社会主义建设服务，必须与生产劳动相结合，培养德、智、体、美、劳和谐发展的社会主义建设者。

1990年12月，《中共中央关于制定国民经济和社会发展十年规划和"八五"计划的建议》指出：继续贯彻"教育必须为社会主义现代化服务，必须同生产劳动相结合，培养德、智、体全面发展的建设者和接班人"的方针。[①] 1991年4月，七届人大四次会议批准了这个建议，正式颁布《中华人民共和国国民经济和社会发展十年规划和第八个五年计划纲要》。[②] 至此，历经10多年探索和研究——这是一场十分必要、非常有益的探讨，新时期终于有了一个明确的教育方针。1992年，江泽民在中共十四大报告中指出：各级各类学校都要全面贯彻党的教育方针，坚持社会主义教育方向，坚持教育与生产劳动相结合；同年印发的《全国教育事业十年规划和"八五"计划要点》也提出，要把培养社会主义事业的建设者和接班人作为学校的根本任务。

1993年2月，为避免对"社会主义现代化"的歧解，中共中央、国务院新出台的《中国教育改革和发展纲要》在"社会主义现代化"后面加上"建设"二字，以强调其过程性，即教育为社会主义现代化建设服务的全程性，也防止片面理解成"为社会主义物质文明现代化服务"，并将"教育必须同生产劳动相结合"改为"教育必须与生产劳动相结合"，也即把"同"换为"与"，其余文字没有改动，也没有增删。随后，国家教委主任李铁映在首都贯彻《中国教育改革和发展纲要》的报告会上做了解释。国务院总理李鹏在1993年、1994年、1995年的《政府工作报告》中也一再重申该教育方针，把教育放在优先发展的战略地位。

然而，这一教育方针颁布不久便引起了争议。一些人发文认为，虽然

[①] 新华社：《中共中央关于制定国民经济和社会发展十年规划和"八五"计划的建议》，《人民日报》1991年1月29日。

[②] 何东昌：《中华人民共和国重要教育文献》（上、中、下），海南出版社1998年版，第3140页。

《纲要》第 35 条专门阐述美育的重要性，但在新的教育方针文本里不提或回避美育，这样不利于学校美育的开展。有的全国人大代表和政协委员，在国家"两会"期间提议修改教育方针，将美育列入其中。面对这些意见，时任国家教委副主任柳斌多次解释：德育、智育、体育中已包含美育，不必单提；时任国务院副总理李岚清也于 1994 年 4 月 1 日在国家教委艺教委委员座谈会上说：德育包括美育，劳育包括德育和体育，美育应该贯穿于各级各类教育之中，从幼儿园、小学、初中、高中到大学，美育都是不可缺少的课程。

在同年《人民教育》第 10 期上，李岚清发文解释为何恢复"德、智、体"的提法，并指出，美育是很重要的，少写一个"美"字，绝不是中央不重视美育，中央和国务院是很重视的。① 1995 年 3 月 18 日，为响应社会各界对未提美育的批评，起自 1985 年、历经 10 年研拟、提交八届人大三次会议审议通过的《中华人民共和国教育法（草案）》第十二稿，在第一章第五条中，对新教育方针作了进一步充实，明确规定："教育必须为社会主义现代化建设服务，必须与生产劳动相结合，培养德、智、体等方面全面发展的社会主义事业的建设者和接班人。"②

至此，中国共产党关于教育工作的指导方针终于通过立法程序和形式载明于教育法，上升为中华人民共和国全体人民共同的教育意志，由政党性升至全民性，或兼具两性。就新教育方针正式面世的过程而言，1991 年国家"八五"计划公布的教育方针，可以视为新时期教育方针讨论的总结，或者说讨论暂告一段落，并标明新教育方针内容已基本形成；从新教育方针正式版本的完善来看，中经 1993 年《中国教育改革和发展纲要》的微调，直至 1995 年《教育法》教育方针文本的正式颁定，可看作新时期教育方针确立的标识。

1996 年 5 月 11 日，李岚清在湖南汨罗市视察时，曾对该教育方针中"德、智、体等方面全面发展"的提法作过解释。他指出，在培养目标和人才素质结构中，特地增加"社会主义""等"界定，体现了新时期教育方针在内容表述方面逐步走向成熟。然而，虽然经过新中国前期 30 年的

---

① 李岚清：《为何恢复"德、智、体"的提法——李岚清副总理阐释我国教育方针》，《人民教育》1994 年第 10 期。

② 新华社：《中华人民共和国教育法》，《人民日报》1995 年 3 月 22 日。

实践探索和改革开放以来 10 余年的广泛讨论，随着新教育方针的诞生，有关其表述的争鸣似乎也尘埃落定，但事实上进一步完善教育方针表述的研究从未中止，更未却步。可以说，教育方针的表述是新的历史时期久盛不衰、常议常新的研究主题。

（3）20 世纪 90 年代中后期至 21 世纪的讨论。20 世纪 90 年代中后期至 21 世纪的讨论，主要集中在应否加上美育、为人民服务、教育与社会实践相结合等内容及其阐释上。

首先是对新教育方针只提德、智、体全面发展而没有提美育的质疑之声持续不断。比如，有人批评 1995 年宣示的教育方针虽然有进步，但并没有大的突破；有人在《中国教育报》上发文主张，美育有其不可替代的独立地位，不应将美育包含于德育之中；[①] 也有人指出，美育不单是艺术课程教师的责任；[②] 有人连文呼吁，德育不能包括美育，加强美育既是培育创新人才的需要，更是 21 世纪经济、社会发展的直接要求，把美育正式列入教育方针是时代的要求；[③] 有人提出：新中国成立以来，美育在教育方针中时有时无，不可能不影响到学校美育乃至全面发展教育的开展，新的教育方针应该明确将美育列入其中，以加强对学生的审美教育；[④] 有人进一步提出：德、智、体三方面的素质是对学生的基本要求，美育是在其之上的更高层次要求，美育是培养高规格、高水平、高质量人才的需要。[⑤]

早在 1951 年 3 月，在第一次全国中等教育会议上，教育部长马叙伦就提出智育、德育、体育、美育全面发展。1952 年 3 月，教育部颁发《中学暂行规程（草案）》，强调实施智育、德育、体育、美育等全面发展的教育。1954 年 2 月，周恩来在政务会议讲话中指出，要使每个人在德、智、体、美等方面均衡发展。但是，自 1957 年 2 月毛泽东提出在德、智、体三育等方面全面发展以后，美育不再被提起。在后来那段突出无产阶级政治、强调阶级斗争为纲的扭曲年代，"美"更成了资产阶级的专有

[①] 赵延龄：《美育不能含在德育里》，《中国教育报》1997 年 7 月 31 日。
[②] 张鹰：《美育，不单是艺术课程教师的责任》，《中国教育报》1999 年 4 月 26 日。
[③] 叶朗：《把美育正式列入教育方针是时代的要求》，《北京大学学报》（哲学社会科学版）1999 年第 2 期；《关于把美育正式列入我国教育方针的建议》，《历史教学问题》2001 年第 1 期。
[④] 张保成：《我国教育方针的沿革与学校美育》，《中小学美育》2003 年第 5 期。
[⑤] 于文书：《美育在学校教育中的定位》，山东新闻网，2007 年 1 月 10 日。

物,"美育"亦被淹没在"兴无灭资"的冰水之中,直至改革开放后的1986年,六届人大四次会议重提"贯彻德育、智育、体育、美育全面发展的方针",但其后的教育方针表述,均未再提美育,1995年《中华人民共和国教育法》规定的教育方针也只用"等方面"对美育做了暗含性的表述,将其降格于"等"之列,并未予以明示,更未能还美育以固有的、独立的、不可替代的地位。①

时至1998年5月,在纪念五四运动暨北京大学校庆100周年大会上,江泽民郑重提出,应"造就有理想、有道德、有文化、有纪律的德智体美全面发展的社会主义事业建设者和接班人",再次将美育列入教育方针。② 1999年3月和6月,九届人大二次会议的《政府工作报告》和《中共中央、国务院关于深化教育改革,全面推进素质教育的决定》,均提出德智体美全面发展,增加了"美"的内容和要求。朱镕基在《政府工作报告》中也指出:"大力推进素质教育,使学生在德、智、体、美等方面全面发展。"③ 这些提法,意味着在即将跨入21世纪的时候,中央已经决定把"美"和"美育"正式列入教育方针。④ 其后,在国家的教育方针表述里,"美"和"美育"一直忝列其中,有时提"德智体美全面发展",有时提"德智体美等全面发展",有时提"德育、智育、体育、美育等全面发展",表述略有不同,精神实质一致。

其次是对新教育方针持守教劳结合的唯一要求而忽视教育与其他社会实践相结合的问题展开探讨,并赋予教育为人民服务的功能旨向。前已述及,1990年5月,吕型伟等就提出,新教育方针应该提教育与社会实践相结合,但未获采纳。1995年新教育方针颁定后,肖宗六先是发文,从正面进行解释,试图帮助广大教育工作者准确理解和贯彻教育方针,⑤ 继而进一步建言,将"教育必须与生产劳动相结合"改为"教育必须与社

---

① 张保成:《我国教育方针的沿革与学校美育》,《中小学美育》2003年第5期。
② 中共中央文献研究室:《十五大以来重要文献选编(上)》,中央文献出版社2011年版,第285—289页。
③ 本书编写组:《政府工作报告汇编》(下),中国言实出版社2017年版,第1033—1058页。
④ 叶朗:《把美育正式列入教育方针是时代的要求》,《北京大学学报》(哲学社会科学版)1999年第2期。
⑤ 肖宗六:《教育方针、教育政策和教育法规》,《人民教育》1997年第11期。

会实践相结合"。① 朱佳生等认为,社会实践是一个宽泛概念,随着人类实践活动的丰富及科学技术和生产力的高度发达,社会实践已不限于生产活动一种形式,还有多种其他的形式,生产劳动是社会实践活动中最基本、最主要的部分,但不是全部,新教育方针在强调教育与生产劳动相结合时,忽视了其他社会实践活动,因此,把教育与生产劳动相结合扩大为教育与社会实践相结合,更符合当代教育和社会发展的实际,更具有普遍意义。②

同时,随着"三个代表"重要思想的提出,教育为人民服务成为新的时代要求。有文章指出,从1934年毛泽东最早提出教育"为革命战争与阶级斗争服务"、1944年发表《为人民服务》的演讲,到1950年教育部提出"教育为人民服务,首先是为工农兵服务",再到1958年中共中央、国务院提出"教育必须为无产阶级政治服务"以及"文化大革命"时期提出"教育必须为阶级斗争服务,教育必须为无产阶级服务",直至1985年中共中央提出"教育为社会主义建设服务"、1993年《中国教育改革和发展纲要》和1995年《中华人民共和国教育法》提出"教育为社会主义现代化建设服务",虽然在不同历史时期,教育工作有不同的服务重点、旨向和要求,但服务社会的性质,从而也是教育方针的功能一以贯之,始终没有改变。因此,应该将教育为人民服务纳入教育方针。

1999年6月,在第三次全国教育工作会议上,江泽民针对全面实施素质教育的问题,作了重要讲话,并对教育方针作了系统阐述:教育为社会主义、为人民服务,教育与社会实践相结合,努力造就有理想、有道德、有文化、有纪律和德育、智育、体育、美育等全面发展的社会主义事业的建设者和接班人。③ 这段讲话既是教育方针最新认识的反映,同时也标志着教育方针研究所取得的新进展。一方面,它突破了长期以来在教劳结合问题上的僵固思维,将教育与生产劳动的单一结合推展至与包括生产劳动在内的社会实践全方位结合的崭新高度;另一方面,它又继承了教育服务社会、服务人民的优良传统,将教育为社会主义现代化建设的单一服

---

① 肖宗六:《现行教育方针应该修改》,《中小学管理》2002年第10期。
② 朱佳生、孙绍荣:《论教育与社会实践相结合》,《教育发展研究》1997年第11期。
③ 中华人民共和国教育部:《深化教育改革 全面推进素质教育:第三次全国教育工作会议文件汇编》,高等教育出版社1999年版,第14—23页。

务扩充至为社会主义和为人民的双重服务,赋予教育新的使命和功能。

2002年11月,中共十六大报告总结概括了改革开放以来教育方针研究的成果,对教育方针做了提炼性的表述:"教育为社会主义现代化建设服务,为人民服务,与生产劳动和社会实践相结合,培养德智体美全面发展的社会主义建设者和接班人。"① 该教育方针一是将教育"为社会主义现代化建设服务与为人民服务"并列,既强调教育的社会本位取向,又注重教育以人为本的宗旨;二是将"生产劳动和社会实践"并列,既承续了教育与生产劳动结合的传统,又实现了教育与社会实践结合的创新,从而使教育方针富有新的时代气息和特质。这是21世纪以来国家最新的教育方针表述,此后国家公布的一系列教育法律法规文件,既强调要贯彻它,又以它为核心而展开,并作进一步阐发。

2006年修订公布的《中华人民共和国义务教育法》第一章"总则"第三条规定:实施素质教育,提高教育质量,为培养社会主义建设者和接班人奠定基础;第五章"教育教学"第三十四条规定:面向全体学生,教书育人,将德育、智育、体育、美育等有机统一在教育教学活动中,注重培养学生独立思考能力、创新能力和实践能力,促进学生全面发展。② 2007年5月,《国家教育事业发展"十一五"规划纲要》指出:全面实施素质教育,深化教育改革,提高教育质量。③ 同年10月,胡锦涛在党的十七大会议上重申了江泽民在十六大报告中所提"培养德智体美全面发展的社会主义建设者和接班人"的指导方针,④ 2008年3月,温家宝在《政府工作报告》中指出:优先发展教育,让孩子们上好学,办好人民满意的教育,提高全民族的素质。⑤ 2010年7月,《国家中长期教育改革和

---

① 中共中央文献研究室:《十六大以来重要文献选编》(上),中央文献出版社2005年版,第1—44页。
② 《中华人民共和国义务教育法》,1986年4月12日第六届全国人民代表大会第四次会议通过,2006年6月29日第十届全国人民代表大会常务委员会第二十二次会议修订。
③ 中华人民共和国教育部:《国家教育事业发展"十一五"规划纲要》,人民教育出版社2007年版。
④ 胡锦涛:《高举中国特色社会主义伟大旗帜 为夺取全面建设小康社会新胜利而奋斗——在中国共产党第十七次全国代表大会上的报告》,2007年10月15日,http://www.sina.com.cn,新华社北京2007年10月24日电。
⑤ 温家宝:在十一届全国人大一次会议上的《政府工作报告》,2008年3月5日。

发展规划纲要（2010—2020年）》再度将2002年十六大所提教育方针明定为未来10年国家教育改革和发展的总方针。①

4. 关于教育方针含义及其诠释的研究

教育方针的诠释性研究，可以追溯至1904年清廷《奏定学堂章程》规定各学堂共同遵守的立学宗旨后颁布《务学纲要》所厘定的实施细则以及1906年朝廷公布教育宗旨后下发《上谕》逐条所作的解释，虽属于官方性质，却是有研究基础。民国年间宣施的教育宗旨，除了政府配发一系列规程和统令予以阐释之外，民间包括教育界和学术界也常常发表见解。1949年后各个时期的教育方针，一经公布，正面解释性的文字相率蜂起。严格讲，20世纪50年代初期，新政权初定，新的教育方针尚未正式颁施，因而对当时官方有关教育工作方针的一些提法及其含义，学术界还可以发表见解，气氛较为活跃。

但随着一波接一波政治运动的开展，争鸣与讨论日渐式微。特别是1957年、1958年毛泽东关于教育方针的讲话发表直至60年代中共中央正式批准教育部公布"57+58型"的教育方针后，对教育界、思想界的钳制与管控不断加强，对教育方针含义及其诠释的研究，主要是庸俗吹捧、唱赞歌，甚至是牛头不对马嘴的恣意拔高，引经据典说它如何科学与正确，应如何贯彻等。直至"文化大革命"前后，将其抬高到"一句顶一万句"的世界屋脊，无复有任何杂音。

其实，对于这一教育方针的内涵，周恩来曾作过委婉的诠释与完善。他指出："教育为无产阶级政治服务，就是要使受教育的人具有社会主义觉悟，愿意为社会服务。教育与生产劳动相结合，也就是要使受教育的人经过生产劳动，锻炼成为一个既有社会主义觉悟又有文化的劳动者。当然，这里所指的劳动者是就广义而言的，包括体力劳动者和脑力劳动者，但主要的还是指从事生产的工人和农民，因为这个数量大。"② 这段讲话不仅与改革开放以来的教育方针相贯通，而且也直接为新的教育方针奠定了思想基础。但当时极"左"思潮盛行，未受到应有重视。

---

① 国务院法制办公室：《中华人民共和国教育法典》（注释法典新4版），中国法制出版社2018年版，第69—84页。

② 中央教育科学研究所：《周恩来教育文选》，教育科学出版社1984年版，第206—207页。

中国共产党十一届三中全会的召开，是一个重要的分水岭，标志着教育方针的诠释性研究进入了一个新的时代。在"解放思想，实事求是"及倡行"实践是检验真理的唯一标准"的大背景下，陆续出现了一批逆向性反思与批判性研究，继而又出现了一些正面性论证、歌颂与解读型文字，不同的声音交互争鸣，进而形成一浪高过一浪的思想与理论碰撞。一方面，对新中国数十年教育方针的内容和实践进行质疑和分析：哪些表述是符合马克思主义教育原理、符合中国教育实际的，哪些是不符合甚至是违反的，哪些需要继承、改进，哪些需要剔除，哪些需要增加与强化等。另一方面，又在总结经验教训，根据新时期建设的总路线和对教育工作的要求，探讨符合时代特征的教育方针内容及其表述。[①]

这场关于教育方针内容解读之争历时20余年，不仅为新教育方针的出台奠定了坚实的理论与实践、舆论与社会基础，而且也分别形成了1991年、1995年、2002年相继出台的既一脉相承又与时俱进的新教育方针的三个表述（表1.14）。

表1.14　　　　　1991—2010年相继出台的新教育方针

时间	政策法规	表述
1991年4月	中华人民共和国国民经济和社会发展十年规划和第八个五年计划纲要	教育必须为社会主义现代化服务，必须同生产劳动相结合，培养德、智、体全面发展的建设者和接班人。
1995年3月	中华人民共和国教育法	教育必须为社会主义现代化建设服务，必须与生产劳动相结合，培养德、智、体等方面全面发展的社会主义事业的建设者和接班人。
2002年11月	全面建设小康社会，开创中国特色社会主义事业新局面——在党的第十六次全国代表大会上的报告	教育为社会主义现代化建设服务，为人民服务，与生产劳动和社会实践相结合，培养德智体美全面发展的社会主义建设者和接班人。
2010年7月	国家中长期教育改革和发展规划纲要（2010—2020）	教育为社会主义现代化建设服务，为人民服务，与生产劳动和社会实践相结合，培养德智体美全面发展的社会主义建设者和接班人。

（1）国内的诠释性研究。与上述三个表述相适应，一些报纸杂志也陆续发表对教育方针的解释性研究。1992年，成有信发文认为，现代社

[①] 中国教育年鉴编辑部：《中国教育年鉴（1992）》，人民教育出版社1993年版，第9页。

会、现代教育和现代人是不能分割的，要研究现代教育，就必须研究现代社会和现代人。通过古代社会和现代社会、古代教育和现代教育、古代人和现代人的对比研究，作者提出，应坚持改革开放，发展经济，发展社会主义物质文明和精神文明，发展社会主义现代教育，认真创造社会主义现代人的成长条件，加强培育社会主义现代人。①

同年，柳海民发文认为，"全面发展"一词过于模糊、笼统，不符合马克思主义的原意，应该对"个人全面发展"有一个严格的界定，"人的全面发展"应该是具体的、现实的个体。个人的全面发展、智力与体力的统一发展，除了量与质两个方面的规定和要求外，还必须加上智力、体力与个体、与生产过程双重统一这个意思，即智力和体力既要集于一体，又要统一于物质生产过程中，这样才揭示了全面发展的本质特征。②

1994年，顾明远发文指出："教育为社会主义现代化建设服务，教育与生产劳动结合，"是我国教育方针的主要内容。教育为社会主义现代化建设服务，其含义可以归纳为以下几个方面：第一，教育为社会主义现代化建设培养人才，特别是为现代化生产培养有文化科学知识的熟练劳动力和科技人才；第二，教育是实现科学知识再生产最有效的形式；第三，教育既是建设社会主义物质文明的重要条件，也是社会主义精神文明建设的重要内容。教育为社会主义现代化建设服务，就是要为经济体制变革服务，为社会主义市场经济体制的建立和完善培养人才。首先要改革教育体制，增强地方的办学决策权和学校的办学自主权；其次要改变教育投入拨款制度；最后要改变人才培养模式，改革教育内容和方法。同时，教育必须与生产劳动结合起来，不同学校应该有不同的要求和做法。③

1995年，新教育方针通过立法形式颁定后，这方面的解读性、阐释性文字益发增多，同时，随着新中国成立50周年、新世纪与新千年的相继到来，直至对新中国成立60周年的纪念，总结历史经验教训、回溯教育方针沿革的研究迭有所出，为教育方针的修订提供了多方面的

---

① 成有信：《简论现代社会、现代教育和现代人》，《江西教育科研》1992年第1期。
② 柳海民：《简论"个人全面发展"的科学内涵及其基本特征》，《教育研究与实验》1992年第2期。
③ 顾明远：《教育必须为社会主义现代化服务，必须与生产劳动相结合——学习邓小平同志的教育思想》，《辽宁高等教育研究》1994年第3期。

研究参照，为科学解读、准确阐释、全面贯彻教育方针提供了深广的理论视野。

1998年，郑金洲在《华东师范大学学报》（教育科学版）1998年第3期上发表《教育基本理论研究与教育观念更新——十一届三中全会以来教育基本理论研究引发的教育观念变革寻迹》；1999年，成有信在《教育研究与实验》第3期上发表《从教育为无产阶级政治服务向教育为社会主义建设服务转变——学习中共十一届三中全会决议精神体会》；1999年，刘海南在《西南师范大学学报》（哲学社会科学版）第5期上发表《论新中国教育方针的演进与启示》；1999年，俞家庆、于建福在《教育研究》第10期上发表《我国社会主义教育方针的形成与发展》；等等。这些文献，对新时期教育方针的含义作了系统研究与阐发，尤其对新中国教育方针的演变轨迹进行梳理总结，有的还钩沉探微，挖掘出不少一手资料。

1999年，江泽民关于教育为人民服务、与社会实践结合的讲话发表后，于文书发文指出，该讲话指明了教育工作的方向，为全面理解党的教育方针提供了一个新视角。教育方针规定的是教育"为谁服务""培养什么样的人""如何培养人"三个基本问题，教育必须为社会主义服务、为人民服务，教育要培养德智体美全面发展的社会主义建设者和接班人，教育必须与社会实践相结合。①

2000年，汪浩发文指出，江泽民关于培养德智体美全面发展的"四有"人才等提法，是新的历史条件下对教育方针的进一步完善、丰富和发展。②

同年，孙喜亭在《高等教育研究》第1期上发表《新教育方针的确立步履维艰》一文。其主要观点是，新教育方针以"教育为社会主义现代化服务"代替"教育为无产阶级政治服务"，以培养"建设者和接班人"代替培养"劳动者"，提法更准确、更科学，且富有时代特点，与党在新时期的思想路线吻合，是对马克思主义教育思想的重大继承与创新。孙文更进一步指出，由服务于无产阶级政治到服务于社会主义现代化建

---

① 于文书：《党的教育方针的新视角》，《光明日报》1999年10月18日。
② 汪浩：《论江泽民对教育方针的新发展》，《淮阴师范学院学报》（哲学社会科学版）2000年第4期。

设,这个转变、转向,不是继承,而是否定,充分表明了我们党对教育本质和功能认识的质的飞跃。①

2001年,江泽民《关于教育问题的谈话》发表后,傅维利在《求是》上发文认为,其关于社会实践与青少年健康成长关系的论述发展了马克思教育同生产劳动相结合的光辉思想,体现了改革开放条件下党对青少年健康成长规律的新认识,对改革和发展我国当代教育具有很强的现实指导意义。社会实践在青少年成长中具有不可替代的作用,教育同社会实践相结合是对马克思教劳结合思想的丰富与发展,教育同社会实践相结合符合青少年健康成长的基本规律。②

2003年,杨天平在《社会科学战线》上发文指出,新中国成立50余年来,先后于20世纪60年代初和90年代中明令公布过两个在内容和构型方面既一脉相承又有所区别、具有典型时代特征的教育方针。其共通之处在于,它们均由教育的总体目标、具体目标和实施途径三要素构成,并且都强调教劳结合和受教育者的全面发展;其差异之处在于,前者提教育为无产阶级政治服务和培养劳动者,后者提教育为社会主义现代化建设服务、教育应培养建设者与接班人。③

2006年,肖宗六再版文集指出,"德智体等方面全面发展"的提法,抓住了青少年身心发展的本质方向,有着积极的指导意义。④

2009年,翟博在《中国教育报》发文指出,新教育方针的确立,实现了教育方针认识和实践的历史性转变,开启了社会主义教育发展的新时代。⑤

(2) 国外的诠释性研究。查阅英文文献,进一步发现,教育方针的

---

① 孙喜亭:《新教育方针的确立步履维艰——由"教育为无产阶级政治服务"向"教育为社会主义现代化建设服务"转变的曲折过程》,《高等教育研究》2000年第1期。

② 傅维利:《坚持教育与社会实践相结合的方针——学习江泽民同志〈关于教育问题的谈话〉》,《求是》2001年第10期。

③ 杨天平:《人民共和国教育方针五十年论略》,《社会科学战线》2003年第2期。

④ 参见肖宗六《教育改革与学术争鸣/中国当代教育论丛》,人民教育出版社2003年8月第1版和2006年2月第2版。

⑤ 翟博:《新中国60年我国教育方针政策的形成与演变》,《中国教育报》2009年9月23日。

确是一个很有中国特色的概念，国外很少使用。这里姑且做适当介绍和引述。① 英文对译的词汇有 educational policy/educational tenets/educational principle 等，在指向教育目的、任务、功能、作用等方面，具有一定的可比性。输入"中国教育方针：教育为社会主义现代化建设服务、为人民服务"等英文词语，搜索 EBSCOhost 数据库中的 Eric、Teacher Reference Center、Newspaper Source 等子数据库，得到 3831446 条结果，内容包括国外学者对我国新教育方针的分析性研究与解读及中国学者研究所译成的外文，此外还有各国教育部和其他官方网站、报刊的相关言论。但搜索加利福尼亚大学（University of California）国际和区域数字馆藏中的 eScholarshipRepository 数据库及澳大利亚 Wollongong 大学图书馆藏数据库，没有发现与中国教育方针密切关联的文献。

有限的文献检索表明，国外学者对于中国"教育为现代化服务"方针的理解，似乎与本义存在一定的偏差，他们大都从教育对中国经济的推动作用方面来评论。也有一些文章从教育权力下放及市场化的角度来理解，还有不少文章对中华人民共和国成立以来教育方针的前后变化进行对比性的解析，认为中国教育体现的政治性日渐减少，政府对教育的直接控制日渐削弱，但也指出，中国教育方针仍旧在一定程度上体现了中央集权的治理方式。在他们眼里，中国的教育是为国家与政治服务的。当中国提出教育面向现代化时，深受西方实用主义文化教育影响的国外学者想到的自然是，中国教育开始转向为经济发展和个人发展服务。

英国有学者认为，中国教育方针的提出是为了顺应经济市场化与全球化的要求，在这个方针的指导下，更加实用的技术教育和职业教育迅速发展起来。也有评论认为，"教育为现代化服务"，就如同德国教育体系中"科技引领经济，文化创造未来，教育推动社会发展"的理念，它将学术与工业优势结合起来，有助于促进教育体系的完善，推动社会和欠发达地

---

① 注：查阅相关英文网站，其对教育方针与教育政策、教育宗旨与教育目的、教育规律和教育法规的区分不是很严格，明明用这个单词检索，搜出的却是另一个相关语词的意思，根本不是对所要搜索概念的解释。有些语词如"教劳结合"等，系中国特有，外文资料里极少见。

区的进步。① "教育服务于经济",是中国的新提法。20 世纪 80 年代初,国家领导人及经济改革的总设计师邓小平指明了教育发展的基本方向。他强调,教育和经济发展是不可分割的,教育是经济与社会发展计划中的有机组成部分。② 教育必须改变,以满足现代经济和未来发展需要。他宣称,教育要面向现代化、面向世界、面向未来。③

根据新的教育方针,中国政府越来越关注教育在发展国民经济和提升区域经济竞争力及全球市场位置中所扮演的角色。教育为经济服务,有利于促进教育的非政治化,有利于促进中国实现现代化。④ 但这并不意味着教育失去了政治功能,也不意味着政府已经削弱乃至放弃了教育的社会主义性质及其责任,只是政治不再明显地干涉学校的课程和教学事务。⑤ 这种实事求是的教育方针与教育目标定位,为中国政府重塑教育在社会发展中的作用及调整其教育政策开辟了道路,有利于促进中国教育的良性发展。

毛泽东时代,国家垄断教育及其管理,教育方针具有显著的精英主义和功利主义特征,教育被视为公共产品而不是个人需要,那些把教育作为提高自己社会地位的人被谴责为自私且具有资产阶级思想的人,⑥ 教育目标强调的是"培养共产主义人生观的新人"。⑦ 1958 年,中共中央、国务院发出指示,要求教育必须履行它的政治功能,为无产阶级事业服务,与

---

① Frank Quosdorf. Chinese higher education Made in Germany. http://www.chinaeducationblog.com/university/2009-11-09.

② Rosen, S. Education and Economic Reform [A]. In Hudson, C. *The China Handbook* [C]. Chicago and London: Fitzroy Dearborn Publishers, 1997: 259.

③ Kinglun Ngok. Chinese Education Policy in the Context of Decentralization and Marketization: Evolution and Implications [J]. *Asia Pacific Education Review*, Vol. 8, No. 1, 2007: 142-157.

④ Rosen, S. Education and Economic Reform [A]. In Hudson, C. *The China Handbook* [C]. Chicago and London: Fitzroy Dearborn Publishers, 1997: 259.

⑤ Kinglun Ngok. Chinese Education Policy in the Context of Decentralization and Marketization: Evolution and Implications [J]. *Asia Pacific Education Review*, Vol. 8, No. 1, 2007: 142-157.

⑥ Ngok, K. L, Kwong, J. Globalization and Educational Restructuring in China [A]. In Mok, K. H, A. Welch. *Glabolization and Educational Restructuring in the Asia Pacific Region* [C]. London: Palgrave, 2003.

⑦ Gardner, John. China's Educational Revolution [A]. In Stuart R. Schram. *Authority, Paticipation and Cultural Change in China* [C]. London: Cambrige University Press, 1973: 260-264.

生产劳动相结合,加强共产党对教育的领导。① 无论是学校的规章制度,还是学校开展的各类活动,都注重生产劳动、加强劳动教育。所有师生都被要求参加体力劳动,以提高其社会主义觉悟。②

自 20 世纪 70 年代末开始,经济改革和对外开放的现代化驱动,使中国由高度集中统一的计划经济向以市场为导向的更有活力的经济方式转变。市场经济的新方向对中国的教育具有重要意义。鉴于有限的教育资源投入和人民日益增加的教育需求之间的巨大差距,中国教育方针的调整深受教育资源稀缺以及全球市场经济原则的影响。③ 同其他发展中国家一样,中国政府开始改变教育方针,采取权力下放和市场化两个战略,以应对教育资源稀缺的问题,④ 进而努力提高全民族的教育供应和职业教育的地位,使各阶段和技术水平的人接受培训的机会大大增加。⑤

维基百科对 1949 年到 20 世纪末中华人民共和国历任领导人执政时期的教育方针进行整理分析,认为邓小平关于教育方针的论述影响深远,或者说,邓小平关于教育发展的指导方针具有划时代的意义和历史价值。它涉及各级各类教育系统,目的是缩小中国与其他国家之间的差距,中国进行现代化的教育是至关重要的。从中央到地方,各级政府均下放教育管理权力,但是中央集权的管理体制及其运作机制并没有结束。⑥ 美国国会图书馆(U. S. Library of Congress)中的"中国"条目也持相同陈述:邓小平重视科学、发展教育的相关方针政策对中国教育产生深远影响,涉及各级各类教育体系,缩短了与其他国家的差距,普及义务教育、提供优质高等教育、发展职业教育等政策符合中国实现现代化的要求。

当然,也有一些不同的声音,值得我们警惕和深思。比如,一些外国

---

① C. T. Hu. *Chinese Education Under Communism* [M]. New York: Colunbia University Press, 1962.

② Kwong, Stanley T. The Effects of the Cultural Revolution on Educational Policies of Higher Education in the People's Republic of China [J]. *Asian American Conference. University of Massachusetts*, December 6, 1974.

③ Kinglun Ngok. Chinese Education Policy in the Context of Decentralization and Marketization: Evolution and Implications [J]. *Asia Pacific Education Review*, 2007, Vol. 8, No. 1: 142-157.

④ Robertson, R. *Globalization: Social Theory and Global Culture* [M]. London: Sage, 1992.

⑤ John Wallis. China and the Tensions of Modernization: Implications for Adult Education [J]. *International Council for Adult Education*, 1996 (4): 30.

⑥ Education in the People's Republic of China [EB/OL]. http://en.wikipedia.org/wiki/.

智库说，中国的教育体系在很大程度上是失败的，因为教育不能有效服务于社会，不能有效培养对社会有用的个体，而只是制造出一群投机分子，这些人渴望能够受益于社会所提供的好处却毫不关心回报。中国可以培养出大批的高级人才，但很少培养出合格的可以独当一面的管理级专家。服务于一个公司或者社会，光有技术是不够的，还需要有勇气、胆量、正直和诚实的领导才能，这恰恰是大多数中国人所缺少的品性。[①]

英国诺丁汉大学成人教育研究中心主任 Wallis John 博士的一番话更是耐人寻味。他指出，中国面向现代化所进行的改革，无论是教育改革还是政治改革，是否还能保持其社会主义国家的本色或特色，值得观察。其教育政策对中国公民价值观的影响，是否会导致资本主义在中国的盛行？在过去的社会主义大国建设的讨论中，一直被讨论的问题是邓小平提出的"建设有中国特色的社会主义"，是否既能为中国带来经济利益，又把中国带入国际社会，同时仍保持其基本的社会主义价值观，而教育在国民素质及其价值观方面发挥着核心作用。[②]

有意思的是，尽管国外对中国教育方针的研究褒贬不一，但都在探讨一些共同的问题。比如，中国的教育方针对于其教育的未来、经济的增长、社会的发展乃至对全世界的影响究竟是好是坏？西方国家是否应该从中吸取经验？尤其是美国，联邦政府不直接掌管教育，而是由各州制定教育政策，国家是否应该加强对教育的控制，国家在教育中应如何承担不可推卸的责任、扮演不可或缺的角色？等等。这些"旁观者"对中国教育方针的看法，无疑给我们提供了另一个视角和参照。[③]

纵观 19 世纪末至 21 世纪初从晚清和民国政府教育宗旨的研究到新中国、新时期教育方针的研究，内容甚丰，涉猎甚广，既为 100 余年教育方针的理论与实践活动提供了厚实的研究史料，为教育方针的贯彻与实施提

[①] 外国智库对中国问题深刻分析 [EB/OL]. http：//my.icxo.com/？uid-388747-action-viewspace-itemid-467536.

[②] John Wallis. China and the Tensions of Modernization: Implications for Adult Education [J]. *International Council for Adult Education*，1996（4）：30.

[③] 注：有关教育方针的国际比较，可参看吴畏主编的《教育方针的理论与实践》一书中第 227—287 页，河北教育出版社 1990 年版；笔者也已组织查阅了北美洲、南美洲、欧洲、亚洲、大洋洲、非洲等 46 个国家和地区的教育政策法规资料，15 万多字，但将它们罗列在一起进行类比，有点勉强，兹略。

供了宽深的理论支撑，同时也形成了富有中国特色的教育管理规制的核心内容及其文化传统，既是国家教育意志的集中体现，也是教育基本政策的总概括。[①] 特别是 1978 年中共十一届三中全会以来有关教育方针的研究，对于统一思想认识、深化教育改革、推动教育发展、提高教育质量、促进教育公平、繁荣教育研究、加速教育现代化的进程，具有十分重要的意义。

当然，在研究过程中，也存在着一系列积重难返的毛病。看似热闹繁荣，实质上许多研究若即若离、言不及义，不少深层次的问题尚未论及。比如，教育方针的内涵与外延、性质与特征、主体与客体、结构与职能、制定与实施、评价与监督、理论与实践、经验与教训、变革与修订，教育方针与教育政策、与教育法规、与教育目的、与教育价值、与教育规律、与教育理论、与教育管理、与教育战略、与教育规划、与教育内容、与教育方法、与教育途径等之间的关系，都没有搞清楚。

特别是新中国成立 70 余年来，有关教育方针的讨论，充斥着不少似是而非、不求甚解、口号式的研究，不少望文生义、信口佟陈、平面化的研究，不少受极"左"意识支配吹喇叭、抬轿子、鹦鹉学舌式的研究，不少迁就现实、迎合跟风、坐而论道式的研究，不少对现行教育方针庸俗化、御用化、牵强附会式的图解，不少虚假命题、概念不同一、自相矛盾式的伪研究，不少自说自话、浅尝辄止、隔靴搔痒式的为研而研，不少我注六经、六经注我、教条式的研究等，也从另一个侧面反映了教育管理思维不成熟和管理水平落后等积弊。

---

① 陈桂生：《教育学辨》，福建教育出版社 1998 年版，第 356 页。

第二章 教育方针的含义

如前所说，国外鲜有教育方针的提法，有些国家的立法机构、政府部门或执政机关虽也颁定"教育目标""教育宗旨""教育政策""教育法案""教育规划"之类，但与我国的教育方针有着很大的不同。中国的教育方针首先是一个专有名词，运用教育方针实施对教育的领导，是中国教育管理特有的现象，它与中央集权型的教育管理体制是相辅相成的。当然，由于时代不同，对教育方针的认识也有差别。教育方针的研究涉及诸多问题，如教育方针的概念及其定义、内容与形式、理论依据和实践基础等。必须将这些问题搞清楚，否则，很难准确地把握教育方针的意涵，进而科学地发挥其工具职能，实施有效的教育管理。

一　教育方针的定义述要

弄清概念是研究问题的前提，翻开中华人民共和国成立以来出版的各类工具书及研究资料，有关教育方针的定义林林总总，不下于数十个。因为前面的研究综述里已有介绍，兹摘要如次。

教育方针是"国家根据政治经济的要求，为实现教育目的所规定的教育工作总方向"。[①]

"教育方针是国家为了发展教育事业而制定的比较宏观的、具有战略高度的总政策，或者叫总的指导思想。其内涵包括：教育在社会发展中的

[①] 辞海编辑委员会：《辞海》（缩印本），上海辞书出版社1980年版，第1469页；杭州大学教育系：《教育辞典》，江西教育出版社1988年版，第643页；朱作仁：《教育辞典》，江西教育出版社1987年版，第643页。

地位、教育目的、培养目标和途径以及发展的战略等。"①

教育方针是"国家在一定的历史时期，根据社会政治经济发展的需要，通过一定的立法程序，为教育事业确立的总的工作方向和奋斗目标，是教育基本政策的总概括"。②

教育方针是"指引教育工作前进的方向和指针。它是执政党和政府对教育事业的发展提出的具有全局性的根本指导思想和行动纲领"。③

教育方针是"制定各项教育政策的基本依据。其结构包括三个组成部分：指明教育的性质和服务方向，规定教育的目的（总目标），指出实现教育目的的根本原则或途径"。④

教育方针是"一个国家发展教育事业、开展教育工作的根本指导思想。它集中地反映了该国家对教育规律认识的程度和一定历史时期的教育战略目标"。⑤

教育方针是"一个政党和国家为实现一定历史时期的总目标和总任务，对教育工作提出的方向和指导思想，是关于教育的性质、目的、任务、功能及其实现途径的总规定"。⑥

教育方针是"国家根据社会发展和个体发展的需要而确定的一定时期的具有全局性的教育工作的根本指导思想或行动纲领"。⑦

教育方针是"党和国家为实现总任务而对教育提出的根本要求"。⑧

教育方针是"国家或政党对一定历史阶段教育发展的总的指导方针"。⑨

教育方针是"把党和国家在一定历史时期的总方针，在教育工作上予以具体化，是党和国家为实现一定历史时期的总任务，对教育工作提出

---

① 顾明远：《有必要科学地准确地表述社会主义新时期的教育方针》，《中国教育学刊》1990年第3期。
② 吴畏：《教育方针的理论与实践》，河北教育出版社1990年版，第2页。
③ 叶上雄：《教育学》，人民教育出版社1991年版，第181页。
④ 叶上雄：《教育学专题》，北京师范大学出版社1992年版，第59页。
⑤ 林泽龙：《关于教育方针的主要内容及表述》，《中国教育学刊》1999年第1期。
⑥ 于文书：《党的教育方针的新视角》，《光明日报》1999年10月18日。
⑦ 育文：《我国社会主义教育方针的形成与发展》，《中国教育报》1999年10月9日。
⑧ 梅克：《我的三点看法》，《中国教育学刊》1990年第3期。
⑨ 段作章：《对教育方针内涵的探讨》，《中国教育学刊》1992年第3期。

的指导思想和工作方向。教育方针是由党和国家制定和颁布的，党和国家制定教育方针的目的是实行对教育工作的领导"。①

林林总总，不仔细辨别，看不出有什么实质性差异。但按照前文研究综述的思路，也可以对它们做一些归类。按照其对制定教育方针主体的不同理解，可分为国家主体型、政党和国家主体型两类。按照其对制定教育方针出发点的不同理解，可分为社会目的型、教育目的型两类。按照其定义项的不同，可分为总方向型、总指导思想型、总政策型三类。

二　教育方针的定义思路

值得注意的是，这些定义主要是运用归纳法得出的结论，它们均来自对各个历史时期特别是新中国成立以来形形色色教育方针的静态抽象和不完全概括，只是部分地反映了教育方针的某些属性和含义，其认识尚处于知性思维或朴素的经验理性思维阶段，还远未达到科学的理论理性思维水平，即运用演绎法，以马克思主义经典作家对方针政策问题的基本思想为指导，运用历史唯物主义的理论视点，从教育方针的缘起、演变、现状及趋势，复示其概念的运演过程，提炼其基本要素，阐发其基本含义；从教育政治学、教育政策学、教育行政学、教育领导学、教育管理学等学科关于教育方针与政策的基本理论出发，把教育方针看作是一个制定、执行、评价、终止或修订等前后关联、首尾相接、环节完整联动的过程，从根本上揭示教育方针自身所固有的特殊的质的规定性，进而经过严密的逻辑推导，演绎出教育方针的科学定义。

也就是说，上述定义仅仅把教育方针当作一个知性概念，亦即抽象概念或抽象同一概念加以认识，还"停留在概念否定的、抽象的形式里"，停留在形式逻辑（初级逻辑）"属加种差"的定义方法上，没有能"按照概念的真实本性将其理解为同时既是肯定的又是具体的东西"，②亦即把它当作一个理性概念或称具体概念、具体同一概念——"包含多样性于自身之内""包含不同规定的""一种综合的统一（对立统一）"的概念加以研究，将概念的形成过程和给概念下定义的思维活动结合起来，运用

---

① 厉以贤：《教育方针的内涵与表述》，《中国教育学刊》1991年第2期。
② 黑格尔：《小逻辑》，商务印书馆1980年版，第358页。

辩证逻辑的定义规则，展示其在教育实践的基础上，由低到高、由简到繁、由个别特殊上升到一般、由抽象同一上升到具体同一、由最初的教育宗旨随着时势变迁而发展衍变至今天的教育方针的运动轨迹。北京大学原副校长王义遒讲过，评价一个民族，评价一个民族的基本素质，其重要标志，就是看它有没有理性思维，将这段话移用于教育方针的定义，也许是妥当的。

（一）教育方针定义的思维与方法

人们对事物的认识通常要经历感性认识和理性认识两个阶段。在理性认识阶段，又存在着两种不同的思维方式或两条相反的道路：一条是从具体到抽象，另一条是由抽象到具体。所谓抽象，是对事物某一方面的认识；所谓具体，是对事物多方面的认识。抽象的认识所以可能，是因为事物的个别方面、个别特性是相对独立的，因此在认识过程中可以抽出某个方面、某个特性，而暂时撇开其他的方面和特性。具体的认识之所以可能，是因为事物本身是不同方面、不同特性等多样性的统一，是许多规定的综合，既表现为综合的过程，也表现为综合的结果，而不是表现为起点，虽然它是现实中的起点，因而也是直观和表象的起点。马克思把理性认识表述为两段行程："在第一条道路上，完整的表象蒸发为抽象的规定；在第二条道路上，抽象的规定在思维行程中导致具体的再现。"[①] 由感性具体到抽象思维，再由抽象思维到思维具体，前一阶段称为知性思维或叫经验理性，是理性认识的初级阶段，后一阶段称为辩证思维或叫理论理性，是理性认识的高级阶段，它直逼客观现实，把处于抽象认识水平的概念提升为包含着差别和对立于自身的具体普遍性的概念，从而使人们对客观事物的认识更接近，也更深入。

另外，概念的内涵也有初级和高级之分。反映事物的同一属性的概念是初级概念，反映事物内部多样性对立统一的概念是高级概念。相对而言，形式逻辑的概念属于知性认识的概念，是对事物同一性的反映。它内部不包含矛盾，不能显示概念变化的内在联系。辩证逻辑的概念属于理性认识的概念，是对事物内部矛盾的反映，它本身是对立面的统一。抽象同

[①] 马克思：《〈政治经济学批判〉导言》，载《马克思恩格斯选集》（第2卷），人民出版社1995年版，第103页。

一概念，是个别事物，或事物个别本质属性，或同类事物共同本质属性的概括，是事物第一级本质的反映，或称之为事物的"特征""特性""特点"，它反映对象自身的同一性及与其他对象的差异性。具体同一概念，从其反映的对象来说，也是对个别事物，或对事物个别本质属性，或对同类事物共同本质属性的概括。但是，它是知性认识的发展，不仅继承知性认识正确反映客观事物的一切成果，而且更深入被认识事物内部的多样组成部分及其对立统一关系的层面，认识到事物的"特征"之间的辩证关系。这是由对事物一级本质的认识上升到对事物二级本质以及继续深入下去的认识。它不仅反映事物的同一性，而且反映事物的对立面的多样同一性；它不仅反映不同事物之间的差异，而且反映事物自身的内部差异。

从其内容来看，它是知性概念所包含的对象的外部特征与理性概念所包含的对象的内部联系的对立统一（多样性的对立统一）；从其形式来看，它包括着多样性知性概念形式的对立统一，它是具体同一概念形式与抽象同一概念形式的对立统一；从其过程来看，从知性概念到理性概念是一个以实践为基础、通过分析综合由抽象上升到具体的辩证发展过程，由此反映了两种不同的思维运动及其形式，体现了概念运动发展的规律。具体来讲，前者是知性思维形式，属于思维的初级形式，后者是理性思维形式，是思维的高级形式。初级形式是高级形式的基础，高级形式是对初级形式的否定、继承和发展。

知性思维是人类认识能力发展的必然产物，也是一切研究客观事物辩证规律的科学思维必经的阶段。恩格斯说："必须先研究事物，而后才能研究过程；必须先知道一个事物是什么，而后才能觉察这个事物中所发生的变化。"[①] 列宁也讲：形式逻辑"根据最普通的或最常见的事物，作出形式上的定义，并以此为限，……辩证逻辑则要求我们更进一步。要真正地认识事物，就必须把握研究它的一切方面，一切联系和'中介'。我们决不会完全地做到这一点，但是，全面性的要求可以使我们防止错误和僵化，这是第一。第二，辩证逻辑要求从事物的发展，即'自己运动'（像黑格尔有时所说的）变化中来观察事物……第三，必须把人的全部实践——作为真理的标准，也作为事物同人所需要它的那一点的联系的实际

---

① 中共中央马克思恩格斯列宁斯大林著作编译局：《马克思恩格斯全集》，人民出版社2008年版，第338页。

确定在——包括到事物的圆满的'定义'中去。"①

循着这样的思想进程,对教育方针定义的方法论也应该是:由感性认识出发,通过知性思维或经验理性思维方式的加工,也即通过对不同教育方针的内容、形式及其定义的整理、归纳和概括,获得关于教育方针概念的抽象认识,而后再对其进行理论理性思维或辩证思维方式的加工,把对教育方针的简单的抽象认识提高到具体的辩证的认识,揭示并把握教育方针的复杂形态及其本质。这样,既是对马克思关于"第一条道路"和"第二条道路"理论的阐发,也是这一理论在对教育方针概念的认识和定义上的运用。这里又牵涉到两个前提性问题。一是对"教育"和"方针"的理解问题,二是对教育方针所属主体的认识及其称谓问题。

(二) 教育方针概念的内涵与外延

教育(education)一词,起源于16世纪初的拉丁文"educare",是从人类社会实践活动中分离出来的一种专门化实践,是有计划地为社会发展总目的服务的一种手段,系指把自然人所固有的或潜在的素质引发出来以成为现实的发展状态,现多指以经验或行为对精神、身体以及个性施加影响,培养新生一代准备从事社会生活的整个过程,主要指学校对适龄儿童、少年、青年进行传播价值观和积累社会知识的过程。下面对"教育"与"方针"的内涵与外延作一些界分。

教育有广义、狭义和特指义之分。广义的教育,泛指一切增进人的知识和技能以及影响人的思想和意识的活动。② 狭义的教育,系指"教育者有目的、有计划、有组织地对受教育者施加影响,促使其身心得到发展的活动",③ 主要指学校教育。特指义的教育,专指德育、思想教育、品德教育、思想品德教育、思想政治教育等。毫无疑问,教育方针中的教育既不完全是广义的,也不是仅指狭义的,更不是特指义的,而是指以学校教育为主的包括学校、家庭和社区教育及职业组织、文化组织、远程组织教育等在内的现代教育,或是指涵括了学前教育到老年教育、职前教育到职

---

① 转引自刘大椿《科学逻辑与科学方法论名释》,江西教育出版社1997年版,第17—18页。

② 朱作仁:《教育辞典》,江西教育出版社1987年版,第632页。

③ 郑金洲:《教育通论》,华东师范大学出版社2000年版,第8—9页。

后教育、普通教育到职业教育、学校教育到社会教育等纵贯人生全程和覆盖社会各个层面的大教育，是相对于传统教育而言的、以学校教育为主体的、涵盖各级各类教育的现代国民教育体系。它以学校教育为主，但不是学校教育唯一，是复指而不是单指，是综合性概念而不是单一性概念。

方针（guidelines）有大政方针与具体方针之分。大政方针是相对于宏观和总体而言的，具体方针是相对于微观和局部而言的。比如，肖宗六就曾发表过这样的观点：教育的"三个面向"不宜作为教育方针，而应看作是教育的战略方针。在这里，他将教育的大政方针与工作方针有意区别开了。[①] 应该说，相对于国家和社会发展的总路线而言，教育方针是具体的工作方针；但相对于各级各类教育政策而言，教育方针则是教育的总指针，无疑具有教育总方针所特有的战略性、宏观性与政策性，是教育的战略指导方针。同时，教育事业攸关国计民生、文化传承和社会发展，教育方针无疑是国家的重大战略方针。

（三）教育方针所属的主体与称谓

文献检索表明，新中国 70 多年来，有关教育方针的主体及其称谓十分混乱。诸如，教育方针、教育指导方针、教育总方针、教育战略方针、教育战略指导方针、教育工作方针、党的教育方针、党的教育总方针、党的文化教育总方针、党的教育中心工作方针、国家的教育方针、党和国家的教育方针、党和政府的教育方针、党和人民的教育方针等。这里涉及对教育方针所属、由谁来制定教育方针或叫谁的教育方针的问题，特别是执政党与国家、政府及其教育职能部门等，谁是教育方针的主体问题。

近代中国一直对教育实行集中而非自由民主管理，以统一的教育宗旨规范教育思想活动与行为，教育宗旨及其主体的国家化、一元化有着根深蒂固的传统。这里着重谈一谈"党的教育方针"的表述问题。将政党作为教育方针的主体，继而走向教育方针（宗旨）的党权化，实行以党代

---

① 注：参见肖宗六《也谈新时期的教育方针——兼评张承先、顾明远等同志的教育方针表述方案》，《中国教育学刊》1990 年第 6 期；《新华文摘》1991 年第 2 期全文转载。对此，笔者有不同看法，在华中师范大学读研期间，曾登门向肖宗六先生请教，得到肖先生诸多指点，并给了笔者许多宝贵的一手资料。

教和以党治教的管理模式,可以追溯至 19 世纪、20 世纪之交。早在 20 世纪之初,孙中山即创立中华革命党,意图推翻满清统治。至 20 年代,在经历了一系列挫折与失败之后,他致力于改组国民党,旨在缔造一个先进的三民主义政党,进而建立一个先进的三民主义国家,即所谓的以党建国和以党治国。终其一生,特别是晚年,他亲力亲为,锐意践行民族、民权、民生的三民主义理想,积极推崇并营造党在国之上、党权高于政权的党文化意识形态,努力建构一个政党、一个国家、一个领袖的领导体制。其思想和实践对国、共两党的路线和方针,乃至对近现代中国的政制、法制架构,包括教育管理制度的影响至深至巨。

20 世纪 20 年代初,中国共产党成立伊始,即通过制定教育纲领实施对教育的领导。其后 20 多年中,中国共产党对所统治的苏维埃辖区、陕甘宁边区和广大解放区的教育工作进行了卓有成效的指导和管理,并积累了十分丰富的教育工作经验。这种情况一直延续到中华人民共和国建元之初及其后数十年。一方面,由于当时国家百业待举、百废待兴,政府部门缺乏必要的管理教育事务的实践和经验,未及统筹规划制定教育事业发展的大政方针,因而中国共产党所确立的新民主主义文化教育总方针及其当前教育工作的方针行使了国家文化教育总方针及其教育工作方针的职能;另一方面,从在野党到执政党、从地方割据政权到全国统一政权,虽然在进城前后也做了多方面的准备和努力,但由于在中国人民政治协商会议的政制框架内,其他党派或无党派人士代表是参政力量,而作为执政党的中国共产党则是政府的中坚力量,其领导角色及管理思维还未及转进,仍习惯于沿用战争年代的以党代政、以政代教的思路和办法,以党自身的教育方针替代国家的教育方针,或将两者合二为一。

随着新政权的巩固,以党领政、党政不分、政教合一的体制进一步强化。虽然,70 余年来,国家的政治经济形势发生了根本性的改变,党和政府的关系也在不断调整,但"党的教育方针"一说沿用至今,演绎为教育管理的惯制与常则。一些人囿于传统的思维定式和认识误区,习惯于把"党的教育方针"作为专有名词使用,似乎教育方针是专属于党的,中国共产党是教育方针的唯一主体,不仅混淆了执政党与非执政党之间的区别,而且也模糊了执政党与国家之间的界限。

"政党"一词，可以追溯至古代利益集团代表的"结党""朋党"等。[①] 近现代社会以来的政党，有多种制度、分类及其功能。按照马克思主义的政党学说，是指为了共同的利益和政治目的，特别是为了取得政权和保持政权的某一集团进行政治活动的组织。就中国的教育方针而言，每个政党都应有自己的施政纲领及其在文化、教育等方面的指导思想和章程。但由于各自在国家政权中所处地位不同，因而其影响力和作用也就不一样。像我们这样的一党制领导与多党制合作共存的国家，也即中国共产党作为第一大党，又长期处于领导和执政地位的多党派合作的国家，作为参政党，其他党派所制定的教育章程或纲领，其效力远远不能与执政党的教育方针相提并论，但可以作为其补充和完善，或与之相辅相成。

在当代中国，教育方针是特指共产党作为领导阶层及其所领导的政府关于教育发展的总方向、总原则、总目标、总任务、总纲领、总政策，其他任何一个非执政党或社会团体的教育主张都不能体现教育方针的这一特点，也不具备教育方针的这一条件。严格讲，他们提出的教育主张，还不能称作教育方针，甚至连教育政策也不能算，充其量只是反映了其教育思想或观点而已，这一切都是由其所处的非统治地位所决定的。但也正是由于这种情况的存在，才导致了不少人对教育方针主体所产生的错误认识。

从本质上讲，中国共产党和各民主党派在教育方面的主张和思想是一致的。尤其是当他们各自以平等的一员共商国家的教育大计，集中了全国民众在教育方面的共同意志，形成教育方针的共识，进而通过一定的立法程序，经全国人民代表大会审议通过，载明于国家的法律法规，上升为国家统一的意志时，这种一致性就得到了最典型、最集中的体现。《宪法》规定，全国人民代表大会为中华人民共和国的最高权力机构。虽然中国共产党在社会政治活动中居于主导地位，执掌着国家的职能，其所颁布的教育方针影响力所及远远超出其党内，但其效力毕竟不及国家权力机关通过立法程序颁定的教育方针。因为后者所具有的全民性远高于政党性，是国家的最高意志，对全体公民都具有强制力和约束力，它君临、规范、约束、指导共和国境内的一切教育活动，具有至高无上的权威性。

也就是说，在我国，实行中国共产党领导下的多党合作制，各党派可

---

① 注：北宋时期，欧阳修（1007—1072）写作《朋党论》，以治乱兴亡的史迹给君王提供参考和鉴戒。

以发表对教育方针的看法,但其效力和适用范围均在国家教育方针之下,并且不得与之相抵触,更不得凌驾于国家教育方针之上,或与之平起平坐、相互包含,乃至不分彼此、互换互代,国家的教育方针涵盖并高于一切党派的教育方针。在提倡以法治国、依法治教的今天,执政党可以而且有责任利用自身的执政地位、发挥自己的执政优势、发扬党内外民主,提出顺应民意人心、符合教育规律的教育方针,并通过一定的法律程序将其上升为国家的教育方针,国家是其唯一的主体,从而使之具有更高的权威性、广延性、时效性和规范性,这与我国实行人民代表大会制度的政治体制是统一的。

早在1978年和1982年,教育方针就已先后载入《中华人民共和国宪法》;1995年又写进了《中华人民共和国教育法》。因此,严格来讲,"党的教育方针"的单一提法,是不确切、不恰当、不全面的,它是对长时期来以党的领袖的个别言论代替党的教育方针,又以党的教育方针代替国家或政府的教育方针,党政不分、政法不分,以党代政、以政代法等传统教育管理思维的沿袭和反映。但这里有一个语用习惯问题,由于近百年来中国共产党在社会进程和发展中逐步形成的特殊地位和发挥的核心作用,尤其是20世纪后半叶与21世纪以来党在国家的教育活动中所扮演的无与伦比的领导角色,"党的教育方针"等提法,已经约定俗成,既准确反映了中国的政治体制和教育体制特色,也广为人民群众所接受。因此,如果过分拘泥、抠字眼,反而显得不合时宜。

特别需要指出的是,将这个问题提出来,绝不是意味着要削弱乃至否定党对教育的领导。相反,在我国现行的国体、政体及政党制度架构内,中国共产党肩负着领导和管理国家的重大使命和责任,党的中央组织为国家的发展指示了根本方向,既直接制定基本路线和大政方略,也指导制定各类方针政策和法律法规,党在教育领域的领导地位和指导作用是无可替代的,毫无疑问,党对教育的领导应得到加强。需要改变的是,几十年一贯制的以党代教、政教不分的教育方针思维及其管理理念。

退而言之,现阶段的中国,教育方针的主体只能是"国家或执政党",更确切地说,是国家或执政党的最高权力机关或领导机关。这里的"执政党",就是指中国共产党,其他任何组织、任何个人都无权制定或颁布教育方针,因为他们本身不具备教育方针主体所构成的要素。即或发表一定的有关教育方针的言论,甚或提出一些如何发展与管理教育的指导思想，但如果没有经过一定的组织或立法程序予以确认或颁定，那也是绝对不能等同于国家或执政党的教育方针，或与之相提并论，乃至取而代之的。

常见一些文章或论著，在谈论教育方针或回顾教育方针的历史时，总是自觉不自觉地把一些团体或个人关于教育方针的提法当作教育方针加以罗列和评介；还有一些人，每每将某一时期教育工作方针或教育政策奉为教育方针，要求予以贯彻落实，将总方针与具体方针混为一体；更有一些人，习惯于把领袖人物的某个讲话或语录不加区别和分析，随意拔高为教育方针，甚至凌驾于教育方针之上。实际上，这都是未能从根本上给教育方针以准确定位，是把教育方针泛化了。究其根源，依然是受了以言代政、以言代法等陈旧思维的影响，从而也提出了进一步提高依法治教水平的时代命题。

教育方针就是教育方针，它是专属于国家或中央政府、服务于社会的，或者是代表国家行使教育管理职能的统治集团的，相对于国家、政府或全社会的总路线、总方针而言，它是专门方针，而相对于各级各类教育工作来讲，它是具有全局性、战略性的指导方针，是各类教育政策法律规范的总和。在我国，它有特定的内涵和外延及其构成要件，就是指"党和国家""党和政府"，表明中国共产党领导国家和政府制定教育方针，不容对它作任意的解释和演绎。

一种情况是，相对于国家的教育方针而言，执政党的教育方针属于具体的工作方针，在其内部属于总的指导方针，具有号召力、指导力与约束力。另一种情况是，在特定的历史时期，执政党的教育方针代表了国家的教育方针，两者合二为一，无分彼此，这种情况在我国长期存在。再一种情况是，执政党的教育方针经过一定的组织和立法程序融入国家的教育方针体系，这时，"党的教育方针"和"国家的教育方针"高度一致。如果把国家作为制定教育方针的唯一主体而把执政党排除在外，不符合我国国情，科学的表述应该是"党和国家的教育方针"。

综上所言的核心在于，应坚持依法治党、依法治教，切实改进党对教育的管理思维和方式方法，提高党对教育的管理能力和水平。邓小平指出，在当代中国，"没有党规党法，国法就很难保障"。[①] 中国共产党是掌

---

① 转引自俞可平《依法治国必先依法治党》，《学习时报》，中新网 2011 年 3 月 17 日电。

握国家政治、经济、文化、军事核心权力的唯一执政党,是公权力的拥有者与施行者。因此,应坚持治国必先治党,依法治国必先依法治党的原则,严格按照国家法律法规和党章处理党务政务,规范党政关系,约束党的行为,维护宪法的最高权威,执行党章的行为准则。党的各种政策、文件和党员领导干部的指示讲话等,不得有悖于国法和党章。党领导人民制定法律,自己必须带头遵守和维护法律,党的各项方针政策,包括教育方针,都必须符合国家的法律。应牢固确立在国家事务中"宪法至上"和在党内事务中"党章至上"的观念,坚决破除党权凌驾于法权、政权之上的迷思,在法律的框架内开展各项活动,包括教育方针活动,既增强自身的执政合法性,也提高管理活动的有效性。[①]

这里还有一个对"执政党"的理解问题。根据我国的情况,20世纪100年,以1949年为界,后50年是中国共产党作为执政党领导人民共和国的50年,不会有什么争议,也不可能产生什么歧义。前50年情况较为复杂,除了轮换几届政府以外,每个政府治下又有若干独立于中央政府的地方政权,虽然这些政权并不代表国家,但事实上它们割据一方,行使着政府的职能,并且也由政党控制着,而且他们的确也提出过自己的教育方针。如北洋政府时期,中国国民党于20世纪20年代初创阶段即在广东提出"党化教育方针";国民政府时期,中国共产党也于1934年在江西苏区提出"苏维埃文化教育的总方针"。相对于领导国家的政党来讲,他们是非执政党,属于在野党,但与西方国家的情况大不一样;相对于其自己管辖的范围来讲,他们又是执政党,即执掌着一定政权的党。

这样,对"执政党"就要作较为宽泛的理解,既要突破传统的狭窄视域,又要突破西方的概念图式,严格审定各个时期教育方针所属主体,科学解释不同时代教育方针主体的不同现象。另外,还有一种情况,就是在我国教育方针的发展史上,除了国家或执政党所制定的教育方针以外,还有一些既非国家也非执政党的政权组织或统治集团所颁布的教育方针。如抗日战争时期,在日本帝国主义扶植下的东北、华北等伪政权以及日据时代的台湾当局,均施售过其法西斯的奴化教育方针。显然,这一类的教育方针,其主体既不是国家,亦不是执政党,而是一些蕴含着"统治集团"这一基本特征的傀儡政权。严格讲,相对于当时国民政府所颁布的

---

① 参见俞可平《依法治国必先依法治党》,《学习时报》,中新网2011年3月17日电。

战时的教育工作总方针而言，这些所谓的教育方针都不能称其为方针，但限于特定历史时代背景下国家分崩离析的敌对状况，这些"方针"确实存在并实行过，而其所属的主体又是"国家或执政党"这两个概念所涵括不了的。鉴于此，有必要对"国家或执政党"这两个教育方针的主体作进一步的抽象和概括。国家（政府）也好，（狭义、广义的）执政党也好，或者其他什么政权组织也好，归根结底，它们都是实行和执掌统治职能的组织或团体，在本质上统一于"统治集团""政治集团"或"政权组织"这一范畴，是一元的。诚如马克思所说，统治阶级的思想在每一时代都是占统治地位的思想。因此，教育方针的主体最终只能是"一定的统治集团"或"政权组织""政治组织"，因为这个语词的覆盖面广、适应性强，它集中体现了教育方针的本质特征和规律。当然，这是从历史的角度、宽泛的意义上来讲的，与通常所指的教育方针涵指并不完全一致，宜明辨之。

三 教育方针的多维定义

如此看来，有必要多维审视教育方针。首先，运用属概念加种差的形式逻辑定义公式，继而运用辩证逻辑的方法论原则，进而运用价值逻辑思维的定义思路，并将三种定义思维和方法结合起来，给它一个相对科学而综合性的界说。

（一）教育方针的形式逻辑定义

按照形式逻辑的属种定义法则，第一步，是要找准其最邻近的属，也即找出其所归属的上位概念。教育方针的邻近属概念是什么呢？是前面所说的"总方向""总政策""总指导思想"，还是"总决策""总规定""总规范"，或是"指导思想""指导原则"与"行动纲领"等？严格讲，这些概念都是"方针"的定义项而非教育方针的定义项，用它们来定义教育方针，未免抽象过度或隔代定义，"教育方针"首先是"方针"，是"方针"的下位概念，具有"方针"的属性，"方针"才是其最相邻近的属概念。

第二步，是要找准其种差，即给教育方针准确定性，科学揭示教育方针所特有的区别于其他方针的质的规定性，这是定义的关键。根据前面的分析，这个种差就是"一定的统治集团在一定历史阶段关于教育（工作、事业、活动等）发展的总（的指导）"。其中，"一定的统治集团或政权（政治）组织"作为教育方针的主体，其合理性前已论述（辩护），不再重复。

"在一定历史阶段"，表明教育方针所具有的时效性及其历史发展性。"关于教育发展的"，是对"方针"类属和特性所作的直接限定，表明该方针是专指教育而非其他事物。之所以用"教育"而将"工作""事业""活动"等用括弧括起来，是因为"教育"的涵盖更广阔、包容性更强，同时也可以避开"教育工作"之类的日常语汇以及教育是"产业"还是"事业"等不确定的定性和用语。更主要的是，不是停留在对教育方针平面静止的注解上，而是从统治集团制定教育方针旨在促进教育发展的本意出发，给以立体动态的诠释，指明教育方针是规范引导现代教育发展的方针。

"总"或"总的"，则将教育的根本方针与具体工作方针区分开来，表明它是具有全局性和战略性的方针，而不是具体的政策条文，既体现和代表了一定的统治集团在教育方面总的指导思想、主张、观念、意识和意志，又对各级各类教育活动具有指导、规范、约律和促进的性能，这种性质和效用是教育方针所特有的，并不因其内容或形式的改变而改变。

一方面，借用法国教育学家维尔曼（Villemin）的说法，教育方针作为一种教育实践规范，也即从外部规定人们教育行为的标准和法式，它是以一定的法律和行政权力为支柱的，甚至它本身就是法律的组成部分，是教育法规政策的核心和灵魂，因而具有一定的强制性。另一方面，教育方针又是在调查研究、集思广益、科学论证的基础上制定并付诸实施的，虽然它也属于教育行为的规定，但它并不仅仅是给教育实践定性，而且还给其定向，给教育活动的主要观念和态度提供鼓励性的符号，给人们的教育行为和实践提供理性的指导。[1] 它集"应当为"和"必须为"于一身，既着眼于现实又指向未来。它从一定的价值取向出发，明确教育发展的主要方向，规定教育方针的目的任务，阐释教育发展的未来前景，因而具有鲜明的指引性和导向性。

第三步，也即最后一个环节，就是下定义："教育方针是一定的统治

---

[1] Scheffler, I., *The Language of Education*, 1963, p.36.

集团在一定历史阶段关于教育发展的总方针。"

这个定义水到渠成，将揭示教育方针特质的概念和变量"加"（有机组合）起来，组成一个概念系统，是对此前关于教育方针概念类属和性质研究成果的集中体现，既科学揭示了教育方针的内涵和质的规定性，也客观反映了教育方针的外延和种属。其定义思路与从亚里士多德开始的古典逻辑属种定义的规则相符合。当然，这样的定义及其思维还可以作进一步探讨。亚里士多德讲过，事物的本质属性即该事物的属加种差。但是，事物的种差可以是一个简单的属性，也可以是由几个属性所组成的复杂属性；可以是其现有属性，也可以是其发展进程中的属性；可以是其本身的性质，也可以是其与另外事物的关系。任何一个事物的属性都是由该事物的性质和关系构成的，任何一个事物的本质属性也即对其起决定作用的特有属性总是多方面的。从这个意义上说，上述定义就显得比较单一，它是一种字典式定义，只揭示了教育方针的初级本质，还没能全面、准确地刻画和反映教育方针更深层、更丰富的内涵和形态。因此，有必要运用发生定义、作业式定义、① 自定义式要素指标体系②及关系式定义等多种定义方法，或是将这几种方法结合起来，也即运用综合定义的方法，对教育方针作立体式、多侧面、全方位的界定。

（二）教育方针的辩证逻辑定义

从辩证逻辑由抽象到具体的思维行程来看，概念是从历史发展中产生出来的结果。教育方针的概念也复制了简单到繁复、抽象到具体的运演轨迹，由单一逐步走向复合、综合与集合。自1906年清政府颁定教育宗旨、规范新式学堂、端正教育趋向开始，至2010年《国家中长期教育改革和发展规划纲要（2010—2020）》重申新世纪的教育方针以来，前后100多年，教育方针的概念经历了复杂的史诗般的运演过程。

一是词语名称经历了清末、民国两朝政府"教育宗旨"到人民共和

---

① 参见克莱兰特（David I. Cleland）和金（Willam R. King）《系统化管理》，陈择贤译，中兴管理顾问公司发行1983年版，第2—19页。作业式定义（operational definition）系指将关于定义对象的观念与可供观察的标准（criteria）结合在一起的定义方式，可适用不同环境中的定义对象。

② 弗里蒙特·E.卡斯特、詹姆斯·E.罗森茨韦克：《组织与管理——系统方法与权变方法》，中国社会科学出版社1985年版，第8页。

国政府"教育方针"的演变过程；二是思想内容经历了从晚清强调各级各类新学教育的人才培养总目标也即教育目的，到民初倡行德智体美四育并举和德育为首的教育内容及形式，中经南京政府强化三民主义教育的政治性质、方向、职能和任务，直至新中国融教育的社会主义性质、方向、目的、任务、内容和形式及培养目标和培养途径等于一体的演变过程。随着时代的变迁及教育的发展，作为教育的总指导原则，教育方针的功能不断增加，内容越来越多，概念越来越丰富，其定义也由原初的相对单一和抽象发展到后来的相对宏富和具体，既是教育地位、性质、方向、目的、任务、内容、形式和途径等的总规定，也是教育基本政策的总概括，是一定历史时期一定统治集团关于教育发展总的指导方针。

另外，教育方针又是一种规范引导教育发展的活动，是一个过程概念。这种活动与过程性表现在教育方针是一定的统治集团为达到一定的目标而开展的一系列有步骤的教育及其管理实践活动上，它是动态的，是时间的函数，与历史和未来有关。美国学者詹姆斯·E. 安德森说，政策（方针）是一个有目的的活动过程。[①] 毛泽东也说过，政策（方针）是一切行动的出发点，并且表现于行动的过程和归宿。如果仅将教育方针表征为某种静态的结果，而不注重其现实运行的过程，那么这种表征是不全面的。事实上，教育方针的动态运行过程也是构成教育方针整体的重要部分，它更能反映事物的本质和实际进展。教育方针本身就是制定和实施、评价和调整的综合体，研究教育方针，既要重视其静态的文字表述，更要考察其贯彻落实情况。应将教育方针的制定和实施当作一个有机体看待，其中，制定是实施的前提和基础，实施是制定的目的和结果，任何厚此薄彼或顾此失彼的做法都是有悖于教育方针的原旨或原意的。

教育方针既是一种观念，或者更确切地说，它反映或代表了一种思想观念，而且也是一种决策规范，是统治集团为实现自己的教育意志而做出的相对恒定持久的重大决策，其内核是一种指导思想或价值选择，其外壳则是一种政策化、法律化了的行动准则或价值规范，它是观念和标准的统一，是意识形态和制度形态的统一，是认识活动和价值活动的统一，是理论活动与实践活动的统一。

但更重要的是，作为一种行动纲领或指针，它还同时规定着可能有的

[①] 詹姆斯·E. 安德森：《公共决策》，唐亮译，华夏出版社1990年版，第4页。

行动方式和行为的发展方向，它是一种鼓励良性期望行为的刺激源，是引导激发健康积极行为的催化剂。它代表了整个教育运动的旗帜，是一般教育规范（政策、法规）根本精神以及教育价值观的集中体现，是教育规范体系的总表征。它是目标、原则、任务、方式、措施、步骤等多项内容的有机结合，是制定和执行、认识活动和实践活动的完整统一。它要求制定者和执行者双方都应自觉自律，达成一种默契，形成一种机制，即坚守行为的一致性和执行的重复性。此外，它本身也是一种行为，既是一种教育行为，也是一种政治行为；既是一种集政治和教育等几重标准的价值选择行为，也是统治集团教育意志表征的一种行为，这里姑且把它称作教育方针行为。

从国内外教育指导方针发展的历程来看，任何一个国家、政府或统治集团、政权组织（政治团体）对教育的干预总是绝对的，不干预才是相对的，无论其是否有"教育方针"一说，但通过颁布类似的规定或以其他形式实施对教育的规范、引导和控制等干预职能这一点总是恒定的。作为统治集团的一种行为，它自身也有其诞生、发展、消亡的"生命周期"，这个周期就是教育方针的制定、执行、评价、终止四个环节的循环往复和螺旋上升。从这个意义上说，20世纪中国教育的发展史也就是教育方针"生命周期"的发展史，或者说是一部教育方针行为的发展史与教育方针的实践史。

教育方针不仅表现为一种状态或现象，如观念、思想或标准、规范等，而且也是一种活动过程，是一个由认识、实践和价值活动这三项基本活动组成的有机活动系统。这三项活动相互联系、相互渗透、相互依存、相互转化，不可分割地统一于教育方针活动的整体之中，从而形成教育方针活动的全部内容和过程，并构成一幅完整的教育方针活动的"过程图"。在这个活动的程序性链条中，其认识活动较多地体现于教育方针的制定上，并表现出较强的实践指向性和最优选择性；其实践活动较多地体现于教育方针的实施或执行上，并表现出较强的现实针对性和具体操作性；其价值活动较多地体现于教育方针的评价上，并表现出较强的主观价值倾向性。

当然，这种划分是相对的，是基于把它们作为三个相对独立的基本环节考虑的，在实际过程中，这三个环节既相互交叉、渗透、包容，又紧密连接、联动、互动，教育方针就是这三个环节、三种活动的辩证统一和有机结合。其中，实践活动是核心和基础，认识活动和评价活动都是围绕着实践活动而展开并为实践活动服务的。没有教育方针的制定和评价，教育方针的实践也就无从谈起，实践活动必须依靠认识活动和评价活动才能顺利进行。在教育方针的实施过程中，作为教育方针制定的认识活动和教育方针评价的价值活动，既指引着实践活动的方向，又推动着实践活动的发展，而教育方针的实践则检验着认识活动和评价活动的正确与否，使观念形态的认识和评价的结果对象化、现实化。

一般来说，认识活动直接影响着实践活动的结果，评价活动则决定着实践活动所受到的推动力和阻碍力的大小，同时也不断给认识活动进而给实践活动提供反馈和调节。从一定意义上说，评价也是一种认识活动，不过它所表现出来的主要是一种价值认识而非事实认识。当然，认识是否正确，评价是否恰当，它们自身是无法解决的，只有在实践中才能得到检验，实践以其直接的现实性，将认识和评价的结果付诸实施，使统治集团颁定的教育方针转化为对象性的客观存在。实践活动的结果，一方面是认识活动的观念性成果获得了外部现实性，成为客观的物质存在；另一方面是评价活动的潜在的价值观念获得了现实的呈现，成为与人们的需要和利益有现实关系的客观性价值。实践的这种过程，用列宁转述黑格尔的话来说，叫作"观念的东西转化为实在的东西"，用毛泽东的话来说，叫作"由精神到物质""由思想到存在"的"飞跃"。这种"转化"和"飞跃"，也就是实践的结果，通过实践，认识和评价的全部成果最终都凝聚、积淀在实践的对象化的物质成果即教育方针的贯彻落实和教育事业的改革与发展之中。在这里，教育方针的认识、实践和评价活动三者得到了有机的统一。

从更高的层面看，教育方针的制定、实施和评价也是一个历史的过程。在每次具体的教育方针活动中，其实践活动必须在认识活动和评价活动的指导下进行，其认识活动和评价活动又决定着实践活动的方向和内容。当然，这种认识和评价又是在过去实践的基础上进行的。在近现代中国教育方针的发展史上，其实践过程逐渐凝结为一定的教育指导思想和教育理论，积淀为一定的教育政策规范和教育行为准则，上升为教育工作的总方针，成为人们进行教育方针的认识和评价活动所必须依据的一种模式和参照系，深刻影响着教育方针的认识和评价活动。从历史的过程看，一切关于教育方针的认识和评价活动都是以其实践为基础、以其实施为目的，以其实现为归宿的。就其实践活动的内部关系而言，它也是由一系列阶段组成的一个过程。在实践的每一个阶段，往往都会带来新的信息，暴露出原来认识和评价中的不足，进而需要重新认识和评价，以修正、调整、充实以至废改原先的教育方针。

姑且撇开对教育方针有制约作用的其他因素不说，教育方针的认识活动和评价活动是随着其实践活动的发展而发展的。实践既是其认识的源泉、评价的标准，同时又是其认识和评价的对象。反言之，教育方针的实践活动又是以其认识活动和评价活动为导引、方向和依据的，认识既是实践的内容，也是评价的基础，评价既是认识的动力，又是实践的调节器，教育方针则是集这三种活动于一身的综合性的教育管理与领导活动。这样，将活动和过程概念引入并包容于教育方针的含义之中，突破其传统的定义域，突出其动态性，从而使定义思路从形式转向过程，从静态转向动态，从平面走向立体。

概言之，"教育方针是教育性质、方向、目的、功能、任务、内容和途径等的总规定，是一定统治集团在一定历史阶段规范、引导和管理教育的活动，是观念和标准、意识形态和制度形态及认识活动、实践活动和价值活动的统一"。

（三）教育方针的价值逻辑定义

如果说关于教育方针的定义是一种判断、是一个事实命题、是关于教育方针"是什么"的认定的话，那么，关于教育方针的内涵则是一种指令、是一个价值命题、是关于教育工作"应如何"的行动指示，前者属于认识领域，注重事实逻辑，具有较强的客观性和实在性，后者属于实践领域，遵循价值逻辑，具有典型的主观性和价值性。教育价值，系指教育的有用性或效用性，是人们有意识地掌握、利用或接受、享有教育时对教育有用性的看法和评价，是教育对人与对社会的意义所在，并通过教育的功能作用体现出来，它反映了作为社会实践主体的人的发展需要与作为客体的教育活动属性之间一种特定的关系。①

以传统逻辑的角度来看，思维的命题就是判断，一个典型的公式是：

---

① http://www.springerlink.com/content/m672t25k71658h14/What is educational value? Download PDF(1.0 MB) Educational Valu.

"S是P。"这种见解与一种根深蒂固的哲学传统有关，按照这种哲学传统，人们的思维就是对于既存实在的认识，思维的全部功能就在于揭示事物。但在实际生活中，人们的思维并不仅限于揭示事物，说明事物"是什么"。思维命题有两种形式，一种是判断，另一种是指令。在人类思维中，指令命题是大量存在的，人们的一切行动，无不受指令的指导。判断本身并不能直接指导行动，指令才是关于人们"应如何"的行动指示。人类思维实际上涉及认识和实践两个领域，判断是有关认识的思维形式，指令则是有关实践的思维形式。因此，把思维仅仅局限在认识上而不注重实践、积极从事实践，那么，这是狭隘的。[1] 同样，仅研究教育方针的定义而不去探讨其内涵也是不够的，因为研究的出发点乃至终点不仅在于对概念的认定，而是要发出关于教育行为的指令，认定它、揭示它，只是为了采取行动，认识的目的在于实践，制定的宗旨在于实施。

从价值逻辑的角度看，定义的选择也是一种价值倾向的选择，定义本身就属于价值取向问题，它反映了定义者自身的价值观念和价值取舍尺度。所有的定义都是一种构建，都是对概念所包含的语意的一种构造和固定，没有哪一个事物能够称为明确的事物，任何一个事物之所以成为该事物，除了事物本身的客观存在而外，都来自人们主观的规定，也即赋予该事物一个明确的概念，并给予一定的含义诠释和认定。虽然早在20世纪20年代，在人文社会科学的研究中，就有一种排除价值干扰的呼声，认为研究者的价值观念会影响对客观现象的观察和分析，从而影响研究结果的客观公正性，这种观点在马克斯·韦伯那里有强烈的表达。其后，价值无涉、价值中立、价值祛魅或非价值倾向的研究在西方人文社科研究中，差不多成了一条原则，但只能是一厢情愿的、可望而不可即的理想而已。

人文与社会科学研究，既要遵循经典逻辑，更要遵循价值逻辑，具有价值科学的特性是其基本规律。教育方针的研究具有典型的人文社会性和民族地域性，它不但不排斥价值倾向，而且还必须有明确的价值态度和倾向，因为教育的基本功能就是促进人类个体和群体社会的发展。定义教育方针，无疑也必须且必然体现定义者的价值取向，同时也必然包含并体现了定义者对教育方针概念的认识程度和思维水平。可以说，任何一个定义

---

[1] 周农建：《价值逻辑》，湖南人民出版社1999年版，第49—51页。

都是定义者自身观念、态度、水平的观照和折射，上述定义也不例外。从政策科学的角度看，教育方针具有价值负载（value-laden）的特质，它所面对的不是纯粹的客观事实或自然现象，而是现象背后的利益关系、价值冲突和价值选择，所以，定义或制定与分析乃至实施教育方针，价值是一个不可回避的领域，价值中立的论断是不成立的，教育方针需要价值涉入。但是，教育方针毕竟是一个事实概念而非价值概念，不管定义者自身的价值取向如何，他都不能违背经典逻辑定义的规则而想怎么定义就怎么定义，那样也就说不上什么定义，也就无从揭示教育方针内在的本质特征了。定义教育方针既不可能严守中立、价值无涉，亦不可能随心所欲、价值无边。

那么，到底还存不存在一个大家都能接受和认同的教育方针的定义或定义方式呢？美国教育学家索尔蒂斯（Soltis, J. F.）在分析对教育定义研究的情形时曾说过一段话，颇能看出他对这一问题所持的看法和态度。他说："在一连串的定义里面，往往隐含着一个非常关键的假设。那就是，我们假定只有某种教育定义，如同一个打大猎物的猎人搜寻大象一样，他自信，如果看见一只大象，他会认出来，而且他自己会用网捕到一个非常有价值的猎物（大象）。但是，如果我们实际上更像一个真心实意但又误入歧途的捕 centaur（希腊神话中人首马身的怪物）的猎人，即便跟随着一只准备充分的远征队，并把枪始终置于准备射击的状态，也永远不需要动物标本剥制师的帮助，情况又会怎样呢？与捕大象相比，寻找教育的那种真正的定义会不会更像捕 centaur 呢？教育的那种真正的定义是否存在呢？"[①] 在索尔蒂斯看来，并不存在能达成共识的唯一的关于教育的定义，这一段话同样适用于教育方针的定义。当然，不能陷入相对主义的泥淖，虽然人们对教育方针的认识是主观的、言人人殊的，但它毕竟是一种客观的教育活动与现象。

分析教育哲学的代表人物谢弗勒（Scheffler, I.）在其《教育的语言》（*The Language of Education*）一书中，也曾把教育的定义区分为规定性（the stipulative）定义、描述性（the descriptive）定义和纲领性（the

---

[①] 索尔蒂斯：《教育的定义》，沈剑平、唐晓杰译，载瞿葆奎主编，瞿葆奎、沈剑平选编《教育学文集》（教育与教育学），人民教育出版社 1993 年版，第 31—32 页。

programmatic）定义三种。① 规定性定义，是作者自己所下的定义，即作者"创制的"回答"我所说的事物是什么"的定义，它要求被界说的概念在其后的讨论中，始终表示这种规定的意义。比如"教育"，不管别人给它下什么定义，我这里所用的"教育"一词，就是这个意思。这是我赋予它、给它规定的意义。描述性定义，是指适当地对术语或者使用该术语的方法进行界说的定义，也就是回答"事物实际是什么"的定义。教育科学理论主要陈述教育事实，在此基础上解释教育事实发生的原因与条件，故关于概念的表述一般采用描述性定义，并从描述性定义中择定精确的、揭示概念所反映的对象本质属性的定义。纲领性定义，是指或明或暗地告诉人们应有的事实状态，也就是在定义中包括若干关于某种被定义的事实状态的规定性，回答"事物应该（should）是什么"的定义。它与描述性定义所说的"事物实际是什么"不同，与规定性定义赋予事物一定的含义或意义、规定"事物是什么"也不同，它往往包含着是（is）和应当（should）两种成分，是描述性和规定性定义的混合。同样，谢氏讲的这三种定义方式也适用于教育方针的定义。

　　虽然有人也在试图寻求一种能够为大家所公认的"一统"的教育方针定义，但由于定义思维与方式的不同，因而教育方针定义的丛林法则仍将继续存在下去。比如，规定性定义本身就是充分反映定义者价值取向的任意式定义，它要求不同声音的争鸣和讨论，如果只有一个绝对肯定的教育方针定义，反倒不正常。描述性定义主要是陈述或表示教育方针概念所指称的事实，但对于同样的教育方针事实，由于定义者的理解和认识的不同以及定义语境和定义目的的不同，也会有多种不同的描述性的陈述和定义。

　　如此看来，我们一直在孜孜以求的教育方针的定义，很可能是一种科学的纲领性表述，也就是集规定性和描述性定义于一体的纲领式定义。它既要表述教育方针是什么，又要揭示教育方针应当是什么；既要定义实然的教育方针，对教育方针的史实和经验进行总结、抽象、归纳和概括，揭示教育方针固有的本质意义，又要界定应然的教育方针，对教育方针的概念和过程进行严密的逻辑和语义、语用的辨析与论证，揭示教育方针所应

---

① 转引自郑金洲《教育通论》，华东师范大学出版社2000年版，第6页。

包容的含义；既要运用事实判断对教育方针的"概念"作定性研究，又要运用价值判断对教育方针的"观念"作定向分析。更为重要的是，不同的定义主体，也会有各式各样的纲领性定义。因此，现在所能做的是，运用综合式定义，寻找一种纲领性表述，即将"教育方针是什么（实然的教育方针定义）"和"教育方针应当是什么（应然的教育方针定义）"结合起来，将教育方针诠释为："一定的统治集团为实现一定历史阶段的总路线和总方针及其人才培养的总目标而制定的关于教育发展的指导方针及其实践过程。"

概言之，教育方针的定义是经典逻辑和价值逻辑的统一，是集规定性定义和描述性定义于一体的纲领式定义。教育方针是一定统治集团在一定历史时期关于教育发展的总方针，是教育性质、方向、目的、任务、内容和途径等的总规定，是一种规范、引导和管理教育发展的政策活动。

四　教育方针的基本特性

特性，从语义角度分析，是指一事物所特有而其他事物所没有的性质，是该事物的本质属性，是对其基本概念的进一步明确和深化。教育方针的特性，是指教育方针内在的质的规定性。文献检索表明，关于教育方针的特性问题，国内有不少研究。诸如"阶级性和时代性、行政性和法令性、稳定性和发展性"，[①]"意志性、实践性、时间性"，[②]"阶级性和科学性、时代性和民族性、继承性和实践性、立法性和导向性"，[③] 等等。应该说，这些既各有侧重又有所交叉的"性"，都是教育方针所具有的某些特征。

关键在于，首先应该对作为大政方略的教育方针及其一般属性有一个清醒的认识。近现代中国各个时段的教育方针，除了清政府颁定的五条十字的教育宗旨言简意赅外，其他教育方针的表述都比较长，文字不简练，文意不畅达。新中国成立以后，情况更甚，一度时间，任意增删，随意解

[①] 叶上雄：《教育学》，人民教育出版社1991年版，第182页。
[②] 孙喜亭：《教育学问题研究》，天津教育出版社1989年版，第186页。
[③] 吴畏：《教育方针的理论与实践》，河北教育出版社1990年版，第5—9页。

释，绕来绕去，生涩繁复，失却了总方针所应有的简洁性、明确性、原则性、宏观性、战略性等一般属性要求。其次，应该对教育方针活动过程的本质属性（即特性）进行深入的探讨。教育方针代表了一定统治集团的教育指导思想和行动纲领及其认识、价值、实践活动的有机统一，具有明确的主观意志和价值指向性。教育方针也总是一定时期的教育方针，是一定历史阶段教育发展的总指针和总原则，烙有鲜明的时代印记，具有特定的历史时代性和继承性。教育方针又是一种运用政策手段管理教育过程、引导教育行为、规范教育实践的活动，其制定和实施是一个相辅相成的体系，具有典型的规范导向性与过程统一性。

分析教育方针的制定、执行、评价等活动过程，总结近现代中国100多年教育方针的运演轨迹，上述三"性"多样而对立统一地存在于教育方针的内部结构和关系之中，既是其根本特性，也是其基本功能，甚至可以说是教育方针的天性，是其最基本的三条规律。

（一）主体意向性

教育方针是一种社会意识形态和制度形态的结合体，也是观念形态和规范形态的统一体。它集中体现了掌握国家政权的组织在教育价值取向及其培养人方面的意志，因而主体意向性是其最本质、最鲜明的特性。纵览古今中外教育发展的历史和现实乃至未来的发展，作为国家和社会的一个部门或领域，它不仅反映了不同社会制度和文化传统的特征，而且在涉及培养什么人、如何培养、为谁培养等问题上都带有明显的主观导向特征。教育方针的主体是代表国家的统治集团，这就从根本上决定了其立足社会本位、强调教育为国家和社会培养人才或者其培养的人才须适应国家和社会要求，进而为国家进步和社会发展服务的性质和功能。借用法国哲学家米歇尔·福柯（Michel Foucault）针对学科建设的谈话，教育方针的构建无所逃遁于权力的天罗地网，构建过程亦是政府意志介入的过程，国家政权的力量在其中扮演了极其重要的角色，是它在引导着教育方针的内容和方向。

不同的生产力发展水平及其生产关系，不同的经济基础及其上层建筑，包括其社会制度和教育制度等，必定会有相应的教育指导原则和方针。也就是说，教育方针是由统治阶级的物质生活条件所决定的，它体现了一定阶级或阶层的教育本质观、价值观、实践观和质量观，代表了一定社会对办教育、培养人的根本指导思想和主观诉求,是规范教育活动的圭臬和原则。在近现代中国教育发展的进程中,任何一个教育方针,无不打上统治者的教育指导思想烙印,无不留有统治阶级教育意志和主观倾向的痕迹。马克思在《共产党宣言》中讲过:"思想的历史,除了证明精神生产随着物质生产的改造而改造,还证明了什么呢?任何一个时代的统治思想,始终都不过是统治阶级的思想。"①

举个例子来说明,20世纪90年代,在讨论教育方针的内容时,不少人主张把美育写进教育方针,还有些人主张把美育和劳动技术教育都写进教育方针,并且说了很多理由。但中共中央政治局没有采纳这些意见,认为应始终不渝地继续坚持德智体全面发展的教育方针。但是,随着讨论的逐步深入,中共高层充分意识到美感、美育在现代教育中不可或缺的作用,将其包含于传统的德、智、体或德育、智育、体育之中,不仅有降格之嫌,而且也将其淹没于一般的劳动技术教育、法制教育、成功教育等各类教育系列之中,因而在20世纪末和21世纪初,新教育方针的表述改为"德智体美全面发展",以凸显加强美育和促进受教育者美感、审美能力的发展的重要性。

教育方针的表述不纯粹是一个发扬学术民主、比较综合各种表述方案、取长补短和吸收大多数人的意见、少数服从多数的事情。从根本上讲,它的制定和实施体现了统治集团的主观意向。不能用通常讨论定义的方法去严格精确地对其作出内涵和外延的区分。把教育方针搞成包罗万象的东西,既无必要也不可能。教育方针只是一种导向,是一定的执政集团在特定历史时期根据社会整体发展的实际情况在教育工作中要突出和强调什么的一种表达。如果面面俱到地强调一切,则等于什么也没有强调和突出。但是,如果忽略现代教育发展的规律和趋势,将一些人类对教育的最新认识成果以及教育的重要内容排除在教育方针之外,那也就体现不了中国共产党及其领导下的国家、政府对教育发展的科学定位和指导思想,也就失去了教育方针所固有的统治者主体意志和价值倾向性的本旨与功能,甚至与之相悖,产生负面的导向。

---

① 中共中央马克思恩格斯列宁斯大林著作编译局:《马克思、恩格斯选集》(第1卷),人民出版社1975年版,第270页。

（二）历史发展性

教育方针总是和一定历史发展时期相联系的，既反映一定社会发展的需要及其阶段性任务，又反映一定时代社会的政治、经济、文化、教育的特质。教育方针既有一定的时代性，又有一定的延续性，它是历史阶段性和发展性的辩证统一。

比如，新中国成立前28年，党在各个历史时期的工作重点和任务不同，其文化教育方针也就经历了许多不同的变化，形成第一次国内革命战争时期苏区政府的文化教育方针、抗日战争时期边区政府的文化教育方针和第三次国内革命战争时期解放区政府的文化教育方针。党在初创根据地时期提出的苏维埃政府文化教育的总方针，带有探索性与理想化色彩，脱离当时当地的实际，生搬硬套苏俄的做法，提出用共产主义精神教育劳苦大众、一切教育活动都要为革命战争和社会解放服务、教育要与生产劳动相联系等，旨在使广大人民群众都成为享受文明幸福的人；抗日根据地的文化教育总方针，在系统总结苏区文化教育总方针经验教训的基础上，先是注重实行一切为了抗战的教育，教育为长期战争服务，继而提出新民主主义文化教育的总方针，明确新民主主义的文化教育是民族的、科学的、大众的，教育与生产劳动相结合；解放区的教育方针仍然以新民主主义的文化教育总方针为指导，根据当时国内战争的形势，突出教育作为社会发展活动中的一翼，必须为人民解放战争和全中国、全社会和全体人民的解放服务，特别是在已经夺取胜利、建立人民政府的广大解放区，应积极实践教育与生产劳动相结合。三个不同的历史时期，其文化教育总方针及其教育工作方针既相同又不同，客观复演和再现了中国共产党建立全国政权之前文化教育方针的运演轨迹，凸显了教育方针的历史阶段性、连续性和发展性。当然，这是相对于同一性质的政权或政党所发布的教育方针而言的。

至于不同性质的国家政权和社会制度所颁布的教育方针，这种历史发展性则表现为否定之否定的批判性过程。比如，民国元年德智体美四育并举的教育宗旨，即是对清朝末年教育宗旨否定之否定式的发展。再如1915年袁世凯颁布的复古倒退的教育要旨，则是对民初教育宗旨的否定，滑稽的是，该要旨未及实施，随着袁氏政权的崩塌而被继任教育总长范源濂宣布废止，再度推行民初教育宗旨，是为否定之否定。总而言之，作为一定历史时期带有执政当局主观意志倾向性的教育方针，总是在前此教育方针的基础上，因时势的发展而有所变化的。[①] 当然，这种变化也会受到客观规律的制约，不是想怎么变就怎么变的。

（三）规范统一性

作为统揽全局的教育行动纲领，教育方针是一元而不是二元或多元的，既充分体现了制定、实施、评价等活动的有机统一，而且也担纲和充任了规范、导向与促进教育发展的管理职能，即对教育行为的管理指向作用和对教育实践的动员、号召、评价、调控和促进功能。世界上众多国家都没有教育方针一说，但对教育如何发展及人才培养规格还是有要求的，在相关法律条文中有明确规定，而且还有配套的实施政策条款，便于操作、检查、监督。在我国，运用教育方针的手段规范和管理教育，已有100多年历史，几经反复，已形成独特的教育管理文化与传统，其在教育组织行为及其活动中扮演的角色和承担的职责越来越重要。

需要指出的是，教育方针的功能与教育的功能是不同的两个概念，虽然它们之间有联系。教育的功能表现于对社会群体和个体发展的价值方面，也即对社会的政治、经济、文化诸领域的促进作用和对人自身的培养作用等方面，包括培养教化人才、发展科学文化、服务社会进步三大功能。其中，培养教育人才是教育的首要功能，继承发展科学文化是教育的重要功能，服务于社会发展是教育的直接功能。可见，社会发展制约着教育的发展，教育的发展也影响着社会的进步，既有着现实的动力性助推作用，又有着超越现实的潜在与前瞻功能。教育方针则是指导教育发展的指针，其功能与教育的功能迥然有别，就像批判的武器不能代替武器的批判一样。换言之，教育方针的功能是对教育方针的目的、意义、任务和作用的概括，旨在规范教育实践、引导教育行为，具有指向、引导、规制、约律等功能。

首先，教育方针是教育工作的指南和行为规范，它指引着教育前进与发展的方向。各级人民政府及其教育职能部门和各级各类学校领导教育工作、检查教学过程、进行教育督导、评估教育质量、改革教育内容、改进教学方法等，最根本的标准和依据就是教育方针。比如，20世纪80年代开展的对新中国30多年教育方针的理论清算、反思和检讨，无疑具有广

---

① 厉以贤：《教育方针的内涵与表述》，《中国教育学刊》1991年第2期。

泛而深远的历史影响和意义。然而，讨论期间，对旧的教育方针到底怎么看、新的教育方针怎么表述，当时都未能确定下来。当前在党和国家许多正式的文件中对教育方针都有所阐述，即使是文字表述略有不同，而其精神实质则是一致的，广大的教育实际工作者仍总是希望并要求上面有一个统一明确的教育方针。

对这个问题，20 世纪 80 年代末，我们曾对江苏省盐城市参加培训的 600 多名中学校长做过系统的调查，他们普遍持这种观点和心态。最近几年，我们对浙江省教育厅"领雁工程"校长培训班的学员也组织过多轮调查，结果显示，他们已习惯于按照教育方针行事，也希望国家有一个明确、统一的教育方针，以便有所遵循。这种情况，一方面反映了基层教育工作者与党和国家的基本路线保持一致、认真贯彻教育方针的良好素质；另一方面也表现为一定的思维定式和依赖积习，当中央或国家没有一个明确统一的教育方针的文字表述时，似乎就犹豫，就无所适从。同时，它也从又一方面说明了教育方针所具有的统一性及其规范、趋向、引领、指导、管理的职能作用。

其次，教育方针也是各项教育政策法规的基本依据，因为教育方针是通过一定的组织和立法程序制定和颁施的。现行教育方针更已载入《中华人民共和国教育法》"总则"的第五条，继而又于 2002 年写进党的第十六次代表大会报告，进而又载明于 2010 年《国家中长期教育改革和发展规划纲要（2010—2020）》，于 2012 年载入党的第十八次代表大会报告，于 2015 年载明于修订后的《中华人民共和国教育法》。教育方针是指导教育工作的最高原则，是教育政策法规的核心内容，具有至高无上的权威和效力。作为教育活动的总规范，教育方针不仅是宏观与微观、总体与具体、战略决策与政策制定的统一，是教育大政方针与工作方针的统一，是教育政策与法规的统一，而且也是规范与导向职能的统一，是教育方针制定与实施活动的统一。

概言之，上述三个"性"，既相互联系，又相互制约，它们多样而对立统一地客观存在于教育方针的内外关系之中，构成教育方针的天赋秉性和根本特质，既共同制约又各自决定着教育方针的理论和实践活动。应深入地研究和认识它们，科学地说明和阐述它们，这样，教育方针的理论研究和实践活动才能有所依归。

第三章 教育方针的关联

教育方针也是一个关系概念。它与教育政策、教育法规、教育目的和教育宗旨等概念相比较而依存，既有联系，又有区别。因而，在与相关概念的比较与辨析之中定义教育方针，既有必要，也很重要。

一 教育方针与教育政策

教育方针与教育政策关系紧密，人们往往习惯于连用，称之为教育方针政策。其实，两者还是有区别和联系的。比较鉴别它们之间的关系，对于进一步明确教育方针的意涵，无疑是十分有益的。在英语语境中，与"方针""政策"相对应或接近的词语是 policy，也就是说，policy 一词含有"方针"和"政策"的意思，其定义比较宽广，可以从政治学、公共行政学、公共政策学等不同角度对它进行各有侧重甚至不同的定义和解释。

托马斯·伍德罗·威尔逊（Thomas Woodrow Wilson）认为，policy 是有立法权者制定和行政人员执行的法规。[1]

J. R. 霍尔（J. R. Hough）认为，policy 是指有确定目标的行为及进程、模式和相关措施。[2]

戴维·伊斯顿（David Easton）认为，policy 是对全社会的价值作出有权威的分配。[3]

哈罗德·拉斯韦尔（Harald D. Lasswell）和亚伯拉罕·卡普兰（A. Kplan）认为，policy 是一种含有目标、价值与策略的大型计划，是在

---

[1] 转引自张金马《政策科学导论》，中国人民大学出版社1992年版，第17页。
[2] 转引自孙绵涛《教育政策学·前言》，武汉工业大学出版社1997年版，第2页。
[3] 转引自张金马《政策科学导论》，中国人民大学出版社1992年版，第17页。

某一特定环境下个人、团体或政府有计划的活动，是利用时机、克服障碍、实现某个既定目标的过程。①

卡尔·弗里德里克（Carl J. Friedrich）指出，policy 的要素在于，必定有一个目的，提出政策的用意就是利用时机、克服障碍，以实现某个既定的目标，或达到某一既定的目的。②

约翰·戈卢姆指出，广义的 policy，是指执政者决定与行动的一种基本形式，这些决定与行动由其所趋向的共同目标结合而成。③

中国台湾学者伍启元指出，policy 是政府采取的对公私行动的指引。另两位台湾学者林水波和张世贤则把 policy 界定为一种"政府选择作为或不作为的行为"。④

美国学者伊根·古巴曾将 policy 的定义概括为目的型、行动型、经验型三大类型。目的型，即是对于目的的声明；行动型，即是实施过程中所展现的举止和行为；经验型，即是被当事人所经验到的结果。

在汉语语境中，"方针"和"政策"是两个既相联系又相区别的概念，通常"方针"（guiding principle）从大处着眼，指总政策；"政策"（policy）从小处入手，指具体方针。同样，"教育方针"在汉语里也是专指教育工作的大政方针，即事关教育发展方向和全局的指导思想与行动纲领，"教育政策"则是宽指教育方针以外的具体的工作方针。在英语里，education policy 涵括教育方针、政策、法律、法规、法令、法条和法案等意思，远比汉语里的"教育政策"含义宽广，既可以指一个政府或执政团队为教育事业的运行与发展所制定的规划与原则，也可以指一定的组织或团体为实现一定时期的教育目标和任务而规定的行为规范与准则。其中，前一种观点把 education policy 看作是整个 public policy 体系中的分支，既重视 education policy 与其他 public policy 的共同性和联系性，以彼得森（P. Z. Peterson）为代表，也注重其自身的特殊性与个异性，以柯柏思

---

① 转引自张金马《政策科学导论》，中国人民大学出版社 1992 年版，第 18 页。
② Carl J. Friedrich, *Man and His Government*. New York: McGraw-Hill, 1963, p. 79, http://blog.sina.com.cn/s/blog_4b0f72620100b7vw.html.
③ 转引自张金马《政策科学导论》，中国人民大学出版社 1992 年版，第 18 页。
④ 同上书，第 19 页。

（D. Kerbs）为代表；① 后一种观点重视 education policy 与教育目的之间的联系，认为它主要是围绕实现教育目标强调该做什么不该做什么、该怎么做不该怎么做而立下的规定。日本学者村田翼夫是这一观点的代表，他认为，education policy 乃是"实现教育目的公共方策之体系"。②

综言之，education policy 既指教育工作的战略方针（总政策），也指教育工作的一般方针（具体政策），概指教育方针、教育政策、教育法律规范的总和。因此，翻译和使用这一概念时，只能根据具体的语言环境取其广义的理解或解释。"教育方针"在汉语里有其特指的含义，比较准确的英文回译应是 guiding principles for education，如果仅以 education policy 与之对应互译，难免不失之宽泛笼统，不能达意甚或产生歧义，因为它们之间不是全同关系，不能简单地视为同一概念，当然也不是全异或排斥关系，而是一种有时重迭等同、有时相容包含的复杂关系。这种情况在英、汉语系中俯拾即是。汉语中的一个绝对概念，英语中可能只有一个相对概念，或者干脆没有相应的概念；反之亦然。这不仅是一个语义和语用习惯的问题，而且涉及一个国家、一个民族语言使用乃至政策法律制度、社会科学研究等方面的人文与社会环境。因此，研究教育方针，既要注重跨文化的比较鉴别与参互，更要立足于自身的国情，植根于中华民族特有的人文社会土壤，这样才能有助于把问题搞清楚、搞深透。

就我国教育方针与教育政策的联系而言，它们都是为实现一定的教育路线、完成一定的教育任务而制定的活动准则、行为规范和行动模式。教育政策有总政策、基本政策和具体政策之分，教育方针是其总政策，是教育基本政策的总概括，是"确定具体政策时应采取的态度、应依据的假设、应遵循的指导原则，是一种主导政策"。③ 换个说法，教育方针是居于教育政策体系顶层或高端的一种宏观政策，即为解决教育领域的方向性问题或为实现一定的教育目标和任务而确立的具有广泛指导意义的综合性政策。它是教育政策体系中的一分子，是其核心和精华。教育政策的表现

---

① ［美］斯图亚特·S. 那格尔编著：《政策研究百科全书》，林明等译，科学技术文献出版社 1990 年版，第 442—443 页。

② 筑波大学教育系研究会编：《现代教育学基础》，钟启泉译，上海教育出版社 1986 年版，第 195 页。

③ ［以色列］叶海卡·德罗尔：《政策科学的构想》，美国艾尔西维亚出版有限公司 1971 年版，第 63 页。

形式是多种多样的。除了前面所讲宏观与微观的教育政策以外,还包括广义的教育政策,如教育的法律、法规、法令、法条和法案等,即教育政策的法律化和法规条文化。

另外,教育政策又寓于教育方针之中,因为它是教育方针的延伸和具体化,是保证教育总方针得以贯彻的基本措施和行动细则。人们之所以经常把"方针"置于"政策"之前将教育方针政策连在一起使用,除了约定俗成的因素外,主要是由教育方针和教育政策两者在本质上的一致性以及方针是总政策等因素所决定的。但也正是这种本质上的一致性掩盖了它们之间的区别,导致了长时期以来对这两个概念的混淆以致混用。教育方针与教育政策的不同点表现在以下几个方面。

一是所含内容不同。教育方针是教育领域最大的政策,它从根本上决定了教育的性质、目标、任务和方向,而教育政策是它的进一步展开和细化,其内容既广泛又具体,可以涵盖教育领域的各个问题,包括宏观和微观、整体和局部、中央和地方等各个方面的教育问题。

二是所处地位不同。教育方针是最高层次的指导原则和方略,它规定国家或中央政府在一定时间内教育工作的总方向、总目标和总路线,属于国家的重大战略方针之一,而教育政策则是在教育方针指导下所制定的各种教育行为规范和具体行动准则。

三是适用范围不同。教育方针对各级各类教育活动均具有规范、指导和调节作用。在时间上,它适用的时效长;在空间上,它适用的范围广。教育政策主要是针对某一局部的单方面的教育问题而存在的,其规束制约作用也相应的是单一的、局部的和短期限的。

四是所属主体不同。教育方针所属主体级别高,通常表现为代表国家的政府、政党或立法、行政机关,也即一定的统治集团。教育政策所属的主体级别殊异,从国家级机关及其政治团体到地方政府机构,甚或是一所学校及其所属的部门,如一所高等学校的某二级院、所、系等均可制定分配政策、奖励政策等。

五是特征功能不同。教育方针具有更鲜明的大政方略性和指导原则性,它代表了教育发展变化的未来趋势,起着方向标的作用。教育政策则既可以是奖励性的,也可以是惩戒性的,具有较大的灵活性、可操作性和变通性,并兼具激励和抑制两种相辅相成的功能。

综上所述,教育方针与教育政策在本质上是一致的。教育方针是教育政策的一种，是一种特殊的教育政策。它寓于教育政策体系之中，是顶层的教育政策，是教育的总政策或教育政策的总概括。教育方针规定教育的性质、目的、方向、任务等，是教育发展的总纲领，其主体是一元的，即代表一定统治集团的国家权力机关或政府部门；教育政策的内容则广泛、具体、丰富得多，既可以是全国性、总则性的政策规范，也可以是局域性、灵活性的政策规定，其主体是多元的，包括各级权力机关或政府部门乃至学校等机构。

二　教育方针与教育法规

教育方针与教育法规也是既相联系又相区别的。教育方针是关于教育发展的总则。教育法规（education code / educational law）则是指有关教育的法令、条例、规则、规章等规范性文件的总称，也是对人们的教育行为具有法律约束力行为规则的总和。[①] 它是由国家政权机关制定，以国家暴力机器为后盾而组织实施的，它对人们接受教育的权利和义务起着保护和规范的作用。[②]

就其属性而言，教育方针是一种反映国家或一定政治集团教育思想观念的意识形态，但它又是以制度形态的面目出现的，在本质上它与教育法规同宗同属，都属于社会的上层建筑，或者说是上层建筑的组成部分，它们的政治、经济基础及其体现的统治集团的教育意志、指导思想和目的任务是相同的，都要对教育活动和行为加以规范，旨在促进教育事业健康有序的发展。教育方针是教育法律的基础和灵魂。它对教育法律的制定和实施起着指导作用，不仅指导着教育立法的过程，体现在教育法律规范中，而且也指导着教育司法、执法的过程，指导着教育法律规范的运用和实施。教育法律又是教育方针的具体化、条文化、定型化和规范化，是实现教育方针的重要手段和保证，其一经公布，又会对教育方针产生影响和制约，两者互为依托。

特别是当教育方针以法规条文的形式融入教育的基本法律体系以后，整个教育的基本法律乃至于各部门教育法规均须以教育总方针为依据，与

---

① http://www.hg.org/edu.html Education Law-Guide to Education Law.
② http://www.elearners.com/guide/faq-glossary/education-laws/ Education Laws.

其保持一致，因为这时的教育方针已由统治集团的教育总指导思想的观念层次通过一定的政策制定程序跃升到教育总指导原则的制度规范层次，并通过一定的立法程序，使统治集团在教育方面的意志上升为国家和全体人民的最高意志，进一步跃升到成为规束和制约人们教育行为的法律规范的层次，从而具备了并表现出法的一切特征和功能，这也是教育方针所能达到的最高层次。将教育方针纳入教育法律体系，赋予其法律形态和职能，既是教育事业昌明发达的标志和结果，也是其进一步发展的必然要求和保证。因此，无论对过去教育实践经验的总结和提炼概括，还是对今后教育实践活动的导向和指引规范，教育方针载明于教育的基本法律，并构成其精髓，都是既标刻着社会进步的尺度，又展示着教育方针与教育法律在本质上的一致性。

教育方针和教育法律毕竟是不同的社会现象，不可避免地表现出种种区别。一是所属主体不同。教育方针属于观念和政策（狭义）范畴，教育法律属于法规范畴。前者层次低，适用范围窄，作用小；后者层次高，适用范围广，作用大。教育方针的主体是国家、执政党等统治阶层，而教育法律的主体只能是统治集团所代表的国家权力机关，包括地方权力机关。换句话说，教育法律制定的权限严格限定在立法机构内。比如，《中华人民共和国教育法》《中华人民共和国义务教育法》《中华人民共和国教师法》等教育大法都是由全国人民代表大会及其常务委员会制定的，中国共产党作为执政党，可以颁布自己的教育方针，并通过一定的立法手段，使之上升为教育法律，但是其自身不行使立法权，不能直接制定或颁布教育法律。虽然作为执政党，中国共产党在我国的教育立法过程中起着决定性的领导作用，虽然事实上我国的诸多教育法律都是由中国共产党牵头起草，而后通过政府部门提交人大审议批准颁布施行的，但是党自身不是立法机关，因而不能构成教育法律的主体。党可以有自己的教育方针，但不能有自己的教育法律。

二是制定程序不同。作为执政党的教育方针，通常只要按照党的组织原则和程序，依据党在一定历史时期的总路线和总政策以及对教育工作总的指导原则，由党的中央机关负责调研起草，或者委托其所领导下的相应的政府部门及社会团体研究起草教育方针草案，或者直接以党的领袖人物关于教育工作总的指导思想的言论或指示为蓝本，而后提交党的权力机关及其常设机构审议通过，并予以正式颁定实施。如果要把它作为国家或政府的教育方针，那还必须经过一定的立法和行政程序，将其提交相应的国家或政府部门讨论通过，并载入有关文件予以确认，或者专门颁示。与教育方针相比，教育法律制定的程序更为严格和复杂。具体讲，必须由国家权力机关或政府部门根据一定的立法宗旨和立法原则，在广泛调查研究、充分酝酿协商、反复论证的基础上，负责起草教育法律草案文本，并交付国家最高权力机关及其常设机构审议批准，予以颁行。这些程序的严格要求，从一个方面保证了教育法律的严肃性和权威性。孤立地讲，未经一定的立法程序所宣示的教育方针，尚不具备这种权威性。而一旦将其纳入法律程序和范畴、赋予其法律的形式和特征，这时它就不仅是教育方针，而且也是教育法律，是二者的结合体。

三是表现形式不同。教育法律以条款形式公布实施，具有确定性、规范性和强制性。且它种类繁多，既可以是针对全局性的重大问题的教育基本法律或称母法，也可以是就局部具体问题的部门法乃至具有可操作性的法律条文。准确地说，教育法律是一个系统，它是由各级各类教育法律规范（包括国家和地方各级权力机关和行政机关所颁定的教育法规、律条等）构成的以调节教育领域的法律关系为职能的一个庞大的体系。相比之下，教育方针的形式是单一的，要么反映在国家或执政党的文件中，要么反映在国家的教育法律中，其表述一般都比较原则和简约，带有指导性和方向性。改革开放以后，在讨论教育方针的过程中，一些人所提教育方针文字表述的方案很长，企图把什么内容（其中有些内容应该属于教育政策法律法规范围）都包进去。还有一些人主张参照国外的一些做法，即不专门单独搞一个教育方针，而是用一段或几段文字将有关教育方针的相应内容放到《宪法》《教育法》和有关的教育法律条款中。实际上，这都是未能从根本上把握它们的异同，也缺乏对教育方针作为我国特有教育现象和历史传统的深层认识和研究。

四是执行方式不同。教育方针通过号召、宣传、教育、解释、鼓动等方式贯彻实施。即使将其纳入教育法律之中，使之成为教育法律的核心组成部分，但由于其本身所固有的作为宏观战略方针的高度简明性和概括性，因而给实施和执行提供了较大的自由空间，它鼓励创造性和灵活性，允许并提倡在各级各类教育实践中予以创造性的贯彻落实。它没有预先规定统一的模子，也反对"一刀切"，它要求社会各个阶层尤其是教育工作者，在解决实际问题时，应该因人、因地、因事而异，全面科学准确地理解和执行。教育法律具有明确的统一性和规范性，它以法律为准绳，否认灵活变通，任何人都不得离开法律的轨道自行其是、自行其政。当然，教育方针一旦载入教育法律，即具备法的一切特征。中国共产党领导人们制定教育法律，更应模范带头遵守教育法律，将自身的教育管理活动置于法律之下。教育法律的执行也要运用法规手段，依靠国家强制力规范教育活动、约束教育行为，对违法者予以制裁和惩戒。

三　教育方针与教育目的

教育方针与教育目的的关系，长期以来，一直是一个纠缠不清的问题。在我国教育方针史上，常常将它们当作同一概念使用，而它们之间的差别往往被抹杀。尤须指出的是，自1927年南京政府重新建立以后，教育的三民主义政治化倾向愈演愈烈。新中国成立以后，教育也逐步纳入体制轨道，跟在政治后面亦步亦趋，沦为政治的附庸，异化为阶级斗争的工具。教育方针则逐步意识形态化，成为教育学的核心内容。改革开放以后，为纠正这种偏向，不少学人极力主张教育学去政治化，也就是将教育学从政治图解式的研究拉回到科学理论的轨道上来，将教育方针从教育学的研究对象、内容和领域中剔除出去，代之以教育目的的研究，进而遵循教育科学固有的规律，恢复教育学科的本来面目。这些想法和做法，在当时，对于教育学界的拨乱反正和正本清源，促进教育科学的健康发展，无疑具有积极的作用。

然而，时隔几十年，回过头来看，这个问题需要重新认识和进一步探讨。前已述及，教育方针是中国教育活动所特有的现象，因而，具有社会科学本质属性的中国特色的社会主义教育学当然绕不开它，研究教育方针既是其应有之义，也是其独特之处，不仅不能因为教育学史上曾有过的泛政治化现象将教育方针拒斥于门外，而且应将其作为教育学研究的重要内容。但是，这并不排除按照科学学所揭示的学科发展原理，从教育政治学、教育政策学、教育管理学、教育领导学、教育法学等角度，多侧面研究教育方针，全方位、立体式地揭示其丰富的品质。甚至更不排除按照恩格斯关于"社会一旦有技术上的需要，则这种需要就会比十所大学更能把科学推向前进"的说法，顺应时代要求，将教育方针作为特定研究对象，运用政策科学、管理科学、教育科学、历史科学、哲学科学、党史党建科学等不同学科的理论视野，展开深入、系统、全面的综合性、交叉性研究，创立教育方针科学，梳理教育方针的历史，定义教育方针的概念，揭示教育方针的规律，阐发教育方针的原理，建构教育方针的研究方法和学科体系。

至于教育方针与教育目的的关系，按照前文研究综述的概括，有方针服务目的论、方针即目的论、方针包含目的论等几种说法。方针服务目的论认为，它们是手段和目的或决定与被决定的关系，教育方针是为实现教育目的服务的，有什么样的教育目的，才有什么样的教育方针；方针即目的论认为，它们是同一关系，是同一个概念，仅是称谓不同而已；方针包含目的论认为，它们是包含与被包含的关系，教育方针包含了教育目的。这几说分别从某个方面分析了两者关系，至少为系统阐述两者关系作了铺垫。

首先要搞清楚教育目的的涵指，明确在什么层次上与教育方针进行辨别，以确保概念或命题的同一，而后才能展开分析。查阅相关工具书，大多将教育目的（the aims of education / educational purposes）解释为，社会对教育所要造就的个体质量规格总的设想或规定，[①] 是对教育实践活动要达到的未来标准或效果的超前预演，[②] 包含培养目标（training objectives / training goal）——教育目的的具体化，即各级各类学校教育对受教育者身心发展所提出的标准和要求，是教育工作的出发点和归宿，具有一定社会制约性，对教育制度、教育内容、教育方式方法、教育质量评价等起着制约作用。教育目的既是一种设想的素质结构，人们尝试或欲求通过教育而在受教育者身上得以实现，又是为被规范对象而制定的人格应然状态的描述，是对受教育者所应达到的素质结构的理想或期望。[③] 应该说，这些说法都道出了教育目的的某方面的含义，但失之于笼统、空泛和单一，缺少类型和层次等分析。

教育目的是多元的，可以由不同的主体提出，反映不同的教育价值观

---

① http：//www.ed.uiuc.edu/eps/PES-Yearbook/95_docs/suppes.html The Aims of Education DEWEY.

② http：//www.indiastudychannel.com/resources/58309-AIMS-OF-EDUCATION.aspx AIMS OF EDUCATION.

③ http：//www.sil.org/lingualinks/literacy/referencematerials/glossaryofliteracyterms/whatisa-traininggoal.htm What is a training goal?

和教育动机，代表不同层次和类型的教育需求和人才规格设定，具有多样性和复杂性。虽然都称为教育目的，但各自所表示的含义很不相同。① 从教育目的的制定主体来看，可分为国家、政府、政党、部门、机构、组织、社会团体以及个人提出的教育目的；从教育目的的实现与否来看，可分为理想（应然）的教育目的和实际（实然）的教育目的；从教育目的的表现形态来看，可分为外显的（成文的）教育目的和内隐的（不成文的）教育目的；从教育目的的承载者来看，可分为学生的教育目的（受教育之目的）、教师的教育目的（施教育之目的）、家长的教育目的（施教育、受教育之目的）、政府的教育目的（办教育、管教育之目的）、社会的教育目的（办教育、管教育、施教育之目的）等；从教育目的的观念取向（价值取向）来看，可分为个人本位的教育目的和社会本位的教育目的及人格本位、生活本位、文化本位、伦理本位的教育目的等；从教育目的的层次来看，可分为对人才培养总规格、总要求的概括性、统举性的教育目的（aim）、各级各类教育对受教育者身心发展的具体标准要求的教育目的（goal），也即培养目标和教育过程中阶段性、列举性的教育目的（objective）；等等。②

上述教育目的与教育方针都有或多或少、各各有别的关联，需要加以甄别，不能泛泛而谈或一概而论。问题恰恰在于，这些年来，有关教育目的的定义或表述似乎已形成一个较为固定的套路，即教育目的是所要造就的人的总要求，包括人的质量和规格；教育目的是确定教育内容、选择教育方法和评价教育效果的根据；等等。这套表述暗含着这样一个意思，即教育目的是由国家、政府以统一的方式明文规定的，或者说，其定义视野还停留在国家集中制定的统一的教育目的上，其理论思维也仍局限于政府主导式、集权式的教育管理模式，局促于为成文的教育目的的辩护与解释，而无视或者仍然没能重视其他类型与层次、各各有别的教育目的。

以一种教育目的代替多种教育目的，把本来在我们这样一个泱泱大国由于历史和时代所造成的只有政府制定的统一的教育目的而缺乏其他教育目的这种不正常现象当成了正常现象，把作为教育目的之一的官方或社会的教育目的当成唯一的教育目的，把教育目的的丰富多样性窄化为单一

---

① 桑新民：《呼唤新世纪的教育哲学》，教育科学出版社1993年版，第187—190页。
② 参见郑金洲《教育通论》，华东师范大学出版社2000年版，第186—211页。

性。故而，在此基础上讨论教育目的与教育方针的关系，讨论来、讨论去，也只能是指其一端而不及其余，难以就教育目的的多重含义或不同含义与教育方针之间的种种关系进行多侧面、多层面的审察和辨析，或在此基础上将教育方针与教育目的置于同一层次进行辨析。近年来，虽也有人对教育目的作多维审视，但对教育目的与教育方针关系的深入研究乏善可陈。

将教育目的指向于国家办教育、管教育、施教育之目的，作为和教育方针处于同一层次、同一水平、同一角度、同一指向的概念，加以比较分析，辩证地、历史地看，它们之间既非单纯的手段与目的、包含与被包含关系，也非简单的同一或并列关系，而是兼有几种成分的综合性、复杂性关系。

从理论上讲，教育方针是一种导向，是国家或执政当局在特定历史时期根据社会发展的实际在教育工作中要突出什么强调什么的一种导向；教育目的是指国家或社会对教育所要造就的个体质量规格总的设想或规定，它规定着把受教育者培养成什么样的人，是教育实践活动的出发点和归宿。它们都以社会为本位，教育方针是从社会角度对教育工作提出的指导思想，教育目的也是从社会角度对教育所造就的人才提出的规格要求。一定的教育方针规定了一定历史阶段教育工作的总方向，这个总方向又制约着教育目的；一定的教育目的规定了一定历史阶段人才培养的总规格，这个总规格又制约着教育方针。一定的教育方针是为实现一定历史阶段国家或政权组织的总任务而提出的对教育工作的总要求，而这个总要求又必然反映到教育目的上；一定的教育目的反映了一定社会发展阶段的总体水平，而这个总体水平又制约着教育方针的制定。

从近现代中国教育方针演进的实际历程分析，最初的教育宗旨即定位于教育目的，后来的教育宗旨仍以教育目的为核心，逐步扩大到教育的内容、性质、功能，再后来的教育方针因循教育宗旨的传统，始终以教育目的为内核。也就是说，从教育方针的发展史来看，历代教育方针均指向于教育目的，含有教育目的的表述，或将其侧重点放在教育目的上。有时侧重于教育广义的社会目的（任务），有时侧重于狭义的人才培养目标，有时两者都包含，教育方针与教育目的的关系可谓如影随形。但是，又不仅限于指向教育目的，教育方针还包括其他内容，特别是新中国成立70年来，教育方针的内容远比教育目的宽厚。比如，除了规定教育培养什么样的人以外，教育方针还规定教育的地位、性质、方向、原则、内容、途径等。因此，即使是将其置于同一层面辨别，也必须运用唯物史观对它们进行实然性的分析，继而再进行应然性的理论分析，并将两者结合起来综析，才能搞明白。

进而言之，教育方针和教育目的都是其制定主体主观对客观的反映，是制定主体的主观意识的体现，是主观对客观实在的一种反映。从马克思主义哲学的角度来看，当制定主体的主观反映和客观事实相一致时，所制定的教育方针和教育目的就能够促进教育事业的发展；反过来，当制定主体的主观反映和客观事实相违背或发生倾斜与偏移时，就会危害到教育事业的健康发展或制约教育事业向前进步。

教育方针与教育目的的区别主要有以下几方面。其一，教育方针是教育学、教育政治学、教育管理学、教育政策学等学科交叉研究的对象，属于政治科学、政策科学、教育科学、管理科学等多维聚焦的跨学科理论范畴；教育目的长期以来则是较为单一的教育学概念，属于教育学原理的基本理论范畴。其二，就其多层面、多样性而言，教育目的可以在个人自身发展需要和社会发展水平之间作出价值选择，指向于教育的个体和微观领域，具有主体多元性；教育方针则是从统治集团对教育功能总的估价出发，确定教育在一定时段内的发展方向，指向于教育的总体和宏观领域，[①] 其主体是一元的，只能由一定的统治集团提出或颁布，代表统治集团的教育意志、反映统治集团的教育主张、体现统治集团的教育思想，融政策导向性和立法强制性于一体。其三，教育方针定位于统治集团关于教育发展的主导原则，其内涵、外延及主体均比较明确和单一，具有导向性和激励性，教育目的则要丰富得多，只有定位于国家的教育目的时，其谓指才比较统一和简明，也只有在这个层面上，它才构成与教育方针直接的比较关系，相对而言，它更具有规定性。

四　教育方针与教育宗旨

在近现代中国教育方针史上，有一个特殊的"教育宗旨"时期，即"教育宗旨"现象。可以说，"教育宗旨"一词是与现代新式教育紧紧连

---

① 瞿葆奎：《教育基本理论之研究》，福建教育出版社1998年版，第610页。

在一起的。起初，在洋务派和维新派的一些文章、奏折和呈文中，称之为"立学宗旨"、①"立学之大旨"、②"设学之宗旨"、③"教育宗旨"、"教育要旨"、"教旨"④ 等。1902年，梁启超发文，首次使用"教育宗旨"的概念。其后，不少文章也以"教育宗旨"见称。1905年，清朝政府成立司掌全国各级各类新式学堂管理之职的专门机构——学部，翌年，学部奉旨正式规定了全国统一的"教育宗旨"。此后，"教育宗旨"作为官方语汇，一直沿用至中华人民共和国诞生前夕，其间虽也有不少变称，但是其专用词汇的属性不改。

1912年2月，蔡元培发表《对于教育方针之意见》一文，以"教育方针"的概念取代清末"教育宗旨"的提法；⑤ 1915年1月，袁世凯颁示"教育要旨"，恢复清末"教育宗旨"的旧称，又有所改变；⑥ 1916年7月，时任教育总长范源濂宣布实行民国"元年所发表的教育方针"，这是在官方语言中首次使用"教育方针"的概念。其后，由于受杜威"教育即生长""教育无目的"等观念的影响，一时间，实用主义、自由主义、儿童中心主义等教育思潮勃兴，废止教育宗旨的呼声日高。1919年8月，北京政府治下的全国教育会联合会倡议，以教育本义代替教育宗旨。1922年，北京政府颁施的《壬戌学制》未定专门的教育宗旨，只附有教育的7项标准。1926年，广东国民政府提出"教育旨趣"；1927年，南京国民政府提出党化教育方针，1928年又定三民主义为教育宗旨，沿用至1949年迁台。

历览19世纪后半叶、20世纪上半叶教育宗旨这一概念在我国使用的全过程，都是在作为兴学办教育的指导思想、指导原则和总的教育目标与教育价值行为规范即教育方针的意义和层面上使用的。这一点，从最初的

---

① 舒新城：《中国近代教育史资料》（上册），人民教育出版社1981年版，第195页。
② 喻本伐、熊贤君：《中国教育发展史》，华中师范大学出版社1991年版，第391页。
③ 郭齐家：《中国教育思想史》，教育科学出版社1991年版，第362页。
④ 朱有瓛：《中国近代学制史料》（第一辑下册），华东师范大学出版社1986年版，第236页。
⑤ 同上。
⑥ 注：1915年1月1日，袁世凯以大总统名义《颁定教育要旨》："爱国、尚武、崇实、法孔孟、重自治、戒贪争、戒躁进"；参见吴科达《〈颁定教育要旨〉与〈特定教育纲要〉公布时间小考》，《广东技术师范学院学报》2008年第10期。

设学本旨、立学宗旨等提法以及后来一会儿叫教育宗旨一会儿又呼教育方针、两个语词杂混使用等史实上最能体现出来。如果说两者有什么不同的话，那就是，教育宗旨，就其初始意义而言，侧重于规范教育的行为、端正教育的趋向、明确教育的目标，这是与当时的价值伦理背景分不开的，因为教育宗旨一词就是伴随着现代国民教育而生的，其本质在于确立举办新式教育的指导要则，加强对教育的规范和引导。1912年民国成立后，教育宗旨由最初教育目的的规定，转向于教育内容及其核心目标的设定，旋又回归于以教育目的为旨趣的清末教育旧旨，继而陷入教育无宗旨的境地，直至国民政府定都南京后恢复教育宗旨，将其从教育目的和内容的传统定位推展至教育的社会目的、性质、地位、功能、任务等范围。教育宗旨概念的内涵不断改换与充实，外延不断拓宽和扩大。

到了20世纪50年代以后，由于时移势迁，旧政权习称的教育宗旨为新中国的教育方针提法所取代，其含义也由最初的教育目的、内容和任务逐渐演变为教育发展的指导方针和行动纲领，由静态的规范转向动态的过程，既指作为教育政策和法规核心的教育方针条文本身，又指向教育方针的实施、实践和评价活动。要言之，教育宗旨（educational aims / educational objectives）是教育方针的前身，是20世纪前半叶晚清政府和民国政府的官方用语，是一个历史性概念和专有名词，系指抽象程度最高的指令性或指导性教育目的、内容、性质、方向、任务、功能等综合性规定。中华人民共和国成立以后，这一词汇已弃用，只是在有关教育方针的专门研究中还时常被提及，或在常用语汇中使用。教育方针是教育宗旨的发展，是20世纪后半叶人民共和国政府的官方用语。两者名异而实同，前后贯通，既具有历史性，又体现时代性。就作为办教育、管教育、发展教育的指导原则而言，两者是一脉相承的，但其所含意义又分别烙有不同的时代印记而有所区别。

这里涉及一个逻辑分析与历史分析相统一的问题，从历史分析的角度看，教育宗旨（立学宗旨、教育要旨等）与教育方针是同一概念，或者说是同一概念在两个时期的两种不同表述。就其实质意义及其使用意义而言，教育宗旨就是教育方针，教育方针也就是教育宗旨，两者可以画等号，只是称谓不同、着眼点不同而已。从清末至国民政府的一切旧政权称其为教育宗旨，清末政府的教育宗旨反映于国家对人才培养的总体要求，民国初年的教育宗旨体现了国家对教育内容的指导思想，民国后期的教育宗旨实现了国家对教育性质的全新定位。中国共产党领导下的苏区、边区、解放区政府直至中华人民共和国政府则呼其为教育方针，新中国成立前称其为文化教育总方针，新中国成立后随着文化与教育事业的规范与分治，逐步形成更具针对性与指导性的文化方针（如"百花齐放，百家争鸣"）和教育方针。

需要注意的是，在教育研究中，常常出现教育宗旨"一身二任"的现象，即"两个教育宗旨"现象。一个是作为特定历史名词的教育宗旨，系由最高当局颁定，与教育方针处于同一水平，一个是日常语汇中的教育宗旨，两者的涵指有所不同，前者是特指，后者是宽指。一方面应注意区别使用，另一方面又应弄明白各自与教育方针的关系。本文所考察的教育宗旨系特指义。日常语汇中的教育宗旨，其与教育方针的关系类似于教育目的之于教育方针（处在同一层面）的关系，当然，细细分析起来，还要复杂，兹略。

至于教育宗旨与教育目的，从其演进过程看，两者也一直是通联的，因为近代中国的任何一个教育宗旨都是定位于教育目的，无论是洋务学堂"中学为体，西学为用"的教育宗旨以及其后分门别类的蒙学院、小学堂、中学堂、大学堂、师范学堂、外语学堂、军事学堂、技术学堂、女子学堂等的设学之旨，还是晚清政府、民初政府、北洋政府、南京政府等的教育宗旨，都是或定位于教育的宏观目的与社会目的，或定位于教育的微观目标与人才培养规格。除此以外，教育宗旨还负载了更多的职能，在近现代中国教育活动中，它像滚雪球一样越滚越大，逐步增加了教育的性质、功能、方向、任务等新的内容。比如，1928年南京政府三民主义的教育宗旨，与此前教育宗旨着眼于教育自身目的大不同的是，它注重教育的政治与社会功能及其服务旨向等的定位。现在看来，我国教育研究领域中迁延至今的"方针等同目的论""方针包含目的论"，虽然有其分析的历史背景和依据，却是不全面、不到位、不透彻的，均缺乏历史唯物主义的研究视野。

教育宗旨与教育目的既不是同一概念，亦不是属种概念或全异概念，而是同源性、相容性的概念。当教育宗旨指向于教育目的时，两者意思是相通或相同的，但出发点不一样，一个是从教育的指导方针角度说的，着眼于教育的外部要求和规定；另一个是针对教育的预期结果而言的，着眼于教育的内部设定和要求。当教育宗旨指向于教育的性质、功能、方向、任务时，两者是并列关系。当教育宗旨既指向于教育目的，又着眼于教育的性质、功能、方向、任务时，两者又是包含与被包含的关系，因为这时的教育目的已纳入教育宗旨的体系之中，并已成为其主要部分。认真考察各个时期教育宗旨的表述，大抵是这几种情况。

概言之，对于教育方针与教育宗旨及其与教育目的之间的关系，应进行系统深入的历史分析或实然分析，以便弄清其来龙去脉，恢复其在近现代中国教育发展史上固有的地位和状态，再辅之以适当的逻辑和语义、语用分析，从而为准确把握和揭示教育方针的真正含义提供一种历史的和逻辑的分析基础。如果仅在词义辨析上做文章，很难解释近现代中国教育史上特有的教育宗旨现象，也很难真实地再现和反映教育宗旨与教育方针以及教育目的之间的实际关系，当然更说不上从历史的层面对教育方针作科学的界定。这也是本书不惜笔墨对它们作一些回溯分析的用意所在。更重要的是，将关系定义和比较方法引入教育方针的界说之中，从对教育方针与教育政策、与教育法律、与教育目的、与教育宗旨之间关系的辨析中把握并揭示教育方针的内在品质，这不仅是对教育方针传统定义方式的变革，而且也突破了其传统的定义思维，将对教育方针的认识提到一个新的视域，指明教育方针不仅是教育工作总的指导方针，是认识活动、实践活动与评价活动的有机统一，而且也是教育政策、法律规范的核心和概括，是教育宗旨的延伸和继续，是教育目的的反映和体现。

综上所述，教育方针的界说是一个形式逻辑与辩证逻辑相结合、经典逻辑与价值逻辑相统一、纲领性诠释与比较式分析相参互的思维过程。教育方针既是一定的统治集团为实现一定历史阶段社会发展的总路线、总目标而确定的关于教育发展的总指针与人才培养的总规格及其活动过程，也是各级各类教育政策、教育法规的总概括。

第四章　教育方针的活动

　　教育方针的活动过程既是一个旧课题，又是一个新命题，需要运用新兴的政策科学思维展开研究。长期以来，人们习惯于静态地研究教育方针的内容及其表述，强调教育规律对教育方针的作用，认为按教育规律办事是教育方针的固有之义，教育方针的制定、实施与评价等活动必须遵循教育规律等，而较少关注教育方针的过程性及其自身的活动规律。文献检索表明，新中国成立70余年来，特别是最近40年来，学术界的兴奋点主要集中在教育规律、教育基本规律、教育发展规律、教育客观规律、教育科学规律和教育方针的特点、特征、特性等内容的平面式、静止性研究方面，对于教育方针的活动规律及其与教育规律之间的关系，罕见论及。[①]

　　教育方针的制定与实施要不要依循教育规律？回答是肯定的。教育方针的理论与实践是人的主观意志行为，是教育活动之一，当然要受制于、服从于客观的教育规律，但作为一种教育现象或教育活动，相对于其他教育现象，教育方针有没有自身的独特性及其内在的规律性？回答同样是肯定的。也就是说，相对于教育规律的一般性或一般的教育规律而言，教育方针的活动规律具有特殊性或具有特殊的规律性，它直接影响并决定着教育方针的活动过程。严格讲来，上文关于教育方针概念的多维定义及其与相关概念的比较分析，就是对教育方针内在特征和本质联系也即规律的揭示。

　　什么是规律？列宁说："规律就是关系，……本质的关系或本质之间

---

① 注：2001年，杨天平在《浙江师范大学学报》（社会科学版）第1期上发表过《论教育方针的基本规律》一文，此外，很难见到这方面的研究。

的关系。"① 这里所说的关系，有两层含义：第一，规律是客观事物内部的本质联系；第二，规律是客观事物之间的本质联系。就教育方针的活动规律而言，它不仅是指教育方针内部诸因素之间的本质联系，而且也包含了教育方针内部诸因素及其活动过程与教育方针外部诸因素及其活动过程之间的本质联系。不同时代的教育方针具有不同的特征和联系，因而也就有不同的规律；各个时代的教育方针具有共性的特征和联系，因而也就有共同的基本规律。教育方针活动的基本规律是对教育方针活动起支配作用的规律，它不是决定教育方针的个别过程或个别方面，而是决定教育方针活动的基本性质、基本特点及其发展的根本方向，反映了不同历史时期教育方针活动的共同点与共性特征。

一　教育方针的制定

教育方针体现了政策活动的有机统一，教育方针是一个制定、分析、实施和评价相辅相成的体系，是一个静态与动态、理论与实践、目标与过程、过程与结果相统一的活动，具有完整的协同、联动特征。教育方针的制定、分析、实施、评价、修订、终止等，在本质上属于公共政策活动，是一项公共行为，其制定和实施对社会产生的影响重大而深远。其中，教育方针的制定是教育方针实施的前提和基础，参照经济学家戴尔·麦康基（Dale McConkey）的说法，计划的制订比计划本身更为重要，教育方针的制定同样比方针本身更为重要，而教育方针的实施则是教育方针制定的目的和结果。

随着教育科学的不断发展以及科学学所揭示的学科发展的规律和趋势，有关教育方针的研究也日臻成熟和完备。作为其理论体系的主干，教育方针的制定和实施是一个整体中不可分割的两个基本环节，实现这两个不同且不可分割的环节，有利于发挥教育方针应有的功能和效用，有利于将教育方针具体贯彻到教育的实际活动和人们的教育行动中去。研究教育方针，应进行系统全面的考察和分析，既要逐一地进行研究，又要整体把握它们的关系。这样，不仅有助于教育方针理论研究的进一步深化，而且

---

① 中共中央马克思恩格斯列宁斯大林著作编译局：《列宁全集》（第38卷），人民出版社1963年版，第161页。

也有助于对教育方针实践的科学指导，并反过来进一步促进教育方针的理论研究，为教育方针的学科建设提供理论基础。

（一）教育方针制定的依据

这个问题牵涉的因素较多，因为教育不仅与社会的经济基础有本质的联系，而且与社会的上层建筑诸领域也有着各种各样的联系，它与整个社会生产和社会生活均有着直接或间接的联系，教育方针的制定不能不考虑这诸多因素的影响。同时，随着现代科学技术的发展，学科间的渗透、交叉、相融越来越明显，因此，教育方针的制定还必须充分吸收相关学科的成果和精华。就教育内部而言，它具有不同的层次和类别，因而也就具有不同的教育目的和培养目标。即使是同一层次、同一种类的教育，由于所处的地区、部门不同，归属不同，也会有不同的办学方针、目标和要求。但这一切因素，与教育总方针的制定并不矛盾。教育方针制定的基本依据可以归并为两大类，即实践依据和理论依据。

实践依据主要包括一定历史时期国际国内政治经济和教育发展的形势和任务、教育的规律、教育方针自身的特性等。理论依据主要包括一定历史时期国家与社会发展的主流意识形态及其指导下的教育理论，如清朝末年"同光新政"时期"中学为体，西学为用"的改良政纲及其教育主张、民国初年共和政体下德智体美四育并重的教育理论、民国后期南京政府"民族、民权、民生"的三民主义政治理想及其教育方策、新中国成立以来马克思主义的教育原理及其教育指导思想等。下面着重谈一谈教育规律作为教育方针的依据问题。

教育规律系指教育发展过程中的本质联系和必然趋势，是教育活动中主体与客体、主观与客观之间能动的统一，是教育现象或活动同其他社会现象或活动及教育现象内部各构成要素之间本质的、必然的联系。[1] 与教育方针相比，它是基础性、决定性的，不以人的意志为转移。教育方针则是由统治者主体制定颁施的，代表了一定的教育意志，反映了一定阶段的历史特征。或言之，相对于客观的教育规律乃至教育方针的特质而言，教育方针及其活动总是人为的、主观的，反映了制定者的教育思想和教育价值理念，离不开客观规律的制约，这或许是教育方针最基本的一条规律，

---

[1] 参见顾明远《教育大辞典》（第1卷），上海教育出版社1990年版，第7页。

即它本身应该遵守规律而不能反之。几十年来，我们在这方面的教训是很深刻的。

教育规律又有客观规律和科学规律之分。教育的客观规律，是指教育本身所固有的内在的本质的必然联系；教育的科学规律，是指人们对教育客观规律的正确认识、反映和表述，通常称之为教育的原理。教育方针的制定和实施既要遵循教育的客观规律，又要遵循教育的科学规律。正确的教育方针必然以正确地认识和运用教育的客观规律为依据，必然是教育的科学规律的体现。换个说法，只有在正确的科学理论指导下，以认识和运用教育的客观规律为依据，才能制定出正确的教育方针。

需要注意的是，在我国教育方针研究中，一些人自觉或不自觉地把教育方针与教育的基本理论甚或一些教育思想等同，把原本属于教育原理性的东西也放进教育方针的内容里去，实际上这是将教育方针本身的内容与解释教育方针的科学理论或制定教育方针的理论依据混为一谈，是将教育方针与教育原理混淆了。科学的教育理论是以对教育客观规律的正确认识和把握为前提的，把它作为制定和实施教育方针的基础和依据是必要的，但教育方针有其自身的独立性，它不是教育客观规律和科学规律的翻版或临摹，它具有明显的主体倾向性。同时，教育方针的制定还受着诸如国家政权的性质、民族文化的传统、客观物质的条件及人们对教育规律的认识和对教育的价值取向等因素的制约，应综合考虑教育方针与教育规律及相关因素之间的关系，科学分析影响教育方针活动的因素。

教育的基本规律有两条：一条是教育适应并促进人的发展，另一条是教育适应并促进社会的发展。教育方针的内容必须符合并体现教育规律。比如，教育适应并促进人的发展的规律，揭示的是教育的内部矛盾，反映受教育者原有身心水平与发展目标之间的矛盾及其转化。它要求教育方针必须根据受教育者身心发展的特点确定教育目的、原则和途径，用以指引和导向教育工作，规范和约束教育者的行为，促进受教育者个体和整体的健康和谐发展。教育适应并促进社会发展的规律，揭示的是教育的社会属性及其功能，其中，属性是指社会对教育的制约和决定作用，功能是指教育所培养之人对社会的反作用。它要求教育方针既要遵循教育内部发展的规律，又要遵循教育外部发展的规律，力求反映一定历史阶段国际国内政治、经济、文化、科技发展对人才培养的规格要求和教育自身发展的趋向，通过造就高素质的人才，为提高社会生产力发展的水平服务，为一定的社会生产关系服务,进而为整个社会的文明、进步和昌盛服务。也就是说,教育方针必须充分体现教育在一定历史阶段的社会性质、社会目的、社会地位及社会作用,体现教育工作的根本任务、根本方向和服务宗旨。这是教育方针所固有的社会取向的本质所在。

再比如,马克思主义的教育原理,作为制定教育方针的理论原则,也是由教育规律这个根本依据派生出来的,是教育客观规律的科学概括和理论升华,是教育的科学规律。马克思和恩格斯以政治经济学为基础,揭示了教育与社会生产之间的内在联系,同时又以辩证唯物主义和历史唯物主义及科学社会主义的理论体系为基础,揭示了教育与生产劳动和社会实践相结合、培养全面发展的人、教育为社会生产和生产关系乃至整个社会发展服务的主张,并预言这些主张是共产主义社会教育的基本特征,从而为我国社会主义教育方针的活动奠定了深厚的理论指导。

还有一个问题需要说明,长期以来,我国教育理论界习惯于把马克思主义人的全面发展学说作为教育方针的理论基础,直至20世纪90年代原国家教委组织的全国中小学教师专业合格证书考试的教育学试卷的标准答案仍这样规定。应该说,这不是错的,但不全面。马克思主义的教育思想博大精深,人的全面发展理论,无论从广义还是狭义看,固然是其核心,但不是其全部,因而只能是我国教育方针重要的却不能说是唯一的理论基础。当代中国教育方针的理论基础应该是,马克思主义的教育思想,既指马克思主义经典作家的教育观点及其论述,也包括马克思主义教育原理指导下各相关学科的理论,更指将马克思主义教育学说与中国教育实践相结合的中国共产党领袖人物的教育方针思想。

(二) 教育方针制定的程序

如前所述,教育方针是教育的总政策。教育政策制定有两种理解:一种理解为整个政策过程,包括政策问题、议题、决策、执行和评估等几个阶段;另一种理解为政策形成(policy-formation)或规划(policy-formulation),即从问题界定到议案抉择及合法化的过程。前者是广义理解,它把政策执行、评估等环节称为后政策制定阶段。后者是狭义理解,认为教育政策制定与执行是两个不同的阶段。[1] 教育方针的制定无疑属于后者,

---

[1] 黄忠敬:《我国教育政策制定过程之探讨》,《教育理论与实践》2007年第3期。

是一种狭义的制定。教育政策的制定主体分为官方和非官方两类，教育方针的制定无疑属于前者，以官方为主体。教育政策的制定是一个科学的过程，科学的理念应贯穿始终，既要有科学的态度和价值取向及其分析思维，又要有科学的内容、结构及其表现形式。

教育政策制定还包括教育政策研究：一类是对教育政策过程的研究，也就是对教育政策是怎样制定出来的研究，通常被定义为"教育政策研究"或"教育政策的研究"，也称教育政策的描述性研究，侧重于理论探讨；另一类是对涉及教育政策主要因素、策略方法等的研究，是对怎样才能制定出好的教育政策的研究，通常被定义为"教育政策分析"或"为教育政策的研究"，也称教育政策的规范性研究，侧重于应用研究。[1] 教育政策分析既是描述性的，也是规范性的。教育政策分析有价值分析、内容分析和过程分析三个向度，主要集中在两个方面。[2] 一是分析教育政策本身的价值；二是以价值分析为工具，分析教育政策，进而产生教育政策的内容研究和过程研究，前者致力于静态分析，体现教育政策的目的性追求，构成教育政策的实质理性或实质性价值；后者属于动态分析，体现教育政策活动过程各个环节所遵循的程序和原则，构成教育政策的工具理性或程序性价值。

教育方针的制定处于教育政策制定的顶端，其制定同样分为过程性研究和描述性研究，其颁布也必须经过一定的组织和立法程序。在近现代中国，不同的历史时期，这个程序也有所不同。清末最初是通过政府的管学大臣组织人员条拟学堂章程，规定设学旨要，上呈朝廷"奏定""钦定"下发，1906年后改为由新设的学部呈文、皇帝御批颁施。民国初年，由政府教育部组织人员研究，形成教育宗旨文本，而后正式确定下发。民国后期南京政府的教育宗旨，则是由国民党中央全会审议颁定。新中国的教育方针，起初由教育部确定实施，后来改由中共中央直接确定或审定公布。改革开放以来，教育方针的制定逐步走上民主化、规范化和法制化的轨道。

现阶段，教育方针的制定程序通常表现为：首先由中共中央领导下的国务院及其职能部门组织广泛的民主讨论、研究、咨询、论证和实践

---

[1] 袁振国：《教育政策学》，江苏教育出版社2001年版，第7—8、287页。
[2] 李仙飞：《教育政策价值分析溯源》，《高教探索》2007年第6期。

（试点、试验等），拟定教育方针的文字表述及其说明草案，直接载明于中国共产党全国性代表大会报告，颁定实施；或者报中共中央政治局审议通过，写进党和政府的有关决议或政策文件中，然后，由国务院代表党中央将教育方针的表述提交全国人民代表大会或其常务委员会审议通过，并写进相应的法规条文，将党的教育方针升格为国家的教育方针，颁布施行。经过这一系列的民主和立法程序制定的教育方针，集法令性、行政性、规范性、导向性、科学性和权威性于一体，为全党和全国各族人民所公认和接受，各级政府及其教育部门、各级各类学校、各企事业单位和各社会团体都必须无条件地贯彻、遵行、实施。

二 教育方针的分析

如前所述，教育方针是教育的总政策，或者说是教育政策的总概括。因此，这里同样运用教育政策分析的思维和话语，对教育方针的分析做一些阐述。在西方学者的论述中，"政策分析""政策科学"和"政策研究"常被进行同义转化。"政策分析"初次出现于美国经济学家林德布洛姆（C. E. Lindblom）1958年发表的《政策分析》中。他认为，政策分析是一种将定性与定量相结合的渐进性比较分析，有狭义和广义之分。

广义的政策分析是对政策的研究和分析，包括对政策内容和过程的分析，不仅包括对政策制定的分析，还包括对政策执行和政策评估的分析，通常又称"政策科学"或"政策研究"。政策研究及与政策研究相关联的政策分析，试图帮助人们采取更为有效的集体行动来解决或减少重大的政策难题。为了这一目标，政策分析要对政策实施过程中遭遇的现实问题持有清醒认识，并重视理由与证据的使用，以便在一些可供选择的政策方案中挑选最佳的一个。

狭义的政策分析仅限于对政策方案的分析，主要适用于政策的决策阶段。奎德（Edward Quade）认为，政策分析是应用研究的一种形式，用来获得对社会技术问题更深刻的理解，并提出更好的解决方法。政策分析试图利用现代科学技术去解决社会问题，寻求可行的行动过程，产生信息，排列有利证据，并推导出这些行动过程的可能结果，其目的是帮助决策者选择最优的行动方案，主要是研究备选方案的评估和选择。

教育政策分析也存在广义与狭义区分，广义的教育政策分析包括对教育政策内容和过程的分析，狭义的教育政策分析仅限于对教育政策方案的分析。哈达德（Haddad）认为，教育政策分析包括政策前的决策活动、决策过程本身以及决策后的活动。孙绵涛认为，教育政策分析是分析者运用科学的方法和技术对教育政策的内容、过程及结果等方面进行分析，从而促使教育政策达到预期目标的活动，是为广义的教育政策分析。袁振国认为，教育政策分析是对备选的各种教育政策方案进行系统的调查研究，分析评价各教育政策方案之优劣，寻求各教育政策方案内部之因果关系，并对各教育政策方案可能会产生的后果作出预测的过程，是为狭义的教育政策分析。

本书认为，教育政策分析就是教育政策分析主体依靠科学的方法和技术对教育政策的内容、过程与结果以及教育政策的环境和价值等方面进行分析，以促使教育政策达到预期目标的活动，它包含了分析主体、分析内容、如何分析及分析目的四个要素。进言之，教育方针分析就是分析主体运用科学的思维方法对教育方针的内容、过程、结果及其环境和价值进行系统分析，以促使教育方针达成预期目标。

关于教育方针内容的分析。从其定义来说，教育方针的内容就是指教育方针文本中设定的方针规范。教育方针的内容分析就是对教育方针的文本进行分析，既包含教育方针文本内容的分析，也包含教育方针文本的形式分析。值得注意的是，教育方针规范一般通过教育方针目标、对象、措施来体现，故而教育方针的内容分析也必须对教育方针的目标、对象和措施等要件进行分析。教育方针内容分析有着特定的规范要求，每个步骤都有其相应的标准，对于违反这些标准及要求的分析，都不能称之为教育方针的内容分析。同时，教育方针的内容分析不仅要对教育方针内容做出价值判断，而且要对教育方针内容做出描述，它既是价值判断的活动，同时也是非价值判断的活动，是两者的统一。

关于教育方针过程的分析。所谓教育方针过程分析，是指对教育方针的议题、教育方针的决定、教育方针的执行、教育方针的评价四个过程进行分析。概括而言，教育方针的过程分析，就是对教育方针的形成以及教育方针的执行这两方面的内容分析。其中，教育方针的执行分析是指对教育方针执行过程的分析，包括对教育方针执行目标的分析、对教育方针目标具体化的分析以及对教育方针目标计划实施的分析，主要分析教育方针的内容是否准确简易、教育方针的目标是否规范明确、教育方针的执行目标是否具体明朗以及教育方针目标的执行计划是否切实可行等。此外，教育方针的制定、实施和环境之间存在着相互作用的关系。应该对教育方针的内部环境与外部环境进行共同分析。外部环境分析是指对教育方针制定和实施的国内外经济、政治、文化、教育等方面的环境分析，内部环境分析是指对教育方针运行所处的具体环境进行分析，既要有助于教育方针文本内容的分析，又要有助于深化对教育方针的理解。

三 教育方针的实施

教育方针是教育政策的核心，教育政策的实施既是教育政策制定的目的和归宿，又是教育政策制定的继续，因为教育政策在执行过程中需要进行反馈、修改和完善。但在教育政策的实践活动中，每每重视前者而忽视后者。新西兰前总督 T.J.卡特赖特曾十分惋惜地说过，有些计划往往夭折于实施之前，这或者是由于期望太高，或者是由于投入太少。相应地，在教育政策领域，许多政策往往夭折于实施之前，也同样是或者是由于期望太高，或者是由于投入太少。教育政策的实施有广义、狭义之分。广义的教育政策实施等同于教育政策执行，狭义的教育政策实施只是教育政策执行的一个组成部分。本文持广义的教育政策实施观，即教育政策实施是指教育政策执行者贯彻落实教育政策、以达到预期目标的活动过程，包括政策解释、组织实施、评价反馈等环节。

作为教育总政策的教育方针的实施，是指通过一定的方式，使教育方针在全社会范围及整个教育领域得以科学地理解解释、贯彻执行和遵守实现。它是一种运用教育方针实现其使命的有意识的积极能动的实践活动过程。对教育方针有一个全面、科学、准确的表达是十分必要的，但其后的贯彻执行更为重要。教育方针是对教育的社会性质、目标任务和发展方向所作的总体规定。为了避免在认识和执行中的随意性和片面性，在教育方针颁定以后，有必要组织开展系统的研究和宣扬，对教育方针进行科学的、理论的和具有权威性的解释和阐述。

（一）教育方针的解释

教育方针的解释是指科学地阐明教育方针的内容和含义，确切地理解教育方针所体现的教育意志，从而保证教育方针的全面准确实施。它包含两层意思：一是对教育方针的理解，二是把对教育方针的理解表述出来。按照教育方针解释的主体和效力划分，可分为有权解释和无权解释。所谓有权解释，即正式解释、官方解释，它是指由执政党的组织或特定的国家机关按照一定的组织原则和法律所赋予的权限对教育方针所作的解释，这类解释具有权威性、导向性和约束力。无权解释又称非正式解释、非官方解释，它是不具备规范性和权威性的解释，可分为学理解释和任意解释两种。学理解释是指专家学者、社会学术团体对教育方针所作的理论上的分析和说明，任意解释是指任何个人对教育方针的理解及其发表的看法。这几项解释对教育方针的正确实施都是不可缺少的。从科学理解教育方针的角度看，在教育方针颁定之后，应配之以相应权威的文字说明；从发扬学术民主、集思广益的角度看，应进行广泛的研究和学理解释，以便在讨论中进一步准确理解、科学诠释、切实施行。

教育方针是整个教育事业的总方针。一方面，它应该在内容、范围及效力方面能够统领和指导教育事业；另一方面，也应该在这个总方针的指导下框定各级各类教育具体的工作方针和政策，以保证教育总方针的实施。这各级各类教育具体的方针政策，既是对教育总方针的补充和延伸，也是对它的贯彻和实施。为了加强教育方针的法律效力，还应该通过法定程序和法律形式，把执政党的主张变为国家意志，把教育方针及其解释写进相应的教育法规，以立法保证其权威性，以立法载明其规范性，并制定一些配套的教育法规和行政规章，使之条文化、法律化。只有通过法律形式予以保障，教育方针才能得以有效地执行。

（二）教育方针的执行

教育方针的执行是指各级组织和个人恪守教育方针要求、贯彻教育方针内容的实践活动。它是教育方针实施的主要环节，其关键在于把握教育方针的精神实质，切实加以贯彻。首先是全面认识教育的性质、地位、目标、方向、任务和功能，将优先发展教育、坚持育人为本、实施素质教育、促进教育公平、提高教育质量放在突出位置，在教育方针实践过程中，正确处理好一系列的矛盾和内外关系，包括社会本位与个人本位、教育方针与教育目的、教育与生产劳动、教育与社会实践、全面发展与全面发展的教育、全面发展与个性发展诸多关系以及各级各类教育（比如，学校教育与社会教育、与家庭教育，素质教育与应试教育，德、智、体、美、劳诸育等）的关系。

同时，还必须加强对教育方针执行过程的监督，形成制定、执行、监督三位一体的教育方针的管理闭合系统，从体制和规范的结合上保证教育方针的顺利实施。监督内容主要包括三个方面：一是加强执政党的监督，党的各级组织对国家教育行政机关、学校和党员个人执行教育方针的情况进行经常性的了解和检查，督促其自觉贯彻。二是加强行政监督，包括国家权力机关通过听取教育行政部门执行情况的报告、提出质询、派代表视察等活动实施有效的监督，各级教育督导部门行使督导职能实施有效的监督，社会各界通过舆论媒体等手段实施有效的监督。三是加强立法监督，除了制定配套的教育法规以外，进一步制定保障监督实施的教育法规政策，形成完整的监督体系，从根本上保证教育方针的有效执行。

四　教育方针的评价

教育方针评价是教育方针活动过程中不可或缺的最后一个重要环节。什么是教育方针评价？借用政策科学的分析思维，教育方针评价是指评价主体依据一定的标准和程序，对教育方针的解释性分析、执行性实施及其实施的效果、效率、效益及价值进行检测和评估的活动。换言之，教育方针的评价是按照一定的价值准则，对教育方针的内容及其发展变化和构成所进行的价值判断，是为了对现行教育方针在预定目标方面的成效进行的评估活动，即以评估结果来衡量方针本身的价值。它是公共政策评价在教育领域的应用和延伸，是一个贯穿教育方针周期的动态发展过程。

教育方针的评价，是实现教育民主化管理的重要基础，是进行教育科学化管理的重要工具，是合理配置教育资源的有效手段，是检验教育方针效果的基本途径，是决定教育方针未来走向的主要依据。由于教育方针在执行过程中容易受到政治、经济、文化、科技和教育等各类因素影响，因而，教育方针的评价对完善教育方针文本、全面贯彻教育方针、去除教育方针执行的障碍、增强教育方针的生命力和影响力等，具有重要意义。

教育方针的评价有两个要点，第一，它是在事实判断基础上所作的价值判断，是两者的统一。诚如美国学者格朗伦德（N. E. Gronlund）等在教育评估的公式中所表达的那样，教育方针评价是一项客观与主观相统一的活动。从事实层面看，它客观地向人们展示了教育方针的内容，与价值是无关联的；从价值层面看，它以特定的价值标准来判断教育方针的实施状况和效果。

教育评估 = 测量（量的记述）或非测量（质的记述）+价值判断

上述公式中，对事物进行量或质的记述，即事实判断，要求真实反映事物的本来面目；价值判断则是在事实描述的基础上，按照一定的价值准则，根据评估者的需要和愿望（即"应该怎样"的认识）对客观事物做出评判。

第二，它是对教育方针的文本方案及其决策、执行、执行结果等进行的评价，既包含对教育方针的文字方案进行价值分析、可行性分析和结果预测分析，即预评价，也包含后评价，即后果评价。它纵贯教育方针的预评价、执行评价和后果评价三个层面，其中，后果评价为重点评价内容。

教育方针评价是有规划按步骤进行的一项活动，科学的教育方针评价一般要经过准备、实施和结束三个阶段。评价工作开始前，必须要进行详细周密的准备工作，这也是教育方针评价工作顺利开展的前提，是整个评价工作的基础和起点。实施评价在整个教育方针评价工作中起到举足轻重的作用，它直接与评价活动的成败息息相关。这阶段主要任务是利用各种调查手段，全面收集教育方针制定、执行、效果、影响等方面的信息，就教育方针的文字和内容及其实施结果进行评价，得出结论。结束阶段是处理教育方针评价的结果、撰写评价报告的阶段。价值判断伴随着教育方针制定、执行、评价的整个过程，而个人的价值判断难免因受到外界因素影响而出现疏漏。所以，在收集评价信息、得出评价结果之后，要对结果进行可信度和可效度的自我检验，以此来实现评价对教育方针的意义。

值得注意的是，在我国，由于教育方针是一项宏观的教育政策，是教育的大政方针，因而在实际的教育及其管理活动中，往往重视教育方针的研拟和制定，而忽视教育方针的分析、解释、执行和评价，总之一句话，重制定，轻执行，轻评价，没有将教育方针的活动看成是制定、执行、评价相统一的过程。同时，由于教育方针执行后产生的影响涉及方方面面，包括一些潜在、不易觉察和感知的影响，因而对其实施效果难以进行具体评价。此外，教育系统与社会其他系统是密不可分的，教育方针的出台与社会环境变化有着微妙的关联，这种不确定的因果关系使得教育方针评价的不确定性也相应增加。

教育方针的评价标准是衡量方针质量优劣的标尺。科学的评价要建立在正确且合理的标准之上,立足于基本的国情和现实。但由于我国教育事业的发展深受传统意识形态的影响,十分重视伦理道德,这就使得评价者往往会用原则取代事实来进行判断,不可避免地夹杂人的主观因素。除此以外,在评价实践中,使用定性方法的频率相较于定量方法多,从而导致教育方针评价带有主观性,进而影响其客观性和科学性。这些都是应该在教育方针的评价中注意避免的。

第二篇

教育方针演变论

本篇按照时间顺序逐一阐述20世纪上半叶晚清政府、民国前期、民国后期教育宗旨的演变及清末、民国以来各特定地区的教育方针，分析其基本内容和特性。首先介绍清朝末期的教育宗旨，包括其"中学为体，西学为用"的理论基础及其指导下的从立学宗旨到教育宗旨的演进；其次介绍民国前期的教育宗旨，包括民初教育宗旨的理论基础及其指导下的从德智体美四育并举的教育宗旨到袁世凯复古教育要旨的流变，乃至"五四"时期倡行教育本义、教育无宗旨的反复；再次介绍民国后期的教育宗旨，包括广州政府的党化教育方针及其后三民主义理论指导下南京政府的教育宗旨；最后介绍清末、民国以来各特定地区的教育基本方针，包括日据台湾地区的教育基本方针、香港地区的教育基本方针、澳门地区的教育基本方针、日伪华北和东北地区的教育基本方针等。

第五章 清朝末期的教育宗旨

在中国教育方针发展史上，清末政府的教育宗旨作为近代教育特有的产物和现象，它与其后中华民国的教育宗旨和中华人民共和国的教育方针有着难以割断的历史关系。认真挖掘和整理这部分史料，对我国当前的教育改革和研究活动无疑具有十分重要的理论和实践意义。清末，又称晚清，通常指1840年第一次鸦片战争爆发至1911年清王朝倾覆这段时间。但就教育而言，可以溯至1862年8月奕䜣奏设的京师同文馆。是年，穆宗载淳（年号同治）登基，为同治元年。此后，便拉开以洋务教育为核心内容的洋务运动的序幕，史称"同（治）光（绪）新政"，又称"洋务新政"，至1898年维新运动。1898年6月11日，光绪帝下诏"明定国是"，实施"戊戌新政"，变法维新，改革旧式教育，建立京师大学堂，但至同年9月21日即以西太后再出"训政"为标志宣告失败，史称"百日维新"。1901年1月29日，清政府在西安下诏，再次宣布"变法"，实行"新政"，于教育方面，废科举、兴学堂、建立学部、厘定教育宗旨、建立新教育制度等，直至1912年1月1日中华民国成立，清亡。

清末教育宗旨，按照其历史沿革，大致可以分为萌芽期——教会学校的办学之旨（19世纪初叶至19世纪中期）、雏形期——洋务学堂的设学之旨（1862—1896年）、过渡期——维新学堂的立学宗旨（1896—1901年）、形成期——"新政"时期的教育宗旨（1901—1911年）四个时期，经历了一个由简单到丰富、逐步规范一统的过程。

一 清末教育宗旨的理论基础

查考清末教育宗旨的由来，就不能不提及"中学为体，西学为用"的思想。因为这一思想不仅横贯于19世纪中叶至20世纪初叶的洋务运动、维新变法和复行"新政"三个时期，而且也渗透于清末政治、经济、军事、教育等各个领域,甚至其影响所及一直延续至民国初年至"五四"前后。准确地说,它是晚清政府革弊除旧、维新图强总的理论指导和最高行动纲领。

概览清末同治、光绪、宣统三代政府以及民间社团所兴办的各类新式学堂,无论是最初各自为政的设学之旨,还是后来逐步明确规范的"立学宗旨"或"教育宗旨",虽称谓殊异,但都无一例外地体现了"中体西用"的指导思想和时代精神。其中,有的是对该思想所作的直接诠释,有的则是赋予其规定的意义并予以解释。值得注意的是,理论界有关"中体西用"思想的研究并不少见,但对于它和清末教育宗旨之间的关系却缺乏明晰的认识和准确的定位。

一种情况是,孤立地就教育宗旨论教育宗旨,通常将1906年清政府学部奉旨宣示的教育宗旨作为中国近代教育宗旨的开端,而对作为其理论依据,也即教育宗旨的宗旨,在中国近代社会发展进程中居于总政策地位的"中体西用"思想未能给以恰如其分的揭示和论证,忽视了"中体西用"思想对晚清教育宗旨的指导作用。

另一种情况是,简单地将"中体西用"直接当作教育宗旨,也即把晚清社会改革和发展的总纲领当作教育一个部门的指导原则,混淆了总指针与具体方针之间的区别和界限,降低了"中体西用"思想在晚清社会发展中的地位和作用。

还有一种情况是,既把它当作教育宗旨,又把它说成是教育宗旨的指导思想,陷入了认识上的模糊以及使用上的自相矛盾。

再有一种情况是,看不到"中体西用"思想在清末50年间的演变过程,认识不到它是一个变动的发展的理性思维的概念,而仅是形而上学地把它当作一个平面的静止的思想,当作一个知性思维的概念。

应该说,作为清末社会改革的总策略,"中体西用"的正式提出是19世纪末叶的事情,但其朦胧的思想或主张,则可以远溯至1840年鸦片战争前后。从林则徐、龚自珍等有识之士有关经世致用的言论及其对传统的"体用合一"观的批判和魏源的"师夷长技以制夷"的思想之中,即已见端倪。19世纪40年代,中国社会已进入衰世,仿如人到了黄昏之时,处于一种与梦为邻的昏沉状态,整个国家机器只是在艰难地沿着其惰性运转。而另一方面,伴随着西方殖民势力的入侵,西学东渐则从不同层面与中国传统文化产生了冲突和融合。

面对此特有的时代变化，清廷的一批志士仁人，力主抵抗外侮、改革社会，既从民族自身传统中寻求致用之学，即上承明清之际形成而后被当时的政治高压和传统的理学樊篱所封锁和框束进而转入地下以至中断的实学思想之流续，根据现实社会的实际需要，以真正能有益于民生日用和安邦治国的知识技能来造就致用人才，又向自明末清初利玛窦来华即已萌动后因朝廷闭关自守一度中断此期再度抬头渐次传入的西方文明中探求经世之术，即旁采西学中优长的器技文明之因子，变革科举，广设学校，发扬实事求是的文风和学风，综合汉宋，力图会通，创获于经，行以求之，注重践履和达用，师夷长技，教授实学，以养成匡时救世的人才。可见，此期注入西学致用新质的"体用观"已初现"中体西用"思想的雏形，而且开始了近代学习西学的先声。

从 19 世纪 60 年代初开始，与洋务运动相随而生或作为洋务派关于中西文化的核心命题，即有人提出"中体西用"的观点，不过当时更多的是用"主辅""本末""体用"这些中国传统文化中固有的概念来表达"中学"与"西学"两者应该何为主导、何为从属的意见。洋务运动前后历经 30 余年，其过程实质上是一场古老中国对近代西方文明的移植过程，因此不可避免地要引起守旧派与洋务派要不要引进"西学"或"新学"，如何处理"西学"与中国固有文明之间的关系等一系列问题的争论。守旧派对"西学"采取顽固拒绝的态度，认为提倡"西学"是舍本逐末；洋务派的策略则是打出"中体西用"的旗号，主张在突出"中学"或"旧学"主导地位的前提之下大力倡行"西学"，肯定其辅助作用和器用价值。也就是说，作为一种中庸与调和的 19 世纪中后叶社会改良的总纲领和指导方针，它是应运而生的，符合时代发展的潮流和精神。

据汪澍白在《文化冲突中的抉择》一文中考定，"中体西用"的初始提出者为早期洋务派人物李鸿章的幕僚冯桂芬，他在 1861 年完成的《采西学议》中即提出"以中国之伦常名教为原本，辅以诸国富强之术"的主张。此后，发表类似观点的人越来越多，表达方式也益渐明晰，并逐渐定型于"中学为体，西学为用"这一流行语。虽然提倡这一口号的并不都是洋务派人物，但此时正值洋务运动如火如荼时期，这些人多顺应时代潮流，附从于洋务派，为洋务运动提供思想理论资源。

1877 年，清政府派往的官员李奎在谈到留美幼童培养目标时指出："幼童之往业者，业其事为耳。我圣人之达道达德、三纲五常，此幼童固自有，亦固自在，不以业西人之事为而少阙也。且取长补短，原不以此自域。……是道德纲常者，体也；兼及西人事为者，用也。必体用皆备，而后可备国家器使，此尤今之所不可不知也。"① 这是所见将"中体西用"思想作为洋务教育的指导思想并贯彻于洋务教育实践的较为完整的早期说明。同期，这一思想还体现于洋务教育活动的各个环节。如在洋务学堂的招生和遴选留学生时，注意选拔汉文、经学有根柢者；在教学内容方面，早期洋务派领袖曾国藩等强调要"查考中学、西学，分别教导"，"肄西学仍兼讲中学，课以孝经、小学、五经及国朝律例等书，……宣讲圣谕广训，示以尊君亲上之义，庶不致囿于异学"等。②

1892年，郑观应在《西学》篇中说："中学其本也，西学其末也。主以中学，辅以西学。"③ 至此，"中体西用"的思想已粗具其形。而首次正式将洋务派这一思想概括成"中学为体，西学为用"表达形式的，当推洋务派后期人物沈毓桂。他于光绪二十一年三月（1895年3月），在《万国公报》上以南溪赘叟的笔名发表《救时策》一文，提出"夫中西学问，本自互有得失，为华人计，宜以中学为体，西学为用"的观点。1896年8月，孙家鼐在《议复开办京师大学堂折》中，对这一思想作了进一步的阐述。

两年以后的1898年4月，洋务派后期领袖张之洞在其代表作《劝学篇》中，对"中体西用"的思想进行了更为深入、系统、全面的阐发，并赋予其鲜明的时代内涵和特征。它不仅为洋务运动作了系统的理论总结，而且也试图为之后中国社会的改革提供理论模式。《劝学篇》凡四万余言，共二十四篇，又分内篇和外篇。其中内篇九，讲中学，其篇目包括《同心》《教忠》《明纲》《知类》《宗经》《正权》《循序》《守约》《去毒》；外篇十五，讲西学，其篇目包括《益知》《游学》《设学》《学制》《广译》《阅报》《变法》《变科举》《农工商学》《兵学》《矿学》《铁路》《会通》《非弭兵》《非攻教》。④

---

① 转引自孙培青主编《中国教育史》（修订版），华东师范大学出版社2000年版，第313—317页。

② 同上。

③ 同上。

④ 同上。

其中，《游学》《学制》《设学》《变科举》等篇专门讨论教育问题。例如，《设学》篇指出："学堂之法约有六要"，"应新旧兼学，旧学为体，新学为用，不使偏废"，并主张"广设学堂，储为时用"。《游学》篇提出，要发展留学教育事业。《学制》篇则主张："一国之强，强以学校，师有定程，弟有适从，授方任能，皆出其中，我宜择善而从之。"① 这些篇目与全书的"中体西用"思想贯通一致，专门而又系统地总结了洋务派的教育思想，即对维新派"开议院，兴民权"的激进主张有所纠偏补弊，又以维持封建伦理纲常名教和宗法制度为前提，大力提倡西学，也即中学为体，西学为用。按照张之洞的说法，"内篇务本，以正人心；外篇务通，以开风气"。其所谓中学又称旧学，系指传统儒家的经史之学，包括"四书五经、中国史事、政书、地图"等，是中国的固有文明或国粹；其所谓西学又称新学，系指西文、西艺、西史或西政，以可以物化的西政和西艺为其内核。

张之洞特别注重西政和西艺的作用，强调要"政艺复兴"，并分别对西政和西艺作了解释。在《设学》篇中，他指出："学校、地理、度支、赋税、武备、律例、戏工、通商，西政也；算、绘、矿、医、声、光、化、电，西艺也。"很明显，张之所谓西政，是对维新所提倡"西政"的纠正和改造，它主要是指西方有关文教制度、工商财政、军事建制和法律行政等管理层面的制度和规范文化等；而西艺即指西方的科学技术，这一点与前期洋务思想及维新派的看法没有多大不同。他认为："才识远大而年长者，宜西政；心思精敏而年少者，宜西艺。小学堂先艺而后政，大中学堂先政而后艺。西艺必专门，非十年不成；西政可兼通数事，三年可得要领。大抵救时之计，谋国之方，政尤急于艺。然讲西政者亦宜略考西艺之功用，始知西政之用意。"② 至于西政和西艺两者孰轻孰重，张在《劝学篇》序言中说得很明确："西艺非要，西政为要。"也就是说，当务之急需要向西方学习管理典章和体制。

至于"体"和"用"，它是中国哲学中的一对古老的范畴：前者指本质或根本；后者指形式和效用。这种"体用"范畴说有一条重要原则，

---

① 宋荐戈：《中华近世通鉴·教育专卷》，中国广播电视出版社2000年版，第25页。
② 转引自孙培青主编《中国教育史》（修订版），华东师范大学出版社2000年版，第313—317页。

即"体用不二"原则，就是说，必须在同一种文化内部区分体用之学。张之洞反其古义而为今之用，他不是在一种文化中讲"体用"，而是在中学与西学两种文化之间讲"体用"。他把"四书""五经"等中国传统文化解释为中学，并作为主体和根本，而把西文、西艺、西史、西政等西方文化解释为西学，并作为辅次和枝干。要言之，"中体西用"，即是在保存和维护中国古老的精神文明前提下，学习或仿效西方的物质文明，用张之洞在《设学》篇中的话来讲，就是"旧学为本，新学为用，不使偏废"。

如何将这样一个社会发展的总方针体现于教育的指导方针，他在内篇的《循序》和外篇的《会通》中作了集中的阐发。《循序》篇主要是论证中学之"体"对西学之"用"的主导和导向作用。他认为，通"中学"是中国人之所以为中国人的基本条件，它直接关系到一个人对国家、民族和祖国文明的情感，是保国、保种和保教的基础与前提。他指出："如中士而不通中学，此犹不知其姓之人、无辔之骑、无舵之舟，其西学愈深，其疾视中国亦愈甚，虽有博物多能之士，国家亦安得用之哉？"[①]"不先以中学固其根柢、端其识趣，则强者为乱首、弱者为人奴，其祸更烈于不通西学矣。"[②] 因此，必须在通中学的基础上，"然后择西学之可以补吾阙者用之、西政之可以起吾疾者取之"。[③] 针对当时"旧学恶新学"和"新学轻旧学"的情况，张之洞在《会通》篇中专门论述了两者共存结合和互通互补的合理性与必要性，以化解与调和中西学之间的隔阂和纷争。他剀切地指出："中学治身心，西学应世事"，"如其心圣人之心、行圣人之行，以孝悌忠信为德，以尊主庇民为政，虽朝运汽机、夕驰铁路，无害为圣人之徒也"。相反，如果"昏惰无志，空言无用"，对西学"孤陋不通"，即使"手注疏而口性理"，也必将为天下万世"怨之詈之"，为"尧舜孔孟之罪人"，等等。[④]

至此，"中体西用"以其理论化的思想体系确立了其在晚清社会改良

[①] 转引自孙培青主编《中国教育史》（修订版），华东师范大学出版社2000年版，第313—317页。

[②] 同上。

[③] 同上。

[④] 同上。

与革新中的统治地位。《劝学篇》更因翰林院侍讲黄绍箕进呈力荐之功，受到光绪帝的赞赏，并"详加披览"，称颂其"持论平正通达""于学术人心大有裨益"而为朝廷和各界所推崇。1898年7月25日，慈禧谕令军机处将此书颁发督抚学政各一部，要求他们"广为刊布，实力劝导"，并作为"钦定维新教科书"，着力推行，十日之间三易版本，印数不下二百万册，致其"挟朝廷之力而行之"，其影响"不胫而遍于海内"。守旧派亦对其倍加歌颂，苏舆编辑的《翼教丛编》将《劝学篇》收录，并称之为"狂澜作柱"之作。同时，这部书也被译成英法等文字介绍到国外。在美国出版的英文版，译者伍布里奇（Woodbridge）先是将其译成英文，于1898年11月起，在英文刊物《教务杂志》（*The Chinese Recorder*）连续刊载，继而又于1890年将其改名为《中国唯一的希望》（*China's Only Hope*）在纽约出版全文，后来又有法文本出版。时至今日，有关"中体西用"的思想仍以不同的方式影响人们对当代社会改革的认识及其对不同文化的理解，它兼具着历史和现实的双重启迪意义。

需要指出的是，在清末社会发展进程中，不同的政治集团对"中体西用"的认识及其所赋予的含义也未尽一致。比如维新派也主张"中西并用"，但他们强调"以政学为主体，以艺学为附庸"，其内涵和外延与洋务派所指均不同一。在"中学为体"的层面，维新派将孔子说成是改革家，并将他的学说以"微言大义"的治经方法伸发为"改制立法"的思想；同时又将孟子"民贵君轻"的思想大加阐发，使传统的儒学披上可为世用的外衣。由是，君主立宪的"变今"实则"通古"，"抑君权，伸民权"之说亦为圣人之说，"中学"成了变法改良的注脚。在"西学为用"的层面，洋务派重"西艺"，维新派重"西政"。虽然张之洞也言及"西政"，然而只限指表层的典章规制，而维新派主张由政体入手，效仿日本的"明治维新"，以英国的"君主立宪"政体为蓝本，建立"君民共主"的宪政，改变专制独裁的体统，以弃旧图新、变法图强。

此外，维新派的另一人物严复孤明独发，既抨击洋务派的"中体西用"主义，也针砭康梁等的"以政学为主义"之说。他把天赋人权、个人本位、个性自由、自由竞争视为西方富强之本，认为民主政治并非"西体"而只是"西用"，自由才是真正的"西体"，民主不过是自由在政治上的一种表现形式。因此，他提出"以自由为体，以民主为用"的"救亡之道"和"自强之谋"。可以说，这种主张已与张之洞的"中体西用"观大相径庭甚至格格不入。但是，终晚清"同（治）光（绪）新政（含宣统）"50年，维新派的声音短暂而稚嫩，既无力撼动洋务派关于"中体西用"主流正声的根基，遑论取其地位而代之？何况他们也是打着"中体西用"的旗号，只是侧重点不同而已。反观此期"中体西用"正统思想对于教育的影响，不仅贯彻始终，而且俯拾即是，无论是京师同文馆及其他洋务学堂，还是各类维新学堂以及20世纪初叶"新政"期间所兴设学堂，其立学宗旨均有明显的体露。

纵观"中体西用"思想在清末50年间的发展轨迹，起初，封建旧制旧习根深蒂固，"新学"动辄得咎。此期，"中体西用"思想作为新旧势力折中缓冲的产物，有其重要的历史意义，因为这是近代中国社会发展所难以超越的阶段。其时及其后，传统封闭的国门终于开启，"西学"东渐，资本主义的文明在中国得以较快传播，古老的民族文化教育开始向与世界文化教育交流的开放型转变，中国近代社会开始了真正的新陈代谢进程。而"西学"内容甚广，两次鸦片战争中，中国人吃尽了洋人的坚船利炮之苦，于是洋务运动最初的着眼点放在了学习西方军事上的长技，即狭隘的"西艺"，后来转而学习中外交涉所必需的"西文"上。但很快又认识到近代军事技术是离不开数学和其他科技知识的，于是也将其纳入应学习的"西艺"范围。因而，19世纪后半叶，洋务运动由开办军用工业的"求强"渐渐转入同时举办民用工商业的"求富"也即所谓的富国强兵阶段，"西艺"内容又进一步扩展到商学、兵制、工矿、农医、铁路、律例、学校组织等领域。"中体西用"的内涵不断调整和充实，外延也渐次扩大，尤其是"西用"的范域不断拓展延伸，逐渐纳入新的成分。与此同时，这一思想亦为洋务教育的实践活动提供了有效的理论基础和方针指导，并促使了晚清教育宗旨由培养科举人才到培养洋务人才的历史性转折。

随着形势的发展变化，到了19世纪末，特别是中日甲午战争以后，西方资本主义社会政治学说和民主平等思想裹挟着一起传播进来，对传统的中国封建社会形成巨大的激荡和冲击。经过维新派的大力鼓呼和宣传，此期的"西学"重心所在，已由前期的"西文"和"西艺"迁移至"西史""西政"领域，也即西方的政治体制、意识形态和上层建筑诸领域，由学习西方的物质文明转向学习其制度文明，其矛头直指封建专制主义的政治制度和纲常伦理等"中体"的核心部位，对晚清政府的专制统治形成直接的撼击和威胁,"中体西用"的内涵发生了质的改变和突破。然而,终因守旧势力的强盛以及弯转得太急诸因素的综合作用而不幸夭折。

恰值此时,张之洞以其洋务派晚清魁首的面目出现,持中庸调和之论,既保留改良之态势,吸纳激进的维新派关于"西政"的部分内容,又确保在守旧派的容忍之内,赋予"西政"以不同于维新派的解释。这样一种和稀泥式的改革整合套路,不仅为朝廷上下左右社会各界所认同和接受,而且也为20世纪初叶晚清的"新政"改革举措奠定了基调和理论基础。更重要的是,它符合当时的国情和社会发展水平,并确实起到了为清末最后10年改革提供理论范式的作用。考察晚清"新政"改革思路,其实质也就是张之洞的"西政"改革,名异而实同,改头而换面。此后,晚清的教育兴革及其教育宗旨,无一不是在这一理论框架之下的具体运作。因此,将"中体西用"思想定位于晚清教育宗旨的指导思想或理论基础,是符合历史的真实的,因而也是科学的、准确的。

二 清末教育宗旨的历史演进

清末是近代中国教育宗旨的发端期,但存续时间并不长,前后经历教会学堂的创办之旨、洋务学堂的设学之旨、维新学堂的立学宗旨、"新政"时期的教育宗旨四个阶段。

(一) 教会学堂的创办之旨

就既有资料看,清末教育宗旨可以追溯至19世纪之初的教会学堂创办之旨,即以培养传教士、宣扬基督精神以及传授宗教神学、输入西方先进科技和文明、传教布教为目的的新式教育样板的教会教育之旨。鸦片战争前,不少传教士逗留在中国沿海岛屿,学习中国语言,招收少数教徒进行传教布道。1818年,英国传教士马礼逊(Robert Morrison)派人在马六甲正式创办英华书院,以训练来华传教人才,教学生"为宣传基督教而学习英文和中文"。其后,广州、香港、澳门等地发起成立"马礼逊教育会",各通商口岸特别是"五口"陆续创立教会学堂。其中,比较出名的有:1839年,马礼逊教育会在澳门创立的马礼逊学堂;1844年,英国东方妇女教育促进会派遣爱尔德赛(Mary Ann Aldersey)在宁波创办的中国最早的教会女校——宁波女塾;1845年,美国北长老会在宁波设立的崇信义塾，后迁往杭州，改名为育英义塾；1853 年，美国公理会在天津举办的格致书院以及海望楼天主堂附设的法汉学堂、诚正小学和淑贞女学；1860 年，美国北长老会在上海创办的清心书院（后更名为清心书院、清心中学堂、清心实业学校、清心两级中学校、清心中学校、清心中学、上海市市南中学等）以及美国天主教会在上海创办的徐家汇公学等。

第二次鸦片战争后，各教派在中国各地所办教会学堂渐趋合作，改变了过去各自为政、少有联系的状态，并举行"在华基督教传教士大会"，成立中华教育会，促进了教会学堂从幼稚园到小学堂、中学堂、大学堂，从普通教育到职业教育、特殊教育到社会教育，从体育教育到生理卫生教育、艺术教育，从英语教育到女子英语、医学教育到农林科学教育等办学旨要的制度化和体系化。概言之，教会学校之旨"不再单纯地教授宗教、从而使学生受洗入教"，而是要进一步给学生以专门训练，"训练中国未来的教师和传教士，使他们成为社会上及在教会中有势力的人物，成为一般人民之导师和领袖"，成为未来中国的指挥者，给未来的中国施加强有力的影响，这种要旨，比任何一种宗旨更大、更高。[①]

具体讲，教会小学堂创办的初衷在于宣传"福音"。作为"造就领袖的大本营"，"专为教中儿童筹备一种合于教义之健全教育，俾于儿童易受感化之时期中，造成耶稣美德之基础。更进一层，更应为非教中之儿童开一入学之门，以扩充耶教之范围"。[②] 教会中学堂的教育影响在于大部分的中等社会，虽然社会上的超越领袖并非由中学直接培养，"但大部分基督教的社会之强健的维持者，乃端由此中学供给"。[③] 基督教大学堂的目的，是要培养一种特殊的人才，此种人才，不独要有专门学识和训练，对于改造国家的影响，可因少数坚决的领袖而转移，影响到该地人民以后的历史。"倘若基督教学堂能够产生出持有基督教人生哲学和富于道德判断力的领袖人才，倘若他们能参与指导中华文化和国民生活进步的方向，而且能实力令这种进步得到实现，这便是基督教育永久特殊贡献"。[④]

---

① 孙培青、李国钧主编：《中国教育思想史》（第 3 卷），华东师范大学出版社 1995 年版，第 468—482 页。
② 李才栋等主编：《中国教育管理制度史》，江西教育出版社 1996 年版，第 839—840 页。
③ 同上。
④ 同上。

（二）洋务学堂的设学之旨

"洋务"这一概念，系由19世纪40—50年代"夷务"一词演化而来，其主要内容包括外事交涉、订立条约、派遣留学生、学习外洋来的科学、购买洋枪洋炮、使用机器、开矿办厂、雇用外国军官、按照"洋法"操练军队等，其宗旨不外乎是洋务派代表人物奕䜣、曾国藩、李鸿章、左宗棠以及后期的张之洞等所打出的"自信""求富"旗号，而其核心则是洋务教育，因为兴办洋务，固然应练兵制器，开办军工和民用企业，而更重要的则是要培养大批洋务人才，这些人才是制器之器，是练兵的指挥人员，是驾船使炮的操纵者，是从事政务、科技、外交等洋务活动的实践者，而这些人才是传统科举制和旧式书院培养不出来的，因而"非兴学不能育才"，"尤以设立学堂为先"。

于是，一批以"造就人才"、谋国家富强之道作为其办学目标的新式学堂与留学教育应运而生。1862—1895年，洋务派共创办了26所学堂。它们开近代学堂风气之先，伴随着洋务运动的进程，大体可以按照其创办的时间先后，分为以培养西文西语人才为其宗旨的外国语学堂和以培养西技西艺人才为其宗旨的军事学堂及技术学堂。外国语学堂如1862年创立的京师同文馆、1863年创办的上海广方言馆、1864年创办的广州同文馆等。军事学堂如1880年创办的天津水师学堂、1886年创办的天津武备学堂、1887年创办的广州水师学堂、1890年创办的福州船政学堂等。技术学堂如1867年创办的上海机械学堂、1879年创办的天津电报学堂、1881年创办的天津医学馆等。此外，还有些综合性学堂，如1866年改设的京师同文馆、1874年创办的上海格致书院、1881年创办的广东实学馆、1893年创办的武昌自强学堂、1895年创办的天津中西学堂和南京储才学堂等。

大而言之，这些学堂的创立，是要为洋务运动培养人才，包括外文、律例、水陆军事、机械制造、电报、矿务、铁路、冶金、企业管理、科技出版和教育等诸多领域的专门人才，以实现其富国强兵的政治理想。小而言之，它们均有各自的培养目标，带有部门办学的性质，是具体洋务机构的组成部分或附属单位，是洋务大臣们各自为政的产物。这些学堂零星而分散，既缺乏全国性的整体规划和学制系统，相互之间缺乏沟通，上下同级之间也没有形成统一的规范标准，没有明确的界限和关系，更没有统一明确的办学宗旨和培养目标。

与封建官学、书院、私塾等传统教育以培养科举入仕的人才宗旨不一样的是，它们都是根据本部门或机构的需要培养人才。比如，最先创办的京师同文馆，据恭亲王的报告称，其设馆本意，是要培养满族的翻译人才，后来增设科学馆，以培养自然科学人才。用洋务派自己的话说，就是要"培植志士、察他国之政，通殊方之学，以期共济时艰"。① 这样的办学旨要，与以前任何一所培养封建士大夫的旧式教育，都有着大异其趣的特质。至于工业技术学堂，其开创之旨是为了改变学子们"专心道德文章，不复以艺事为重"的局面，以造就与近代工业有关的技术人才。而创立军事学堂的本旨则在于培养能征善战的将才，以实现其富国强兵的政治理想等。

实在讲，重视外国语言文字的教学并不肇始于晚清洋务派。早在1407 年（明永乐五年），朝廷就开设有回夷馆教授"夷文"。到1757 年（清乾隆二十二年），朝廷又设有俄罗斯学官，教习俄文。但是，以西文为主要教学内容，以培养外语人才为主要旨趣的近代外语教育，却是从洋务教育开始。1861 年（咸丰十年）1 月，洋务派首领奕䜣为培养办理与外国交涉事务的人才，奏请总理各国事务衙门设同文馆于北京。1862 年（同治元年）8 月，又奏设京师同文馆。同文馆开办之初，先设英文馆，1863 年继设法文馆和俄文馆，1867 年增设天文算学馆，1872 年加设德文馆，1896 年添设东文馆。这就是说，京师同文馆的创办和发展经历了一个由单一性的外语专科学校到多样性的外语专科学校再到综合性的外语科技专科学校的过程。同样，其设学之旨也经过了这样一个演进历程。

京师同文馆是中国近代教育史上完全由中国人自己办的第一所新式学馆，其设学之旨无疑也是近代中国第一个新式学馆的创设要旨。其时，该学馆之设，正值中国内有太平天国战乱、外有英法列强侵逼的所谓内忧外患之际，清朝政府的国际地位非常低，办理外交遇到一连串困难，其中之一便是语言障碍和歧视。根据中英、中法的《天津条约》规定，以后英法两国送至中国的外交文件，如遇文辞辩争之处，则以英、法文字为正义，因此，培养熟谙外国语言和文字的翻译人才，及时了解和掌握国外情

---

① 朱有瓛:《中国近代学制史料》（第一辑上册），华东师范大学出版社1983 年版，第310 页。

况，使我国政府不至于在外交事务中屡屡"受人欺蒙"，已成为朝廷一项刻不容缓的急中之急和重中之重。所以，京师同文馆从一开始就是以培养西语人才为主旨的新式学馆。

但是，随着洋务运动的深入，仅以举办培养外语外交人才为指向的洋务学馆，已远远不能满足洋务派富国强兵的政治需要，还必须举办以西方科学技术为教育内容、以培养西艺人才为宗旨的另类学堂，以进一步学习西方坚船利炮的制造技艺。1866年12月，奕䜣奏请于同文馆内增设天文算学馆。奏称："因思洋人制造机器、火器等件以及行船、行军，无一不自天文、算学中来，现在上海、浙江等处，讲求轮船各项，若不从根本上用着实功夫，即学习皮毛，仍无裨于实用。"① 1867年，天文算学馆于京师同文馆内正式开设。至此，各地相继办起了一批军事学堂、技术学堂和综合性学堂，洋务学堂的设学之旨也由起初较为单一的培养外语人才逐渐进入到培养科技人才以及两者并重的培养实用性、综合型人才。

与此同时，洋务派还先后组织实施了几次较大规模的留学教育计划和行为。如1872年，由曾国藩、李鸿章、容闳等人促成的120名幼童的留美教育；1875—1886年间，由左宗棠、李鸿章、沈葆桢等人组织的福建船政学堂和北洋水师学堂优秀学生的留欧教育；19—20世纪之交，由张之洞等人分派的5400余名学生的留日教育；等等。其留洋教育的宗旨也无非是让留学生亲身体验资本主义的文化教育环境和社会生活，使其更加直接地学习和领悟西洋和东洋的近代文明，接受系统的近代高等教育，以弥补国内教育之不足，进而培养国家所需要的精通洋务的人才。

必须指出的是，这些在当时被称作新式学堂的教育，虽然在引进西方科学文化技术、造就新式实用人才并致力于开展新式外务矿务军务商务等建设方面显示出极大的优越性，且对传统的教育结构形成一定冲击，但无论其数量还是就其宗旨、体制及教学内容而言，与现代意义上的学校教育仍有距离，因为当时科举制度依然存在，国人向以进学为从仕之途的旧教育观念和以儒家经典为主的旧教育内容，依然是主导力量。颇具说服力的例证是，不少在同文馆就读的学生，一方面领取津贴在馆学习英文和数学，另一方面仍在为准备乡试而背诵四书五经和操习八股策论。

---

① 陈学恂：《中国近代教育史教学参考资料》（上），人民教育出版社1986年版，第182页。

总而言之，洋务学堂作为洋务教育的主要形式，并作为洋务运动的核心内容，它以西方近代文化科技也即"西文"和"西艺"为其内核，以培养服务于国家的洋务人才为其目标，虽未明示其设学旨要，或其旨要与旧学仍有千丝万缕联系，但已初具近代资本主义教育宗旨的雏形。

（三）维新学堂的立学宗旨

维新学堂的创立之旨虽然与洋务学堂有异，但大致与维新派的政治主张和抱负相一致。维新派把办学堂、开民智作为推动维新运动的重要手段。在变法过程中，他们创办了近百所新式学堂，其中比较著名的有，1891年康有为在广州创办的万木草堂，1897年张元济在北京举办的通艺学堂以及同年谭嗣同在长沙举办的时务学堂等。尽管这些学堂存在的时间都不长，但它们的办学宗旨具有开拓性，对以后的教育宗旨产生了一定的影响。就其类型而言，有经过改良的以教授西政西艺、开民智、培养强国人才为宗旨的新式学堂，有作为群学之基的以培养中小学教师为宗旨的师范学堂，有倡行女子与男丁并重借以挽救国运增强国力为宗旨的女子学堂，还有派遣留学生接受欧风美雨洗礼以养成于维新改革有用之才为宗旨的游学教育等。以康有为为代表的维新派深知，"欲任天下之事，开中国之新世界，莫亟于教育"。[①] 但这种教育绝非传统意义上的只是以一味培养埋头于考证或醉心于八股、对国计民生无所关心的士大夫为其旨归的旧式教育，也不似以培养专业人才为职事的洋务教育，而是以培养一代"按切当今时势"要求的维新人才为其宗旨的新式教育，学生求学的目的也不在于"科第衣食"，而在于"以天下为己任"。他们还认为，学术、人才与政治有密切的关系，正确的学术思想可以培养优秀的人才，有了杰出的人才，才有完美的政治。传统教育的指导思想是"学而优则仕"，培养治术之才。维新教育则提出"学而优则仁"，培养技术人才，也即培养各行各业的"执业者"。梁启超的新"士、农、工、商说"指出，"农有农之士，工有工之士，商有商之士，兵有兵之士"，从而打破了千百年来"士"即士大夫的传统观念，开近代新的教育人才观的先河。

维新派人物极力倡导实行国民教育，主张教育既要为政治服务，又要

---

① 梁启超：《康有为传》，《戊戌变法》Ⅳ，上海人民出版社、上海书店出版社2000年版，第9页。

为经济服务，为生产发展服务，以造就"新民"为宗旨，应"养成一种特色之国民，使之结成团体，以自立竞存于优胜劣败之场地也"，"使其民备有人格，享有人权，能自动而非木偶，能自主而非傀儡，能自治而非土蛮，能自立而非附庸；为本国之民而非他国之民，为现今之民而非陈古之民，为世界之民而非陬谷之民"，① 此为"今日中国第一急务"。也就是说，应造就现代社会所需要的讲求人格、人权、自动、自主、自治、自立、毅力、合群、爱国，并具有现代意识和开放心态的合格公民，以实现其教育的宏大志愿和托古改制的教育理想。

同时，维新人物还首次提出体、智、德诸育并进的主张，并将其作为救亡图存、谋强变革的维新之道。先秦时期，我国推行过"六艺"之教，体现了德、智、体、美和谐发展的教育思想。但是，随着封建文化专制的加强，学校教育逐渐衍变成一个文墨世界和空谈心性的场所。近代兴学之初，时人曾以"六艺"为旗帜，试图改变封建教育无视人的素质全面发展的弊病。例如，康有为在长兴办学，就曾以"志于道，据于德，依于仁，游于艺"四言为纲。而最早直接倡导德、智、体三育方针的，当推严复。他在介绍西方教育思想的过程中明确指出："其教人也，以浚智慧、练体力、厉德行三者为之纲。"② 此外，他还论述了实施这三育对提高民族素质和振兴国家的作用，他说："未有三者奋而民生不优，亦未有三者备而国威不奋者也"，"西洋政教，若自其大者观之"，"皆以其民之力（即体）、智、德三者为准的"。③

应当肯定，在当时介绍西方教育思想的大家中，严复首先抓住了办学方向这一大端，并根据达尔文进化论的世界观和斯宾塞的社会学说分析当时中国的国情，痛切地揭示了"民力已恭，民智已卑，民德已薄"的状况，声言照此下去，按照"物竞天择"的法则，中国必将沦为西方列强的奴隶。想要拯救中国，不能依靠旧的法制，也不能单靠兴办洋务，而应当实施鼓民力、开民智、新民德的新政。所谓鼓民力，就是要学习西洋教育，增强人民体质；所谓开民智，就是要引进西学，提高人民的科学文化教育水平；所谓新民德，就是要借用西方社会的道德观念和政治制度，提

---

① 梅汝莉主编：《中国教育管理史》，海潮出版社1995年版，第232—233页。
② 同上。
③ 同上。

高国民的道德标准。可以说，这一"三育"并重及其视之为国家存亡之所系的思想，不仅对当时维新学堂的立学要旨产生直接的影响，尤为此后教育宗旨的重构提供了一套全新的理论坐标，对近代办学方针的变革起到了积极的导向作用。

比如，1902 年，蔡锷、蒋百里等人首倡军国民教育，主张把军事体育和学校体育结合起来，对国民和学生进行尚武精神和军事体育训练，以增强体质，抵御外侮。梁启超 1903 年发表的《新民说》，专门加写了《论尚武》一节，论述军国民教育，提出要培养学生的"三力"，即心力、胆力和体力。1904 年，清政府批准实施的《奏定学堂章程》明确规定了德智体三育并重的指导原则，即培养国民之善性，扩充国民之知识，强壮国民之体魄。1906 年，王国维在《论教育之宗旨》一文中，更提出应实施体育和心育（包括智育、德育和美育），以培养完全之人物的教育宗旨等。总之，维新士林提出的德、智、体三育兼备的教育宗旨体系，无论就其结构要素还是各育的内容而言，都基本确立了中国教育宗旨体系的近代化模式。

清末立学宗旨的正式提出肇始于京师大学堂的筹办。清廷创办京师大学堂之议，首倡于 1896 年 6 月刑部左侍郎李端棻的《请推广学校折》。其时，光绪帝交总理衙门议复，总理衙门复奏请饬下管理书局大臣"妥筹办理"，管理书局大臣孙家鼐遂于是年 8 月上《议复开办京师大学堂折》，向朝廷奏陈开办京师大学堂的六条意见。其中，在谈到建立大学堂的宗旨时，有这么一句话，京师大学堂"应以中学为主，西学为辅；中学为体，西学为用；中学有未备者，以西学补之；中学有失传者，以西学还之。以中学包罗西学，不能以西学凌驾中学，此是立学宗旨。日后分科设教及推广各省，一切均应抱定此意，千变万化，语不离宗"。[①] 但该奏折未获批准。1898 年初，康有为再上《请开学校折》，重申此议。是年 6 月，光绪下《明定国是诏》，谕令"应首先举办京师大学堂"，"以圣贤义理之学植其根本，又须博采西学之切于时务者，实力讲求，以救空疏迂谬之弊。专心致志，精益求精，毋徒袭其皮毛，毋竞腾于口说，总期化无用为有用，以成通经济变之才"，"以期人才辈出，共济时艰"。[②] 于是，军

[①] 喻本伐、熊贤君：《中国教育发展史》，华中师范大学出版社 1991 年版，第 393 页。
[②] 宋荐戈：《中华近世通鉴·教育专卷》，中国广播电视出版社 2000 年版，第 26 页。

机处、总理各国事务衙门迅速妥议,由梁启超参照日本和西方学制,草拟《总理衙门筹议京师大学堂章程》,报光绪批准实施。该章程共八章五十四节,其中第一章总纲规定,创办京师大学堂,旨在培养"非常之才,以备他日特达之用",并指出,"夫中学体也,西学用也,二者相需,缺一不可","为广育人才","须中西并用","讲求实务",云云。当然,由于京师大学堂创办于戊戌政变期间,虽然以其"萌芽早,得不废",被继续保留,但其所定的"培养通经济变之才"的大旨,则因其"崇尚异学""非圣无法",而未能得到很好贯彻。戊戌政变后,慈禧下令恢复八股取士,大学堂又被当作学生科举准备的场所。1900年,京师大学堂毁于八国联军战火,1902年恢复开办,并被纳入清末学制系统,规模也逐步扩大。

总而言之,孕育于洋务运动初期而炽盛于洋务运动尾期或与洋务教育先后相随而发展的维新教育,其立学旨意,既是对洋务教育设学之旨的否定和继承,又是其新的历史时期的发展。早期维新人物郑观应、冯桂芬、薛福成、马建忠、王韬、胡礼垣、陈炽等人提倡,以不触动封建传统文化根基为前提,学习泰西各国学校规制,改良学校,"广储经籍,延聘师儒","注重实学,弗尚词章",以培养练达西方政治和技艺的"造诣宏深"的"忠贤之士"和政才,并作为"制强邻、维大局","正人心,维风俗","治天下"的本源;后期维新渠魁康有为、黄遵宪、谭嗣同、严复、陈宝箴、张謇等人则进一步加以充实和完善,提出"以实业养教育,以教育促实业"和兴学校、广人才、保疆土、助变法、求新政、增学问、除舞弊、开民智、倡民权、达民隐等之异质于洋务教育之旨的维新学旨,其内容和形式虽不免散乱、庞杂而流变,但却有"一个不变的实在",那就是维新改良、教育救国的宏旨。特别值得一提的是,诞生于维新变法期间的京师大学堂,既是近代中国第一所综合性国立高等学堂,又是全国最高教育行政机关,负有管理自身教育和领导全国教育的双重职责,因而其立学宗旨无疑对全国各级各类学堂的办学方向具有示范性、表率性和导向性。更为重要的是,它开辟了近代中国运用教育宗旨规范引导全国教育的中央集权型的教育管理体制和形式。

(四)"新政"时期的教育宗旨

1901年1月29日,清廷在西安发布"变法"上谕,表示要更法令、破痼习、求振作、议更张，在政治、经济、军事、文化、教育等各方面实行"新政"。要求各级官吏，"就现在情形，参酌中西政要，举凡朝章国故、吏治民生、学校科举、军政财政，当因当革，当省当并……各举所知，各抒所见，通限两个月详细条议以闻"。[1] 是年8月，又颁布"兴学诏书"，鼓励开办新式学堂。

次年8月，清廷公布《钦定学堂章程》，史称"壬寅学制"，又称"1902年学制"。这是近代中国颁布的第一个学制，它对各级学堂的立学宗旨分别作了规定。其中，"蒙学堂之宗旨，在培养儿童使有浅近之知识，并调护其身体"；[2] "小学堂之宗旨，在授以道德知识及一切有益身体之事"；[3] "中学堂之设，使诸生于高等小学卒业后而加深其程度，增添其科目，俾肆力于普通学之高深者，为高等专门之始基"；[4] "高等学堂之设，使学生于中学卒业后欲入大学分科者，先于高等学堂修业三年，再行送入大学肄业"；[5] "京师大学堂之设，所以激发忠爱，开通智慧，振兴实业，谨遵此次谕旨，端正趋向，造就通才，为全学之纲领"；[6] 等等。遗憾的是，该学制仅规定了各学堂具体的设学旨要，还没有形成全国统一的立学大旨。

因此，严格讲，20世纪之前，或者更确切地说，1904年以前，中国还没有全国统一的教育宗旨。对此，梁启超曾于1902年发表《论教育当定宗旨》一文，提出切中肯綮的批评。他指出："教育无宗旨，则寸毫不能有成"，[7] "中国兴学数十年而迄无少效者，正由不知定宗旨耳"。[8] 值此新旧教育制度、教育观念过渡交替之际，更应"洞察五洲各国之趋势，熟考我国民族之特性"，[9] 然后确定既能有别于传统旧学又不失民族秉性且能够充分体现"中体西用"原则的教育宗旨，以废八股、

---

[1] 毛礼锐、沈灌群：《中国教育通史》（第4卷），山东教育出版社2005年版，第191页。
[2] 舒新城编：《中国近代教育史资料》（中册），人民教育出版社1981年版，第394页。
[3] 同上书，第400页。
[4] 同上书，第492页。
[5] 同上书，第533页。
[6] 同上书，第544页。
[7] 梁启超：《饮冰室合集·文集之四》第二册，中华书局1989年版，第52—61页。
[8] 《论设学部办法》，《东方杂志》第2年第12期，1906年1月9日。
[9] 梁启超：《饮冰室合集·文集之四》第二册，中华书局1989年版，第52—61页。

变科举、兴学堂为手段，以培养具有功德、国家理想、自由、自治、自尊、进步、合群、毅力、尚武等品质的国民为目标。此外，他在本年度发表的另一篇文章《教育政策私议》中也强调，教育应以造就国民为目的。

1904年1月，清廷颁布《奏定学堂章程》，史称"癸卯学制"，又称"1904年学制"。这是中国近代第一个由国家正式颁布并在全国实施的学制。该学制不仅规定了各级各类学堂的宗旨，而且第一次明确规定了全国各学堂共同遵守的立学宗旨。其文字表述为："无论何等学堂，均以忠孝为本，以中国经史之学为基。俾学生心术壹归于纯正，而后以西学瀹其智识，练其艺能，务期他日成材，各适实用，以仰副国家造就通才、慎防流弊之意。"[①] 同时，清廷又颁布《学务纲要》，要求"京外大小文武各学堂，均应钦遵谕旨，以端正趋向、造就通才为宗旨"。[②]

此外，还颁布各级各类学堂宗旨。蒙养院以"保育教导儿童，专在发育其身体，渐启其心智，使之远于浇薄之恶风，习于善良之轨范"为宗旨；[③] 初等小学堂"令凡国民七岁以上者入焉，以启其人生应有之知识，立其明伦理爱国家之根基，并调护儿童身体，令其发育为宗旨"；[④] 高等小学堂"令凡已初等小学毕业者入焉，以培养国民之善性，扩充国民之知识，强壮国民之气体为宗旨"；[⑤] 普通中学堂"令高等小学毕业者入焉，以施较深之普通教育，俾毕业后不仕者从事于各项实业，进取者升入高等专门学堂均有根柢为宗旨"；[⑥] 高等学堂"令普通中学堂毕业愿求深造者入焉，以教大学预备科为宗旨"；[⑦] 大学堂"令高等学堂毕业者入焉，并于此学堂内设通儒院，令大学堂毕业者入焉，以谨遵谕旨、端正趋向、造就通才为宗旨"。[⑧] 师范教育分初级师范学堂和优级师范学堂两级。

---

① 舒新城编：《中国近代教育史资料》（上册），人民教育出版社1981年版，第195页。
② 同上。
③ 钱曼倩、金林祥主编：《中国近代学制比较研究》，广东教育出版社1996年版，第102页。
④ 舒新城编：《中国近代教育史资料》（中册），人民教育出版社1981年版，第411页。
⑤ 同上书，第427页。
⑥ 同上书，第500页。
⑦ 同上书，第561页。
⑧ 同上书，第572页。

初级师范学堂"令拟派充高等小学堂及初级小学堂二项教员者入焉,以习普通学外,并讲明教授管理之法为宗旨";① 优级师范学堂"令初级师范学堂毕业生及普通中学毕业生均入焉,以造就初级师范学堂及中学堂之教员、管理员为宗旨";② 实业学堂分为正式实业学堂、补习实业学堂和实业师范学堂三种以及高等、中等、初等实业学堂三级和农业学堂、工业学堂、商业学堂、商船学堂等几类,各依其专业类型和办学层次设定"要指","以振兴农工商各项实业""富国裕民"等。③

《奏定学堂章程》所规定的全国学堂总的立学宗旨及其各自的立学宗旨,构成了我国近代教育史上第一个较为完备的立学宗旨体系,不仅从宏观上反映了清政府对教育的要求,体现了晚清统治集团的教育意志,而且在微观上也照顾到了各级各类学堂自身的特点,并在一定程度上考虑到了受教育者的身心发展,既是洋务教育和维新教育办学经验的总结,又是"中体西用"思想的具体化;既顺应了时代发展的要求,也反映了近代教育发展的某些规律。但是,这个立学宗旨推行时间并不长,1905年12月,为加强对全国各级各类新式学堂的管理,朝廷内设学部,专司教育管理之职能。学部成立以后,认为它还不足以为教育"扼要之图",宜明定新的教育宗旨,以宣示天下。

1906年3月,由学部右侍郎严修执笔,专门拟订了一个《奏请宣示教育宗旨折》上呈,请求朝廷批准施行。该奏折不仅将"立学宗旨"改称为"教育宗旨",而且其所提出的教育宗旨的文字表述方案也较为简洁,总共只有十个字,即"忠君、尊孔、尚公、尚武、尚实"。其中,"忠君,尊孔"为第一类,系"中国政教之所固有,而亟宜发明以距(拒)异说者";④"尚公,尚武,尚实"为第二类,系"中国民质之所最缺,而亟宜箴砭以图振起者"。⑤

"忠君",要求把列祖列宗开国缔造之艰难以及当代君主治国之忧劳作为教学内容,务使学生每饭不忘忠义,旨在借感恩戴德的忠君教育,使

---

① 舒新城编:《中国近代教育史资料》(中册),人民教育出版社1981年版,第665页。
② 同上书,第682页。
③ 同上书,第742页。
④ 舒新城编:《中国近代教育史资料》(上册),人民教育出版社1981年版,第217—223页。
⑤ 同上。

"一切犯名干义之邪说皆无自而萌"。①

"尊孔",要求各级各类学堂,"宜以经学为必须之课目",② 要作赞扬孔子之歌,并广为传唱,要在开学之日和孔子诞辰日举行祭孔,还要把孔子的言论"条分缕析,编入教科",旨在使学生正学不染,使"国教愈崇,民心愈固"。③

"尚公",系针对固有的"私病"而提出。一方面,要求将三纲五常的伦理道德教育依旧作为教育教学工作的主要内容和中心任务,因为这是"古已有之";另一方面,由于"世风日变",在施行德育时,亦应效仿西方注重团体合作和社会公德教育的做法,加强现代国民与公民教育训练,强化公共道德修炼,要求学生注重团结协作,以扫除长期以来学生中存在的支离涣散和自私自利的陋习。④

"尚武",系针对国力日渐衰微、积贫积弱引致国民所固有的"弱病"而提出,要求参仿效法"东西各国,全国皆兵"之制,加强军国民主义教育,意在去掉学生"性命之虑重"的积习,并使我华夏民族人人身强力壮、全民皆兵。具体而言,"凡中小学各种教科书,必寓军国民主义"。⑤ 国文、历史、地理教学,"宜详述陆海战争之轨迹";绘画教学,要使学生能描画"炮台、兵舰、旗帜之图形";音乐教学,要教唱雄壮的"武功战事"之歌;"体操一科,幼稚者以游戏体操发育其身体,稍长者以兵式体操严整其纪律","以造成完全之人格"。⑥

"尚实",系针对华夏民族特别是近代以来所固有的"虚病"而提出,要求把胡瑗、王守仁、曾国藩等人列作"躬行实践、发为事功"的榜样,要"后生则效"。

此外,还特别强调学习西方的实证精神:"自英人培根首创实验学派,凡论断一事一物,必有实据以为征信。"各学科的教育和教学均应"发达实科学派","教员于讲授之际,凡有事实之可指者,必示以实物标

---

① 舒新城编:《中国近代教育史资料》(上册),人民教育出版社1981年版,第217—223页。

② 同上。

③ 同上。

④ 同上。

⑤ 同上。

⑥ 同上。

本，使学生知闻并进"，还要求开展参观考察等课外教学，使学生获得真知灼见，旨在为国家和社会培养和造就"可农、可工、可商之才"，以利于发展国计民生、实现变革图强。①

同月，光绪帝批准了这个奏折，并在《上谕》中批示："朝廷锐意兴学，特设专部以董理之，自应明示宗旨，俾定趋向，期于一道同风。兹据该部所陈'忠君、尊孔、尚公、尚武、尚实'五端，尚为扼要。著该部即照所奏各节，通饬遵行"，且要"切实提倡，认真查核"，学部遂奉谕向全国公布。② 稍后，清廷又颁布《上谕》，对该教育宗旨作了进一步的解释和完善："学堂以中学为主，西学为辅；培养通才，首重德育；并以忠君、尊孔、尚武、尚实诸端定其趋向。"

自此，中国教育管理史上第一个以中央政府名义明令颁示的教育宗旨正式诞生，它一直沿用至清王朝覆亡。这个教育宗旨不仅为近代教育的发展提供了明确的指针和可供操作的要则，为中央政府规范和加强对全国教育的统一管理提供了总方针、总政策、总法规方面的依据，而且，以它为标志和分界，开创了通过制定教育宗旨实施教育管理的范例，为此后历届政府教育宗旨的制定、实施、督查和评价奠定了基础，并提供了可资参照的版本，从而逐步形成了我国教育管理独具特色的传统和体制。同时，它把教育的发展由少数人的专利及其与王朝的命运相维系推展到与国家民族的兴衰和国民素质的提高相表里，其意义尤为重大而深远。

---

① 舒新城编：《中国近代教育史资料》（上册），人民教育出版社1981年版，第217—223页。

② 同上。

第六章 民国前期的教育宗旨

民国前期的教育宗旨包括民初政府的教育宗旨及其后来的流变。民初政府的教育宗旨，系指 1912 年酝酿于南京临时政府成立之初、经过半年多的讨论、于同年 9 月北京政府教育部公布的教育宗旨。

1911 年 10 月，武昌起义击毁了清政府 260 余年的专制腐朽统治，从而结束了我国 2000 多年历代王朝更替的封建君主制度，史称"辛亥革命"。自 1912 年初中华民国政府成立至 1949 年底南京国民政府垮台的近 40 年间，教育宗旨的演变，以 1927 年为界，分为前 15 年民初政府和后 22 年南京政府两个阶段。民国前期这 15 年，虽然社会动荡导致教育行政纷乱，教育总长一席 30 次易人，平均一年换两次，有时数月甚至数日交易权柄，因而教育宗旨不免反复无定，迂回曲折，但从头到尾以民初教育宗旨为主线而贯穿之。大致说来，可以划分为形成期（1912）、流变期（1913—1916）、沉寂期（1917—1927）三个时期。

1912 年元月，孙中山就任中华民国南京临时政府大总统，旋改清末的学部为民国的教育部，任命蔡元培为第一任教育总长。蔡执掌教育部印信之始，即致力于贯彻南临政府的共和思想，改旧式学堂为新式学校，改旧式学堂堂长为新式学校校长，倡行民主平等、全面和谐发展的教育，并发表《对于教育方针之意见》一文，提出，中华民国的教育，应由军国民教育、实利主义教育、公民道德教育、世界观教育和美育五个部分组成，引发了民国初期教育宗旨的讨论。1912 年 7—8 月间，北京政府教育部召开临时教育会议，研定新的教育宗旨。经过拉锯式的反复讨论，教育部于 9 月 2 日正式公布中华民国新的教育宗旨："注重道德教育，以实利教育、军国民教育辅之，更以美感教育完成其道德。"[①]

该教育宗旨的诞生，既是资本主义新教育反对封建主义旧教育的重大

---

① 宋荐戈：《中华近古通鉴·教育专卷》，中国广播电视出版社 2000 年版，第 138 页。

胜利，使民主革命教育思潮得以发扬光大，也为民国的教育发展树立了总的旗帜和指导法则。后此数十年，虽政局动荡、战乱频仍，教育宗旨迭经流变，但于曲折迂回之中，该宗旨日渐深入人心，对革除清末教育旧规，促进近代教育管理的科学化、民主化建设，发挥了独特的作用。应该说，民初教育宗旨是我国教育宗旨史上继清末教育宗旨以后的第二块里程碑。

一 民初教育宗旨的理论基础

民初教育宗旨的确立，客观地说，是与当时那场教育宗旨的讨论以及在讨论中所产生的为各界所认同的教育宗旨的指导思想分不开的。民国元年元月，孙中山假南京组成临时政府，就任临时大总统，发表施政宣言，要"尽扫专制之流毒，确定共和，普利民生，以达革命之宗旨，完国民之志愿"，[①] 并宣布，"临时政府，革命时代之政府也，当尽文明国应尽之义务，以期享文明国应享之权利"。旋任命蔡元培为首任教育总长，改学部为教育部，在碑亭巷设立办事机关。蔡执掌教育部印信之始，即致力于贯彻南临政府的共和思想，规划新生资产阶级共和国的教育发展蓝图，倡行民主平等、全面和谐发展的教育。

他提出，民国已成立，改革之目的已达，如欲爱国，"其精神不在提倡革命，而在养成完全之人格。盖国民而无完全之人格，欲国之隆盛，非但不可得，且有衰亡之虑焉"，"现在是国家教育创制的开始，要撇开个人的成见，党派的立场，给教育立一个统一的智慧的百年"，[②] "民国教育应以养成共和健全之人格为根本方针"。[③] 为了清算晚清"忠君、尊孔、尚公、尚武、尚实"教育宗旨的封建余孽，进而阐发其对民国新教育的看法，阐扬其完全人格教育的思想主张，他于是年2月分别在《民立报》和《教育杂志》上发表《对于新教育之意见》一文；同年4月，又改题为《对于教育方针之意见》，在《东方杂志》上刊载，率先发起对民国教

---

① 钱曼倩、金林祥主编：《中国近代学制比较研究》，广东教育出版社1996年版，第128—129页。

② 董宝良、周洪宇主编：《中国近现代教育思潮与流派》，人民教育出版社1997年版，第107—108页。

③ 《向参议院宣布政见之演说》，载《蔡元培教育文选》，人民教育出版社1980年版，第8页。

育方针的讨论。

文章首次使用"教育方针"概念,并从反对专制主义教育和解放个性的新思维出发,提出民国教育应为包括军国民教育、实利主义教育、公民道德教育、世界观教育和美育五个部分的完全人格教育。该文发表后,教育界乃至社会各界人士纷纷著文,展开对民国教育方针的研讨。陆费逵发表《民国教育方针当采实利主义》一文,认为:"国民教育,智、德、体三者不可偏废,各种主义自无不包含之理",然而"兼采多数方针,实不啻无方针",因为"吾国大患尤在夫贫","今日教育方针,亟采实利主义,以为对症之药","实利主义非惟药贫,实足以增进国力、高尚人格,非此则他四主义亦将无所附丽"。① 黄炎培发表《学校教育采用实用主义之商榷》,提倡教育与学生生活、学校与社会实际相联系。有人主张以公民道德为教育方针;有人主张推行以军国民教育为主、实利教育为从的教育方针;还有人主张"以实利为教育方针之主,又以军国民为教育方针之从"。②

应该说,这些讨论意见,分别从某一侧面反映了民国教育的性质,体现了民国教育的特点,并突出了民国教育的重点,对建构民国新的教育指导原则及其体系均不失为很好的建言,亦不无集思广益的意义。然而它们各持一端,纷争不已,难免不失之一隅而陷入片面,更不足以表现民国教育的本质和全面。由是,蔡元培的五育并举思想就以其卓尔不群的理论权威、理论力量和理论影响凸显于当时乃至于其后数十年,无可替代而又历史性地成为民初教育方针的理论基础。遗憾的是,时至今日,论者大多仍习惯于将其纳入蔡氏教育思想体系之中,而对其作为民初教育宗旨理论指导的地位和意义论述不够,或有涉及者,也多为一笔带过,与这一思想对民初教育宗旨所发挥的作用极不相称。有关民初教育宗旨吸纳了蔡氏"五育说"中的"四育"之论倒是常见,但也仅此而已,终是停留于对两者关系现象的述说上,而未能见微知著,由此伸发开去,更进一步引申出其"微言大义",把握其本质性的关系,进而明确蔡文及其五育共进思想作为民初教育宗旨理论基础的地位。因此,这里试作专论,给其以重新的认识和定位。

---

① 陆费逵:《教育文存》卷1,中华书局1922年版,第44页。
② 庄俞:《论教育方针》,《教育杂志》第4卷第1号,1912年。

南临政府教育部成立之初，正值战争时期，各地学校大多停办，有的学校还成了兵营，学生四散。其时又值岁末，学期临近结束，转瞬新春，新学期开学在即。清末教育因其"合乎帝制，而不适于共和"，[①] 自是不能再办下去，新教育究竟怎么办？蔡元培肩负教育总长重任，"近日在教育部与诸同人新草学校法令，以为征集高等教育会议之预备，颇承同志饷以谠论"，而"顾关于教育方针者殊寡"。[②] 鉴此，他深感研究制定反映新生资产阶级共和精神的教育方针，既为当时急务，不容迟懈，亦是其分内之事，责有攸归。于是，他"先述鄙见以为嚆引，幸海内教育家是正之"。[③] 他认为，只重视具体法令的起草而忽视大政方针的制定，是舍本逐末之举，因为没有教育方针，起草学校法令就没有充分依据，而没有方针依据的学校法令，就不能很好地规范、导引和促进学校教育健康有序地发展。因此，新政府在教育方面要做的第一要件，就是确立并统一新的教育指导思想，以彻底改革旧教育，恢复学校秩序，进而建设和发展民国的新教育。

　　至于确立什么样的教育指导思想，孙中山在就任临时大总统时即力主改革教育制度，提倡普及教育，取消在校祭孔读经，删改学校教科书中忠君与其他有悖民主共和原则的内容等。是年5月6日，在广东女子师范第二学校发表演说时，孙又指出："今民国既已完成，国民之希望正大，然最重要者为人格。今日欲回复其人格，第一件须从教育始。"[④] 也就是说，教育之本旨和大义在于，培养和发展人格。为了贯彻这样的指导思想，蔡元培将教育分为两大类：一是隶属于政治者，包括军国民教育、实利主义教育和公民道德教育三项；二是超轶乎政治者，包括世界观教育和美感教育两项。"专制时代，教育家循政府之方针以标准教育，常为纯粹之隶属政治者；共和时代，教育家得立于人民之地位以定标准，乃得有超越政治之教育。"其中，尤以超轶乎政治之后两育为可贵，因为这两育"非仅开

[①] 钱曼倩、金林祥主编：《中国近代学制比较研究》，广东教育出版社1996年版，第137页。
[②] 陈学恂主编：《中国近代教育文选》，人民教育出版社1983年版，第322—332页。
[③] 同上。
[④] 中国社会科学院近代史研究所中华民国研究室：《孙中山全集》（第2卷1912），中华书局1982年版，第358页。

吾国教育之新纪元，且为促进世界大同所必需实施之教育"。①

军国民教育即体育，就是通过对学生和全体民众进行尚武精神的培养和军事素质的训练，使他们具有军人的品德和体质，以达到抵御外侮、寓兵于民之目的的教育。该教育思想来源于德国，后为东西各国所采纳，逐渐演变为一种世界性的教育思潮，并影响渗透于我国。清末学部直接取法于日本而定的五项教育宗旨中的"尚武"一项，曾对该教育的意义和内容作过较为详细的论述。其大意为：军国民教育，就个人言，在补自卫之力不足；在国家言，在求国家之强盛。各国实施军国民教育都取得了良好的效果，因此，在我国，寓军国民主义于教育之中，贯彻军国民思想于教学内容之中，以养成受教育者和全体国民的民族、国家观念，实行强国保种的教育战略，应成为教育宗旨的题中之义。1911年（宣统三年），各省教育总会曾专门就军国民教育的实施办法通过一个议决案，即军国民主义教育案，其内容详细而又具体。而且，这种教育思潮，一直延续至民初。

但是，蔡元培并不认为它是一种理想社会的教育，他说："夫军国民教育者，与社会主义僻驰，在他国已有道消之兆"，而在我国之所以"今日不能不采者"，原因是"强邻交逼，亟图自卫，而历年丧失之国权，非凭借武力，势难恢复；且军人革命以后，难保无军人执政之一时期，非行举国皆兵之制，将使军人社会永为全国中特别之阶级，而无以平均其势力"。② 可见，蔡元培所主张之军国民教育，与清末所提倡之"尚武"是不同的："尚武"是对军国民教育的全然肯定，并全力提倡；而蔡之所提军国民教育是有条件的，是受到中国当时所处国际国内环境所制约的权宜之计。"尚武"提倡的军国民教育，专在对外。蔡元培提倡的军国民教育，则兼重内外，对外是强兵防止侵略以自卫，以恢复丧失的国权；对内则是为了反对军人强权政治，实行举国皆兵之制，以防止形成"军人特别阶级"。更重要的是，这种军国民教育兼具军事体育和学校体育的性质和特征，是养成完全人格所必须的教育。蔡元培认为，"先有健全的身体，然后有健全的思想和事业，这句话无论何人都是承认的，所以学生体

---

① 陈学恂主编：《中国近代教育文选》，人民教育出版社1983年版，第322—332页。
② 蔡元培：《蔡元培全集》（第2卷），中华书局1984年版，第131页。

力的增进实在是办教育的生死关键",[①] 而只有通过对学生进行军事体育训练,才能改变其旧文人孱弱的形象,使他们有"狮子样的体力",进而"成为明日的社会中坚、国家的柱石"。[②]

实利主义教育即智育,就是对学生授以历史、地理、算学、化学、手工、博物等与人民生计密切相关的文化科学知识和技能,训练其严谨务实的科学思维和态度的教育,它与军国民教育是并举的,"所谓强兵富国之主义也"。[③] 实利主义教育思想,就个人言,为补自存力之不足;就国家言,在求国家的富裕。[④] "尚实"虽在一定程度上注意到了近代实业发展的需要,注重于教育教学中传授近代科学知识和技能,但"我国地宝不发,实业界之组织尚幼稚,人民失业者至多,而国甚贫",[⑤] "今之世界,所恃以竞争者,不仅在武力,而尤在财力,且武力之半,亦由财力而孳乳。"[⑥] 所以,蔡元培强调,"实利主义教育,固亦当务之急者也"。[⑦] 唯其如此,才能求得国富民强,在世界竞争中立于不败之地。

公民道德教育即德育,这是一种完全人格之本的教育,亦是完全人格教育的核心。注重道德教育是中国传统教育的一大特征。蔡元培的贡献在于,改造传统道德教育的内容,而使之具有新的意义。何谓公民道德?蔡元培讲:"法兰西之革命也,所标揭者,曰自由、平等、亲爱。道德之要旨,尽于是矣。"[⑧] 他又引用儒家古义以充实其内容,说"自由者,富贵不能淫,贫贱不能移,威武不能屈,是也,古者盖谓之义。平等者,己所不欲,勿施于人,是也,古者盖谓之恕。友爱者,己欲立而立人,己欲达而达人,是也,古者盖谓之仁"。[⑨] 他认为,"三者诚一切道德之根源,而公民道德教育之所有事者也"。[⑩]

[①] 蔡元培:《怎样才配作一个现代学生》,载《蔡元培教育论集》,湖南教育出版社1987年版,第477—488页。

[②] 同上。

[③] 陈学恂主编:《中国近代教育文选》,人民教育出版社1983年版,第322—332页。

[④] 同上。

[⑤] 同上。

[⑥] 同上。

[⑦] 同上。

[⑧] 同上。

[⑨] 蔡元培:《蔡元培全集》(第3卷),中华书局1984年版,第132、328页。

[⑩] 同上。

蔡元培所提倡的德育思想，努力融中西文化于一体，在我国传统的伦理道德中注入资产阶级的自由、平等、博爱思想，或者说是用传统的伦理道德教育来充实佐证资产阶级的自由、平等、博爱思想，进而以资产阶级的新道德作为公民道德教育的内容，使道德教育从封建伦理道德的束缚中解放出来，从而改变人与人之间的等级和依附关系。这比之以"三纲五常"为主要内容的封建道德教育，无疑是前进了一大步。蔡元培很重视道德教育，他认为军国民教育、实利主义教育虽然能强兵富国、"补自卫自存力之不足"，但兵强"然或溢而为私斗、为侵略"，① 国富"然或不免智欺愚、强欺弱"。② 因此，必须提倡公民道德，以求互相卫、互相存。军国民教育和实利主义教育都要从道德出发，以道德为根本，而进行公民道德教育，就是进行以爱国为核心的道德培养，以"泯营求而忘人我"。

世界观教育是一种哲理教育，意在使培养对象具有远大眼光和高深见解。蔡元培在《我在教育界的经验》一文中说："至提出世界观教育，就是哲学的课程，意在兼采周秦诸子、印度哲学及欧洲哲学，以打破两千年来墨守孔学的旧习。"③ 蔡元培认为，公民道德教育并不是最终之鹄的，世界观教育才是教育的终极目标。他把世界分为现象的世界和实体的世界两部分。现象的世界是政治家所从事的对象，其目的即在谋求现世最大多数人的最大幸福。此种现象世界是相对的，而实体世界则是绝对的。前者范围于因果律，而后者超轶乎因果律；前者与空间、时间有不可离之关系，而后者无空间、时间之可言；前者可以经验，而后者全恃直观。"以现世幸福为鹄的者，政治家也，教育家则否"。④ 教育的最后目的，便是实体世界的追求，即建立起人类奋斗前进的信仰、勇气和信心。

至于如何建立此实体观念，蔡元培认为，可以有消极和积极的两种方法："提撕实体观念方法如何？曰：消极方面，使对于现象世界，无厌弃而亦无执着；积极方面，使对于实体世界，非常渴慕而渐进于领悟。循思想自由言论自由之公例，不以一流派之哲学一宗门之教义梏其心，而惟时时悬一无方体无始终之世界观以为鹄。如是之教育，吾无以名之，名之曰

---

① 陈学恂主编：《中国近代教育文选》，人民教育出版社1983年版，第322—332页。
② 同上。
③ 同上。
④ 同上。

世界观教育。"① 显然，蔡元培的世界观教育是受柏拉图、康德理想主义的影响、建立在唯心主义世界观基础之上的，然而他要求人们遵循思想言论自由的原则，不要被某一流派或学说的思想束缚，而应打破几千年思想专制的桎梏，冲破儒术独尊的单调死板，这种既富于理性又高于理性、既是信仰又绝非宗教的教育在当时起到了解放思想的作用，是难能可贵的。

美感教育又称美育，是蔡元培特别提倡的。他认为，人类美感具有普遍性和超然性，美育亦具有特殊的意义。它可以引人进入一种"自美感以外一无杂念"的意境，可以"陶养吾人之感性，使有高尚纯洁之习惯，而使人我之见、私己损人之思念，以渐消沮者也"，② 还可以化掉偏私欲和利害感，从而达到世界观教育的最高境界——乐观、高超、进取。因此，如要把人们从现象世界引向实体世界，最重要的途径即是美感教育。他说："世界观教育，非可以旦旦而聒之也。且其与现象世界之关系，又非可以枯槁单简之言说袭而取之也。然则何道之由？曰美感之教育。美感者，合美丽与尊严而言之，介乎现象世界与实体世界之间，而为津梁。"③ 蔡元培举了生动例子，具体地阐述美感教育的特有作用。"例如，采莲煮豆，饮食之事也，而一入诗歌，则别成兴趣。火山赤舌，大风破舟，可骇可怖之景也，而一入图画，则转堪展玩"，④ 故"教育家欲由现象世界而引以到达于实体世界之观念，不可不用美感之教育"。⑤

后来，他多次强调美育的重要性，论述美育的内容、价值、功能及实施方法，主张在学前教育、学校教育和社会教育中广泛开展美育。在学前教育中，要对儿童进行舞蹈、唱歌、手工、图画等内容的教育，幼儿园的周围环境和园内设施以及老师和幼儿的服饰等都要符合美学的要求。在学校教育中，不但要设音乐、美术等课程，而且在各门功课中都应增加美育内容。在社会教育中，要求建筑美术馆、博物馆、动植物园，举办美术展、音乐会，城市规划要注意开辟花园，保护整理文物古迹等。在我国近代教育史上，他是提倡美育的"唯一的中坚人物"。

---

① 蔡元培：《蔡元培全集》（第 2 卷），中华书局 1984 年版，第 133—134 页。
② 陈学恂主编：《中国近代教育文选》，人民教育出版社 1983 年版，第 339 页。
③ 同上。
④ 蔡元培：《蔡元培全集》（第 2 卷），中华书局 1984 年版，第 133—134 页。
⑤ 同上。

在分析了五育各自不同的内涵及其独特的作用后，蔡元培又从古今教育和中西方教育不同的内容、方法等方面，并从心理学和生理学等不同的角度论述了五育之间的关系。他指出："五者，皆今日之教育所不可偏废者也。"① "譬之人身，军国民教育者，筋骨也，用以自卫；实利主义者，胃肠也，用以营养；公民道德者，呼吸机循环机也，周贯全体；美育者，神经系也，所以传导；世界观者，心理作用也，附丽于神经系，而无迹象之可求。此即五者不可偏废之理也。"②

"以中国古代之教育证之，虞之时，夔典乐而教胄子以九德，德育与美育之教育也。周官以卿三物教万民，六德六行，德育也。六艺之射御，军国民主义也。书数，实利主义也。礼为德育，而乐为美育。"③ "以西洋之教育证之，希腊人之教育为体操与美术，即军国民主义与美育也。欧洲近世教育家，如海巴尔脱氏纯持美育主义。今日美洲之杜威派，则纯持实利主义者也。"④ "以心理学各方面衡之，军国民主义毗于意志；实利主义毗于知识；德育兼意志情感二方面；美育毗于情感；而世界观则统三者而一之。"⑤ "以教育界之分言三育者衡之，军国民主义为体育；实利主义为智育；公民道德及美育皆毗于德育；而世界观则统三者而一之。"⑥ "以教育家之方法而衡之，军国民主义，世界观，美育，皆为形式主义；实利主义为实质主义；德育则二者兼之。"同上。最后，蔡元培将这五项教育与清末学部的五项宗旨做了比较。他指出，军国民教育、实利主义教育、公民道德教育可与尚武、尚实、尚公相对应，虽然其范围或不免有广狭之异，而要为同意；至于世界观教育和美感教育两项，则完全不同，既"为彼所不道，而鄙人尤所注重"也；⑦ 此外，由于"忠君与共和政体不合，尊孔与信教自由相违"，⑧ 故删去。

为了进一步阐述其教育主张，以端正民国教育的发展趋向，蔡元培又

---

① 蔡元培：《蔡元培全集》（第 2 卷），中华书局 1984 年版，第 135 页。
② 同上。
③ 同上。
④ 同上。
⑤ 同上。
⑥ 同上。
⑦ 同上。
⑧ 同上。

于1912年6月发表《向参议院宣布政见之演说》，指出："教育应分为二，一普通，二专门。在普通教育，务顺应时势，养成共和公民健全之人格；在专门学校教育，务养成学问神圣之风习。"① 同年7月，全国临时教育会议召开，蔡元培在会上系统地阐明了制定民国教育方针的指导思想、出发点及其与君主时代教育宗旨的根本区别。他说："民国教育与君主时代之教育，其不同点何在？"② "专制时代，教育家循政府之方针以标准教育"，③ 其目的在于"使受教育者皆富于服从心、保守心，易受政府驾驭"，"共和时代，教育家得立于人民之地位以定标准"，旨在培养共和国之民。④ "君主时代之教育方针，不从受教育者本体上着想，用一个人主义或用一部分人主义，利用一种方法，驱使受教育者迁就他之主义。民国教育方针，应从受教育者本体上着想，有如何能力，方能尽如何责任，受如何教育，始能具如何能力。"⑤ 因而，当此"民国成立之始"，教育家欲尽此培养国民"克尽其种种责任之能力"的职责，首先"必须立于国民之地位，而体验其在世界、在社会有何等责任，应受何种教育"，⑥ 然后确定教育标准、教育内容和形式，使教育少受政治影响。他认为，这种教育不外乎五种主义，即"军国民教育、实利主义、公民道德、世界观、美育是也"。⑦ 其中，"以公民道德为中坚，盖世界观及美育皆所以完成道德，而军国民教育及实利主义，则必以道德为根本"。⑧

总之，蔡元培提出的五育说，不仅是对古今中外有关教育学说批判性的继承，而且也是对新生资产阶级教育主张的系统阐扬，是对民国教育方针本质内容和特征的揭示。其思想兼融中西，当年他在德国所受的教育于该教育方针中亦有所体现。他站在历史的高度，顺应时代的潮流，首倡以

---

① 李才栋等主编：《中国教育发展史》，华中师范大学出版社1996年版，第583页。
② 喻本伐、熊贤君：《中国教育发展史》，华中师范大学出版社1991年版，第540页。
③ 钱曼倩、金林祥主编：《中国近代学制比较研究》，广东教育出版社1996年版，第150页。
④ 同上。
⑤ 喻本伐、熊贤君：《中国教育发展史》，华中师范大学出版社1991年版，第540页。
⑥ 钱曼倩、金林祥主编：《中国近代学制比较研究》，广东教育出版社1996年版，第151页。
⑦ 李才栋等主编：《中国教育发展史》，华中师范大学出版社1996年版，第583页。
⑧ 钱曼倩、金林祥主编：《中国近代学制比较研究》，广东教育出版社1996年版，第151页。

道德教育为核心、德智体美诸育和谐发展的现代教育思想,赋予民国教育以新的含义,并希图以此为嚆引,"质于当代教育家",公开征询意见,大家"平心而讨论",共同研究确定新政权的教育方针。这不仅开创了我国教育史上民主讨论教育方针的学术风气,而且其阐述的关于教育方针的基本看法对民国及其后的教育方针都产生了直接而又至深至巨的影响。一方面,它为民国教育方针的制定提供了理论指导和思想武器;另一方面,它亦为后世的教育方针树立了典范和样板。时至今日,这一思想仍以其全新的教育概念、缜密的逻辑体系和卓越的理论贡献而闪烁着无与伦比的光芒,蔡元培也因而成为中国教育方针发展史上一座巍巍的丰碑。

二 民初教育宗旨的形成

1912年7月10日至8月10日,民初政府教育部在北京召开临时教育会议,邀集全国教育界有经验之人士82人与会,此为中华民国成立后第一次中央教育会议。会议的主要内容之一,即研究确定新政府的教育方针。会议将蔡元培关于教育方针的意见作为议案提交讨论,代表们畅所欲言,各抒己见,在充分肯定该议案内容的基础上,唯对其中世界观教育一说持不同意见,认为"这种思想陈意太高,不易为人所了解",因而不宜列入教育方针。会议议决,仍沿袭清末教育宗旨旧称,中华民国新的教育宗旨为:"注重道德教育,以实利教育、军国民教育辅之,更以美感教育完成其道德。"9月2日,教育部正式予以公布实施。

由于这个教育宗旨除对世界观教育的思想弃而未用外,基本上采纳了蔡元培的意见,大体上代表了蔡元培的教育主张,因而,其各项内容,当以蔡之《对于教育方针之意见》一文中的解释为最具权威性。

其中,道德教育,全称公民道德教育,蔡元培标揭其要旨为自由、平等、亲爱。显然,这是典型的资产阶级的道德精神,与忠君、尊孔、尽孝守节的封建伦理道德观大为迥异。不过,蔡又以自由与义、平等与恕、亲爱与仁相比附,这说明他对道德的共性或连续性并没有忽略。实利教育,又称实利主义教育,类属于智育范畴,是传授知识技能、训练思维态度和增进国计民生的教育。按蔡的说法,是将"普通学术悉寓于树艺、烹饪、裁缝及金、木、土工之中"。这是对英美教育的借鉴,它与清末的"尚实"并无二致。军国民教育,亦称军国民主义教育,类通于体育或军事体育。它要求通过兵操、军训等途径，达到增进体质和军事技能、"行举国皆兵之制"之目的。这是对德国教育的借鉴，是与富国强兵的时代主题相关联的，它与清末的"尚武"也有着本质上的一脉相承和相似。实施军国民教育，既为当时形势所需，亦为培养完全人格所需，因为主张完全人格，首在体育。美感教育，简称美育，特别为蔡元培所提倡。按照蔡的解释，美感是美丽与尊严的统一与合金，美感教育即是要通过诗歌、美术等艺术活动，来唤醒"浑然之美感"，进而达到净化心灵、陶冶人格的目标。

概言之，这个宗旨要求德智体美四育并重，而以道德教育为中心。蔡元培亦尊重大家的意见，后来谈及教育方针，一般不再提世界观教育，而只称"德育、智育、体育、美育四项"，① 并解释说："所谓健全的人格，内分四育，即体育、智育、德育、美育"，"这四育是一样重要，不可放松一项的"，应"平均发展"。② 于此亦见蔡之恢宏气度和民主作风。

其后，在这个总教育宗旨的指导和规范之下，教育部又颁发了一系列学校管理的规程和统令，对各级各类学校具体的教育宗旨分别作了规定。其中，小学教育"以留意儿童身心之发育、培养国民道德之基础、并授以生活所必须之知识技能为宗旨"；③ "中学校以完足普通教育、造成健全国民为宗旨"；④ "大学以教授高深学术、养成硕学闳材、应国家需要为宗旨"；⑤ "专门学校以教授高等学术、养成专门人才为宗旨"。⑥ 师范教育分师范学校和高等师范学校两级。"师范学校以造就小学教员为目的，女子师范学校以造就小学教员及蒙养园保姆为目的"。⑦ 其培养的人才应具有健全的身体和精神，锻炼意志，勤于体育，富于美感，勇于德行，明建国本原，践国民职分，爱国家而遵宪法，爱人道而尚大公，具有高尚的志

---

① 蔡元培：《普通教育和职业教育》，载《蔡元培教育文选》，人民教育出版社1980年版，第116页。

② 同上。

③ 钱曼倩、金林祥主编：《中国近代学制比较研究》，广东教育出版社1996年版，第169页。

④ 同上书，第173页。

⑤ 同上书，第177页。

⑥ 同上书，第179页。

⑦ 同上书，第180—181页。

趣，掌握教学方法，使所学应用于实际，并锐意研究，不断改进，养成自动的能力，是为对师范教育特别提出的教养要旨。①"高等师范学校以造就中学及师范学校教员为目的，女子高等师范学校以造就女子中学、女子师范学校教员为目的。"② 实业学校分甲种实业学校和乙种实业学校两种。"甲种实业学校（相当于中等教育段）以教授农、工、商业必须之知识、技能为目的，施简易之普通实业教育。"③ 此外，还有一种实业教员养成所，主要"以造就甲种实业学校教员为宗旨"。④ 这些分门别类的宗旨，从不同侧面和层面将民国总的教育宗旨加以政策化和条文化，既规定了各级各类学校的培养目标，即培养新生资产阶级所需要的各个层次的、身体健康且具有实用知识技能的共和国民，亦指明了其前进和发展的方向。

　　建构这样一个总分结合、完备规范的教育宗旨体系，不仅宣告了清末教育宗旨的终结，摒弃了 2000 多年来以"忠君""尊孔"为中心的陈腐的教育思想和内容体系，结束了晚清官僚"中学为体，西学为用"和稀泥式的中庸之旨，否定了儒家思想的独尊地位，而且体现了资产阶级民主派关于人的德、智、体、美和谐发展的教育思想，代表了新兴资本主义新的教育人才观和教育管理观。具体而言，该宗旨既忠实体现了民初政府的共和思想，又保持了教育的相对独立，突出了教育自身的特点与功用。虽然不免带有理想化色彩，但它否定了清末封建皇权的绝对权威和儒家纲常的一统地位，体现了民初政府开启民智、为国育才的共和思想，反映了资产阶级民主派的政治原则和人权思想，并保持了教育的相对中性和独立，突出了教育自身的特点和规律，从而代表了新兴资本主义德智体美和谐发展的教育理念。较之清末教育宗旨着眼于对受教育者的素质要求也即对教育目的的约定，它更侧重于对教育内容的建构。同时，它首倡美育，表现出对机器大工业生产亦即近代工业文明所需科技人才所应具备的品质素养前所未有的关怀和重视，从而也表达了刚刚取得政权并作为先进生产力代表的资产阶级在教育指导思想方面所表现出来的睿智及其所达致的最高

---

① 钱曼倩、金林祥主编：《中国近代学制比较研究》，广东教育出版社 1996 年版，第 181 页。
② 同上书，第 182 页。
③ 同上书，第 184 页。
④ 同上书，第 185 页。

成就。

三 民初教育宗旨的流变

在民国政府诞生的头些年，与民初政体的反复相符，教育宗旨也大致经历了迂回曲折的演变过程。早在1912年2月，南京临时政府教育、内务两部即通饬各省，要求其在民国通礼未颁行以前照旧致祭文庙，继而教育部又定10月7日孔子诞辰日为学校法定纪念日，并放假一天。与此同时，亡命海外的康有为则提出学校应设立孔教会，尊孔读经；英人庄士敦亦认为，四书五经于中国教育"不可一日须臾离者也"；黎元洪等更驰电吁请"袁大总统"规复祀孔；而以严复为首的文化教育界200余知名人物则呼吁国会参众两院将孔教列入宪法，定为国教，虽然最终以255票比264票败北，但守旧势力之强盛于此可见。

1913年6月，袁世凯发布《通令尊崇孔圣文》，尊孔子为"万世师表"，并抨击民初改革"以不服从为平等，以无忌惮为自由"诸多弊病；9月，教育部官员到孔庙祭祀；10月，国会通过《天坛宪法草案》，规定"国民教育以孔子之道为修身大本"，一时间，朝野各界群起附和，学校祀孔典礼不仅没有废除，孔教会更是遍立全国，教育部则称赞"该会阐明孔教，力挽狂澜，以忧时之念，为卫道之谋，苦心孤诣，殊堪嘉许"。次年初，全国政治会议通过《祭天祀孔案》，并以大总统名义发布《祭孔告令》；6月，教育部通饬京内外各学校、各书坊，务以孔子之言为旨归；9月，袁世凯率百官祀孔；12月，教育部发布《整理教育方案（草案）》，提出："凡一国政治之改革，不可不随以教育之革新。政治在于整理现在，教育在于整理未来，居今而言教育，非施以根本治疗不可，爰本斯旨，先立我国今日之教育方针"，以取代民初的教育宗旨。其要点有：变通从前官治的教育，注重自治的教育；力避从前形式的教育，注重精神的教育；摒弃从前支节的教育，企图全部的教育，于学校教育之外加入社会教育等。[①]

1915年1月，袁世凯制定《教育纲要》，规定"各学校均应崇举古圣

[①] 李桂林主编：《中国教育史》，上海教育出版社1989年版，第360页。

贤以为师法，宜尊孔以端其基，尚孟以致其用"，① 要求各大中小学一律恢复读经，并着国务卿函送教育部次第举办。2月，颁定《教育要旨》为："爱国、尚武、崇实、法孔孟，重自治，戒贪争，戒躁进"，② 教育部于8月10日奉谕公布。对于此项"新旨"，袁解释说："本大总统既以兴学为立国要图，今兵气渐销，邦基粗定，提倡斯旨，岂容踌躇？矩矱本诸先民，智慧求诸世界，使中华民族为大仁、大智、大勇之国民，则必于忠孝节义植其基，于智识技能求其阙，尚武以备军人资格，务实以儆末俗虚浮，矢其忠诚，以爱国为前提，苦其心志，以猎官为大戒，厚于责己，耻不若人，严则如将领之部其弁兵，亲则如父兄之爱其子弟。此本大总统对于学校之精神教育，尤兢兢于变化气质，而后种种学业乃有所施也。"③

这一段话，作为袁氏教育要旨的理论说明或注脚，就其实质而言，它与清政府1906年所定教育宗旨除字面上有个别改动之外，别无二致，可以说是其在民国新时代的绝好翻版。其中，"爱国"与"忠君"仅一纸之隔，而"法孔孟"较"尊孔"则更有甚之，"戒贪争""戒躁进"系针对"自由""平等"而增设的内容。袁将这四项内容合归为"道德"一项，进一步将"新旨"概述为："注重道德、实利、尚武，并运之以实用。"④ 同时，又对该宗旨内容及其各项之间的关系作了新的阐释和规定，其表述为"以道德教育为经，以实利教育、尚武教育为纬，以道德、实利、尚武教育为体，以实用主义为用"。⑤

其后，教育部颁发的《义务教育施行程序》《国民学校令》《高等小学校令》《地方学事通则》《预备学校令》《国民学校令施行细则》《高等小学校令施行细则》《义务教育规程细则》等一系列法规文件，对该教育要旨均有所贯彻与表现，规定各学校应有读经的内容，应"遵照教育纲要，使儿童熏陶于圣贤之正理，兼以振发人民爱国之精神，宜按照学年程度讲授孟子大义，务其平正明显，切于实用，勿令儿童苦其繁难"；⑥ "凡一国之盛衰强弱，视民德、民智、民力之进退为衡，而欲此三者程度日

---

① 李才栋等主编：《中国教育管理制度史》，江西教育出版社1996年版，第592页。
② 同上。
③ 李桂林主编：《中国教育史》，上海教育出版社1989年版，第361页。
④ 喻本伐、熊贤君：《中国教育发展史》，华中师范大学出版社1991年版，第500页。
⑤ 同上。
⑥ 李才栋等主编：《中国教育管理制度史》，江西教育出版社1996年版，第593页。

增,则必注重于国民教育",①"必使人人有自治之精神而去依赖之性质",②等等。这样,就构成了民初教育宗旨进程中短暂而自成一格的袁氏教育要旨体系。

  1916年6月,袁世凯离世;7月,复任教育总长的范源濂宣布,要切实实行民国元年所发表的教育方针,参仿英美两国教育制度;9月,教育部通令撤销《教育纲要》《预备学校令》,废除高小考试中通行的与科举考试"帖经"相类的"摘默"之法;10月,修订公布《国民学校令》《高等小学校令》及其施行细则,剔除尊孔读经内容,并规定:"国民学校施行国家根本教育,以注重儿童身心之发育,施以适当之陶冶,并授以国民道德之基础及国民生活所必须之普通知识技能为宗旨";③"高等小学以增进国民学校学业、完成初等普通教育为宗旨"。④1917年5月,宪法审议会否决将孔教定为国教的提案,同时撤销1913年宪法草案中"国民教育以孔子之道为修身大本的"条款。至此,一直被讥评为带有复古痕迹的袁氏教育要旨及其体系遂告一段落,成为20世纪初叶中国教育史上回光返照式的黄昏绝唱,其后虽有反复,但已是明日黄花,难成社会主流,亦无缘再登大雅之堂。

  纵览民国元年至六年教育宗旨的演变历程,虽然起初在蔡元培等民主斗士的鼓呼之下,订立了全新的教育宗旨,但事实上并未能切实执行,仅是虚悬一格的装饰。应该说,这是与当时的社会政治气候分不开的。辛亥革命以暴力手段推翻了旧政权、建立了新政府,但旧的意识形态并不因新的生产方式的建立而自动退出历史舞台,它们还在以各种形式或长或短或多或少地继续存在下去,在君主专制之下浸淫历练长达2000多年的中国社会,根植于人们头脑中的三皇五帝、圣君贤相、忠孝节义等旧观念、旧伦理、旧道德自然也不会随宣统皇帝的一纸退位诏书而销声匿迹,更何况一班前清官僚及遗老遗少仍然活跃于民国政坛之上?比如,1912年2月,当孙中山向临时参议院提出辞职咨文后,临时参议院即"以全场一致的

---

  ① 钱曼倩、金林祥主编:《中国近代学制比较研究》,广东教育出版社1996年版,第191页。
  ② 同上。
  ③ 同上书,第189页。
  ④ 同上书,第190页。

17 票补选袁（世凯）为临时总统，并在通告袁的电文中称其为'世界之第二华盛顿，中华民国之第一华盛顿'"。① 3 月 10 日，袁世凯在北京宣誓就职，开始其北洋政府（民初政府的延续）的统治，进而推行其修订的教育要旨。

对于具有袁氏特色的该教育要旨，历来史家或论者多所贬抑，或批判其为复辟帝制的产物，或指斥其为教育上的逆施与倒行，几乎一无是处、万劫不复，云云，然终不免失之肤浅、片面而陷入形而上学，甚或沦为政治批判思维的副产品。诚然，袁氏教育要旨的形成有其深刻的社会历史根源，此点已如前述，姑止，但仅就其思想内容所达到的高度而言，亦不应抹杀其在中国教育方针发展史上所应占有的一席地位。且不论资产阶级民主革命及其教育兴革即使在英格兰、法兰西这样的国家也未必能一锤定音、一步到位，挫折与反复终所不免；亦不论民初教育宗旨太多理想色彩而超越当时国情，既不切实际，又难以贯彻落实；更不论袁氏教育要旨作为新旧教育的过渡和缓冲，补偏救弊、应运而生，具有其不可替代性，这里只对其文字表述本身作一些解读和评析。

首先，袁氏教育要旨是一个完整的体系，不能随意阉割和肢解。论者每每针对其"爱国、尚武、崇实、法孔孟、重自治、戒贪争、戒躁进"七项内容发表议论，而对其核心文字"注重道德、实利、尚武，并运之以实用"以及后续解释"以道德教育为经，以实利教育、尚武教育为纬，以道德、实利、尚武教育为体，以实用主义为用"等却几无顾及乃至漠视。很难说，这样的评论能够做到客观公正而不失之片面。同时，袁氏由众望所归发迹当总统到众叛亲离复辟当皇帝，有一个逐渐蜕变的过程。其间，有顺应社会发展和人心所向有所作为的一面，亦有逆历史潮流而反动消极作为的一面。而论者多采取一概而论的思维和态度，一损俱损，仿佛袁从头至尾、由始至终没有干过一件好事，于教育方面亦复如是，不仅看不到其对民国教育的革新及其宗旨的废立所作的贡献，而且也无视民初教育宗旨及其后的教育要旨均立于袁当政时期这样一个起码的历史事实。

其次，如果说南临教育宗旨是对清末教育宗旨的否定，那么袁氏教育要旨则是对南临教育宗旨的否定，否定之中有继承，继承之中有变革，变革之中有创新，创新之中有发展，这是历史的辩证法。袁氏教育要旨正是

---

① 陶菊隐：《北洋军阀统治时期史话》第 2 册，北京三联书店 1957 年版，第 123 页。

在综合了清末和民初两个时代教育宗旨成果的基础上有所改造和创作而成。该要旨不仅强调德、智、体三育共进，而且首次提出教育与社会实践、理论与实际相结合的总指导原则，是为我国教育宗旨的首创而具有划时代的意义，至今仍闪耀着历史的光辉。

同时，该要旨将"爱国""法孔孟""戒贪争""戒躁进"四项内容纳入"道德"之中，赋予德育更为广阔的含义，不仅使教育宗旨的外延扩容，而且使其内涵更加丰富和凝练。此外，该要旨还对"道德""实利""尚武"各育之间及其与"实用"之间的关系作了科学的说明和阐述。一方面，承传了清末和民初教育宗旨以德育为中心的思想；另一方面，又吸收了民初教育宗旨将智育的地位排前的做法，列于德育之后、体育之前；再一方面，还模仿和吸纳了民初教育宗旨的句式结构安排和表述方式，除了将"美育"换成"实用"以外，其内容和形式均脱胎于民初教育宗旨；最后一方面，既将"实用"作为教育目的——"运之以实用"，又将"实用"作为教育手段——"以实用主义为用"，合言之，将"实用"作为教育目的与手段的统一。与此相对应，德智体三者也是既作为教育目的又作为教育手段，是目的和手段、体和用的辩证统一，反言之，德智体三育与实践之间亦是互为目的、互为手段、相辅相成、相反相成的，是教育目的和手段的对立与统一。

虽然，该教育要旨将美感教育的内容删除不能不说是其重大缺陷，如果说袁氏教育要旨有什么复古之处，于此为烈，但它又增补了"实用"的内容，较之民初教育宗旨更进一层，益显其博大和精深，并凸显袁氏对教育本旨的洞见和远虑。即使最为时人和后代所诟病的"法孔孟"诸项，撇开其意欲为恢复旧制树立理论依据的政治企图不谈，仅就孔子作为我国教育鼻祖式的人物、孔教是我国文化教育的精品、以孔孟为代表的儒学是中国传统文化的主体等而言，亦有其积极意义。孔教和儒学，蕴含着中华民族对真善美追求的思想和智慧，是创建民族新文化不能割舍也无法割舍的传统资源和养料。虽然，自西汉至民初，经历代统治者的穿凿附会，孔子及其学说已被搞得面目全非，但仍有不失其本真之处，亦有不少好的东西值得承接和发扬。因此，无论是袁世凯担任总统的民初政府还是民国后期的南京国民政府及至改革开放以后的中华人民共和国政府，都对以孔孟儒学为主体的中国传统文化给予了充分的肯定和阐发，意在收古为今用之功，看来这不是偶然的。如果一味采取虚无主义态度、否定一切，那不仅与历史唯物主义的常理相悖,亦有违制定教育宗旨的初衷,并失却其应有的功能与效用。

总之,从纯粹教育宗旨演进的角度来看,袁氏教育要旨相对于民初教育宗旨而言,不应该说是退步而应该说是进步,或者说退一步是为了进两步,退步之中有进步,因为历史本来就是呈螺旋式上升、波浪式前进的。这倒并不仅在于其与那个特定年代的需要相适应,而更在于其内容和文字本身也实在看不出什么错处。尤为重要的是,它在本质上与民初教育宗旨是贯通一致的,当然也吸收了清末教育宗旨的部分内容和合理内核,但并不如史家或论者所贬斥的那样全是倒退和复古。至于在表述上换一种提法,或者袭用清末教育宗旨的表达形式,以旧瓶装新酒,这不仅不影响其与民初教育宗旨相通的精神实质,而且也容易为时人所接受,这一点已为史实所证明。相反,如果从教育宗旨所应具有的简明扼要特性来看,民初教育宗旨倒反而显得拗口,而该教育要旨则要简洁流畅得多,也就是说,它更像个教育宗旨的样子。

至于此间袁氏在政治上的种种做派及至后来登基做"洪宪皇帝",甚至以教育作为其复古倒退的手段和工具,以修订教育宗旨作为其复辟回潮的突破口,彻底走向历史的对立面,那是另一回事,固然不能排除其与教育的呼应及辅成之处,但亦不宜与该教育要旨本身搅在一起、混为一谈。令人遗憾的是,长期以来,论者恰恰就在这一问题上生拉硬扯、牵强穿凿,或以政评教,用政治眼光评价教育是非,将袁氏政治上的罪错加诸其在教育上的作用;或以政代教,用政治划界代替教育论争,难免常常戴错帽子;或政教合一,将政治与教育混同起来,且一味墨守成规,泥守定见,不知变通,终不免有违史实、有失公允而陷入唯心主义泥淖。

四 民初教育宗旨的沉寂

"五四"时期,是近代教育方针史上一个极为重要的转折时期。继洋务教育在技艺层面、维新教育及其后的新政教育在制度层面、民初教育在技艺和制度两者结合的层面参仿西方教育模式之后,历经50余年改良与革新的中国教育开始了新一轮的深刻反思,针对清末、民初教育远离西方近代教育所具有的科学与民主的"真精神"及其与社会发展的实际需要相脱离且食洋不化、在本质上仍是传统的"养士"教育等致命缺陷,以陈独秀、蔡元培、胡适、陶行知、蒋梦麟等为代表的一批时代的弄潮儿，大力"推行共和国民之教育"，"发挥人权平等之精神"，提倡"智育，注重自学；体育，注重自强；德育，注重自治"等"三育三自"并举的方针，意图进一步摆脱传统教育文化的桎梏和束缚，以更为开放的姿态"取法西洋"，进而在思想观念层面认真选择引介并学习西方先进的教育理念，以倡导建设包含人权、自由、平等等民主思想和重视科学技术、崇尚自然、讲求实用等科学精神的新教育，来取代迷信权威、窒息思想、压抑个性、脱离实际、忽略身心的旧教育。

其时，以民主和科学为主题，以教育思想解放为先导，以救国图强为目标，以清算孔道儒学及与其相表里的专制教育为内容，各种教育文化的冲突和对抗激烈而尖锐，各类教育思潮的兴起和碰撞频繁而错杂，形形色色的教育实践此起彼伏，不仅教育指导思想和教育观念发生了根本的变化，而且教育改革和教学实践亦屡有新创，既创造了中国教育发展史上一个前所未有的百花齐放、百家争鸣的辉煌时期，亦为近现代中国教育的发展开辟了另一片澄蓝的天空。概言之，此期与教育宗旨紧密相关的教育指导思想发生了开一代风气之先的重大转变，主要表现为对英美教育思潮的引进和对教育的个性化、平民化、实用化和科学化的极力追求与倡导。

（一）关于教育的个性化

对民主科学的呼唤、对文化传统的反思、对专制主义的批判，折射于教育，即是增强人们对个人价值的肯定，对个性化教育的倡导。"个性解放"是"五四"时期知识分子和青年学生思想觉醒和反抗传统的重要标志，主要包括对个人思想、行动解放和对个人权利、尊严的要求。人们认识到，"吾国文化较诸先进之国相形见绌"，其原因就在于"个性主义"不发达。[①] 中国传统社会，总是一人附属于、服务于另一人，未见有独立自主之人，文化是抹杀个性的文化，教育是造就顺民的教育。反观西方近代文明国家，合你、我、他各个个人以为群体，"强健之个人"造就社会的强健，个性主义发达促成社会进化。中国的求强之道不在强兵，而在强民，尤在强个性。教育如欲为社会发展尽力，"非发展个性不为功"。个

[①] 蒋梦麟：《个性主义与个人主义》，《教育杂志》第 11 卷第 2 期，载《蒋梦麟学术文化随笔》，中国青年出版社 2001 年版，第 45 页。

性主义思想体现于教育，第一，强调"使个人享自由平等之机会而不为政府、社会、家庭所抑制";① 第二要求尊重个人，又从尊重儿童，"以儿童为中心"，学校以个人和儿童为本位，自尊与被尊相互滋长，健全人格由之养成；第三，尊重个性意味着不以"划一单调"的"模型"塑造个人，让社会淹没个性，"总要使受教育的人各尽其性，发挥各个最优长的本能，替社会做最有效率的事业";② 第四，学校教育尤忌"随便教育"，教师必须"深知儿童身心发达之程序，而择种种适当之方法以助之",③ 学生必须学会自动地研究和自治，"灌进去的知识学问是没有多大用处的，真正可靠的学问都是从自修得来的"。④ 当时，"个性解放"的思想使学校内外的教育观念都在发生变化，人们开始习惯于站在教育对象的立场上去思考教育问题。

（二）关于教育的平民化

教育平民化观念的形成，是民主思潮在教育领域的回响。当时所谓民主包括了自由、平等、互助等要素，要求个人有独立发展的自由，将剥夺个人发展权利的封建制度、阶级势力"解放得干干净净"，求得男女之间的平等、社会阶级和阶层之间的平等，进而通过互助与合作予以保障。同时，受第一次世界大战时世界性的民主、民治声浪的影响，受陆续传入中国的"互助论"（互助的进化观）、"泛劳动主义"、"社会主义"等思想的影响，以提倡白话文、反对文言文为发端的新文化运动，几乎可以被看成是一场平民主义运动，它力求沟通和消除知识阶层与"社会上一般人"在语言上因而也是在思想上的"两橛"隔阂，使新知识、新思想传播到一般社会民众中，由此焕发出民众中蕴藏着的巨大能量。教育关注点的下移和重民是当时普遍的社会现象，不少人提出，必须坚持教育的"庶民"

---

① 蒋梦麟：《个性主义与个人主义》，《教育杂志》第 11 卷第 2 期，载《蒋梦麟学术文化随笔》，中国青年出版社 2001 年版，第 45 页。

② 梁启超：《我对子女高等教育希望特别注重的几种科学》，载《饮冰室合集·文集》之三十八。

③ 蔡元培：《新教育与旧教育之歧点》，载《蔡元培教育文选》，人民教育出版社 1980 年版，第 48 页。

④ 蒋梦麟、胡适：《我们对于学生的希望》，载《胡适哲学思想资料选》，华东师范大学出版社 1981 年版，第 138 页。

方向，打破以往社会有贵贱上下、劳心与劳力、治人与被治种种差别的阶级教育。可见，提倡"庶民"教育，是因了民众之苦和蕴藏于民众中的无限智能。平民即"苦力"，其"苦"在于体力劳动、缺少文化和没有平等权利；其"力"则是改造社会的巨大潜力。"惟有努力于教育机会的平等，使人人所蕴藏的无限能力都有发展的机会。"① 既然以平民为教育对象，这种教育就不应限于学校范围，无论形式还是内容，都要考虑到其生产、生活和环境改造的需要。知识阶层应在此过程中真心诚意地帮助平民获取知识，获得改变自己生存状况的能力。总之，教育的平民化致力于革除数千年来由尊者、贵者、富者独占教育的不合理状况，令平民大众都能享有教育。

（三）关于教育的实用化

反思清末建立近代学制以来，普遍存在着学校教育与社会实际相脱离、书本知识与学生生活及社会生产相违背的弊端。早在1913年，黄炎培就提出学校教育如何"实用"的问题，呼吁让教育回归其应有的功能和位置。② 第一次世界大战期间，中国的民族资本主义得以乘隙发展，学校教育与社会需要之间的不适应尤显突出。对此，陈独秀从反思传统、比较中西入手，指出中国教育的痼疾与救治方向。"欧美各国教育都注重职业，所教功课，无非是日常生活的知识和技能"，"一切煮饭、烧菜、洗衣、缝衣、救火、救溺、驾车、驶船等事，无一不实地练习。不像东方人连吃饭、穿衣、走路的知识本领也没有，专门天天想做大学者、大书箱、大圣贤、大仙、大佛。西洋教育所重的是世俗日用的知识，东方教育所重的是神圣无用的幻想；西洋学者重直观自然界的现象，东方学者重记忆先贤先圣的遗文。我们中国教育，若真要取法西洋，应该弃神而重人，弃神圣的经典与幻想而重自然科学的知识和日常生活的技能"。③ 相对而言，胡适的批评更中要害："社会所需要的是做事的人才，学堂所造成的是不会做事又不肯做事的人才"，"学校只管多，教育只管兴，社会上的工人、

---

① 晏阳初：《平民教育》，《新教育》第7卷第2—3期，1923年8月26日。
② 黄炎培：《学校教育采用实用主义之商榷》，《教育杂志》第5卷第7号，1913年10月。
③ 陈独秀：《近代西洋教育》，载《陈独秀文章选编》，北京三联书店1984年版，第79页。

伙计、账房、警察、兵士、农夫……还只是用没有受过教育的人。"① 实业界人士穆藕初则指出:"在失业者方嗟叹,活计之难寻;在事业界方忧虑,需要人才之无多。"②

可以说,在当时,提倡务实的教育已成为社会的共识。一方面,普遍认识到教育对个人生活能力的培养、对社会生产发展的适应具有重要意义,因而思考解决"教育与生计的关系"成为不少教育家孜孜以求的事业,也使时人进一步从观念上解决了改革教育结构、发展职业教育的问题;另一方面,普遍认识到学校内部须进行全面改革,强调从社会和学生实际出发,沟通教育与生活、学校与社会,强调学生主动、创造的学习和实际能力的培养,要求课程内容和教学组织形式均须适应生产和生活发展的需要,以求普通学校教育和社会实际生活的结合。

(四) 关于教育的科学化

科学是五四运动所高扬的另一面旗帜。对科学方法和观念的倡扬是"五四"思想启蒙的重要内涵和特点,表现出强烈的理性色彩。其贡献主要体现在两个方面,即理性的怀疑精神和对科学方法的追求。胡适在自述其思想形成时说,他的思想受两个人影响最大:赫胥黎与杜威。"赫胥黎教我怎样怀疑,教我不信任一切没有充分证据的东西。杜威先生教我怎样思想,教我处处顾到当前的问题,教我把一切学说理想都看作待证的假设,教我处处顾到思想的结果。这两个人使我明了科学方法的性质和功用。"③ 怀疑精神和科学态度,既是对胡适思想特点的概括,也代表着"五四"时期科学思想的特征。他认为,科学与民主,构成了推动西方近代社会进步的两个轮子,中国所缺乏的正在于此。要建设新时代、新社会,各个领域、各项事业都离不开科学。用科学的精神分析中国社会现状,重要的是让科学内容和方法渗入社会各项事业,改变人的态度和观念。在科学的知识、科学的方法和科学的精神三者之间,科学方法的运用

---

① 胡适:《归国杂感》,载《胡适文存》卷4,上海亚东图书馆1921年版,第10页。
② 1918年5月,在中华职业教育社第1届年会上穆藕初先生演说《实业上之职业教育观》,刊发于《教育与职业》第7期。
③ 胡适:《介绍我自己的思想》,载李兴芝等编《胡适哲学思想资料选》(上),华东师范大学出版社1981年版,第337页。

重于科学知识的获得,而科学方法运用的目的又是为了科学精神的养成。

陈独秀提出,"今日之教育方针应贯穿四大主义",第一为"现实主义",即以科学的和现实生活的教育取代"想象武断"的迷信教育,要"培养一般人民的科学思想,普及科学方法于民众";[1] 要改变"多重圣言而轻比量"(实验、归纳等)的积病,以"归纳论理之术,科学实证之法"取代"圣教";[2] 要建设中国的"真教育",即"乃自动的而非他动的,乃启发的而非灌输的,乃实用的而非虚文的,乃社会的而非私人的,乃直视的而非幻象的,乃世俗的而非神圣的,乃全身的而非单独脑部的,乃推理的而非记忆的,乃科学的而非历史的"教育。[3]

总之,"五四"前后,中国教育观念的转变是划时代的,表明中国人对教育传统、教育现状的反思和对西方先进教育的学习已进入思想文化的层面和自觉主动的阶段。教育观念的转变直接促成教育宗旨从内容到形式的改革和转折,从而使中国教育更为广泛和深入地融入世界性的现代教育发展潮流中。[4]

1916年,随着袁氏教育宗旨的废止,先是恢复民初的教育宗旨,但未能切实贯彻,接着便酝酿新的更符合共和精神的教育宗旨。1919年3月,教育部制定并颁布《全国教育计划书》,确定发展普通教育、专门教育和社会教育的政策和措施,指出"教育为立国根本,关系重要",发展教育属于"根本要图",中国要赶上时代步伐,与世界各国并进,就"必以求教育猛进为入手办法"。同年4月,由范源濂、蔡元培、陈宝泉等人组成的全国教育调查会第一次会议公布《教育宗旨研究案》,认为,民初的教育宗旨虽然倡导国民教育的思想,有别于君主本位的教育宗旨,但没有将受教育者放在主体地位,特别是其中军国民教育一项,是德国教育的摹本,与教育个性化、平民化、实用化和科学化的共和精神不尽相合。

因此,该研究案提出"养成健全人格,发展共和精神"的新教育宗旨,并对其中的"健全人格"和"共和精神"分别作了说明。所谓健全

---

[1] 舒新城:《中国近代教育思想史》,上海中华书局1928年版,第280页。
[2] 陈独秀:《随感录之十九·圣言与学术》,《新青年》第5卷第2号,1918年8月15日。
[3] 陈独秀:《答胡子承》,《新青年》第3卷第3号,1917年5月1日。
[4] 注:以上关于教育的个性化、平民化、实用化和科学化的内容,参见孙培青主编《中国教育史》,华东师范大学出版社2000年版,第377—380页。

人格，系指人之基本素质，主要包括："私德为立身之本，公德为服务社会国家之本，人生所必需之知识、技能，强健活泼之体格，优美和乐之感情"，① 共和国民必具健全人格，方能维共和之基。所谓共和精神，系针对国家、社会而言，主要包括："发挥平民主义，俾人人知民治为立国根本；养成公民自治习惯，俾人人能负国家社会之责任。"②民国以来祸患不止，实由缺乏共和精神所致。新定的教育宗旨与民初教育宗旨的根本不同，即在于其明确提出养成健全人格、发展共和精神的口号，以受教育者为出发点，并注重实施儿童本位教育，向着教育的本义复归。10月，该教育宗旨议案作为第五届全国教育联合会的决议呈报教育部采择施行，其关于人的德智体美协调发展、个性发展与社会责任相结合以及平民主义、民主精神和公民素质的养成等思想内容，较之民初教育宗旨，更为具体而明确地体现了新生资产阶级的共和精神，并烙有鲜明的新文化运动的印痕。可惜的是，该方案亦未能施行。

事实上，1917—1927年这10年间，我国的教育发展既无一定宗旨，亦无一定规划，处于教育宗旨的沉寂期或无教育宗旨期。一方面，这主要是由于其时正值第一次世界大战期间，欧美列强对华控制相对减弱，加之国内政潮起伏、兵燹频仍，统治集团内部及各派政治力量之间钩心斗角、争权夺利、自顾不暇，无力顾及教育，从而放松了对教育的管理、疏于对教育的控制，教育宗旨生存的土壤不复存在，虽然从另一角度看这样反而能为教育的自由生存创造一个较为宽松的社会环境和政治真空。另一方面，由于此间来自于民主美国而对现代教育发展具有普遍指导意义的实用主义、自由主义、儿童中心主义等教育思潮的勃兴和以赫尔巴特为代表的传统教育在这一变局面前的力不从心，也使教育是否当定宗旨的问题尖锐地提了出来。我国近代教育在向外国学习时，经历了清末至"五四"以前主要学习德日、"五四"以后主要学习英美的变化历程，教育宗旨的变迁亦与此引进外国现代教育经验和理论的路径一致。

随着清末新式教育的诞生及其迅速发展，我国现代的教育管理亦相应产生和发展。19世纪末、20世纪初，与英美等国的地方分权制教育管理模式相比，德日等国的中央集权制教育管理模式，在中国更受到朝廷的青

---

① 梅汝莉主编：《中国教育管理史》，海潮出版社1995年版，第340页。

② 同上。

睐及至效法,不特因为德日模式代表了当时世界教育管理的潮流,以施泰因为代表的现代教育行政理论及其实践形成了以德国为中心的教育管理文化圈,而这一教育管理中心当时尚未向英美位移,尤为重要的是,作为这个文化圈内核的古典层峰组织理论及其有机组成部分如班级授课制、五段教授法等,既切合我国几千年的集权式管理传统,亦符合我国当时的教育发展水平,因而在清末"新政"中建立的中央学部、地方教育行政机构以及从中央到地方条块结合的教育管理体制和全国统一施行的教育宗旨等,自然要以德日模式为蓝本和参照。

民国建立后,虽对其进行了一系列改革,但大致沿袭清末旧制,中央集权型的教育管理框架没有根本的变动,虽称之为"革命",其实只作了一些微调,包括将学部改为教育部、剔除清末教育宗旨的封建性内容而代之以具有资本主义时代精神的教育宗旨等,这种情况一直延续到"五四"时期。其原因当然不是用一两句话所能概括。但教育及其管理的发展有其自身的特点,亦有与其生存环境相适应的基本规律,较之于政治等其他领域所常有的突发式变革而言,它的发展总是相对迟缓和渐进的。所以,从这个意义上讲,"五四"新文化运动不仅与辛亥革命互为包含和表里,构成一个共同体,而且也是辛亥革命的赓续、深化和发展,是我国近代史上一次深刻而伟大的思想革命。

于教育方面,它不仅造就了现代教育管理大开放的契机和态势,而且首开近代中国学习英美教育管理模式的先河,进而形成由原先的师承德日转而取法英美的新转机。恰值此时,杜威、孟禄、克伯屈等学者来华讲学,各种外国教育思潮如条顿派、盎格鲁-撒克逊派等学说在我国迅速传播,不啻给我国教育变革注入新的活力。其中,以英、法、美为代表的盎格鲁-撒克逊派尤注重人格主义,其教育观体现了比德国教育更强的共和精神和人文精神,因而受到我国教育界的广泛关注。由此伸发开去,遂致酿成"五四"时期废止教育宗旨、宣布教育本义、倡行教育独立的运动。

1919年10月,全国教育联合会在山西太原举行第五届年会,通过了"废止教育宗旨,宣布教育本义"的建议案,指出:"新教育之真义,非止改革教育宗旨、废止军国民主义之谓,若改革现时部颁教育宗旨为别一宗旨,废止军国民主义为别一种主义,仍是应如何教人的问题,非人应如何教之问题也。从前教育,只知应如何教人,不知研究人应如何教。今后之教育,应觉悟人应如何教,所谓儿童本位教育是也。施教育者不应特定一宗旨或主义束缚被教育者。盖无论如何宗旨、如何主义,终难免为教育之铸型,不得视为人应如何教之研究。故今后之教育,所谓宗旨,不必研究、修正或改革,应毅然废止。本年教育调查研究结果,'养成健全人格,发展共和精神'二语,经本会讨论,认为适合教育本义,非宗旨之改革。"①

教育事业"不仅是一国文化之所系,亦即人类精神生活之所寄托者",② 要使人类获得真正的自由、平等、幸福,就要对教育进行彻底改造,使教育超乎政府管辖和教会影响之外,完全独立。"教育是帮助被教育的人,给他能发展自己的能力,完成他的人格,于人类文化上能尽一分子的责任;不是把被教育的人,造成一种特别器具,给抱有他种目的的人去应用的。"③ "教育是要个性与群性平均发达的。政党是要制造一种特别的群性,抹杀个性。……教育是求远效的,政党的政策是求近功的。……政党不能常握政权,往往不出数年,便要更迭。若把教育权也交于政党,两党更迭的时候,教育方针也要跟着改变,教育就没有成效了。所以,教育事业不可不超然于各派政党以外。"④ 否则,就难以保证教育经费、教育行政、教育制度、教育思想和教育内容的独立。简言之,教育是与政治、宗教等相区别的独立的社会存在,是一种以培养人、促进个性与群性平均发达为其本质特征的社会活动,这是教育的本义,所有的教育活动均应围绕它而展开。其他一切有违于这一本义而将教育置于政党或教会影响之下的教育活动及其宗旨均应废止。

这场运动发起于"五四"之前,隆盛于"五四"之后,历时10年,以李石岑、蔡元培、胡适等人为代表,于1922年2月全国教育独立运动会议成立并发表教育独立宣言后达到巅峰。其关于教育本义的主张,在1922年11月北洋政府新订学制的七项标准中有较为集中的体现。该七项标准为:"适应社会进化之需要;发挥平民教育精神;谋个性之发展;注

---

① 华东师范大学教育系、教科所编:《中国现代教育史》,华东师范大学出版社1983年版,第41—42页。
② 熊贤君:《中国教育行政史》,华中师范大学出版社1996年版,第405页。
③ 蔡元培:《教育独立议》,《新教育》第4卷第3期,1922年3月。
④ 同上。

意国民经济力；注意生活教育；使教育易于普及；多留各地方伸缩余地。"① 显然，这七项标准是受到实用主义教育思潮的影响。其中，第一、四、五项体现了对社会、生活的关注，第三项体现了"儿童中心"的主张，第二、六项体现了教育的民主性原则，第七项则是对清末至民初模仿德日而建立的大一统的教育宗旨的否定。总之，这七项标准比较集中地反映了我国近代教育民主化的思想及其对教育管理集权化的否定和对教育管理分权化的呼唤。另外，这10年教育发展的无政府状态也为我们研究和观察教育宗旨提供了一个新的视角。因为辛亥革命虽然推翻了2000多年的帝制，但终究不过是用新的具有资产阶级共和性质和理想色彩的中央集权体制及其教育宗旨取代旧的具有专制特性的中央集权体制及其教育宗旨。因此，清末教育宗旨也好，民初教育宗旨也好，它们在本质上代表了一脉相承的两个不同的历史发展阶段。

反观"五四"时期的废除教育宗旨运动，与这两个教育宗旨相比就有着根本的不同。一是它打破了晚清至民初教育从属于政治的僵化格局，清除了教育宗旨赖以存在的土壤。二是它削弱了中央政权一统天下的教育管理体制，彻底否定了运用教育宗旨手段进行划一管理的模式，形成了我国近现代教育史上少有的教育思潮蜂起、流派纷呈、社团林立、百家争鸣的学术昌明景观和教育发展的自在自由自为状态，并开辟了我国教育管理民主化、分权化的新道路。按照李石岑等人的观点，应该学习美国，教育事业由地方负责，中央政府不得干预，当然更不应有什么全国统一的教育宗旨；蔡元培等人则主张学习法国，取消从中央到地方的教育行政机构而代之以学术型的大学院、大学区负责制，教育应超然于政治和宗教之上，而不应受党派意志的影响和集权体制的束缚，这样才能保持其独立的品格、保留其伸缩的余地，回归其本来之义。三是它促进了教育事业的蓬勃发展，推动了包括以蔡元培执牛耳的北京大学为代表的大学教育，以黄炎培为代表创立的职业技术教育，以杜威来华为契机而兴盛的实用主义教育以及设计教学法、道尔顿制和1922年新学制的教育实践，以晏阳初、梁漱溟为代表的平民教育，以陶行知为代表的乡村教育以及工读主义教育、国家主义教育、科学教育、生活教育、留学教育、教会教育、各种专业教

---

① 钱曼倩、金祥林主编：《中国近代学制比较研究》，广东教育出版社1996年版，第278页。

育和社会教育，此外，还有中国国民党所创建的军事教育和中国共产党所开展的工农教育等各级各类教育的兴旺和发达，应该说，其成就是很了不起的。

总之，经过"五四"新文化浪潮的激荡，近代中国传统守旧的教育管理观念及其体制受到了猛烈的撼击，从而为我国现代教育的科学管理开创了正确的通途。可惜的是，这一轰轰烈烈的教育无宗旨运动在我国教育宗旨（方针）的百年长河中仅如昙花一现，终因其与国情不合及其对根深蒂固的集权体制的忤逆而告结束。早在1925年8月，中华教育改进社在太原召开第四届年会，即通过《请教育部依据国家主义明定教育宗旨案》，批评"五四"以来追求个性发展、倡行教育本义、鼓吹教育独立的非教育宗旨化运动，企图恢复和重振一度中衰的国家主义教育思想，进而为集权教育管理体制副产品的教育宗旨张目。该议案指出："中国现时教育宗旨应养成以国家为前提的爱国之民"，因为"教育是社会需要的产物，不是个人理想的产物；但凡一个社会要想保着他的生存，必须这个社会内的分子有共同的情感、共同的信仰，然后才能聚散沙于一盘，以共同扶持这个社会生存于不坠"。[①] 教育的作用在于"同化"，即将个人生活的人造就成社会生活的人即国家社会生活的人；教育的目的也不是发展个性，而在于"培养自尊精神以确立国格，发展国华以阐扬国光，陶铸国魂以确定国基，拥护国权以维系国脉"，[②] 要以培养能"感觉到祖国的问题便是他自己的问题，他自己一日不去寻解决，便一日不能要"的具有爱国精神和国家意识的好国民为教育宗旨。[③]

虽然其时因北洋政府四面楚歌、摇摇欲坠而无力无暇再去制定什么国家主义的教育宗旨，同时又因受"五四"新文化教育思想的洗礼和教育民主化浪潮的荡涤以及英美教育管理模式的冲击，教育宗旨赖以存在的根基已松软动摇，加之国家主义教育思潮就其本质而言仍是一种教育救国论，且其核心概念"国家"一词含糊而抽象，因而其关于厘定国家主义教育宗旨之议自然要被历史的潮流所淹没。但由此亦可见教育宗旨这一形式与我国近现代教育管理之间所割舍不断的情意结。回视自彼时起的中国

[①] 李璜：《用社会学的眼光谈教育的意义及其作用》，《中华教育界》第14卷第7期。
[②] 余家菊：《国家主义教育学》，上海中华书局1925年版，第32页。
[③] 李璜：《国民教育与国民道德》，《中华教育界》第13卷第7期。

现当代教育管理，几乎是无一例外地在运用教育宗旨的手段和工具职能。其间，虽也小有反复和"五四"余韵，如20世纪80年代在讨论党和国家新的历史时期的教育方针时，曾有人重弹老调，主张学习西方一些国家的做法，即不必专门搞一个教育方针，或者将教育方针分散表述于教育法规的条款之中等，但都因为有悖于我国集权式的教育管理模式和教育方针（宗旨）传统而未受采纳。

那么，为什么从清末至今的历届政府都十分重视对教育宗旨（方针）的厘定而唯独这10年出现教育无宗旨的潮流乃至造成教育宗旨的空白时间区段？这10年到底是教育宗旨（方针）发展史上的一次倒退或停滞还是进步呢？第一个问题的回答是，这是由教育管理的人文性和时代性特点所决定的。纵观近现代教育管理的发展史，不难看出，当教育跟政治紧密联姻、教育隶属或依附于政治、教育体制从属于政治体制、走向集权或以集权为特征时，教育宗旨（方针）作为教育管理的手段和工具，其功能和效用就会得到强化，其内容和形式也会得到重视；当教育与政治"离婚"、走向独立、自组"单身家庭"、教育管理走向分权或以分权为标志时，教育宗旨的地位和作用就会受到削弱，甚至被废止。总之，教育宗旨是作为集权式教育管理及其体制的附属品而产生的，一旦集权制的环境有所改变，它亦随之流变，直至不复存在。"五四"前后这10年的非教育宗旨化运动，恰恰是伴随着中央政府对教育宏观调控能力的削弱及其体制的弱化而产生的。

所以，第二个问题不能简单地回答是倒退还是进步。孤立地看，由于没有教育宗旨的统一规范和导引，这10年教育的发展呈无序纷乱的状态，但从另一角度看，它不再用统一的宗旨捆绑教育、约束教育，从而给教育的自由发展提供了生机。如果把我国近现代教育管理分成集权制与分权制两大流派的话，那么这10年的教育无宗旨化可以说代表了教育民主化和分权化的倾向，虽然这一派别因不合流俗而未能汇成我国教育管理的主流，但它在一定程度上代表了前进的方向。回视我国近现代教育管理在集权与分权之间摇摇摆摆走过的百年路程，只有这10年基本上是沿着分权化的路径走的，因而从这个意义上，与其说它是教育宗旨的停顿与徘徊，毋宁说它是一次历史的进步，而且是开辟了另一条道路、代表了另一派声音的进步。进言之，它还是一次教育宗旨的革命，是对教育宗旨这一形式本身及其所依附的集权式教育管理体制的革命，不仅对当时的教育革新与发展有着重要的价值，而且对当前准确把握和处理教育与政治及社会的关系，了解教育方针的历史传统，顺应教育发展的客观规律和时代潮流，加速教育管理民主化的进程等，均具有十分重要的意义。

综上所述，民国前期的教育宗旨具有承先启后性质，既继承了清末教育宗旨的积极方面，又开创了近代教育宗旨全新的局面。如果把清末称作教育宗旨的形成期，那么，民初则可称为教育宗旨的革新期。就内容而言，它对清末教育宗旨进行了彻底的改造和革新；就形式而言，它对教育宗旨这一形式本身又提出了否定与挑战，它主张废止教育宗旨，恢复教育本义，推行教育管理的独立化。无论内容还是形式，都达到一个新的历史高度，从而为此后教育宗旨的制定、实践和研究奠定了新的基础，并提供了新的思维和视界。当然，由于此期政权更替频繁，时局变来变去，因而教育宗旨也难免反复无定、曲折迂回，从民初徒有空文的教育宗旨到袁世凯氏短命的教育要旨，直至"五四"时期的教育无宗旨、教育要独立等，虽然不失为一种新的追求和探索，但也不无过激之举，反而有碍教育的正常秩序和发展，既有正面的经验，亦有反面的教训，值得总结和记取。

第七章 民国后期的教育宗旨

民国后期的教育宗旨，系指1927年南京国民政府成立后所颁施的三民主义教育宗旨。取其广义，可以涵括其前身——广东革命政府所规定的党化教育方针；取其狭义，则指1927—1949年国民政府从建立到垮台22年间所颁行的三民主义教育宗旨。同时，由于此间民族矛盾与阶级矛盾交织、内忧与外患错杂，国家处于分崩离析、风雨飘摇之中，还存在着一些长短不一的地方政权或地方性伪政权及其教育政策，因此亦择其要略作介绍。

一 广州政府的党化教育方针

1917年，俄国十月革命胜利，建立苏维埃政权。1922年，孙中山在经历了袁世凯称帝、张勋复辟、陈炯明叛变等重大挫折与事变之后，深感俄国共产党有严密的组织和铁的纪律而使革命得以成功，值得中国国民党效法，于是派人去苏联学习。他说："现尚有一事可为我们模范，即俄国完全以党治国，比英美法之政党握权更进一步。我们现在并无国可治，只可说以党建国，待国建好，再去治他。"[①] 1924年1月，中国国民党第一次全国代表大会在广州召开。次年6月，国民党中央委员会全体会议决定，改组广州大元帅府为国民政府。7月，广州政府成立后，模仿苏俄以党建国模式，强调政治上一切举措以党纲为依据，组织上各部均采用委员会制。相应地，既然国民政府接受国民党的指挥，那么教育也要受国民党支配，以服务于国民党的根本宗旨，由是，"党化教育"遂作为一个特定的历史名词，循着以党建国的总政策推衍而出。就其涵盖而言，它包括民众教育、乡村教育、生产教育、贫困儿童教育等，旨在以国民党党义来改

---

① 《中山全书》（3册），《组织国民政府案之说明》，大一统图书局1927年版，第291页。

造和发展各级各类教育。

(一) 党化教育方针的提出

1926年1月,国民党第二次全国代表大会通过《青年运动决议案》,进一步提出,"在教育方面,应使其革命化和平民化,并注意于平民学校的扩充"等。2月,广州政府设立教育行政委员会,作为国民政府内与其他各部平行的专司教育管理之职责且有别于北洋政府教育部组织合议制的中央教育行政机构。8月,许崇清出任该教育行政委员会委员兼广东省教育厅长,发布《党化教育之方针、教育方针草案》,计十四条:"(一)教育行政组织的改良与统一;(二)义务教育的厉行及其教育经费的国库补助;(三)中等学校的扩张及其设备教学训练的改善;(四)生产教育组织的建设;(五)乡村教育的改造;(六)民众教育事业的扩张;(七)贫困儿童的就学补助;(八)优良教师的养成;(九)大学教育内容的充实;(十)军事训练的实施;(十一)宗教与教育的分离;(十二)外国人经营学校的取缔;(十三)革除偏重书本的陋习,厉行学校的社会化;(十四)打破学科课程的一元主义。"[①] 这十四条教育方针,可以说是党化教育方针的具体化和条文化,其总体精神是要"依据教育原理",并"根据革命(以党建国)的一般政策"来发展教育。为了贯彻这个方针,广州政府又制定了一系列教育政策,如教师须加入国民党,学校课程中须加授三民主义,学校须举行纪念周,学生应自治并参加校务,各学校一律改从新学制,教育经费宜实行独立并逐年增加等。此外,还对教科书的编审、中等以上学校教师的奖励、私立学校的管理等,都做了明细的规定。

(二) 党化教育方针的推行

1927年4月,南京国民政府成立后,继承并沿用了这个教育方针,且给予进一步的理论化和合法化。是年5月,在南京召开的纪念"五四"运动大会上,蒋介石以军政首脑的身份正式提出要实行党化教育,并要求各省成立党化教育委员会,拟定党化教育大纲,"使学生受本党之指挥而指挥

[①] 许崇清:《党化教育之方针、教育方针草案》《近代中国教育史料补编》,上海中华书局1928年版,第8页。

民众",以三民主义感化"误入歧途之青年"。7月,上海各报公布了国民政府教育行政委员会委员韦悫起草的《国民政府教育方针草案》(以下简称《草案》),《草案》对党化教育做了系统的阐释。所谓党化教育,就是在国民党指导下,促进教育的革命化、民众化、科学化和社会化,即把教育方针建立在国民党的根本政策之下,按国民党的党义重新改组学校课程,造就各种专门人才,尤其要使学生走出学校后都能做党的工作。国民党的根本政策是三民主义、建国方略、建国大纲和历次全国代表大会的宣言和议决案,教育方针应该根据这几种材料而定,这是党化教育的具体意义。

所谓革命化教育,有两个意义。从前的教育是因袭的教育,这种教育以继承传统的思想为主要目的,以演绎法为无上的法门,以灌注观念为教育唯一的方法,以记忆为教育最重要的功能。革命化教育是反因袭的教育,而以最进步的自然科学和社会科学为基础,这是革命化教育的第一个意义。教育是社会和国家的事业,因此教育往往根据社会和国家的组织而转移。在不平等的社会,教育是统治阶级维持其统治权和压迫民众的工具。易言之,这种教育是压迫阶级的保育政策,而专以保存他们的利益为前提。革命化教育是推翻一切社会不平等的组织而建设一个真正自由、平等、博爱社会的原动力。换句话说,革命化教育是完成政治革命和社会革命的工具,这是革命化教育的第二个意义。①

所谓民众化教育,是指民众所有的教育,而且是民众人人皆能享受的教育。"一方面使民众人人皆享受教育的利益,另一方面可以养成为民众谋幸福的人材。民众化的教育还有一个重要的意义,就是我们研究科学是以民众的利益为中心的。"② 此外,还要"科学化和社会化才行","要照科学的方法来实施党化教育,并且要拿最进步的自然科学和社会科学做基础,这就是党化教育要科学化的意义。教育本来与社会有密切的关系,可惜因袭的教育把教育与社会分离,致教育失却社会的效能。我们的革命策略是以社会事实为中心的,因此我们的教育应该以社会的事实为根据,而与社会需要相适应。换句话说,教育要变成改革社会、建设社会的种种活动,那就学校的设备、课程活动都要变成社会化,这就是党化教育要社会

---

① 舒新城编:《中国近代教育思想史》,上海中华书局1932年版,第376—377页。
② 孙培青、李国钧主编:《中国教育思想史》(第3卷),华东师范大学出版社1995年版,第393页。

化的意义"。①

同时,《草案》还提出"教育方针应以党的根本政策做根据,从党的立场着眼",并作了具体规定:"(一)民众教育应与民众运动一并进行;(二)应以最短时间实行义务教育;(三)教育应增进生活的效能;(四)应指导学校毕业生到民间去;(五)各学校应增设军事训练;(六)各学校应注重体育训练;(七)学生运动应统一在党的指挥之下;(八)科学教育应特别注意;(九)应努力收回教育权;(十)教育权与宗教分离;(十一)教育经费应早日确定;(十二)政府应在国内重要的工商业及农业地点开设特别学校。"② 显然,这十二条教育方针较之于前一年许崇清所提的十四条更加具体明确,也更符合党化教育的要求,并富有时代特色。为了贯彻这十二条方针,《草案》还从课程、教材、教师、组织机构等方面逐一落实。提出:应重新改组现行学校课程,"使与党义不违背及与教育和科学相符合,并且能够发扬党义和实施党的政策;应赶速审查和编著教科用的图书,使与党义及教育宗旨适合。为实施政治训练起见,要指导学生做党的实际工作,要养成良好的教职员,并且要保障和奖励他们,使他们能够努力做教育的工作";③ 应在国民政府内从上至下建立完善的教育行政系统,以作为实施党化教育方针的组织保证。

由韦文肇始,遂致引发南京政府初建时期关于党化教育的研讨热,一时洛阳纸贵。王克仁在所著《党化教育概论》(该书经国民党中央执行委员会宣传部审定)中指出:"党化教育积极的意义是教育要革命化、人格化、民众化、社会化、科学化,不是这样的教育,就不能救国。不能救国的教育,便不是中国国民党所主张的党化教育。"④ 上海特别市党部主任和宣传部部长陈德征认为:"党化教育就是把中国底教育来国民党化,变为一种特殊的教育、国民党的教育,以求贯彻我们总理以党治国的主张,以为达到本党以党治国的目的之预备。"⑤ 上海党化教育委员会指出:"党

---

① 孙培青、李国钧主编:《中国教育思想史》(第3卷),华东师范大学出版社1995年版,第393页。

② 同上。

③ 毛礼锐、沈灌群主编:《中国教育通史》(第5卷),山东教育出版社1988年版,第249—250页。

④ 舒新城编:《中国近代教育思想史》,上海中华书局1932年版,第380页。

⑤ 同上书,第381页。

化教育当以培养青年为目的。……革命须先具牺牲精神,然后免权利竞争而能为民众谋利益。"① 上海特别市教育局提出:"党化教育就是融化中国国民党主义和精神的教育,……党化教育的设施离不了新教育,……新教育是以儿童生活为中心,以社会生活为目的,意在发展个性,造就人格健全的公民,以服务于社会,同时增进社会效率,使社会造成新的政治和经济的组织,以福利人群,达到'公天下'的目的。"②

上海特别市教育局所办《党化教育运动特刊》的几位主创人周雍能、保君建、鲁继曾和杨宙康等纷纷发文,从不同角度发表各自的看法。周雍能说:"党化教育即训政工作之别名,则党化教育运动实即训政工作之运动。"③ 保君健说:党化教育已成为今日教育上最急切之一问题,其意义"不仅在口头之宣传,而在实际之设施;不仅及少数学校之学生,而须普及最大多数之民众。"④ 鲁继曾说:"党化教育就是教我们怎样做人的教育,……就是把中国国民党的根本政策,或三民主义、建国方略、建国大纲和历次全国代表大会的宣言和议决案作为方针的教育。"⑤ 杨宙康说:"国民党之所信奉者三民主义,国民党所致力者国民革命,然则党化教育之目的其在斯。"⑥ 总的看来,此期关于党化教育概念及其内涵和意义的探讨,虽或将其理解为训政工作,或将其诊释为灌输党义,或将其阐发为学生参加政治运动,或将其演绎为党员任教职员,或将其定义为每周举行党的仪式等,但从根本上讲,其理论和实践均衷于国民党党义,力图将教育办成"党有、党办、党享"的事业,为实现"以党治国"的革命宗旨和任务服务。

此间,国民党还在各地方党部成立党化教育委员会,专司党化教育方针的组织、执行、监督之责。是年暑期,江浙各县纷纷举办党化教育讲习会,出版界亦争相出版有关党化教育的书籍,以满足社会需求。上海市特别党部明确规定其党化教育委员会的职责为:监督全市各学校推行党化教育,审查和取缔全市各学校违反党义言论或行为的教职员,得

---

① 舒新城编:《中国近代教育思想史》,上海中华书局1932年版,第381页。
② 同上。
③ 同上。
④ 同上书,第383页。
⑤ 同上书,第382页。
⑥ 同上。

令主管机关撤换或派人接受全市凡违反党义行动的学校，审查更换或销毁各校各书局凡不合党义的课本，得随时派人往各校宣传主义。① 浙江省教育厅长蒋梦麟则召集全省中学校长会议，讨论并制定《浙江实施党化教育大纲》，规定：（一）以本党训练党员之方法训练学生；（二）以本党的纪律为学校的规约；（三）根据孙文学说（行易知难）及民族主义第六讲建设新道德应从求新入手；（四）依训政时期国家的组织为学生自治的组织；（五）以三民主义之中心思想确定学生的人生观。② 其中，特别强调以国民党训练党员之法训练学生，变学生自己的思想为国民党的思想，接受国民党的指挥，以管党之法管教育，保存中国固有的"美德"，建设忠孝仁爱信义和平之"新道德"。为克服党化教育实施过程中"各省各自为政"的局面，8月，国民政府教育行政委员会颁发《学校施行党化教育办法草案》《教科图书审查条例》《各级学校党义教师检定委员会组织条例》《检定各级学校党义教师条例》《国民政府第八十一次干部会议关于实行党化教育之议决案》等文件，加强统一领导，实施具体管理。

至此，党化教育已由初始的教育口号演绎为喧嚣一时的教育思潮，并从一个新兴的地方政权的教育指导方针上升为执政党及其政府的教育方针，其影响力也由原先的南方地区迅即推移扩大至全国性范围。当然，它本身也经历了一个异变和蜕化的过程，从最初作为在野政党学习苏俄围绕着以党建国来发展教育之方针，到后来作为执政党围绕着以党治国来发展教育之方针，乃至后来推向极权，作为国民党一党政治的仆从物，背离了教育自身发展的特点和规律，使教育丧失了其应有的独立品格和地位。因而，作为其副面或补充，萌动于"五四"前后而炽盛于20世纪20年代初期的倡行教育独立、恢复教育本义的呼声再度抬头，并汇聚成一股激流，猛烈地撞击和撼动着党化教育的根基。有意思的是，在此后教育管理的百年长河中，这种教育民主化的声音一直没有断，或起或伏，绵延不绝，成为教育改革和发展的一个永恒主题。

---

① 孙培青、李国钧主编：《中国教育思想史》（第3卷），华东师范大学出版社1995年版，第394页。

② 同上书，第395页。

(三) 党化教育方针的废止

1927年6月，国民党中央执行委员会第1052次政治会议采纳蔡元培等人的主张，撤销教育行政委员会，改革"金字塔"型的教育管理体制，代之以法国式的大学院制主管全国教育和大学区制主管地方教育，以保障教育按自身运行轨迹独立自由地发展。随后，国民政府任命蔡元培为大学院院长，并公布《中华民国大学院组织法》。蔡就任大学院院长期间，提出要使教育科学化、劳动化、艺术化的方针。1927年11月，中华民国大学院大学委员会召开首次会议，蔡元培、李煜瀛、戴传贤、蒋梦麟、朱家骅、胡适、张乃燕、杨杏佛等委员出席。会议认为，"党化"二字含义"太觉空泛"，社会各界对其解释和要求也殊多不一，吴稚晖更认为它"无来源""含义不明"。因此，会议讨论通过了一个规范和统一对党化教育认识的议案。1928年2月，国民党二届四中全会提出，要保障教育独立，充实教育内容，防止青年恶化、腐化，坚决反对学生参加政治斗争和社会斗争，而应以普及国民教育、提高民众知识、造成健全之国民作为建设国家之基础。

同月，《上海教育》第1卷第1期刊登了一篇《党教育》的专文，对党化教育实践中的问题及其流弊作了报道和批评。文章指出："我们看见许多学校，尤其是小学校，实施他们所谓的党化教育。他们的方法是：(一) 课程中尽量采用党的教材，不但要想把全部的三民主义灌输给学生，叫他们生吞活剥，并且国语文中充满了革命伟人的伟大史传，常识课中尽装着国民党里的一切政纲，音乐必唱'革命之歌'，形艺也学'革命画报'……真正把党的一切当作日常功课了。(二) 仪式上竭力模仿党的形式，纪念周不消说，就是寻常集会，也一定瞻谒总理遗像，恭读总理遗嘱，总理的遗嘱差不多和清朝八股时代童生们临考时恭默的《圣谕广训》一般。(三) 墙壁间满贴着党的标语，什么'打倒帝国主义''打倒残余军阀''铲除土豪劣绅''杀尽共产党徒'……无话不有，甚至临时标语例如'讨伐唐生智''通缉汪精卫''欢迎五委员'……也鹦鹉学语似的写着，血淋淋、恶狠狠、杀人放火的挂图，也常常悬挂在校舍之内。(四) 学生们奔命于党的运动，今天什么游行，明天什么集会，后天什么演讲，凡是党的运动，不单中等以上学校的学生参加，有时小学生亦要参加，并且往往不是志愿的，是为罚钱为强迫的，学生们真觉有疲于奔命之感。"① 由是观之，此期的党化教育已步入异途，既与根据教育原理办教育的本旨相悖逆，亦与当时国际教育民主化的潮流相乘合。1928年5月，国民政府大学院在南京举行第一次全国教育会议，代表们几乎一致表示对党化教育的不满，认为它既容易引起误会和歧见，同时也走向极端，违背了教育独立的精神。于是，在大学院长蔡元培的倡议之下，会议决议废止党化教育名称，改称三民主义教育。

（四）党化教育方针的评价

纵观1924—1928年党化教育方针由萌起到告废的运动过程，它是应时而生并随着形势的发展而变化的，即由耸动一时臻于盛极而走向衰亡直至废止。从"五四"新文化教育余音中产生的依据教育原理发展教育、促进人的发展的教育本义，逐步演化为依据孙中山的三大政策发展教育的主旨，进而演化为强调教育服务政党政治的党化教育方针；从"五四"时期所倡行专门化、民主化、独立性的教育管理体制到政教合一、以政代教的极权性教育管理体制，也即从教育的分权和多元体制到教育的集权和一元体制（1928年8月，国民政府改组大学院制，恢复成立教育部）；从最初作为革命之助力及其组成部分的响应革命号召、宣传革命思想、鼓动革命运动，到发挥自身独特的职能作用，进而为革命运动培养人才、推动革命运动深入持久的发展，再到后来蜕变为国民党一党独政的工具，走向极端化，沦为党派政治的附庸，应该说，这样一个短暂的生命周期是历史的辩证法使然。

从历史唯物主义角度来看，党化教育方针及其实践是特定历史条件下的特殊产物。随着北伐的节节胜利和国民党政权一统天下局面的形成，这种将教育攫为一党私有的政策必然与作为执政党的国民党力图由军政、训政而走向宪政、以整个国家民族作为管理对象的"宏图大治"或大政方针相抵触，日显其不合时宜，因而理所当然地要被淘汰出局。这样，也就注定了党化教育在时间上只能是一个临时性的教育方针而难以成为一项长久的、根本性的教育方略，在空间上它也只能局限于珠江

---

① 孙培青、李国钧主编：《中国教育思想史》（第3卷），华东师范大学出版社1995年版，第395页。

领域，后来推展到长江流域、黄河流域的部分地区，但始终局限于东南一隅，是一个局部性的、地区性的教育方针，终未能成为真正统辖全国的教育总方针。

但是，决不能因此而小视、低估甚或否定党化教育方针在我国教育方针发展史上的地位和作用。首先，作为南京政府教育宗旨的前身，它们之间有着紧密而深广的历史渊源和一脉相承关系，没有前者也就没有后者，事实上南京政府的三民主义教育宗旨即由它演化发展而来。如果说党化教育方针作为孙中山学习苏俄以党建国模式在教育方面延伸的雏型是相对较为原始与直接的口号的话，那么三民主义教育宗旨则是孙中山学习苏俄以党治国模式体现在教育方面的铸型或经过简练与概括的术语。或者说，它们是以苏联模式为样板、以国民党党义为理据、以国民党党纲为内容，在20世纪20年代中叶中国教育发展指导方针两个不同阶段的版本。同时，就党化教育本身的演变过程来看，它对第一次国共合作时的国内革命起到了积极的助推作用，不仅符合孙中山先生"以党义建国"的指导思想，亦有利于结束当时国家军阀混战的局面。

更为重要的是，它开辟了我国教育方针与政党方针政策联姻的新局面。从此以后，在我国教育发展史上，政党似乎与教育方针（宗旨）结下了不解之缘。党化教育的名称虽然已弃之不用，但是以党义治教育的实质则保存了下来，无论是中国国民党还是中国共产党，均将教育方针（宗旨）纳入其党纲、党义之中，作为党的一项重大方针，且几十年一贯制，演绎为一条不变的规矩。特别是共产党执政70余年，"党的教育方针"一词似乎成了一个专有名词，溯其源头，都可以从党化教育方针的提法中找到解释。如果联系清末至民初教育宗旨概念的行程来看，此期推出"教育方针"的概念，从而把教育宗旨概念的运动和发展领进一个新的天地，不仅提法上更加契合时代要求，而且在内容上也由过去的偏重于教育的内部规律和育人功能转向教育的外部规律和政治功能，添加了新的东西，既为后来的教育方针的内容树立了典范，同时也进一步丰富和拓展了教育方针概念的内涵和外延。

如果要探究我国教育方针（宗旨）为什么始终立足于社会本位、注重教育服务于政治和社会的根源的话，于此亦可以发现端倪、得出初步结论。就其语式而言，虽然教育方针的提法后来仍为南京政府的"教育宗旨"所替代，但却为中国共产党所领导的苏区政府以及后来的边区政府、解放区政府直至中华人民共和国政府所承接和采用,并作为人民政府的官方概念沿用至今。纵剖我国教育方针的发展全程,前期叫教育宗旨,后期称教育方针,教育方针最早的官方称谓即由此期而始发。教育宗旨和教育方针不同的语言形式代表了不同的历史时期、不同的政权性质对教育指导思想不同的要求及其所赋予的不同含义,两者合二而一,共同构成了我国教育方针概念的运动全史。

总之,党化教育方针的提出及其推行是以特定的时代背景为基础的。一方面,它宣告了"五四"以来教育无宗旨局面的终结,使一度失范、偏离传统和现实轨道、超越国情的教育重新复归、端正趋向,再度纳入国家和社会发展的公序和良俗之中,既有利于引导和促进教育自身的有序发展,亦有助于发挥教育的社会功能效用,更有益于建立适切中国实际的教育管理的组织和制度。另一方面,其过分强调党在国之上、以党领教、以党代教、以政代教、政教不分、划一而治而无视教育自身特点和规律等极端性做法,也为近现代教育管理的步政治后尘且亦步亦趋开了先例,从而又影响和阻滞了教育的健康发展,并最终妨碍了教育对人才的培养和对社会的贡献。于今思之,其教训和经验不可谓不深刻。

二 南京政府的三民主义教育宗旨

南京政府的教育宗旨即三民主义的教育宗旨,它既是党化教育方针的延续,更是其在新的历史时期的发展和完善。随着"军政"时期的结束和"训政"时期的开始,初级口号形式的党化教育方针已明显不合时代的节律,因而作为其高级形式的三民主义教育宗旨遂以其对国民党党纲党义的忠实体现和摹写而必然地成为时代的新宠。就其本质而言,三民主义既是中国国民党立党建党的指导思想和理论基础,也是中华民国立国与建国的政治纲领、革命纲领和理论纲领,它覆盖社会各个领域和阶层而非为教育领域所特设和独有,或者说它本身并不是一个教育纲领,而仅仅是制定教育纲领的社会总方针依据和社会革命理论基础。虽然其时实行政教合一或以政代教的管理体制而将三民主义的文本原封不动地照搬或复制到教育宗旨上来,因而不免留有特定的时代印记,但这并不影响三民主义作为国民政府总方针的社会历史地位。

（一）三民主义教育宗旨的理论基础

三民主义是一个富有创造性的学说，它的形成经历了一个相当漫长的过程。19世纪下半叶，洋务派打出"中学为体，西不为用"的旗号，设想在不断轮回的封建王朝的母体上，嫁接资本主义的新枝，以维护其摇摇陆沉的封建纲常伦理和专制体制，此种思想在张之洞的《劝学篇》里得到了较为系统的阐述。然而与此同时，日本人福泽谕吉也写过一部《劝学篇》，开篇第一句话就是"天不生人上之人，也不生人下之人"，[①] 通篇都是讲人的权利和人的发展。他从西方"天赋人权"的理论出发，抨击了封建的伦理道德观念和制度，指出人生来是平等的，之所以有贤愚之别，是由于学与不学造成的，因此，他劝喻日本国民学习科学文化知识，发扬独立精神，提高个人素质。

两部《劝学篇》，都是要在东西方文化交汇碰撞的背景下指示本国发展的方向，但是却迥异其趣。一个主张"主权在民"，另一个则反之，认为"使民权之说一倡，愚民必喜，乱民必非，纪纲不行，大乱四起"。[②] 不难看出，所谓"中体西用"思想已堕落为清朝末世的衰声和败音。其后，维新派虽也曾提出"新民"，但却是以政治上的保皇为前提的。20世纪初叶，八国联军掳掠京城，慈禧太后在西安下罪己诏，声言变法，回銮后，于"废科举、设学校、派游学"之同时编练新军，派五大臣出洋考察等，摆出一副推行"新政"的架势，而其实质仍是要保住大清江山及对黎民百姓的专制统治。

鉴于以上种种，曾数度游学欧美、向西方资本主义列强寻求救国救民道路的孙中山认为，只有用革命手段推翻清王朝，建立一个既是"治世之神髓"又是"先哲之遗业"的资产阶级共和国，才能根本解决中国的问题。他受19世纪60年代美国总统林肯所提出的"民有、民治、民享"，即一切为人民所共有、一切为人民所治理、一切为人民所享用的有关全民政治思想的原型启发和影响，并以进化论作为自己的世界观，于19世纪90年代初期即开始酝酿三民主义理论的雏型。一方面表明其与"中体西用"思想的决裂，另一方面也是对满目疮痍的中国社会理论真空

[①] 转引自刘悦斌《两部〈劝学篇〉：两种文化观》，《学习时报》2002年3月11日。

[②] 同上。

的弥补，并是对当时世界各种政治思潮的应和。

1894年11月24日，孙中山于檀香山建立第一个资产阶级革命组织兴中会，其盟书（入会誓词）上提出："驱逐鞑虏，恢复中华，创立合众政府。"这是他对民族、民权主义的最早表述，也可以说是"二民主义"。"驱逐鞑虏，恢复中华"，必然会提出民族主义；"创立合众政府"，无疑要实现民权主义。其后，他先后于1903年在《东京军事训练班誓词》和1904年替美洲致公学堂重订的新章程中两次提出三民主义的完整思想：驱逐鞑虏，恢复中华，创立民国，平均地权。与兴中会誓词相比，后者"多了平均地权"一项，而对人人富足的大同社会的憧憬，自然会导出民生主义。总之，从1894年孙中山首次提出推翻清朝建立合众政府至1903年和1904年提出三民主义纲领这段时间，为三民主义的孕育时期，其重点是要破坏旧政权。

1905年5月，孙中山在日本将兴中会、华兴会、光复会合并，组织成立中国同盟会，并将"驱逐鞑虏、恢复中华、建立民国、平均地权"的总纲领列入《总章》。其后5个月，他在《〈民报〉发刊词》中首次正式提出民族、民权、民生三大主义，即民族独立、民权自由、民生幸福，主张同时进行民族革命、政治革命和社会革命，推翻清政府，建立欧美式的共和制度。他指出："余维欧美之进化，凡以三大主义，曰民族、曰民权、曰民生。"[①] 也就是说，资本主义社会发展经历了争民族独立、争民权解放、争民生幸福三个阶段，"是三大主义皆基本于民"。[②] "今者中国以千年专制之毒而不解，异种残之，外邦逼之，民族主义、民权主义殆不可须臾缓。而民生主义，欧美所虑积重难返者，中国独受病未深而去之易。"[③] 因此，就中国革命而言，一方面是反对清王朝统治的民族革命，另一方面是反对君主政体的政治革命，再方面是避免走西方资本主义发展老路的社会革命。简言之，就是要争取民族独立、民权自由、民生幸福。

当然，由于初期的三民主义仅仅是粗线条的资产阶级民主革命纲领，还没有形成一个系统而明晰的反对资本主义和封建主义的政治纲领，同时

---

① 转引自贺渊《三民主义与中国政治》，社会科学文献出版社1998年版，第9—10页。
② 同上。
③ 同上。

还没有冠以三民主义的简称。同年12月，香港的《中国日报》发表代售《民报》的广告，认为"提倡民族主义、民权主义、民生主义"一语过于冗长不便作为广告用语刊登，就以"三民主义"的简谓代替，"三民主义"一词遂由此而生，后来孙中山本人亦觉此称简明准确而采用之，于是日渐推广开来，相沿成一个专有名词。1906年12月，在《民报》创刊一周年的大会上，孙中山提出了包含"国法之治、约法之治和宪法之治"的建国三程序，并提出五权分立的观点，进一步阐述了三民主义。此后至1912年，他认为民族主义已经实现，所以只有"务达民权民生两主义"，其主要精力亦集中在新社会的建设，包括民权建设和民生建设的筹划上。此期他考虑得最多的还是如何以武装手段推翻帝制、建立共和，仅是提纲挈领式地表达自己的观点，从而为三民主义理论奠立初步的框架。

辛亥革命后，三民主义的思想体系在实践的锤炼中发生了变化。孙中山宣告，随着民国的建立，民族和民权目标已经实现，因而应专力于民生，实现一民主义；宋教仁遇刺后，他又打起民权主义旗帜，宣扬二民主义；1916年袁世凯死后，他又再度声言民族和民权目的已达，重新回到一民主义；直至1919年10月《中国国民党规约》公布，其《总纲》始正式规定："本党以巩固共和、实现三民主义为宗旨。"① 在《中国国民党宣言》中，他指出，中国之所以能久立于世界上，在于历史上一直坚持了民族主义，使各民族融合为一族，在于坚持了民权主义，反对专制、以"民为邦本"，在于坚持了不患寡而患不均、使贫富间不致过于悬殊。他认为，民族、民权、民生三大主义是整体，不能分离，"吾党主义，析言之固为民族、民权、民生；至其致用，实是一个整的，而非三个分的"。②

1924年1月，在总结几十年国内外革命斗争经验教训的基础上，孙中山认识到，中国革命要取得成功，必须以俄为师，唤起民众，因而他主持召开中国国民党第一次全国代表大会，发表宣言，"把三民主义重新作了解释"，使其"获得了新的历史特点"，③ "这种新时期的革命的三民主义、新三民主义或真三民主义，是联俄、联共、扶助农工三大政策的三民

---

① 转引自贺渊《三民主义与中国政治》，社会科学文献出版社1998年版，第79页。
② 同上书，第254页。
③ 同上。

主义"。① 同年 12 月，根据其演讲记录整理的《三民主义》一书出版，是为后期三民主义的范本和"真释"。

然而，不得不指出的是，虽然就个人动机而言，孙中山对三民主义的信仰是由衷的，而没有任何的私心与患得患失，因而在其生前的最后两年里能够以博大的胸怀，提出联俄、联共、扶助农工的新政策，从而把三民主义提升到一个新的境界，但是他所力倡的三民主义是有其特定的意涵的。首先，他认为欧美的制度不能完全为我所用，其经济制度与我们的民生主义有别，其政治制度、社会制度亦与我们的民权主义、民族主义有异。其次，他自觉地与共产主义拉开距离，提出"师马克思之意则可，用马克思之法则不可"。鉴于中国革命与俄国革命目的相同，因而他主张联俄、联共，但又坚持认为"共产组织，甚至苏维埃制度，事实均不能引用于中国，因中国并无使此项共产制度或苏维埃制度可以成功之情况也"。② 也就是说，以中国现有的条件还远远谈不上共产主义，而只能实行三民主义和五权宪法制度。再次，他注重对传统文化的继承和宣传，倡导民本思想和五权宪法，讲究忠孝仁爱信义和平，崇尚格物、致知、正心、诚意、修身、齐家、治国、平天下。最后，他坚持唯有三民主义的政党才能建国，因而积极改组国民党，吸纳"共产党员以个人身份加入国民党"，"改共产党员为国民党员"，"把党放在国之上"，③ 企图由三民主义政党造出一个三民主义的国家来。

总之，三民主义是特定时代中西合璧的产物，有其自身的思想体系。时至今日，我们应以历史唯物主义的态度恢复其本来的面貌，给以完全准确的解读和诊释。既要排除各种政治歧视和实用主义思维，避免随意取舍和穿凿附会以及将其庸俗化，又要防阻任意拔高提升，尤其是对其后期的三项政策，应给予实事求是的评价，而不能主次不分、本末倒置或将其割裂开来、断章取义，将明明是对三民主义内容的充实和完善的三项政策当作三民主义本身，将明明是作为实现三民主义途径或手段的三项政策当作三民主义的内容，将明明是有条件的在三民主义总框架下实行的三项政策当成是无条件的唯一的甚至是取代旧三民主义的新三民主义、真三民主

---

① 转引自贺渊《三民主义与中国政治》，社会科学文献出版社 1998 年版，第 254 页。
② 同上书，第 114 页。
③ 同上书，第 118 页。

义，也即以具体的三项政策而取代三民主义的总纲领，有违史实地夸大拔高等。

纵观三民主义的思想旅程，它经历了三个历史阶段。辛亥前的三民主义，其民族主义就是推翻满清的外族统治，民权主义就是建立美国式的议会国家，民生主义就是平均地权。辛亥以后到1922年的三民主义，其民族主义就是要推翻帝国主义的压迫，民权主义就是由代议制而趋直接民权，民生主义就是于平均地权之外加上节制资本。1923年国民党改组至孙中山逝世的三民主义，其民族主义就是国内各民族一律平等，对外中华民族完全独立；民权主义就是政权为全体人民所共有，而非少数人所得而私；民生主义就是耕者有其田，节制资本。

概览三民主义的理论来源，既有西方资产阶级的共和思想，又融进了中国传统文化的精华，并掺入了苏俄社会主义的革命精神，在经济上它受资本主义之惠，而在政治上则得社会主义之泽，因而既有别于又高出于同时代的国家主义、实用主义、无政府主义、新村主义等各种思潮。它不仅是中国国民党立党、建党的指导思想和理论基础，而且也是中华民国立国、建国的理论纲领和政治纲领；它覆盖社会各个领域而非为教育领域所特设和独有，或者说它本身并不是一个教育纲领，而仅仅是制定教育纲领的社会总方针依据，但恰恰又是当时政教合一的管理体制使得它被原封不动地复制到教育宗旨上来。可以说，它是19世纪末20世纪初集中揭示中国社会主要矛盾、切合中国社会需要的最先进的思想理论。①

（二）三民主义教育宗旨的形成

1927年，南京政府建立以后，蒋介石在宣布国策时说："我们中国要在20世纪的世界谋生存，没有第二个适合的主义，只有依照总理的三民主义。拿三民主义来做一个中心思想，才能统一中国；我们现在只有研究总理的三民主义，拿来做建设的方针，不要讲共产主义，不要讲国家主义，也不要讲无政府主义。……以党治国，就是以党义治国，就是以本党的三民主义来治中国。"② 自此，三民主义作为南京政府治国的根本政策，既贯彻于其政权始终，亦渗透于其社会的各个领域，于教育方面则更复

---

① 参见贺渊《三民主义与中国政治》，社会科学文献出版社1998年版，第108—126页。
② 转引自李桂林主编《中国教育史》，上海教育出版社1989年版，第427页。

如是。

国民党政权对教育阵地相当重视,他们把教育看作是服务于政治的工具和实施政治的手段,是国民革命之基础。蒋介石讲过:"国民革命之工作尚未完成,其最大基础实为教育,如果基础不固,危险实甚。"① 因此,"教育必须适应政治方面的要求,而政治必须仰仗教育方面的播种,……要使全国人民对于三民主义不但接受而且实行,从政治上实现三民主义,便非有以实现三民主义为目的的教育不可。"1928年2月,国民党二届四中全会宣称:"关于教育的建设,实为中国国民之生死关键。"其后,国民党三大强调:"教育为立国之大本,国民精神生活与实际生活能否臻于健全与畅遂,全视教育方针能否适应民族与时代之需要。而国民革命之基础若不充实以教育的建设,则三民主义亦将无彻底实现之期。"②

早在1926年,湖南教育会议即决定以贯彻三民主义为教育宗旨,且提出要在中小学加授三民主义课程。1927年11月,国民政府大学院大学委员会会议又提出以三民主义的教育宗旨代替党化教育的方针。1928年5月,南京政府大学院召开第一次全国教育会议,会议特设"三民主义教育组",并通过了《中华民国教育宗旨说明书》,指出:"此后中华民国的教育宗旨,就是三民主义的教育。所谓三民主义的教育,就是实现三民主义的教育,就是以实现三民主义为目的的教育,就是各级行政机关的设施、各种教育机关的设备和各种教学科目,都是以实现三民主义为目的的教育。"③ 在会议发表的宣言中,对于三民主义的教育宗旨做了具体表述:"我们全部的教育,应当发扬民族精神,提倡国民道德,锻炼国民体格,以达到民族的自由平等;应该养成服从法律的习惯,训练团体协作和使用政权的能力,以导入民权的正轨;应该提倡劳动,运用科学方法,增进生产的技能,采取艺术的陶熔,丰富生活的意义,以企图民生的实现。总之,我们全部的教育,应当准照着三民主义的宗旨,贯彻三民主义的精神。"④ 会议议决,各级教育机关的设施、设备和各种教学科目等,都要

---

① 转引自华东师范大学教育系、教科所编《中国现代教育史》,华东师范大学出版社1983年版,第196页。

② 同上。

③ 同上。

④ 孙培青、李国钧主编:《中国教育思想史》(第3卷),华东师范大学出版社1995年版,第396—397页。

以实现三民主义为目的。

同时，会议还拟定了具体实施细则："（一）发扬民族精神；（二）提高国民道德；（三）注重国民体力的锻炼；（四）提倡科学的精神，推广科学的应用；（五）厉行普及教育；（六）男女教育机会均等；（七）注重满、蒙、回、藏、苗、瑶等教育的发展；（八）注重华侨教育的发展；（九）推广职业教育；（十）注重农业教育；（十一）阐明自由界限，养成服从纪律的习惯；（十二）灌输政治知识，养成使用政权的能力；（十三）培养组织能力，养成团体协作的精神；（十四）注重生产合作、消费及其他合作的训练；（十五）提倡合于人生正轨的生活（卫生的、经济的、秩序的、优美的），培植努力公共生产的精神。"① 虽然国民党中央训练部对这次会议的结果并不满意，认为其"于三民主义教育之真谛，既无所阐明，而于教育与党的关系，尤乏实际联络"，② 因而会议提出的议案也未获批准，但三民主义教育宗旨的正式提出实由此开始。

1928 年 7 月，国民政府大学院向国民党中央执行委员会另提出教育宗旨草案，对三民主义教育宗旨的表达作了一些修改。与此同时，国民党中央执行委员会训练部也拟定了《确定中国教育宗旨及教育标准案》，提交国民党中央常务委员会审议。其关于教育宗旨的表述为："中华民国之教育，以根据三民主义、发扬民族精神、实现民主政治、完成社会革命，而臻于世界大同为宗旨。"③ 此外，国民党中央执行委员会委员于右任、蔡元培等人也提出了各自主张的教育宗旨。

9 月，经中央执行委员会审议，提出了一个教育宗旨的修正案。全文如下："（一）恢复民族精神，发扬固有文化，提高国民道德，锻炼国民体格，普及科学知识，培养艺术兴趣，以实现民族主义。（二）灌输政治智识，养成运用四权之能力；阐明自由界限，养成服从法律之习惯；宣传平等精义，增进服务社会之道德；训练组织能力，增进团体协作之精神，以实现民权主义。（三）养成劳动习惯，增高生产技能，推广科学之应

---

① 孙培青、李国钧主编：《中国教育思想史》（第 3 卷），华东师范大学出版社 1995 年版，第 397 页。

② 毛礼锐、沈灌群主编：《中国教育通史》，山东教育出版社 1988 年版，第 251 页。

③ 转引自孙培青、李国钧主编《中国教育思想史》（第 3 卷），华东师范大学出版社 1995 年版，第 397 页。

用,提倡经济利益之调和,以实现民生主义。(四)提倡国际主义,涵养人类同情,期由民族自决,进入世界大同。"①

概言之,"中华民国教育,以根据三民主义,发扬民族精神,启发民权思想,增进民生幸福,而臻于世界大同为宗旨"。② 但会议未对该修正案作出表决,而是留待国民党中央全会议决。10月,国民政府发表训政时期《施政宣言》,提出:"首在普及三民主义之国民教育,充实中学以上教育之内容,注重学生体格之训练,提高实用科学之智识,使青年国民之身体精神皆有充分健全之发育,始克保证民族无穷之新生命。因此之故,凡智识未充、判断力未备而身体发育未臻健全者,决不任其参加政治斗争与社会斗争而自趋于戕贼也。"③

1929年3月,在国民党第三次全国代表大会上,国民党中央宣传部向大会提交了《教育方针及其实施原则案》,指出:"过去本党因注意全力于障碍之扫除,对于教育,未暇为整个方针之树立。今当全国统一、训政开始,本党在政治上之地位与责任,更不同于往日。……本党于此,若不明定教育之方针,确立实施之原则,作全国更始之基,洗放废因循之弊,则不唯训政时期一切救国建国之计划,感跬步之难行,而国家民族今后之生机,势必陷于困危而无可救。"④ 同时,该提案还指陈当时教育所存在的四种弊害:一是"使受教育之国民增加个人生活之痛苦,以酿社会之不安";二是"不能养成身心健全之分子,使在国家社会之集体中发挥健全分子之功用,以扶植社会之生存";三是"未能以实用科学促生产之发展,以裕国民生计";四是"教育制度与设施缺乏中心主义,只模袭流行之学说,随人流转,不知教育之真义应为绵延民族之生命"。⑤ 因此,该议案主张:"中华民国今后之教育,就为三民主义之国民教育,已无疑义。惟真正的三民主义之教育,非仅标三民主义所能收功,亦非仅令各级学校讲习三民主义之文章即为毕事;必须使一切教育上之设施,全部皆贯

---

① 转引自喻本伐、熊贤君《中国教育发展史》,华中师范大学出版社1991年版,第567页。
② 转引自程斯辉《中国教育管理模式研究》,武汉工业大学出版社1994年版,第189页。
③ 宋荐戈:《中华近世通鉴·教育专卷》,中国广播电视出版社2000年版,第164页。
④ 转引自华东师范大学教育系、教科所编《中国现代教育史》,华东师范大学出版社1983年版,第198页。
⑤ 转引自毛礼锐、沈灌群主编《中国教育通史》,山东教育出版社1988年版,第252页。

之以三民主义之精神，无处不具备三民主义之功用，而后方可达民族独立、民权普遍、民生发展之目的。"①

中华民国之教育方针必须是三民主义之教育方针，必须"以充实人民之生活、扶植社会之生存、发展国民之生计、延续民族之生命为最大之目标。一方面使一切个人身心皆得健全，以各遂其生；同时联络全国民族之各个成员为一体，俾各自发挥相当之力量，贡献于全体之利益，以共遂其生，务达民族独立、民权普遍、民生发展之目的。"② 会议经过充分酝酿和讨论，形成了《对于政治报告之决议案》。于教育方面，该决议案指定："本党今后必须确定整个教育方针与政策，其根本原则必须以造成三民主义的文化为中心。换言之，必须以三民主义之精神，融化东西文化之所长，使全国人民在'人民之生活、社会之生存、国民之生计、群众之生命'上备具三民主义之实际功用，以达民族独立、民权普遍、民生发展之目的，然后教育之功能始尽。"③

"教育乃国家建设永久之任务，其功用应始于胎教，而终于使个人能为社会生存之总目的各献其健全之能力。因此之故，吾人必须从优生学之基础上建设父母教育，从社会伦理学之基础上建设儿童教育，从国民经济学之基础上建设国民教育，从世界实用科学之基础上建设高等教育。"④ 后来，国民党三届十一次会议讨论议决改称"教育方针"为"教育宗旨"，并针对当时教育所存在的"四弊"，提出以"充实人民生活、扶植社会生存、发展国民生计、延续民族生命"四项为具体目的，而以"民族独立、民权普遍、民生发展""促进世界大同"为根本目的的教育宗旨构架，进而在此基础上表决通过了中华民国的教育宗旨。其文字表述为："中华民国之教育，根据三民主义，以充实人民生活、扶植社会生存、发展国民生计、延续民族生命为目的，务期民族独立、民权普遍、民生发展，以促进世界大同。"⑤

1929年4月26日，国民政府通令公布《中华民国教育宗旨及其实施

---

① 孙培青、李国钧主编：《中国教育思想史》（第3卷），华东师范大学出版社1995年版，第397—398页。

② 同上。

③ 宋荐戈：《中华近世通鉴·教育专卷》，中国广播电视出版社2000年版，第165页。

④ 同上书，第164页。

⑤ 转引自王炳照等《简明中国教育史》，北京师范大学出版社1985年版，第387页。

方针》："甲、教育宗旨：中华民国之教育，根据三民主义，以充实人民生活、扶植社会生存、发展国民生计、延续民族生命为目的，务期民族独立、民权普遍、民生发展，以促进世界大同。乙、实施方针：前项教育宗旨之实施，应守下列原则：（一）各级学校之三民主义教育，应与全体课程及课外作业相贯连；以史地教材阐明民族之真谛，以集团生活训练民权之运用，以各种之生产劳动的实习培养实行民生之基础，务使知识道德融会贯通于三民主义之下，以收笃信力行之效。（二）普通教育，须根据总理遗教，以陶融儿童及青年'忠孝仁爱信义和平'之国民道德并养成国民之生活技能、增进国民生产能力为主要目的。（三）社会教育，必须使人民认识国际情况，了解民族意义，并具备近代都市及农村生活之常识、家庭经济改善之技能、公民自治必备之资格、保护公共事业及森林园地之习惯、养老恤贫防灾互助之美德。（四）大学及专门教育，必须注重实用科学，充实内容，养成专门知识技能，并切实陶融为国家社会服务之健全品格。（五）师范教育，为实现三民主义的国民教育之本源，必须以最适宜之科学教育及最严格之身心训练、养成一般国民道德学术上最健全之师资为主要之任务，于可能范围内，使其独立设置，并尽量发展乡村师范教育。（六）男女教育机会平等，女子教育并须注重陶冶健全之德行，保持母性之特质，并建设良好之家庭生活及社会生活。（七）各级学校及社会教育，应一体注重发展国民之体育。中等学校及大学专门，须受相当之军事训练。发展体育之目的，固在增进民族之体力，尤须以锻炼强健之精神、养成规律之习惯为主要任务。（八）农业推广，须由农业教育机关积极设施。凡农业生产方法之改进、农业技能之增高、农村组织与农民生活之改善、农业科学智识之普及以及农民生产消费合作之促进，须以全力推行，并应与产业界取得切实联络，俾有实用。"[①]

5月，国民政府教育部明令要求各大学区、各省教育厅（局）以及直辖大学遵照执行《中华民国教育宗旨及其实施方针》。[②] 其后，为了进一步贯彻三民主义的教育宗旨，使全国各级各类学校的全部课程及一切设施都能与三民主义的教育紧密联系，使学校的知识道德教育及体育均融会贯

[①] 宋荐戈：《中华近世通鉴·教育专卷》，中国广播电视出版社2000年版，第165—166页。

[②] 同上书，第166页。

通于三民主义旗帜之下，进而建构一个三民主义教育发展的基本规划和体系，国民党当局制定并颁布了一系列法令、法规和政策，并采取了一系列措施。其间虽因时局动荡、内忧外患而时有微调，但万变不离其宗，以三民主义的思想贯穿教育于始末。诚如国民党第四次全国代表大会决议所指出的那样："过去数年之间，吾党尽其全力于确定三民主义之教育宗旨和制定三民主义之教育计划，费无限之精力，经无限之困苦"；"自全国统一、首都奠定以来，本党关于国民教育之决议甚多，为完成总理所昭示吾人之教育宗旨，今后不须更加讨论，应即继续努力以求实现"。[①] 蒋介石本人也强调："今后教育设施，务须依照中华民国教育宗旨及其实施方针之规定。"[②]

1930年4月，国民政府教育部在南京召开第二次全国教育会议。会议由教育部长蒋梦麟主持，各省市教育厅局长、大学校长、教育专家、国民政府有关部门代表共106人出席了会议。国民政府主席蒋介石到会演说，指出：改革教育当用革命手段整顿学风，使从前纷乱之教育现象改转过来，并应注重农业教育，十分注意党之教育，以三民主义统一青年的思想。[③] "欲改良教育，必先端正学风，要端正学风，必先特别注重训育"，"具体讲，就是使学生明白做人的道理，能够孝父母、敬上长、爱国家、保民族，能够明礼仪、知廉耻、负责任、守纪律，能够尽忠孝、行仁义、重仁爱、尚和平，必须如此，然后可以做人，可以做中华民国一个现代的国民。我们必须恢复四维八德，发扬我们民族固有最高尚的精神和道德，以为一切科学之基础"。[④] 1931年6月，国民政府公布《中华民国训政时期约法》，在第五章《国民教育》中规定三民主义为中华民国教育之根本原则，从而使三民主义的教育宗旨完成了由政策向法律的过渡。

9月，国民党中央第三届执行委员会第十七次常务会议通过《三民主义教育实施原则》，将三民主义教育宗旨更加具体化，规定了全国各级各

---

① 转引自程斯辉《中国教育管理模式研究》，武汉工业大学出版社1994年版，第192页。
② 同上。
③ 宋荐戈：《中华近世通鉴·教育专卷》，中国广播电视出版社2000年版，第167页。
④ 孙培青、李国钧主编：《中国教育思想史》（第3卷），华东师范大学出版社1995年版，第402页。

类学校的课程设置及教育、教学活动的目标。该《实施原则》分初等教育、中等教育、高等教育、师范教育、社会教育、蒙藏教育、华侨教育和派遣留学生八章。各章均有明确的教育目标和实施纲要两大部分。其中，实施纲要又分列课程、训育、设备诸项。关于各级教育的目标，《实施原则》逐一作了规定。

其中，初等教育（包括幼儿园和小学）：（一）使儿童整个的身心融于三民主义教育中；（二）使儿童个性、群性在三民主义教育指导下平均发展；（三）使儿童于三民主义教导下具有适合于实际之初步的知能。中等教育（包括初中、高中及相当程度之学校）：（一）确定青年三民主义之信仰，并切实陶冶其忠孝仁爱信义和平之国民道德；（二）注意青年个性及其身心发育状态而予以适当的指导及训练；（三）对于青年应予以职业指导，并养成其从事职业所必具之知能。高等教育：（一）学生应切实理解三民主义之真谛，并具有实用科学之知能，俾克实现三民主义之使命；（二）学校应发挥学术机关之机能，俾成为文化的中心；（三）课程应视国家建设之需要为依归，以收为国储材之效；（四）训育应以三民主义为中心，养成德智体群美兼备之人格；（五）设备应力求充实，并与课程训育相关联。

师范教育：（一）应根据三民主义的精神，并参照社会生活之需要，施以最新式的科学教育及健全的身心训练，以培养实施三民主义教育之师资；（二）学校应与社会沟通，并造成"教""学""做"三者合一的环境，使学生对于教育事业有改进能力及终身服务的精神；（三）乡村师范教育应注意改善农村生活并适应其需要，以养成切实从事乡村教育或社会教育的人才。社会教育：（一）提高民众知识，使具备现代都市及农村生活的常识；（二）增进民众职业技能，以改善家庭经济并增加社会生产力；（三）训练民众熟习四权，实行自治，并陶冶其忠孝仁爱信义和平之国民道德，以养成三民主义下的公民；（四）注重国民体育及公共娱乐，以养成其健全的身心；（五）培养社会教育的干部人才，以发展社会教育事业。

此外，还对蒙藏教育、华侨教育和派遣留学生的目标作了相应规定。[①] 同月，国民政府行政院将这一文件发至教育部，并通令各学校一律

---

① 宋荐戈：《中华近世通鉴·教育专卷》，中国广播电视出版社2000年版，第170—171页。

制造蓝底白字的匾额,横书"忠孝仁爱信义和平"八德,后来又增加"礼义廉耻"四维,悬挂于礼堂或公共场所,以资启迪,匡正人心,挽救颓风。至此,经过数年的研究讨论和增删修订,三民主义的教育宗旨终于以其完备的内容体系得立于南京政府时期。其后虽历经抗战之前、抗战期间、抗战之后三个时期战乱的干扰,但除了具体的教育政策有所调整以外,此宗旨未有稍改,可谓从头至尾一以贯之。

(三) 三民主义教育宗旨的沿续

1932年12月,国民党四届三中全会通过《关于教育之决议案》,指出:今后,普通教育应注重发扬民族精神,灌输民族思想以及恢复人民之民族自信力,而达中华民族独立自由平等之目的。[①] 1933年5月,国民政府教育部长王世杰发表就职谈话,提出以切实推进生产教育、确定教育经费、提高教育效能为教育方针。[②] 1934年7月,北平《教育日报》发起教育改革的讨论,指出:民族危机的加深加重了教育的殖民化和奴化,因此,如果一味地以"生产教育""教育劳动化"为教育施政方针,其结果除加强人民之驯服性、消除人民对参加政治的热情外,实一无所得,故中国目前需要的是以革命为内容的启发性鼓动性的教育。[③] 8月,蒋介石在南昌训令鄂豫皖三省推行政教合一的"特种教育",其目的是"正确其思想、健全其人格、发展其生计、扶植其生存、使均成为良好国民"。[④]

1935年11月,国民党第五次全国代表大会发表《宣言》,其中第三项《弘教育以培民力》规定:(一)实行教科书之统一与改良,裁并不切实用之学科,充实必用学科之内容。(二)积极推行义务教育,改良中小学制度。小学应以不能升学之贫民能切实致用为方针,中学应以升学与不升学两种学生同谋利益为前提,使贫寒子弟有普受教育之机会,学生获立身致用之实学。(三)充实师范教育之制度,推广师范教育之设置,注重于人格陶冶与爱国观念之坚定,以养成中小学健全之师资。(四)发展女子教育,培养仁慈博爱体力智识两俱健全之母性,以挽种族衰亡之危机,

---

[①] 宋荐戈:《中华近世通鉴·教育专卷》,中国广播电视出版社2000年版,第174页。

[②] 同上。

[③] 同上书,第178—179页。

[④] 同上书,第179页。

奠国家社会坚实之基础。（五）增加教育经费，奖设教育基金，同时以真实之努力与精密之注意，节制各级学校之浪费。（六）普遍推行国民之训练，兴武教，重武德，以养成国民集体生活之习惯，健全国民身心之教育，培养社会组织之基干，造成社会独立自由之实力。（七）推行社会教育及成年补习教育，以教养卫三者一贯兼修之方法，沟通政教之关系，养成国民自救救国之能力。①

1936年5月，国民政府公布《中华民国宪法草案》，简称"五五宪草"，其中，第十七章第一百三十条至一百三十七条为"教育"专章，总共八条。规定：中华民国之教育宗旨，在发扬民族精神，培养国民道德，训练自治能力，增进生活知能，以造成健全国民。②

1937年8月，全面抗战爆发后，国民政府教育部发布《总动员时督导教育工作办法纲领》，规定了抗战时期教育的基本政策。一方面，采取一系列战时教育应急措施；另一方面，又强调维持正常的教育和管理秩序。其基本内容为：战争迫近时，各级教育务持镇静，以就地维持课务为原则；较安全地区的学校，设法收容战区学生；学校训练要切合国防需要；课程变更须照部定范围；成立战时服务团体须照部定办法；教育经费应照常发放；对于战区内学校之经费，得为财政紧急处分，酌量变更用途。③

随着战事的扩大，教育界不少人士主张改革旧制度、旧课程，实施战时教育政策和制度，以适应抗战的需要。但国民党当局却认为，"抗战既属长期，各方面人才直接间接均为战时所需要"；④"为自力更生抗战救国之计，原有教育必得维持，否则后果将更不堪"。⑤应该以"战时须作平时看"为办理方针，适应抗战需要，固不能不有各种临时措施，但一切应以维持正常教育为其主旨。

蒋介石在总结三民主义教育宗旨的实践时指出："在抗战以前，我们

---

① 宋荐戈：《中华近世通鉴·教育专卷》，中国广播电视出版社2000年版，第180—181页。

② 同上书，第182页。

③ 同上书，第185—186页。

④ 转引自程斯辉《中国教育管理模式研究》，武汉工业大学出版社1994年版，第192—193页。

⑤ 同上。

全国民众和一般青年,实际上并没有受着三民主义的教化,就是在抗战之中,也还不能真诚一致地信仰三民主义。这固然是国家的不幸,实在也是我们教育行政方面以及教育界共同的耻辱";"过去教育上趋向不坚定,信守不专一,已经耽误了十年光阴,造成了严重的困难",今后贯彻三民主义教育宗旨,举国上下应该"其仪一兮,心如结兮"。①

1938年4月,国民党临时代表大会制定《中国国民党抗战救国纲领》,提出要"改订教育制度及教材,推行战时教程,注重于国民道德之修养,提高科学之研究与扩充其设备;训练各种专门技术人员,以适当之分配,以应抗战需要;训练青年,使之能服务于战区及农村;训练妇女,俾能服务于社会事业,以增加抗战力量"。②

这次大会还公布了《战时各级教育实施方案纲要》,明确规定了发展教育的"九大方针"与"十七要点"。"九大方针"如下:"(一)三育共进;(二)文武合一;(三)农村需要与工业需要并重;(四)教育目的与政治目的一贯;(五)家庭教育与学校教育密切联系;(六)对于吾国文化固有精神所寄之文学哲艺,以科学方法加以整理发扬,以立民族之自信;(七)对于自然科学,依据需要迎头赶上,以应国防与生产之急需;(八)对于社会科学,取人之长,补己之短,对其原则整理,对于制度应谋创造,以求一切适于国情;(九)对于各级学校教育,力求目标之明显,并谋各地平均之发展;对于义务教育,依照原定期限以达普及;对于社会教育与家庭教育,力求有计划之实施。"③

"十七要点"则对学制、学校的迁移和设置、师资训练、教材、课程、训育、学校管理、教育经费、教育行政机构等方面逐一提出了明确要求。其后,国民政府教育部又根据"九大方针"和"十七要点"通知全国各校一律以"忠孝、仁爱、信义、和平"为共同校训,并颁布各级教育设施的具体目标和实施办法。这样,便构成了抗战初期教育发展完整的方针政策和指导原则体系。

1939年3月,国民政府教育部在重庆召开第三次全国教育会议,研究改进或加强各级教育以配合抗战救国的议案。蒋介石到会作《教育的

---

① 毛礼锐、沈灌群主编:《中国教育通史》,山东教育出版社1988年版,第257页。
② 同上书,第257—258页。
③ 转引自程斯辉《中国教育管理模式研究》,武汉工业大学出版社1994年版,第194页。

当前任务》训词，提出要以三民主义作为教育的最高标准，实施《抗战救国纲领》，创造现代国家的新生命，并就战时教育和正常教育问题，亦即就是打破所有正规教育制度还是保持正常的教育系统而参用非常时期办法的问题，发表了"平时要当战时看，战时要当平时看"的主张。他强调指出："我们为适应抗战需要、符合战时环境，我们应该以非常时期的办法来达成教育本来的目的，运用非常的精神来扩大教育的效果"；[①]"我们切不可忘记战时应作平时看，切勿为应急之故而丢却了基本。我们这一战，一方面是争取民族生存，另一方面就要于此时期中改造我们的民族，复兴我们的国家，所以我们教育上的着眼点，不仅在战时，还应当看到战后。我们要估计到我们国家要成为一个现代国家，那么我们国家的智识能力应该提高到怎样的水准，我们要建设我们的国家成为一个现代的国家。我们在各部门中需要若干万专门的学者、几十万乃至几百万的技工和技师，更需要几百万的教师和民众训练的干部，这些都要由我们教育界来供给的，这些问题都要由我们教育界来解决的"。[②]

7月，国民政府教育部颁发《全国青年实施国民精神总动员具体办法》，要求全国青年改正醉生梦死生活，养成奋发蓬勃朝气，革除苟且偷生习气，打破自私自利企图，纠正分歧错杂思想。[③] 9月，教育部又发《国民精神总动员纲领》，要求教科书编委会在国文、公民课本中加入有关国民精神总动员纲领的内容。[④] 同月，再发《训育纲要》，指出，训育之目的在于"陶冶健全之品格，使之合乎集体生存（民生）之条件；而健全品格之陶冶在于培养实践道德之能力；培养实践道德之能力无他，好学、力行、知耻三者而已"。[⑤]

1941年4月，国民党五届八中全会通过《战时三年建设计划大纲》，在教育方面，规定今后三年："（一）国民教育之推行应与新县制配合；（二）中等教育一方面应求量的发展，同时应求质的改进；（三）高等教育由中央统筹，鼓励各省设立专科学校，并注重各科平衡发展；（四）社

[①] 转引自程斯辉《中国教育管理模式研究》，武汉工业大学出版社1994年版，第194页。
[②] 同上。
[③] 宋荐戈：《中华近世通鉴·教育专卷》，中国广播电视出版社2000年版，第190页。
[④] 同上。
[⑤] 同上。

会教育应特别注重人民生活之改进、民智民德之培养、抗战意识之增强；（五）边疆教育应宽筹经费，使之尽量扩充；（六）游击区教育应与军事、党务密切联系，继续加紧推行；（七）侨民教育应用种种适应环境的方法求其扩张。"①

9月，国民政府修正公布《国民体育法》，规定：国民体育以锻炼国民健强体格、培养民族正气、达到全国国民具有自卫卫国之能力为目的。1942年4月，国民政府教育部发布《各级学校及社会教育机关推进国民精神总动员及新生活运动工作实施纲要》，规定：学校和社会教育机关应以实施国民精神总动员及新生活运动为中心工作。②

1943年1月，国民政府教育部长陈立夫在总理纪念周报告中指出：小学教育以推广为主，中学教育注重改进，大学教育力求充实。③ 9月，国民党五届十一中全会通过《文化运动纲领草案》，提出五项教育方针："（一）注意教师进修，大量培植师资；（二）扩充教材编制，普遍使用与供应；（三）加强训育管理，配合军事训练；（四）树立良好学风，培养国防人才；（五）普及国民教育，努力扫除文盲。"④ 此外，教育部还拟定《沦陷区教育设施方案》，筹组教育部战区指导委员会（简称"战指会"）及其工作原则，作为沦陷区教育工作的指导方针，收容和组训辗转来后方的战区青年，成立战地失学失业青年招致训练委员会（简称"招训会"），制定《招训学生入学训练办法》作为其教育指针。

1945年9月，国民政府教育部在重庆召开全国教育战后复员会议，贯彻落实蒋介石抗战时期军事第一、"建国时期教育第一"的讲话精神，讨论关于内迁教育机关的复员和收复区教育的复员与整理等问题，制定了复员时期的教育方针政策。其概要有二：一是"利用各级学校复员之机会，使各级学校在地域上作一相当合理之分布，俾全国教育得平衡之发展"；二是对收复区学校的教职员和学生实行甄审。⑤

1946年1月，由国共两党和各民主党派参加的政治协商会议所通过

---

① 宋荐戈：《中华近世通鉴·教育专卷》，中国广播电视出版社2000年版，第190页。
② 同上书，第193—196页。
③ 同上书，第196页。
④ 同上书，第197—198页。
⑤ 转引自程斯辉《中国教育管理模式研究》，武汉工业大学出版社1994年版，第196页。

的《和平建国纲领》第七章《教育及文化》规定："（一）保障学术自由，不以宗教信仰、政治思想干涉学校行政；（二）积极奖进科学研究，鼓励艺术创作，以提高国民文化之水准；（三）普及国民教育与社会教育，积极扫除文盲，扩充职业教育，以培养国民教育之师资，并根据民主与科学的精神，改进各级学校的教学内容；（四）在国家预算中，增加教育与文化事业经费之比率，合理提高各级学校教师之待遇及其养老金，资助贫苦青年就学与升学，设立科学研究与文艺创作之奖金；（五）奖励私立学校及民间文化事业，并补助其经费；（六）奖助儿童保育事业，普及公共卫生设备，并积极提倡国民体育，以增进国民健康；（七）废止战时实施之新闻出版、电影、戏剧、邮电检查办法，扶助出版、报纸、通讯社、戏剧、电影事业之发展，一切国营新闻机关与文化事业均确定为全国人民服务。"①

1947年1月，国民政府公布《中华民国宪法》。其中，第二章《人民之权利义务》规定："人民有言论、讲学、著作及出版之自由"，"人民有受国民教育之权利和义务"；第十三章《基本国策》中有关教育文化的条款有十条：教育应发展国民之民族精神、自治精神、国民道德、健全体格、科学及生活智能；国民受教育之机会一律平等；六岁至十二岁之学龄儿童一律受基本教育，免纳学费，其贫苦者由政府供给书籍，已逾学龄未受基本教育之国民，一律受免费补习教育；各级政府应广设奖学金名额，以扶助学行俱优无力升学之学生；全国公私立之教育文化机关依法律受国家之监督；国家应注意各地区教育之均衡发展，并推行社会教育，以提高一般国民之文化水准；边远及贫瘠地区之教育文化经费由国库补助之，其重要之教育文化事业，得由中央办理或补助之；教育、科学、文化之经费，在中央不得少于其预算总额的15%，在省不得少于其预算总额的25%，在市县不得少于其预算总额的35%；其依法设置之教育文化基金及产业，应予以保障。国家应保障教育、科学、艺术工作者之生活，并依国民经济之进展，随时提高其待遇；国家奖励科学之发明与创造，并保护有关历史文化艺术之古迹古物；国家对于私人经营之教育事业成绩优良者、侨居国外国民之教育事业成绩优良者及于学术或技术有发明者、从事教育

---

① 宋荐戈：《中华近世通鉴·教育专卷》，中国广播电视出版社2000年版，第201—202页。

久居于其职者,应予以奖励或补助。①

(四) 三民主义教育宗旨的评价

三民主义教育宗旨在内容体系、形式结构及其对教育的性质、地位、特点、功能、任务的定位和对教育规律与教育方针规律的体现以及对教育活动的规范和导向等各方面所达及的成就,在近代中国教育宗旨发展史上都是空前的。它高耸于旧中国各教育宗旨之巅,既代表了从19世纪中叶洋务学堂的设学之旨开始到20世纪中叶新生的中华人民共和国文化教育总方针颁定之前近百年间我国教育宗旨的最高水平,也终结了一个时代,即旧中国教育宗旨的时代,并开启了新中国教育方针的先河,可以说它是一个划时代的教育宗旨绝唱。

就其内涵而言,清末学部和民初袁氏教育部所公布的教育宗旨,均定位于培养目标,即受教育者所应达到的规格要求。当然两者也有很大的不同。比如,清末教育宗旨系由洋务教育的设学之旨和维新教育的立学宗旨演化而来,更由20世纪之初随晚清"新政"而蜂起的"废科举、兴学堂"的办学热催发而生。应该说,在规范和导向晚清新式教育向着健康有序的良性发展等方面起到了积极的作用,同时也对中央政府运用教育宗旨的手段领导和管理各级各类教育活动起到了很好的示范带头作用,并作为近现代中国教育管理史上开天辟地的大事件之一而载入史册。尤其是从"忠君、尊孔、尚公、尚武、尚实"五条十字的教育宗旨文本来看,其立足点放在对受教育者鼓励与号召上,要求其达到上述五个方面的要求,成为国家和社会合格合用的人才,是一个促进性的教育宗旨。

而袁世凯氏所颁定的教育要旨,从总体上讲,则是一个学步清末教育旧旨、意图为其复辟帝制张本因而具有复古回潮色彩的教育宗旨,不仅其历史地位无法与清末教育宗旨匹比,即使学步,也只能望其项背,东倒西歪,学不到位,学不周全。且不论其逆时代主潮而流变,诚如时人所诟厉之一半为前清、一半为共和,仅就其"爱国、尚武、崇实、法孔孟、重自治、戒贪争、戒躁进"七条十八字的文本来看,它与清廷教育宗旨就有一个根本的不同,那就是前者以激发鼓励为思维出发点,而后者更着眼

---

① 宋荐戈:《中华近世通鉴·教育专卷》,中国广播电视出版社2000年版,第203—204页。

于对受教育者消极性的禁抑和框束。比如，其中"戒贪争、贪躁进"诸项，可以说是一种典型的禁止性规范和要求，不仅与教育宗旨积极导向的本义相悖，而且也是对受教育者个性尊严的漠视和扼杀，既与所处的民国时代格格不入，亦与民国所弘扬的共和精神背道而驰。同为教育宗旨，同样着眼于培养目标，前后虽相隔十年，却经历了辛亥革命，横跨两种制度和两个社会，后一个理应比前一个更好，结果却如此迥异径庭，原因当然是复杂的，但从教育宗旨的发展规律与趋势来看，袁氏教育要旨确是退后了一大步。

至于酝酿于民初南临政府而颁布于其后北京政府的教育宗旨，从其"注重道德教育，以实利教育、军国民教育辅之，更以美感教育完成其道德"四条二十九字的文字表述来看，虽然偏重于道德教育及其对受教育者的德育目标要求，但着眼点主要是放在教育的内容、方法、措施、途径、手段等方面，即从对受教育者施加什么样的教育内容，采取什么样的教育措施等角度讲的。如前所述，这个教育宗旨不仅在性质上与清末具有封建专制特点的教育宗旨有着根本的不同，具有比较清新的资产阶级民主自由气息，且以其对当时国际教育理论成果的兼容并吸而为近代中国教育的发展端正了新的趋向，从而使中国教育逐步跟上世界教育发展潮流的道路。此外，它对前清教育旧旨也进行了一场"辛亥革命"式的改造与革新，突破其长期固守培养目标的套路，独辟蹊径，将教育宗旨的重心放在教育内容和手段上，从而开拓了教育宗旨内容的新境界，促进教育宗旨概念的进一步丰富化和具体化。

可惜的是，该教育宗旨仍然承袭清末教育宗旨以办教育者、施教育者为本位的思维陈式，理论上则师从德日范本并以赫尔巴特的教育学为基础，政治上更以民国甫立却并不明晰的所谓共和精神为总纲领和总指针，也就是说，它仍立足于国家和社会对培养对象的目标要求及其所采取的教育措施，着眼于如何教人或以如何教人为旨归，而忽视了受教育者自身的主观能动性及其身心发展规律，还没有达到遵循受教育者自身的发展规律、以人应如何教为旨归的程度。

因而到"五四"时期，随着德日模式的式微和英美教育狂潮的涌动，与以"科学、民主"为内核的新文化运动相表里，泱泱神州竟兴起了一个恢复教育本义、废止教育宗旨的运动，其始作俑者打出"发展共和精神，培养健全人格"的旗号，意在承续民初未竟的资产阶级民主革命事业，克服民初教育宗旨未能充分体现共和精神和教育真髓之不足，以便真正把教育办成与资产阶级民主共和国性质相符的新教育。其后继鼓呼者更发起教育独立运动，或主张取法英美，无定什么号令全国的教育宗旨，而是将教育从中央政府的统辖下剥离出来，由地方政府自己负责管理；或呼求学习法国，建立大学院制或大学区制，实行议行合一的教育行政管理体制，以摆脱教育管理的官僚化，而实现教育管理的学术化，从而把制定教育宗旨的视角从教育者转向受教育者、从办教育的指导思想转移到对教育本义的终极关怀。

总之，此期的教育无宗旨运动，不仅反映了我国近现代教育由师从德日向效法英美转变的过程，而且也是民初教育革命的深化。就其本质而言，它代表了资产阶级革命派按教育自身特点和规律办教育、管教育的时代呼唤。它从受教育者自身出发，以受教育者为本体，以培养其健全人格和独立个性、发展其共和精神为主义，以人应如何教为依归，以恢复教育的真谛、保持教育的独立品格为鹄的，从而将对教育宗旨的目标定位由社会本位迁移到个人本位，并在对教育宗旨这一形式本身的否定与涅槃中获得新生，使"五四"时期的教育远离政治、宗教以及专制体制的铁笼，而无拘无束地承受着英美教育雨露的洗礼，呈现出近现代教育史上少有的繁茂芜盛景象。

再看广州国民政府的党化教育方针，如前所述，它缘起于孙中山学习苏联的以党建国思想，形成于1926年广州政府教育行政委员会发布的十四条教育方针，完善于1927年定都南京以后的国民政府教育行政委员会发布的十二条教育方针。从这两个教育方针的条文来看，它们都是根据国民党党义、建国方略、建国大纲以及历次党代会宣言和议决案等而制定的各级各类教育的行动指南，属于具体的教育政策而非清末和民初具有总方略性质的教育宗旨。

同时，此期关于党化教育和党化教育方针这两个概念是有区别的。按照南京政府教育行政委员会委员韦悫的说法，所谓党化教育，就是在国民党指导之下求得教育的革命化、民众化、科学化和社会化；所谓党化教育方针，就是在国民党的根本政策之下确立的教育方针。如果将前者当作教育宗旨，就不符合历史的真实，因为当时的革命政府并未给它这样的定位和定义，虽然它与前此几届政府的教育宗旨有点类同，同时，以四个"化"来界定教育宗旨，也恰如后来的国民政府大学院委员会开会时所批评的那样,未免过于"笼统"和"空泛"。而如果将后者当作教育宗旨,也显然是拔高了其社会地位,因为它分明就是一个具体的教育方针,而不是一个总其成、撮其要的教育宗旨。

虽然在新中国成立以后作为教育宗旨同义语的教育方针取而代之,成为官方通用至今的语言,但在新中国成立之前,教育宗旨一直是历届政府沿用的正式话语,其间虽也有一些割据政权如国民党领导下的广东割据政府,共产党领导下的苏区、边区、解放区政府,日伪治下的殖民政府等都曾使用过教育方针一词,甚至1912年初蔡元培率先提出过教育方针的用语,但均未被官方所采纳。

党化教育作为战争时期带有号令性质并起着革命助力作用的教育口号,具有口语化和标语化的倾向和特点,而且它也仅仅是对北伐时期教育的性质和地位的一种限定,是以党建国思想在教育方面的延伸,与术语化程度较高的教育宗旨概念似乎还有距离。而党化教育方针则是秉承党化教育的意旨而规定的教育政策条文,其所具有的可操作性、临时性等特点决定了它只能是一个过渡时期的教育方针,因而当国民党由在野党跃居为执政党、由广州政府推进至南京政府、由军政时期转为训政时期以后,迅即废止党化教育方针的称谓而代之以三民主义教育宗旨的通称,并赋予其全新的内涵和外延。

这种更迭具有发展的客观必然性。如果把近现代中国百余年教育方针的发展史一分为二的话,那么以1949年为界,前半段称为教育宗旨史,后半段称为教育方针史,语式和语境不同,其内涵和外延实则具有同一性。当然,它们也经历了一个从抽象到具体、从简单到丰富的过程,或者说教育宗旨是教育方针的前身,教育方针则是教育宗旨的延续。毫无疑问,三民主义的教育宗旨既是党化教育和党化教育方针在新的历史时期的继承和整合,更是旧中国教育宗旨的集成和发展,它不仅综合了前清和民国前期各个历史阶段教育宗旨的成就,而且也科学地总结和吸收了"五四"时期倡行教育本义、维持教育独立运动的经验和教训。

同时,与近现代教育管理所走过的由分到总再到分,而后总分结合的路径相一致,三民主义的教育宗旨也经历了这样一个发展过程。从晚清前期各立门户、各自为政的各类学堂的设学之旨及其处于经验层面的管理发展到后来逐步由朝廷从上至下建立专门的机构并运用统一的宗旨和制度对这些学堂进行集中趋同性的组织和管理,又经过民国初年的改进和完善,使中央政府运用教育宗旨工具对全国教育加以宏观调控和指导这一形式演绎为我国教育管理的常模,其虽经"五四"后十年的风雷激荡、一度蜕变乃至散乱,但历经广东国民政府教育行政委员会、南京国民政府大学院及其后教育部的正本清源和力倡力行,终至又使"五四"时期离散的教育管理走上了在总宗旨的指导之下集中统一管理的复归之路,并铸就了中国教育管理独特而具有原创意义的模本,且与几千年绵延不断的大一统中央集权型管理体制相契合。

另外,与近现代教育宗旨的几度兴废相吻合,它也经历了一个从教育者到受教育者再到教育者或从社会本位到个人本位再到社会本位的教育宗旨重心位移过程。这一过程是与教育宗旨自身的特点及其相应的集权性教育管理制度分不开的。从教育宗旨的历史起点不难看出,之所以在清末建立中央级的专管教育的学部、颁布全国统一施行的教育宗旨,其中一个决定性的因素就是,这样做既能为我国几千年的君主专制传统所容括,又符合国家规范新式学堂的需要;既保留了国粹,体现中学为体的思想,又保持了改革开放,逐步打开国门,实行渐进式改革策略,反映西学为用的愿望。

特别值得提出的是,它不仅是对德国教育管理的摹本,因为当时的德国不仅是世界政治、经济、教育、文化科学技术的中心,而且以赫尔巴特教育学为理论基础的德国教育管理模式符合中国当时的教育情况,同时也是对日本教育管理模式的照搬,因为中、日同系亚洲国家,日本国原本属于以中国为中心的东亚文化圈中的藩属国,明治维新使其后来居上,在中日甲午战争中居然以弹丸小国打败块头甚大历史甚久的老牌帝国,国人在震撼之余不免反思和自策,日本明治改革之前,其国情与中国颇多相似,因而其改革成功经验更值得学习借鉴,于教育方面当然也是如此,何况德日两国的集权式教育管理及其以社会为本位和以教育者为本位的教育管理思维又十分契合清廷胃口,所以将融合西洋和东洋两种教育管理文化的"西学"拿来掺和到对集权体制熟门熟路的教育管理的"中体"文化中来也就顺理成章、自然天成,并由此开启了近现代中国教育管理以社会本位、教育者本位为特征的风气,而与这种教育管理孪生并作为其工具的教育宗旨也就不免甚或自觉与不自觉地要以社会为中心和以教育者为中心,这是由教育宗旨这一事物本身的特点所决定的。换言之,教育宗旨是以社会本位和教育者本位为特征的集权式教育管理体制的伴随物,或者说它们是相辅相成的。

因此，无论抱着什么样虔诚的热望，企图使教育宗旨摆脱社会本位、教育者本位的缠绕，进而转向个人本位或受教育者中心或是两者的完美结合，都因教育宗旨这一社会现象所固有的本质特征而注定了其只能是一种梦魇，除非取消教育宗旨这一形式本身并铲除其所存在的集权式教育管理土壤。这种情况在"五四"前后曾经有过，由于受到美英教育的影响以及杜威教育无目的、教育无宗旨、以儿童为中心理论的浸渐，在近现代中国教育管理史上出现了短暂的教育无宗旨真空和以个人为本位，以受教育者为中心的实用主义教育思潮以及其后喧嚣一时的教育独立运动，甚至南京政府成立后，由蔡元培倡导，也曾一度仿效法国，一方面建立了追求学术化的大学院教育管理制度，另一方面又积极讨论制定与这种模式极不协和的教育宗旨，等等，但都因其不合时空、超越阶段而受到物议并告半道夭折，究其原因，这是教育宗旨的内在规律在起作用，无论何时何地，教育都必须与社会发展相适应。

虽然社会本位和个人本位作为东西方教育发展的两种哲学理念及其道路，本身并没有高下优劣之分，但如果偏执一隅而不兼及另一面，则很容易走极端。所以，从这个意义上讲，"五四"先驱者们高举个人本位大旗，一改几千年来摧残受教育者个性的教育积弊，无疑具有伟大的时代意义。然而它矫枉过正，又走向无政府主义和新的古典自由主义极端，随之而起的是教育的无序发展。严格讲，"五四"前后10年既是思想解放的10年，也是国运衰微、国势弱化的10年。

正是在这样的情势之下，三民主义的教育宗旨及与其相符的苏联式的教育管理体制在充分吮吸、融解、融合、融纳、融洽五四新文化运动成果的基础之上，挽狂澜于既倒、扶大厦于将倾，将一度失位和耗散的民国教育领上了有序运作的正途，以服务于社会作为其终极的归宿，且予以政策化和法律化，先后经由国民党中央常务委员会、国民党中央委员会、国民党党员代表大会等党的机构多次讨论修订，并经国民政府行政院及其下辖的教育部反复修订和完备，最后上升到法律高度，以体现全体国民最高意志的宪法形式公布出来，从党、政、法等多个维度，从程序和实体等几个方面，赋予教育宗旨法定的性质、地位及其特定的功能和任务。纵观民国后期20多年教育宗旨的发展及新中国成立70余年教育方针的发展，除20世纪80年代有过极短的个人本位微弱声音以外，余均为社会本位的强音占主流位置,道理无须再讲,这是与教育宗旨形式及其集权性教育管理体制相生相伴的。

就其外延而言,洋务教育宗旨主要包括培养西文和西艺人才的设学之旨,维新教育宗旨主要包括培养西史和西政人才的立学之旨,"新政"教育宗旨主要包括1901年的蒙学堂、小学堂、中学堂、高等学堂、京师大学堂等各级学堂的设学旨要和1904年的蒙养院、小学堂、中学堂、高等学堂、大学堂、师范学堂、实业学堂的立学宗旨以及1906年涵括各级新式学堂的教育宗旨,民初教育宗旨主要包括小学教育、中学教育、大学教育、专门学校教育、师范教育和实业教育等门类的教育宗旨,"五四"时期的教育本义主要蕴含于1922年新学制中所增益的平民教育、个性教育、生活教育等内容,党化教育方针则又增加了乡村教育、民众教育、军事教育、生产教育、义务教育、科学教育等新的涵盖,虽然其划分的标准及其类属未必一致,甚或有逻辑矛盾,但它客观地反映了不同时期教育宗旨的侧重点和演化过程,并凸显了三民主义教育宗旨外延的高度概括性。

对这些实施细则性政策作一些归纳,大致可以概括为三个方面。第一,要培养健全人格。蒋介石在各教育机关、学校以及社会、教育团体所作的演说中,无不强调健全完善人格的培养并要求学生学做好人。针对当时许多学校及教育官员不注重人格教育,只注重书本知识的灌输、放弃对学生进行一切做人的基本学问的教育和道德熏陶,从而导致学风败坏、学生不仅学术修养不够甚至连起码的做人知识做人道德都没有、"不能算是一个健全的人"等问题,他提出要从思想和行动的结合上完善学生人格、培养学生品行。

具体讲,一是要求学生在家在外都要注意独善其身即"慎独",继承和发扬中国传统美德,"我们现在无论为学做人,无论要挽救国家、复兴民族,都要首先发扬我们民族精神,提高我们国民的道德"。① 二是要求各级学校校长和教职员应毅然肩负起指导学生思想、陶铸学生品性、管理学生生活、锻炼学生体力、健全学生人格的责任,加强对学生的训育,使学生"认识时代,认识本国,正视世界,远瞩未来之意义,赋予之以铜

---

① 蒋介石:《为学做人与复兴民族》,载《蒋委员长言论类编·文化教育言论集》,正中书局1941年版,第100页。

筋铁骨，能任一切困苦艰难之体格，而振奋持之努力之志气"，① "我们的教育应以养成学生之健全人格为第一要义"，② "教与学的一个基本要旨，就是在一切学术技术之先，要修养我们的精神道德以养成完美的人格"。③其后，国民政府教育部几任部长都曾对如何培养实现三民主义所要求的健全人格作过阐释和发挥。朱家骅提出，从教育者一方言，应注重训育，实施精神感化；从受教育者一方言，应注意传统道德修炼，加强自我修养，"从个人生活做起，推而至于国家生活"，"守礼从整洁做起，明义从守信做起，养廉从俭朴做起，知耻从负责任做起"。④陈立夫则主张从守礼节、重服从、崇勤俭、尚整洁四端入手来陶冶学生的人格，以促进"国家民族之复兴"与"世界和平之再建"。此外，从20世纪30年代开始，国民政府还在各级各类学校建立了较为完善的军事化管理及训育体系，以作为贯彻三民主义教育宗旨的组织保证。

第二，要恢复固有道德。所谓固有道德，按照蒋介石的观点，就是传统的忠孝仁爱信义和平、礼义廉耻、修齐治平等道德精神。他指出："礼义廉耻，国之四维，四维不张，国乃灭亡"，这"是教育最重要的一点"。为此，国民政府于30年代在全国推行新生活运动，并作为贯彻三民主义教育宗旨"最普遍广大之国民教育事业"的中心，旨在弘扬传统伦理道德，培养全体国民和学生恭敬、守法、戒慎、薄己、不争、忘私、节约的品德精神，恃以救国，恃以建国。为了阐述三民主义教育宗旨和四维八德之间的义理关系，吴稚晖还专门撰文《教育与救国》指出："总理（孙中山）在民族主义里面，说到恢复中国地位的方法，第一就是恢复我们固有的道德。"⑤

国民党五届五中全会发布的《国民精神总动员纲领》也重申，孙中

---

① 蒋介石：《策勉各级学校校长暨教职员电》，载《蒋委员长言论类编·文化教育言论集》，正中书局1941年版，第237页。

② 蒋介石：《为学做人与复兴民族》，载《蒋委员长言论类编·文化教育言论集》，正中书局1941年版，第100页。

③ 同上。

④ 朱家骅：《九个月来教育部整理全国教育之说明》，《教育部公报》第4卷第49、50期，1932年12月18日。

⑤ 董宝良、周洪宇主编：《中国近代教育思潮与流派》，人民教育出版社1997年版，第192页。

山所倡导的八德即忠孝仁爱信义和平，其中，"最根本者为忠孝，唯忠孝实中华民族立国之大本，五千年来，先民所遗留于后代子孙之至宝，今当国家民族危亟之时，全国同胞务必竭尽忠孝，对国家尽其至忠，对民族行其大孝"。① 甚至1950年败走台湾后，蒋介石在总结政府成败得失的教训时，还一再强调"失败的主因在教育"，在于20余年"未能在教育方面，遵循总理对八德的训示以及新生活四维的信条"。② 也就是说，没有能够有效恢复中华固有之道德。作为反证，亦可见此期对道德教育及其目标的重视。

第三，要注重文武合一。要实现三民主义的最高宗旨，恢复中华民族固有的道德精神文明，培养健全的人格，就必须辅之以术德兼修、注重智仁勇三者足备的教育。如果说上述两点内容侧重于教育的目标，那么第三点内容则表现为对教育内容、方法、措施和手段的关注。一方面，这是由当时外寇入侵、内部阋墙特定的时代背景所决定的；另一方面，也反映了国民政府对教育自身的特性、功能主要包括促进受教育者身心协调发展的重视以及对民初教育宗旨注入教育内容和方法等优秀成果的继承。蒋介石尤其重视文武兼修和术德兼备，强调无论家庭教育、学校教育还是社会教育，都要文事与武艺并举，要根据古人文武合一、六艺并重的精神来办教育，以培养身心完全的人格和文武健全的人才，使其具备"现代国民所不可或缺的智能"，进而担当起建设现代国家的重任。

陈立夫也在国民政府发布的《战时教育方针》中要求实行德智体三育并重的六艺之教，以礼乐完成德育，以射御完成体育，以书数完成智育，进而实现智仁勇三达德，并要求行之者应专一至诚，一以贯之，将文武术德融合于一体，以"格物、致知、正心、诚意、修身、齐家、治国、平天下的八大条目，由内向外，由充实而光辉"。③ 关于文武合一的目的，陈解释说，就是要使人人能认识主义、信仰主义、笃行主义，他所讲的主义当然就是指三民主义；同时，要使人人能真正具备生存的能力，能独立生存而不依赖社会，以营造自身充实的生活、扶植社会的生存、发展国计

---

① 《国民精神总动员纲领》《中等学校教育法令汇编》，四川教育厅印1941年版，第21页。
② 毛礼锐、沈灌群主编：《中国教育通史》（第5卷），山东教育出版社1988年版，第284页。
③ 陈立夫：《战时教育方针之说明》，正中书局1940年版，第12—13页。

民生和延续民族生命，无疑，他所讲的生存能力与三民主义教育宗旨中关于教育目的的规定是连通一体的。

另外，统计显示，国民党政权从1927年6月到1948年12月，总共发布了1290余个具体的教育方针、政策和法规，其内容极为丰富和庞杂，但都围绕着实施三民主义的教育宗旨而展开，大致可以分为三类。

第一，由国民党中央制定公布。这种情况从1924年国民党一大召开、确立以党建国思想、制定新的三大政策时即已开端，党化教育及其方针的提法可以说是其典型的版本。此后，终国民党统治大陆的20余年，此种传统如影随形、相伴恒一，"党国"一词更恶性泛滥为一个专用词汇，于官方文件和妇孺口语中随闻随见，党就是国，国就是党，以党代国、以党代政的做法，竟至演绎为一条不争的规矩。于教育方面更复如是，是一种典型的以党治代替政治，以党对教育的管理代替政府对教育的管理。三民主义教育宗旨势所当然地由国民党中央一手炮制发布，其实施要则也大都由它说了算，以国民党中央及相关部门行文发布。

当然，这种情况也有其产生的时代必然性和历史的合理性。1927年，南京政府成立之初，国内仍处于一群军阀、前军阀、准军阀明争暗斗、政局动荡未定时期，由于北洋政府的软弱无能，加之经历了五四新文化运动的激荡，整个国家组织濒于瘫痪状态，思想文化教育界也是一派新旧杂糅、泥沙俱下景象，国家权力中心缺乏稳定，其权柄多堆积于军层和政客，带有浓厚的军人政治或强权政治色彩。加之晚清以来饱经战乱，民生凋敝，积贫积弱，国家始终没有足够的政治、经济或财政基础，不足以像现代世界统一的国家那样行动。鉴此种种，发轫于20年代之初由孙中山首倡的以俄为师的以党治国思想遂得以强化和升级，逐步演化为一种新型的党政一体化国家管理体制，并派生出相应的教育管理体制。其典型特征之一，就是以党的名义发布各项教育政策，以党的教育政策代替政府的教育政策或凌驾于政府的教育政策之上。比如，1931年的《三民主义教育实施原则》、1932年的《关于教育之决议案》、1938年的《战时各级教育实施方案纲要》、1941年的《战时三年建设计划大纲》等，都是由国民党公布施行的。

第二，由国民政府及其教育行政部门制定公布。这种形式也是从广东政府开始的，如1926年的《党化教育方针草案》即是以广东革命政府教育行政委员会名义发布的。1927年，国民政府北迁南京后沿袭了这种形式，仍以教育行政委员会名义发布《国民政府教育方针草案》。其后，国民政府大学院于1928年5月通过《中华民国教育宗旨说明书》，国民政府于1929年4月公布《中华民国教育宗旨及其实施方针》，国民政府教育部于1937年8月公布《总动员时督导教育工作办法纲领》，1939年7月至9月先后公布《全国青年实施国民精神总动员具体办法》《国民精神总动员纲领》《训育纲要》，1942年4月公布《各级学校及社会教育机关推进国民精神总动员及新生活运动工作实施纲要》等。这类教育政策实际上是在国民党中央领导之下国民政府行政院及其教育职能机构对教育实施二级管理的产物，它既是对三民主义教育宗旨的贯彻，亦是实施三民主义教育宗旨的具体政策，是三民主义教育宗旨的具体化。

虽然从本质上讲，它与国民党中央所发布的教育宗旨是一致的，但从纯粹理论的角度看，既然随着北伐革命的胜利，南京国民政府已经建立，军政时期已经结束，训政时期也已经开始，作为国民党一党所有的教育宗旨，其权威性和代表性不能一味任意扩大，乃至凌驾于国家和全体民众之上。而当时的情况刚好相反，学习苏俄榜样，国民党领导一切，政府是党领导下的政府，政府下辖的教育行政委员会、大学院或教育部更隶属于党的领导，因而其所制定的教育政策自然也就矮一级，屈居于二级政策。

第三，由国家以法律规范形式公布。这种形式是从20世纪30年代初开始的。三民主义教育宗旨发布不久，国民政府即宣布国家由训政时期转入宪政时期，相应地在教育方面颁布了一系列法规。主要有：1931年《中华民国训政时期约法》第五章"国民教育"中有关教育的十二条法规，1936年《中华民国宪法草案》第十七章中有关教育的八条法规，1945年宪法修正案中有关教育文化的专项条款，1946年具有宪法性质的《和平建国纲领》第七章"教育及文化"中有关教育的基本规定，1947年的《中华民国宪法》第二章"人民之权利义务"和第十三章"基本国策"中有关教育的法律规定等。这些教育法规，既包括三民主义教育宗旨条文本身，也包括其实施要则和范围。

它不仅将三民主义教育宗旨及其实施方针由政党和政府的教育政策升格为国家的教育法律，而且载明于国家的根本大法，从而使国民党和国民政府发展教育的指导方针以法律的形式加以固定和明确，为各级各类教育法令、规程、条例等的制定提供了最高的法理依据，而且也使民国中后期的教育管理初步完成了由最初的兵治即高度集权和统一的军事管理到后来的党治即由以党治国衍生出来的以党治教再到后来的政治即在政党领导之下的由政府及其教育主管部门管理教育直至最后的法治，即由国家权力机构和执行机构依法治教的过渡，虽然由于此间时势维艰多变，这一过程不免反复曲折，甚或仅有虚名而未能责实，但它毕竟开了一个好头，在促进三民主义教育宗旨的贯彻及近现代中国教育管理的法制化建设、理顺各级各类教育之间及其与社会各方面之间的关系方面起到了积极的作用，而且，它将作为执政党教育政策的教育宗旨和作为政府职能部门教育政策的教育宗旨与作为国家法律的教育宗旨三者有机地统一起来，从程序和制度上保证了政党的教育政策与政府的教育政策以及党和政府的教育政策与国家的教育法律之间的衔接和协调。

第八章　特定地区的教育方针政策

从清朝道光年间开始，由于外国列强的不断侵略，中国一步步沦为半殖民地半封建的国家。道光二十年（1840年），英国发动对华鸦片战争；咸丰七年（1857年），英法发动第二次对华鸦片战争。其后，光绪十年（1884年）的中法战争，光绪二十年（1894年）的中日战争，光绪二十六年（1900年）八国联军对华的战争等，都以中国失败、割地赔款或在一些通商口岸"出借"租界由殖民主义国家直接管理而终结。

民国二十一年三月（1932年3月），日本在东北扶植清废帝溥仪建立伪"伪满州国政府"；民国二十六年十二月（1937年12月），日本在华北扶植王克敏建立"临时政府"；次年3月，在华东扶植梁鸿志建立"维新政府"；民国二十九年三月（1940年3月），日本将上述两个政权合二为一，在南京扶植汪精卫建立"中华民国国民政府"，即"汪伪政府"。这些政权都是日本殖民政策的产物。外国殖民主义统治地区的教育，都是在中国领土上对我国人民实施的教育，但却是属于其殖民统治的组成部分，因而其教育方针政策与我国自行管理的教育方针政策既有联系又有区别。

此外，在民国前期，有与北洋政府并存的广东国民政府；在民国中后期，有与南京政府并存的武汉国民政府，[①] 有汪精卫的广州国民政府，[②] 有李济深、蒋光鼐、蔡廷锴于福建组织成立的"中华共和国人民革命政府"[③] 以及中国共产党领导下的苏区政府、边区政府、解放区政府等。在中华人民共和国时代，与中央人民政府并存的有台湾地方政府和英属香港

---

① 注：该政权于1927年1月1日由广州迁至武汉，与1927年4月18日成立的南京国民政府共存，直至1927年11月11日两个政权合流时止。

② 注：1931年5月27日至1932年1月1日。

③ 注：1933年11月20日至1934年1月10日。

殖民政府、葡属澳门殖民政府以及先后于1997年、1999年回归祖国的香港特区政府和澳门特区政府等。

为了较全面准确地反映我国近现代教育方针演变实况，兹根据有关史料对各列强治下殖民地区的教育基本方针以及与中央政府并存的地方政权的教育基本方针作专章介绍。鉴于此间各政权错杂更迭且各自为政，反映在教育政策的制定、内容及其表述等方面也是各行其是、繁复殊异，因而择其大端，将其各项教育方针、政策、法规等概括起来，从总的教育指导原则和行动纲领的层面予以述要，并以"教育方针政策"的文字表述冠谓之。

一　台湾地区的教育方针政策

台湾早年属福建省管辖，光绪十一年（1885年）单独建为行省。光绪二十年至二十一年（1894—1895年）中日甲午之战后，清廷割让台湾全岛于日本，日本建总督府于台北，开始其对台湾半个世纪的殖民统治，直至1945年日本战败将台湾归还中国止。

（一）日据时期的教育方针政策

日本对台湾的殖民统治以武力镇压和思想奴化并举，其所办教育亦实行将中国人和日本人分开的"双轨制"方针，此项政策在不同时期有不同表现，先是于1919年4月公布的《台湾教育令》予以法令化，接着于1922年4月公布《改正台湾教育令》予以取消，后于1943年3月修订《台湾教育令》，再度强调予以废止。但日治50年的台湾教育，其最大特征离不开"殖民化"，即始终以愚民和同化政策而贯之，以配合其长期占据和统治台湾、向外扩张的根本方针。在此教育基本方针下，台湾广设"公学校"和"教育所"，贯彻日语，尽废汉文，企图在日语教学教育实践中隔离和割断台湾与大陆之间的联系，限制台湾人提高科学文化水平，使台湾人忘记自己的祖国，处于愚昧状态，同化于日本，成为日人治下的顺民和奴仆。

但日人为殖民利益而在台湾举办教育，却又顾虑台籍子弟"穷且益坚"，一朝学业反超日人，将置日本殖民统治于不利。光绪二十四年（1898年），日本在台湾的总督儿玉源太郎说："教育一日不能忽视，然而徒为灌注文明，养成偏向主张权利义务之风，将致使新附之民陷入不测之弊害，故教育方针之制定必须十分讲究。"① 其民政长官后藤新平在检讨殖民教育时说："初无深思远虑，但以教育为善事，而为之开设学校，他日致以其人之道反其人之身之果，此乃殖民政策之失误。"② 因此，他主张实行刻意防范民智开化的"差别教育"，将日、台学生分别就学；教育设施、教员、教材分为优劣三等：优者专为培养日人子弟，劣者专为台人而设；高山族设立的"蕃族"儿童教育所，则全部由日本警察"执教"。在教育规格方面，对殖民地的中、高等教育实行严格控制。他提出，"教育为无为方针，……以国语（日语）为其普及目的，则讨论如何普及日语足矣"。这样，不仅可以使台湾人"努力同化于母国（日本）人"，而且"可以预防如荷兰、印度尽力于智育开发而多陷于弊害"。③

（二）光复之后的教育方针政策

光复系指民国三十四年（1945年）八月，日本战败，南京的中华民国政府收复台湾。是年10月，根据《开罗宣言》和《波茨坦公告》的有关规定，国民政府台湾行政长官公署于台北正式成立，下设教育处，依据中华民国教育宗旨，实施三民主义教育政策，发扬民族精神和中国文化，促进族群融合，凝聚国家意志，并专力于教育的祖国化及其除旧布新工作。至该年底，已完成对日治学校的接收和改造。民国三十六年（1947年），开始在全岛实行六年义务教育，台北市则推行九年制义务教育。

自1945年日本投降国民政府接收台湾至1948年，大致可视为除旧即废除日据时代殖民化的教育政策、涤除其殖民教育统治影响阶段；从1949年国民党政权退居台湾到1955年则可作为"布新"，即根据"过渡时期"的具体情况，延用南京政府三民主义教育的"法统"和架构阶段。此期的教育管理一承旧制，政治功利主义色彩及其集权体制特点极为明显。在蒋介石"要建立伦理、民主、科学的三民主义教育"思想的主导下，"四维八德"（礼义廉耻、忠孝仁爱信义和平）的文化教育理念被奉

---

① 李才栋主编：《中国教育管理制度史》，江西教育出版社1996年版，第857页。
② 同上。
③ 周文顺：《台湾日据时代的奴化教育》，《联合早报·天下事》2006年2月14日。

为官方的教育哲学,发展国民之民族精神、自治精神、国民道德、健全体魄、科学生活智能等被规定为教育目标。

1949年国民政府迁台以后,国民党即颁"戒严令",通过党务改造、军队整编以及一系列政治、经济制度的整顿,在台湾建立起了高度集权的中央专制政治体制及其相应的教育管理体制,从而确立了其教育管理的主导思想。它以从大陆带去的《中华民国宪法》和各种"中央政府"与"民意机构"等所谓法统为基础,以党意超越民意、以行政凌驾于立法,既注重对学生思想言行的控制和教育的"教化"作用,又注重利用教育建制灌输其意识形态。1950年,台湾"教育部"公布《勘乱建国实施纲要》。1951年,台湾"国防部"颁布《中等以上学校军训实施办法》,"教育部"颁布《勘乱时期高中以上学校学生精神、军事、体格、技能训练纲要》。接着,陆续颁布了《专科以上学校三民主义奖学金颁发办法》《专科以上学校三民主义教学改进要点》等规章。其总方针依据仍然是民国十八年(1929年)公布的三民主义教育宗旨及其八条实施方针和民国三十六年(1947年)所公布的《中华民国宪法》第一百五十八条中有关教育宗旨的规定,即"发展国民之民族精神、自治精神、国民道德、健全体格与科学及生活智能","以养成德、智、体、群、美育均衡发展之健全国民为宗旨"。[①]

此后30余年,随着台湾在经济上所走第三条道路的成功,即随着市场经济加政府干预再加社会保障政策的实施,1949—1952年,其经济复苏转好,并由1953—1962年的进口替代转为1963—1973年的出口扩张,又经过1974—1980年的调整升级,连续四个阶段起飞和发展,社会政治、文化等各方面也都取得重要进步,教育事业逐步转入正轨,颁发一系列专门的教育法规。1968年,开始在全岛实施9年国民教育,规定凡6—15岁之国民应受国民教育,前6年为国民小学教育,后3年为国民中学教育,以民族精神教育及国民生活教育为中心。1979年,公布《国民教育法》,以法律手段推行9年一贯制的国民基础教育。1983年,又颁布《国民教育法施行细则》,将国民教育宗旨予以具体化、条文化。

[①] 宋荐戈:《中国近世通鉴·教育专卷》,中国广播电视出版社2000年版,第203—204页。

但纵观从 1945—1987 这 42 年间台湾社会的政治、经济、文化、教育等各个方面的发展，都是以国民党的一党独大、一党独政为基础，其党派政治、党化教育的特点十分明显，广大学生深受三民主义教育宗旨的熏陶和影响。诚如台湾民进党"立委"翁金珠所诟病的那样，教育的主体被漠视，教育的基本原则欠清晰，教育的体制集权化，教育的泛政治化、泛党治化积习根深蒂固。

(三) 解严之后的教育方针政策

从 20 世纪 70 年代末开始，国民党即进行了一系列的政治改革。1987 年，台湾政局发生巨大变动。国民党十二届三中全会确定了进行政治革新、推进民主宪政建设的总纲领。其后，宣布解除戒严，开放"党禁""报禁"，废止《动员戡乱临时条款》，组织"修宪"，改组"立法院"，向政党竞争和政治多元化体制过渡。在教育领域，与集权的政权体制相符的教育管理体制的沉疴积病日渐凸显，而作为其附属物的教育宗旨也益发显得不合时宜。

从 80 年代末开始，随着政治体制的改革和经济体制向后工业社会的转进及整个社会形态发生转变，教育改革也越来越为台湾民众所关心。1994 年 4 月 10 日，来自台岛各个地区各个行业的 200 多个民间团体的 1 万多人集结在台北市东区的广场和街头，以大游行、游园会、晚会表演等形式，表达公众"解除教育戒严""共同挽救台湾教育危机"的信念，提出"制定教育基本法，广设高中大学，落实小班小校，推动教育现代化"四大诉求，形成规模浩大的"四一〇教育改造运动"。4 月 16 日，参与该运动的 54 个团体代表再次集会，宣布成立"四一〇教育改造联盟"，以推动台岛教育的法制化进程，促进其由以党治教和政教合一走向依法治教，进而由传统封闭的专制教育体制走向民主化和开放化改革。

在这样的背景之下，当局终于以"保障人民学习及受教育之权利，确立教育基本方针，健全教育体制"（第一条）为立法宗旨。[①] 2000 年 6 月，明令公布《教育基本法》。其中，第二条规定："人民为教育权之主体。教育之目的，以培养人民健全人格、民主素养、法治观念、人文涵

[①] 张芳全：《教育政策导论（附录：台湾教育基本法）》，五南书局出版有限公司 2001 年版，第 397 页。

养、强健体魄及思考、判断与创造能力,并促进其对基本人权之尊重、生态环境之保护及对不同国家、族群、性别、宗教、文化之了解与关怀,使其成为具有国家意识与国际视野之现代化国民。"[1] 第三条规定:"教育之实施,应本有教无类、因材施教之原则,以人文精神及科学方法,尊重人性价值,致力开发个人潜能,培养群性,协助个人追求自我实现。"[2] 第六条规定:"教育应本中立原则",学校应独立于政治团体和宗教活动。"教师之专业自主应予尊重"(第八条)。学校编制"应以小班小校为原则"(第十一条)。[3] 第十二条规定:"国家应建立现代化之教育制度,力求学校及各类教育机构之普及,并应注重学校教育、家庭教育及社会教育之结合与平衡发展,推动终身教育,以满足国民及社会需要。"[4]

综合上述各条款,第二条为教育主体与目的之规定,第三条为教育原则与方法之规定,第六条、第八条、第十一条为教育性质与规模之规定,第十二条为教育制度与意涵之规定。它们从不同的方面取代并超越了三民主义教育宗旨及其实施方针。在此前后,当局还相继颁布了与其相配套的各级各类教育宗旨。

"幼稚教育之实施,应以健康教育、生活教育及伦理教育为主,并与家庭教育密切配合,达成维护儿童身心健康、养成儿童良好习惯、充实儿童生活经验、增进儿童伦理观念、培养儿童合群习性等为目标。"[5]

国民教育为全民教育,是国家给予人民的基本教育,系指6—15岁的国民所受之基础教育,以培养健全的人格为依归,着重于培养德、智、体、群、美五育均衡发展之健全国民。[6]

高级中学"以发展青年身心,并为研究高深学术及学习专门知能之预备为宗旨"。[7]

高级职业学校"以教授青年职业智能、培养职业道德、养成健全之

---

[1] 张芳全:《教育政策导论(附录:台湾教育基本法)》,五南书局出版有限公司2001年版,第397页。
[2] 同上。
[3] 同上书,第397—398页。
[4] 同上书,第399页。
[5] 张芳全:《教育政策导论》,五南书局出版有限公司2001年版,第351页。
[6] 同上书,第351—355页。
[7] 同上书,第356页。

基层技术人员为宗旨"。①

专科学校"以教授应用科学与技术、养成实用专业人才为宗旨"。②

大学"以研究学术、培育人才、提升文化、服务社会、促进国家发展为宗旨"。③

师资培育"以培养健全师资及其他教育专业人员,并研究教育学术为宗旨"。④

特殊教育以"身心障碍及资赋优异之国民"为对象,以"充分发展身心潜能、培养健全人格、增进服务社会能力"为宗旨。⑤

私立教育"按公立教育通例,以实施德、智、体、群四育均衡发展"为宗旨。⑥

社会教育以"实施全民教育及终生教育为宗旨"。⑦ 具体任务如下:"发扬民族精神及国民道德;推行文化建设及心理建设;训练公民自治及四权行使;普及科技智能及国防常识;培养礼乐风尚及艺术兴趣;保护历史文物及名胜古迹;辅导家庭教育及亲职教育;加强国语教育,增进语文能力;提高生活智能,实施技术训练;推广法令知识,培养守法习惯;辅助社团活动,改善社会风气;推展体育活动,养成卫生习惯;改进通俗读物,推行休闲活动;改善人际关系,促进社会和谐以及其他有关社会教育事项。"⑧

补习教育"以补充国民生活知识、提高教育程度、传授实用技术、增进生产能力、培养健全公民、促进社会进步为目的"。⑨ 技职教育以改良人力素质、促进产业振兴为目标。"原住民民族教育以维护民族尊严、延续民族命脉、增进民族福祉、促进族群共荣为目的。"⑩

---

① 张芳全:《教育政策导论》,五南书局出版有限公司2001年版,第357页。
② 同上书,第358—359页。
③ 同上书,第360页。
④ 同上书,第364页。
⑤ 同上书,第375页。
⑥ 同上书,第380页。
⑦ 同上书,第381页。
⑧ 同上书,第382页。
⑨ 同上。
⑩ 同上书,第394页。

纵览战后台湾教育宗旨的演变历程，以20世纪80年代末为界，分作两段。前一阶段于光复初期，一切教育均依据中华民国教育宗旨，致力于教育的民族化；南京政府迁台后，则以配合"国策"为主，将教育作为政治的仆从，服务于其非常时期的需要，先是推行九年国民教育，继而向十二年国民义务教育推展，并提倡全民教育与终身教育，着重文化的改造与社会的重建。迁台初期，全盘照搬在大陆的一套做派，实行以党治教、以政治教政策，泥守其三民主义的教育法统，加强对教育的控制和利用，虽然一再重申以《宪法》第158条关于教育之规定为依据，但行政高于立法的旧习未改，国民党的党义、党纲仍是其教育政策的根本。

后一阶段，随着政治的多元化、经济的现代化、社会的民主化和教育的普及化，教育管理体制亦开始"松绑"，从集权走向分权或均权，因而作为高度统一的集权制伴随物的教育方针亦逐渐失去其存在的必要性和合理与合法性，教育开始由党治、人治、政治而走向法治，不仅颁布了一系列的教育专门法，而且公布了教育基本法，明确教育的基本方针，规定教育的主体、性质、目的、内容、范围等，以取代原先的教育宗旨及其实施方针，从而实现了由注重教育外部的政治、社会功能和关系转而关注教育的内部育人功能和规律，并完成了由关注集体、团体、群性到注重个体、尊重人权、发展个性、追求自我实现或两者兼顾并重，由关注民生、民族、民权到注重面向世界、保护生态环境和了解与关怀不同国家、族群、性别、宗教、文化等方面的转变。

就其内容而言，它明确提出，教育是立国的根本，是建国的基础；教育的成败，攸关国家的强弱、民族的兴衰和文化的绝续。文明国家莫不以推展教育作为巩固邦基、建设国家的重要手段，视教育为民族继往开来的神圣事业。就其称谓或形式而言，20世纪90年代后，原先政治口号或标语式的教育宗旨即已转换成条文式的以教育母法或大法形式加以固定化的十七条教育基本方针，其中第二条教育目的之规定较之三民主义教育宗旨之空泛更显其明确具体，与教育的本质特征及重要功能亦十分吻合，不仅突破了三民主义的政治框束和干扰，使教育终于走上依据自身规律自由健康发展的轨道，而且也使依法治教、教育现代化与民主化的理想得以初步实现。在台湾地区，随着20世纪与21世纪之交的政党更迭和政权易手以及教育的日趋自由化和多元化，三民主义教育宗旨作为20世纪30年代师法苏俄的军人政治的产物，经过几十年的风雨沧桑和时移势迁，在李登辉任内即已废除，随着大幕的徐徐降落，它终于走到幕后，从内容到形式完成了自己的历史使命。

二 香港地区的教育方针政策

香港在历史上曾先后属广东省的番禺、南海、宝安、新安等县。清道光二十年（1840 年），英国发动了侵华的鸦片战争，接着于道光二十二年（1842 年）与清政府签订了《南京条约》，从此香港被割让，成为英属殖民地。咸丰十年（1860 年）增割九龙半岛，光绪二十四年（1898 年）又租借新界，统称为香港地区。公元 1984 年 12 月 19 日，中英两国政府签署了关于香港问题的联合声明，确认中华人民共和国政府于 1997 年 7 月 1 日恢复对香港行使主权。1997 年 7 月 1 日，按照联合声明，中国政府收回香港，并根据中华人民共和国宪法第三十一条的规定，设立香港特别行政区，并按照"一个国家，两种制度"的方针，不在香港实行社会主义的制度和政策，香港特别行政区仍保持原有的资本主义制度和生活方式，50 年不变。

（一）香港教育方针政策的演变

1842—1997 年的 150 多年中，香港地区在英国的殖民统治下，实行着资本主义的政治、经济制度，在此基础上形成和发展的教育及其管理制度与政策，反映出较多的西方色彩。香港被割让前，当地曾有几种中国传统式的学塾。英占初期，政府不关心教育的发展，但教会却办起了基督教的马礼逊教会学堂，继之罗马天主教会及其教派也先后办学。如前文所述，教会学校的主旨在于传播宗教文化，配合殖民统治。道光三十年（1850 年），港府正式成立教育管理机构，初称教育委员会，咸丰十年（1860 年）改组为教育董事会，政府中设教育司（署），统管教育工作。

1860 年以后，香港的教育形势有了新转变，其主旨在于适应资本主义经济贸易的需要，促使教育更多地注意文化科学的普及与提高及教育与宗教的分离，提高英语教育的地位，以维护英国殖民主义的利益。1901 年，港府成立了一个教育委员会，对香港教育的现状和未来进行研究，提出指导今后教育发展的两项重要政策，即加强英语教育和推行精英教育。

这两项政策的确立不仅明确了普通教育的方向，而且形成了发展高等教育的目标基础。当然也带有深深的殖民主义烙印。其后，随着港英统治的加强和资本主义经济贸易的扩展，普通教育和专业教育日趋发达。1912年，香港大学建立，参照英式高等教育治理模式，注重大学自治，实施高等教育的均权化管理。同时，由于香港华人团体的踊跃办学①以及抗战期间内地部分学校的迁港，使得当地的中文教育得以振兴。

1941年12月，香港被日本占领，大批学校停办，教育事业受到摧残。日本投降后，香港继续由英国统治，教育稳步恢复和发展。相应地，其教育方针政策亦逐步得到建设和加强。概览香港的教育基本方针和政策，部分参照了英国本土的教育原则，沿用英美法系依法治教而不是利用行政命令管理教育的模式，而大部分教育政策法规文件则针对香港的情况另行制定。比如，1901年香港教育委员会提交的关于加强英语教育和推行精英教育的报告书，1913年出台的教育条例，1936年关于组织地方考试委员会的法规，1960年港府通过的《专科以上学校条例》和《非本地高等及专业教育（规管）条例》，1977年、1978年相继发表的《高中及专上教育绿皮书》《高中及专上教育白皮书》，1982年海外教育顾问团提交的香港教育报告书，1988年教统会的第三号报告书，1990年教统会的第四号报告书等。

纵观港英政府教育方针政策的兴衰废立，根据其不同的社会发展阶段，可分为基础教育政策时期（19世纪中至20世纪初）、精英教育政策时期（20世纪初至中后叶）、大众化教育政策时期（20世纪末至今）三个历史阶段。

初创时期，以19世纪之初的教会教育旨在传教布道为萌芽，经由19世纪中叶至20世纪初日渐发展的英式中小学教育，以体现英国殖民主义利益又顾及香港社会以华人为主体的实际和传播资本主义的思想文化，并有限地提高社会劳动力素质为旨归，此期教育发展的重心在中小学基础教育，是为基础教育政策的创建时期。

20世纪之初，以"沟通中西文化"和"为中国而立"、造就受英国思想影响的亲英的买办阶级为培养目标，试图将英人的人生观、责任感、

---

① 注：如20世纪40年代末、50年代初，来自祖国大陆的学者和一些外国宗教团体，在香港开办崇基、联合、新亚等几所中学程度以上的中文书院等。

性格和理想带到中国,"在中国人民中产生无穷无尽的影响"。1911年,香港大学正式成立,以替英国在华利益服务、维持英国在香港的统治等为办学宗旨,从而拉开了香港高等教育发展的序幕,并带动了其高等教育政策的建设。此期在英国殖民统治史上占有极其重要的地位,它使宗主国从取得殖民地时代转入发展殖民地时代,教育发展的重心逐渐上移,高等教育日益受到重视,一方面坚持奉行精英教育和英文教育政策,另一方面亦开始注意为大众提供更多的入学机会及实施中文教育(香港中文大学即于此间建成),是为精英教育政策创立时期。

20世纪80年代中期以来,在基础教育普及、保证教育质量和高等教育扩大、突进式发展的前提下,教育的重心由精英化向大众化位移,并奉行中、英文教育兼重的政策。同时,提出"一流的国际化城市,需要一流的教育"的口号,作为进一步发展教育的指导原则,职业技术教育、教师教育、学位教育、终生教育等亦得到充分发展。各级各类教育政策如教育发展政策、教育管理政策、教育投资政策、学制政策、课程政策、教师政策等亦形成体系,是为大众化教育政策建立时期。

(二) 香港教育方针政策的殖民性

虽然上述三个时期的教育政策各有侧重,而且也不像祖国大陆自20世纪初开始即有类似教育总政策、总纲领之类的教育宗旨,但纵贯港英教育的全程,始终存在一条若隐若现的线索,即教育须为殖民性质的香港地区的政治、经济、社会发展服务。这是其教育政策的总依据和教育发展的根本宗旨,也是由其独特的政治经济架构和区域文化等诸多因素共同作用的结果。回归前的香港是一个殖民地,又是一个国际化的大都市。其人口大都为华人,其余则多为英国人。其地理位置优越,自开埠以来就以其经济地位优势成为商贾云集之地,近现代以来更发展为工商业经济中心及中西文化交流交融的中心。

在经济政策方面,港府长期遵奉自由古典主义经济哲学,实行市场经济体制,虽然第二次世界大战后一度受凯恩斯学派影响,但基本框架未动,仍然坚持积极的不干预主义。就其政制而言,其权力来源于英国,这意味着香港既不是一个国家,而是一个由宗主国管辖的地方政府;也不是一个政治实体,而是一个行政实体,只有行政事务管理权而没有主权,且其行政权力亦主要集中于港督及少数行政精英手中;其行政局亦不是内阁，而是一个港督咨询机构，行政与立法既分开又配合。这样一种独特的政治经济体制和区域文化，从根本上决定了其教育政策的殖民性。

教育本来是一项百年树人的事业，但港府长期以来并不积极投资发展教育，其教育政策始终是以香港是一个"借来的地方、借来的时间"为原则制定的。其基础教育是在事实上已经普及的情况下才由政府下令实施的，省去了很多投资，也避免了不少"浪费"。其高等教育一直推行精英教育和英语教育政策。精英教育政策不仅体现在只有少数有钱人子弟能够接受高等教育，同时还体现在这些接受高等教育的人员有更多的机会进入高级的政府机构或工商业机构，具有显赫的社会地位，成为世袭的精英阶层，而港英政府则可通过对这些特权阶层的联络及其所具有的特殊地位和影响力保障其殖民利益，服务于其殖民统治。英语教育政策不仅一直在高等院校实施，而且在幼儿园和中小学也普遍施行。语言政策向来是殖民统治地区比较敏感的领域，它不仅可以主导社会的交流，而且还意味着选择性地采用某种文化并支持某种文明；它不只是一种交流工具，而且也是一种文化或文化的载体。采用宗主国的语言而不用母语作为教学语言，是宗主国进行殖民统治的普遍做法，其目的在于通过语言的熏陶进行思维的驯化和文化的渗透，以培养外表是本地人而内里却具有宗主国特性的阶层，作为沟通统治者与被统治者之间的桥梁。

亚洲其他一些殖民地，在其独立之前，也是以英语作为教学语言，而一旦获得独立，一个主权国家通常会以母语作为教学语言，将国家主权的概念以及本民族的文化通过语言的媒介植根于民众的脑海之中。回归之前的港英政府是一个典型的殖民政府，其英语教育政策也是典型的殖民教育政策。其目的无非是向学生灌输英国的文化价值观念，使学生与中国文化割离开来，成为亲英疏中的殖民者的统治工具。总而言之，港英当局独特的政权体制、经济体制、教育体制及区域文化等注定了其教育政策的殖民倾向、殖民特征和殖民色彩。当然，作为具有英属殖民地和中外交往纽带等多重身份的香港，100多年来，在政治、经济、文化、教育、科技等方面也取得了一系列进步，特别是其逐步完备的教育政策体系和较为发达的教育制度，对祖国大陆的经济建设及教育发展发挥了独特作用。

(三) 香港教育方针政策的新阶段

1997年7月1日，港英政府结束了对香港长达155年的殖民统治，香港重新回到祖国怀抱。随着《中华人民共和国香港特别行政区基本法》的制定和施行，原先带有殖民色彩的教育政策也自行废止。

《基本法》第九条规定："香港特别行政区的行政机关、立法机关和司法机关，除使用中文外，还可使用英文，英文也是正式语文。"① 第一百三十六条规定："香港特别行政区政府在原有教育制度的基础上，自行制定有关教育的发展和改进的政策，包括教育体制和管理、教学语言、经费分配、考试制度、学位制度和承认学历等政策。社会团体和私人可依法在香港特别行政区兴办各种教育事业。"② 第一百三十七条规定："各类院校均可保留其自主性并享有学术自由，可继续从香港特别行政区以外招聘教员和选用教材。宗教组织所办的学校可继续提供宗教教育，包括开设宗教课程。学生享有选择院校和在香港特别行政区以外求学的自由。"③ 第一百四十一条规定："香港特别行政区的宗教组织，可按原有办法继续兴办宗教院校、其他学校等，提供社会服务。"第一百四十四条规定，香港特别行政区保持原在香港实行的对教育等的资助政策。第一百四十八条规定，香港特别行政区的教育团体和组织同内地相应的团体和组织的关系，应以互不隶属、互不干涉和互相尊重的原则为基础。第一百四十九条规定，香港特别行政区的教育团体和组织可在"中国香港"名义下同世界各国、各地区及国际的有关团体和组织保持和发展关系，参与有关活动等。④

《基本法》以《中华人民共和国宪法》为依据，从不同方面规定了香港教育发展的基本方针，既充分体现了香港回归祖国后"一国两制"的时代特点，又保持了香港教育政策的连续性及其教育管理的原有特色。它既不同于祖国大陆在《中华人民共和国教育法》中有关教育总方针的专门表述，又有别于回归前香港教育政策的殖民性和阶级性，作为香港特别行政区的根本大法，它从立法层面奠定了香港教育健康发展的基石。

---

　　① 《中华人民共和国香港特别行政区基本法》，1990年4月4日第七届全国人民代表大会第三次会议通过。

　　② 同上。

　　③ 同上。

　　④ 同上。

三　澳门地区的教育方针政策

澳门位于广东省珠江口西侧，包括澳门半岛、氹仔岛和路环岛，原属香山县。明嘉靖三十二年（1553 年），葡萄牙殖民者借口曝晒水渍货物，强行上岸租占。清光绪十三年（1887 年），葡萄牙与清朝政府签订《中葡会议草约》和《中葡和好通商条约》，正式通过外交文书的手续占领澳门。澳门的教育发展道路与香港的情况有所不同，作为葡属殖民地，其教育政策主要载明于《葡萄牙宪法》《澳门组织章程》中的有关教育条款，无疑是葡萄牙教育政策的一个分支，同样具有典型的殖民特征，即为萄人服务、为葡统治服务。

1986 年，中葡两国政府开始为澳门问题展开了四轮谈判。1987 年，两国总理在北京签订《中华人民共和国政府和葡萄牙共和国政府关于澳门问题的联合声明》及两个附件，确认澳门地区是中国的领土，中华人民共和国于 1999 年 12 月 20 日对澳门恢复行使主权。中国承诺澳门实行一国两制，保障澳门人享有"高度自治、澳人治澳"的权利。1993 年 3 月 31 日，第八届全国人民代表大会第一次会议通过《中华人民共和国澳门特别行政区基本法》。同日，中华人民共和国主席令第 3 号公布。1999 年 12 月 20 日零时，在中葡两国元首见证下，第 127 任澳门总督韦奇立和第 1 任澳门特别行政区行政长官何厚铧于澳门新口岸交接仪式会场内交接澳门政权。翌日（12 月 21 日）早上，澳门群众欢迎中国人民解放军驻澳部队进驻澳门；至此，中华人民共和国正式恢复对澳门行使主权。

《中华人民共和国澳门特别行政区基本法》规定："澳门特别行政区不实行社会主义的制度和政策，保持原有的资本主义制度和生活方式，五十年不变"；"澳门特别行政区的行政机关、立法机关和司法机关、除使用中文外，还可使葡文，葡文也是正式语文"；"澳门特别行政区政府自行制定教育政策，包括教育体制和管理、教学语言、经费分配、考试制度、承认学历和学位等政策，推动教育的发展"；"澳门特别行政区政府依法推行义务教育，社会团体和私人可依法举办各种教育事业"；"澳门原有各类学校均可继续开办，澳门特别行政区各类学校均有办学的自主性，依法享有教学自由和学术自由"；"各类学校可以继续从澳门特别行政区以外招聘教职员和选聘教材，学生享有选择院校和在澳门特别行政区以外求学的自由";"宗教组织可依法开办宗教院校和其他学校",提供社会服务,"宗教组织开办的学校可以继续提供宗教教育,包括开设宗教课程";澳门特别行政区政府根据需要和可能逐步改善原在澳门实行的教育资助政策;澳门特别行政区的民间团体和组织同全国其他地区相应团体和组织的关系,以互不隶属、互不干涉、互相尊重的原则为基础;澳门特别行政区的民间团体和组织可以"中国澳门"名义同世界各国、各地区及国际有关团体和组织保持和发展关系,参与有关活动。①

《基本法》所规定之澳门教育发展的基本方针,既以《中华人民共和国宪法》中有关教育条款为依据,体现了澳门于1999年12月20日回归祖国后"一国两制"的时代特点,又参照了香港特别行政区的立法原则及其教育政策内容,保证了澳门教育政策的连贯性与独特性,有利于促进澳门教育事业的健康有序发展。

四 日伪地区的教育方针政策

日本侵华吞华,蓄谋由来已久,最近也可以溯至19世纪末叶的甲午海战之前。20世纪上半叶更是变本加厉,达至疯狂。早在1927年,其内阁"东方会议"所决议的《田中奏折》即已提出:"要征服世界,必先征服中国,要征服中国,必先征服满蒙。"尔后,倭人不断挑起事端,制造侵占口实。1931年9月18日,发动九一八事变,侵占我东北地区。1932年3月1日,扶植满清废帝溥仪执政,成立伪满洲国,年号大同,首府设在长春,改称新京。1934年3月,改行帝制,直至1945年东北光复止,日伪统治达十四年。

1937年七七事变后,又相继攻陷华北、华东、华中、华南,并于1937年12月和1938年3月在其占领的北平和南京先后建立起北、南两个傀儡政权。前者称"临时政府",以王克敏为头目;后者称"维新政府",以梁鸿志为首领。至1938年12月,国民党副总裁汪精卫公开附敌,继于1940年3月在南京召开"中央政治会议",成立汪逆为代主席兼行政院长并号称"南北统一"的"国民政府"。

---

① 《中华人民共和国澳门特别行政区基本法》,1993年3月31日第八届全国人民代表大会第一次会议通过。

(一) 伪满洲国的教育方针政策

如前所述,伪满政权是日本法西斯治下具有典型殖民性、封建性的傀儡政权,其所实施的教育也是一种集奴役、毒害和欺骗于一体的奴化教育。其教育管理部门初为民生部(民政部)所属的教育司,后为强化思想、文化、教育领域的殖民统治,将教育司提升为文教部。伪满《建国宣言》称:"进而言教育之普及,则当惟礼教之是崇,实行王道主义,必使境内一切民族熙熙皞皞,如登春台,保东亚永久之光荣,为世界政治之模型。"① 教育应"重仁义礼让,发扬王道主义,对于人民生活方面,力谋独立安全;交谊方面,崇尚自重节义;而对于世界民族,以亲仁善邻共存共荣、以达于大同为宗旨"。②

1932年7月,伪满民生部召开第一次教育厅长会议,要培养"安分守己的国民",并研制了全面贯彻殖民奴化教育的方针、制度和办法。1933年6月,伪满文教部召开第二次教育厅长会议,要求培养"忠良国民",加强"日满亲善教育",宣传"王道精神",并于其后发表的《第一次满洲国文教年鉴》中阐述了"王道教育"的具体方针,指出"满洲建国原以王道为准则,则教育方针亦应以是为正鹄。盖我国数千年来之旧道德、旧礼教,如日月丽天、江河行地,虽经久而不衰,小之修身齐家,大之治国平天下,其道均莫不由此。我如推而行之,则忠诚、善良、强健、勤勉、有用之国民,自易于养成。换言之,即施行全人教育,非以道德之陶冶不为功。欲以道德陶冶,舍提倡旧道德礼教而外则别无他法也"。③

1933年7月,伪满文教部颁布《学制要纲》,规定:"遵照建国精神及访日宣诏之趣旨,以咸使体会日满一德一心不可分之关系及民族协和之精神,阐明东方道德,尤致意于忠孝之大义,涵养旺盛之国民精神,陶冶德性,并置重点于国民生活安定上所必须之实学,授予知识技能,更图保

---

① 毛礼锐、沈灌群主编:《中国教育通史》(第5卷),山东教育出版社1988年版,第393页。
② 同上。
③ 宋荐戈:《中国近世通鉴·教育专卷》,中国广播电视出版社2000年版,第173—174页。

护、增进身体之健康，养成忠良之国民为教育方针。"① 同时，规定学校教育原则为：以精神教育为主眼，注重劳作教育，排除预备教育之观念，重视实业教育，体育与卫生方面相辅，保护增进国民之健康。置重点于幼、少年之国民教育，中等程度以上之教育考虑社会之需要与供给而实行。女子教育应努力涵养妇德，……力求教育由国家独制，并使其适合地方之实情，使教育与社会有紧密之联络，对于私立学校应严格监督。②

此外，还制定了一系列通则和规程，规定各级各类教育的本旨。其中，初等教育包括国民学舍和国民义塾（农村单级制）、国民学校和国民优级学校（两级），以施行一般国民之基础教育及其实务教育而涵养忠良国民之性格、提高其资质为本旨；中等教育包括国民高等学校和国民女子高等学校，以施行实业教育或实务教育为主眼之国民教育，养成堪为国民之中坚者为本旨；高等教育包括大学，以使修得高等学术之理论及实际、养成国家枢要之人才为本旨；师道教育包括师道学校、师道高等学校、主管部大臣指定之大学及其他学校或教育设施，以陶冶人格、养成堪为教师者为本旨；职业教育包括职业学校，以授予关于社会实际生活上所必需之职业之知识技能、养成思想伎俩两者健全之职业从事者为本旨。③

1934年3月，溥仪称帝，在其《即位诏书》中宣言："所有守国之远途、经邦之长策，当与日本帝国协力同心，以期永固。"其《国民训》则宣场："建国渊源惟神之道，致崇敬于天照大神，尽忠诚于皇帝陛下"，"举总力实现建国理想，迈进于大东亚共荣之达成"。④ 1935年3月，伪满举行祭孔活动，鼓吹王道建国精神，规定每年春、秋之上丁日全国举行祀典，并于同年8月举行文庙祀典活动。

1937年3月，伪满教育会理事长皆川丰治在《满洲教育》上发表《建国五周年感言》称："满洲建国后，文教部确立教育方针，排除三民主义教育，禁用排外教科书，准则于建国精神，归源于东洋道德，以图五族协和、日满不可分、王道立国主义教育之实现。"⑤ 5月，伪满颁布

---

① 宋荐戈：《中国近世通鉴·教育专卷》，中国广播电视出版社2000年版，第175页。
② 同上。
③ 同上。
④ 李才栋等主编：《中国教育管理制度史》，江西教育出版社1996年版，第861页。
⑤ 宋荐戈：《中国近世通鉴·教育专卷》，中国广播电视出版社2000年版，第183页。

《新学制》（亦称日满共学制），重申 1933 年《学制要纲》所规定之教育方针："遵照建国精神和访日宣诏之趣旨，以咸使体会日满一德一心不可分之关系及民族协和之精神，阐明东方道德，尤致意于忠孝之大义，涵养旺盛之国民精神，陶冶德性，并置重点于国民生活安定上所必需之实学，授予知识技能，更图保护，增进身体之健康，养成忠良之国民。"①

1939 年 6 月，伪满民生部发文，要求所有学校都要勤劳奉仕，贯彻新学制所规定的教育方针。其《新学制大纲》规定："废除注入式的观念教育及偏重知识的教育"，"以精神教育为基础，加之劳动教育"，"以造成真正能为国家有用之人才"，无论何种学校，"均为完成教育，废除以前下级学校为上级之预备阶段之旧思想"，尤要"注重劳动教育，培养爱好劳动之精神，以期不陷于偏知教育之弊"，要"重视实业教育或实务教育，使初等教育与之有密切之联系，而中等及高等教育则以依此而行之为主"。② 也就是说，各级各类学校要防止"陷于偏知教育之弊"，"注重劳作教育"，以培养具备"普通知识技能"的劳动力。

小学教育"灌输人民以国家观念，陶冶人民以高尚之品格，教授人民以应有之知识，训练人民以相当之技艺"，"以实践实用办法，养成国民必须之道德知识技能"；③"中学校教育，为继续小学教育之主旨，而施以较高之普通知识技能，并注重于职业的训练、普通的陶冶，以养成健全有用之国民，对女子方面，尤应特别注重家政，以便充实家庭间之生活能力"；④"国民高等学校以涵养国民道德、修炼国民精神、锻炼身体、置根基于实业教育，授予所必需之知识技能、培养劳作习惯、养成堪为国民之中坚男子为目的"；⑤"女子国民高等学校以涵养国民道德，特别注重妇德、修炼国民精神、锻炼身体、授予女子所必需之知识技能、培养劳作习惯、养成为贤妻良母者为目的"；⑥"大学以修炼巩固之国民精神、国家所必需之高等学术之理论与实际、养成国家枢要之人才为目的"，"要使青

---

① 宋荐戈：《中国近世通鉴·教育专卷》，中国广播电视出版社 2000 年版，第 183 页。
② 毛礼锐、沈灌群等主编：《中国教育通史》（第 5 卷），山东教育出版社 1988 年版，第 396 页。
③ 同上书，第 397 页。
④ 同上。
⑤ 同上。
⑥ 同上。

年能真正体得建国精神,而成为无私奉公、尽忠报国的实践者";① 应"使一般的大学都培养国家的实用人才,即是说,不注重学术的研究,以养成实用人才为中心,要使每个人在社会生活中能够尽他自己的职分"。②

1940年,伪满文教部再次宣布:"我国之教育本旨,奉体国本奠定诏书之趣旨,底彻于诏书所示惟神之道,涵养振作忠孝仁爱、协和奉公之精神,训育忠良之国民,更使练成之。"③ 1943年3月,伪满修订《学校规程》,要求课程为"日满共同防卫,完成大东亚战争服务",并颁发《战时学生体育训练纲要》,以养成学生的"尚武精神"和"国家观念"。

综上所述,伪满的教育方针,从总到分,自成体系,规定了其教育的方向、目的与内容,虽极力粉饰,但其殖民主义教育的宗旨和本质昭然若揭。其一,它将中国封建社会的正道与日本法西斯的神道搅在一起,作为其侵略并吞我东北及其奴化教育的理论基础,借以向学生灌输服从日本天皇及其儿皇帝的思想,强化其畏天、信命、自卑、牺牲的奴性,泯灭其民族意识,消解其民族仇恨。它先后提出"发扬王道主义""重仁义礼让""崇尚自重节义""亲仁善邻共存共荣""日满一德一心""日满不可分""民族协和""达于大同""王道乐土""东方道德""忠孝之大义""旺盛之国民精神""惟神之道"等,以养成学生的"建国精神","训育忠良之国民",进而为其进行疯狂的经济掠夺和"大东亚圣战"的政治军事侵略服务。其二,它注重"实务教育"和劳动教育,注重培养劳动态度和习惯,同时,更着力于限制学习年限和程度,降低文化知识教育,推行其愚民教育政策,以培养既无反抗思想又无反抗能力、任其统治宰割的亡国奴,从而为实现其对我东北领土的永久性占领与统治服务。

(二) 汪伪政权的教育方针政策

1937年七七事变后,日寇采取"以华制华"与"以战养战"、政治军事侵略与经济掠夺、屠杀与怀柔、镇压与欺骗等相结合的政策。当它进行军事进攻的时候,对我国的各级各类学校就恣意而野蛮地糟蹋破坏;当

---

① 毛礼锐、沈灌群等主编:《中国教育通史》(第5卷),山东教育出版社1988年版,第397页。

② 同上书,第403页。

③ 喻本伐、熊贤君:《中国教育发展史》,华中师范大学出版社1991年版,第610页。

它暂停进攻、需要巩固其占领地时,就扶植亲日的汉奸政权,实施其怀柔奴化的教育方针。

1938年5月,伪华北临时政府教育部制定的教育方针为:"根绝党化及排外容共等思想,依据东亚民族集团的精神,发扬中国传统的美德,以完成新中国的使命。"[①] 其所办新民学院的办学宗旨,除诋毁"共产思想"为世界公敌之外,还称要本新民主义之旨,广集天下人才,以修养其德操,研究其学术,训练其身心,而为将来国家之干城,以贡献中满一体之实现;振兴东亚文化,进而以黄色民族放异彩于世界之上也。1939年,在"治安肃正的根本方针"指导下,训练青少年,强化日语教育,以加强"日本对华的援助""新中国政府""新人民党""新中国国民党""新中国的缔造""新环境的认识""中国事变的意义"等奴化教育。

1940年3月,南京汪伪政府成立后,北京的"临时政府"改为华北政务委员会,作为中央与地方的中间机关。1942年3月,华北政务委员会教育总署召开教育会议,确定教育指导方针为:应以协力东亚之建设为目的,当前,一方面彻底铲除英美文化之流弊,另一方面积极增进中日文化之交流、肃正思想最为切要,应使一般国民咸具善邻防共及协力建设东亚新秩序之理念。[②] 1943年2月,华北政务委员会教育总署制定《教育施策要纲》,规定:协力食粮增产运动,中学增设农业课程,动员学生增产粮食;实施集团训练,组织少年团、青年团,实施严格训练,实施勤劳服务;肃正思想,革新生活,由学校及社会教育机关宣传倡导,使大东亚解放新国民运动具体化,确立中日共存共荣、协力完成大东亚战争之信念;提倡体育及正当娱乐。[③]

1943年8月,南京伪维新政府教育部称:"近年上无道揆,下无法守,要由于教育宗旨之不良,际此政府肇建,与民更始,亟宜重加厘定。"[④] 这里所谓不良之教育宗旨,系指1929年国民党所提的三民主义教育宗旨,因而重加厘定:"维新政府之教育,以恢宏中华固有之道德文

[①] 毛礼锐、沈灌群主编:《中国教育通史》(第5卷),山东教育出版社1988年版,第417—418页。

[②] 张菊香:《周作人年谱》,南开大学出版社1985年版,第484页。

[③] 王士花:《华北沦陷区教育概述》,《抗日战争研究》2004年第3期。

[④] 赵国权:《日伪统治时期的河南教育》,《教育史研究》2005年第1期。

化、广收世界之科学知识、养成理智精粹、体力健强之国民为宗旨"。① 同时,还对原三民主义《教育宗旨实施方针草案》的八条作了修订,删去了其第一条有关三民主义教育的条文,而保留了其余的七条内容。

1939年8月,汪伪政权在其《国民政府政纲》中提出教育方针的要点:"保持并发扬民族之固有文化道德,同时尽量吸收适于国情之外国文化;铲除狭隘之排外思想,贯彻睦邻政策之精神;厉行纪律训练及科学研究,以养成健全公民及建国人才;改订教育制度,重编教材,以适应新中国之建设。"② 1940年3月,汪记"政纲",围绕"日满华共存共荣、共同防共和建立东亚协同新秩序"的核心,提出"以反共和平建国为教育方针",要"发扬新民精神,以表现王道"、培养"新民人"。③ 6月,汪伪国民政府在南京召开教育行政会议,汪精卫到会讲话,指出:"和平反共建国为一切施政方针,也即教育方针。"④

汪伪教育方针的特点是,既要迎合日寇需要,又要打着中华民国招牌,以继承国民党"法统"自居,这就决定了其与临时政府和维新政府中的一帮旧官僚政客公开背叛三民主义、背叛国家民族的做派有所不同,具有公开卖国和伪装欺骗的双重性质。1941年12月,汪记南京伪中华民国国民政府明令奉行原国民党通过的三民主义教育宗旨及其实施方针和原则,并指出:"党外人士对于凡冠有三民主义字样之法令条例,往往予以曲解,甚至认为不合时代需要","可知总理之主要遗教,胥为贯彻中华民国建设之典型,今本党六全代表大会,既系继承以前法统,则原有之教育宗旨及实施原则等,似应继续有效"。⑤ 至此,三民主义字样不仅恢复,而且更为强调。此外,虽然较之伪满教育方针对忠孝等专制伦理的强调,汪记教育方针在这方面相对淡化,但仍不忘提倡旧文化、旧道德、旧制度,推行尊孔、祭孔、读经,开展所谓新国民运动。就其本质而言,它们都是在日本帝国主义铁蹄之下仰其鼻息苟延残喘的殖民化的教育方针。

---

① 赵国权:《日伪统治时期的河南教育》,《教育史研究》2005年第1期。
② 《申报年鉴》,申报社1944年版,第941页。
③ 曹必宏:《汪伪奴化教育政策述论》,《民国档案》2005年第2期。
④ 同上。
⑤ 谢洁菱、周蒋浒:《抗战期间日伪在沦陷区的奴化和伪化教育——以南京地区作个案分析》,《巢湖学院学报》2005年第7卷第5期。

(三) 津沪租界的教育方针政策

租界是外国殖民主义侵略中国的特殊产物，是其凭借不平等条约在中国一些通商口岸划定地区建立的"国中之国"。1845 年，英国首先在上海建立租界。之后，英、美、法、日、德、俄、意、奥、比等国在天津、青岛、厦门、汉口等地相继建立或扩展了租界。在天津建立租界的国家，最早是英、美、法三国，继之是日、德、俄、意、奥、比六国。1880 年，美租界与英租界合并；1919 年，德租界由我国收回。俄租界则是在 1924 年由当时的苏联主动归还我国。上海的租界区有二：一是公共租界，初为英租界和美租界，后合并为公共租界；二是法租界。最初，各租界当局为解决其侨民子女的就学问题，分别在其租界内建立了不同类型的学校。其办学方针、招生对象、学制要求、教材内容、教学语言及管理制度等虽各各有别，但大同小异，主要是按照其本国政府的意愿和办学模式而定，逐渐演绎为在中国境内进行宗教和奴化思想教育，以培植亲西方的力量、传播资本主义的思想文化作为其基本方针，进而维护其在华特权和殖民统治。[①]

---

① 李才栋等主编：《中国教育管理制度史》，江西教育出版社 1996 年版，第 870—873 页。

第三篇

教育方针发展论

本篇根据中国共产党建党前后、建政以后、新中国成立以后、改革开放新时期等时间顺序，着重从四个方面梳理其教育方针近 100 年的发展轨迹，揭示其深厚的意涵和丰富的实践。第一部分阐述中国共产党建立前后教育方针的理论准备及 1921 年以后党的教育纲领及其实践，1931 年苏区政权建立以后党的共产主义文化教育总方针及其实践，1940 年边区政府及后来解放区政府党的新民主主义文化教育总方针及其实践；第二部分阐述 1949 年中华人民共和国建立以后至 1956 年党的文化教育总方针及其指导下的教育工作方针，1957—1978 年党在社会主义革命和建设时期教育方针的理论和实践；第三部分阐述 1978 年改革开放以来党的教育方针的拨乱反正及其在社会主义建设新时期教育方针的创新性探索和发展性实践。

第九章　新中国成立前中国共产党的教育方针

1916年前后，是"一个需要巨人而且产生巨人的时代"。[①] 以陈独秀、李大钊、毛泽东、蔡和森、钱玄同、鲁迅、胡适等人为代表的一批迥异于旧式文人的现代知识分子，以其"新青年"的独立身份、独立人格、独立的价值标准和批判意识及其对于社会问题的独特思考，发起了影响近现代中国历史走向及其进程的新文化运动。他们对教育的问题特别关注，不仅猛烈抨击尊孔复古的教育要旨，而且积极倡扬民主共和的新教育方针，从而给后人留下了弥足珍贵的思想遗产。

1919年5月4日，发生在北京以青年学生为主的反对帝国主义、封建主义的爱国运动，既是中国从旧民主主义革命到新民主主义革命的转折点，更是中国新民主主义革命的伟大开端，不仅促进了马克思主义在中国的传播及其与中国工人运动的结合，而且在思想上和干部上为中国共产党的建立准备了良好的条件，解决了中国革命的道路问题，从而也改变了中国文化教育的性质和发展方向。以陈独秀、李大钊、毛泽东、恽代英、杨贤江等人为代表的早期共产主义知识分子，进一步阐发马克思主义的教育思想，既阐明教育的性质，为新民主主义教育的准确定性和科学定位提供了马克思主义的研究思维和方法论范式，又指明教育的方向，为新民主主义教育的发展方略和发展前景设计了教劳结合、工读结合的理论基础和纲领性原则，尤其为建党初期的教育纲领与方针政策作了很好的理论准备。

[①] 《马克思恩格斯选集》（第3卷），人民出版社1995年版，第445页。

一 建党前后党的教育方针的理论准备

"五四"运动前后,一批具有共产主义思想的早期先进分子,[①] 对旧教育的批判和对新教育的鼓呼及其所阐发的工读结合、教育与劳动结合的发展道路,在历史唯物主义和科学社会主义结合的制高点上,绘就了20世纪20—30年代中国共产党领导下的工农教育、干部教育、军事教育和革命教育的发展蓝图,并指明了前进的方向。其教育指导思想经历了前期反复古主义和后期共产主义两个发展阶段。其主要内容有以下两方面:一是1916年前后对封建复古教育要旨的批判及其所阐发的新教育思想,二是随着马克思主义在中国的传播而积极阐发的共产主义教育方针思想。

(一)"五四"前后反复古主义的教育思潮

1916年6月6日,袁世凯帝制复辟闹剧落幕后,陈独秀率先发起新文化运动,对尊孔复古、戕害人性的教育要旨进行猛烈抨击,并提出德育、智育、体育、职业教育并举的教育方针思想;李大钊指斥"以孔道为修身之本"的"国民教育"违背民主和科学的精神,应代之以现代国民教育;毛泽东批判旧教育课程太重、摧残青少年,倡导德智体三育并重、促进学生身心平衡发展;蔡和森呼吁冲决"三纲五常"的教育罗网,促进学生的自由发展;蔡元培、钱玄同等人也主张废止旧教育,实施德智体美和世界观教育并举的新教育。诚如美国学者威廉·维尔斯曼所说,历史研究的价值非常广泛,从通过精确的描述提供对过去的理解,到为作决定和形成政策提供历史的视角,都具有十分重要的史学价值。系统梳理这批"先进的中国人"[②] 反复古主义的教育方针思想,对准确理解党的教育方针的形成和发展,具有十分重要的现实意义。

1. 陈独秀的反复古主义教育思想

陈独秀(1879—1942),字仲甫,号实庵,安徽怀宁十里铺(今属安庆)人,是新文化运动当之无愧的思想领袖、旗手和主帅,也是中国共

[①] 注:这里所说的早期共产主义知识分子,是指中国共产党成立之前与之初已然具有激进的民主主义思想和初步的共产主义思想的时代的先知先觉者。

[②] 毛泽东:《毛泽东选集》(合订本),人民出版社1964年版,第1474页。

产党的创始人和早期卓越的领导者。

早在20世纪之初，陈独秀就提出新式教育德、智、体三育并举并重的观点。1902年，在给就读于南京陆军学堂的王希颜的信中，他提出："蒙学莫急于德育，而体育次之，若智育，则成童以后未晚也。诚以德为人道之本，无德则无以立，智必不醇。"① 这是陈独秀第一次提出学校教育应以德、体、智三育兼备的主张。1903年，他在《安徽爱国会演说》中提出，为了驱逐俄国侵略军、救国图存，当前要做好三件事，一要知道中国将要被瓜分的时事消息，次年，他创刊《安徽俗话报》，教大家"通达学问，明白时事"，这是智育；二要在思想上培养起爱国心，这是德育；三要锻炼体魄，这是体育。他说："我全国之人皆奄奄无生气，若长此不振，即以农工商矿等业，亦必战败于世界，而不可以长存，况欲执干戈卫社稷乎？"② 1904年，在《王阳明先生训蒙大意的解释》中，他肯定王阳明"教人的大主义"首先是教人做人，尽人伦，强调从小注重德育，是"根基培养，长大成人自然是有用的国民"。他肯定王阳明的歌诗、习礼、读书，其"立教的本意"，不但是要"培养童子的德性，开投童子的知觉"，而且可以供儿童运动身体、调和血脉、坚强筋骨。③

1911年辛亥起事以后，民初政府颁布的"注重道德教育，以实利教育、军国民教育辅之，更以美感教育完成其道德"的新教育宗旨及其十四项教育改革政策尚未实施，旋即为袁世凯"爱国、尚武、尚实、法孔孟、重自治、戒贪争、戒躁进"的教育要旨所取代。实际上，这个教育宗旨是对清末"忠君、尊孔、尚公、尚武、尚实"教育宗旨的复制和继承，且增加了"戒贪争、戒躁进"等禁止性条律，其专制性更胜一筹。为此，陈独秀一肩行李、一把雨伞，奔走呐喊于江淮南北，意图寻找革命同志、唤醒民众，共同声讨之。他以1915年9月15日在上海创办的《青年杂志》（自第2卷改称《新青年》（*La Jeunesse*）为主要阵地，高擎"民主"与"科学"（时称"德先生 democratic""塞先生 science"）两杆大旗，连发檄文，展开了对以孔教为内核的该复古教育要旨的猛烈批判

---

① 吕利平：《陈独秀早年的体育观》，《安庆师范学院学报》2000年第2期。
② 童富勇、张天乐：《李大钊陈独秀教育思想研究》，辽宁教育出版社1997年版，第168页。
③ 同上。

和挞伐，提出一系列民主主义的教育主张。

在《驳康有为致总统总理书》《宪法与孔教》《一九一六年》等文中，他指出，孔教的根本教义是"三纲"，其实质在于维护"别尊卑明贵贱之阶级制度"，宣扬封建的人身依附，扼杀"独立自主之人格"，其恶果一是损坏个人独立自尊之人格、二是窒碍个人意思之自由、三是剥夺个人法律上平等之权利、四是养成依赖性和戕贼个人之生产力。因而，将孔教定为国教，或是"以孔子之道为修身大本"，不但违反思想自由之原则，而且违反宗教信仰自由之原则，民主国家祀孔，正如专制国家祀华盛顿、卢梭一样荒诞不经。

在《近代西洋教育》一文中，他指出，西洋教育有三大方针：一是自动的而非被动的教育，是启发的而非灌输的教育；二是世俗的而非神圣的教育，是直观的而非幻想的教育；三是全身的而非单独脑部的教育，共和的民主教育必须取法西洋，"弃神而重人"，以个人本位为基石，在法律之上平等人权，在伦理之上独立人格，在学术之上破除迷信，提倡思想自由。针对在复古教育要旨的桎梏下中国教育的种种顽症和病况，他指出："我们中国，模仿西洋创办学校已经数十年，而成效毫无，学校处数固属过少，不能普及，就是已成的学校，所教的无非是中国腐旧的经史文学，就是死读几本外国文和理科教科书，也是去近代西洋教育真相真精神尚远。此等教育，有不如无，因为教的人和受教的人都不懂得教育是什么，不过把学校毕业当作出身地步，这和从前科举有何区别呢？"① 因此，中国教育应吸取西洋教育之真髓，"弃神圣的经典幻想，而重自然科学的知识和日常生活的技能"，使学生真正学得一些"吃饭穿衣走路的本领"而不是专事"记忆先贤先圣之遗文"，或是"专门天天想做大学者、大书箱、大圣贤、大仙、大佛"。应该以养成新青年"自主的而非奴隶的""进步的而非保守的""进取的而非退隐的""世界的而非锁国的""实利的而非虚文的""科学的而非想象的"人格品质，并定为教育的根本依归。

在《今日之教育方针》中，他更主张"用科学的现实生活来取代复古迷信"，"用民主主义的教育来取代专制主义的教育……"② 他直接指

---

① 孙培青：《中国教育史》（修订版），华东师范大学出版社2000年版，第377页。
② 陈独秀：《今日教育之方针》，《青年杂志》1915年第1卷第2号。

出，教育方针有"如矢之的，如舟之舵"，教育应该启迪人民觉醒，发展人民身心，"以吾昏惰积弱之民，谋教育之方针计，惟去短择长、弃不适以求适，易词言之，即补偏救弊，以求适世界之生存而已。外览列强之大势，内览国势之要求，今日教学相期者，第一当了解人生之真相，第二当了解国家之意义，第三当了解个人与社会经济之关系，第四当了解未来责任之艰巨"。①

"准此以定今日之方针，其义有四：一是现实主义，即用科学的现实生活的教育来取代复古迷信的理想主义教育，此'诚今世贫弱国民教育之第一方针矣'；二是唯民主义，即用民本主义、平民主义的教育来取代君主专制的、唯命是从的教育，也就是要用民主主义的教育取代专制主义的教育；三是职业主义，即用职业教育或实利教育取代'功利货殖，自古为羞'的空伦理说教的传统教育；四是兽性主义，即用注重体魄和意志锻炼的强身教育取代忽略体育、专以养成'白面细腰'书生的弱民教育，旨在强调意志顽狠、善斗不屈、体魄强健、力抗自然、信赖本能、不依他为活、顺性率直、不饰伪自文等方面的教育训练。"②

陈独秀提出的教育方针，其实质乃是贯彻民主与科学的精神，使受教育者在德、智、体诸方面都得到发展。他认为，"一切思想行为，莫不植根于现实生活之上"，"现实世界之内有事功，现实世界之外无希望"，现实主义为今世贫弱国民教育之第一方针。他认为，封建与君主专制时代，人民唯统治者之命是从，无互相联络之机缘，团体思想因以薄弱。民主的国家，以人民为主人，以执政为公仆。人民应有自觉自重的精神，唯民主义在教育方针中占有重要的位置。他认为，今日世界乃经济之世界，于此经济竞争剧烈之秋，提倡职业主义教育有着重要的意义。他指出，体育关系到国家生产和国防实力，尤为重要。每见吾国曾受教育之青年，手无缚鸡之力，心无一夫之雄，白面纤腰，妩媚如处子；畏寒祛热，柔弱若病夫；以如此心身薄弱之国民，将何以任重而致远？因此，注重体育，是教育方针的固有之意。③

---

① 毛礼锐、沈灌群：《中国教育通史》（第5卷），山东教育出版社1988年版，第38页。
② 宋荐戈：《中华近世通鉴·教育专卷》，中国广播电视出版社2000年版，第146页。
③ 毛礼锐、沈灌群：《中国教育通史》（第5卷），山东教育出版社1988年版，第454—455页。

总之，尽管当时陈独秀还是一个社会进化论者，且还曾反对过社会主义，甚至1919年还没有完全相信马克思主义，[①] 其对孔道儒教的鞑伐不免未尽彻底，其新阐述的"四大主义"亦未必完全精当，有些提法甚至不那么科学，表述也并不怎么精确，但作为新文化运动时代的先驱和旗手，其关于教育方针的思想无疑代表并引导了近现代中国教育发展的方向，有着极其重要的现实意义和深远的历史意义。

2. 李大钊的反复古主义教育思想

李大钊（1889—1927），字守常，河北乐亭人，中国共产党主要创立人之一，中国最早的马克思主义者和共产主义运动的先驱，是中国国民党第一届中央执行委员会委员之一，也是在北伐时期推翻北洋军阀政府的要角之一，是共产国际的成员及其在中国的代理人。

1913年冬，李大钊怀着忧国忧民的情怀，东渡日本求学，1916年回国后，积极投身正在兴起的新文化运动。针对袁氏北洋政权在思想、文化、教育等领域掀起的尊孔复古逆流，他发表多篇文章，指斥"以孔道为修身之本"的所谓"国民教育"是束制民彝、锢蔽民智，违背民主和科学精神。1916年12月10日，他撰发《宪法与思想自由》一文，对将"孔子之道"当作"国民教育"的"修身之道"进行了鞭辟入里的揭露，批判它不仅是涉及人身自由，而且是连民族的生命和民族的思想也一并屠杀了。他愤怒而犀利地指出：如果藏在偶像下面，用所谓"圣人之虚声"，扼杀出版、信仰、教授等思想自由，这祸害，要比用皇帝的权威来侵害我们的身体来得更猛烈。因此，对它的反抗决心和实力，也应该比征讨皇帝的战斗要更加勇敢。[②]

1917年1月30日，李大钊在《甲寅》日刊发表《孔子与宪法》一文，极力颂扬现代公民社会及其宪法精神，并且对历朝历代统治者穿凿附会于孔子身上的种种陈腐专制的教育思想进行了无情的鞭笞。他指出，"孔子者，数千年前之残骸枯骨也。宪法者，现代国民之血气精神也。以数千年前之残骸枯骨入于现代国民之血气精神所结晶之宪法，则其宪法将

[①] 童富勇、张天乐：《李大钊陈独秀教育思想研究》，辽宁教育出版社1997年版，第168页。

[②] 毛礼锐、沈灌群：《中国教育通史》（第5卷），山东教育出版社1988年版，第454—455页。

为陈腐死人之宪法,非我辈生人之宪法也"。他强烈批评袁氏僭阁《天坛宪法草案》中关于"国民教育以孔子之道为修身大本"的规定,斥其为"怪诞之事实",是野心家又一次来"萌芽专制"。① 他在《新青年》上发表《青春》专文,呼吁"冲决过去历史之网罗,破坏陈腐学说之囹圄"。

他强调,"古今之社会不同,古今之道德百异",并指出,之所以要批判孔子以及儒家学说,是因为其已成为"历代帝王专制之护符"。他说:"余之抨击孔子,并非抨击孔子本身,乃抨击孔子为历代君主所雕塑之偶像的权威也;非抨击孔子,乃抨击专制政治之灵魂也。"② 今天,"吾人谋新生活之便利",必须力促"新道德之进展"、旧道德之"迅速蜕演,虽冒毁圣非法之名,亦所不恤矣"。③ 李大钊以发展辩证的观点,从理论上阐述了旧道德及其教育之必然崩溃,新道德及其教育之必然产生,有力反击了封建复古的逆流。

总之,李大钊对封建复古教育要旨的批判及其对新教育方针思想的阐发,既是新文化运动的主流声响与时代强音,也是"五四"前期进步知识分子教育方针思想的基本内容和有机组成。

3. 毛泽东的反复古主义教育思想

毛泽东(1893—1976),字润之(原作咏芝,后改润芝),笔名子任,湖南湘潭韶山冲人。他不仅是伟大的马克思主义者与中华人民共和国的开国领袖,而且也是现代世界历史中最重要的人物之一,是美国《时代》杂志评定的 20 世纪最具影响的 100 人之一。④

辛亥革命后,他在起义的新军中当了半年兵。1914—1918 年,他在湖南第一师范学校求学,接受一生中最正规、最完整的教育。其时,警察、肥皂制造者、法律学家、经济学家、商人等都曾向他招手,但师范毕业后,他走上了小学教师岗位,历经磨炼,终至成为全国人民乃至"全世界被压迫民族和被压迫人民"的伟大导师。青年毛泽东虽然"还根本

---

① 宋荐戈:《中华近世通鉴·教育专卷》,中国广播电视出版社 2000 年版,第 149—150 页。
② 张惠芬、金忠明:《中国教育简史》,华东师范大学出版社 1995 年版,第 460 页。
③ 毛礼锐、沈灌群:《中国教育通史》(第 5 卷),山东教育出版社 1988 年版,第 8 页。
④ D. Spence, Jonathan:《时代 100 人:毛泽东》(*Time 100*: *Mao Zedong*),《时代》1998 年 4 月 13 日。

不懂马克思主义",① 但他不遗余力地投入对旧教育要旨的批判,揭露其复古倒退性质。

1916年,在给黎锦熙的信中,毛泽东将中国古代的仁智勇,改造成现代的德智体三育。

1917年4月,在《新青年》第3期第2号上,毛泽东以"二十八画生"的笔名发表《体育之研究》一文,指斥旧教育课程太重、摧残青少年的弊症,并阐发其德智体三育并重、使学生身体平衡发展的教育思想。他强调:"欲文明其精神,先自野蛮其体魄;苟野蛮其体魄矣,则文明之精神随之。"② 是年7月,他在《湘江评论》上发表《民众的大联合》一文,历陈旧式教育的罪恶和腐朽,并阐发了包含"身体"和"精神"两方面和谐发展的教育思想。

毛泽东认为,学非所用只能培养书呆子,他主张活读书、读活书,"既要读有字之书,又要读无字之书"。这无字之书就是社会实践,以此扩大知识面、丰富社会阅历。他在《讲堂录》中曾写道:"闭门求学,其学无用,欲从天下国家万事万物而学之。"③ 他与蔡和森等组织发起的新民学会以"育才作会务之后盾",试图进而"改造中国与世界"。毛泽东非常重视教育对社会发展的推进功能。他认为:"教育为促使社会进化之工具,教育者为运用此种工具之人。故教育学理及教育方法必日有进化,乃能促社会使之进化,教育者之思想必日有进化,乃能吸收运用此种进化之学理及方法而促社会使之进化。"④

纵观毛泽东波澜壮阔的一生,青年时期对旧教育宗旨的批判和对新教育方针的主张,作为五四新文化运动的有机组成部分,不仅呈示了其时群星灿烂、异彩纷呈的思想争鸣和文化张力,而且也一直影响着其后来教育方针思想的发展和丰赡。

4. 蔡和森的反复古主义教育思想

蔡和森(1895—1931),复姓蔡林,原号和仙,名泽膺,字润寰,学名蔡林彬,湖南湘乡永丰人(今属双峰县管辖),是中国共产党早期的领

---

① 傅洋:《智慧的光芒》,《深圳周刊》2001年第13期。
② 毛泽东:《毛泽东早期文稿》,湖南人民出版社2008年版,第70—71页。
③ 同上书,第587页。
④ 《湘江教育促进会宣言》,《湖南大公报》1920年8月3日。

导人之一、新文化运动时期著名的活动家。

1913年秋,蔡和森以优异成绩考入了省立第一师范学校,与毛泽东在同一年级学习,"恰同学少年,风华正茂",结为挚友。在学校君子亭下,他们"指点江山,激扬文字",共同讨伐尊孔读经的封建教育。其后,蔡和森积极参加新文化运动,与毛泽东等人一起成立新民学会,创办《湘江评论》,主办《向导》,组织赴法勤工俭学等。

在北京联系新民学会会员赴法勤工俭学期间,蔡和森给毛泽东写信谈到,就"学"而言,吾人之穷及目的,唯在冲决世界之层层网络,造出自由之人格、自由之地位、自由之事功……然后始可称发展如量。一言以蔽之,在于促进人的自由发展,"造出自由之人格、自由之地位、自由之事功"的人。① 在他看来,自由是人的天然权利,教育的目的就是要让人的精神得到自由发展,培养出有智慧、重德行、能够自由地支配自己和自然,即个人占有自己全部本质的人。

在湖南高等师范学院求学时,蔡和森即已认识到推动历史前进的真正动力是广大民众,而不是几个"天子"、卿大夫,并意识到语言、文字的统一在普及民智中的重要作用。他经常与毛泽东讨论读书、写文章之事,同志见面没有客套话,毛问他最近读了什么书、写了什么文章,"厥后又谈及读书之事,以近来西欧文化东来,与吾旧有之文化,每干格难容"。②

1917年8月23日晚,蔡和森与张昆弟畅谈其"悬想而循序进行之事",针对倡新文化者弃旧书不读、守旧文化者弃新书不读之时弊,他主张"多读新书,而旧书亦必研究。中国文化及一切制度,不必尽然,而西欧文化制度,用之于我,不必尽是。斟酌国情,古制之善者存之,其不善者改之;西制之可采者取之,其不可采者去之。折中至当,两无所偏。此吾辈读新书、读旧书所应之事也"。③ 蔡和森这种实事求是和具体分析的学习观,是难能可贵的,无疑是对当时讼争不休的"全盘西化论"和"保存国粹论"两种片面主张的有力批判。

---

① 蔡和森:《蔡和森文集》,湖南人民出版社1980年版,第15页。
② 杨天平、黄宝春:《"五四"前期"新青年"反复古主义的教育方针思想》,《浙江师范大学学报》(社会科学版) 2010年第6期。
③ 人民出版社编:《回忆蔡和森》,人民出版社1980年版,第34页。

5. 蔡元培、钱玄同等人的反复古主义教育思想

此一时期，蔡元培、钱玄同等民主斗士对以封建文化和封建礼教为核心的教育要旨也多所鞭伐。作为民国第一任教育总长，蔡元培不仅是反复古主义教育思潮的坚强后盾，而且亲自参与了反复古教育的战斗。他指出，共和时代的教育方针应"得立于人民之地位，以定标准"，须让民众接受军国民教育、实利教育、公民道德教育、世界观和美育等现代教育，坚决反对"似专制时代那般以某个人主义或某部分人主义而钳制受教育者"的陈腐教育。1918年3月4日，钱玄同在致陈独秀的信中写道："欲使中国不亡，欲使中国民族为20世纪文明之民族，必以废孔学、灭道教为根本之解决，而废记载孔门学说及道教妖言之汉文，尤为根本解决之根本解决。"[①]

综上所述，自1915年《新青年》面世、标志着新文化运动的兴起，至1919年五四运动前夕，以陈独秀、李大钊、毛泽东、蔡和森等为代表的民主斗士们，高举反复古教育要旨的大纛，倡导包含人权、自由、平等、科学、实用等内容的民主教育精神，虽不免多从政治的、社会的、文化的而不是从教育的角度切题，因而显得较为零散，但仍不失为时代的先声，从而为后来新民主主义的教育革命以及现代公民教育制度的奠立作了反封建的理论铺垫，其思想内核更直接构成了新民主主义文化教育方针的基本内容。他们旗帜鲜明地反对用孔道儒教来规矩教育，而主张以民主共和精神为教育旨归，不仅吹响了近现代中国新教育的号角，从根本上击溃了封建旧教育的营盘，为其后西方各派教育思潮传入中国腾空了舞台，促进了中国教育思想的大解放，而且对中国共产党在革命战争时期、和平建设时期及改革开放以后教育方针的形成和发展等，都产生了极为深远的影响。

（二）建党以后马克思主义的教育方针思想

马克思主义诞生于19世纪40年代的欧洲，于19世纪末传入中国。1899年，上海广学会所办的《万国公报》刊发译文，介绍基于资本理论而"讲求要民""讲求养民"学说的德国学者马克思和恩格斯。20世纪初，一些流亡日本的中国知识分子如梁启超、宋执信和一些无政府主义

[①] 《钱玄同致陈独秀》，《新青年》第4卷第4号，1918年3月4日。

者，在其所办刊物上介绍马克思、恩格斯的生平学说，并译介《共产党宣言》的主要内容。1911年以后，国内出版物也陆续开始刊文介绍了马克思学说，但由于对其缺乏深刻的理解，因而介绍还比较零碎，更不要说有关其教育思想的专门介绍了。

时至1916年，继1911年近现代中国史上第一次政治暴力革命成功之后，又发生了一场轰轰烈烈的思想文化革命。由于西方列强忙于第一次世界大战而无暇东顾以及国内各派政治力量争斗，放松对意识形态的控制，加之苏俄革命引进马克思主义的成功与中国传统的"大同"理论颇多契合之处，使得马克思主义及其教育思想在中国迅速传播。

至1919年五四反帝爱国运动前后，马克思主义的理论在中国已蔚然形成风潮。经过1921年中国共产党的成立、1924年的国共两党的合作、1927年以后中国共产党独立开辟革命根据地、建立革命武装直至1931年建立苏维埃政府等阶段，以李大钊、陈独秀、毛泽东、恽代英、杨贤江等为代表的早期共产主义知识分子，一方面专力于马克思主义及其教育原理的宣介；另一方面又参照苏俄的教育模式，阐发其对中国教育的看法。他们运用上层建筑与经济基础关系的理论说明教育本质，提倡通过社会主义发展教育，倡导革命的青年教育，争取工农群众的教育权利，强调教育与社会的紧密联系，等等。总之，他们的一系列理论和实践活动，为中国共产党早期教育方针的制定做了大量的理论研究与铺垫工作。

1. 李大钊的马克思主义教育方针思想

在近代中国教育史上，李大钊是第一位马克思主义的系统宣介者，是运用马克思主义分析教育问题、阐述马克思主义教育思想的理论家。早在1918年，他就撰文宣布自己的马克思主义立场。是年底，又在北京大学组织成立中国第一个马克思主义研究会。1919年，他在《新青年》上刊发《我的马克思主义观》长文，系统介绍马克思主义的经济学说、唯物史观和科学社会主义学说，并提出"人类社会一切精神的构造都是表层构造"[①]的著名论断，从而将教育归类其中。同时，他还借助马克思的"经济论"（经济基础决定上层建筑）观点，揭示了旧教育灭亡、新教育建立的历史必然性。他指出，"凡是精神上的构造都是随着经济的构造变

[①] 谭双泉：《五四时期的东西文化论战——为纪念五四运动80周年而作》，《湖南师范大学社会科学学报》1999年第6期。

化而变化",① 教育当然也不能免,但它同时也受政治制约,"须知政治不好,提倡教育亦是空谈"。② 另外,教育对政治经济和社会也有影响,比如,通过传播科学文化、培养各类人才、提高国民素质来促进社会改造和进步等。李大钊还注意到了上层建筑对经济基础的反作用:不改造经济组织,单求改造人类精神,必致没有效果;不改造人类精神,单求改造经济组织,也怕不能成功。③

他指出,中国教育必须与政治革命和经济建设结合起来,彻底冲击封建主义和帝国主义堤坎,以祛除国民劣根性、唤起民众觉悟、改造社会为目的,在当前形势下,尤应关注青年教育和工农大众教育。他要求青年认真学习马克思主义,树立革命人生观,走与工农相结合的道路。他在家乡创办了大黑陀初等小学,并亲书"学校造人才,为改造社会;读书为作事,不是为做官"的对联,④ 贴在校门两侧,鼓励学生努力学习,将来成为改造社会的有用人才。

他十分关注农村教育问题。在《青年与农村》一文中,他提出:我们中国是一个农业国,大多数的农工阶级就是那些农民。他们若是不解放,就是我们全体国民不解放。要改造社会、改造农民和农业经济,知识青年就应当到农村去,深入而广泛地了解与接触农民,体验农民的疾苦,解放与提高农民,改造与建设农村,"做开发农村、改善农民生活的事业"。⑤ "只有知识阶级加入了劳工团体,那劳工团体就有了光明;只有青年多多地去了农村,那农村的生活就有改进的希望;只有农村的生活有了改进的结果,那社会组织就有进步了,那些掠夺农工、欺骗农民的强盗就该销声匿迹了。"⑥

在《劳动与教育问题》一文中,他指出,现代工业的发展除了工人生活改善外,其文化教育生活也必须相应提高,"像我们这样教育不昌、

---

① 李大钊:《李大钊选集》,人民出版社1959年版,第185—186页。
② 徐卫红:《李大钊:中国最早的马克思主义教育家》,《中国教育报》2011年5月30日。
③ 喻本伐、熊贤君:《中国教育发展史》,华东师范大学出版社1991年版,第556页。
④ 孙培青、李国钧:《中国教育思想史》(第3卷),华东师范大学出版社1995年版,第301页。
⑤ 中华人民共和国教育部《中国共产党教育理论与实践》编写组:《中国共产党教育理论与实践》,北京师范大学出版社2001年版,第5页。
⑥ 同上。

知识贫弱的国民，劳工补助教育机关尤是必要之必要"。① 1919年2月，李大钊在《晨报》上提出劳动者教育问题，主张在教育上人人机会均等。他认为，在当时条件下，工人的学习如果不同劳动结合起来，是不可能进行的。同年，在《新生活》这个"五四"时期著名的通俗刊物上，他以"工读"为题，提出了"使工不误读，读不误工，工读打成一片"的意见，并利用中国"耕读传家"的古训，改为"耕读作人"，在当时条件下，工人的学习，如果不同劳动结合起来，是不可能进行的。②

李大钊还提倡"纯正的平民主义"教育。所谓纯正的平民主义，"就是把政治上、经济上、社会上一切特权阶级完全打破，使人民全体都是为社会国家作有益工作的人，不须用政治机关统治人身……这样的社会才是平民的社会，在这样的平民的社会里，才有自由平等的个人"，③ 在这样的平民的社会里，也才能实施平民主义教育。"完美教育的方针"，便是"无论在政治上、经济上、社会上，都要尊重人的个性"，"要使全国人民不论何时何地都有研究学问的机会"。④

毋庸置疑，李大钊关于教育本质的看法、关于劳工教育和平民教育的主张，充分体现了马克思主义的教育指导思想，不仅为五四运动后涌现出来的无产阶级教育家所接受，当时很多人不同程度地受到他的启迪和教益，而且也对民主革命时期我国教育的性质、任务及其发展方向，尤其是对中国共产党早期教育纲领的创立，都起到了极为重要的思想启蒙和理论先导作用。

2. 陈独秀的马克思主义教育方针思想

陈独秀继新文化运动前期作为一个激进的民主主义者，运用进化论武器批判复古教育之旨以后，已转变为一个具有初步共产主义思想的知识分子，并转而运用马克思主义的教育思想来观察和分析教育问题。他指出，所谓教育，"自狭义言之，乃学校师弟之所授受；自广义言之，凡伟人大哲之所遗传、书籍报章之所论列、家庭之所教育、郊游娱乐之所观感，皆

---

① 李大钊：《李大钊文集》（上），人民出版社1984年版，第634页。
② 董纯才：《中国革命根据地教育史》（第1卷），教育科学出版社1991年版，第17—18页。
③ 李大钊：《李大钊文集》（下），人民出版社1984年版，第609页。
④ 同上书，第503页。

教育也"。① 这就是说，教育有狭义、广义之分，狭义教育仅指学校教育，广义教育则还包括社会教育和家庭教育。但无论狭义还是广义，陈独秀认为，教育与思想文化、道德、宗教一样，均属于"心的现象即精神现象"，"都是经济的基础上面之建筑物，而非基础之本身"。② 作为上层建筑的教育，一方面，它不仅离不开经济的发展，而且也不能脱离政治，所谓教育独立，实际上是"把教育界搬到空中去独立或是大洋中去独立"；③ 另一方面，它又通过人才培养、文化传承、唤起民众、鼓励革命等手段反过来为社会服务，促进社会的进步和发展。无疑，此种关于教育的上层建筑特点的洞见，不仅为我党早期教育纲领的制定提供了丰富的理论基础，而且较之于同时代李大钊等人对教育的看法也别有意义。

在《新教育是什么》《教育与社会》的演讲中，陈独秀指出，新教育与旧教育不同的一个重要方面，在于教育主义的不同。旧教育是主观的，它的教育主义是个人的；新教育是客观的，它的教育主义是社会的。"旧教育主义是要受教育者依照教育者的理想，做成伟大的个人"，它"把教育与社会分为两件事，社会自社会，教育自教育"，从而降减了教育的效力；而新教育主义则注重改良社会以及与社会密接，而不专在造就个人的伟大。④

中国教育朝什么方向发展？陈独秀主张，应发展"建立在社会的需要上面"、与社会实际紧密联系、向社会开放的新教育。但新教育又有资本主义和社会主义之分，是循资本主义教育之轨，还是走社会主义教育之道？两者之中该做如何选择？陈独秀早期曾主张取法资本主义，并提出"四大主义"的教育方针，而此期则主张用社会主义来发展教育。他指出，西方用资本主义发展教育，取得了一些成就，但同时也带来了一系列的社会问题，如"把欧、美、日等之社会弄成贪鄙、欺诈、刻薄、没有良心了"。⑤ 因而，用资本主义来发展教育，此路不通，"正好用社会主义来发展教育，免得走欧、美、日本之错路"。⑥ 也就是说，陈独秀所指的

---

① 陈独秀：《陈独秀文章选编》（上册），三联书店1984年版，第84页。
② 陈独秀：《陈独秀文章选编》（中册），三联书店1984年版，第377页。
③ 同上书，第238页。
④ 同上书，第75页。
⑤ 同上书，第52页。
⑥ 同上。

新教育，是社会主义的教育，而不是资本主义的教育。

倡导平民教育，是新文化运动中"拥护民主"的口号在教育领域的具体体现。陈独秀大声疾呼，要求使"引车卖浆之徒，翁牖绳枢之子"都能进学校读书受教育。他说："新教育对于一切学校的概念，都是为社会设立的。自大学以至幼稚园，凡属图书馆、实验场、博物院，都应公开，使社会上人人都能够享用。"① 他认为，对广大劳动人民实施教育，必须本着"庶民"的方向，即平民教育必须符合劳动人民求得解放的根本利益，而且这种教育必须是在打破"政治上、社会上一切特权阶级"的同时进行。

陈独秀强调，教育必须联系实际，学术必须与社会结合。学校应破除"闭关主义"、实行"开放主义"，各级各类学校以及各种社会教育机构都应该向社会开放。他指出："新教育对于一切学校底观念，都是为社会设立的，不是仅仅为一部分学生设立的"，②"自大学以至幼稚园，凡属图书馆、试验场、博物院，都应该公开，使社会上人人都能够享用，必如此才能够将教育与社会打成一片，必如此才能够使教育与社会打成一片，才能够造成社会化的学校和学校化的社会"。③

他很不满意旧教育下的学校奉行的闭关主义，实施的是贵族式的、神秘的办学路线，学校大门向社会紧闭，阻止社会上的人进学校受教育，致使学校设施不能充分利用，"减少了文化普及底效力"。1923 年 1 月 31 日，陈独秀在《向导》第 18 期发表《教育界能不问政治吗？》，指出"教育独立，不问政治"这种毫无常识的话，"勿再出诸知识阶级的教育家及学生之口"，"'不问政治'这句话，是亡国的哀音，是中国人安心不做人的表示"。④

概言之，陈独秀上述关于教育及其发展的指导思想，不仅为中国共产党早期的教育指导方针指明了前进的方向和道路，具有现实的指导意义和作用，而且也具有深远的历史意义和价值，较之于同时代李大钊等人对教育的看法也更为深刻。

---

① 陈独秀：《新教育什么》，《新青年》第 8 卷第 6 期，1921 年 4 月。
② 陈独秀：《陈独秀文章选编》（中册），三联书店 1984 年版，第 79 页。
③ 毛礼锐、沈灌群：《中国教育通史》（第 5 卷），山东教育出版社 1988 年版，第 458 页。
④ 同上。

3. 毛泽东的马克思主义教育方针思想

毛泽东早年就主张通过革命改造社会，进而改变不合理的教育制度。他说，"从前的教育是贵族和资本家的权利，一般的平民绝没有机会去受得"。① 要根本改变旧教育，必须改造旧社会，由无产阶级掌握教育权，无产阶级不夺取政权，"安能握得其教育权？"② 毛泽东注意把教育作为无产阶级解放事业的重要组成部分。1923年，他在《湖南自修大学入学须知》中指出："我们的目的在改造现社会。"为此，自修大学的学生，应"养成健全的人格，剪涤不良的习惯，为革新社会的准备"。③

教育同生产劳动相结合，是毛泽东北京教育方针思想的一个核心内容。从青年时期直至晚年，念兹在兹，始终坚持。早在1919年12月，在《学生之工作》一文中，他就说过："我数年来梦想新社会生活而没有办法。（民国）七年春季，想邀数朋友在省城对岸岳麓山设工读同志会，从事半耕半读，因他们多不能久在湖南，我亦有北京之游，事无成议。今春回湘再发生这种想象，乃有在岳麓山建设新村的计议，而先从办一实行社会本位教育说的学校入手。"④ 毛泽东的《学生之工作》是他为了拯救中国、改造社会而要创办"新村"所草拟的《建设新村计议》文章的一部分。他主张，建立新村，要以教育为工具，在新学校中，要实行半耕半读。学生一面读书（教授4小时，自习4小时），一面耕作（耕作4小时）。他认为，创造新学校、施行新教育，必与创造新家庭、新社会相联系。毛泽东在《学生之工作》中就说过，旧日读书人不预农圃事，今日学校，学生一边读书，一边工作，这样，学生可以改掉旧日"士大夫"一流的"官场"与"市场"习气。

1921年，毛泽东为湖南自修大学起草组织大纲，宣称："本大学学友，为破除文弱习惯，图脑力与体力之平均发展，并求知识与劳力两阶级之接近，应注意劳动。"⑤ 他给湖南自修大学制定了"实施脑力劳动和体力劳动相结合"的教育方针，确立以"革新中国社会"为教育目的。这

---

① 《民众的大联合》，《湘江评论》1919年2月4日。
② 陈元晖：《中国现代教育史》，人民教育出版社1979年版，第15页。
③ 毛泽东：《湖南自修大学创立宣言》，《新时代》第1卷第1号，1923年4月。
④ 孙喜亭：《试论毛泽东关于教育与生产劳动相结合思想的特定含义》，载《江西教育科研》1996年第6期。
⑤ 中央文献研究室：《毛泽东年谱》（1893—1949），中央文献出版社2002年版，第86页。

所学校的教学方法也别具一格：先让学员看书，联系实际进行思考，最后才是教师辅导。

在1920年12月1日给法国的新民学会全体会员的复信中，毛泽东详细阐述教育和政治、教育权和政权的关系，表达了教育必须为政治服务的唯物史观。他对蔡和森的"中国革命必须走社会主义道路"的意见"表示深切赞同"，反对主张以教育为工具的温和的改良办法。他举罗素当时在长沙的演说为例，认为，罗素那种"用教育的方法使有产阶级觉悟，可不致要阻妨自己、兴起战争、革命流血"的主张，事实上做不到。他说："教育一要有钱，二要有人，三要有机关，现在世界，钱尽在资本家的手，主持教育的人尽是一些资本家，或资本家的奴隶，现在世界的学校和报馆两种最重要的教育机关，又尽在资本家的掌握中"，[①] "因为他们有议会、政府、法律、军队和警察"。况且，"现在世界的教育，又是一种资本主义的教育"，无产阶级如果不取得政权，"安能握得其教育权"？[②]

无疑，毛泽东的教育方针思想是运用马克思主义的观点和方法解剖教育本质的辉煌范例。他结合中国的国情，审时度势，初步提出一系列具有共产主义特质的教育主张，明确教育在旧民主主义革命中的地位、性质、任务和方向，从而为民主革命时期我党的教育实践奠定了丰富的思想基础，在中国共产党的教育方针发展史上留下浓墨重彩的一笔。

4. 恽代英的马克思主义教育方针思想

恽代英（1903—1936），字子毅，祖籍江苏武进，生于湖北武昌，中国共产党早期青年运动领导人，无产阶级革命家，黄埔军校第四期政治教官。

作为中国共产党早期的马克思主义教育理论家之一，恽代英对教育的认识有一个发展变化过程。早年，由于受到教育救国思潮的影响，他曾认为教育对于社会发展起着主导的、根本的作用，能解决国家的兴衰存亡，因而表示"吾等以教育救国"。后来，他接受马克思主义，转而认为，不良的经济制度才是社会罪恶之渊，离开经济制度的改造和政治革命而谈什么教育救国，只能说是一种不切实际的空想。但这并不是说教育对社会发展没有作用，恰恰相反，教育是改造社会强有力的工具，关键"要看什

[①] 陈元晖：《中国现代教育史》，人民教育出版社1979年版，第15页。

[②] 同上。

么是今天最急最要的事情，以决定教育的方针"。①

五四运动后，对于如何改造社会这一话题，众说纷纭。最为突出的是"教育救国论"。这股思潮客观上将青年引上了脱离社会革命的轨道，中国共产党人对其展开了批判。批判"教育救国论"，实际上涉及了教育在社会中的作用问题。恽代英认为，"教育确是改造社会有力的工具"，但要使教育成为改造社会的有力工具，关键在以社会改造的目的来办教育，要以社会的需要决定教育，而在中国当时的社会情况下，改造社会的关键又在于政治的变革、经济的发展和抵抗外来侵略。所以，他向广大青年说明目前的任务首先是"尽力促进革命，以根本改造社会，只有在较好的社会中才有较好的学校"。②

在批判半殖民地半封建教育的同时，恽代英提出了教育改造的新构想。他从改造整个社会的基本点出发，提出，要以改造社会的目的来办教育，而中国改造社会，最需要国民觉悟，需要革命家和能够掌握政治、经济局面的人才，因而应该注重实施情意教育和社会科学教育，以增强民族自信力，培养"感觉灵敏、情感纯挚、意志强固、气质朴实""抵抗力强、切实精密、能奋斗不倦""能革命的人才"，从而为改造社会服务。③

1924年1月，《新建设》发表恽代英《革命运动中的教育问题》一文，他指出：改造社会，是要整顿政治，组织人民政府，发展生产，抵御外侮，振兴国势。因此，非革命不可，不是教育了一切的人，才可以改造社会，而是改造了社会，才可以有好教育。教育是改造社会的有力工具，但必须帮助革命才真有价值。恽代英认为，我们是为今天的中国办教育，不是为教育办教育。处在危急存亡时刻的中国，要根据当前的急需来决定教育方针。④

1924年8月，恽代英发表了《民治的教育》一文。他提出了培养"国家的主人翁"的教育目标。他认为民国时代的教育，应是"民治的教育"。所谓"民治的教育"，恽代英认为主要包括两层意思：（1）自主自

---

① 恽代英：《革命运动中的教育问题》，《新建设》第1卷第3期，1924年1月20日。
② 恽代英：《什么地方有较好的学校呢?》，《中国青年》第103期，1925年11月28日。
③ 孙培青、李国钧：《中国教育思想史》（第3卷），华东师范大学出版社1995年版，第314页。
④ 中央教育科学研究所：《中国现代教育大事记》，教育科学出版社1988年版，第78页。

治的教育。即应该培养学生独立思想、独立行动，教育学生自己尊重自己，自己信仰自己，让他们积极练习各种团体生活，养成各种办事能力，将来到社会上，才能够尽主人翁的责任。（2）养成为民众服务的人，即学生应该敬重民众，了解民众，使他们愿为广大民众的利益而努力。[1]

由此伸发开去，他还提出了改造中等教育和幼儿教育的主张。有关中学的教育宗旨，当时教育界有三种意见：第一，中学只是一个专门学校的预备科；第二，中学是给一般青年龌鼠五技的常识教育机关；第三，中学是养奴隶他人或为他人奴隶的军国民教育机关。对这三种意见，恽代英均不赞同。[2] 恽代英认为，现行的中学教育，教授英文的时间比任何课多，这完全是一种"洋八股"，这种洋八股除了用来应付升学考试外，在其时的大众生活中应用极少，而且，在中学毕业生中继续升学的人又很少。他指出，这不仅是半殖民地奴化教育的一种表现，而且学生被"洋八股教育"压得透不过气来，使学生找不到时间学习做人和做公民的学问，这实际上也是反动阶级最毒辣的手段。

在最初的《中学英文教授刍议》中，他认为："中学乃养成一般国民必须的最低限度的独立生活的知识和技能的学校。"[3] 稍后，在《编辑中学教科书的先决问题》中，他又说："中学教育是养成一般中等国民应有的品格、知识、能力的教育。"[4] 在恽代英看来，中学教育既不只是为升学作准备，也不只是为就业作准备，更不是单纯的军国民教育，而是为了使中学生毕业后"升学就业两便利"。这就正确揭示了中学教育的性质、目的和任务。至于儿童公育的改造，在论述了"非世界彻底改造谈不上什么理想的儿童公育"的基本观点之后，恽代英着重阐明了其对国家、社会和个人自身发展的基础性作用。

恽代英非常重视体育，他认为体育是学校教育的重要组成部分。恽代英说，我国普通中学的教育以国文、英文、算术为主科，而手工、图画、体操为随意科目，这实在是违背教育原理。他认为，学校应以理化、手

---

[1] 恽代英：《恽代英文集》（上卷），人民出版社1984年版，第575—581页。
[2] 孙培青、李国钧：《中国教育思想史》（第3卷），华东师范大学出版社1995年版，第316页。
[3] 恽代英：《中学英文教授刍议》，《中华教育界》第10卷第3期，1920年7月20日。
[4] 恽代英：《编辑中学教科书的先决问题》，《中华教育界》第10卷第3期，1920年9月20日。

工、音乐、体操、图画为主科。他猛烈地抨击当时在一些学校流行的军国民教育和选手体育,他反对把军国民教育置于体育之上,认为搬用军队的训练内容、方法来组织约束学生,仅仅以提倡比力比武为能事,或徒有形式而无实质,或只及一部分学生而不能普及体育于全体学生,都不是好办法。

他认真分析了当时学校实行军国民教育的现状,认为这种体育对学生非"唯无益,而又害之"。他强烈呼吁,要加强对学校体育的研究和改良,改片段的、偏枯的、骤进的、枯燥的体育为系统的、圆满的、渐进的和有兴趣的体育。他还提出了改良体育的设想,如加授生理卫生学,增加锻炼时间,开展田径、球类活动,经常进行体格检查,注意运动安全,注意好生理特点等。恽代英不仅主张把体育列为学校教育的重要组成部分,还提出学校应坚持德、智、体三育并重的原则。

恽代英还热情地支持20世纪20年代兴起的收回教育权运动,深刻揭露教会学校的本质,坚决反对教会教育。他先后写了《打倒教会教育》《我们为什要反对基督教》等文,指出,教会学校不是专为教育而设,而是"骗人做他们的教徒",是"外国人软化中国的工具"。① 他号召青年不要进教会学校,"我们中国青年多一个人进英国人所办的学校,便少了一个人反对英帝国主义,多一个人进美国人所办的学校,便少了一个人反对美帝国主义。外国人办的学校越发达,便会使反对帝国主义的人越少,便会使我们中国人的民族精神越受损失"。② 正因为教会学校的这种侵略性,恽代英提出"打倒教会教育",主张"封闭一切教会学校,要驱逐一切教会教育家,但是,我们决不可以抛弃教会学校的青年,他们是受欺骗的,他们是受压迫的,我们应当去接近他们,在他们的群众中去活动,把他们联合起来,与我们里应外合,扑灭教会教育的毒焰"。③

毋庸置疑,恽代英的这些教育主张,为中国共产党早期教育方针的制定和实践提供了科学的理论基础,不仅对民主革命时期党领导下的教育实践活动起到良好的规范和导向作用,而且对社会主义建设时期党的教育方

---

① 恽代英:《儿童公育在教育上的价值》,《中华教育界》第10卷第6期,1920年12月20日。

② 恽代英:《耶稣、孔子与革命青年》,《中国青年》第120期,1926年5月22日。

③ 恽代英:《打倒教会教育》,《中国青年》第60期,1925年1月3日。

针的制定及其实践活动也具有重要的参考价值。

5. 杨贤江的马克思主义教育方针思想

杨贤江（1895—1931），字英甫，笔名李浩吾、李膺扬、柳岛生，浙江余姚（今慈溪市）人，中国共产党早期党员之一，马克思主义理论家、教育家、活动家。

杨贤江是中国共产党建党初期卓越的马克思主义教育理论家。杨贤江认为，教育是与社会的生活过程、物质的生产关系密切联系的，而且是以现实的社会经济生活为基础的。他断言："若说教育是与现实的经济生活无关，单凭某个人头脑中的思索所决定，从来就没这样一回事。"[①] 对于教育的发端或起源问题，他明确指出："教育的发生，简简单单的是在于人类实际生活的需要。"[②] 杨贤江说，在革命的进程中，教育是革命的武器之一。在革命民众获取政权以前，教育通过宣传革命思想，激起被压迫民众的革命情绪，参加革命斗争，成为"获取政权的武器之一"，在获得政权之后，教育又承担起教导民众的责任，起着"保卫政权并促进政权"的重要作用。可见，教育着实有作用，对革命有助益，对建设有促进，决不像是专做"尾巴"的。[③]

杨贤江指出，教师应该对学生进行"全人生指导"，指导学生去革命，教他们了解当地的政治、经济状况以及对自身的利害关系，并随时领导他们去接近实际，参加斗争，使他们成为"明白国家现状，能忍受苦痛，且肯为中国民众的利益及青年们的利益而努力奋斗的"人。[④] 他主张，对青年进行"全人生的指导"，即全面关心、全面指导，不仅要关心青年的文化知识学习，同时还要对他们生活中的各种实际问题给以正确的教育与指导，使他们在德、智、体诸方面都得到健康成长，"兼有三育，融会精彻"，成为"中国社会改进上适用的人才"。

虽然，杨贤江一生短暂，但他翻译撰写的著作有 10 多部。其中，影响最大的是《教育史 ABC》和《新教育大纲》，奠定了他作为中国马克思

[①] 杨贤江：《新教育大纲》，《杨贤江教育文集》，教育科学出版社 1982 年版，第 413、462 页。

[②] 《教育杂志》第 21 卷第 7 号，1929 年 7 月 20 日。

[③] 杨贤江：《新教育大纲》，《杨贤江教育文集》，教育科学出版社 1982 年版，第 413、462 页。

[④] 杨贤江：《中学训育问题的研究》，《教育杂志》第 17 卷第 8 号，1925 年 8 月 20 日。

主义教育的先驱地位，从而也为党的教育方针提供了丰富的理论养料。

此外，萧楚女、邓中夏、瞿秋白、蔡和森等人也对党的教育方针提出自己的看法与主张。在《讨论"国家主义的教育"的一封信》中，萧楚女说，他完全同意恽代英"教育方针，宜明定在用以救国，不应仍游移于和谐的或专门化的教育"之外。他指出，救国的主要点，还是在社会的（世界的）经济之改造。"如巴望着教育——即令是'我们的教育'供给人材，倒不如从实际的社会服务中去训练的靠得住。"①

邓中夏提倡平民教育。在他的领导下，北京大学平民讲演团的讲演范围扩大到城市、乡村和工场。讲演团的宗旨是"增进平民知识，唤起平民之自觉心"，"把平民教育主义推广到全国"。② 同时，瞿秋白亦主张"实施平民教育"，实行"工学主义""学工主义"的口号，认为要解决中国的广大劳动群众问题，必须为工农劳动界的教育问题着想。③

蔡和森倡导教育的目的在于，促进人的自由发展，进而为振兴社会服务。在给毛泽东的信中谈到"学"的目的时谈道，就"学"而言，"吾人之穷极目的，唯在冲决世界之层层网络，造出自由之人格，自由之地位，自由之事功"的人才。④ 一言以蔽之，在于促进人的自由发展。蔡和森十分重视教育在"开启民智"和"改良人心风俗"中的重要作用，他不仅认识了广大民众是改变旧中国积弱贫穷、落后挨打的潜在力量，而且希望通过一种温和的方式——教育，变蕴藏于广大民众中的潜在力量为现实的力量，达到拯救国家危亡、振兴中华的目的。

综上所述，以李大钊、陈独秀、毛泽东、恽代英、杨贤江等人为代表的早期共产主义知识分子，一方面，阐明教育的性质，为民主革命时期教育的准确定性和科学定位提供了马克思主义的研究思维和方法论范式；另一方面，又指明教育的方向，为民主革命时期教育的发展道路和发展前景设计了教劳结合、工读结合的理论基础和纲领性原则，既为中国共产党早期教育纲领的制定及其实践积累了前期的理论基础，同时也为后来新民主

---

① 中共党史研究室《萧楚女文存》编辑组：《萧楚女文存》，中共党史出版社1998年版，第78—79页。

② 中央教育科学研究所：《中国现代教育大事记》，教育科学出版社1988年版，第20—21页。

③ 朱世英：《瞿秋白教育思想初探》，《中国矿业大学学报》（社会科学版）2001年第3期。

④ 《蔡和森文集》，人民出版社1980年版，第23页。

主义教育方针的制定和实施提供了丰富的理论准备。

二 1921年中国共产党建立以后的教育纲领

中国共产党成立之初，就将教育作为革命斗争的武器，不仅批判封建、买办和帝国主义的教育，而且开展工农大众的革命教育，积极开创新民主主义的教育。20世纪20—30年代，中国共产党召开了六次全国代表大会。每次大会，都根据革命形势的发展，及时正确地制定各个阶段的总路线以及为它服务的教育方针政策，并迅速地贯彻执行。此期党的教育方针体现在党的教育纲领和其他重要文献之中。

（一）一大至六大党的教育纲领

1921年7月23日，中国共产党第一次全国代表大会在上海举行。大会讨论通过了《中国共产党的第一个决议》，从而宣示了中国共产党的成立。《决议》指出："党在工会里要灌输阶级斗争的精神"，[①] 并规定，党在当前的主要任务，是大力发展工会组织，加强对工人群众的马克思主义教育。"工人学校应逐渐变成工人政党的中心机关"，"学校的基本方针是提高工人的觉悟，使他们觉得有成立工会的必要"。[②] 这个决议，"学校的基本方针"实质上就是指教育方针，作为党的教育纲领性意见，在当时起到了教育方针的作用。它把教育同唤醒劳工参加革命斗争联系在一起，是同党在初创阶段发动广大劳工参加革命运动的中心任务紧密相关的。

1922年7月，中国共产党召开第二次代表大会，确定了党的最高纲领和最低纲领。最高纲领是渐次达到共产主义社会，最低纲领是推翻帝国主义的压迫、建立真正的民主共和国。[③] 在具体的奋斗目标第七项"制定关于工人和农人以及妇女的法律"的下面，明确提出了两条教育纲领：废除一切束缚女子的法律，女子在政治上、经济上、社会上、教育上一律

[①] 《关于中国共产党任务的第一个决议》，《党史资料丛刊》，上海人民出版社1980年版，第8页。

[②] 宋荐戈：《中华近世通鉴·教育专卷》，中国广播电视出版社2000年版，第156页。

[③] 中共二大史料编纂委员会：《中国共产党第二次全国代表大会》，中共党史出版社2006年版，第57—58页。

享受平等的权利；改良教育制度，实行教育普及。它把教育与要求民主平等、反对封建剥削和殖民地统治、改善工人农民的生活等联系起来，把教育当作革命斗争的一种武器，要求教育为民主革命的政治任务服务；把教育纲领作为制定关于工人、农民和妇女法律的内容而提出，主张为保证劳动人民得到应有的教育而"改良教育制度"，把劳动人民当作"实行教育普及"的主要对象。这是作为反帝反封建的新民主主义革命纲领的组成部分而提出的，是为当时党的中心任务和党的最高纲领服务的。

《中国共产党第二次全国代表大会宣言》提出的最高纲领是："要组织无产阶级，用阶级斗争的手段，建立劳农专政的政治，铲除私有财产制度，渐次达到一个共产主义的社会。"① 为了达成这个纲领，在《关于"工会运动与共产党"的议决案》的第十一条中指出，工会自身一定要是一个很好的学校，应当花许多时间努力去教育工会会员，用工会运动的实际经验做课程，为的是要发展工人们的阶级自觉。第十六条指出，工会是所有工人的组合（不管政治见解怎样），工人们在工会里，去接受"怎样用社会主义和共产主义精神去奋斗"的教育，与共产党向同一目的进行。②

1923年6月，中国共产党召开第三次代表大会，讨论通过《中国共产党党纲（草案）》。提出："实行义务教育，教育与宗教绝对分离。全国教育经费应严重保证。教员应享受年功加俸；到相当年龄应享受养老年金。"③ 其目的在于，通过教育来推动"反对帝国主义和封建主义"的"民族解放之斗争"。在这些决议推动之下，第一次国内革命战争时期，党领导下的职工教育、农民教育、妇女教育、士兵教育，特别是干部教育，都有了很大的发展。④

1925年1月，中国共产党召开第四次全国代表大会，讨论通过《对于青年运动之议决案》。提出："要使我们的宣传能达到青年工人，就须组织俱乐部、学校等机关"；"平民教育的运动，现在有发达的趋势，这

---

① 喻本伐、熊贤君：《中国教育发展史》，华东师范大学出版社1991年版，第562页。
② 中共二大史料编纂委员会：《中国共产党第二次全国代表大会》，中共党史出版社2006年版，第40—44页。
③ 中央档案馆：《中共中央文件选集（1921—1925）》，中共中央党校出版社1982年版，第113页。
④ 董纯才：《中国革命根据地教育史》（第2卷），教育科学出版社1991年版，第48页。

是我们社会主义青年团应当极端注意的"；"乡村教育是社会主义青年团最要注意的，如何使青年团学生分子散布到各地乡村学校中去当教师，以与青年农民有接触与宣传的机会，又须极力吸收小学的教师去负这种责任"；"社会主义青年团在学生中的工作应有长期的宣传，根据他们的状况，宣传和引导他们为自己的利益而奋斗"。①

1927年5月，中国共产党召开第五次代表大会，讨论通过《对于共产主义青年团工作决议案》。指出，共青团应从文化体育等运动着手，引导青年群众参加党领导的各种争斗，这就是青年无产阶级的共产主义的革命教育。②

1928年7月，中国共产党召开第六次全国代表大会，讨论通过《政治决议案》。指出，目前党内的工作任务之一是，"加紧党员群众的教育，增加他们的政治程度，有系统地宣传马克思列宁主义，研究中国革命过去几个时期的经验"。同时还指出，党在军事问题和士兵运动方面的任务之一是，"最大限度加紧工人和党员的武装训练"。同月，在中国共产主义青年团第五次全国代表大会上，讨论通过了《教育宣传决议案》。指出，在苏维埃区域必须组织平民学校或夜校，以教育一般青年劳动群众。③

（二）一大至六大党的教育实践

在党的一大至六大教育纲领的指引下，制定了一系列具体的教育方针政策，并开展了丰富的教育实践。党的工农教育、干部教育等，都有很好的发展。工人教育，如北方邓中夏等人兴办的长辛店劳动补习学校、南方共产党上海支部开办的沪西小沙渡劳动补习学校及其后在安源、粤汉铁路、水口山、长沙等工人区开办的工人学校；农民教育，如彭湃在广东海丰建立的各种农民学校、1922年成立的长沙农村教育补习社在长沙附近农村开办的补习学校；干部教育，如湖南自修大学、平民女学、上海大学、农民运动讲习所、劳动学院；等等。

1922年5月，在党的领导下，中国社会主义青年团第一次全国代表大会召开，讨论通过《关于教育运动的决议案》。提出，要开展"青年工

---

① 宋荐戈：《中华近世通鉴·教育专卷》，中国广播电视出版社2000年版，第160页。
② 同上书，第162页。
③ 同上书，第163—164页。

人和农民特殊教育运动","工人愈无知,资本家便愈容易加以掠夺和压迫,我们务必将这可怕的情形(铲除),唤起青年工人为争取教育权而奋斗,并努力从事识字教育和阶级斗争的教育运动,普遍地启发一般青年工人的阶级觉悟与斗争能力";"至于农村对青年农民,尤应努力作特殊的教育运动"。① 在《青年工人农民生活状况改良的决议案》中,更号召为筹办青年工人农民的义务教育而奋斗。

在《关于教育运动的决议案》中,规定了青年团在青年教育中的任务。关于社会教育,要求青年团为所在地方之青年组织俱乐部、学校、讲演会,以提高社会青年的知识和社会觉悟,并使年长失学的青年得到普通文化教育。关于政治教育,要求对大多数无产阶级青年,宣传社会主义,启发并培养他们的政治觉悟及批评能力。关于学校教育,要求发动改革学校制度,使一般贫苦青年受到初步的科学教育,并发动实施普遍的义务教育,发动学生参加校务管理,发动取消基于宗教关系和其他方面关系的一切不平等待遇。②

围绕上述三个方面,《关于教育运动的决议案》决定,开展青年工人和农民特殊的教育运动,如普及的义务教育运动、免除学费运动、在教会学校内平等待遇运动等。其目的在于:一方面,尽可能地争取劳动群众受教育的机会;另一方面,通过斗争,揭露半殖民地、半封建社会及其教育的本质,启发广大工农群众的斗争觉悟。两方面结合起来,成为建党初期总的革命斗争的一个组成部分。③

在《中国社会主义青年团第二次代表大会决议案》中,要求举办青年工人义务教育,要求给农村儿童受教育的权利,要求学生参加社会运动和反对美、英的文化侵略,要求男女教育平等。中国社会主义青年团第三次代表大会通过的《一般被压迫青年运动的决议案》指出,知识青年近年来参加反抗学校奴隶教育运动、非基督教运动、反对旧礼教和迷信运动、新文化运动、平民教育运动、女子争取教育平等运动,以及参加一般的民族运动等,证明他们"日趋于革命之一途"。

《一般被压迫青年运动的决议案》还要求,今后的青年工人运动在教

---

① 董纯才:《中国革命根据地教育史》(第1卷),教育科学出版社1991年版,第19页。
② 郑登云:《中国近代教育史》,华东师范大学出版社1994年版,第234页。
③ 孙培青:《中国教育史》,华东师范大学出版社1992年版,第636页。

育方面要进行:"识字运动、夜学、设法介绍青年工人入夜校,设立阅报室,科学讲演、幻灯讲演,使认识政治问题与阶级斗争。"农民运动在教育方面要进行:"识字运动,设立学校,提倡义塾,设法介绍青年农民入学校,设立阅书报室,联络进步教师,科学讲演,时事讲演,幻灯讲演,相机宣传,反对旧礼教,反对基督教,从土地田赋厘金等问题方面入手,以介绍政治知识。"①

1922年6月,党的中央执行委员会发表《中国共产党对于时局的主张》。其十一项奋斗目标中,第七项是"实行强迫义务教育",这是为争取工农受教育权的行动纲领;第五项强调,要"定保护童工女工的法律及一般工厂卫生工人保险法";第十一项主张,"承认妇女在法律上与男子有同等的权利";等等。从党的最高纲领层面,对教育的实施方针做了明确规定,是党的教育纲领的具体化。②

1925年5月,第二次全国劳动大会在广州召开,讨论通过《工人教育决议案》。指出,"我们的教育方针,一面虽是注意他们日常生活的需要,如识字、常识等,但最重要的是要用这些日常知识材料说明其原因结果,引用他们生活困苦之根源及现社会之罪恶,以唤醒其阶级觉悟,这是我们无产阶级的极重要的原则,可说是我们教育的生命"。工人教育的目的是,促进阶级觉悟,训练斗争能力。一切解析、批评、教育、训育等,"都要明确地站在我们无产阶级的观点上,我们的一切言论行动,都不可违背了阶级的意识"。工人教育的办学形式,可以采用补习学校、工人子弟学校、工人阅书报社、化装演讲及公开游艺等。③

《工人教育决议案》指出:对国家、资本家和基督教青年会所举办的工人教育,如果不可能转变这种教育的性质时,就要尽力反对这种麻醉的教育。"在现存制度之下,即资本主义制度之下,工人要想得到充分的知识,得到许多受教育的机会,是没有可能的,这些都只有工人夺取政权后,才能办到。"《决议案》明确指出,工人教育的目的、方法和它应服从于政治斗争,为以后工人教育的发展制定了具体方针。④

---

① 陈元晖:《中国现代教育史》,人民教育出版社1979年版,第56页。
② 同上书,第54页。
③ 同上书,第55页。
④ 同上。

这一时期，除了北京长辛店等地铁路工人运动外，主要的是江西安源煤矿工人的罢工运动。1921 年，刘少奇、李立三等人来安源，做发动工人的工作，首先启发工人阶级觉悟，领导工人斗争，举办工人夜校。1922年 1 月，组办"路矿工人补习学校"。上白班的工人夜读，上夜班的工人日读。用马克思主义教育工人，发展党的组织。通过阶级和阶级斗争的教育，启发工人群众的阶级觉悟，激发他们的革命精神，培养革命骨干。[①]

1926 年 5 月，广东召开第二次全省农民代表大会，讨论通过《农村教育决议案》。指出，农村教育的方针是：一方面可使农民于教育中养成其革命思想，另一方面也要增进其农业之知识与技能。《决议案》要求，各种农民学校的教学既要重视文化科学及农业知识的课程，又要重视政治思想教育的课程。

1926 年 12 月，湖南省第一次农民代表大会讨论通过《农村教育决议案》。提出：省农民协会教育委员会负责组织湖南农村教育协会，大规模地开展农村教育；县农民协会、县党部会同县政府创办培养农村小学师资的学校；下级农协开办农民学校按日班（农民子弟）、夜班（成年农民）及妇女班的组织形式，招收学生，由省农协组织农民教育委员会编制课程教材，并出版农村白话报和农村画报。此外，湖北、江西、江苏、安徽、四川等省的农民教育也蓬勃发展，形式多种多样，有平民学校、平民书报室，农村宣讲团、农民俱乐部等。

1921 年，毛泽东在长沙创办"湖南自修大学"。从 1924 年 7 月开始，先是由彭湃主持，后由毛泽东主持，为中国革命培养了大批政治、军事和农民运动的骨干。此外，中国共产党还办了"上海大学""平民女校""湘江学校"和"劳动学院"等，这些学校贯彻党的教育纲领、培养了各种革命干部，广泛地播下了革命的火种。

为进一步贯彻落实党的教育主张，1924 年 7 月至 1926 年 9 月，中国共产党在广州举办一至六届农民运动讲习所，培养大批农民运动干部。讲习所注重理论、历史、现状的学习。教育内容分为基础理论课、专业课、革命文艺课、军事课四类。1927 年 3—6 月，在武昌举办中央农民运动讲习所。此外，其他许多地方也举办农民运动讲习所或农民运动讲习班。其中，毛泽东创办的广州农民运动讲习所特别出名。农民运动讲习所的学员

---

① 董纯才：《中国革命根据地教育史》（第 1 卷），教育科学出版社 1991 年版，第 22 页。

毕业后，深入农村艰苦工作，英勇战斗，成为革命队伍的骨干力量，为革命事业作出了卓越的贡献。

1927年"大革命"失败后，中国共产党人从血的教训中认识到枪杆子的重要性，开展了一系列武装斗争，并根据无产阶级政党的性质和宗旨，根据以往中央文件所提出的革命任务和当时当地的实际情况，制定教育方针政策和制度，载入自己的文化教育工作决议。

这个时期的社会教育或群众教育，是和群众运动密切连在一起的。以平民夜学、补习等方式对劳苦大众进行因地制宜的教育，特别是结合斗争实践进行教育。工农运动的过程就是群众受教育的过程，许多劳动群众逐步摆脱旧的传统的观念，打碎统治阶级加给他们的精神枷锁，逐步接受进步思想和革命思想。[①]

三 1931年苏区政府建立后的文化教育方针

1927年底，毛泽东率领秋收起义的队伍上了井冈山，创建党领导下的红色革命根据地。1931年11月，中国共产党在江西瑞金成立临时苏维埃中央政府，建设自己的政权。此一时期，中国共产党在政治上，一方面，要进行国内革命战争，推翻国民党的反动统治，建立苏维埃人民政府；另一方面，要消灭帝国主义在华的势力，实现民族独立。在文化上，一方面，要进行反对国民党法西斯化教育的斗争；另一方面，要进行反对帝国主义文化侵略的斗争，争取人民群众的受教育权，建设相对统一、独立发展的人民教育体系，从而把党的教育方针推向新的历史阶段。

（一）苏维埃政府初期的文化教育方针

苏区政府又称苏维埃政府。"苏维埃"（俄文 Советский，英文 Soviet）一词，意即"代表会议"或"会议"，作为1917年苏俄十月革命后新型的政权形式，与马克思列宁主义相偕而来中国，于1927年8月得到《中国共产党的政治任务与策略的决议案》的正式确认。中国第一个苏维埃政权成立在广东的海陆丰，创办人是彭湃。自1927年10月毛泽东

---

① 顾明远等：《中国教育大系——马克思主义与中国教育》（下），湖北教育出版社1994年版，第994—995页。

率领秋收起义部队创建井冈山根据地，至 1931 年秋，中国共产党在广州、黄冈、麻城等地创建 10 多个工农兵代表苏维埃，即工农武装割据政权。

1931 年 11 月 7 日至 20 日，中华苏维埃第一次全国代表大会在江西瑞金叶坪开幕。在苏共中央支援下，中国共产党将中央苏区、闽西、赣东北、湘赣、湘鄂赣、琼崖各根据地的工农政权整合为国家政体，以中央根据地瑞金为首都（改名"瑞京"），独立创建中华苏维埃共和国（俄文：Кита́йская Сове́тская Респу́блика，英文：Soviet Republic of China）临时中央政府，简称中央苏区政府。1934 年 1 月第二次全国苏维埃代表大会召开后，去掉"临时"二字，正式成为中华苏维埃共和国中央政府。1935 年 10 月转移至陕北，首都迁至延安。1935 年 12 月瓦窑堡会议后，改称"中华苏维埃人民共和国"。随着国共合作抗日局面的形成，1937 年 9 月 6 日，中共中央将"中华苏维埃人民共和国"中央政府西北办事处更名为"中华民国特区政府"，即"中华民国陕甘宁边区政府"。9 月 22 日，正式宣布取消"中华苏维埃人民共和国"称号。至此，历时 5 年零 10 个月的"中华苏维埃人民共和国"完成了其历史使命。

早在 1927 年 11 月，《江西省苏维埃临时政纲》就提出："实行普及义务教育及职业教育"，"注意工农成年补习教育及职业教育"，"发展农村教育，提高乡村文化"，"发展社会教育，提高普通文化程度"。创办人民子弟学校，为提高广大劳苦大众觉悟服务，为无产阶级革命斗争服务，为推翻殖民地、半殖民地、半封建的反动统治和打倒军阀、实现人民的自由、民主、解放服务。[①]

1930 年 8 月，闽西苏维埃政府文化部教育计划委员会提出以下教育方针："养成在革命环境中所需要的革命工作的干部人才；社会教育，普遍而深入地提高群众的阶级觉悟、政治水平、文化程度；儿童教育，采取强迫性的教育，凡 6 岁至 11 岁的儿童有必须受小学教育的权利和义务；施教方针，以养成智力和劳力作均衡之发展的原则，并与劳动统一的教育之前途。"[②]

[①] 江西省档案馆等：《中国革命根据地史料选编》（下册），江西人民出版社 1982 年版，第 14 页。

[②] 中央教育科学研究所：《老解放区教育资料》（一），教育科学出版社 1981 年版，第 125 页。

1931年2月,闽西苏维埃政府确定的社会教育方针是:"提高群众政治水平,使每一个群众都能了解目前政治形势,努力进行扩大斗争,巩固并发展苏维埃;提高群众文化程度,使有阅读各种宣传品的能力;普遍而深入地施以共产主义的教育,使能在阶级团结之下,争取一省或几省的胜利。"[1]

1931年9月,湘鄂赣省《苏区文化工作方针》规定:"学校教育方面,反对帝国主义基督教育,反对国民党文化教育,反对复古教育和私塾教育,反对军阀主义教育,实施马克思主义与列宁主义的阶级教育。"[2]

1931年11月,《中华苏维埃共和国第一次全国工农兵代表大会宣言》提出:"工农劳苦群众,不论男子和女子,在社会、经济、政治和教育上,完全享有同等的权利和义务";"一切工农劳苦群众及其子弟,有享受国家免费教育之权,教育事业归苏维埃掌管,取消一切麻醉人民的封建的、宗教的和国民党的三民主义的教育。"[3]

1931年11月,《中华苏维埃共和国宪法大纲》第十二条规定:"中华苏维埃政权以保证工农劳动民众有受教育的权利为目的。在进行国内革命战争所能做到的范围内,应开始施行完全免费的普及教育,首先应在青年中施行并保障青年劳动群众的一切权利,积极引导他们参加政治和文化的革命生活,以发展新的社会力量。"[4]

总的说来,《宣言》和《宪法大纲》指明了教育发展的方向,推动了苏区教育的发展,提高了劳苦大众的觉悟,支援了苏区的革命斗争和苏维埃政府的建设。

1932年5月,江西省工农兵第一次代表大会通过《文化教育工作决议》。规定,文化教育要实行"四化"的方针,使文化教育与目前革命斗争联系起来,使文化教育与工农群众的实际生活联系起来,使劳动与知识联系起来。简单说来,就是要使"文化教育社会化、政治化、劳动化、

---

[1] 董纯才:《中国革命根据地教育史》(第1卷),教育科学出版社1991年版,第229页。

[2] 余信红:《从共产主义文化教育方针到新民主主义文化教育方针的"之"字路程》,《华北水利水电学院学报》(社会科学版)1999年第2期。

[3] 中央教育科学研究所:《中国现代教育大事记》,教育科学出版社1988年版,第234页。

[4] 中央教育科学研究所:《中华苏维埃共和国宪法大纲》,《老解放区教育资料》(一),教育科学出版社1981年版,第28页。

实际化"。①

1932年秋，闽浙赣省第二次苏维埃代表大会通过的《文化工作决议案》提出："今后文化教育工作总的方针，应该是加紧群众阶级的政治教育，提高群众对革命战争的热情及战争胜利的信心和决心，发展识字运动，扫除文盲，着重青年儿童的文化教育，发展新的社会力量，反对把文化与斗争隔离、与工农群众实际生活隔离以及把劳动与知识割裂开来，实行政治化的、社会化的、劳动化的文化教育。"②

是年9月6日，《湘赣苏维埃政府第二次代表大会决议案》规定："文化教育负有铲除旧社会遗留的一切道德、宗教、风俗、旧礼教等封建残余的作用，建设工农阶级的文化事业，使群众知识增进，政治水平提高，以发动阶级斗争，坚强阶级意志，巩固苏维埃政权的社会基础，文化教育是苏维埃重要工作之一。"③

1933年4月，中华苏维埃共和国临时中央政府颁布"训令第一号"。规定："苏区当前文化教育的总任务，是要用教育与学习的方法，启发群众的阶级觉悟，打破旧社会思想习惯的传统，以深入思想斗争和参加苏维埃各方面的建设。"④

1933年12月，《湘赣省文化教育建设决议草案》提出："目前苏维埃的文化教育，必须适合反帝国主义的民族革命战争和阶级斗争的需要，采取阶级的文化教育原则，使革命的文化教育，从建立在少数地主资产阶级的利益上根本转变到建立在绝大多数工农劳苦群众的利益上，用阶级的文化教育做斗争的工具。"⑤

《湘赣省文化教育建设决议草案》进一步提出："我们的任务，不仅要使目前广大男女青年成年群众以至儿童都成为强有力的参加革命战争之一员，而且要使广大儿童成为革命的新后代，将来共产主义和社会主义社会的积极建设者，使广大群众以自己的力量，在自己斗争的经验中，来建

---

① 赣南师范学院、江西省教育科学研究所：《江西苏区教育资料汇编（1927—1937）》，1985年版，第107页。

② 同上书，第147页。

③ 同上书，第124页。

④ 中央教育科学研究所：《老解放区教育资料》（一），教育科学出版社1981年版，第29页。

⑤ 陈忠志：《简论苏区红色文化的特征》，中国共产党新闻网，2012年5月4日。

设新社会的文化教育,以及一切适用的科学技术和艺术。"①

综上所述,苏区政府初期的教育权,掌握在工农手中,劳动人民有优先受教育的权利,并通过苏维埃政权、共产党的领导来实现。教育要为革命战争和苏维埃的建设服务、为劳苦大众服务,还要反对封建主义教育,反对帝国主义奴化教育,反对国民党新军阀的法西斯主义教育,建设新型的苏维埃教育。教育必须适应根据地建设的需要,必须劳动化,同实际相结合,工农劳苦大众要成为受教育的主体等。这些内容,实际上已初步构成新民主主义教育方针的基本框架。

(二) 苏维埃政府后期的文化教育总方针

1934年1月27日,毛泽东在江西瑞金第二次全国工农兵苏维埃代表大会上,代表中华苏维埃共和国中央执行委员会与人民委员会所作报告中指出,苏维埃文化建设的中心任务,"是厉行全部的义务教育,是发展广泛的社会教育,是努力扫除文盲,是创造大批领导斗争的高级干部"。②他明确提出:"为着革命战争的胜利,为着苏维埃政权的巩固与发展,为着动员民众一切力量,加入于伟大的革命斗争,为着创造革命的新时代,苏维埃必须实行文化教育的改革,解除反动统治阶级所加在工农群众精神上的桎梏,而创造新的工农的苏维埃文化。"③

尤须阐述的是,在这个历史性报告中,毛泽东系统阐明了苏区文化教育的总方针。他强调指出:"苏维埃文化教育的总方针在什么地方呢?在于以共产主义的精神来教育广大的劳苦民众,在于使文化教育为革命战争与阶级斗争服务,在于使教育与劳动联系起来,在于使广大中国民众都成为享受文明幸福的人。"④

1. 苏维埃政府文化教育总方针的内涵

显然,毛泽东所阐述的苏维埃文化教育的总方针和总任务,不仅充分反映了以马克思主义为指导的中国共产党的文化教育方针及其对教育工作

---

① 王铁:《中国教育方针的研究——新民主主义教育方针的理论与实践》,教育科学出版社1982年版,第96—97页。
② 中央教育科学研究所:《苏维埃的文化教育》,《老解放区教育资料》(一),教育科学出版社1981年版,第20页。
③ 毛泽东:《毛泽东同志论教育工作》,人民教育出版社1958年版,第12页。
④ 同上书,第15页。

的领导，紧密结合了土地革命战争时期党在农村反封建、反"围剿"的两个中心任务，即坚持教育与生产劳动相结合、促进生产发展、支援战争和倡导无产阶级工农大众的教育普及和平等，而且规定了20世纪30年代以来直至21世纪80多年来中国教育发展的基本走向，确定了中国共产党在新民主主义革命和社会主义建设时期教育的基本性质，同时还揭示了教育必须为无产阶级领导的革命服务、为广大的劳动人民服务、教育必须与生产劳动相结合的根本方向，是中国共产党领导下苏区政府教育史上的创举，为抗日边区政府和解放区政府的教育事业发展作了前期的理论铺垫。其内涵丰富，意思深长，影响深远。

以共产主义的精神来教育广大的劳苦民众，即毛泽东后来在《新民主主义论》中所说，当作国民文化的方针，居于指导地位的是共产主义思想，应当努力在工人阶级中宣传社会主义和共产主义，并适当地有步骤地用社会主义教育农民及其他群众。因为新民主主义革命是由无产阶级领导的"资产阶级民权革命"，而苏维埃文化教育的性质是新民主主义的教育，因而必须以共产主义思想为指导，进行共产主义思想教育和宣传，以共产主义精神去教育广大劳苦民众，向人民和青少年灌输阶级斗争的观点和无产阶级专政的思想，使他们认识到争取民主革命胜利后必然走向社会主义，使受教育者具有初步的共产主义思想和无产阶级的文化，以辩证唯物主义的观点分析问题，清除反动教育的遗毒，与封建迷信和资产阶级思想作斗争。[①]

教育为革命战争与阶级斗争服务。苏维埃首要的政治任务是革命战争，为了击败国民党的军事"围剿"，为了巩固和发展苏维埃政权，共产党必须全力组织和武装人民群众进行革命斗争。因此，苏区的文化教育必须"为革命战争与阶级斗争服务"，苏维埃文化教育建设的宗旨，就是"为革命战争的胜利"，为着苏维埃政权的巩固与发展，为着动员民众的一切力量，加入于伟大的革命斗争，为着创造革命的新时代。

教育同生产劳动相联系。苏维埃政权建设需要以发展生产为物质基础，需要引导人们将脑力劳动和体力劳动结合起来，使"教育与劳动联系起来"。苏维埃革命根据地大多处于交通不便、经济文化落后的山区，为了战胜国民党的军事"围剿"，巩固和发展苏维埃政权，提高人民的生

[①] 赖志奎：《浅析苏维埃的教育方针和政策》，《江西社会科学》1982年第3期。

活水平，就必须发展生产，创造战胜敌人的物质财富。通过教育与劳动的联系，使知识与生产劳动统一起来，从更深远的意义上说，就是要从培养大多数的工农的知识分子，进到将来完全消灭智力劳动和体力劳动之间的分别，使广大劳动群众的子弟成为有能思想的头脑、有能劳作的两手、有对于劳动坚强意志的完全的新人物。苏维埃的教育，要扫除那种读书同生产脱离的寄生虫式的教育制度的残余，使学校教育同生产劳动密切联系起来。[①] 苏维埃的教育，也要克服旧社会教学书本知识与实际生活完全脱节的弊病，实行理论和实际相结合：既要使学生学到革命理论、文化科学知识，又要使学生善于将知识和实际生活联系起来，做到理论与实际统一。[②]

使广大民众都成为享受文明幸福的人，既是苏维埃文化教育总方针的战略目标，又是苏区政府后期教育的中心任务。为了提高广大劳苦大众的政治觉悟和文化水平，使他们参加苏维埃政权领导下的各方面的建设，就要实行普及义务教育，发展广泛的社会教育，努力扫除文盲，大力发展干部教育，使广大劳动人民真正掌握文化教育的领导权，提高思想文化道德素质，成为享受文明幸福的人。[③]

《中华苏维埃第一次全国工农兵大会宣言》明文规定："一切工劳苦群众及其子弟，有享受国家免费教育之权，教育事业之权归苏维埃掌握，取消一切麻醉人民的封建的、宗教的和国民党的三民主义的教育。"[④] 为此，党和政府应注意节省一切可以节省的费用，避免一切浪费，尽一切可能保证必要的教育经费。政府还要重视出版事业，优先印刷群众学习所需要的书籍、课本，特别是小学的课本，为人民的学习提供必要的条件。

总之，苏维埃政府后期关于文化教育的总方针，提出实行义务教育、发展社会教育、扫除文盲和造就领导革命的高级干部四项中心任务，"使广大中国民众成为享受文明幸福的人"，不仅契合实际，而且也指明了教育为革命斗争服务、为劳动人民服务、与生产劳动相结合的根本方向，具有历史和现实的双重意义。

---

① 《小学课程教则大纲》，《苏区教育资料选编》，江西人民出版社1981年版，第97页。
② 赖志奎：《浅析苏维埃的教育方针和政策》，《江西社会科学》1982年第3期。
③ 郑登云：《中国近代教育史》，华东师范大学出版社1994年版，第324页。
④ 毛泽东：《毛泽东同志论教育工作》，人民教育出版社1958年版，第15页。

2. 苏维埃政府文化教育总方针的实践

为了贯彻苏维埃文化教育的总方针，苏区政府创立了一种普及与提高相结合、为革命战争服务、为阶级斗争服务、为生产建设服务的新型教育体制。学校有四大类。第一类以青年和成年群众为对象，包括两种：一是夜校和星期学校，其主要任务是扫盲；二是短期的各种训练班，其程度比夜校稍高，相当于高小，主要任务是训练干部。第二类是列宁小学，以学龄儿童为对象。第三类是专门学校，程度比短期训练班高些，主要是训练中级干部。第四类是高级干部学校。此外，还有普及性的识字班、俱乐部、列宁室。识字班的主要任务也是扫盲，俱乐部和列宁室是群众性的文化娱乐组织。上述四类学校，主要施行红军教育、干部教育、社会教育、群众教育、儿童教育、小学教育等，其中有交叉，但红军教育、干部教育重于社会教育和群众教育，社会教育和群众教育又重于儿童教育和小学教育，但始终坚持普及和提高并重、成人教育和儿童教育并举的精神，劳苦大众优先而公平享受教育权。"这里一切文化教育机关，是操在工农劳苦群众的手里，工农及其子女有享受教育的优先权。"[①]

红军教育，旨在提高红军指战员政治、军事素质。中国共产党十分重视人民军队的建设，红军各级组织经常对官兵进行阶级与阶级斗争教育，帮助指战员明确参加红军的目的：打倒帝国主义和封建主义，完成土地革命，推翻军阀政府，建设和巩固人民政府；要求每个红军官兵：既要会打仗消灭敌人，又要会做群众工作，组织发动群众参加革命。红军各级组织经常运用毛泽东《中国的红色政权为什么能够存在？》《星星之火，可以燎原》等著作中的观点，对广大官兵进行革命理想和前途教育，帮助指战员树立革命必胜的信念，增强自觉性。同时，还开办红军学校，组织学习战略战术与军事知识、技术和文化知识，不断巩固和提高战斗力。比如，红军大学的校舍由何长工设计，师生共同参加建校劳动。学校自力开设军人合作社、军人书店，开办畜牧场、碾坊、园圃，从事农副业生产。

干部教育，旨在提高干部政治和军事、业务素质。毛泽东在第二次全国苏维埃代表大会的报告中指出："为了革命斗争领导干部的创造，我们已设立了红军大学、苏维埃大学、马克思共产主义大学及教育部领导下的

[①] 李国强著：《中央苏区教育史》，江西教育出版社2001年版，第59页。

许多教育干部学校。"① 红军大学确定的教学方针是:"理论与实际并重","前方与后方结合"。② 其他学校的教学也都十分注重理论联系实际,不仅指导学员学习书本和文化知识,而且十分重视指导学员在分析和解决革命工作中实际问题的过程中熟悉和掌握马克思主义的立场、观点和方法,有效地培养了大批的革命干部,为后来的抗日战争和解放战争作了充分的组织准备。

为了提高干部的政治理论和文化业务水平,各级组织都因地制宜开办各种识字班、训练班,并尽量和工作结合起来,既重视理论学习,更重视实际问题研究,注重让干部在工作和斗争实践中增长才干。训练班的学员往往把工作中遇到的问题带来,经过教员的引导和集体的讨论,再带回工作中去,不仅提高了思想认识,而且推动了工作的进展。学员还积极参加生产活动,实行生产自给。比如,马克思共产主义学校的学员们利用课余时间,自己动手开荒种菜,每班5亩地左右,基本上做到蔬菜自给有余,并将节省的粮食送往前线,支援前线红军作战。③

社会教育,旨在向劳苦大众开展政治动员和扫除文盲。苏维埃文化教育的根本方针和任务就在于,"要用教育与学习的方法,启发群众的阶级觉悟,提高群众的文化水平与政治水平,打破旧社会思想习惯的传统,使能更有力地动员起来,加入战争"。④ 为此,苏区政府广泛开办各种形式的民众学校、识字班和识字组、半日学校、夜校、读报组等社会教育,结合扫除文盲,采用地方性、时间性(如春耕运动)的事例作为辅助材料,组织群众学习。例如,赣西南苏维埃政府编的《工农读本》(第三册)第十五课"歌谣"中写道:"地主住洋房,我们晒太阳,豪绅吃猪肉,我们没衣裳,军阀娶姨娘,我们上战场,如要求解放,杀他个净光。"⑤ 通过学习,民众的革命觉悟与文化水平日益提高。

在苏区,广大工农群众既是生产劳动的主体,又是享受文化教育的主体。任何人都有生产劳动的权利,也都享有受教育的权利。不过,由于所

---

① 郑登云:《中国近代教育史》,华东师范大学出版社1994年版,第327页。
② 李桂林:《中国教育史》,上海教育出版社1989年版,第425页。
③ 郑登云:《中国近代教育史》,华东师范大学出版社1994年版,第326页。
④ 赖志奎:《浅析苏维埃的教育方针和政策》,《江西社会科学》1982年第3期。
⑤ 华东师范大学教科所:《中国现代教育史》,华东师范大学出版社1983年版,第184—185页。

处工作岗位不同、年龄大小不同,各自所受教育的内容与形式也都是不一样的。成年人是各个生产、战斗和各项工作的主要承担者,因而他们在识字班、识字组、夜校、训练班里,除了学习认字以外,还要学习政治知识与革命理论知识,着重了解生产劳动的意义、生产劳动与革命战争的关系等。

普通小学教育,旨在培养青少年,传授政治和文化知识。在发展干部教育、群众教育的同时,苏区政府克服经费、师资等重重困难,积极创办列宁小学(或称劳动学校),各个乡、村还普遍建立儿童团和少先队组织,以养成儿童团体生活的习惯,引导儿童勇敢牺牲的替社会服务。

1934年2月,《中华苏维埃共和国临时中央政府人民委员会命令(第八号)》总纲第二条规定:"共产主义的文化教育是革命的阶级斗争的工具之一,必须运用实际斗争的教训和经验来施行教育,使教育与斗争联系起来。"[①] 为了培养革命的新后代,苏维埃政府大力改革和发展小学教育。其革命口号是,准备打倒帝国主义,准备打倒军阀,准备做全世界的主人。其教学内容是,坚决反对国民党的党化教育,禁止国民党的党化书籍和教材;禁止宣扬"三纲五常"学说;反对帝国主义教育,主张教会与学校分离,消除崇洋媚外思想,崇尚民族气节。

苏区教育的显著特征是,坚决贯彻教育与生产劳动相结合的方针,克服脑力劳动与体力劳动、书本知识与实践经验对立的状态。《中华苏维埃共和国临时中央政府人民委员会命令(第八号)》总纲第三条规定:"要消灭离开生产劳动的寄生阶级的教育,同时要用教育来提高生产劳动的知识和技术,使教育与劳动统一起来。"[②] 早在1930年2月,广西右江根据地即已办过一批劳动小学,实行"上午上课,下午劳动,早晚写作"。1931年7月,鄂豫皖第二次苏维埃代表大会通过的《文化教育政策》规定:"实行生产训练,每个学生都要参加生产,实行生产化的教育。"

1934年4月,苏区中央教育人民委员部颁布《小学课程教则大纲》。明确提出:学生劳作实习的时间,初小每周6小时,高小每周6—8小时,有计划地领导学生校内外的生产劳动或其他劳动,而儿童的劳动实践,通常是与支前、拥军、优属以及各种突击生产任务(如春耕)联系在一起

[①] 江西省教育学会编:《苏区教育资料选编》,江西人民出版社1981年版,第97页。
[②] 同上。

的。苏区列宁小学设有"劳作实习"的课程，有计划地领导学生参加学校与附近农场或工场的生产劳动。劳作实习的内容从单纯的个人生产进到复杂的、分工的互相配合的生产，甚至包括学校本身的打扫和整理布置，使学生轮流值日和分工，并将劳作实习的成绩列入考核范围，逐步培养学生的劳动习惯和劳动态度。①

(三) 苏维埃文化教育总方针的经验教训

苏区文化教育的总方针是为当时党的总路线、总任务和总战略服务的。它反对帝国主义的奴化教育，实行学校和宗教分离，取消教会学校并没收其财产。它严格禁止使用四书五经教材和国民党党化教材，废除孝悌忠信和封建伦礼纲常，摧毁孔孟礼教，抵制封建迷信、求神拜佛，铲除一切封建陋习，反对国民党法西斯教育，宣传唯物主义，提倡科学的和民主的教育。它提倡妇女解放、男女平等，反对三从四德、男尊女卑、守贞礼教，废除穿耳、蓄发、束胸、缠足等压迫妇女的恶习，并主张妇女和男子在政治上、经济上、文化上、教育上享有同等权利。它从绝大多数劳动群众的需要和利益出发，坚持教育的政治化、生产化、平民化和军事化原则，从教育对象、教育制度、教育内容和教育方法以及教育与生产劳动相联系等方面，开辟了工农群众受教育、学文化的"自由的光明的新天地"，为建设无产阶级的新教育进行了丰富的实践并积累了宝贵的经验。

然而，苏维埃文化教育的方针政策，亦有深刻的教训值得记取。在文化教育的性质上，不顾当时实际，食俄不化，推行"左"倾教条主义。普通教育叫列宁小学，艺术教育有高尔基戏剧学校，政治理论教育创办"马克思共产主义大学"。特别是1933年1月临时中央迁至苏区后，主张以共产主义为基本原则，以马克思主义为基本政策，实行共产主义文化教育方针。在教育与劳动的联系上，主张应该达到劳动与教育的完全统一，但只能是教育与实行"耕者有其田的"之后的农业、手工业的生产劳动结合，是教育与手工的体力劳动结合。在教育的制度与形式上，主张实施至17岁的完全免费的义务教育，统一学制、课程与经费，强调教育的正规化和理想化，幻想早日出现一个中华苏维埃共和国及其治下的教育体

---

① 中央教育科学研究所：《老解放区教育资料》（一），教育科学出版社1981年版，第317页。

系，期盼在工农民主专政的苏维埃共和国内，一切的教育制度，一切教育事业的设施，都从阶级斗争出发，从消灭阶级、消灭人剥削人的制度出发，为着共产主义社会的实现。① 显然，这是超越中国革命发展阶段的指导方针。

因而，随着党的抗日民族统一战线政策的确立，中国共产党即开始反思和总结苏区革命斗争及其文化教育方针的经验和教训。一方面，"根本改革过去的教育方针和教育制度，不急之务和不合理的办法一概废除"；②另一方面，提出教育为民族自卫战争服务、教育与生产劳动相结合的方针，实行以抗日救国为目标的新制度和新课程，以民族解放运动为教育的根本内容，以消灭文盲、提高大众文化政治水平为教育的中心标准。1939年5月，毛泽东在中央书记处会议上发表讲话，认为苏维埃时期实行严重脱离中国革命实际的"左"的文化教育方针，"吃了亏"。他特别强调："要注意国民教育的方针和方法，现在国民教育的方针是民主主义的。过去中央苏区的方针是共产主义的，文艺政策是共产主义的，都不对。"③是年12月，毛泽东再次指出，"边区的教育方针应该是民主主义的，应该是宣传当前民主主义的任务，同时又宣传共产主义思想体系"。④ 至此，体现阶级论教育观和群众性特色、带有乌托邦色彩和左派幼稚病的苏维埃文化教育的总方针退出历史舞台，而新民主主义的文化教育方针呼之欲出。

（四）陕甘宁边区政府初期的文化教育方针

陕甘宁边区是1937—1950年，在中华民国、中华人民共和国内的一个行政区，包括陕西北部、甘肃和宁夏东部的部分区域。1935年10月，中央红军主力长征到达陕北后，建立中华苏维埃人民共和国临时中央政府西北办事处。1937年9月6日，根据国共合作协议，中共中央将临时政府西北办事处正式更名为陕甘宁边区政府，首府延安。1937年11月至

---

① 高奇：《中国现代教育史》，北京师范大学出版社1985年版，第183页。
② 毛泽东：《反对日本进攻的方针、办法和前途》，载《毛泽东选集》（第2卷），人民出版社1991年版，第348页。
③ 中共中央文献研究室：《毛泽东年谱》（中卷），人民出版社1993年版，第124页。
④ 同上书，第149页。

1938年1月，改称陕甘宁特区政府。抗战时期，陕甘宁边区是国民政府行政院的直辖行政区和中国共产党领导的中央抗日根据地。第二次国共内战时期，陕甘宁边区是中国共产党推翻国民党独裁政府、解放全国人民的革命根据地——解放区。随着中华人民共和国的成立，1950年1月，陕甘宁边区政府撤销。

早在抗战之前，中国共产党在提出建立抗日民族统一战线的同时，即已提出抗战时期的文化教育方针。总的精神是，文化教育应该为全面持久的抗日战争服务，培养大批的抗日干部，提高人民的民族文化与民族觉悟，以民族精神教育培养新后代。1937年七七事变后，围绕"一切为着前线，一切为着打倒日本侵略和解放中国人民"的总路线和总方针，在文化教育领域，中共中央一改苏区不切实际的方针政策，主要实行抗日民族统一战线的方针及教育和生产劳动相联系的方针，即教育为抗日战争服务、教育与生产劳动相结合的教育方针。

1937年8月，毛泽东发表《抗日救国十大纲领》，其中第八条规定：抗日的教育政策是，"实行以抗日救国为目标的新制度、新课程"，[1] "以提高和普及人民大众抗日的知识技能和民族自尊心为中心"。[2] 1938年11月，毛泽东在中共六届六中全会上所作《论新阶段》报告中指出，在一切为着战争的原则下，一切文化教育事业均应适合战争的需要，因此，全民族的第十个任务，在于实行如下各项文化教育政策。"第一，改订学制，废除不急需与不必要的课程，改变管理制度，以教授战争所必需之课程及发扬学生的学习积极性为原则。第二，创设并扩大增强各种干部学校，培养大批的抗日干部。第三，广泛发展民众教育，组织各种补习学校、识字运动、戏剧运动、歌咏运动、体育运动，创办敌前敌后各种地方通俗报纸，提高人民的民族文化与民族觉悟。第四，办理义务的小学教育，以民族精神教育新后代。伟大的抗战，必须有伟大的抗战教育运动与之相配合，二者间的不配合现象亟应免除。"[3]

---

[1] 毛泽东：《为动员一切力量争取抗战胜利而斗争》，载《毛泽东选集》（第2卷），人民出版社1991年版，第356页。
[2] 毛泽东：《毛泽东选集》（第2卷），人民出版社1991年版，第768页。
[3] 人民教育出版社：《毛泽东同志论教育工作》，人民教育出版社1958年版，第33—34页。

1939年1月,《陕甘宁边区政府对边区第一届参议会的工作报告》指出,实行文化建设的目的,"在于提高人民文化政治水平,加强人民的民族自信心与自尊心,使人民自愿地积极地为抗战建设事业而奋斗,培养抗战干部,供给抗战各方面的需要,教育新后代为建设将来的新中国的优良建设者"。① 在陕甘宁边区政府统一领导下,晋察冀、冀中、山东、苏北、苏中、苏皖等抗日根据地都强调,文化教育的目的在于抗战救国,要建设抗日的文化,反对奴化教育。② 同年5月,毛泽东发文纪念《"五四"运动》,并在延安青年群众五四运动20周年纪念大会上作了《青年运动的方向》的报告。他指出:"知识分子如果不和工农民众相结合,则将一事无成。革命的或不革命的或反革命的知识分子的最后的分界,看其是否愿意并且实行和工农民众相结合",要实现工农干部的知识化和知识分子的工农群众化,一切为抗日救国服务,这是中国共产党文化教育的基本方针。③

为配合抗日战争的需要,在党的文化教育方针的指导下,陕甘宁边区相继建设了一批学校,进行抗战的教育实践。其中,比较著名的学校有:中国抗日军政大学,1937年成立;陕北公学,1937年成立,1941年并入延安大学;鲁迅艺术学院,1938年成立,1940年改称鲁迅艺术文学院,1943年并入延安大学;中国女子大学,1939年成立,1941年并入延安大学;延安自然科学研究院,1939年成立,1940年改称延安自然科学院,1943年并入延安大学;延安大学,1941年成立。此外,还有中央党校、延安民族学院等。

四 1940年以后新民主主义的文化教育方针

新民主主义是相对于旧民主主义而言的,也是对孙中山"三民主义"的继承、发展和超越。自1840年第一次鸦片战争清政府沦为半殖民地半封建社会以后,中国人民便面临着反帝反封建的双重革命任务,但至

---

① 中央教育科学研究所:《老解放区教育资料》(第2册上),教育科学出版社1980年版,第4页。

② 同上书,第10页。

③ 陈元晖:《中国现代教育史》,人民教育出版社1979年版,第178—179页。

1919年五四运动之前，无论是洋务运动、戊戌维新，还是辛亥革命，均未能完成这个任务，都属于旧民主主义革命。1919年反帝反封建的五四运动，无产阶级作为独立的政治领导力量登上历史舞台，从而改变了中国民主革命的性质，实现了由旧民主主义革命向新民主主义革命的转变，直至1949年夺取全国性的胜利，继而推展至1956年底完成对农业、手工业和资本主义工商业的三大社会主义改造，取得新民主主义革命的完全胜利，实现由新民主主义向社会主义的过渡，初步建立起社会主义的基本制度，进入社会主义的初级阶段。

"新民主主义"的概念，是1939年12月毛泽东在《中国革命和中国共产党》一文（毛泽东和其他人合作撰写的一个小册子）中首次提出来的。在该文中，毛泽东分析了半殖民地半封建中国社会的特点及其基本矛盾后指出：中国革命必须分两步走，第一步是民主主义的革命，第二步是社会主义的革命，这是性质不同的两个革命过程。继而，他从理论和实践的结合上对新民主主义革命的对象、任务、性质、动力和前途等问题作了全面而深刻的论述，并把新民主主义革命概括为"无产阶级领导之下的人民大众的反帝反封建的革命"。

1940年1月9日，在陕甘宁边区文化协会第一次代表大会上，毛泽东发表《新民主主义的政治与新民主主义的文化》的讲演。这篇演讲，经过修改、补充而成文，1月15日完稿后，毛泽东曾致信吴玉章，请吴提出修改意见。1月21日，毛泽东写信给周扬：请加审阅、指正、批示。1月23日，又写信给周扬：你对此有何意见，仍请阅示，以便校对时修改。2月15日，在延安出版的《中国文化》创刊号上刊载。同年2月20日，该文在延安出版的《解放》第98、99期合刊载发，题目改为《新民主主义论》，文内各部分加上了小标题。1956年3月14日，毛泽东在会见外宾的一次谈话中，针对《新民主主义论》中关于中国新民主主义革命是从1919年五四运动开始的观点时说：《新民主主义论》初稿写到一半时，中国近百年历史前80年是一阶段，后20年是一阶段的看法，才逐渐明确起来，因此重新写起，经过反复修改才定了稿。

后来，毛泽东又在《关于陕甘宁边区的文化教育问题》（1944）、《论联合政府》（1945）、《目前形势和我们的任务》（1947）、《在中共中央政治局会议上的报告和结论》（1948）、《将革命进行到底》（1948）等文中对它作了多次修正，1952年的版本共有817处修改。至1953年，随着国内外形势的变化，毛泽东在中央政治局扩大会议上作《批判离开总路线的右倾观点》报告时提出，应该叫停新民主主义革命，适时开展社会主义改造，表明毛泽东的新民主主义思想经历了一个不断丰富和完善的过程，是一个完整的思想体系。

总之，20世纪40年代面世的《新民主主义论》是马列主义普遍真理同中国革命具体实践相结合的伟大成果。它科学总结了鸦片战争以后，特别是共产党成立以后中国革命的经验教训，深刻论述了中国民主革命发展的基本规律，第一次旗帜鲜明地提出了新民主主义的完整理论，描绘了新民主主义社会的蓝图，实现了马克思主义中国化过程中的一次飞跃，极大地丰富和发展了马列主义有关民族和殖民地革命的理论。

（一）新民主主义文教方针的理论基础

毛泽东出身于农民家庭，长期领导农民运动。他熟读经史，酷爱古典文学艺术，"五四"以后又接受国外现代启蒙思想和马克思主义的影响，1931年以后更亲历了中华苏维埃政权的实践。在领导新民主主义革命的基础上，他系统提出新民主主义的经济、政治和文化三位一体的建国大纲，进而创造性地提出新民主主义的文化教育纲领，阐明中国共产党在新民主主义革命时期关于文化教育的根本主张。其所包含的思想精髓和重要原则，不仅是党在新民主主义革命时期开展文化教育工作的指针，而且也是党在新中国成立初期开展文化教育的基本方针，既为新中国改造旧教育、建设新教育做了理论上的准备，也对确立社会主义初级阶段的文化教育纲领具有深远的影响。

在《新民主主义论》这篇宏文巨论中，毛泽东是从建立一个新民主主义国家的大目标出发来论述文化教育问题的，他不仅揭示了新民主主义文化教育与政治、经济的关系及文化教育中继承、借鉴和创新的关系，而且阐述了新民主主义文化教育的民族性、科学性和大众性三大特性，并阐明了新民主主义文化教育与社会主义文化教育的天然联系与区别。

毛泽东运用马克思、恩格斯、列宁阐述过的政治、经济和文化之间关系的一般原理于中国革命的实际，指出："一定的文化（当作观念形态的文化）是一定社会的政治和经济的反映，又给予伟大影响和作用于一定社会的政治和经济；而经济是基础，政治则是经济的集中的表现。这是我们对于文化和政治、经济的关系及政治和经济关系的基本观点。"①"自周秦以来,中国沦为封建社会,其政治是封建的政治,其经济是封建的经济,而反映这种政治和经济的文化,则是封建文化。自外国资本主义侵略中国,中国的社会逐渐地生长了资本主义因素,逐渐地变成了一个殖民地、半殖民地、半封建的社会。现在的中国,在日本占领区,是殖民地社会;在国民党统治区,基本上也还是一个半殖民地社会;不论在日本占领区还是国民党统治区,都是封建半封建占优势的社会。这就是现时中国社会的性质和国情。这种社会的政治是殖民地、半殖民地、半封建的政治,其经济是殖民地、半殖民地、半封建的经济,而为这种政治和经济之反映的占统治地位的文化,则是殖民地、半殖民地、半封建的文化。这种社会的政治、经济和文化形态,就是我们革命的对象。我们要革除的,就是这种殖民地、半殖民地、半封建的旧政治、旧经济服务的旧文化。我们要建立起来的,则是与此相反的东西,乃是中华民族的新政治、新经济和新文化。"

毛泽东指出,现在已不是旧范畴的民主主义,而是新范畴的民主主义,是新民主主义。所谓中华民族的新政治,就是新民主主义的政治;所谓中华民族的新经济,就是新民主主义的经济;所谓中华民族的新文化,就是新民主主义的文化。中华民族的新政治和新经济,乃是中华民族新文化的根据。至于新文化,则是在观念形态上反映新政治和新经济的东西,是替新政治和新经济服务的。

毛泽东系统回顾了19世纪40年代至20世纪40年代中国民主革命的百年历程,精辟阐述了孙中山"三民主义"的意涵及其与新民主主义的异同,认真总结了1919—1927第一次国民革命时期、1927—1937第二次国民革命时期中国共产党革命斗争的经验教训,科学分析了1937—1939年全面抗战前期国内外革命斗争的形势,进而提出了新民主主义的理论,科学地回答了中国革命的性质问题,以独创性的内容和鲜明的中国特色,突破了世界近代史上的革命要么是资产阶级民主革命、要么是社会主义革命的模式化套路,创造了第三条革命道路,解决了在半殖民地半封建社会的落后国家、无产阶级领导资产阶级民主革命、实现民族独立和人民解放的新课题。其关于中国革命分两步走,以新民主主义社会和国家为中间站

---

① 毛泽东:《毛泽东选集》(第2卷),人民出版社1991年版,第664页。

实现向社会主义转变的构想，解决了经济落后国家在夺取政权后、如何建设新国家、创造条件、以最小的代价和平地实现由新民主主义向社会主义转变的难题，发展了马克思主义的不断革命论和革命转变论。

毛泽东不仅论述了中国共产党在民主革命时期的理论、路线、方针和政策，奠定了新民主主义革命的理论基础，同时也全面论述了新民主主义文化教育的问题，提出了新民主主义文化教育总的指导方针，为新民主主义革命时期文化教育的总纲领奠定了坚实的理论基础，而且还对20世纪初孙中山提出的"民族、民权、民生"，以及20年代中叶又融入"联俄、联共、扶助农工"新的三大政策内容的"三民主义"和国民党政府于其后对"三民主义"的种种歪曲进行了彻底的理论清算，从而实现了对旧民主主义的理论超越，完成了继孙中山提出"三民主义"以来将马克思主义引入现实中国、系统阐述新民主主义及其在文化教育方面卓越的理论建树，进而提出了"民族的、科学的、大众的"新民主主义文化教育总方针，以取代南京政府"三民主义"的教育宗旨和中央苏区政府时期脱离实际的共产主义教育方针。

（二）新民主主义文教方针的思想内涵

新民主主义理论包含新民主主义的政治、经济和文化三大内容。新民主主义的文化，是以无产阶级思想即共产主义思想为领导的，反对帝国主义和封建主义的，民族的、科学的、大众的文化。

五四运动后，一批早期中国共产党人把马克思主义同中国实践相结合，从而产生了新民主主义文化教育方针思想的萌芽。中国共产党从成立之时起，即领导中国的新民主主义革命，开展工农教育运动，建立干部学校，为革命斗争服务。特别是苏区革命根据地的文化教育实践，在建立新民主主义的文化教育方面积累了大量经验，但是，一直缺乏系统的理论总结和准确的方针论述。在苏区革命根据地，还曾出现过极度理想化的"共产主义文化教育方针"及其指导下的"左"倾教条主义实践，给中国革命及其文化教育事业带来深刻教训。

关于新民主主义文化的概念，毛泽东概括为：无产阶级社会主义文化思想为领导的人民大众反帝反封建的新民主主义文化，包含两个部分，一个是居于指导地位的共产主义思想，另一个是反帝反封建的、民族的、科学的、大众的行动纲领。凡是一切反帝反封建的文化，都属于新文化的范畴，既包括无产阶级领导的新民主主义文化，也包括资产阶级领导的旧民主主义文化。在民主革命阶段，对资产阶级的思想文化，不应笼统地把它看成是文化革命的对象，无产阶级同资产阶级文化人应结成文化统一战线，而不应把他们排斥在文化统一战线之外。旧文化是为旧政治旧经济服务的，新文化是为新政治新经济服务的。要革除旧文化中的反动成分，就必须革除旧政治和旧经济；要建立新文化，就必须建立新政治和新经济。因此，文化革命必须以政治与经济革命为基础，并且与政治和经济革命紧密结合在一起，在反对帝国主义和封建主义的革命斗争中不断更新与发展。根据这个观点，毛泽东批判了党内曾存在的"左"倾教条主义在文化教育性质上的错误认识及其实践，并且论述了新民主主义文化教育方针的思想内涵。

他指出，当作新民主主义文化教育的方针，"居于指导地位的是共产主义思想，并且我们应当努力在工人阶级中宣传社会主义和共产主义，并适当地有步骤地用社会主义教育农民及其他群众"。[①] 在新民主主义革命阶段，文化教育属于新民主主义性质，其中也包括"社会主义的因素"。这个社会主义的因素，指的是无产阶级领导，即"共产主义思想的领导"，是世界无产阶级社会主义新文化的一部分。这个"社会主义的因素"，不是普通的因素，而是"起决定作用的因素"。说它起决定作用，是因为它显示了新民主主义文化教育和旧民主主义文化教育的区别。但是，就整个情况说来，当时的文化教育还不是社会主义的文化教育，国民文化和国民教育的方针，是新民主主义的方针，而不是社会主义的方针。这是因为"以社会主义为内容的国民文化必须是反映社会主义的政治和经济"，"我们现在还没有形成这种社会主义的政治和经济，所以还不能有这种社会主义的国民文化"。[②]

在分析新民主主义文化教育和社会主义文化教育关系的基础上，毛泽东对共产主义的指导思想同现行文化教育的方针作了区别：在新民主主义革命阶段，应以共产主义思想体系为指导，也就是用共产主义立场和方法观察问题、研究学问、处理工作、训练干部。"没有这种宣传和学习，不

---

① 毛泽东：《新民主主义论》，载《毛泽东选集》（合订本），人民出版社1966年版，第657页。

② 毛泽东：《毛泽东选集》（第2卷），人民出版社1991年版，第705页。

但不能引导中国革命到将来的社会主义阶段上去,而且也不能指导现时的民主革命达到胜利。"① 现行的文化教育工作方针,则是现阶段的行动纲领,它是新民主主义政治和经济的反映,而不能超越新民主主义阶段的要求,所以,不应把共产主义的指导思想同现阶段文化教育工作的方针混为一谈。新民主主义的文化教育,是无产阶级领导的人民大众的反帝反封建的文化教育,是民族的、科学的、大众的完全新型的文化教育。

民族的,就是要有自己的民族形式,它反对帝国主义压迫,维护中华民族的尊严和独立,它带有鲜明的民族特征,既是爱国主义的,又具有国际主义精神。② 长期以来,帝国主义的文化侵略主要是利用各种不平等条约,在中国建立奴化的文化教育阵地,特别是教会出面办的文化教育网,对中国人民灌输"崇洋媚外"思想。抗日战争时期,日本帝国主义对在它统治下的中国人民,进行"中日提携""共存共荣""王道乐土""大东亚新秩序"等殖民主义的宣传和教育。抗日根据地的文化教育工作曾经向这种帝国主义的奴化教育进行过坚决的斗争。没有这种斗争的胜利,就不可能争取到全民族的独立。中华民族的文化不是孤立存在的,要同一切别的民族的社会主义文化和新民主主义文化相结合,共同形成世界的新文化。对于资本主义创造的文化,也应该本着"排除其糟粕,吸收其精华"的原则经过分解有批判地吸收。③

也就是说,在反对文化教育侵略斗争中,必须大量吸收外国的进步文化,以作为自己文化食粮的原料,从而正确区别反动的文化教育与进步的文化教育,并将它同资产阶级的所谓民族主义文化严格地区别开来。毛泽东说:"凡属我们今天用得着的东西,都应该吸收",但"必须经过自己的口腔咀嚼和胃肠运动,送进唾液胃液肠液,把它分解为精华和糟粕两部分,然后排泄其糟粕,吸收其精华",决不能生吞活剥地毫无批判地吸收外来文化,更不能搞"全盘西化"。毛泽东说:"民族的形式,新民主主义的内容——这就是今天我们的新文化。"④

科学的,就是"反对一切封建思想和迷信思想,主张实事求是,主

---

① 毛泽东:《毛泽东选集》(第 2 卷),人民出版社 1991 年版,第 705 页。
② 张腾霄:《新民主主义教育理论的形成和发展》,《中国人民大学学报》1992 年第 5 期。
③ 毛泽东:《毛泽东选集》(第 2 卷),人民出版社 1991 年版,第 707 页。
④ 同上。

张客观真理,主张理论和实践的一致"。① 无产阶级科学思想必须联合"中国还有进步性的资产阶级唯物论和自然科学思想",共同反对封建思想和迷信思想,解放人们的思想,改变人们的精神面貌,使人们奋不顾身地投身于新民主主义革命。对中国的古代文化,应"剔除其封建性的糟粕,吸收其民主性的精华",而"决不能无批判地兼收并蓄"。② 要做到理论与实践一致,就必须掌握并运用马克思主义的立场、观点和方法去分析问题、解决问题。

新民主主义的文化教育,应大力宣传马克思主义,开启人们的头脑,解放人们的思想,但必须看到,这主要是"在工人阶级中宣传社会主义和共产主义,并适当地有步骤地用社会主义教育农民及其他群众"。③ 没有这种宣传教育,就不能做到实事求是及理论和实践的统一,就不能"拥护科学真理,把真理当作自己实践的指南","不能引导中国革命到将来的社会主义阶段上去,也不能指导现时的民主革命达到胜利"。④ 要以辩证唯物主义和科学的世界观指导文化教育实践,从中国的实际情况出发,对古今中外的教育理论和经验,作出科学的分析和综合的研究,在实践中检验真理。

大众的,就是说这种文化不是为少数人的,而是要坚持大众方向,坚持民主,坚持文化教育的民主化,为全民族 90% 以上的工农劳苦大众服务,并逐渐成为人民大众的文化教育。要以文化科学知识武装工农大众,提高工农大众的文化水平;要以马克思主义思想和共产主义精神教育工农群众,提高工农群众的政治觉悟。只有人民的大众接受了革命的教育,掌握了科学文化知识,掌握了革命的理论,才能发挥出革命的力量。革命的文化教育是革命的武器,要想使革命的文化教育,在革命前是革命的准备,在革命中是革命的总路线中的一条必要的重要的战线,它的前提是同广大工农群众密切结合起来。

虽然新民主主义的文化具有社会主义的因素,但是现阶段整个国民文化的内容还是新民主主义的,不是社会主义的,因此需要作两个区分:既

---

① 毛泽东:《毛泽东选集》(第 2 卷),人民出版社 1991 年版,第 707 页。
② 同上。
③ 同上书,第 704、706 页。
④ 同上。

应把对于共产主义的思想体系和社会制度的宣传，同当前新民主主义行动纲领的实践区别开来；又应把作为观察问题、研究学问、处理工作、训练干部的共产主义的理论和方法，同作为整个国民教育和国民文化的新民主主义的方针区别开来。同时，要把普及和提高结合起来，把教育干部的知识和教育大众的知识在程度上互相区别又互相联系起来。① 既要为人民大众服务，又要依靠人民大众办教育。为此，必须改革文字，使语言接近民众，便于民众接受。毛泽东还说："大众文化，实质上就是提高农民文化。抗日战争，实质上就是农民战争。现在是'上山主义'的时候，大家开会、办事、上课、出报、著书、演剧，都在山头上，实质上都是为农民。"②

综上所述，新民主主义的文化教育方针，不仅符合抗日战争时期边区政府和各抗日根据地文化教育的实际情况，同时也适应整个新民主主义革命时期文化教育的特点。新民主主义文化教育方针的确立，是抗日战争时期中国共产党在文化教育领域一项极为重要的建设，是半殖民地半封建社会无产阶级民主革命的文化教育纲领。其后，陕甘宁边区政府和各抗日根据地及至各解放区的文化教育，在这一方针的指引下，取得了一系列的发展。

（三）新民主主义文教方针的丰富实践

20世纪40年代，中国共产党创建的陕甘宁、晋察冀、晋冀鲁豫、山东、晋绥、苏皖等地区红色政权的文化教育是不尽相同的。其历史沿革、地理位置、环境以及政治、经济状况，既有统一性，又有灵活性，既有各自特点，又都坚持贯彻新民主主义文化教育的总方针，具有以下倾向：一是十分强调教育的实际功用，反对片面追求教育的正规化和知识传授的系统性，主张"干中学"，对降低学校教育的作用估计不足；二是从政治、军事斗争的需要出发，反对单纯重视儿童教育；三是站在阶级论教育观的立场，将人的自由发展、兴趣、个性、天才等一概视之为旧教育予以全面

---

① 孙喜亭：《毛泽东论办中国的教育必须从中国的实际出发，走中国化的道路》，《江西教育科研》1995年第6期。

② 毛泽东：《新民主主义论》，载《毛泽东选集》（合订本），人民出版社1966年版，第685页。

否定。

1. 抗日战争后期边区政府的文化教育方针

抗日战争后期的边区政府和各抗日根据地，始终坚持民族的、科学的、大众的文化教育，即中国共产党领导的以反帝反封建为目标、为革命战争服务、强调与生产劳动结合的文化教育。所谓民族的，就是说必须反抗日本帝国主义的侵略，争取中华民族的独立解放，同时应有自己的民族形式和民族风格；所谓科学的，就是必须反对和批判一切封建思想和迷信思想，对中国古代文化遗产批判地继承，对外国的进步文化批判地吸收；所谓大众的，就是要为广大的抗日民众服务，并逐渐形成他们的文化教育。在新民主主义文化教育总方针的指引下，边区政府和各抗日根据地的文化教育实践，包括干部教育、成人教育、小学教育等都受其影响，从而形成其文化教育发展的共性特征，具有鲜明的阶级性和政治鼓动性，它以中国共产党的世界观和路线、方针、政策为依归，突出文化教育的政治思想训练与基本生活和生产技能学习的实际功能。

（1）干部教育。由于在敌后创建根据地，面临着发动群众、建党、建军、建政和建立各种群众团体等许许多多的任务，这就决定了根据地教育的首要任务是培养和训练大批的革命干部。抗日战争时期，中共中央和边区政府依照新民主主义文化教育方针的要求，制定了一系列"使教育为长期战争服务"和适合根据地需要的教育政策。其中，最重要的有"干部教育第一，国民教育第二"的政策。因为处于战争年代，没有大批的、强有力的、肯自我牺牲的干部，就无法取得抗日战争的胜利。1940年底，毛泽东强调："每个根据地都要尽可能地开办大规模的干部学校，越大越多越好。"[①] 又因为战争的频繁必然造成大批干部的伤亡，根据地的发展和扩大，军队的发展和扩大，都急需迅速地补充大量的干部，也就决定了办短训班性质的学校成为边区和根据地教育体制的特征。各干部学校都认真贯彻执行党的文化教育方针。

比如，抗大编制的《抗大组织条令》规定："本校之教育中心基于革命的传统，在政治上，授以马列主义理论、中国革命的基本问题及抗日民族统一战线的救国政策；在军事上，授以持久抗战的战略战术，使之深刻了解，并能灵活运用；在实际生活上，锻炼艰苦奋斗的作风，以期在长期

---

① 毛泽东：《论政策》，载《毛泽东选集》（第2卷），人民出版社1991年版，第769页。

抗战过程中间，英勇奋斗，完成革命任务。"① 其教育原则应"少而精，理论与实际并重，理论与实际联系，体力、智力统一，军事、政治之适当配合，进行革命批判的教授制度、自觉遵守的管理制度及集体互助的学习制度等"。② 干部学校重视对干部的政治理论教育，比如，中共中央有什么重要的方针政策和决定，毛泽东等中央领导人发表了什么重要的文章等，都要组织学习，统一与提高党内的认识。

对干部往往进行有针对性的培训，把必要的业务或技术传授给他们，使其承担某项业务或技术工作。比如，陕甘宁边区办的行政人员训练班、司法干部训练班，晋察冀边区办的民运干部训练班、邮务训练班等。其教育具有很大的针对性，在工作中需要解决什么问题，就学习什么知识。教学的方法有典型报告、参观访问等。往往某个学员所遇到的问题，也是另外许多学员共同遇到的问题。一个人介绍他成功的经验或失败的教训，对其他学员有很大的借鉴作用。参观访问优秀的单位，结合自己所在的村或单位找差距、想办法，对工作起了很大的推动作用。干部学校实行教育同生产劳动结合，又是与解决办学校的物质困难联系起来的。抗大、陕公以及其他干部学校，就是用师生的劳动创立学习环境。在办学过程中，以生产保证学习。

（2）成人教育。成人教育同样根据抗战需要，改革教学内容与组织形式。其中的冬学，根据生产的需要和可能，分为早学、午学、夜校的集体学习；结合生产组织，编成"地头小组"、民兵小组，还有按参战编的担架小组，由妇女编组的纺织小组，由集市摊贩组成的商贩小组等，进行分组教学。教学内容结合文化课进行抗战教育，如在识字课中结合"反扫荡"教育，有"不告敌人一句实话""坚壁东西""埋地雷""送情报""不给仇敌粮食""不买敌人货"等。除识字教育外，还结合战争形势进行时事教育、抗敌技术训练。如晋察冀边区1942—1943年间，针对敌人的扫荡频繁开展"地雷战"，就办"地雷培训班"，冀中区开展"地道战"，就办"地下建设"训练班。

各抗日根据地战斗频繁，采取多种教学组织形式。游击教学。如果学

---

① 张腾霄等：《中国共产党的干部教育（抗日战争时期）》，中国人民大学出版社1988年版，第137—138页。

② 同上。

校固定在一个地方上课，易受到敌人的破坏，须不断地更换地点，使敌人不知学校所在。分组传递教学。把班级分成若干小组，选出组长。老师先给组长上课，再到秘密地点由组长给学生上课。在进行教学活动时，小组和小组、学校和民兵自卫队之间互通消息，一遇敌人进村，就迅速分散。化装教学。如教师化装成卖货郎，学生化装成买货的，围着"卖货郎"听课。洞口教学。在平原进行地道战地区，把教室设在地道洞口的屋子里，一有敌情马上钻进地道里上课。①

抗日根据地的文化教育，大大地推动了文教事业的迅速发展，有力地支援了革命战争。根据地成人教育贯彻教育同生产劳动结合方针，一是结合生产实际进行生产技术教育，学用一致。譬如，在晋察冀边区，除按生产季节灵活办早学、午学和夜校之外，也按生产分工学习文化知识，不拘于形式。这种教同劳结合的办法，虽是五花八门，但确是符合"实事求是"的教劳结合原则的。

（3）小学教育。根据地也重视小学教育，以培养革命的下一代。各根据地的学校贯彻新民主主义文化教育方针，制定实施纲要。1941年2月，边区政府公布了《小学教育实施纲要》，提出"边区小学教育，应依新民主主义教育方针，以促进儿童的民族觉悟，养成儿童的民主作风，启发儿童的科学思想，发展儿童的审美观念，提高儿童的劳动兴趣，锻炼儿童的健壮体格，增进儿童生活所必需的知识，培养儿童为大众服务的精神"。② 在课程设置上，各地区虽没有统一规定，但大体分两部分：一是政治常识，注重统一战线与抗战政治教育，使学生关心抗战，对抗战形势有简单的了解。二是基础知识课程，初小与高小略有不同，初小有国语、算术、常识、美术、劳作、音乐、体育；高小有国语、算术、政治、自然、历史、地理、美术、劳作、音乐、体育等。劳作以生产劳动为主，体育以军事训练为主。根据地的小学教育是在极端困难的条件下，在战争的环境中发展起来的。为了办好小学教育，边区政府在游击区和接近敌占区的地带，设立了"游击小学""隐蔽小学""流动小学"等；在敌占区办"两面小学"，备有两套课本，敌人在场，就教"新民课本"或"四书五经"，敌寇汉奸不在场，就进行抗日爱国教育。

---

① 参见陈元晖《中国现代教育史》，人民教育出版社1979年版，第201页。
② 董纯才：《中国革命根据地教育史》（第2卷），教育科学出版社1991年版，第244页。

小学在原则上是实行以学习文化科学知识为主要任务的,但根据经济条件,能实行全日学习、课余劳动的就实行全日制;经济条件不允许这样做的,就实行半天劳动半天学习;也可以根据农活的忙闲,灵活变更学习制度:采取整日制、半日制、早午制、班级教学、小组教学,甚至采取个别教学。在同一个村庄中,有的贫苦儿童能坚持整日学习,有的只能学习半日。还有必须以生产劳动为主的学习,否则家庭生活就发生困难,在这种情况下,往往采取成人教育的以生产为主的方式组织学习,如组成牧童组、割草组等,实行出工领字,在劳动间隙时间学习。

在教学过程中,有的教师也注意把教学和生产结合起来,如教算术就教儿童统计生产成绩,练习记工记账;送粪时,就讲肥料的种类和效用,结合耕地的实际讲解为什么把土翻松晒热。比如,在晋察冀边区王快小学,教师讲完步曲蛾的常识后,就带领儿童去捉步曲蛾,捉来后又让它产卵给儿童观察。教师结合生产运动,还教给儿童怎样制订生产、学习计划,又通过儿童推进技术教育。当然,根据地小学教育在1940—1942年曾受到主观主义和教条主义的影响,一度出现脱离抗战、脱离实际、脱离群众的情况,后在整风运动中得到克服,明确小学教育必须为群众服务,从边区实际出发,因此得以普遍推广,从而促进了根据地小学教育的普遍发展。

(4)"统一战线"政策。抗日战争时期,中共中央和边区政府依照新民主主义文化教育方针的要求,制定了"文化工作中的统一战线"政策。在特定的历史阶段中,既是政治上的抗日民族统一战线的反映,同时也是党的群众路线、知识分子政策在文化教育工作中的具体表现。

为了抗日战争的胜利,就需要动员、团结一切可以动员、团结的力量,组成浩浩荡荡的文化教育大军,向帝国主义、封建主义文化进攻,与文盲和封建迷信作斗争。1940年3月,中共中央书记处发布《中央关于抗日民主地区的国民教育的指示》,指出,要大批吸收与鼓励青年知识分子或旧知识分子,尤其是过去的小学教员担任小学教育工作。在国民教育方面,共产党应力求同有正义感的名流学者、公正士绅建立统一战线。1940年12月25日,毛泽东在《论政策》一文中指出:关于文化教育政策,应以提高和普及人民大众抗日的知识技能和民族自尊心为中心;应容许资产阶级自由主义的教育家、文化人、记者、学者、技术家来根据地和我们合作,办学、办报、做事;应吸收一切较有抗日积极性的知识分子进我们办的学校,加以短期训练,令其参加军队工作、政府工作和社会工作;应放手地吸收、放手地任用和放手地提拔他们。这是新民主主义的文化教育政策。

1942年1月,《解放日报》发表《提高边区国民教育》的社论,强调统一战线的办学政策就是调动一切力量发展教育事业。政府明令宣布:奖励并提倡私人办学,允许教会社团设立学校,赞助同族邻里兴办义塾,并明确在不违反抗日救国的最高原则下,对它们的办学宗旨、学制、组织机构和教学,政府决不干预。

1944年10月,毛泽东在陕甘宁边区文教大会上,作了《文化工作中的统一战线》的报告,号召组成广泛的文化教育统一战线,并指出,解放区的文化已经有了它的进步的方面,但是还有它的落后的方面。解放区已有人民的新文化,但是还有广大的封建遗迹。在150万人口的陕甘宁边区内,还有100多万文盲,2000个巫神,迷信思想还在影响广大的群众,这些都是群众脑子里的敌人。我们反对群众脑子里的敌人,常常比反对日本帝国主义还要困难些。我们必须告诉群众,自己起来同自己的文盲、迷信和不卫生习惯作斗争。为了进行这个斗争,"不能不有广泛的统一战线"。①

他还指出,在陕甘宁边区这样人口稀少、交通不便、原有文化水平很低的地方,这种统一战线就尤其要广泛。因此,"在教育工作方面,不但要有集中的正规小学、中学,而且要有分散的不正规的村学、读报组和识字组,不但要有新式学校,而且要利用旧的村塾,加以改造"。②

党领导下的边区政府和各抗日根据地还积极建立国内外各民族反帝的教育统一战线,以共同致力于反帝抗日的文化教育工作。1941年6月,陕北公学成立民族部,招收蒙、回、藏、苗、彝、满、汉七个民族的学生,后发展为民族学院,主要为少数民族培养革命干部。晋察冀边区行政委员会于1941年颁布《关于普及回民教育的指示》,鼓励回民子弟入学受教育。1943年,晋冀鲁豫太行区成立朝鲜青年革命学校。1945年2月,在延安成立朝鲜革命军事政治学校,学习军事、政治和群众工作,为朝鲜革命事业培养干部。此外,1941年5月,在延安成立日本工农学校,对

---

① 毛泽东:《毛泽东论教育》,人民教育出版社1958年版,第33页。
② 同上书,第1012页。

日本战俘进行革命教育。

中国共产党的抗日民族统一战线政策，吸收了大量知识分子参加文教工作，缓解了师资困难，有助于教育事业的发展。统一战线的教育政策，极大地调动了社会各界办学的积极性，壮大了革命根据地的教育阵地和力量。各民族教育统一战线的形成，更扩大了教育的影响力，推动了国内外各族人民反帝教育联盟的形成，这同样是促使抗日根据地教育迅速发展的重要方针政策。

(5)"民办公助"政策。抗日战争时期，中共中央和边区政府依照新民主主义文化教育方针的要求，实施"民办公助"的政策。早在1938年11月，毛泽东在《论新阶段》中就指出：广泛发展民众教育，办理义务的小学教育，提高人民的民族文化与民族觉悟，以民族精神培养新后代。主要目的在于，发动人民自己教育自己，而政府给以恰当的指导与调整，给以可能的物质帮助，单靠政府用有限财力办的几个学校、报纸等，是不足以完成提高民族文化与民族觉悟之伟大任务的。在《文化工作中的统一战线》一文中，毛泽东说：我们的文化是人民的文化，文化工作者必须有为人民服务的高度热忱，必须联系群众，而不要脱离群众。但是，在延安整风运动之前，由于主观主义、教条主义和"正规化"办学思想的影响，毛泽东的这一指示未能得到很好的贯彻和执行。1942年延安整风和1943年"整学"运动开展以后，边区政府和抗日根据地的干部群众在批判主观主义、教条主义和"正规化"的办学思想后，农村的民办小学得到了发展。

1944年4月，陕甘宁边区政府发出了《提倡小学民办公助的指示信》，对于群众教育（初级小学）实行"民办公助"问题作了三条指示。第一，民办小学的形式（完全民办或公私合办）与这一方针执行的步骤，一般按各地具体情况而决定，不强求一律。一般普通小学，如条件许可，人民群众如要求改为民办，而群众确有能办接办，应即改为民办，逐渐达到自中心小学以下学校，均改为民办。第二，关于民办小学的学制、教育内容等，应尊重群众的意见，按照群众自己的需要，学制的长短、上课时间是整天或半天、一年上课几个月等，均不求一律。课程科目可同意群众的要求，废除暂时不急需的科目。教材方面，如果群众不愿意用政府编的课本，而要教杂字、百家姓等书，可以和群众商量自编。但是，原则上希望能教些联系日常生活实际的政治常识和生产知识，过于陈腐的东西，则说服群众不要教给儿童。至于学生名额,则不加限制。校址的选择、经费、教员的待遇等,完全可以让群众去解决。第三,民办不能和公助分离,不能听其自流。① 1944年11月,陕甘宁边区文教大会总结报告指出:一般说来,群众文化教育运动的推广与普及需要采取分散的形式,主要是靠群众自己觉悟与自己动手,主要靠村民自己主办。要按照群众的需要和自愿,一切为群众的工作都要从群众的需要出发,而不是从任何良好的个人愿望出发。

此外,民办和公助应结合起来。民办就是要依靠群众的觉悟,由群众自己动手办好学校。但民办不能脱离公助,更不能排斥公助。所谓公助,不仅是在物质条件等方面给群众帮助,更重要的是加强中国共产党和根据地政府对教育工作的领导,保证在教育内容上能贯彻新民主主义的教育方针,使教育既能联系生产劳动,适合群众需要,又能提高群众的政治觉悟。因此,坚持公助关系到教育的方向问题。在民办公助方针的指导下,群众创造了多种多样的适合当时条件的教学方法,改进了教学工作,边区和各抗日根据地的群众教育都蓬蓬勃勃地发展起来,进入了一个新的发展时期。

总之,在新民主主义文化教育总方针指导下的抗战后期的教育,是党领导的战时状态下的革命大众主义的动员教育,也是一种强化意识形态灌输的教育,具有鲜明的阶级性和政治鼓动性,它以中国共产党的世界观和路线、方针、政策为教育的宗旨,突出教育的政治思想训练和基本生活和生产技能学习的实际功能。

2. 解放战争时期各解放区的教育方针

解放战争时期,社会的主要矛盾已经转化。由中华民族与日本帝国主义的矛盾转化为中国人民同美帝国主义、国民党反动政府的矛盾。经过一段"打打谈谈"的过程,爆发了全面内战。为此,中国共产党提出了打倒蒋介石、没收帝国主义和官僚资产阶级财产、实行土地改革的新的政治路线。根据各阶级政治动向的变化,重新组成了各革命阶级参加的民族统一战线。由各解放区的党和政府,因地制宜地制定了教育方针,改变了从前以抗日民族统一战线为主导的政治内容,改为以打倒美蒋统治、解放全中国、成立新民主主义国家的政治与教育内容。相应地,调整了民族的、

---

① 参见郑登云《中国近代教育史》,华东师范大学出版社1994年版,第438—439页。

科学的、大众的方针政策的内涵。在各个新解放区中,对一切封建法西斯的文化教育,采取坚决的步骤"加以扫除",迅速恢复、整顿、改造和发展各级各类学校教育,用新民主主义革命思想来教育解放区的儿童、青年和人民群众,提高人民的政治思想觉悟,培养和训练支援解放战争的各级干部。

解放战争时期,是毛泽东思想科学体系的发展时期,也是中国共产党运用马克思列宁主义解决中国革命的成熟时期。中国共产党的新民主主义文化教育方针同样也逐步趋向成熟。1945年4月下旬,中国共产党在延安召开第七次全国代表大会,毛泽东主席在大会上作了《论联合政府》的报告。他指出,在彻底打败日本侵略者之后,中国的制度是一个以全国绝大多数人民为基础而在工人阶级领导之下的统一战线的民主联盟的新民主主义的国家制度。在新民主主义国家制度下的文化教育,应该是"为一般平民所共有"的,即是说,民族的、科学的、大众的文化教育,决不应该是"少数人所得而私"的文化教育。在这个纲领下,教育战线上的斗争目标就是:要求取消国民党的党化教育,发展民族的科学的大众的文化教育,要求保障教职员生活和学术自由,要求保护青年、儿童的利益,救济失学青年,并使青年参加有益于解放战争和社会进步的各项工作,使青年和儿童得到有益的学习。要使这些要求得到实现,就必须有大批的人民的教育家和教师以及人民的科学家和文化工作者,从事艰苦的文化教育工作。所以,人民的政府应有计划地从广大人民中培养各类知识分子干部,并注意团结和教育现有一切有用的知识分子,这是新民主主义国家制度下最主要的教育工作和任务。

在《论联合政府》中,毛泽东就文化、教育、知识分子等问题,作出下列各点指示:从80%的人口中扫除文盲,是新中国的一项重要工作。一切奴化的、封建主义和法西斯主义的文化和教育,应当采取适当的坚决的步骤加以扫除。应当积极地预防和医治人民的疾病,推广人民的医药卫生事业。对于旧文化工作者、旧教育工作者和旧医生们的态度,是采取适当的方法教育他们,使他们获得新观点、新方法,为人民服务。中国国民文化和国民教育的宗旨,应当是新民主主义的,就是说,中国应当建立自己的民族的、科学的、人民大众的新文化与新教育。"对于外国文化,排外主义的方针是错误的,应当尽量吸收进步的外国文化,以为发展中国新文化的借鉴;盲目搬用的方针也是错误的,应当以中国人民的实际需要为基础，批判地吸收外国文化。"① 对于"中国古代文化，同样，既不是一概排斥，也不是盲目搬用，而是批判地接收它，以利于推进中国的新文化"。② 毛泽东认为，只有认真贯彻了上述方针，才有可能建立自己的民族的、科学的、人民大众的新文化和新教育。这些文化教育指示，过去是奋斗的目标，随着解放战争的胜利、解放区的逐步扩大，已经成为现实，成为文化教育工作的出发点和落脚点。随着战略形势由劣势向优势的转化，随着中国共产党提出新时期的总路线和政策，新民主主义文化教育方针的政治内容，也随之分阶段地加以调整。

第一阶段，从抗日战争结束到1946年6月全面内战爆发，中国处在一个"谈谈打打"、由和平向战争过渡的阶段。在这个阶段，解放区人民同全国人民一样，期望国家能够实现和平、民主、团结、统一，进行和平的建设。因而，各解放区围绕和平建设这个中心制定了文化教育方针，反映了当时争取和平建国，要培养各种人才和努力提高广大群众的政治文化水平的精神。例如，1946年4月，在陕甘宁边区第三次参议会第一次会议通过的《陕甘宁边区宪法原则》中，提出文化教育方面的原则是：普及并提高一般人民的文化水准，从速消灭文盲，减少疾病与死亡现象；保障学术自由，致力科学发展。同月，华中苏皖边区政府教育厅厅长刘季平在边区宣教大会上提出的教育总方针是："教导人民识字、明理、翻身、兴家、立业，培养各种干部和专门人才，为建设新民主主义苏皖边区及新中国，提高人民的政治生活、经济生活及文化生活而奋斗。"③

晋察冀边区行政委员会在1946年5月发出的《关于目前教育工作的指示》中提出，目前文化教育的总方针，仍然是坚定不移的新民主主义的方针，也就是坚持人民的民族的立场，根据群众的需要与自愿，从实际出发，实事求是，学以致用，适应和平民主建设的需要，为人民服务。同月，晋冀鲁豫边区参议会在通过的《关于政府工作报告的决议》中也明确提出，要贯彻新民主主义的文教政策，开展大众的文化运动，大力解决贫苦群众入学问题，提高文教工作者的待遇和地位，奖励文教工作模范，改造与培养师资，充实与建立各级正规学校，加强社会教育，如夜校、冬

---

① 毛泽东：《毛泽东选集》（第3卷），人民出版社1991年版，第1083页。
② 同上。
③ 参见戴伯韬编《解放战争初期苏皖边区教育》，人民教育出版社1982年版，第25页。

学等,以提高群众认识,培养大批建设人才等。①

第二阶段,从1946年6月到1948年6月,是我军由战略防御转为战略进攻的阶段。在这个时期,毛泽东代表党中央做了《目前形势和我们的任务》的报告,对新民主主义革命的任务作了新的阐明:新民主主义的革命任务,除了取消帝国主义在中国的特权外,在国内,就是要消灭地主阶级和官僚资产阶级(大资产阶级)的剥削和压迫,改变买办的封建的生产关系,解放被束缚的生产力。随之,新民主主义文化教育方针的政治内容也作了相应的调整,使之更切合于指导解放战争时期文化教育建设。1946年7月,《山东省当前教育工作纲要》提出,人民大众的教育事业,其目的在于教导人民识字明理,讲求卫生,劳动发家,勤俭立业,破除迷信,改革陋俗。解除其封建束缚,普及新民主主义思想,帮助群众在文化上翻身,提高人民大众的政治文化水平。1946年9月,东北政联行政委员会在教育工作的总方针中提出,应进一步肃清敌伪奴化教育和蒋介石封建法西斯主义教育的遗毒和影响,建立民族的民主的大众的科学的新民主主义教育,服务于新民主主义的政治斗争,服务于东北人民的和平民主建设事业。

1946年12月,陕甘宁边区政府的《战时教育方案》指出:"目前教育工作的中心任务是配合政治、军事、经济、群运等工作,争取自卫战争的胜利。"② 战时教育的四项原则是:必须提高社会教育的作用,发动广大的成年、青年直接或间接地参加战斗;要大大加强时事教育,以提高群众的政治积极性;应以战时各种生动的范例作为活的教材,教育广大群众;战时教育班要与其他各种工作紧密联系起来,并应照顾群众的自愿与需要。③ 这些地区性的教育方针和政策的规定都说明,在内战全面爆发的形势下,新民主主义的文教方针已作了相应调整。

第三阶段,从1948年7月到1949年10月中华人民共和国成立,是解放战争经过战略决战取得胜利的时期。中共中央于1949年3月召开了

---

① 参见顾明远等《中国教育大系——马克思主义与中国教育》(下),湖北教育出版社1994年版,第1012页。

② 教育科学研究所筹备处编:《老解放区教育资料》(三),教育科学出版社1991年版,第4页。

③ 参见顾明远等《中国教育大系——马克思主义与中国教育》(下),湖北教育出版社1994年版,第1013页。

七届二中全会，毛泽东在全会报告中指出：中国革命在全国胜利并且解决了土地问题以后，还存在着两种基本的矛盾。第一种是国内的，即工人阶级和资产阶级的矛盾。第二种是国外的，即中国和帝国主义国家的矛盾。他全面地分析了新民主主义的经济成分，提出由落后的农业国变成先进的工业国的问题。在这个阶段，新民主主义文化教育方针紧跟革命形势的发展，进行了内容调整。其特点如下。

首先，由于解放区迅速扩大，日益成为支援战事的后方，教育需要向提高文化科学水平的"正规化"方向发展。其次，在日益接近取得全国胜利的局势演变中，教育方针也反映出由地区性向全国性过渡的性质。1948年8月12日，东北解放区第三次教育会议提出了实行新型正规化教育的问题，颁布了教育要适应生产建设与支援战争的需要、建立适合情况的各种教育制度，规定了学制与课程，并改进教学方法等。随后，整个东北解放区的教育逐步落实了这些新型正规化的教育方针。1948年8月，华北解放区也召开了中等教育会议，会上批评了忽视文化科学知识的基础教育的种种倾向，决定中学教育的性质是普通教育。其任务是为新民主主义国家培养具有中等文化水平、基本科学知识的人才，使学生毕业后经过一定专业训练，即能参加工作，或继续升学深造。1949年，特别是党中央开过七届二中全会后，教育方针内容的调整，就更具有向建国目标发展的标志。

综上可以看出，解放战争时期，新民主主义的文化教育方针开始了向新民主主义教育方针的过渡，教育方针的内容是紧跟解放战争的形势逐步调整和充实的。就全局而论，这又是以新民主主义教育方针改革新解放区教育的过程。这种演变，就是把文化教育为新民主主义革命服务、教育同生产劳动结合的原理，运用于解放战争时期的革命实践。

(1) 干部教育。抗日战争刚结束时，人民解放军从敌伪手中解放了广大的土地和许多城市，解放区的面积比抗日战争时期扩大了，解放区的人口也比以前增多了。在老解放区，中国共产党明确提出继续执行"干部教育第一"的政策，把干部教育放在全部教育的首要地位，积极为解放战争和土地改革储备干部，中国共产党十分重视对解放区的在职干部教育和干部学校、训练班学员的政治教育工作。解放战争后期，各大解放区接管了一批干部学校，对于收复学校的方针是，维持原校，加以必要与可能的改良，并开始对接管的学校进行改造和整顿。对原有培养干部的学校也需要整顿，使其逐步转向正规化，以适应解放区各种建设的需要。1948年11月，中共中央华北局发出《关于在职干部教育的决定》，规定一切有阅读能力的党员和干部必须学习理论知识，必须以马列主义的基本知识、中国革命基本问题的知识、新民主主义国家建设理论的知识来武装自己，并且还必须学习时事与政策，建立必要的学习制度与定期的严格的考试制度，建立有能力的、负责任的学习委员会等。这个时期，注意提高干部的马列主义水平，并促使其用以改造自己旧的世界观与人生观，树立辩证唯物主义与历史唯物主义世界观与人生观。

解放战争时期，干部训练班的规模、对象、内容与方法，是和解放战争的发展密切结合的。干部训练班重视政治思想训练，训练与启发学员分清敌我、发扬革命精神等。在老区，特别是在北方解放较早的地区，在政治学习的基础上，开始注意专业知识与专业技术的训练，并从农村大量培训与提拔干部，或者调到新区去工作，或者在原有的工作岗位上，提高干部的素质。① 其目的在于，使他们担负起培养具有革命思想与掌握现代专门科学技术知识的高级专门人才的任务，以适应新民主主义的经济建设与文化建设的需要。为了更有效地进行思想改造，除了理论教育与思想实际相结合来启发学员的思想斗争、从根本上摧毁地主资产阶级的人生观与世界观外，着重注意了劳动的实际的锻炼与教育，学员参加劳动、种菜、淘井、挖水沟、打扫楼院及厕所等。在解放战争后期，干部学校向正规化和专业化方向发展，因为有很多大中城市得到解放，解放区有了近代的工业、矿山和交通运输业，也需要大批革命干部去接办和管理。1948年，中共中央明确指出："我们现在已经有了相当多的铁路、矿山和工业，我党正在大规模地学习管理工业和做生意"，② 因而，我们应加强这方面的教育，培养这方面的人才。

（2）中等教育。中等教育在解放区教育建设中占有重要的地位。解放战争后期，新解放区迅速扩大，接管了一大批中等学校，并遵照《中共中央关于争取和改造知识分子及对新区学校教育的指示》，维持原有学校，逐步进行必要与可能的改良。各根据地和解放区原有的中等教育，主

---

① 参见董纯才《中国革命根据地教育史》（第3卷），教育科学出版社1993年版，第65页。

② 毛泽东：《毛泽东选集》（1卷本），人民出版社1964年版，第1347页。

要是培养中级干部，大多数是短期训练班性质，虽然有两年或三年学制的规定，但都因形势发展的需要，未待毕业就调出参加工作，这种情况已不能适应解放战争发展的需要，不能适应即将到来的大规模经济、文化、教育建设的需要。为此，各大解放区都先后召开中等教育会议，对中等教育加以总结，并提出中等教育正规化建设（区别于抗战时期的"旧型正规化"），以适应新形势的需要。

1946年7月3日至8月25日，山东解放区召开了全省第二次教育工作会议，提出整理改造现有的普通中学，"建立新型中学"，以培养大批的新民主主义知识分子作为普通中学教育的目的。1947年9月，召开全省第三次教育工作会议，重申上年教育工作会议上的精神，确定建立各种教育制度，诸如学制、课程、学年学期编制、考试等，提出克服游击主义，"逐步走向正规化"。1948年8月25日至9月5日，华北解放区召开中等教育会议，根据解放战争发展形势与华北解放区建设的需要，重新检讨中等教育的方针、性质和任务，通过了普通中学与师范学校的实施办法。总的趋向是，一面恢复与发展教育，一面把中等教育纳入"新型正规化"的轨道。

（3）社会教育。解放战争时期，战争发展迅速，战争规模扩大，这就要求社会教育更好地为中心工作服务，以推动中心工作的发展。社会教育主要通过"冬学"或"民校"来实现，主要为土地改革服务。在"冬学"或"民校"中，加强阶级翻身的政策教育和思想教育，解除工农的封建思想束缚，动员他们转入生产。

1946年10月，晋冀鲁豫边区的太行行署指示，今年冬学除识字外，应着重时事、翻身、生产等教育，三者结合进行，而以时事为主。在学校教育中，学校负责宣传土地改革的任务，如宣传队到附近村庄对农民宣讲土地改革政策，教农民唱翻身歌曲，办黑板报刊登土地改革通讯和故事，协助农民编土改的秧歌和小剧本等，为土地改革服务。学校还组织师生参加有教育意义的集会，通过参加农民对恶霸地主的说理和诉苦会，了解不合理的土地制度和社会上的阶级压迫，使农民在思想上接受了中国革命的理论，更好地为战争服务。

在普及国民文化方面，仍按群众的需要与自愿原则，采取"民办公助"的形式，发展小学、村学、冬学和夜校，以提高广大劳动群众的政治觉悟和文化水平。在新解放区内，教育任务是迅速恢复、整顿、改造和发展学校教育，举办冬学，用革命思想教育儿童、青年和广大的劳动人民，清除敌伪奴化教育和国民党封建法西斯教育及其反革命宣传的影响，使教育工作密切地为发动群众、创立根据地、建立民主政权等政治任务而服务。①

总之，在新民主主义文化教育总纲领指导下的根据地和解放区的教育，经过10年左右的实践探索，不仅确立了阶级论教育观的指导地位，而且形成了完整的教育方针政策体系，从而为新中国教育方针的理论和实践奠定了坚实的基础：教育应为无产阶级政治服务，为现实的革命斗争服务；知识分子应该长期改造思想，必须彻底批判教师是自由职业、教师清高的旧观念；旧教育必须彻底改造，必须坚决反对盲目追求正规化的错误；党应该领导教育；等等。

1921—1949年间中国共产党教育方针数十年的发展，是一部新民主主义文化教育曲折而丰富的演进史。审视这一特定历史阶段的教育方针，它由低到高，走过了螺旋式上升、"之"字形发展的道路：从反复古主义到马克思主义的教育方针思想，从建党、建政到新中国成立以后的文化教育总方针，从理想化的共产主义教育方针到中国化的新民主主义文化教育总方针，从党的文化教育方针到党和国家的教育方针，从不成熟到逐步成熟，从不完善到逐步完善，从不系统到逐步系统，从不科学到逐步科学，从不规范到逐步规范，"从艰苦斗争中锻炼出来"，既一脉相承，又与时俱进，经历了一个实践、认识、再实践、再认识的循环往复的过程，最后终至形成中国共产党在新中国成立前丰富的教育方针表述及其多姿多彩的教育实践，并延伸至1957年社会主义新时期教育方针的正式确立。

---

① 参见王铁《中国教育方针的研究——新民主主义教育方针的理论与实践》，教育科学出版社1982年版，第240页。

第十章　新中国成立后中国共产党的教育方针

中华人民共和国的建立，拉开了新中国文化教育建设的序幕，从而揭开了中国共产党教育方针的新篇章。1949 年 9 月 29 日，中国人民政治协商会议第一届全体会议通过《中国人民政治协商会议共同纲领》（简称《共同纲领》，至 1954 年 9 月 20 日《中华人民共和国宪法》颁布之前，《共同纲领》起着临时宪法的作用）。其第五章关于文化教育政策的表述，总结了新民主主义革命时期文化教育的经验，提出了改造旧教育、建设新教育、逐步过渡到社会主义教育等一系列方针政策。1949 年 12 月 23 日至 31 日，中央人民政府教育部召开第一次全国教育工作会议，根据《共同纲领》关于文化教育的总方针部署了改造旧教育、建设新教育的方针、步骤和任务。《共同纲领》关于文化教育的总方针及第一次全国教育工作会议规定的教育工作方针，是毛泽东关于新民主主义文化教育总纲领在新时代的体现，其要点如下。

第一，"中华人民共和国的文化教育为新民主主义的，即民族的、科学的、大众的文化教育。人民政府的文化教育工作，应以提高人民文化水平，培养国家建设人才，肃清封建的、买办的、法西斯主义的思想，发展为人民服务的思想为主要任务。"①

第二，中华人民共和国新教育的"方法是理论与实际一致，其目的是为人民服务，首先为工农服务，为当前的革命斗争与建设服务"。②

第三，建设新民主主义教育是一项长期的、艰巨的任务。"人民政府应有计划有步骤地改革旧的教育制度、教育内容和教学法"；"有计划有步骤地实行普及教育，加强中等教育和高等教育，注重技术教育，加强劳

---

① 何东昌主编：《中华人民共和国重要教育文献》，海南出版社 1998 年版，第 1 页。
② 同上书，第 8 页。

动者的业余教育和在职干部教育，给青年知识分子和旧知识分子以革命的政治教育，以适应革命工作和国家建设工作的广泛需要"；"提倡爱祖国、爱人民、爱劳动、爱科学、爱护公共财物为中华人民共和国全体国民的公德"；应"提倡国民体育"；"应帮助各少数民族的人民大众发展其政治、经济、文化、教育的建设事业"。①

第四，建设新教育的基础和途径是"以老解放区新教育经验为基础，吸收旧教育某些有用的经验，特别要借助苏联教育建设的先进经验"。②

第五，新解放区教育工作的关键，"是争取团结改造知识分子"。必须坚决地正确地执行知识分子政策，防止一切排斥知识分子的现象。旧学校的教职员除个别反动分子外，都继续留用，并设法安置失业知识分子和失业知识青年。要执行维持原有学校，逐步作可能与必要的改善之方针。不允许发生大量停办学校的错误和破坏学校设备与房屋的行为。新解放区学校安顿以后的主要工作，就是在师生中进行思想政治教育，使他们逐步树立革命的人生观。对于中国人办的私立学校，应采取保护维持、加强领导、逐步改造的方针。同时，不论是新解放区还是老解放区，都应在可能的条件下设法改善教育工作者的物质待遇和政治待遇。教育工作者本身也应发扬艰苦奋斗的作风，克服一切困难，努力完成自己光荣的历史使命。③

上述对新中国文化教育性质与任务的规定是同中华人民共和国成立的政治、经济基础完全一致的，它反映了新中国成立初期对于文化教育的基本要求。一方面，要致力于提高人民大众的文化科学水平，培养他们为人民服务的思想和先进的道德情操；另一方面，国家百废待兴，急需各方面的建设人才，因此，有计划、有步骤地改造旧教育、建设新教育，恢复和发展各级各类教育事业，培养各个层次的建设人才，就成为新中国教育事业的中心任务。新中国成立初期关于文化教育政策的规定，对于统一新老解放区教育工作者的思想，团结、动员和指导全国教育工作者为建设新教育而共同奋斗起到了巨大的作用，是改造旧教育、建设新教育的重要指导方针和政策依据，体现了新时期马克思主义与中国实际相结合的精神，促

---

① 何东昌主编：《中华人民共和国重要教育文献》，海南出版社1998年版，第1页。
② 同上书，第7—8页。
③ 同上书，第8—9页。

进了新中国文化教育的变革与发展。

1949—1978年，是新中国教育史上一个十分敏感复杂、弃旧图新、承前启后的历史时期。新中国成立伊始，各项事业百废待兴，并没有立即提出明确的教育方针。对教育方针的最早表述，始于《共同纲领》有关文化教育政策的规定，即中华人民共和国的文化教育为民族的、科学的、大众的文化教育。[1] 在这一方针指引下，党和国家领导人及相关部门领导、学者等纷纷发表对新中国如何办好教育的看法。

1949—1952三年国民经济恢复时期，改造旧教育、建设新教育，是当时教育工作的主要任务，又因为工农联盟是人民民主专政的基础，因而提出了教育要为生产建设服务、为工农服务等具体工作方针，并规定了各级各类教育更为具体的教育政策。1953年，进入社会主义改造时期后，教育方针的社会主义因素也在逐步增加，并展开了对人的全面发展的讨论。但总体看，在我国新民主主义向社会主义过渡时期，并没有提出统一明确的教育方针，仍旧沿用新民主主义文化教育总方针的表述。

1956年，国家基本上完成了对农业、手工业、资本主义工商业的社会主义改造，正式进入社会主义建设时期，要求教育工作也必然要适应社会主义建设的形势，为党在新时期的中心工作服务，为新的社会主义建设高潮服务。举国上下逐步开始从教育自身的特点和规律去认识教育方针，党和国家领导人有关教育方针的阐述对于社会主义教育方针的形成起到了重要作用。20世纪60年代，社会主义教育方针正式颁定后，对教育方针的贯彻和实施，分别经历了教育事业调整期、"文化大革命"十年动乱期以及"文化大革命"结束后新时期三个阶段。其间，教育方针对教育事业的发展起到了极大的指导作用。但受特殊政治背景的影响，教育方针在很大程度上被曲解，走过很长一段弯路。教训是深刻而良多的：如何遵循教育规律和教育方针自身的规律认识教育、制定教育方针，如何坚持运用科学社会主义的理论观点认识教育、制定教育方针，值得进一步思考和探索。

---

[1] 中央教科所编：《中华人民共和国教育大事记（1949—1982）》，教育科学出版社1984年版，第3页。

一 新中国教育方针的理论基础

新中国成立以来,我国的教育方针是在毛泽东、周恩来、刘少奇、邓小平、江泽民、胡锦涛、习近平为代表的几代领袖亲自关心领导下提出和不断完善的,他们的教育方针理念既一脉相承,又各有自己的创意和思想。党的第一代领导人的教育方针思想,分为两个阶段,第一个阶段从五四新文化运动到中华人民共和国成立前,第二个阶段为中华人民共和国成立后到"文化大革命"前后。以毛泽东为首的党的第一代领袖在1949年以前关于教育方针的表述,本书在第九章中已有系统阐述,因此,本章侧重介绍新中国成立后毛泽东、周恩来、刘少奇关于教育方针的思想旅程及其核心内容。

(一) 毛泽东的教育方针思想

中华人民共和国建立以后,毛泽东关于教育工作的指导方针既延续了其新中国成立前的一贯思想,又有所改进和发展,其核心理念涵盖以下内容。

一是强调中国共产党对教育的领导,坚持教育必须为无产阶级政治服务。这一思想,为巩固无产阶级的新政权和坚持教育的社会主义发展方向奠定了坚实基础,但也为后来大搞无产阶级专政下的继续革命、以阶级斗争为纲、阶级斗争扩大化等错误做法留下了隐患。

二是强调教育必须与生产劳动相结合,劳动人民知识化,知识分子劳动化。这一思想,既是对1934年苏区政权提出"教育与生产劳动相联系"的继承,又是对马克思主义教劳结合原理在中国的发展,但也为1958年学生大炼钢铁、半天劳动半天学习以及后来走"五七"道路的"左"倾做法埋下了伏笔。

三是强调使学生在德育、智育、体育几方面都得到发展,强调培养"有社会主义觉悟""有文化"的劳动者。这一思想,是对马克思主义人的全面发展学说在中国的继承和发展,但也产生了后来将"劳动者"片面理解为体力劳动者,"宁要社会主义的草,不要资本主义的苗"等极端做法。

四是要使学生的学习成为主动的、生动活泼的、创造性的学习,要做知识的主人,不要做书本的奴隶。要总结古今中外的教育经验,创造出一套适合我国情况、为社会主义建设服务的教育制度。这一思想,无疑具有创新性,但也引发了教育领域的形式主义倾向。

1. 1950年以后毛泽东的教育方针思想

1950年5月1日,毛泽东为《人民教育》创刊号题词:"恢复和发展人民教育是当前重要任务之一。"[1] 是年6月19日,毛泽东就学生健康问题写信给教育部部长马叙伦:"要各校注意健康第一、学习第二……学习和开会的时间宜大减……全国一切学校都应如此。"[2] 次年1月5日,毛泽东再次写信给马叙伦:"提出健康第一、学习第二的方针,我以为是正确的。"[3]

1952年6月14日,毛泽东致信周恩来,阐发其人民教育观,主张教育为人民大众服务,教育的领导权应掌握在无产阶级手中,接管私立中小学,废除干部子弟学校,贯彻实施教育面向民众、向工农开门的方针。为此,他明确提出两点教育主张:一、如有可能,应全部接管私立中小学。二、干部子弟学校,第一步应划一待遇,不得再分等级;第二步,废除这种贵族学校,与人民子弟大众合一。[4] 同月20日,毛泽东为中华全国体育总会成立大会题词:"发展体育运动,增强人民体质。"[5]

1953年6月30日,在接见中国新民主主义青年团第二次代表大会主席团成员时,毛泽东又"给青年们讲几句话:一、祝贺他们身体好;二、祝贺他们学习好;三、祝贺他们工作好……现在新中国要把方针改一改,要为青少年设想"。其后在多个场合讲话,他都是将青少年的身体健康放在第一位。比如,1957年11月,在莫斯科大学接见中国留学生讲话时,就提到要使青年"身体好,学习好,工作好"。[6] "三好"的号召,虽不

---

[1] 《毛泽东论教育》(第三版),人民教育出版社2008年版,第223页。
[2] 毛泽东:《毛泽东选集》(第5卷),人民出版社1977年版,第472页。
[3] 中央教科所编:《中华人民共和国教育大事记(1949—1982)》,教育科学出版社1984年版,第35页。
[4] 《毛泽东论教育》(第三版),人民教育出版社2008年版,第271页。
[5] 1952年6月10日 毛泽东题词:发展体育运动 增强人民体质,《人民日报》1952年6月22日。
[6] 1957年11月17日,毛主席在莫斯科大学接见中国留学生时的讲话。

是以教育方针形式提出,但实际上成为教育的培养目标和广大青少年学习成长的指南。

2. 1957年以后毛泽东的教育方针思想

1957年2月,毛泽东在最高国务会议第十一次扩大会议上发表《关于正确处理人民内部矛盾的问题》讲话,指出:"在知识分子和青年学生中间,最近一个时期,思想政治工作减弱了,出现了一些偏向。"① "针对着这种情况,现在需要加强思想政治工作。不论是知识分子,还是青年学生,都应该努力学习。除了学习专业之外,在思想上要有所进步,政治上也要有所进步,这就需要学习马克思主义,学习时事政治。没有正确的政治观点,就等于没有灵魂。"② "思想政治工作,各个部门都要负责任。共产党应该管,青年团应该管,政府主管部门应该管,学校的校长教师更应该管。"③ "我们的教育方针,应该使受教育者在德育、智育、体育几方面都得到发展,成为有社会主义觉悟的有文化的劳动者。"④

这是中华人民共和国建立以来党和国家领导人第一次正式阐述的社会主义教育方针。与以往的提法相比,该教育方针的特征在于,一是正式使用了"教育方针"的概念,二是把"德育"放到了首位,三是未提"美育",四是用"几方面发展"取代了"全面发展",五是明确提出了培养"劳动者"的目标。它明确了我国教育的社会主义性质、方向、培养目标及其人才规格,成为长期指导我国教育的方针,对新中国教育的发展影响深远。同年9月,《人民教育》发表社论,把它视为教育方针。

1958年春,毛泽东在一次谈话中指出:"教育必须为无产阶级政治服务,教育必须同生产劳动相结合。劳动人民要知识化,知识分子要劳动化。"⑤ 同年8月,在审阅中共中央宣传部部长、中央文教小组组长陆定一的《教育必须与生产劳动相结合》一文时,毛泽东特意加写了两断文字,其中提到:"儿童时期需要发展身体,这种发展是健全的。儿童时期需要发展共产主义的情操、风格和集体英雄主义的气概,就是我们时代的

---

① 毛泽东:《关于正确处理人民内部矛盾的问题》,《人民日报》1957年6月19日。
② 同上。
③ 同上。
④ 同上。
⑤ 毛泽东:《毛泽东选集》(第5卷),人民出版社1977年版,第408页。

德育。这二者同智育是连接一道的。二者都同从事劳动有关，所以教育与劳动结合的原则是不可移易的。总结以上所说，我们所主张的全面发展，是要使学生得到比较完全的和比较广博的知识，发展健全的身体，发展共产主义的道德。"① "我们应当根据自己的特点，把马克思主义的普遍真理同我国的具体实际结合起来，来规定我国的教育方针、教育政策、教育制度、教育方法等。"②

具体到德、智、体三者的关系，毛泽东认为，思想和政治是统帅，是灵魂，是生命线，是完成技术工作的保证，但必须寓于教育活动中去；掌握专业技术知识是建设社会主义的必须要求。学校作为传授知识、提高人们文化素质的重要阵地，要大力普及文化知识，扫除文盲。在当年（1958年8月13日）视察天津大学时，毛泽东提出，"高等学校应抓住三个东西：一是党委领导；二是群众路线；三是把教育和生产劳动结合起来"。③ "以后要学校办工厂，工厂办学校"，"学生要勤工俭学，教师也要搞"，"老师也要参加劳动，不能光动嘴不动手"。④

1964年2月13日，毛泽东在人民大会堂北京厅主持召开教育工作座谈会时提到："今天想谈谈教育问题，……教育的方针路线是正确的，但方法不对。我看教育要改变，现在这样还不行。"⑤ 当邓小平谈到"学制太长了"时，毛泽东说："学制可以缩短。现在课程多，害死人，使中学生、大学生天天处于紧张状态，近视眼成倍增加，非改不行。"⑥ 当邓小平讲了"课程多，作业繁重，学生无法应付"时，毛又说："我看课程可以砍掉一半，学生要有娱乐、游泳、打球、课外自由阅读的时间。"⑦ 当邓小平谈到"课程多，学生不能独立思考"时，毛泽东说："现在的考试办法是用对付敌人的办法，搞突然袭击，题目出得很古怪，学生难以捉

---

① 毛泽东：《教育与劳动结合的原则是不可移易的》，1958年8月，载《毛泽东文集》（第7卷），人民出版社1999年版刊印。

② 同上。

③ 韩宝志、曹海燕：《一张可以听到掌声的照片》，《中国教育报》2019年7月8日头版。

④ 同上。

⑤ 中央教育科学研究所编：《中华人民共和国教育大事记（1949—1982）》，教育科学出版社1984年版，第353—354页。

⑥ 同上。

⑦ 同上。

摸，还是考八股文章的办法，这种做法是摧残人才，摧残青年，我很不赞成，要改变。"①

1964年3月6日，毛泽东在中共中央办公厅秘书室编印的《群众反映》第十六期上写下批语："要减轻学生负担，培养青年们在德、智、体诸方面生动活泼地主动地得到发展。"②

1965年8月8日，毛泽东提出：办教育也要有政治水平。1966年5月，毛泽东在给林彪的信中指出："学生也是这样，以学为主，兼学别样，即不但学文，也要学工、学农、学军，也要批判资产阶级。学制要缩短，教育要革命，资产阶级知识分子统治我们学校的现象，再也不能继续下去了。"③

1968年7月21日，毛泽东发表关于高等教育办学方向的"七二一指示"，提出："理工大学还要办"，"教育要革命，要无产阶级政治挂帅"，"要从有实践经验的工人农民中选拔学生，到学校学几年之后，再回到生产实践中去"。④

（二）周恩来的教育方针思想

新中国成立以后，周恩来发表了一系列关于教育工作指导方针的讲话，有的是在某篇文章或讲话中谈到教育问题时有感而发，有的是专门针对教育而发。从新民主主义的教育到社会主义的教育，从教育的目的、任务、方针、指导思想到教育制度、教育改革、教育内容、教育方法，从中小学教育到职业技术教育、高等教育到成人教育，都有涉及，形成比较完整丰富的教育方针思想。其对教育方针的表述既有其独特与独到之处，又是对毛泽东教育方针思想的丰富与展开，是党的第一代领袖教育方针思想的重要内容。概括起来，周恩来的教育方针思想包含以下几方面：教育必须有明确的社会主义发展方向，教育必须为无产阶级政治服务，必须注重多种渠道办教育，成人教育应在学制中占有一定地位，教师质量是办好教

---

① 中央教育科学研究所编：《中华人民共和国教育大事记（1949—1982）》，教育科学出版社1984年版，第353—354页。
② 转引自徐凯旋《建国以来党的教育方针演变述论》，硕士学位论文，湖南师范大学，2008年。
③ 同上。
④ 同上。

育的关键，大中小学教育都应当注意劳动教育，教育必须与生产劳动相结合，社会主义社会的人才应该全面发展，每个人要在德智体美等方面均衡发展。

1950年6月8日，周恩来《在全国高等教育会议上的讲话》中指出："《共同纲领》第一条指明了我们反对什么，主张什么。我们的新民主主义教育同整个新民主主义的纲领是一致的，都是反对帝国主义、封建主义和官僚资本主义。因此，我们在教育上就要肃清封建的、买办的、法西斯主义的思想。这项任务不是一朝一夕就能完成的。'欲速则不达'，如果急于求成，形式上好像肃清了，而实质上仍然存在。所以，我们在原则上一定要坚持新民主主义的教育方针，在具体步骤上则必须一步一步地求其实现。"[1]

1951年8月22日，周恩来明确指出："我们必须要在教育观念上来一个转变，过去的传统只是为青年人办学，现在这种观念要改变过来。我们的学制也要适应成年人学习的要求，给他们受教育的机会。"[2]"成年人的教育，包括工农的教育，失业人员的教育，老知识分子的教育，老干部的再教育，都需要在我们的学制中占有一定的地位。"[3]"要重视工农速成学校和各种业余补习学校。把工农速成学校和业余补习学校放在与其他学校同样重要的地位。"[4]

1954年2月21日，周恩来在政务院第205次政务会议上提出："毛泽东同志特别强调要增强人民体质。我们向社会主义、共产主义前进，每个人要在德、智、体、美等方面均衡发展"，"均衡发展是要思想和身体都健康"。[5]

同年9月23日，周恩来在第一届全国人民代表大会第一次会议《政府工作报告》中指出："为了适应经济建设的需要……中小学教育都应当

---

[1] 中央教育科学研究所编：《中华人民共和国教育大事记（1949—1982）》，教育科学出版社1984年版，第19页。

[2] 中央教育科学研究所编：《周恩来教育文选》，教育科学出版社1984年版，第32页。

[3] 同上。

[4] 同上书，第33页。

[5] 转引自梁伟《从新民主主义文化教育总方针到社会主义教育方针》，硕士学位论文，浙江师范大学，2006年。

注意劳动教育,以便中小学毕业生广泛地参加工农业劳动。"①

1956年,在经历了轰轰烈烈的社会主义改造运动以后,党的过渡时期的总路线基本实现,周恩来敏锐而清醒地认识到,知识分子的性质已发生变化,不再是改造对象,而应是社会主义建设的成员,是以工农联盟为基础的人民民主专政国家的重要方面军。他明确指出,我国的知识分子,"他们中间的绝大部分已经成为国家工作人员,已经为社会主义服务,已经是工人阶级的一部分"。② 1962年,周恩来再度重申:知识分子中的绝大多数,都是积极地为社会主义服务,接受中国共产党的领导,并且愿意继续进行自我改造的。毫无疑问,他们是属于劳动人民的知识分子。我们应该信任他们、关心他们,使他们很好地为社会主义服务。③

1957年6月26日,周恩来在第一届全国人大第四次会议《政府工作报告》中指出:"我们今后的教育方针,应该是培养有社会主义觉悟的、有文化的、身体健康的劳动者。过去,这个方针是不够明确的。"④ "我们中小学生毕业后除了一小部分升学外,多数都应该参加工农业生产。高等学校中也应该加强劳动教育,学生毕业后,一般地应该参加一定的体力劳动,今后应该对此订出一些制度,逐步实施。"⑤ "教育为无产阶级政治服务,就是要使受教育的人具有社会主义觉悟,愿意为社会主义服务。教育与生产劳动相结合,也就是要使受教育的人经过生产劳动,锻炼成为一个既有社会主义觉悟又有文化的劳动者。"⑥

1963年7月22日,周恩来在北京市高等学校应届毕业生大会上作《全面发展,做有社会主义觉悟的有文化的劳动者》的报告,指出:"今天北京市组织这个报告会,我想借这个机会讲一讲社会主义的教育方针问题。毛主席1957年在《关于正确处理人民内部矛盾的问题》中说:'我

---

① 转引自梁伟《从新民主主义文化教育总方针到社会主义教育方针》,硕士学位论文,浙江师范大学,2006年。

② 同上。

③ 同上。

④ 转引自徐凯旋《建国以来党的教育方针演变述论》,硕士学位论文,湖南师范大学,2008年。

⑤ 同上。

⑥ 中央教育科学研究所编:《周恩来教育文选》,教育科学出版社1984年版,第206—207页。

们的教育方针,应该使受教育者在德育、智育、体育几方面都得到发展,成为有社会主义觉悟的有文化的劳动者'。1958年,党中央又进一步规定了教育为无产阶级的政治服务、教育与生产劳动相结合的方针。教育为无产阶级政治服务,就是要使受教育的人具有社会主义觉悟,愿意为社会主义服务。教育与生产劳动相结合,也就是要使受教育的人经过生产劳动,锻炼成为一个既有社会主义觉悟又有文化的劳动者。"①

(三) 刘少奇的教育方针思想

新中国成立前,作为第一代领导集体的核心成员,刘少奇的地位仅次于毛泽东。他曾就抗日战争和解放战争时期我党领导下的人民政府关于文化教育工作的指导思想和方针政策发表系列性见解或主张。遗憾的是,由于种种历史的原因,我们对这一领域史料的发掘和整理还很不够,亟须开展系统研究。

1937年10月6日,刘少奇在《抗日游击战争中各种基本政策问题》一文中提到:"抗日政府的教育政策,以培养抗日战争中急需的干部、提高人民的民族觉悟与文化水准为原则。"②

1938年2月18日,刘少奇在《工会工作大纲》中提到:"为了要动员广大的工人群众来积极参加战争中各方面的工作,在政治上教育工人、提高工人的文化政治水平是非常必要的。"③

1942年2月15日,刘少奇提出:"根据新民主主义的教育方针——反对汉奸的奴化教育,反对封建的愚昧教育,提倡科学……奖励一切私人办学。"④

1944年12月9日,在延安青年纪念"一二·九"运动大会上,刘少奇号召:"革命的青年学生必须与广大的工农兵相结合,必须在共产党的

---

① 中央教育科学研究所编:《周恩来教育文选》,教育科学出版社1984年版,第206—207页。
② 中共中央文献研究室刘少奇同志研究组、中央教育科学研究所编:《刘少奇论教育》,教育科学出版社1998年版,第6页。
③ 同上。
④ 同上书,第8页。

领导下，才能达到革命的目的。"①

新中国成立后，刘少奇指出："要工人阶级站在先进的地位去领导国家，在各种事业中起领导作用，必须首先把他们组织起来，教育他们，使他们觉悟起来。"② 他强调，要把职工教育作为培养人才的重要途径之一。要对工人进行广泛普遍的政治教育和技术训练，培养大批顾大局、识大体、有能力的工人。③ 他还指出，教育工作者是工人阶级的一部分，应把他们组织在一个全国统一的工会里，以团结、教育广大教育工作者，为发展国家的教育事业而努力。④

1949年10月5日，刘少奇在华北职工代表大会上指出："关于工人教育问题，要广泛普遍地进行政治教育。大学里可以办工人训练班，我们自己也可以办训练班。"⑤

1950年10月3日，刘少奇在中国人民大学开学典礼上讲话："人民的国家是以工人阶级为领导、工农联盟为基础而建立起来的，是以为工农服务为目的的。我们国家的教育也应该是为这一目的而服务的。"⑥

1958年5月30日，刘少奇在中共中央政治局扩大会议上正式提出实行"两种教育制度"的问题："我想，我们国家应该有两种主要的学校教育制度和工厂农村的劳动制度。一种是现在的全日制的学校教育制度和现在工厂里面、机关里面八小时工作的劳动制度。这是主要的。此外，是不是还可以采用一种制度，跟这种制度相并行，也成为主要制度之一，就是半工半读的学校教育制度和半工半读的劳动制度。"⑦

1958年6月21日，刘少奇在中共中央政治局听取中央文教小组组长陆定一汇报全国教育工作情况时发表讲话："教育与劳动结合。贯彻这个

---

① 中共中央文献研究室刘少奇同志研究组、中央教育科学研究所编：《刘少奇论教育》，教育科学出版社1998年版，第26页。

② 同上书，第39页。

③ 中共中央文献研究室、中华全国总工会：《刘少奇论工人运动》，中央文献出版社1988年版，第380—381页。

④ 吕小蓟、方晓东：《刘少奇同志对制定和实施新中国教育方针的贡献》，《党的文献》1998年第5期。

⑤ 中共中央文献研究室刘少奇同志研究组、中央教育科学研究所编：《刘少奇论教育》，教育科学出版社1998年版，第63页。

⑥ 同上书，第92页。

⑦ 中央文献编辑委员会编：《刘少奇选集》（下卷），人民出版社1985年版，第324页。

方针还要想很多办法,现在道路还没有完全走出来,只是刚开始走了一些。"① 当日,他致信劳动部部长马文瑞:"昨天政治局会议讨论了学校教育问题,除开重申教育必须为政治服务以外,又进一步确定了学校教育必须同生产劳动相结合的方针。……学校教育同工业生产劳动相结合的方式是会有许多的,但是我想,其中会有一种最高的方式,这就是学校同工厂合而为一的方式。"②

1962年1月27日,在"七千人大会"上,刘少奇提出:"文化、教育、科学、卫生事业的发展,必须同经济建设的发展相适应,保持适当的比例关系,既要考虑经济建设和人民群众的需要,又不能超过实际的可能性,不能要求过多过急。"③

1964年,刘少奇再次重申"两种教育制度"问题:从长远来讲,实行"两种制度","可以初步地消灭脑力劳动同体力劳动的差别","培养有社会主义觉悟、有文化科学知识、有技术、有实际操作能力的新型劳动者"。④

1965年11月6日,刘少奇在中共中央政治局专门讨论城市半工半读教育问题会议上指出:"一半时间劳动一半时间上学校的制度,使工作和教育相互成为休息和鼓励";"像欧文详细说明过的那样,未来教育——这种教育对一切已满一定年龄的儿童来说,都是生产劳动同智育和体育相结合,它不仅是增进社会生产的一个方法,并且是唯一的生产一个全面发展的人的方法——的胚芽,就是从工厂制度发芽的。"⑤

二 1949年新中国成立以后的教育方针

随着新民主主义革命具体实践发生的变化,中国共产党及时调整制定

---

① 中共中央文献研究室刘少奇同志研究组、中央教育科学研究所编:《刘少奇论教育》,教育科学出版社1998年版,第220页。

② 中共中央文献研究室、中华全国总工会:《刘少奇论工人运动》,中央文献出版社1988年版,第454—456页。

③ 中共中央文献研究室:《刘少奇论新中国经济建设》,中央文献出版社1993年版,第534页。

④ 吕小蓟、方晓东:《刘少奇同志对制定和实施新中国教育方针的贡献》,《党的文献》1998年第5期。

⑤ 中共中央文献研究室刘少奇同志研究组、中央教育科学研究所编:《刘少奇论教育》,教育科学出版社1998年版,第2490页。

了新的政治路线和策略路线及其文化教育工作的方针。随着新中国人民政权的建立，新民主主义的文化教育方针得以全面更新和贯彻实施。选择新民主主义的文化教育作为新中国文化教育发展的方针，进而自然过渡到社会主义及共产主义社会的教育，这是新中国成立初期中国共产党的大思路。

对于新民主主义的文化教育方针，毛泽东做过系列性的阐述："中国文化应有自己的形式，这就是民族形式。民族的形式，新民主主义的内容——这就是我们今天的新文化。"① "这种新民主主义的文化是科学的。它是反对一切封建思想和迷信思想，主张实事求是，主张客观真理，主张理论和实践一致的。"② "这种新民主主义的文化是大众的，因而即是民主的，它应为全民族中百分之九十以上的工农穷苦民众服务，并逐渐成为他们的文化。"③ 不难发现，对科学和大众含义的阐发与"五四"新教育宣扬德先生、赛先生的精神是一脉相承的，而对"民族"的解释，毛泽东则赋予其全新的含义，因为"五四"新文化教育，是将民族文化视同传统的封建文化打倒的，新中国成立之初，以毛泽东为代表的中国共产党人试图构建一个新时代的新民主主义文化教育体系，并进行了卓有成效的实践。

（一）新民主主义文化教育总方针的延续

1949年9月21—30日，中国人民政治协商会议第一次全体会议在北平举行，一致通过了起临时宪法作用的《中国人民政治协商会议共同纲领》。其中，第五章的"文化教育政策"表述如下："第四十一条　中华人民共和国的文化教育为新民主主义的，即民族的、科学的、大众的文化教育。人民政府的文化教育工作，应以提高人民文化水平，培养国家建设人才，肃清封建的、买办的、法西斯主义的思想，发展为人民服务的思想为主要任务。"④ "第四十六条　中华人民共和国的教育方法为理论与实际

---

① 毛泽东：《毛泽东选集》（第2卷），人民出版社1991年版，第707—708页。
② 同上。
③ 同上。
④ 中国人民政治协商会议全国委员会秘书处编：《中国人民政治协商会议资料选编（第一集）》，中国人民政治协商会议全国委员会秘书处1959年版，第10页。

一致。人民政府应有计划有步骤地改革旧的教育制度、教育内容和教学法"。①"第四十七条 有计划有步骤地实行普及教育,加强中等教育和高等教育,注重技术教育,加强劳动者的业余教育和在职干部教育,给青年知识分子和旧知识分子以革命的政治教育,以应革命工作和国家建设工作的广泛需要。"②"第四十八条 提倡国民体育。"③ 在这一文化教育总方针指导下,1949年10月中华人民共和国成立至1956年底社会主义改造基本完成期间,党和政府颁定了各级各类教育的方针政策。

《共同纲领》所规定的文化教育政策,是中国共产党在新民主主义革命过程中形成的,在新解放区中实行的,并为新中国所继承下来的。其中这些条款,规定了新中国成立后新民主主义文化教育的方向、性质、任务、国民道德标准、教育方法以及教育改造过程的步骤和重点,完全体现了毛泽东早在革命战争时期关于革命的文化教育建设的基本思想。其第一条就指明了反对什么、主张什么。主张什么呢？《共同纲领》说得很清楚:"新民主义的教育是民族的、科学的、大众的教育。新民主主义的文化教育同整个新民主主义的纲领是一致的,都是反对帝国主义、封建主义和官僚资本主义。因此,在教育上就要肃清封建的、买办的、法西斯主义的思想,这项任务不是一朝一夕就能完成的,原则上一定要坚持新民主主义的教育方针,在具体步骤上,则必须一步一步地求其实现。"④

"新民主主义的文化教育是民族的,要有民族的形式。普遍真理是各民族都适用的,但在不同的民族会有不同的表现形式。中华民族有自己的传统习惯,这些传统习惯总是以民族的形式表现出来。具有民族形式的教育,才易于被人民所接受,为人民所热爱。教育如果不注意民族的特点和形式,就行不通。中国是个多民族的国家,要注意各兄弟民族的特点和形式,兄弟民族之间也要互相学习彼此的长处,这样才能将科学的内容输送到各族人民中去,把教育办好。"⑤

---

① 中国人民政治协商会议全国委员会秘书处编:《中国人民政治协商会议资料选编(第一集)》,中国人民政治协商会议全国委员会秘书处1959年版,第11页。
② 同上。
③ 同上。
④ 中共中央文献研究室:《建国以来重要文献选编(第一册)》,中央文献出版社2011年版,第234页。
⑤ 同上书,第236页。

"新民主主义的文化教育是科学的,要有科学的内容。科学是从实际中总结出来的系统知识,是客观真理。有一种说法,中国过去没有科学。这种说法是不对的。不论自然界或人类社会,任何事物的存在和发展,必然有它自己的客观规律。问题在于人们能不能科学地说明它。近代自然科学是从西方开始的。科学地说明人类社会发展的规律,是从马克思开始的。但是,并不能说在这以前就完全没有科学。拿中国来说,我们的国家存在了几千年,人口发展到四亿七千五百万,能够抵抗敌人的侵略,战胜各种自然灾害,这表明中华民族过去是掌握了一些客观事物的规律的,因而是有科学的。问题是没有能很好地去发掘它、研究它。科学理论是将实践的经验提升到理性的高度,反过来又指导实践的。劳动创造世界,科学也是体力劳动和脑力劳动的产物,应该以科学理论作为教育的内容,这也不是一下就可以实现的,需要有步骤有计划地去做。"[1]

新民主主义的文化教育是大众的,要有大众的服务思想。为人民服务,这是教育的方向。现在是人民的时代,教育应该是有利于人民的。人民是什么?"在现阶段,人民包括工人阶级、农民阶级、小资产阶级和民族资产阶级。这就是教育服务的对象。新民主主义的国家是以工人阶级为领导、工农联盟为基础的人民民主专政的国家,新民主主义的高等教育首先就要向工农开门,培养工农出身的新型知识分子。过去,如果不是封建地主或资产阶级的子弟,是很少有机会受大学教育的。即使在今天,大学生的成分也还是没有什么变化。这种情况不符合新民主主义教育方针的要求。但是,培养工农知识分子不是一下子就能办到的,需要有计划有步骤地进行,需要不断地努力。特别是在工农大众过去长期受剥削压迫、文盲较多的情况下,更是一件困难的事。新中国一定要在若干年内从劳动人民中培养出大批新型的知识分子,培养这些新型知识分子,并不是为排斥原有的知识分子,而是要在团结改造他们的同时,增加新的力量。"[2]

(二) 新民主主义教育方针的制定与实施

1949年中华人民共和国的成立,标志着社会主义制度的诞生。但从

---

[1] 中共中央文献研究室:《建国以来重要文献选编(第一册)》,中央文献出版社2011年版,第235页。

[2] 同上书,第234—235页。

1949年到1956年底，社会主义制度还未真正地建立，这一时期仍处于新民主主义向社会主义过渡阶段。以毛泽东为主要代表的中国共产党人，经过长期探索所形成的新民主主义教育思想和理论，对于新中国成立初期的教育方针政策具有重要的指导作用。这一时期的教育方针，继承了中国共产党在新中国成立前不同时期所制定的教育方针的一些内容，而其性质从整体上来说是新民主主义的。新民主主义的文化教育方针引入教育实践，就成为指导教育的工作方针。

1. 新民主主义教育方针的制定

中华人民共和国成立后，中国社会的主要矛盾，仍然是中国人民与帝国主义、封建主义、官僚资本主义的矛盾，必须将新民主主义革命进行到底，解放全部国土、镇压反革命和在全国范围完成土地改革。与此同时，中国面临着恢复遭到战争多年破坏的国民经济的任务。这两项任务成为制定新民主主义教育方针的基础。当时，教育文化事业十分落后，主要是文盲众多，基础教育薄弱，高等教育多为帝国主义控制，文化思想中渗透着大量封建、买办的内容，科学发展和技术进步被忽视，文教界与社会发展相隔离等。总之，旧有文化教育事业远不能适应新社会的需要。在1949年10月至1952年底三年国民经济恢复时期，教育方针围绕着改造旧教育、建设新教育、为生产建设服务和为工农服务的主要任务而展开。

1949年12月23日至31日，教育部在北京召开第一次全国教育工作会议，确定全国教育工作的总方针："中华人民共和国的教育是新民主主义的教育，它的主要任务是提高人民文化水平，培养国家建设人才，肃清封建的、买办的、法西斯的思想，发展为人民服务的思想。这种新教育是民族的、科学的、大众的教育，其方法是理论与实际一致，其目的是为人民服务，首先为工农兵服务，为当前的革命斗争与建设服务。"[①]

1949年12月23日，新中国第一任教育部长马叙伦在会议的开幕词中提到，"新民主主义的教育工作方针是根据《中国人民政治协商会议共同纲领》中关于新民主主义的文化教育总方针制定的。《共同纲领》关于文化教育政策部分，规定了新民主主义文化教育的性质、任务、国民道德标准、教育方法以及教育改造过程的步骤和重点，很高兴在开始工作之

---

① 中央教育科学研究所编：《中华人民共和国教育大事记（1949—1982）》，教育科学出版社1984年版，第7—8页。

初，就能有如此明确的方针来作为我们的指针"。①

当时，经济建设任务很重，为生产建设服务成了教育工作的重点和主要目标，恢复和发展人民经济，这是教育为工农大众服务的具体表现。因此，会议明确了新教育的发展方向："教育必须为国家建设服务，学校必须为工农服务。而当前的中心环节，应是机关、部队、工厂、学校普遍设立工农中学，吸收大批工农干部及工农青年入学，培养工农知识分子干部，同时大量举办业余补习教育，准备开展识字运动。"②

1950年2月20日，教育部副部长兼党组书记钱俊瑞在全国学联扩大执委会上所作的《改革旧教育，建设新教育》的报告中强调，今后，各级学校要向工农劳动人民开门，着重推行劳动者的业余补习教育，准备普及成人识字教育，培养工农出身的新型知识分子；实行教育与生产结合，加强对青年学生和旧知识分子的革命政治教育。

1950年5月1日，钱俊瑞又在《人民教育》创刊号上发表《当前教育建设的方针》（第二期续完）一文，指出："为工农服务，为生产建设服务，这就是当前实行新民主主义教育的中心方针。"③ 这是党和政府在新中国成立后第一次明确提出教育工作方针。

1950年6月1—9日，教育部在北京召开第一次全国高等教育会议。会议讨论了改造高等教育的方针和新中国高等教育建设的方向。会议指出，新中国的高等教育应该以理论与实际一致的方法，培养具有高度文化水平的、掌握现代科学和技术成就的、全心全意为人民服务的、高级的国家建设人才，应准备和开始吸收工农干部和工农青年进高等学校，以培养工农出身的新型知识分子。高等教育必须密切地配合国家的经济、政治、国防和文化的建设，必须很好地适应国家建设的需要，首先是适应经济建设的需要，为国家的经济和社会建设培养急需的人才。

6月8日，政务院总理周恩来亲临全国高等教育会议讲话，进一步阐述新民主主义的文化教育方针"及其文化教育性质："我们主张什么呢？

---

① 中央教育科学研究所编：《中华人民共和国教育大事记（1949—1982）》，教育科学出版社1984年版，第8页。

② 同上书，第7—8。

③ 《新中国60年来的教育方针》，百度文库，https://wenku.baidu.com/view/e1cf47ef2728-4b73f342507d.html。

《共同纲领》说得很清楚,新民主主义的文化教育是民族的、科学的、大众的文化教育。"①

6月17日,在人民政协全国委员会第二次会议上,政务院副总理兼文化教育委员会主任郭沫若作《关于文化教育的报告》,从思想教育角度阐述文化教育工作的方针。他指出:"用马列主义教育全国人民,用毛泽东思想来教育全国人民,从思想战线上来巩固人民民主专政,乃是我们文化教育工作的基本任务。"②

9月20—29日,教育部、中华全国总工会在北京联合召开第一次全国工农教育会议,确立新中国关于工农教育的实施方针。该方针要求,要因时因地制宜,根据主客观条件,有重点地稳步推进工农教育,加快发展工农速成教育,创造典型示范,逐步推广,在巩固的基础上求发展,迅速提高广大工农干部的文化素质和思想水平及管理能力。③

1951年3月31日,教育部长马叙伦在全国中等教育会议上提出:"普通中学的宗旨和教育目标,必须符合全面发展的原则,使青年一代在智育、德育、体育、美育各方面获得全面发展,成为新民主主义社会自觉的积极的成员。"④ 首次提出儿童、少年、青年要在德、智、体、美诸方面全面发展的目标。

1951年6月12日,教育部副部长曾昭抡在《关于积极整顿和发展中等技术教育》报告中提出:"中等技术教育的基本方针任务是,根据新民主主义的教育政策,从国家建设的实际需要出发,整顿与发展中等技术学校,以理论与实际一致的方法,培养具有一般文化、科学的基本知识,掌握现代的生产技术,体格健康,全心全意为祖国为人民服务的初、中级技术人才。"⑤

---

① 中央教育科学研究所编:《周恩来教育文选》,教育科学出版社1984年版,第10—11页。

② 政务院文化教育委员会郭沫若主任在人民政协全国委员会第二次会议上的报告:《关于文化教育工作的报告》,新华书店1950年版(共16页)。

③ 中央教育科学研究所编:《中华人民共和国教育大事记(1949—1982)》,教育科学出版社1984年版,第26—27页。

④ 何东昌:《中华人民共和国重要教育文献(1949—1997)》,海南出版社1998年版,第87—88页。

⑤ 刘英杰:《中国教育大事典》,浙江教育出版社2004年版,第1686页。

1951年8月27日至9月11日,教育部在北京合并召开第一次全国初等教育会议和第一次全国师范教育会议。会议讨论了发展和建设初等教育和师范教育的方针、任务,提出必须以革命的精神和革命的办法办好人民教育,通过了《幼儿园暂行规程(草案)》,详细规定了幼儿园的培养目标。

1951年9月20—28日,第一次全国民族教育会议确定:"少数民族教育,目前应以培养少数民族干部为首要任务,以满足各民族政治、经济、文化教育建设的需要,同时应当加强小学教育及成人业余教育,以提高少数民族的文化水平,并应努力解决少数民族各级学校的师资问题。"①

1949—1952年,我国尚处于新民主主义革命刚取得胜利阶段,社会性质决定了教育方针的新民主主义属性及其服务方向,种种关于教育方针的表述无不是围绕改造旧教育、建设新教育的具体工作而展开。其间,虽也涉及社会主义的教育目的和培养目标,但只是处于酝酿阶段,并未明确地提出来,还没有统一而明确的社会主义教育方针。1952年之后,新民主主义革命的任务已经完成,社会主义的政治、经济成分已取得绝对优势的地位,国民经济已经有条件实行有计划、按比例的发展,从而使教育与经济社会发展的关系起了新的变化,即教育为战争服务、教育为土地改革服务等任务让位于教育为社会扩大再生产培养各层次的劳动力服务,并把培养劳动力纳入计划建设之内。

为了实现由新民主主义到社会主义的过渡,毛泽东提出了过渡时期的总路线:"从中华人民共和国成立,到社会主义改造基本完成,这是一个过渡时期。党在这个过渡时期的总路线和总任务,是要在一个相当长的时期内,逐步实现国家的社会主义工业化,并逐步实行国家对农业、手工业和资本主义工商业的社会主义改造。"② 党在过渡时期的总路线提出后,社会主义改造成为其后的主要任务,教育方针的性质也慢慢向社会主义过渡和转变。

1953年12月11日,政务院发布《关于整顿和改进小学教育的指示》,明确指出,教学是学校中压倒一切的中心任务。今后几年内,小学

---

① 教育部办公厅:《教育文献法令汇编(1949—1952)》,教育部1958年版,第297页。
② 中共中央华东局宣传部学习室编:《党在过渡时期的总路线》,华东人民出版社1954年版,第31页。

教育应在整顿巩固基础上,有计划有重点地发展。①

《1954年文化教育工作的方针和任务》提出:"中等教育与初等教育,应该贯彻全面发展的方针,……为培养社会主义的建设者而奋斗。"②

1954年4月8日,政务院发布《关于改进和发展中学教育的指示》,规定:"为提高教育质量,中央教育部应根据国家过渡时期的总任务和中学教育的目的,……有计划地修订中学教学计划,修订教学大纲和教科书……",③"中学教育的目的,是以社会主义教育思想教育学生,培养他们成为社会主义全面发展的成员。中学教育不仅要供应高等学校以足够的合格新生,并且还要供应国家生产建设以具有一定政治觉悟、文化教养和健康体质的新生力量。"④

1954年8月8日,教育部副部长董纯才在《人民日报》发表《为培养社会主义社会全面发展的成员而努力》,提出:当前贯彻全面发展教育方针的途径是,加强思想政治教育,特别是加强劳动教育,改进教学工作,并改进体育卫生工作,使学生的身心获得全面的发展。⑤

1954年9月20日,第一届全国人民代表大会主席团公布了第一部《中华人民共和国宪法》。在"公民的权利和义务"中规定:"中华人民共和国公民有受教育的权利。国家设立并逐步扩大各种学校和其他文化教育机关,以保证公民享受这种权利。国家特别关怀青年的体力和智力的发展"。"国家对于从事科学、教育、文学、艺术和其他文化事业的公民的创造性工作,给以鼓励和帮助。"⑥

1955年2月22日至3月7日,全国工农速成中学教育会议和全国职工业余文化教育会议讨论了工农速成中学教育和职工业余文化教育的方

---

① 北京师范大学教育科学研究所编:《中小学教育政策法令选编(1949—1966)》,北京师范大学教育科学研究所1979年版,第70—77页。

② 俞家庆、于建福:《我国社会主义教育方针的形成与发展》,《教育研究》1999年第10期。

③ 北京师范大学教育科学研究所编:《中小学教育政策法令选编(1949—1966)》,北京师范大学教育科学研究所1979年版,第93—94页。

④ 同上。

⑤ 董纯才:《为培养社会主义社会全面发展的成员而努力》,北京大众出版社1955年版,第25—30页。

⑥ 中共中央马克思、恩格斯、列宁、斯大林著作编译局编译:《中华人民共和国宪法》,中华书局1955年版,第60页。

针，认为："作为高等学校的预备学校的工农速成中学，今后要……招收优秀的工农干部和产业工人……使他们在政治思想、文化知识、身体健康等方面打好基础。"①

1955年4月12日，中共中央转发教育部党组《关于初中和高小毕业生从事生产劳动的宣传教育工作的简报》提出："中小学校必须进一步加强劳动教育。除注意培养学生劳动观点和劳动习惯外，还应当注意进行综合技术教育，使学生从理论上和实践上懂得一些工农业生产的基础知识。"②

1955年5月19日至6月10日，全国文化教育工作会议在讨论普通教育发展问题时提出："提高中小学教育的质量必须贯彻全面发展的方针，注意学生的智育、德育、体育、美育，同时有步骤地实施基本的生产技术教育。"③

1955年5月19日至6月10日，全国文化教育工作会议召开。会议在讨论普通教育的发展问题时指出："提高中小学教育的质量，必须贯彻全面发展的方针，注意学生的智育、德育、体育、美育，同时，要有步骤地实施基本的生产技术教育"，培养和提高学生的生产劳动技能，建设社会主义的国家。④

1955年8月1—6日，中华全国学生联合会第十六次代表大会号召全国青年学生要继续贯彻"身体好、学习好、工作好"的指示，把自己培养成为具有高度社会主义觉悟、能够掌握现代科学知识、身体健康的全面发展的社会主义建设者。⑤

同年9月，教育部规定："小学教育的任务是培养社会主义全面发展的成员。所以，小学中不仅要进行智育、德育、体育、美育，同时还必须

---

① 中央教育科学研究所编：《中华人民共和国教育大事记（1949—1982）》，教育科学出版社1984年版，第112页。

② 同上书，第124页。

③ 何东昌：《中华人民共和国重要教育文献（1949—1997）》，海南出版社1998年版，第294页。

④ 中央教育科学研究所编：《中华人民共和国教育大事记（1949—1982）》，教育科学出版社1984年版，第112、166页。

⑤ 同上书，第138页。

有步骤地实施基本生产技术教育。"①

从1949年到1956年，中国革命完成了由新民主主义到社会主义的转变，奠立了社会主义制度。其间，1949—1952年，既要完成将新民主主义革命进行到底的任务，又要完成恢复遭到战争破坏的国民经济，称为3年国民经济恢复时期。1953—1956年，按过渡时期的总路线，有计划地发展社会主义经济成分，并基本完成对农业、手工业和资本主义工商业的社会主义改造，称为社会主义的过渡时期。这一时期关于教育方针的种种表述，在社会主义改造成为主要任务的大背景下，开始有了新认识，构成了新民主主义向社会主义过渡时期教育方针新的内涵与特质。

1954年公布的《中华人民共和国宪法》强调体育与智育结合，党和国家领导人的讲话较为全面地谈及了德、智、体、美、劳等诸育，各种指示报告、政策法规则详细论述了全面发展教育方针的具体实施细则。总之，这一时期的教育方针，既是对新民主主义文化教育方针的继承和发展，其性质也慢慢向社会主义转变，由新民主主义的教育方针逐步转向社会主义的教育方针，教育由主要为革命斗争和生产建设服务逐步转向为社会主义建设服务。

2. 新民主主义教育方针的实施

为了贯彻《中国人民政治协商会议共同纲领》确定的新民主主义的文化教育总方针，1949年12月23—31日，教育部召开第一次全国教育工作会议，讨论如何对旧教育进行有计划有步骤的改革，确定"以老解放区教育经验为基础，吸收旧教育有用经验，借助苏联经验，建设新民主主义教育"。②

1950年6月6日，毛泽东在中国共产党第七届中央委员会第三次全体会议上的书面报告《为争取国家财政经济状况的基本好转而斗争》中指出："有步骤地谨慎地进行旧有学校教育事业和旧有社会文化事业的改革工作，争取一切爱国的知识分子为人民服务。在这个问题上，拖延时间不愿改革的思想是不对的，过于性急、企图用粗暴方法进行改革的思想也

---

① 中央教育科学研究所编：《中华人民共和国教育大事记（1949—1982）》，教育科学出版社1984年版，第112页。

② 同上书，第118页。

是不对的。"① 其后，人民政府采取了一系列措施，有计划、有步骤地进行对旧有学校教育的改革工作。

（1）改造旧教育。首先，在全国范围内接收了原国民政府所属的各类学校，取消了国民党政府对各级各类学校的管理制度，并从帝国主义者手里收回了教育主权。接着，在全国各级学校中建立了中国共产党和中国共产主义青年团的党团组织。在新解放区，人民政府宣布废除了国民党设立的"党义""公民""军事训练""童子军训练"等课程和教材，对语文、历史教材进行改编，开设"新民主主义论""社会发展史"等新课程。

从1950年末开始，结合抗美援朝、土地改革和镇压反革命等斗争，进行爱国主义和无产阶级国际主义教育，肃清封建思想，清理亲美、恐美、崇美的帝国主义奴化思想。同时，开展马列主义的学习运动，在知识分子中进行思想改造，划清敌我界限，开始树立为人民服务的思想，初步改变知识分子的精神面貌。建立政治工作制度，把旧学校改造成为人民服务的工具。

关于开展教育思想的批判，主要是对武训精神和陶行知教育思想进行批判。1951年起，开展了一次对电影《武训传》的批判，触及面很大，特别是教育界，口诛笔伐，矛头直接指向陶行知。最先是5月16日《人民日报》刊登杨耳的文章《陶行知先生表扬"武训精神"有积极作用吗？》和江华的文章《建议教育界讨论〈武训传〉》，并加"编者按"，希望借此引起进一步的讨论，指出对"武训兴学"事迹的赞扬，是违反历史唯物主义的混乱思想，必须从思想上理论上加以澄清。接着《人民日报》又发表社论，要求共产党员积极起来自觉与错误思想进行斗争。

6月1日，《人民教育》第3卷第2期发表《展开〈武训传〉的讨论，打倒武训精神》的社论，提出每一个教育工作者应以《武训传》为一面镜子照照自己，充分认识这是一个重要的思想政治问题。②

6月5日，《人民日报》发表教育部《关于开展电影〈武训传〉和"武训精神"的讨论与批判的指示》，对武训思想大加挞伐，指出"武训

---

① 毛泽东：《毛泽东选集》（第5卷），人民出版社1977年版，第19页。
② 人民教育编辑部：《展开〈武训传〉的讨论，打倒武训精神》，《人民教育》1951年第6期。

精神模糊了革命立场观点，成为人民教育事业前进的严重思想障碍，因此，予以科学的、系统的批判是十分重要的"。

7月16日，教育部发布《关于各地以武训命名的学校立即更换校名的通知》。

8月1日，《人民教育》第3卷第4期发表评论"小先生制"和"萌芽学校"（黑龙江省所办的一所学校，倡导陶行知的教育思想），对陶行知的生活教育思想和理论展开大批判。

此后，中央和地方的报纸都连续发表批判性文章，对所谓武训教育活动的反动实质和陶行知歌颂武训的阶级根源作了"历史的和阶级的分析"。经过一场声势浩大的、为时半年多的批判运动，一个曾被中国共产党全党尊敬、与中国共产党长期友好的人民教育家陶行知先生，在他逝世后的第五年，却因为一度赞扬武训精神，而被全部否定，甚至对其墓碑也要一棍子打倒。所有陶行知的学生和宣扬过他的思想精神的人们，都受到株连。时隔半个多世纪，回顾这段历史，令人唏嘘。

收回教育主权、取得对学校的治权后，人民政府开始就学制、教育内容、教学方法等进行改革。根据"教育为工农服务"的方针，对初等和中等教育体制进行改革，增设大量工农速成中小学：5年制的小学、2—3年制的初等学校、3—4年制的中学以及业余初等学校和识字学校等。

同时，正规中小学也放宽年龄限制和交纳学费限制，招收大批超龄工农子女入学。1951年秋，又对广大教师进行思想改造，使他们适应新社会制度下的工作。随着社会主义改造的完成，对旧教育的改造也基本完成。1956年1月14日，周恩来在全国知识分子工作会议上宣布，旧知识分子的"绝大部分已经成为国家工作人员，已经为社会主义服务，已经是工人阶级的一部分"。[①] 新中国成立初的教育方针实践，其实质就是进行教育的社会主义改造。

1951年10月1日，政务院颁布《关于改革学制的决定》："我国原有学制（即各级各类学校的系统）有许多缺点，其中最重要的，是工人、农民的干部学校和各种补习学校和训练班，在学校系统中没有应有的地位"，要改革不合理的学习年限与制度，"以利于广大劳动人民文化水平

[①] 中央教育科学研究所编：《中华人民共和国教育大事记（1949—1982）》，教育科学出版社1984年版，第153页。

的提高、工农干部的深造和国家建设事业的促进"。①

继而各地开展了轰轰烈烈的学制改革,取得了显著效果:确定了各种形式的干部学校、补习学校和训练班的地位;明确了对中等专业学校(包括中等师范学校)、业余中学和业余初等学校的要求;改小学四二分段学制为五年一贯制,后恢复沿用四二学制,小学生的入学年龄为7周岁;高等学校的学制多样化。大学和专门学院修业年限为3—5年,专科学校修业年限为2—3年,专修科修业年限为1—2年。②

新学制的改革与实施,对提高全国人民的文化科学水平和培养各种建设人才有着重大的意义。与此同时,人民政府领导各类学校,在继承过去革命根据地教育工作优良传统的基础上,学习苏联经验,改订了教学计划,并对教学内容、教学方法等进行改革。此外,还以培养工业建设人才和师资为重点,对全国高等学校进行了大规模的院系调整,方针是发展专门学院和专科学校,整顿和加强综合性大学。

1950年8月14日,政务院批准教育部颁行《高等学校暂行规程》和《专科学校暂行规程》,要求各类本专科高等学校培养"全心全意为人民服务的高级建设人才",把"进行革命的政治及思想教育,肃清封建的、买办的、法西斯主义的思想,树立正确的观点和方法,发扬为人民服务的思想"规定为高等学校的教育任务。③

(2)发展新教育。为了使新中国的教育真正为劳苦大众服务,保证新型学校真正向工农群众开门,确保新中国新教育制度的新民主主义性质,1951年颁布的《关于改革学制的决定》建构了新的工农教育制度,从学制上确立工农成人教育在新教育中的地位。在新的学制系统中,初等小学建立工农速成初等学校,修业年限为2—3年,"招收工农干部和其他失学劳动者,施以相当于小学程度的教育",学生"毕业后,得经过考试升入工农速成中学或其他中等学校"。初等教育中还有为工农设立的业余初等学校,"招收工农劳动者和其他青年与成人,施以相当于

---

① 参见《中国教育年鉴(1949—1981)》,中国大百科全书出版社1984年版,第686页。
② 顾明远等:《中国教育大系——马克思主义与中国教育》(下),湖北教育出版社1994年版,第1295页。
③ 教育部高校学生司编:《中国高等教育学生管理规章大全(1950—2006)》,首都师范大学出版社2007年版,第5、8页。

小学程度的业余教育"。业余初等学校"休业年限暂不规定,以学完规定的课程为毕业。毕业后,得经过考试升入业余中学或其他中等学校"。①

为提高工农干部和群众及其子女的科学文化水平,政府开展识字教育,举办工农业余学校,吸收数以万计的工农群众参加学习。从1952年开始,全国范围内开展扫除文盲运动,并创办干部文化补习学校(班)、工农速成中学和大学预科(班)。1950—1955年间,各地创办的干部文化补习学校(班)、工农速成中学和大学预科(班),使36000多名工农干部、劳动模范、产业工人受到比较正规的学校教育,其中有些优秀人物还上了大学。有的重点大学还举办老干部特别班、各种专修科,使数千名中级干部受到高等专业教育。②

为保障工农和家庭困难的工人农民完成学业,1952年7月8日,政务院发出《关于调整全国高等学校及中等学校学生人民助学金的通知》,在中等以上学校设立人民助学金,逐年增加各级学校中工农学生,逐步建立起人民助学金制度。③

根据政务院通知的精神,1952年7月23日,教育部发布《关于调整全国各级各类学校教职工工资及学生人民助学金标准的通知》,规定高级中学学生按总人数的30%享受每人每月9.5元的标准;初级中学学生按总人数的20%享受每人每月8.5元的标准,编列人民助学金预算;高等学校(不包括高等师范院校)学生全面享受人民助学金,标准每人每月12元;高等师范院校全部享受人民助学金,其中本科学生每人每月14元,专科学生每人每月16元;干部升入高等学校者,全部实行人民助学金制度,每人每月32元;工农速成中学学生全部实行人民助学金,每人每月30元等。

1953年12月,高等教育部就产业工人考入工农速成中学或中等技术学校学习人员的待遇两次发出通知,规定自1953年暑假后开始,产业工

---

① 参见《中国教育年鉴(1949—1981)》,中国大百科全书出版社1984年版,第686页。
② 顾明远等:《中国教育大系——马克思主义与中国教育》(下),湖北教育出版社1994年版,第129页。
③ 刘光编:《新中国高等教育大事记(1949—1987)》,东北师范大学出版社1990年版,第35—36页。

人学生一律按工资75%发给人民助学金。工资的75%低于32元的，按32元发给。被评为全国性生产劳动模范的学生，其人民助学金按原工资发给。①

新中国成立后，普及教育提上议事日程。早在1949年9月29日，《中国人民政治协商会议共同纲领》就作出要"有计划、有步骤地实行普及教育"的决定。

1951年8月27日至9月11日召开的全国初等教育及师范教育会议提出，1952—1957年间，争取全国平均有80%学龄儿童入学；从1952年开始，争取10年内基本普及小学教育，在5年内培养百万名小学教师。②

1952年3月18日，经中央人民政府核准，教育部颁发了《中学暂行规程（草案）》和《小学暂行规程（草案）》。

《中学暂行规程（草案）》规定中学各育的任务及培养目标："用马克思列宁主义的理论与中国革命实践相结合的毛泽东思想和普通文化知识教育青年一代，使他们的身心获得全面的发展"，"中学应对学生施智育、德育、体育、美育等全面发展的教育"。要"发展学生为祖国效忠、为人民服务的思想，养成其爱祖国、爱人民、爱劳动、爱科学、爱护公共财物的国民公德和刚毅勇敢、自觉遵守纪律的优良品质"③，使之在德智体美各方面都获得全面发展，成为新民主主义社会自觉积极的成员。

《小学暂行规程（草案）》规定小学各育的主要目标："根据新民主主义的教育方针和理论与实际一致的教育方法，给儿童以全面的基础教育，使他们成为新民主主义社会热爱祖国和人民的、自觉的、积极的成员"，"小学实施智育、德育、体育、美育等全面发展的教育"。④ 在"德育方面，使儿童具有爱国思想、国民公德和诚实、勇敢、团结、互助、遵守纪律等优良品质"。⑤ 除此以外，其他类型的教育，也有类似关于培养

---

① 胡筱曼：《国家助学金制度功能问题研究》，《沿海企业与科技》2008年第2期。
② 宋恩荣、吕达：《当代中国教育史论》，人民教育出版社2004年版，第167—173页。
③ 王铁：《中国教育方针的研究——社会主义教育方针的理论与实践》，教育科学出版社1999年版，第7页。
④ 何东昌：《中华人民共和国重要教育文献（1949—1997）》，海南出版社1998年版，第294页。
⑤ 王铁：《中国教育方针的研究——社会主义教育方针的理论与实践》，教育科学出版社1999年版，第7页。

和提高学生精神素质的规定。

3. 1951—1957 年教育方针的大讨论

早在新中国成立初期，教育界就根据马列主义教育原理，提出要培养全面发展的人。然而，在实际工作中，究竟怎样才算实现了全面发展，怎样进行全面发展的教育，却存在着一些不同的认识。自 1952 年学习苏联经验进行教学改革以后，经过几年探索，在学校系统、教学体制等方面，逐步显露出问题。比如，过分强调统一，限制过死；中小学过分重视课堂知识教育、升学准备教育，而忽视或缺乏劳动教育和就业教育；教学内容划一，学生极少有按照个人兴趣特长发展自己的条件，不少人把"全面发展"理解为"平均发展"等。

针对上述情况，1951—1957 年，教育界开展了"全面发展教育"与"因材施教"的大讨论。教育部、高等教育部多次组织召开座谈会，《教师报》邀请北京 10 所中等学校负责人进行座谈，《人民教育》开辟专栏研讨，提出和讨论"全面发展"和"因材施教"的教育方针问题。

讨论首先是从关于全面发展的研讨开始的。1951 年，《人民教育》自该年 6 月号始，开辟了"问题讨论"专栏，以期"凡对于教育工作上带原则性的重大问题，而在认识上尚有分歧的，就提出公开讨论"。[①] 该专栏讨论的第一个问题就是"全面发展"。潘梓年的《谈"全面发展"》、张凌光的《我对"全面发展"的看法》开启了讨论的先声。尽管栏目编者将"全面发展"视为教育的原则，但就讨论的范围、内容和问题的实质来看，是新中国教育史上关于教育方针的第一次大讨论。

潘文首先肯定了全面发展的重要意义，接着又对新旧教育中所提到的全面发展作了区别，进一步解答了对于全面发展的一些疑惑问题。比如，"既然是全面发展，为什么又着重发展技术学校，这不是过早地使青年学生专业化了吗？这不又是造成一些人能继续升学，另一些人就不能升学了吗？"接着，他解释说，其实不然，我们现在办技术学校、师范学校与过去的办法根本不同。这些学校的课程基本上与普通中学一样，是要全面发展的，只是稍微减轻一点分量，调整一些科目，挤出时间来学一些专门知识。

[①] 中央教育科学研究所编：《中华人民共和国教育大事记（1949—1982）》，教育科学出版社 1984 年版，第 50 页。

张文首先谈到，培养全面发展的人，是共产主义教育的基本原则。他批评了对全面发展的几种非辩证的理解，比如误解全面发展，过分强调普通知识，特别是在普通中学里，实行平均主义的教学方法，只强调普通而忽视发展特长，只强调全面而忽视把握重点。他强调，同时也要防止中等技术学校里轻视最必要的普通知识理论基础。

1954年，张凌光在《人民教育》7月号上发表《谈谈中学教育目的》一文，再次阐述关于全面发展的思想。他说："关于全面发展的教育问题，许多人还有这样的误解，就是把全面发展看成平均发展，这是不对的。中学教育要求学生全面发展，是要学生不要偏废某几门功课，都达到一定的水平。但可不可以在每门功课达到一定水平的基础上，对某一两门、两三门功课钻得更深一些呢？这是可以的，而且是有好处的。"

在1955年《人民教育》2月号上，他继续发文《实行全面发展教育中若干问题的商榷》，全面系统地阐述他一贯的对全面发展教育的理解和主张。一方面比较系统全面地概述了中学教育工作中实际存在的问题，以及这些问题与全面贯彻全面发展教育原则的关系；另一方面他比较系统、全面地概述了马、恩、列、斯关于全面发展教育的理论。

更为重要的是，这篇文章归纳了教育工作中存在的五个重大的矛盾："首先最突出的问题是提高教学质量和加重学生负担的矛盾"，"其次是普通教育和高等教育对中学生要求不同的矛盾"，"再次是各科知识的教学和政治思想教育的矛盾"，"再次是灌注知识和培养学生自动钻研精神、独立思考能力的矛盾"，"最后特别提出全面与重点的矛盾"。以上这些矛盾，当时许多人认为是师资、教材的问题，是学校领导掌握不好的问题。张则认为，固然有这些问题，但还有一个重要的问题，就是对于全面发展的理解问题，以及怎样贯彻全面发展教育的办法问题。

文章发表后，很多人发表了不同的意见。比较有代表性的，如1955年丁丁在《人民教育》6月号上发表的《不要把中学教育引上歧途》，8月号《人民教育》发表陈恬的《对张凌光同志"实行全面发展教育中若干问题的商榷"一文的一些意见》，1957年《人民教育》1月号上发表侯俊岩的《问题在哪里，性质是什么》。他们激烈地抨击张的意见，认为张的观点违背全面发展的方针，是资产阶级实用主义思想的反映。有的说："全面发展教育是我们社会主义教育的方针，选择重点是我们推动工作的方法"，"今天中等教育是有矛盾的"，"这就是社会主义教育思想和资本主义教育思想的矛盾",张"已是被资产阶级教育思想所俘虏,并且在不自觉地传播资产阶级教育思想"。有的文章更是把张的观点与杜威的实用主义教育学相类比,认为张的意见"和实用主义者的主张"是"一脉相承"的,因为二者都追求狭隘的目标,都不提或少提教师主导作用,主张以儿童为中心等。

1955年8月1—16日,高等教育部在北京召开高等学校部分校院长和教务长座谈会,其中一项重要议题就是着重研究"全面发展,因材施教"问题。会议指出,高等学校应该贯彻"全面发展"的教育方针。"全面发展"方针就包括了"因材施教"的意义。高等教育部长杨秀峰在总结发言中认为,明确提出"全面发展、因材施教"有必要,有好处。[①] 10月30日,高等教育部副部长刘皑风在江苏省高等学校教学工作座谈会上说:"我个人认为,因材施教不仅是方法问题,也是个方针性的问题。"

1956年6月1日,中共中央宣传部长陆定一在部分省市宣传(文教)部长座谈会上提出:"'全面发展'的口号要研究,现在提'全面发展与因材施教相结合'好不好?"在谈到综合技术教育问题时,他说:"我们现在实行还早","劳动教育是要的,学些生产知识有好处"。[②]

随后,教育界展开了持续热烈的讨论。讨论肯定了贯彻全面发展的教育方针的成绩,同时指出了一些亟须解决的问题。比如,将"全面发展"误解为"平均发展"。讨论的中心是,应否把"因材施教"加到"全面发展"的教育方针上去。有人认为,"全面发展,因材施教"补充了以前所提方针的不足;另一些人则认为,"全面发展"本身已经包括了照顾学生的爱好和特长,"因材施教"只是方法问题。

1956年《人民教育》9月号发表《争论的中心在哪里?》一文,提出因材施教是否仅属于教学方法?全面发展的教育方针是否需要结合或补充因材施教,能不能使二者结合起来成为教育方针?随之,张凌光在《人民教育》10月号上发表了《从现在教育理论上某些片面性谈到"全面发展,因材施教"的方针的必要性》,坚决主张"全面发展、因材施教的方针",继续阐明了他过去一贯对全面发展教育的理解,更加激烈地批评

---

① 中央教育科学研究所编:《中华人民共和国教育大事记(1949—1982)》,教育科学出版社1984年版,第175页。

② 同上书,第166页。

"许多学校的教育工作,忽视学生的个性,要求学生一模一样,样样都好,门门功课五分,齐头并进,平均发展"。

1956年《人民教育》11月号专门编发有关"全面发展,因材施教"是否可作为教育方针的讨论文章,后来又连载文章讨论这个问题。一种意见认为,因材施教的含义中包括了不要对学生强求一致,应根据学生的情况与特长,学生可以对出路有所选择,在教育上应该对学生的就业给予考虑;但主要还是从发展学生的个性、照顾学生的爱好和特长出发,不要把全面发展变成"平均发展"这个角度来理解。教育方针应加上"因材施教",以补以前所提方针的不足。另一种意见则认为,方针即目的,因材施教是对的,但不是目的,所以不能作为方针。[①]

为了因材施教,"自1956年秋季开学以来,各地中学在思想政治教育工作中注意了纠正对学生限制过多和强求一律的缺点,也注意了培养和发展学生的兴趣和爱好"。但同时也出现了新的偏差,"有些学校和教师不敢对学生进行必要的教育,不敢对他们提出应有的严格要求;有些学校的各种课外活动缺乏领导,陷入自流;部分学生不遵守学校的纪律,忽视集体;有些学校不重视对学生进行经常的时事政策教育,许多学生对当前国内国外的许多大事不够关心"。

翌年1月,教育部通知加强中学思想政治教育,要求学校"在克服简单粗暴、限制过多、强求一律等缺点的同时,应纠正和防止放松思想政治教育、极端民主、片面强调个性、忽视集体、忽视纪律等倾向"。[②] 总之,这场讨论不仅为新中国成立之初新民主主义文化教育方针的制定和实施提供了理论启迪,而且为我国社会主义教育方针政策的确定奠立了马克思主义教育思想的理论基础。

综上所述,1949—1956年,我国教育方针的性质发生了由新民主主义的教育方针向社会主义教育方针的逐步转变;其任务也由主要为革命斗争和生产建设服务开始了向为社会主义建设服务的转变;对教育方针的认识逐渐由外部关系转到从内外结合的角度考虑,教育方针的制定开始考虑到教育自身的特点,教育目的和培养目标逐步明晰。但总的来说,这一时期的教育方针多为在新民主主义向社会主义过渡时期的新民主主义文化教

[①] 正谦:《评"最完美的学说论"和"方针目的论"》,《人民教育》1957年第3期。
[②] 腾纯:《毛泽东教育活动纪事》,湖南教育出版社1993年版,第292页。

育总方针的指导下的教育方针，是具体的各级各类教育工作方针，还没有提出全国统一的适用于各级各类教育工作的社会主义总方针。

三 1957—1978年社会主义的教育方针

1956年9月，中国共产党第八次全国代表大会在北京召开。会议提出，在社会主义改造基本完成后，国家进入社会主义建设时期，主要任务是集中力量发展社会生产力，实现工业化，逐步满足人民日益增长的物质和文化需要。为了使教育事业适应大规模的社会主义建设，应该提出全新的社会主义教育方针。

（一）1957—1966社会主义教育方针的形成

1956年以后，教育事业上的矛盾，或者说在青少年学生中存在的问题，集中反映在两个方面。一是关于中小学毕业生参加农业生产的问题，一些青年有一种不切实际的想法，"以为到了社会主义社会就应当什么都好了，就可以不费气力享受现成的幸福生活了"。[1] 另外，随着教育事业的发展，中小学生越来越多，而国家经济条件有限，不可能使所有中小学毕业生都升入高一级学校。但由于教育工作中对这一问题重视不够，没有抓紧进行生产劳动教育，没有注意克服轻视体力劳动的旧思想残余，学校单纯追求升学率的偏向是存在的。二是当时在国际上出现了匈牙利事件，国内也出现了少数学生罢课、游行等问题。不少学校在强调学习文化科学知识的同时，在对知识分子和青年学生的教育中出现了忽视政治的倾向，"在一些人的眼中，好像什么政治，什么祖国的前途，人类的理想，都没有关心的必要。好像马克思主义时行了一阵，现在就不那么时行了"。[2] 针对上述情况，毛泽东发表了一系列讲话。

1. 1957—1961社会主义教育方针的确立

1957年2月27日，毛泽东在最高国务会议第11次（扩大）会议上发表讲话，正式提出："我们的教育方针，应该使受教育者在德育、智

---

[1] 中央教育科学研究所编：《中华人民共和国教育大事记（1949—1982）》，教育科学出版社1984年版，第384—385页。

[2] 同上。

育、体育几方面都得到发展，成为有社会主义觉悟的有文化的劳动者。"① 这一教育方针将马克思主义关于人的全面发展的思想贯穿于社会主义培养目标之中，形成了新中国成立以来第一个正式阐述的社会主义教育方针。它体现了马克思主义与中国教育实际相结合的正确方向，标志着我党教育方针的初步确定。其最大特点就是把人的全面发展和社会主义人才培养目标统一起来，使社会主义教育性质集中地体现在人才培养目标上，重点提出了受教育者成长发展的方向及其素质要求。

随之，毛泽东通过各种讲话或在不同场合对此进行了解释。1957年10月9日，在中共八届三中全会最后一次会议上，毛泽东提出："政治和业务是对立统一的，政治是主要的，是第一位的，一定要反对不问政治的倾向；但是，专搞政治，不懂技术，不懂业务，也不行……红与专、政治与业务的关系，是两个对立物的统一"；"政治和经济的统一，政治和技术的统一，这是毫无疑义的，年年如此，永远如此。这就是又红又专"。②

1958年春，毛泽东又提出："教育必须为无产阶级政治服务，必须同生产劳动相结合。劳动人民要知识化，知识分子要劳动化。"③ 是年4月，中共中央在北京召开的教育工作会议讨论了教育方针，批判了教育部门的教条主义、右倾保守思想和教育脱离生产劳动、脱离实际，并在一定程度上忽视政治、忽视党的领导的错误。

1958年7月，《红旗》杂志发表陆定一的文章《教育必须与生产劳动相结合》。文章指出："中国共产党的教育方针，向来就是，教育为工人阶级的政治服务，教育与生产劳动相结合；为了实现这个方针，教育必须由共产党领导。"④ 文章强调，在培养目标上，应取消脑力劳动和体力劳动者之间的区别。其中，对"有社会主义觉悟的有文化的劳动者"的解释是："就是既懂政治，又有文化，既能从事脑力劳动，又能从事体力劳

---

① 中央教育科学研究所编：《中华人民共和国教育大事记（1949—1982）》，教育科学出版社1984年版，第784页。

② 毛泽东：《毛泽东选集》（第5卷），人民出版社1977年版，第471页。

③ 杨天平、黄宝春：《中国共产党教育方针90年发展研究》，重庆大学出版社2015年版，第99页。

④ 中央教科所编：《中华人民共和国教育大事记（1949—1982）》，教育科学出版社1984年版，第230页。

动的人，就是工人化的知识分子，就是知识分子化的工人。"①

1958年9月19日，中共中央、国务院发布《关于教育工作的指示》。进一步指出："共产主义社会的全面发展的新人，就是既有政治觉悟又有文化的，既能从事脑力劳动又能从事体力劳动的人，而不是旧社会的只专不红、脱离生产劳动的资产阶级知识分子。"②《指示》认为，在一切学校中，必须进行马克思主义的政治教育和思想教育，培养教师和学生的工人阶级观点、群众观点、集体观点、劳动观点和辩证唯物主义观点。必须改变政治教育中的教条主义的教学方法。在一切学校中，必须把生产劳动列为正式课程。今后的方向是，学校办工厂和农场，工厂和农业合作社办学校。"党的教育工作方针是教育为无产阶级政治服务，教育与生产劳动相结合；为了实现这个方针，教育工作必须由党来领导。"同时指出："教育的目的，是培养有社会主义觉悟的有文化的劳动者。"③

对于这一教育方针，周恩来有过诠释："教育为无产阶级政治服务，就是要使受教育的人具有社会主义觉悟，愿意为社会服务。教育与生产劳动相结合，也就是要使受教育的人经过生产劳动，锻炼成为一个既有社会主义觉悟又有文化的劳动者。当然，这里所指的劳动者是就广义而言的，包括体力劳动者和脑力劳动者，但主要的还是指从事生产的工人和农民，因为这个数量大。"④

1961年，在邓小平主持下，中央书记处总结新中国成立以来教育工作的经验教训，讨论修改了教育部草拟的《教育部直属高等学校暂行工作条例（草案）》的送审稿，于1961年9月15日中央政治局常委讨论通过后批准试行，简称《高教六十条》。《草案》（第一章　总则）规定："一、高等学校的基本任务，是贯彻执行教育为无产阶级的政治服务、教育与生产劳动相结合的方针，培养为社会主义建设所需要的各种专门人才。根据毛泽东同志提出的'我们的教育方针，应该使受教育者在德育、

---

① 中央教科所编：《中华人民共和国教育大事记（1949—1982）》，教育科学出版社1984年版，第223页。
② 中国教育年鉴编辑部编：《中国教育年鉴（1949—1981）》，人民教育出版社1988年版，第688页。
③ 毛礼锐、沈灌群：《中国教育通史》（第6卷），山东教育出版社1989年版，第273页。
④ 中央教育科学研究所编：《周恩来教育文选》，教育科学出版社1984年版，第206—207页。

智育、体育几方面都得到发展，成为有社会主义觉悟的有文化的劳动者'，高等学校学生的培养目标是：具有爱国主义和国际主义精神，具有共产主义道德品质，拥护共产党的领导，拥护社会主义，愿为社会主义事业服务、为人民服务；通过马克思列宁主义、毛泽东著作的学习，和一定的生产劳动、实际工作的锻炼，逐步树立无产阶级的阶级观点、劳动观点、群众观点、辩证唯物主义观点；掌握本专业所需要的基础理论、专业知识和实际技能，尽可能了解本专业范围内科学的新发展；具有健全的体魄。"①

此后，又于1963年3月23日分别发布了《全日制中学暂行工作条例（草案）》和《全日制小学暂行工作条例（草案）》，简称《中学五十条》和《小学四十条》。

《全日制中学暂行工作条例（草案）》（第一章 总则）规定："一、全日制中学应该贯彻执行教育为无产阶级的政治服务、教育与生产劳动相结合的方针。根据毛泽东同志提出的'我们的教育方针，应该使受教育者在德育、智育、体育几方面都得到发展，成为有社会主义觉悟的有文化的劳动者'，中学教育的任务，是为社会主义建设事业培养劳动后备力量，和为高一级学校培养合格的新生。全日制中学学生的培养目标是：使学生具有爱国主义和国际主义精神，具有共产主义道德品质，拥护共产党的领导，拥护社会主义，愿意为社会主义事业服务，为人民服务；逐步培养学生的工人阶级的阶级观点、劳动观点、群众观点、辩证唯物主义观点。使学生在小学教育的基础上，进一步掌握语文、数学、外国语等课程的基础知识和基本技能，并且具有一定的生产知识。使学生的身心得到正常的发展，具有健康的体质，培养良好的生活习惯和劳动习惯。"②

《全日制小学暂行工作条例（草案）》（第一章 总则）规定："小学应该贯彻执行教育为无产阶级政治服务、教育与生产劳动相结合的方针。小学教育的任务，是为社会主义建设事业培养劳动后备力量和为高一级学校培养合格的新生。小学生的培养目标是：具有爱祖国、爱人民、爱劳

---

① 《中共中央关于讨论和试行教育部直属高等学校暂行工作条例（草案）的指示》，新华网，http://www.jyb.cn/info/jyzck/200908/t20090810_301718_1.html。

② 北京师范大学教育科学研究所编：《中小学教育政策法令选编（1949—1966）》，北京师范大学教育科学研究所1979年版，第185—186页。

动、爱科学、爱护公共财物等品德，拥护社会主义，拥护共产党；具有初步的阅读、写作和计算的能力，具有初步的自然常识和社会常识，具有良好的学习习惯；身心得到正常的发展，具有健康的体质以及良好的生活习惯和劳动习惯。"①

概言之，此一时期提出的教育方针表述为："教育必须为无产阶级政治服务，教育必须同生产劳动相结合，使受教育者在德智体几方面都得到发展，成为有社会主义觉悟的有文化的劳动者。"（参见1978年《宪法》中的有关表述）②

至此，党在社会主义阶段的教育方针正式确立，并成为我国社会主义教育一个长期的指针。这一教育方针强调，教育为无产阶级政治服务，体现了教育的社会主义性质。这一教育方针提出，要把受教育者培养成为有社会主义觉悟的有文化的劳动者，回答了教育要培养什么人的问题，体现了教育的社会主义目标。这一教育方针指出，要使受教育者在德智体诸方面都得到发展，坚持了马克思主义人的全面发展思想，体现了教育的社会主义方向。这一教育方针要求，教育必须同生产劳动相结合，既明确了实现培养目标的途径和方式，又阐明了教育与生产劳动的关系。

应该说，在特定的历史时期，这一方针的基本点是正确的。教育为无产阶级政治服务、教育与生产劳动相结合，是革命战争年代教育工作的经验总结，是党的教育事业的传统，是值得继承的历史文化遗产，这种提法本身没有错。但是，由于当时党的指导思想陷入"左"的错误，教育事业也受到"左"的影响，导致在解释教育方针时对政治和生产劳动内涵的片面理解，从而使这一方针在执行过程中出现了偏差。但就总体而言，这一教育方针是符合当时的社会历史条件的，不能因为出现失误而否定其基本精神。

2. 1961—1966 社会主义教育事业的调整

首先，在这一教育方针指引下，从20世纪60年代初期到中期，我国的教育事业得到了迅速发展，为社会主义建设培养了一批又一批优秀人

---

① 北京师范大学教育科学研究所编：《中小学教育政策法令选编（1949—1966）》，北京师范大学教育科学研究所1979年版，第171—172页。

② 负峰、朱选朝主编：《教育政策法规要论》，陕西人民出版社1991年版，第136—137页。

才，他们成为了各行各业的骨干力量，为我国的社会主义建设和发展做出了不可磨灭的贡献。60年代中期以后，这一教育方针在执行中出现了偏离。尤其在"文化大革命"时期，教育战线受到"左"的干扰和破坏，教育方针被歪曲了。由于过分强调教育为政治服务，导致政治与业务的对立，由于过分强调参加生产劳动，使人们差不多忘记了教育在其他方面的社会职能，忽视了科学文化知识的学习，造成了教育质量的滑坡，教育事业蒙受了巨大的损失。

（1）教育思想领域的大批判。1958年，党中央提出了鼓足干劲、力争上游、多快好省地建设社会主义的总路线后，随之发动了"大跃进"和人民公社化运动。1959年下半年，继续"反右倾，鼓干劲"，"左"倾思想日益膨胀。为了在教育领域贯彻党的教育方针，加快教学改革步伐，促进教学上"多快好省"的"大跃进"，改变中小学教学中的所谓"少慢差费"现象，1960年4月9日，在第二届全国人民代表大会第二次会议期间，陆定一作了《教学必须改革》的发言，批判资产阶级教育学中的"量力性原则"。他说："资产阶级教育学里，有一条原则，叫作'量力性原则'。资产阶级教育学的'量力性原则'，有对的一面，就是主张不可以使学生负担过重，和主张因材施教。……但是也有错误的一面，反动的一面，这就是不把学生当作有自觉性、主动性的人来看待，而当作抽象的生物的人或其他动物或植物或'瓶子'看待，主张'上帝（或自然）决定一切'的'先天论'，把劳动者的子弟当作劣等儿童看待"，"资产阶级教育学的'量力性原则'，是为教学的少慢差费辩护的，是用来使劳动人民难以受到高等教育。""现在，当我们提出教学要多快好省的时候，'量力性原则'就被搬出来作为反对教学改革的理论武器了"，"要想用资产阶级教育学来吓倒我们，是办不到的"。①

同年4月12日，上海师范学院举行了"量力性原则"讨论会。5月12日的《光明日报》、6月18日的《中国青年报》先后发表文章，批判"量力性原则"。不少地方报刊也相继发表批判性文章。有的文章说："资产阶级教育学的'量力性原则'所量的'力'，不过是没有自觉性、主动性的一种动物性的'力'而已。资产阶级教育学所主张的'先天论'，实质上是以量力性原则为幌子，来限制和剥夺劳动人民受教育的权利。"有

---

① 陆定一：《教学必须改革》，《人民教育》1960年第4期。

的文章认为，今天讲量力性原则就是照搬资产阶级的理论冒充社会主义的货色，就是拜倒在资产阶级教育学面前的奴才作风，量力性原则是没有什么可继承的。

也有为数很少的文章为量力性原则辩护。比如，《湖北人民教育》1960年7月号刊登了一篇题为《量力性原则是教学不可缺少的原则》的文章。文章认为：量力性原则是完全正确的，是教学不可缺少的原则，是符合认识过程规律的；过去教学中少慢差费的产生，不是量力性原则错了，而是没有正确运用量力性原则的结果；量力性原则是方法方面的问题，而不是指导思想，它可以受无产阶级世界观所指导，而且它和毛泽东所讲的"工作要看对象""从实际出发""有的放矢""量体裁衣"的思想是一致的。但这样的声音，毕竟不能阻挡当时批判的大潮。

1963年5月，《江苏教育（小学版）》发表《育苗人》一文，后改为《斯霞和孩子》，于同年5月30日在《人民日报》上发表。文章本来是介绍南京师范学院附属小学优秀教师斯霞教育孩子关心集体、办事细致、克服娇气的事迹的。通过几个小故事，描述了斯霞老师在孩子心里，既是敬爱的老师，又是最能了解和信任他们的朋友，也是最能体贴和爱护他们的母亲；说明斯霞比一个普通的母亲更懂得怎样去爱孩子；反映孩子们虽然是"娇弱的小花"，却能"在暴风雨中挺立起来"。文章最后写道：1956年，斯霞光荣地参加了中国共产党，共产主义的理想更加照亮了她的心。为共产主义培育优秀的接班人，这是多么重要的事业。她觉得能够为这个事业贡献自己的一生，是最大的幸福。

不料这样记述小学老教师热爱教育工作、热爱学生、辛勤为祖国培育幼苗的文章，却成了宣扬"母爱""爱的教育"等资产阶级教育思想、反对教育为无产阶级政治服务、反对进行阶级教育的代表作和资产阶级向无产阶级猖狂进攻的信号，进而在全国掀起了一场所谓"同资产阶级教育思想的大论战"，和对"母爱""爱的教育"的大批判运动。

1963年10月，《人民教育》连发三篇批判"母爱"的重头文章：《我们必须和资产阶级教育思想划清界线》《从用"童心"爱"童心"说起》《谁说教育战线无战事》。

《我们必须和资产阶级教育思想划清界线》一文指出：资产阶级教育思想还没有经过系统彻底的清算，现在还有一些资产阶级教育思想在一些人的头脑里继续起作用。如果还不进一步予以批判，就不能加强马克思主义教育思想的阵地，不能更好地做好教育工作。现在，最常见的资产阶级教育思想是宣传生物学化的教育思想和超阶级的爱。在这种教育思想指导下，强调儿童的兴趣和爱好，说儿童是幼嫩的花朵，要听其自然地生长。教师要像园丁一样扶植他们生长。他们说，教师只要给幼苗以温暖的阳光、甘甜的雨露，使这个幼苗茁壮地成长起来，也就是说，只要在生活上关心与照顾儿童，使儿童的身体和心灵成长。在这里，看不到阶级的需要，看不到人的社会性和阶级性。有些人主张用爱孩子和母爱的精神来教育儿童，这是不对的。教师是应当爱护儿童的。问题在于一个人民教师应当对儿童进行马克思列宁主义教育，而不是泛泛地提爱的教育。爱和憎总是有阶级性的。我们应当以热爱无产阶级、热爱劳动人民，憎恨阶级敌人、帝国主义和一切反动派的革命思想去教育后一代。

《谁说教育战线无战事》一文火药味更浓，共提出三个问题。第一，谈母爱和爱的教育问题，认为实际上就是教育有没有阶级性的问题。文章批评有些人总是把母爱看得至高无上，认为母爱和无产阶级的阶级感情比较起来是渺小、微不足道的。作为一个教师，首先要是一个革命者，而不是什么母亲。

第二，在解放后的新社会里，教育是不是像园丁培育幼苗那样，能够顺其自然、自由生长？实际上就是说，教育要不要无产阶级政治方向的问题。文章批评说，杜威的"教育即生长"的观点，过去虽然批判过，但它至今阴魂不散，还在缠着我们许多做教育工作的人。把教师比喻为园丁，不是不可以，但任幼苗自由生长的观点却是错误的。这种论点否定了社会中还存在尖锐复杂的阶级斗争，否认社会主义社会里还存在着严重的资产阶级思想影响。实际上，这就是取消教育的无产阶级政治方向，反对教育为无产阶级政治服务。

第三，要不要对孩子进行阶级教育，要不要在孩子思想上打下无产阶级的阶级烙印？文章指出，有人说：孩子像水晶一样，孩子的心灵是纯洁的、稚嫩的，不必进行阶级教育，也不应当用残酷的阶级斗争事实去刺伤他们的心灵。这种说法显然是错误的。文章批评，有些人总是把纯洁看成是超阶级的，这种理解是十分错误的。真正的纯洁应当是无产阶级的洁白，是思想无产阶级化，不沾染资产阶级的政治灰尘。文章同时强调，阶级教育是思想教育的核心，离开了阶级教育这个核心，什么教育学生守纪律、有礼貌、团结友爱、不骄傲等，都可以变成资产阶级的教育，和资产阶级教育没有区别。从小对孩子进行阶级教育，所刺伤的不是孩子的心灵，而是资产阶级的心灵。

文章最后说，现在展开争论并不是无的放矢，相反地，是有的放矢。在教育上，应当放矢之地确实很多，但和请客吃酒一样，大家都很客气。革命不是请客，一客气就要坏事，大将既不出阵，只好小子打冲锋，没有击中目标，喊几声"冲呀"也是好的。目前教育战线的天气是阴云低压，闷热不雨，是该下一场透雨的时候了。由此看来，把对"量力性原则"和"母爱"教育的批判称为所谓的批判资产阶级教育思想，完全是在"以阶级斗争为纲"的思想指导下，人为制造出来的。把介绍小学优秀教师斯霞精心培育幼苗的文章，说成是反对进行阶级教育，反对教育为无产阶级政治服务，反对教育的无产阶级政治方向，是鼓吹资产阶级"爱的教育"思想，宣扬资产阶级人性论、人道主义，完全是"莫须有"的罪名，结果引起人们思想认识上的极大混乱。

总之，从20世纪50年代讨论《武训传》、开展对武训精神和陶行知教育思想的批判，到60年代批判资产阶级教育学的量力性原则和资产阶级"爱"的教育，应该说基本上都是失败的，唯独在全面发展问题上的讨论基本上是成功的。

本意是要高举马列主义、毛泽东思想的旗帜，批判资产阶级、小资产阶级教育思想，却未能成功。在建设社会主义过程中，应该同旧的、资产阶级的教育思想决裂，努力宣传马列主义，但是却未能达到预期目的，反而违背了马列主义基本原理，搞乱了人们的思想，把正确的教育思想也乱批了一通。其中原因，首先是指导思想有问题，批判的矛头指向不对；其次是采取的方法不对，简单粗暴，生拉硬扯，无限上纲，乱扣帽子，乱打棍子。

陶行知教育思想中，有许多是符合历史唯物论和辩证法的，是符合新民主主义教育原理与时代潮流的。批陶行知教育思想，无助于社会主义教育思想的建设和发展。教育学中的量力性原则，是符合教学规律、站得住脚的，事物的发展总是循序渐进的，人的接受能力总是有一定限度的，坚持"量力性原则"的教学是科学合理的。强调教师要热爱教育事业，要像母亲般的体贴和关心孩子，这是无可厚非的。你越批，群众就越接受不了，越对立。这些人类的共性情感和思想，无所谓什么无产阶级和资产阶级之分，但在那特定的年代里，没有什么道理好辩。

另外，几次教育思想批判，都是由上层发起，指向群众中的思想问题，都把问题归结为群众中存在着所谓落后的、错误的教育思想。实际上，主要是领导思想上的失误，影响了教育事业的发展，使教育改革走上了弯路，给教育工作带来重大损失。后来，正是党在指导思想上纠正了"左"的错误，才使各项工作走上正轨，才极大地调动了广大群众的社会主义积极性，才使各项事业蓬勃发展，教育工作也出现了兴旺发达的景象。所以，在社会主义建设时期，有一个正确的教育工作指导方针，关系重大，也是社会主义教育思想建设的关键一环。只要领导方针正确，群众中的思想问题就能逐步地沿着正确方向得到解决，而不会影响大局和全局。

（2）纠正"教育革命"中"左"的错误。需要指出的是，在开展教育思想批判的同时，也对教育大革命的错误做法进行了一定的纠正，对教育事业相应地做出了一些积极的调整。1958—1960年，各级各类学校一窝蜂地开展了以"勤工俭学、教育与生产劳动相结合"为中心的"教育革命"。大、中学校的师生纷纷走出校门，下乡、下厂参加体力劳动，并参加各种社会活动。这时的学校也是办工厂、办农场。根据当时报纸报道，有的学校几天内就办起了好几个工厂、农场。为了配合当时全民炼钢的热潮，许多学校还在操场上建造"炼钢炉"，冶炼从家里、路边收来的废铁。这样就完全背离了"教育与生产劳动相结合"的本意。学生只是锻炼了体力，却丝毫未学到该学的文化科学知识和现代劳动技能。

对此，1959年1—3月，中共中央在北京召开教育工作会议（1月20日至2月19日休会）。会议讨论了贯彻执行教育方针的主要经验和存在问题：在1958年的教育革命中，党的领导建立起来了，师生的劳动态度有了变化，学生的德育、道德品质、世界观有进步，身体好了，智育有所降低。下半年部分学校没有很好上课。学术批判成绩很大，但批判过多，打击面太大，比较粗暴。会议提出：1959年提出的教育工作方针，主要是巩固、调整和提高，并在这个基础上有重点地发展教育事业。

同年4月3日，《人民日报》发表社论：《把教学、生产劳动、科学研究结合起来》。社论提出：高等学校在贯彻教育与生产劳动相结合的方针时，必须把教学、生产劳动、科学研究结合起来。社论强调学校的主要工作是教学，全日制高等学校还负担着提高的任务，因此，"三结合"应该以教学为中心，做好安排。

5月28日,周恩来视察南开大学和天津大学。他指出:教育与生产劳动相结合,教育是主导方面,因为学生来学校就是为了学习。质量问题是我们目前跃进中的主要问题。你们有好的学习条件和好的学风,今后一定要控制数量,保证质量,更好地为社会主义建设服务。①

1961—1965年,对教育事业进行了较为系统的调整总结。邓小平发表了《办教育一要普及,二要提高》的重要讲话,他指出:"学生参加劳动,一必须,二适当,三可能。""不要影响学生的学习","我们无论如何要保证有一批学生基础课学得好,否则将来要吃大亏"。他强调,在教育改革中,"学校要保证提高教学质量,否则就不能说是成功的"。他重申:"我们的方针是,一要普及,二要提高","任何时候都要坚持'两条腿走路',做到在普及基础上的提高和在提高指导下的普及"。②

1961年以后,中央陆续批准试行《高校六十条》《中学五十条》《小学四十条》,这些条例对于贯彻调整的方针具有重要意义。但指导思想上的"左"倾错误并未得到根本的认识和转变,在社会主义教育运动中又推行了一套"左"的政治思想工作,以致后来在"文化大革命"中教育方针被严重扭曲。

(3) 贯彻毛泽东教学改革的指示。1964年2月13日,毛泽东在人民大会堂召开座谈会,就教育问题发表讲话:"教育的方针路线是正确的,但是办法不对。我看教育要改变,现在这样不行","学制可以缩短","课程可以砍掉一半"。全国各地教育行政部门和各级各类学校围绕毛泽东关于教学改革的指示,掀起了群众性学习高潮。3月22日,教育部和北京市教育局邀请北京市部分中学校长和中小学教师座谈讨论如何贯彻毛泽东最近的指示,改进教学工作,减轻学生负担,提高教学质量,使学生在德智体诸方面生动活泼主动地得到发展。《光明日报》加编者按语发表了座谈会的纪要,对全国的影响很大。4月14日,《人民日报》发表社论:《培养生动活泼的主动的学习空气》,推荐北京、上海一些中小学改

---

① 中央教科所编:《中华人民共和国教育大事记(1949—1982)》,教育科学出版社1984年版,第250页。

② 中共中央文献研究室编:《邓小平同志论教育》,人民教育出版社1990年版,第8—9页。

进教学工作，减轻学生负担，提高教学质量的经验。

1965年9月6日，《人民日报》发表新年社论：《教学工作要贯彻少而精的原则》。9月8日，《光明日报》发起"怎样掌握启发式教学法的精神实质"的讨论。9月24日起，《光明日报》又组织了"怎样才能生动活泼地主动地进行学习"的讨论。从1966年1月31日起，该报将上述讨论结合起来，以"教师的主导作用同学生的主动性正确地结合起来"为题，继续开展讨论，直至"文化大革命"开始。①

如何正确理解毛泽东关于教学改革的指示，1964年6月，参加过春节座谈会直接听到毛泽东谈话的杨秀峰认为，毛泽东指示的精神，最重要的是：一要培养德智体全面发展的坚强的革命后代；二要使学生的学习成为主动的、生动活泼的、创造性的学习，要做知识的主人，不要做书本的奴隶；三要根据我们的实际情况，总结古今中外的经验，创造出一套适合我国社会主义制度的东西、为社会主义建设服务的教育制度。② 1965年8月，蒋南翔也指出：最近一个时期，高等学校的师生学习毛泽东著作，出现了一些形式主义倾向，应注意克服。

1964年9月11日，中共中央、国务院发出通知：组织高等学校文科师生参加社会主义教育运动，使他们在实际斗争中接受教育和锻炼，提高社会主义觉悟，进行世界观的改造。通知规定：本年冬季开始，高等学校文科师生都应该分批下去参加社会主义教育运动，主要是参加农村的"四清"运动。四、五年制的中文等各专业师生（包括研究生），参加运动的时间为一年到一年半，必须参加完一期"四清"的整个过程和一期"五反"的主要过程。二、三年制的各专业师生在一年内参加完一期"四清"的整个过程。各专业毕业班学生参加运动的时间至少半年，争取参加完一期"四清"的整个过程或主要过程。通知对师生参加运动的具体组织工作及艺术、外语院校师生参加运动的安排作了规定。③

1965年5月10日，经中共中央同意，高等教育部发出《关于高等学校师生参加社会主义教育运动的几项规定》。提出：毕业班学生一律不参

---

① 中央教科所编：《中华人民共和国教育大事记（1949—1982）》，教育科学出版社1984年版，第56页。

② 同上书，第385页。

③ 同上书，第367页。

加第二批运动,按时结业。非毕业班学生,按计划待这期运动结束,即行返校。今后师生参加运动的时间尽可能不跨学期,不延长修业年限。低年级学生不参加运动。外语、体育、医药院校在暑假后参加"四清"。

7月3日,毛泽东在看了《北京师范学院一个班学生生活过度紧张,健康状况下降》这份材料后,给中共中央宣传部部长陆定一写了一封信。信中说:"学生负担太重,影响健康,学了也无用。建议从一切生活总量中,砍掉三分之一。请邀师生代表,讨论几次,决定实行。"①

11月中旬,中共中央政治局召开扩大会议,讨论城市半工半读教育问题。刘少奇在会上指出:"我们的国民教育有三种形式:一种是全日制;一种是业余教育;一种是半工半读、半农半读。"他提议再补充一种"四四制"的形式,"四小时工作,四小时读书","工厂即学校,学校即工厂"。半工半读"要培养有社会主义觉悟、有文化科学知识、有技术、有实际操作能力的新型劳动者。我们的目标应该培养到当干部、当技术员、当工程师的水平。但是也要当工人、农民"。"半工半读试验的重点是中等专业学校和高等学校。""我们办了半工半读高等学校,这样才能衔接起来,逐步形成体系,才可以逐步定型。""我的意见,还是坚持五年试验,十年推广,不能动摇,发展不能太快。现在各种各样的形式都可以试验,在实践过程中总结经验。"②

1965年12月,毛泽东在杭州的一次会议上发表讲话。他指出:"现在这种教育制度,我很怀疑。从小学到大学,一共十六七年,二十多年看不见稻、粱、菽、麦、黍、稷,看不见工人怎么做工,看不见农民怎么种田,看不见商品是怎么交换的,身体也搞坏了,真是害死人。要改造文科大学,要学生下去搞工业、农业、商业。至于工科、理科,情况不同,他们有实习工厂,有实验室,在实习工厂做工,在实验室做实验,但也要接触社会实际。高中毕业后,就要先做点实际工作。单下农村还不行,还要下工厂,下商店,下连队。这样搞它几年,然后读两年书就行了。"③

---

① 中央教科所编:《中华人民共和国教育大事记(1949—1982)》,教育科学出版社1984年版,第382页。

② 王炳照、阎国华:《中国教育思想通史》,湖南教育出版社1994年版,第105页。

③ 《中国共产党编年史》编委会编:《中国共产党编年史(1958—1965)》,山西人民出版社2002年版,第2539页。

(二) 1966—1976 社会主义教育方针的曲折

1966年5月至1976年10月，10年的"文化大革命"，党和国家遭受了严重的挫折和损失。"文化大革命"首先从教育领域发动，"四人帮"一伙所炮制的"两个估计"，从根本上否定了教育方针，否定了17年教育工作的巨大成就，给社会主义教育事业造成了严重的"外伤"和"内伤"。林彪、"四人帮"利用毛泽东的"以阶级斗争为纲"和"无产阶级专政下继续革命"的"左"倾理论兴风作浪，完全扭曲了党的教育方针。

1. "左"倾的教育思潮

这一时期，"左"倾教育思潮在教育领域占据了主导地位，也很大程度上影响了教育方针的理解与实施。在教育性质上，竭力夸大教育的阶级性，任意夸大列宁关于学校应当成为无产阶级专政工具的言论。否定学校的首要任务是传授知识，只讲"教育是阶级斗争的工具"，把列宁有关学校应当成为无产阶级专政工具的论断，歪曲为学校就是阶级斗争工具，学校要大搞阶级斗争，大搞政治运动，要对教育领域内的"资产阶级知识分子"实行专政。

在培养目标上，把政治与业务对立起来，大批"智育第一""业务挂帅""读书做官"，甚至鼓吹"宁要没文化的劳动者"，培养"头上长角""身上长刺"的"反修防修战士"。在培养途径上，把理论与实践对立起来，片面强调"在斗争中长才干，实践中学真知"，把学校传授书本知识为主与实践第一对立起来。在教师的作用和师生关系问题上，贬低教师，把学生与教师对立起来，大批"师道尊严""专家治校"。[1]

不难看出，在这一特殊历史时期，"左"倾教育思潮强调以阶级斗争为纲，无限扩大教育的阶级性问题，彻底违背教育规律，曲解教育方针，阉割教育方针。在教育上否定一切，打倒一切，是其主要特征。

1967年12月7日，以中共中央、国务院、中央军委、中央"文化大革命"小组名义出版的《毛主席论教育革命》一书，更是为开展"文化大革命"提供了所谓的理论根据。这本书是在"文化大革命"的条件下，作为各级各类学校进行无产阶级"教育革命"的纲领而颁发的，立即在全国范围内掀起了学习和贯彻的群众运动高潮。该书收录了1927—1967

---

[1] 刘鲁风等编：《中华人民共和国要事录》，山东人民出版社1989年版，第344页。

年间，毛泽东关于教育工作的论述、书信和语录等共 51 条。在"文化大革命"的特定环境下，即使那些具有普遍指导意义的正确言论，也往往被歪曲、篡改，失去其本来的面貌。

总之，新中国成立以来，从对武训和陶行知教育思想的批判，到对斯霞母爱教育的批判，对阶级斗争的强调从未消退过。"文化大革命"爆发后，"阶级斗争依然存在"的论调甚嚣尘上，对教育方针的歪曲理解和实施，简直到了荒谬的程度。

2. 错误的指示文件

1966 年 5 月 7 日，毛泽东在审阅解放军总后勤部《关于进一步搞好部队农副业生产的报告》后，写信给林彪，提出："学生也是这样，以学为主，兼学别样，即不但学文，也要学工、学农、学军，也要批判资产阶级。学制要缩短，教育要革命，资产阶级知识分子统治我们学校的现象，再也不能继续下去了。"① 后来这封信简称"五七指示"，尽管不是教育方针，但却起着指导教育发展的作用。从此，以"五七指示"为纲领的所谓教育革命，有了理论和指导思想上的依据，党对教育事业的方针政策领导一度偏离了正轨。

随之，1966 年 5 月 16 日，中共中央政治局扩大会议通过由毛泽东主持起草的《中国共产党中央委员会通知》中要求："高举无产阶级文化革命的大旗，彻底揭露那批反党反社会主义的所谓'学术权威'的资产阶级反动立场，彻底批判学术界、教育界、新闻界、文艺界、出版界的资产阶级反动思想，夺取在这些文化领域中的领导权。"②

1966 年 7 月 12 日，《人民日报》建议：文科大学以毛泽东著作为教材，以阶级斗争为主课，学生每年要有一定时间参加工农业生产劳动，学军事和参加阶级斗争，现有学生一律提前毕业，到三大革命运动中去锻炼、改造，长期无条件地与工农兵相结合。

1966 年 8 月 8 日，中共八届十一中全会通过《中国共产党中央委员会关于无产阶级文化大革命的决定》，后来简称《十六条》。其中第十条"教学改革"提出："改革旧的教育制度，改革旧的教学方针和方法，是

---

① 刘鲁风等编：《中华人民共和国要事录》，山东人民出版社 1989 年版，第 343 页。

② 1966 年 5 月 16 日，中共政治局扩大会议通过"五一六通知"，人民日报 1966 年 5 月 16 日。

这场无产阶级文化大革命的一个极其重要的任务。在这场文化大革命中，必须彻底贯彻执行毛泽东提出的教育为无产阶级政治服务、教育与生产劳动相结合的方针，使受教育者在德育、智育、体育几方面都得到发展，成为有社会主义觉悟的有文化的劳动者。学制要缩短。课程设置要精简。教材要彻底改革，有的首先删繁就简。学生以学为主，兼学别样。也就是不但要学文，也要学工，学农，学军，也要随时参加批判资产阶级的文化大革命。"①

此后，在教育工作中，由于借批判资产阶级教育路线、改革教育为名，任意歪曲教育方针、否定教育科学、缩短学制、改变教学组织形式、教学计划及课程，取消考试、考核及学校的各种规章制度等，造成教育工作的全面混乱。

3. 对教育的全盘否定

1966年"文化大革命"开始后，城市学校基本停课。12月15日，中共中央发布《关于农村无产阶级文化大革命的指示（草案）》，其中第九条规定："中等学校放假闹革命，直到明年暑假。半农半读大中学校的文化革命，应当按照抓革命、促生产的方针，根据具体情况，妥善安排。农村小学的文化革命和所在社、队一起搞，由所在社、队的文化革命委员会统一领导。"② 此后，全国大多数学校处于停课瘫痪状态。从1966年学年开始，全国高等学校停止按计划招生。5月以后，成人教育全部停顿。

1967年7月18日，《人民日报》发表文章，题为《打倒修正主义教育路线的总后台》，全面否定新中国成立17年的教育工作。说17年的教育是"封建主义、资本主义、修正主义教育的一套破烂"。全日制高等教育和全日制中小学工作条例是"智育第一""技术至上"。教育大权交给了资产阶级，新中国成立以来教育工作中推行的是一条"反革命修正主义路线"等。

1971年4月，国务院在北京召开全国教育工作会议，发布了《全国教育工作会议纪要》。《纪要》全面否定了17年教育工作的成绩，并作出所谓两个估计：一是解放后17年"毛主席的无产阶级教育路线基本上没

---

① 中央教育科学研究所编：《中华人民共和国教育大事记（1949—1982）》，教育科学出版社1984年版，第405页。

② 同上书，第408页。

有得到贯彻执行";二是知识分子大多数"世界观基本上是资产阶级的"。《纪要》将所谓"全民教育""天才教育""智育第一""洋奴哲学""知识私有""个人奋斗"等称之为17年资产阶级统治教育的精神支柱。

由于对17年教育工作的全盘否定,搅乱了思想,导致了各方面的混乱,加上社会动荡,教育工作无法正常进行,各级各类教育基本上陷于停顿状态。

(1)高等学校教育。高等学校的教学改革从招生工作开始。1966年6月13日,中共中央、国务院发出《关于改革高等学校招生考试办法的通知》,指出:高等学校招生考试办法"基本上没有跳出资产阶级考试制度的框框,不利于贯彻执行党中央和毛主席提出的教育方针,不利于吸收更多的工农兵革命青年进入高等学校,这种考试制度,必须彻底改革"。就此,《人民日报》发表题为《彻底搞好文化革命,彻底改革教育制度》的社论,提出要以改革招生制度为突破口,"对整个旧教育制度实行彻底的革命"。

1968年7月21日,《人民日报》又发表题为《从上海机床厂看培养工人技术人员的道路的调查报告》。该调查报告提出:要从工人中培养技术人员,大学毕业生应当先到工厂、农村参加劳动,应由基层选拔经过劳动实践的初、高中毕业生进入大专院校深造学习,由有经验的工人、农民当教师,教他们学工、学农,兼学别样。对此,毛泽东写了一段话:"大学还是要办的,我这里主要说的是理工科大学还要办,但学制要缩短,教育要革命,要无产阶级政治挂帅,走上海机床厂从工人中培养技术员的道路。要从有实践经验的工人农民中间选拔学生,到学校几年后,又回到实践中去。"[1]

1970年6月27日,中共中央批转《北京大学、清华大学关于招生(试点)的请示报告》,提出:高等学校的"培养目标是:培养高举毛泽东思想伟大红旗,无限忠于毛主席,无限忠于毛泽东思想,无限忠于毛主席革命路线的、全心全意为社会主义革命和社会主义建设服务的、有文化科学理论又有实践经验的劳动者"[2]。1970年7月21日,《红旗》第8期

---

[1] 中央教育科学研究所编:《中华人民共和国教育大事记(1949—1982)》,教育科学出版社1984年版,第419页。

[2] 同上书,第433页。

发表张春桥等人策划的《为创办社会主义理工科大学而奋斗》的文章。张文指出：要坚持以阶级斗争为主课。实行开门办学、厂校挂钩、校办工厂、厂带专业，把大学办到社会上去。打破旧的教材体系，以毛泽东思想为武器，以工农兵的需要为出发点，以三大革命为源泉编写教材。实行新的教学方法，改变以课本为中心、教师为中心的方法等。

1973年7月10日，在辽宁省大学招生文化考察座谈会上，锦州市招生办公室负责人汇报兴城县考试情况时，谈到白塔公社一个生产队长张铁生在考卷上给领导写信一事。张铁生的信写在物理化学试卷背面，信中谈到自己对文化考试的感受："本人自1968年下乡以来，始终热衷于农业生产，全力于自己的本职工作。每天近18个小时的繁重劳动和工作，不允许我搞业务学习。……说实话，对于那些多年来不务正业、逍遥浪荡的书呆子们，我是不服气的，而且有着极大的反感，考试被他们这群大学迷给垄断了。……有一点我可以自我安慰，我没有为此而耽误集体的工作。"这封信主要用努力工作的人与不务正业的书呆子加以对比的办法，提出了对文化考试的质疑以及对书呆子的不服气，间接表达了单纯参加生产劳动的重要性。后来，受到极"左"派的重视，通过媒体大肆宣扬，导致对知识分子的斗争更加扩大化，任意拔高生产劳动的重要性。

（2）普通中小学教育。中小学教学改革是从教学内容开始的。1967年2月，中共中央发出的《关于小学无产阶级文化大革命的通知（草案）》中提出：小学1—4年级学生，只要求学习毛主席语录，兼学识字，学唱革命歌曲，学习一些算术和科学知识。5—6年级学生，学习毛主席语录，"老三篇"和三大纪律八项注意，学习"十六条"，学唱革命歌曲。

继而，《关于中学无产阶级文化大革命的意见（供讨论和试行用）》指出：中学恢复上课，学习毛主席著作。学生要分批进行军事训练。1974年，在张春桥的授意下，开始了中等教育如何改革的讨论。很多地方的中学盲目地进行改革，如上海等许多地方将普通中学改为"革命理论""科学种田""农用电机"等各种名目的专业班。尤其在1974年"批林批孔"以后，以发挥中小学生在批林批孔中的作用为名，在中小学大搞开门办学，厂校挂钩、大办小工厂、小农场和工农兵同批"孔老二"的活动，师生都到社会"大课堂"去，"进进出出、上上下下"，学校秩序十分混乱。

总之,"文化大革命"以来,以"教育革命"为核心的教育方针政治化实践给中国教育带来了极大的摧残。"教育革命"的开展,使得对17年教育事业做了全面否定及教育事业整顿的全面停止;教育行政管理失控,教育工作和各级各类学校处于无政府状态;教育教学工作全面混乱。如果再将教育以外的损失计算在内,这场"教育革命"所产生的可以量化和不可以量化的后果迄今还在影响着中国社会的方方面面。"教育革命"所产生的直接后果是:对中国的教师队伍造成巨大破坏;使教育应有的功能消失,甚至异化。教育方针政治化、阶级斗争化的实践及其教训值得深思。

当然,"文化大革命"期间,在极端困难的条件下,周恩来等人争取毛泽东的支持,排除种种困难和干扰,果断采取一些措施,纠正了"教育革命"中的一些错误,虽然是局部性的,但毕竟做了一些整顿。1972年10月14日,周恩来在会见李政道博士时针对当时招生制度明确提出,"对学习社会科学理论或自然科学理论有发展前途的青年,中学毕业后,不需要专门劳动两年,可以直接上大学,边学习,边劳动。当然这只是少数,大多数人要参加劳动,不一定升学。……中学毕业后马上进大学的只是少数,大量要在生产实践中提高。劳动几年后,有升学机会的当然可以深造"。① 这一讲话,同"四人帮"的教育主张是针锋相对的。

(三) 1976—1978 社会主义教育方针的发展

"文化大革命"结束后,党和政府开始对"文化大革命"中的种种错误进行历史反思。当时,"文化大革命"中提出的"两个估计"及其后中央继任领导提出的"两个凡是",成了教育方针历史反思的雷区,触碰不得,使得新时期教育方针的拨乱反正迟迟未能落实。

1. 全面推倒"两个估计"和"两个凡是"

前已介绍,"两个估计",就是1971年4月《全国教育工作会议纪要》所提出的,解放后至"文化大革命"前17年的教育战线:"毛主席的无产阶级教育路线基本上没有得到贯彻执行",知识分子大多数"世界观基本上是资产阶级的"。现在看来,是给党和国家的教育事业抹黑。

---

① 中央教育科学研究所编:《周恩来教育文选》,教育科学出版社1984年版,第238页。

"两个凡是",最早来源于1972年汪东兴的讲话:凡是经过毛主席批示的文件,凡是毛主席的指示,都不能动。1977年2月7日,经汪东兴决定,报华国锋批准,《人民日报》《解放军报》和《红旗》杂志这"两报一刊",以官方喉舌发表《学好文件抓住纲》的社论,公开重申:凡是毛主席作出的决策,我们都坚决拥护;凡是毛主席的指示,我们都始终不渝地遵循。"两个凡是"成为当时党和国家决策者的思想路线和政治路线。

当其时,"两个估计"已成为"左"倾路线勒在教育战线上的思想"紧箍咒","两个凡是"更成为毛泽东逝世后的继任领导在特殊的历史时期垄断对毛泽东言论发言权和解释权的思想武器,党和国家的政治生活处于极不正常状态。1977年4月30日,华国锋发出把无产阶级专政下继续革命进行到底的号召,不到一星期,教育部立即作出反应,在《光明日报》上发表文章:《遵循毛主席指引的方向继续开展教育革命》。文章肯定了毛主席的"五七指示"是指引我们教育革命取得胜利的旗帜。灾难深重的教育事业仍怀揣着"教育革命"的激情。

1977年的8月和9月,邓小平先后发表"八八"讲话和"九一九"讲话。1977年的8月8日,他指出:"对全国教育战线17年的工作怎样估计?我看,主导方面是红线。应当肯定,17年中,绝大多数知识分子,不管是科学工作者还是教育工作者,在毛泽东思想的光辉照耀下,在党的正确领导下,辛勤劳动,努力工作,取得了很大成绩。特别是教育工作者,他们的劳动更辛苦。……如果对17年不作这样的估计,就无法解释我们所取得的一切成就了。"[①] 尽管讲话没有对17年教育领域"左"倾错误进行清算,但为打破"两个估计"迈出了关键的一步。后来,邓小平自己在回顾和评价这次讲话时说:"我在8月8日科学和教育工作座谈会议上的那篇讲话,是个大胆的讲话,当然也照顾了一点现实。"[②]

随之,《中国教育报》发表文章指出:"邓小平同志的讲话拨乱反正,为我国的教育事业,尤其是高教事业的发展带来了巨大而深远的影响,无论在我国教育发展史上,还是在我国历史和未来发展中都有极其

---

① 邓小平:《邓小平文选》(第2卷),人民出版社1983年版,第49页。
② 同上书,第67页。

重大的意义。"① 它冲破了教育战线的思想禁区，拉开了解放思想的历史大幕。

此一时期，邓小平与主管教育的官员们多次谈话，以敲山震虎的方式发出警告，要教育界解放思想、克服极"左"思想的影响，不能再观望徘徊。仅1977年7月到9月，邓小平就分别会见了国务院副总理方毅，教育部部长刘西尧，副部长雍文涛、李琦等人。9月19日，邓小平与教育部长刘西尧的谈话后来收入《邓小平文选》，史称"九一九"讲话。

针对《全国教育工作会议纪要》中的"两个估计"是毛泽东画过圈的这一问题，邓小平指出："毛泽东同志画了圈，不等于说里面就没有是非问题了。我们不能简单地处理。……对这个《纪要》要进行批判，划清是非界限。我们要准确完整地理解毛泽东思想的体系。"②

针对教育部观望徘徊的态度，邓小平警告道："你们的思想没有解放出来。现在教育工作者对你们教育部有议论，你们要胸中有数，要敢于大胆讲话。"③ 针对教育指导思想的混乱局面，邓小平提出了严厉批评和要求："教育方面的问题成堆，必须理出个头绪来。……教育部首要的问题是要思想一致。赞成中央方针的，就干；不赞成的，就改行。……教育要狠狠地抓一下，一直抓它十年八年。我是要一直抓下去的。我的抓法就是抓头头，抓方针。重要的政策、措施，也是方针性的东西，这些我是要管的。""总之，教育部要思想解放，争取主动。过去讲错了的，再讲一下，改过来。"④

关于"九一九"讲话对1976—1978过渡时期党的教育方针的历史作用，不同的研究者作出了不同的评价。有人称，"'九一九'讲话在教育战线引发的是一场革命性的质变，是对十年动乱最直接、最有力的第一次否定。"⑤ 有人称，"九一九"讲话是中华人民共和国教育史上拨乱反

---

① 《高举伟大旗帜，推进教育改革和发展——纪念邓小平关于恢复高考"八八"讲话28周年》，《中国教育报》1977年8月8日。

② 邓小平：《邓小平文选》（第2卷），人民出版社1983年版，第66—70页。

③ 同上。

④ 同上。

⑤ 郝瑞庭：《教科文的春天——科教文化界的拨乱反正》，安徽人民出版社1988年版，第58页。

正的标志。① 也有人作出不同的评价："九一九"讲话主要解决的是教育思想领域不解放的问题，没有涉及中国教育的大政方针。讲话中对 17 年的教育肯定过多，没有指出 17 年教育中存在的"左"倾错误，因而使得在那之后的一段时间内，教育领域基本上是恢复 17 年的教育。② 然而，不可否认的是，"九一九"讲话的确给教育界带来了很大震动，因为它涉及了对新中国成立以来，特别是"文化大革命"时期教育指导思想的评价问题。尽管"九一九"讲话还未及对新中国成立以来教育方针的理论与实践中的"左"倾错误进行系统深刻的历史反思和总结，但讲话对"文化大革命"时期以"教育革命"为核心的教育方针的政治化倾向乃至阶级斗争化的做派无疑是一次否定。

在"八八"讲话和"九一九"讲话的影响下，1977 年 11 月，教育部终于发出第一篇有分量的批判文章——《教育战线的一场大论战——批判"四人帮"炮制的"两个估计"》。文章提出：要解放思想，敢破敢立，善破善立；对 28 年的教育工作，要采取分析的态度、实事求是的态度。文章发表以后，教育系统掀起了批判"两个估计"的热潮，教育界开始逐步走出历史的阴影，以实事求是的态度正视历史，清理污垢，逐步从"文化大革命"的重灾区中走出来。

2. 深入开展实践是检验真理的唯一标准的讨论③

关于真理标准问题的讨论，从 1976 年 10 月粉碎"四人帮"到 1977 年底，思想界讨论的主要内容集中于是坚持"两个凡是"还是坚持实事求是的争论；从 1977 年底至 1978 年，实践标准成为争论的焦点。④

1978 年 5 月 11 日，经历 7 个多月，先后修改四次的《实践是检验真理的唯一标准》一文，以特约评论员的名义在《光明日报》上刊出。文章指出：检验真理的唯一标准只能是社会实践。马克思主义理论的宝库并不是一堆僵死不变的教条，它要在实践中不断增加新的观点、新的结论，

---

① 毛礼锐、沈灌群：《中国教育通史》（第 6 卷），山东教育出版社 1989 年版，第 67 页。

② 张俊洪：《回顾与检讨——新中国四次教育改革论纲》，湖南教育出版社 1999 年版，第 215 页。

③ 注：有关这部分内容，下面将作进一步阐述，此处适当介绍，以保持各篇的独立性、连续性与完整性。

④ 张俊洪：《回顾与检讨——新中国四次教育改革论纲》，湖南教育出版社 1999 年版，第 215 页。

抛弃那些不适应新情况的个别旧观点、旧结论。我们要完成中国共产党在新时期的总任务，面临着许多新问题，需要我们去认识、去研究，躺在马列主义、毛泽东思想的现成条文上，甚至拿现成的公式去限制、宰割、裁剪无限丰富的飞速发展的革命实践是错误的。文章强调，对"四人帮"设置的"禁区"要敢于触及、敢于去弄清是非。由此而引发的关于真理标准问题的讨论在全国各个领域迅速展开。

真理标准问题的讨论是新的历史时期又一次思想解放运动。它打破了过去盛行的个人崇拜和教条主义的精神枷锁，冲破了长期以来"左"倾错误思想和"两个凡是"的思想束缚，加深了人们对"四人帮"极左路线的实质性的认识，推动了对毛泽东晚年"左"倾错误的纠正和各条路线的整顿，为大规模拨乱反正、正本清源和解决历史遗留的重大问题创造了宝贵的历史机遇和条件，为中共十一届三中全会的召开作了充分的思想理论准备。然而，由于历史的局限，讨论还局促于思想界、文化界，范围极其狭窄，未能在全国的老百姓、各条战线全面铺开，整个国家和人们的思想还处在极"左"的包围中。

教育界更是如此，反应是极为谨慎、比较迟缓的。虽然，早在1978年3月18日召开的全国科学大会上，邓小平就指出：科学技术人才的培养，基础在教育。要全面地正确地执行党的教育方针，端正方向，真正搞好教育改革，使教育事业有一个大的发展、大的提高。但"教育革命"的思维定式却严重地束缚着教育部决策者的手脚，做事时往往不敢越雷池一步。

1978年3月15日，五届人大一次会议通过的《中华人民共和国宪法》进一步强化了教育方针的规定："国家大力发展教育事业，提高全国人民的文化科学水平。教育必须为无产阶级政治服务，同生产劳动相结合，使受教育者在德育、智育、体育几方面都得到发展，成为有社会主义觉悟的有文化的劳动者。"[①]

1978年4月22日，全国教育工作会议召开，制定《1978—1985全国教育事业规划纲要》。邓小平在会议开幕式上作《在全国教育工作会议上的讲话》，指出："最近，五届人大通过的宪法规定了新时期的总任

---

① 中华人民共和国宪法，1978年3月5日中华人民共和国第五届全国人民代表大会第一次会议通过，法律教育网，http://www.chinalawedu.com: 8080/falvfagui/fg21752/10933.shtml。

务,……为了完成这个任务,要极大地提高整个中华民族的科学文化水平,为着实现这些要求,我们教育工作有许多问题要解决,有许多事情要做。这里主要的关键,是怎样在新的历史条件下,进一步贯彻执行毛主席提出的'教育必须为无产阶级政治服务,必须与生产劳动相结合'的根本方针";"提高教育质量,提高科学文化的教学水平,更好地为无产阶级政治服务";要把"我国建设成为现代化的社会主义强国,……就必须培养具有高度科学文化水平的劳动者,必须造就宏大的又红又专的工人阶级知识分子队伍。这些要求本身就是为无产阶级政治服务。""认真搞好教育革命,全面地正确地贯彻执行教育为无产阶级政治服务,与生产劳动相结合的方针。"①

1978年9月22日,教育部颁布的《全日制中学工作条例(试行草案)》与《全日制小学暂行工作条例(试行草案)》规定:必须贯彻毛主席的"五七指示"。学工、学农、学军仍被视为教育与生产劳动相结合的重要途径。同年10月,教育部颁布的《全国重点高等学校暂行工作条例(试行草案)》对"高教六十条"进行修订,但原则是:"对其基本精神和主要内容一律不动,只作一些必要的修改。"②

然而,随着1978年12月18—22日党的十一届三中全会的召开,教育战线的春天来了。1979年1月4—24日,国家科委、教育部和农林部在北京召开了全国高校科研工作会议。会上传达学习了十一届三中全会精神,提出要继续在高等学校中开展真理标准问题的讨论,强调大胆解放思想。令人遗憾的是,这次会议对17年的教育没有进行一分为二的分析,而持全盘肯定的态度,这实际上使得真理标准的讨论不可能深入开展,讨论不彻底,思想不解放,留有尾巴。

于是,同年10月,教育部又召开专门会议,要求进一步批判"两个凡是",冲破"禁区",把真理标准问题的讨论进一步深入开展下去,并提出在教育战线要落实到培养什么人这个根本问题上。要对毛泽东关于教育工作一系列指示作历史的、科学的分析,联系30年来教育工作的实践,坚持真理、修正错误,在教育战线彻底纠正"左"的错误指导思想。

---

① 邓小平:《在全国教育工作会议上的讲话》,人民出版社1978年版,第1—3页。
② 何东昌编:《中华人民共和国重要教育文献(1949—1997)》,海南出版社1998年版,第1640页。

3. 1978年中共十一届三中全会的召开

1978年12月13日，邓小平在中共中央工作会议上发表了《解放思想，实事求是，团结一致向前看》的著名讲话，为党的十一届三中全会的召开提供了一个根本的指导思想。1978年12月18—22日，中共中央在北京召开了中国共产党十一届三中全会。围绕着从1979年起将工作重点转移到社会主义现代化建设上来这个主题，全会讨论决定了一系列关系到党和国家前途命运的重大问题，结束了1976年10月以来党的工作在徘徊中前进的局面，开始全面认真地纠正"文化大革命"及其以前的"左"倾错误。[①]

（1）十一届三中全会确立党的基本路线。首先，批判"两个凡是"的错误方针。强调党在理论战线上的崇高任务，就是领导、教育全党和全国人民历史地科学地认识毛泽东同志的历史功绩，完整地、准确地掌握毛泽东思想的科学体系，把马列主义、毛泽东思想的普遍原理同社会主义现代化建设的具体实践结合起来，并在新的历史条件下加以发展。

其次，认真讨论党的思想路线问题。确定解放思想、开动脑筋、实事求是、团结一致向前看的指导方针；高度评价关于真理标准问题的讨论，认为这对于促进全党和全国人民解放思想，端正思想路线，具有深远的历史意义。

再次，停止使用"以阶级斗争为纲"的口号。否定"无产阶级专政下继续革命"的错误理论，重申毛泽东1957年作出的中国"大规模的急风暴雨式的群众阶级斗争已经基本结束"的正确论断，作出了把全党工作的着重点和全国人民的注意力转移到社会主义现代化建设上来的战略决策。

最后，全会还指出，实现四个现代化，要求大幅度提高生产力，也就必然要求多方面地改变同生产力发展不相适应的生产关系和上层建筑，改革一切不适应的管理方法、活动方式和思想方式，这是一场广泛深刻的革命。对于社会主义社会的阶级斗争，应该按照严格区别和正确处理两类不同性质的矛盾的方针去解决，按照宪法和法律规定的程序去解决，决不允许混淆两类不同性质矛盾的界限，决不允许损害社会主义现代化建设所需要的安定团结的政治局面。

[①] 杨树标等编：《当代中国史事略论》，浙江人民出版社2003年版，第455页。

上面这些在领导工作中具有重大意义的转变，标志着党重新确立了马克思主义的思想路线、政治路线和组织路线。大会在全面检讨和反思新中国成立以来各项方针政策的基础上，确立了以经济建设为中心、坚持四项基本原则、实行改革开放的总路线和总政策。

十一届三中全会的胜利召开，结束了粉碎"四人帮"以后的两年中我国政治、经济、科技、文化、教育及社会各项事业发展徘徊不前、步履维艰的局面，成为中国共产党和中国历史发展的伟大转折点。在新的政治形势和国家发展指导思想的重大变化中，教育指导方针虽也开展了大讨论，开始缓慢驶出"左"的轨道，但其滞后性却异常明显。

讨论主要集中在新的历史时期要不要制定新的教育方针、教育为什么服务、以前提出的教育为无产阶级政治服务是否适用于新时代、教育与生产劳动相结合要不要写入教育方针、应培养什么样的人、对受教育者进行"三育"（德智体）、"四育"（德智体美）还是"五育"（德智体美劳）等基本问题上。

特别是1978年第3期《学术研究》发表的于光远《重视培养人的研究》一文，可谓石破天惊，一石激起千层浪，颠覆了立党以来传统的马克思主义观，冲出了斯大林式社会主义的理论思维，引发人们对生产力、生产关系、经济基础、上层建筑等概念的深入思考。他尖锐指出，在教育这种社会现象中，虽然包含着某些上层建筑的东西，但是整个来说，不能说教育就是上层建筑。二者不能画等号。该文引发了对教育本质等相关问题探讨的全面展开。

（2）邓小平关于党的教育方针的指示。尤须强调的是，邓小平此间发表了一系列关于教育方针的讲话。他明确提出："为了培养社会主义建设需要的合格的人才，我们必须认真研究在新的条件下，如何更好地贯彻教育与生产劳动相结合的方针。"[①]

其一，教育与生产劳动相结合的内容、方法要不断有新的发展。"不论脑力劳动，体力劳动，都是劳动。"[②]"科学实验也是劳动。一定要用锄头才算劳动？一定要开车床才算劳动？自动化的生产，就是整天站在那里

[①] 邓小平：《邓小平文选》（第2卷），人民出版社1983年版，第107页。

[②] 中共中央党校出版社编：《毛泽东邓小平江泽民论教育》，中共中央党校出版社2002年版，第103页。

看仪表，这也是劳动。这种劳动同样是费力的，而且不能出一点差错。"①对劳动的重新认识，必然导致对教育与生产劳动相结合这一问题的新理解。他提出，不能把教劳结合简单地看成是参加体力劳动，要考虑到"现代经济和技术的迅速发展"，要考虑学生所学专业和将来从事的职业相适应，要在尽可能高的科技含量生产劳动层次上实行教劳结合。

其二，教育与生产劳动相结合，关键是整个教育事业必须同国民经济发展的要求相适应。他认为，全党工作转移到以经济建设为中心的轨道后，教育必须为社会主义建设服务就成为教育事业的指导思想，因而"教育与生产劳动相结合"作为教育方针的组成部分，必然要与"教育必须为社会主义建设服务"这个总的目标任务统一起来。否则，就破坏了教育与生产劳动相结合的方针，也就难以调动学生学习和劳动的积极性，进而就不可能满足新的历史时期对教育工作提出的要求。邓小平这些认识，把马克思主义关于教劳结合的思想提高到了一个新境界，是对马克思主义教育原理的重大发展和我国教劳结合实践的科学总结。

对于培养什么人，邓小平《在全国教育工作会议上的讲话》中指出："我们的学校是为社会主义建设培养人才的地方。培养人才有没有质量标准呢？有的。这就是毛泽东同志说的，应该使受教育者在德育、智育、体育几方面都得到发展，成为有社会主义觉悟的有文化的劳动者。"②

纵览1949—1978年我国教育方针的发展与曲折，有成绩，有失误，有经验，有教训。成绩斐然，失误惨痛，经验宝贵，教训深刻。

1949—1978年新中国的教育方针，在性质上完成了从新民主主义革命的文化教育总方针到社会主义性质的教育方针的根本转变，应该充分肯定它在那个特殊年代所曾经起过的历史作用，但也正因为是在那特殊背景下，使得它从最初出现到最终形成及至贯彻实施，都出现了这样那样的问题，走了不少弯路，也受益良多，是我们党、我们国家弥足珍贵的财富。

一是教育方针与社会主义建设探索过程的同步性。新中国成立后，随着新民主主义向社会主义的过渡，教育方针的性质也实行了由新民主主义向社会主义的转变；在社会主义改造阶段，随着社会主义制度的逐步确

---

① 邓小平：《邓小平文选》（第2卷），人民出版社1983年版，第103页。
② 中共中央党校出版社编：《毛泽东邓小平江泽民论教育》，中共中央党校出版社2002年版，第103页。

立，教育方针中的社会主义因素也在逐步增长。及至"大跃进"中社会主义建设探索失误，教育方针也在贯彻中失之偏颇；1961—1965年国民经济进行调整，教育也实施调整的方针；继之，"文化大革命"中随着社会主义建设的探索基本终止，政治、经济、文化出现大倒退，教育方针也被严重歪曲；党的十一届三中全会的召开，标志着社会主义建设新时期的开始，而教育方针也经过拨乱反正到开始新的探讨。可见，新中国成立后教育方针发展的轨迹与社会主义建设道路的探索历程基本上是相符的。

二是教育方针内容形式自身的逐步完善性。无论是从最初《共同纲领》概括的"中华人民共和国的文化教育为新民主主义的，即民族的、科学的、大众的文化教育。人民政府的文化教育工作，应以提高人民文化水平，培养国家建设人才，肃清封建的、买办的、法西斯主义的思想，发展为人民服务的思想为主要任务"，还是具体到教育要"为工农服务，为生产建设服务"的教育工作方针，及至1957—1958年确立的社会主义建设时期的教育方针，从文字内容到表述形式等，不断得到完善。

三是教育方针偏重于学校教育的指导方针。概观新中国成立至1978年这一时期各种有关教育方针的表述，可以说大都是学校教育方针或具体的教育方针而非教育总方针。无论从教育方针所包含的培养目标及其实现途径等内容看，还是从教育方针所倡导的德育、智育、体育以及较少强调的美育等教育内容和形式来看，都是针对学校教育而言的。而即使是写入1978年宪法的新中国第一个具有权威性的正式的教育方针，在培养目标和途径上也是针对学校教育而言的，是学校教育的总方针。

第十一章　改革开放新时期中国共产党的教育方针

如前所述，1978年12月18—22日，中国共产党在北京召开的第十一届中央委员会第三次全体会议，确立了以经济建设为中心、坚持四项基本原则、实行改革开放的总路线，不仅拉开了改革开放的大幕，开启了共和国历史的新纪元，促进了教育思想的大解放，更是为教育战线真理标准的讨论，包括教育性质、功能、目的和教育方针等核心问题的讨论，提供了直接的总方针依据，引发了教育方针空前的大讨论。其规模之大、参与人数之多，讨论内容之广泛深刻，在中国共产党近百年历史上从未有过，不仅对新中国前30年教育方针的理论与实践进行了彻底的理论清算，而且对其内容进行了颠覆性变革，对其实践进行了深入系统的总结和检讨，进而为新时期教育方针的制定奠立了坚实的理论基础和研究支撑。

一　新时期教育方针的理论基础

新中国成立以来，毛泽东等第一代领袖发表过一系列关于教育方针的言论、观点和思想。改革开放以来，邓小平、江泽民、胡锦涛、习近平等党的领导不仅继承了前辈领袖的教育方针思想，而且结合新的国情和时代发展特征乃至世界潮流，进行了创新性的发展、光大和弘扬，将中国的教育方针推展到一个新的高度，充分实现了马克思主义教育原理的中国化和中国教育方针的马克思主义化。

(一) 邓小平的教育方针思想

邓小平是在总结新中国成立后正、反两方面经验教训的基础上，继承马克思主义教育原理，批判地吸收毛泽东教育方针思想的精华，并加以创造性地发展，形成了卓具特色、符合实际的教育指导思想。邓小平教育方针思想的形成，既有社会因素，更有其独特的个人因素。在青年时期，邓小平就勤奋好学，胸怀祖国。1924年加入中国共产党后，积极投身于革命事业。中华人民共和国建立后，担任国家要职。经历了"文化大革命"前后十年的浩劫，教育领域几近瘫痪。邓小平三落三起，深刻认识到教育的问题。恢复工作后，自告奋勇抓教育和科技方面的工作。1977年8月，邓小平明确提出恢复高考的政策，并指示用印刷毛泽东著作的纸张印刷高考试卷，表现出非凡的胆略和卓识。①

1. 新中国成立以后邓小平的教育方针思想

新中国成立以后，邓小平发表过一系列有关教育方针的言论。1954年4月8日，邓小平指出："要做一个好公民，就要从小养成守纪律的习惯，这就要经常做工作"，"培养自觉的纪律，也要有人去教育才行。谁去教育？办学校的干部和教员。所以学校办得好坏，学校的干部和教员起很大的作用。"②

1955年9月28日，邓小平在全国青年社会主义建设积极分子大会上讲："青年应当努力学习。你们要用最顽强的精神去学习，使你们这一代的青年都成为识字的人，有文化的人，能够掌握科学与技术的人。你们一定要十分重视马克思列宁主义的学习，来不断地提高自己的政治觉悟。"③

1957年5月15日，邓小平在中国新民主主义青年团第三次全国代表大会上致辞："我们希望全国的青年学生努力学习，积极准备参加建设祖国的生产劳动，首先是体力劳动。从事脑力劳动的青年，也应该经过一段时间的体力劳动，这对于他们的德育、智育、体育的全面发展是必要的。"④

1958年4月7日，邓小平在中共中央书记处会议讨论教育工作时提到："目前教育方面要解决的问题，主要是普及与提高的问题。我们的方针是，一要普及，二要提高，两者不能偏废。只普及不提高，科学文化不能很快进步；只提高不普及，也不能适应国家各方面的需要。社会主义建

---

① 杨天平、吴根土：《党的三代领袖论教育方针》，《河南职业技术师范学院学报》（职业教育版）2002年第5期。
② 中共中央文献研究室编：《邓小平论教育》，人民教育出版社1997年版，第3页。
③ 中共中央文献研究室编：《邓小平论教育》（第3版），人民教育出版社2004年版，第8、19页。
④ 同上书，第13页。

设需要有文化的劳动者,所有劳动者也都需要文化。教育普及了,群众的科学文化水平提高了,发明创造就会多起来。我们在任何时候都要坚持'两条腿走路',做到在普及基础上的提高和在提高指导下普及。"①

1958年9月22日,邓小平为吉林大学题词:"把劳动和教育结合起来,是培养具有共产主义品德和真实本领的青年一代的根本道路。"②

1961年6月,邓小平主持中央书记处会议,讨论1961—1963年教育事业发展计划。他说,这几年步子要放慢,进行调整。科学教育水平并不决定于数量,主要是质量。如果讲普及,那是普通教育的任务,高等教育是提高水平。这几年不管从哪几方面都要步子放慢,进行调整。调整学校三年究竟能搞到什么程度,住、吃、课堂、师资都要算账。少办些学校,把它办好。

1964年2月13日,邓小平参加毛泽东在人民大会堂北京厅主持召开的教育工作座谈会。他说:现在教育工作中一个重大问题就是学制问题,学制太长了,上学的年龄太晚,七岁才上学。从小学到大学一共十七八岁,毕业就二十五岁,劳动锻炼一年,见习一年,就二十七岁了,比苏联还晚。

1977年5月,邓小平指出:"一定要在党内造成一种空气:尊重知识,尊重人才。要反对不尊重知识分子的错误思想。"实现现代化,关键是科学技术要能上去,"不抓科学、教育,四个现代化就没有希望,就成一句空话"。③ 8月,邓小平再提:"发展科学技术,不抓教育不行。靠空想不能实现现代化,必须有知识,有人才。没有知识,没有人才,怎么上得去?""我国科学研究的希望,在于它的队伍有来源。科学研究是靠教育输送人才的,一定要把教育的事情办好。"④

同月,在科学和教育工作座谈会上,邓小平讲:"要恢复对学生课外活动的指导,增长学生的知识和志气,推动学生的全面发展。毛泽东同志主张德、智、体全面发展嘛。中小学都要这样做。"⑤ 9月,邓小平与教育

---

① 邓小平:《邓小平文选》(第1卷),人民出版社1994年版,第19页。
② 中共中央文献研究室编:《邓小平论教育》(第3版),人民教育出版社2004年版,第19页。
③ 邓小平:《邓小平文选》(第2卷),人民出版社1994年版,第410页。
④ 同上书,第95页。
⑤ 同上书,第88页。

部主要负责人谈话,"两个估计是不符合实际的","就知识分子的世界观改造方面来说,应该怎样估计呢?世界观的重要表现是为谁服务。我国的知识分子绝大多数是自觉自愿地为社会主义服务的"。①

1978年3月18日,邓小平在全国科学大会上讲话:"正确认识科学技术是生产力,正确认识为社会主义服务的脑力劳动者是劳动人民的一部分,这对于迅速发展我们的科学事业有极其密切的关系";"科学技术人才的培养,基础在教育";"我们要全面地正确地执行党的教育方针,端正方向,真正搞好教育改革,使教育事业有一个大的发展,大的提高";"教育事业,决不只是教育部门的事,各级党委要认真地作为大事来抓。各行各业都要来支持教育事业,大力兴办教育事业"。②

4月22日,在全国教育工作会议上,邓小平强调:"最近,五届人大通过的《宪法》规定了新时期的总任务,……为了完成这个任务,要极大地提高整个中华民族的科学文化水平,为着实现这些要求,我们的教育工作有许多问题要解决,有许多事情要做。这里主要的关键,是怎样在新的历史条件下,进一步贯彻执行毛主席提出的'教育必须为无产阶级政治服务,必须与生产劳动相结合'的根本方针";要"提高教育质量,提高科学文化的教学水平,更好地为无产阶级政治服务";要把"我国建设成为现代化的社会主义强国,……就必须培养具有高度科学文化水平的劳动者,必须造就宏大的又红又专的工人阶级知识分子队伍,这些要求本身就是为无产阶级政治服务";要"认真搞好教育革命,全面地正确地贯彻执行教育为无产阶级政治服务、与生产劳动相结合的方针"。③

"我们的学校是为社会主义建设培养人才的地方。培养人才有没有质量标准呢?有的。这就是毛泽东同志所说的,应该使受教育者在德育、智育、体育几方面都得到发展,成为有社会主义觉悟的有文化的劳动者。"应该将"毛泽东同志提出的培养德、智、体全面发展,有社会主义觉悟的有文化的劳动者的方针贯彻到底,贯彻到整个社会的各个方面";"毫

---

① 赵永熙:《毛泽东、邓小平、江泽民人才思想论》,齐鲁书社2004年版,第139—141页。

② 中央教育科学研究所编:《中华人民共和国教育大事记(1949—1982)》,教育科学出版社1984年版,第513页

③ 中共中央文献研究室编:《邓小平论教育》,人民教育出版社1997年版,第66—69页。

无疑问,学校应该永远把坚定正确的政治方向放在第一位,但这并不是说要把大量的课时用于思想政治教育"。"现代经济和技术的迅速发展,要求教育质量和教育效率的迅速提高,要求我们在教育与生产劳动结合的内容上、方法上不断有新的发展。要做到这一点,各级各类学校对学生参加什么样的劳动,怎样下乡下厂,花多少时间,怎样同教学密切结合,都要有恰当的安排。"①

2. 改革开放以后邓小平的教育方针思想

"文化大革命"结束后,邓小平又一次分管教育。他把教育工作置于前所未有的高度,先是正确分析国际国内形势,指出教育的重要作用,进而以否定"两个凡是"为突破口,充分肯定"文化大革命"前教育领域的成绩,批判"文化大革命"时期教育领域的错误做法,并提出尊重知识、尊重人才的思想。十一届三中全会召开之前,邓小平就指出,科学技术人才的培养,基础在教育。十一届三中全会召开之后,邓小平的教育方针思想进一步发展完善。他先后提出了教育、科技、经济一体化,教育要优先发展、教育要"三个面向"等指导思想。

1980年5月26日,邓小平分别给《中国少年报》和《辅导员》杂志题词,首次提出培养"四有新人"的目标:"希望全国小朋友,立志做有理想、有道德、有文化、有体力的人。"②

1982年7月4日,在军委座谈会讨论部队的体制改革和精简整编问题时,作为军委主席的邓小平发表讲话:"搞社会主义精神文明,主要是使我们的各族人民都成为有理想、讲道德、有文化、守纪律的人民。"③

1982年9月18日,邓小平陪同朝鲜劳动党中央委员会委员长和总书记金日成去四川访问途中讲:"搞好教育和科学工作,我看这是关键。"他还指出:体制改革有一个很重要的内容,就是有利于选拔人才。社会主义现代化建设,需要大批的人才,要解决人才问题,必须从教育着手。为了有利于人才的培养,教育制度、教育体制必须进行改革。④

---

① 邓小平:《邓小平文选(1975—1982)》,人民出版社1983年版,第105页。
② 中央教育科学研究所编:《中华人民共和国教育大事记(1949—1982)》,教育科学出版社1984年版,第582页。
③ 邓小平:《邓小平文选》(第2卷),人民出版社1994年版,第369、372页。
④ 邓小平:《邓小平文选》(第3卷),人民出版社1993年版,第36—42页。

1983年4月29日，在会见印度共产党中央代表团时，他提出："建设社会主义精神文明最根本的是要使广大人民有共产主义理想，有道德、有文化、守纪律。"

1983年7月，《邓小平文选（1975—1982）》出版，收录了他1978年4月22日《在全国教育工作会议上的讲话》。在审阅定稿时，邓小平对有关教育方针的表述，包括"教育为无产阶级政治服务""更好地为无产阶级政治服务""这些要求本身就是为无产阶级政治服务"等文字和内容作了重要修改。详见本章后文"1978—1995年教育方针的沿革"。

1983年10月，邓小平为北京景山学校题词："教育要面向现代化，面向世界，面向未来"。"三个面向"是邓小平根据国内外的新形势，针对当时我国教育同社会主义现代化建设的需要严重不适应的实际情况，站在当代世界经济社会发展的战略高度提出来的。这一指导方针既充分体现了我国社会主义现代化建设对教育的客观要求，是新的历史时期建设有中国特色社会主义教育事业的根本，是教育改革和发展的指导思想，又从战略高度指明了我国社会主义教育改革和发展的方向。

1985年3月7日，邓小平在全国科技工作会议上作《改革科技体制是为了解放生产力》的报告，对改革科技体制进一步解放和发展生产力的性质和意义作了高屋建瓴的分析。他提出："我们在建设具有中国特色的社会主义社会时，一定要坚持发展物质文明和精神文明，坚持五讲四美三热爱，教育全国人民做到有理想、有道德、有文化、有纪律。这四条里面，理想和纪律特别重要。我们一定要经常教育我们的人民，尤其是我们的青年，要有理想。""要特别教育我们的下一代下两代，一定要树立共产主义的远大理想。"[①]

1985年5月19日，在全国教育工作会议上，邓小平高瞻远瞩："一个十亿人口的大国，教育搞上去了，人才资源的巨大优势是任何国家比不了的。有了人才优势，再加上先进的社会主义制度，我们的目标就有把握达到。现在小学一年级的娃娃，经过十几年的学校教育，将成为开创二十一世纪大业的生力军。中央提出要以极大的努力抓教育，并且从中小学抓起，这是有战略眼光的一着。如果现在不向全党提出这样的任务，就会误大事，就要负历史的责任。""坚持教育为社会主义现代化建设服务，与

---

① 邓小平：《邓小平文选》（第2卷），人民出版社1994年版，第106页。

生产劳动相结合，培养德、智、体等方面全面发展的社会主义事业建设者和接班人的教育方针，是学校坚定正确的政治方向的集中体现。"①

1986年4月19日，邓小平会见香港知名人士包玉刚、王宽诚、霍英东、李兆基等人时提到："教育是一个民族最根本的事业。四化建设的实现要靠知识、靠人才"；"人才也不是一天两天就能培养出来的，这就要抓教育，要从娃娃抓起"；"尊重知识、尊重人才是长远的根本大计"。②

1989年10月，邓小平又给少先队建队40周年题词："培养有理想、有道德、有文化、守纪律的无产阶级革命事业接班人。"③

1980年代末，邓小平在回顾我国改革开放的经验教训时指出："十年来我们的最大失误是在教育方面，对青年的政治思想教育抓得不够，教育发展不够"；"思想政治工作和思想政治工作队伍必须大大加强，决不能削弱"；"要加强各级学校的政治教育、形势教育、思想教育，包括人生观教育、道德教育"。思想政治工作的内容要随着时代的发展不断充实完善，德育工作的方式方法要不断改进，要将德育工作贯穿到学校的各项活动中，坚持德育首位。④

1992年1月18日，邓小平视察南方，《在武昌、深圳、珠海、上海等地的谈话要点》中提到："经济发展得快一点，必须依靠科技和教育。我说科学技术是第一生产力"，⑤ 等等。

综上所述，以邓小平为代表的第二代领导集体关于社会主义教育方针的论述，继承和发展了马克思主义教育理论和毛泽东等党的第一代领袖的教育方针思想，将教育的发展与时代的特点结合起来，赋予其崭新的内容，既体现了教育方针的连续性和一致性，也为新时期教育方针的制定与完善作出了特殊的贡献。邓小平的教育方针思想包括：坚持社会主义办学方向和培养"四有"新人，坚持教育必须与生产劳动相结合，坚持教育必须为社会主义建设服务，坚持使受教育者德、智、体全面发展，坚持"教育要面向现代化，面向世界，面向未来"。

---

① 邓小平：《邓小平文选》（第3卷），人民出版社1993年版，第120—121页。
② 中共中央文献研究室编：《邓小平论教育》（第3版），人民教育出版社2004年版，第8页。
③ 《培养无产阶级革命事业的接班人》，《天津教育》1990年第1期。
④ 邓小平：《邓小平文选》（第3卷），人民出版社1993年版，第287页。
⑤ 邓小平：《邓小平文选》（第2卷），人民出版社1994年版，第106页。

（二）江泽民的教育方针思想

江泽民高度重视知识经济背景下的教育发展，对新旧世纪之交我国教育改革和发展做出了许多重要指示，形成了具有鲜明时代特色的江泽民教育方针思想。

1989年7月14日，在参加全国高等学校工作会议的部分同志座谈会时，江泽民指出，必须加强对青年学生的马列主义教育，使他们真正认识到，只有坚持共产党的领导，只有坚持走社会主义道路，我们的国家才能兴旺。①

1989年10月13日，他致贺信全国少年先锋队员和少先队工作者："无产阶级革命事业需要一代又一代艰苦不懈的努力，今天的少年儿童将要担负起21世纪建设社会主义祖国的重任，培养接班人必须从小抓起。……希望全国的少先队员们……成为有理想、有道德、有文化、有纪律的无产阶级革命事业的接班人。"②

1990年3月23日，在同北京大学部分学生座谈时，江泽民向同学们提出三点希望："第一，珍惜安定团结的政治局面，成为维护社会稳定的积极力量；第二，勤奋学习，努力掌握马克思主义的基本理论和现代科技文化知识；第三，严格要求自己，更多地参加社会实践。"③ 3月25日，在会见出席中国中小学幼儿教师奖励基金第四次理事会的理事时，他指出："教育，特别是中小学幼儿教育十分重要，我们要从幼儿教育抓起，努力培养社会主义一代新人。"④

1990年10月13日，在给中国少年先锋队全国代表大会《向赖宁学习，做社会主义事业接班人》的祝词中，他提出："培养社会主义、共产主义事业接班人，是全党全社会的共同责任。学校、社会、家庭都要为少年儿童的健康成长创造良好的环境和条件，促进他们在德、智、体、美、

---

① 陈至立：《学习江泽民同志关于教育的论述》，北京出版社1999年版，第6页。
② 中华人民共和国教育部、中共中央文献研究室：《毛泽东邓小平江泽民论教育》，中央文献出版社、人民教育出版社、北京师范大学出版社2002年版，第206页。
③ 中央文献出版社、中国青年出版社：《毛泽东邓小平江泽民论青少年和青少年工作》，中央文献出版社、中国青年出版社2000年版，第16—20页。
④ 陈至立：《学习江泽民同志关于教育的论述》，北京出版社1999年版，第191页。

劳诸方面全面发展。"①

1991年7月1日,在中国共产党成立70周年大会上,江泽民指出:"百年大计,教育为本。教育是社会主义物质文明和精神文明建设极为重要的基础工程。它对提高全体人民的思想道德和科学文化素质,对培养一代又一代社会主义事业的接班人,具有重大的战略意义。"②

1992年10月12日,在中国共产党第十四次全国代表大会《加快改革开放和现代化建设步伐,夺取有中国特色社会主义事业的更大胜利》的报告中,江泽民指出:"我们必须把教育摆在优先发展的战略地位,努力提高全民族的思想道德素质和科学文化水平,这是实现我国现代化的根本大计。……各级各类学校都要全面贯彻党的教育方针,全面提高教育质量。"③

1994年6月14日,在全国教育工作会议上,江泽民指出:"各级各类学校都要全面贯彻党的教育方针,坚持社会主义办学方向,努力培养德智体全面发展的'四有'新人。""只有培养一代又一代有理想、有道德、有文化、有纪律的献身有中国特色社会主义事业的建设者和接班人,才能保证我国长治久安。"④

1996年3月8日,江泽民会见高校党建工作会议和中小学德育工作会议代表时说,教育战线的同志们要坚持社会主义办学方向,努力培养德、智、体等方面全面发展的社会主义事业的建设者和接班人。

1996年3月28日,江泽民在与上海交通大学等大学负责人座谈时指出:要高度重视教育与生产劳动相结合,教育学生正确认识与劳动人民的关系,增强与劳动人民的感情,走与劳动人民相结合的道路,努力把学生培养成有理想、有道德、有文化、有纪律的社会主义建设者和接班人。

1997年9月12日,在中国共产党第十五次全国代表大会《高举邓小平理论伟大旗帜,把建设有中国特色社会主义事业全面推向二十一世纪》报告中,江泽民指出:"要切实把教育摆在优先发展的战略地位。……认真贯彻党的教育方针,重视受教育者素质的提高,培养德智体等全面发展

---

① 陈至立:《学习江泽民同志关于教育的论述》,北京出版社1999年版,第192页。
② 江泽民:《江泽民文选》(第1卷),人民出版社2006年版,第160页。
③ 同上书,第330页。
④ 同上书,第185页。

的社会主义事业的建设者和接班人。"①

1998年5月4日,在纪念五四运动暨北京大学校庆100周年大会上,江泽民提出,应"造就有理想、有道德、有文化、有纪律的德智体美全面发展的社会主义事业建设者和接班人"。②

1998年12月18日,在纪念中共十一届三中全会召开二十周年大会上,江泽民发表讲话《二十年来我们党的主要历史经验》:"科学技术是第一生产力,教育是经济社会发展之本,要面向现代化、面向世界、面向未来,坚持实施科教兴国战略,努力把经济建设转到依靠科技进步和提高劳动者素质轨道上来。"③

1999年6月15日,江泽民在第三次全国教育工作会议上的讲话中指出:"我们必须全面贯彻党的教育方针,坚持教育为社会主义现代化建设服务、为人民服务,坚持教育与社会实践相结合,以提高国民素质为根本宗旨,以培养学生的创新精神和实践能力为重点,努力造就'有理想、有道德、有文化、有纪律'的德育、智育、体育、美育等全面发展的社会主义事业建设者和接班人。"④ 这是1995年《中华人民共和国教育法》公布以来,党和国家领导人首次提出教育"为人民服务"和"坚持教育与社会实践相结合"的指导方针。

1999年8月23日,江泽民在全国技术创新大会上的讲话中提到:"培养人才的基础在教育。要贯彻德、智、体、美全面发展的方针,按照人才成长的规律和特点,把培养学生的创新意识和开拓精神作为素质教育的重点任务。"⑤

2000年2月1日,江泽民就浙江省金华市第四中学和温州市永嘉县桥头镇中学出现的问题作出批示:"最近,看了两份材料,一份反映浙江省金华市第四中学高二年级一名学生,因忍受不了学习成绩名次和家长的

---

① 中共中央文献编辑委员会编:《江泽民文选》(第2卷),人民出版社2006年版,第63页。
② 江泽民:《在庆祝北京大学建校一百周年大会上讲话:继承和发扬五四运动的光荣传统》,1998年5月4日。
③ 中共中央文献编辑委员会编:《江泽民文选》(第2卷),人民出版社2006年版,第253—254页。
④ 同上书,第329—339页。
⑤ 同上书,第399—400页。

压力,用榔头打死了母亲;另一份反映浙江省温州市永嘉县桥头镇中学两名学生因勒索钱财将一同学乱刀砍死。今天的《光明日报》还报道,河南省安阳市一学生家长,因自己的儿子没有被评上'三好学生'和当上少先队大队长,带人把班主任给打了。这样的材料,以前也看到一些,确实触目惊心,引起了我的深思。正确引导和帮助青少年学生健康成长,使他们能够德、智、体、美全面发展,是一个关系我国教育发展方向的重大问题。""教育是一个系统工程,要不断提高教育质量和教育水平,不仅要加强对学生的文化知识教育,而且要切实加强对学生的思想政治教育、品德教育、纪律教育、法制教育。""在我们的国家里,各级各类学校,都要认真贯彻执行教育为社会主义事业服务、教育与社会实践相结合的教育方针。"①

2001年7月1日,在庆祝中国共产党成立80周年大会上,江泽民指出:"我们建设有中国特色社会主义的各项事业,我们进行的一切工作,既要着眼于人民现实的物质文化生活需要,同时又要着眼于促进人民素质的提高,也就是要努力促进人的全面发展。这是马克思主义关于建设社会主义新社会的本质要求。"②

2002年9月8日,江泽民在北京师范大学百年校庆大会上发表讲话,明确提出"要坚持党的教育方针,坚持教育为社会主义事业服务,坚持教育与社会实践相结合"。③

2002年11月8日,在中国共产党第十六次全国代表大会《全面建设小康社会,开创中国特色社会主义事业新局面》的报告中,江泽民庄严宣布:"全面贯彻党的教育方针,坚持教育为社会主义现代化建设服务,为人民服务,与生产劳动和社会实践相结合,培养德、智、体、美全面发展的社会主义建设者和接班人。"④

概言之,江泽民的教育方针思想主要反映在教育的基本性质、发展方向、根本宗旨、培养目标、实施途径和方法等几个方面。具体讲来,

---

① 江泽民:《关于教育问题的谈话》,光明日报,2000年3月1日,http://www.sina.com.cn, http://www.tsinghua.edu.cn/docsn/dwyjsgzb/file3.htm。
② 江泽民:《江泽民文选》(第3卷),人民出版社2006年版,第291页。
③ 江泽民:《江泽民在北师大百年校庆大会上发表重要讲话》,新华网,http://www.enorth.com.cn,2002年9月9日。
④ 江泽民:《江泽民文选》(第3卷),人民出版社2006年版,第291页。

教育的基本性质和发展方向是为社会主义现代化建设服务、为人民服务。社会主义社会是党领导人民当家做主的社会，教育为广大的人民群众服务，这是由社会主义国家的性质所决定的，体现了中国共产党始终代表最广大人民根本利益的要求。教育为社会主义现代化建设服务，既包括为社会主义的政治服务，也包括为社会主义的经济、文化、艺术、意识形态、科学技术等服务。同时，教育要始终把坚定正确的政治方向放在首位。教育的根本宗旨是全面提高国民的整体素质、培养目标是培养德智体美等方面全面发展的社会主义建设者和接班人。江泽民认为，推进素质教育就是全面贯彻党的教育方针，以提高国民素质为根本宗旨，以培养学生的创新精神和实践能力为落脚点，努力造就德、智、体、美、劳全面发展的社会主义建设者和接班人。他把审美加入教育方针，强调美育的重要地位和作用，表明对公民基本素质更高更全面的要求。实施的基本途径和方法是教育与生产劳动和社会实践相结合。教育不仅要与生产劳动相结合，而且要与社会实践相结合，扩大了教育的途径，丰富了教育的方法。

（三）胡锦涛的教育方针思想

以胡锦涛为核心的新一届中央领导，在坚持毛泽东、邓小平、江泽民等领袖教育方针思想的基础上，结合党情、民情、国情、世情的新变化和新要求，进一步发扬党的尊师重教优良传统，秉持教育兴邦、科教兴国的执政理念，把教育发展放在更加突出的位置，把教育事业推到新的发展高度，更加丰富和发展了中国化马克思主义的教育思想，其教育方针思想也有了新的发展。概括起来，胡锦涛的教育方针思想有以下几个方面：以经济建设为中心，把教育放在优先发展的战略地位，实施科教兴国、人才强国战略；以科学发展观为指导，办好人民满意的教育；以育人为本、德育为先，把立德树人作为教育的根本任务，努力培育面向现代化、面向世界、面向未来，有理想、有道德、有文化、有纪律，德、智、体、美全面发展的中国特色社会主义事业建设者和接班人。此外，他还从教育发展的全局着眼，统筹考虑各级各类教育事业的协调发展，综合提高教育质量，全面实现教育现代化，着力建设终身性、学习型社会，努力提升中华民族的整体素质。

2003年12月19—20日，中共中央、国务院在北京召开第一次全国人才工作会议。胡锦涛在会议上深刻阐述党的科学人才观，提出了人才强国战略,强调要加快发展教育事业。

2004年5月10日,在全国加强和改进未成年人思想道德建设工作会议上,胡锦涛指出,加强和改进未成年人思想道德建设,要坚持以人为本,促进未成年人的全面发展,努力培育面向现代化、面向世界、面向未来,有理想、有道德、有文化、有纪律,德、智、体、美全面发展的中国特色社会主义事业建设者和接班人。他还提出了具体要求:第一,坚持把马克思主义作为根本指针;第二,坚持把培养四有公民作为根本目标;第三,坚持把树立正确的世界观、人生观、价值观作为根本任务;第四,坚持把教育与社会实践相结合作为根本途径;第五,坚持把全党重视、全社会共同参与作为根本举措。①

2005年1月17—18日,在全国加强和改进大学生思想政治教育工作会议上,胡锦涛发表讲话:"培养什么人、如何培养人,是我国社会主义教育事业发展中必须解决好的根本问题";要"切实加强和改进大学生思想政治教育工作,培养造就千千万万具有高尚思想品质和良好道德修养、掌握现代化建设所需要的丰富知识和扎实本领的优秀人才"。②

2006年8月29日,在中央政治局第34次集体学习会议讨论教育体制改革专题时,胡锦涛强调:"必须坚定不移地实施科教兴国战略和人才强国战略,坚持把教育摆在优先发展的战略地位";"全面实施素质教育,核心是要解决好培养什么人、怎样培养人的重大问题,这应该成为教育工作的主题。要坚持育人为本、德育为先,把立德树人作为教育的根本任务,努力培养德智体美全面发展的社会主义建设者和接班人"。③

2007年8月31日,在全国优秀教师代表座谈会上,他指出:"继续坚持好、落实好把教育摆在优先发展的战略地位的方针",④"加强对教育

---

① 胡锦涛:《全党全社会共同做好未成年人思想道德建设工作 大力培育中国特色社会主义事业建设者和接班人》,2004年5月10日,http://www.moe.edu.cn/edoas/website18/50/info25550.htm。

② 中国精神文明建设年鉴编辑委员会:《中国精神文明建设年鉴(2006)》,学习出版社2007年版,第4页。

③ 胡锦涛:《在中共中央政治局第三十四次集体学习时强调坚持把教育摆在优先发展战略地位 努力办好让人民群众满意的教育》,《人民教育》2006年第18期。

④ 王烨捷:《少先队员争当"四好少年":点滴进步源于实践》,中国青年报,2010年5月26日,www.jyb.cn。

工作的领导,全面贯彻党的教育方针,坚持教育为社会主义现代化建设服务、为人民服务,努力办好让人民满意的教育"。① 他还强调,"要坚持育人为本、德育为先,把立德树人作为教育的根本任务,加强爱国主义教育,深入开展理想信念教育,加强和改进学生思想政治工作,把社会主义核心价值体系融入国民教育体系,引导学生树立正确的世界观、人生观、价值观、荣辱观,努力培养德智体美全面发展的社会主义建设者和接班人"。

2007 年 10 月 15 日,在中国共产党第十七次全国代表大会《高举中国特色社会主义伟大旗帜,为夺取全面建设小康社会新胜利而奋斗》的报告中,他提出:"优先发展教育,建设人力资源强国。教育是民族振兴的基石,教育公平是社会公平的重要基础。要全面贯彻党的教育方针,坚持育人为本、德育为先,实施素质教育,提高教育现代化水平,培养德智体美全面发展的社会主义建设者和接班人,办好人民满意的教育。"②

2009 年 10 月 13 日,中国少先队建队 60 周年之际,胡锦涛发出贺信,要求全国的小学生争当"四好少年",并提出"新四好"标准:"在德智体美等方面全面发展,争当热爱祖国、理想远大的好少年,争当勤奋学习、追求上进的好少年,争当品德优良、团结友爱的好少年,争当体魄强健、活泼开朗的好少年,时刻准备着为建设富强民主文明和谐的社会主义现代化国家贡献智慧和力量。"③ 2010 年"六一"前夕,胡锦涛再次寄语全国的小朋友们,从小树立远大志向,德智体美全面发展,努力争当"四好少年"。

2012 年 11 月 8 日,胡锦涛在中国共产党第十八次全国代表大会《坚定不移沿着中国特色社会主义道路前进,为全面建成小康社会而奋斗》的报告中,进一步提出:"教育为社会主义现代化建设服务、为人民服务,把立德树人作为教育的根本任务,培养德智体美全面发展的社会主义

---

① 教育部师范教育司:《教师教育和教师工作资料汇编(2001—2007)》,东北师范大学出版社 2009 年版,第 1—3 页。
② 翟博:《中国教育方针的形成与演变》,《中国教育报》2009 年 9 月 22 日。
③ 王烨捷:《少先队员争当"四好少年":点滴进步源于实践》,中国青年报,2010 年 5 月 26 日,www.jyb.cn。

建设者和接班人。"①

概言之，胡锦涛关于教育工作的指导方针和思想，贴近当代现实，符合民情民意，顺应世界发展潮流，遵循教育自身规律，具有强烈的科学性、时代性、指导性和适用性。首先，他确立了教育优先发展的战略地位。党的十一届三中全会以来，自邓小平起，党的几代领导集体都十分重视教育的发展，始终将教育摆在优先发展的地位，胡锦涛十分重视教育和人才培养在国家建设中的作用，将科教兴国战略和人才强国战略定为国家的基本战略。其次，他坚持以人为本的教育理念。胡锦涛反复强调说，人民满意不满意，人民高兴不高兴，我们的教育是否满足了人民的需要，这是我们办教育的根本目的，也是评判教育办得好不好的根本标准。最后，他要求全面贯彻党的教育方针、促进人的全面发展。坚持学校教育、育人为本，德智体美、德育为先，把立德树人作为教育的根本任务"，"努力培养德智体美全面发展的社会主义建设者和接班人"。

（四）习近平关于教育方针的重要论述

中国共产党第十八届中央委员会第一次全体会议产生了以习近平为总书记的新一届中央领导。在坚持毛泽东、邓小平、江泽民、胡锦涛等领袖教育方针思想的基础上，结合新的时代背景，他精辟阐明了新时期我国教育改革发展的重大理论和实践问题，丰富发展了中国特色社会主义教育方针理论，不仅是全面深化教育领域综合改革的行动指南，而且是指导教育事业科学发展的强大思想武器，为我国社会主义现代化教育发展指明了战略目标和方向。习近平立足我国社会主义初级阶段基本国情，坚持从保障和改善民生、维护社会公平正义的高度出发，坚持把教育摆在基础性、先导性、全局性的地位，坚持实施科教兴国战略、人才强国战略和可持续发展战略，进一步准确把握教育事业优先发展的战略定位，将教育政策的基点从确保学有所教、全民教育的机会公平，逐步转向终身教育、建设学习型社会等更高水平的教育公平和教育发展，努力办好人民满意的教育，让老百姓获得发展自身奉献社会的能力。

2012年11月15日，中国共产党第十八次全国代表大会中央政治局

---

① 胡锦涛：《坚定不移沿着中国特色社会主义道路前进，为全面建成小康社会而奋斗》，人民出版社2012年版，第34—35页。

常委与中外记者见面。习近平说，我们的责任，就是要团结带领全党全国各族人民，继续解放思想，坚持改革开放，不断解放和发展社会生产力，努力解决群众的生产生活困难，坚定不移走共同富裕的道路。他重申了把立德树人作为教育根本任务的思想。①

在 2013 年 2 月、2013 年 11 月、2014 年 10 月、2015 年 12 月和 2016 年 10 月党的十八届二中、三中、四中、五中、六中全会上，习近平指出，要坚定不移地坚持和发展中国特色社会主义，坚持马克思主义指导思想，坚持四项基本原则，坚持以人为本，紧紧围绕建设社会主义核心价值体系，全面推进依法治国，深化教育领域综合改革，促进人的全面发展，实现全体人民学有所教，提高教育质量，不断推进马克思主义中国化，努力实现"两个一百年"奋斗目标、实现中华民族伟大复兴的中国梦。②

在 2013 年"五四"青年节座谈会上，习近平勉励"广大青年要坚持面向现代化、面向世界、面向未来，增强知识更新的紧迫感，如饥似渴学习，既扎实打牢基础知识又及时更新知识，既刻苦钻研理论又积极掌握技能，不断提高与时代发展和事业要求相适应的素质和能力"。③

2013 年 9 月 25 日，习近平在联合国"教育第一"全球倡议行动一周年纪念活动上发表的视频贺词中指出，"中国将坚定实施科教兴国战略，始终把教育摆在优先发展的战略位置，不断扩大投入，努力发展全民教育、终身教育，建设学习型社会，努力让每个孩子享有受教育的机会，努力让 13 亿人民享有更好更公平的教育，获得发展自身、奉献社会、造福人民的能力"。④

2013 年 10 月 22 日，习近平在欧美同学会成立 100 周年庆祝大会上的讲话中指出，百年大计，教育为本，科教兴国是中国的基本国策。⑤

---

① 胡金波：《期盼有更好的教育》，《人民教育》2013 年第 18 期。
② 党的十八届三中四中五中六中全会精神，2016 年 10 月 10 日，http://fanwen.yjbys.com/redian/291882.html；万雪枫：《坚持马克思主义指导思想推进马克思主义中国化》，《光明日报》，2016 年 7 月 20 日，http://www.tibet.cn/lilun/zixun/1468993756732.shtml。
③ 张力：《推动教育事业科学发展的指针——深入学习贯彻习近平总书记关于教育的重要论述》，《中国教育报》2013 年 10 月 9 日。
④ 顾明远：《中国教育大系 21 世纪初中国教育》，湖北教育出版社 2015 年版，第 388 页。
⑤ 习近平：《在欧美同学会成立 100 周年庆祝大会上的讲话》，《人民日报》2013 年 10 月 22 日。

2014年9月9日，习近平在庆祝全国第30个教师节的讲话中指出："我们的教育是为人民服务、为中国特色社会主义服务、为改革开放和社会主义现代化建设服务的，党和人民需要培养的是社会主义事业建设者和接班人。"① 同年12月，习近平对第23次全国高等学校党建工作会议作出指示：要坚持党的教育方针，坚持社会主义办学方向，坚持立德树人，把培育和践行社会主义核心价值观融入教书育人全过程。②

2015年8月18日，习近平在中央全面深化改革领导小组第15次会议上指出，要全面贯彻党的教育方针，遵循教育规律，以立德树人为根本，以中国特色为统领，以支撑创新驱动发展战略、服务经济社会为导向，培养一流人才，产出一流成果。③

2016年9月9日，习近平在北京市八一学校考察时指出，教育决定着人类的今天，也决定着人类的未来。基础教育是立德树人的事业，在国民教育体系中处于基础性、先导性地位，必须把握好定位，全面贯彻落实党的教育方针，旗帜鲜明加强思想政治教育、品德教育，加强社会主义核心价值观教育，引导学生自尊自信自立自强。④

2016年12月7—8日，习近平在全国高校思想政治工作会议上发表讲话，强调指出："高校思想政治工作关系高校培养什么样的人、如何培养人以及为谁培养人这个根本问题。要坚持把立德树人作为中心环节，把思想政治工作贯穿教育教学全过程，实现全程育人、全方位育人……让学生成为德才兼备、全面发展的人才。"⑤

2017年10月18日，习近平在中国共产党第十九次全国代表大会上作《决胜全面建成小康社会，夺取新时代中国特色社会主义伟大胜利》

---

① 习近平：《做党和人民满意的好老师——同北京师范大学师生代表座谈时的讲话》，《人民日报》2014年9月10日。

② 习近平：《坚持立德树人思想引领，加强改进高校党建工作》，《人民日报》2014年12月30日。

③ 《中央深改组会议通过推进建设世界一流大学方案》，新华网，2015年8月19日，http://www.edu.cn/zhong_guo_jiao_yu/gao_deng/gao_jiao_news/201508/t20150819_1304774.shtml。

④ 习近平：《全面贯彻落实党的教育方针，努力把我国基础教育越办越好》，新华社北京2016年9月9日电，记者霍小光、张晓松。

⑤ 张树军：《十八大以来全面深化改革纪事（2012—2017）》，河北人民出版社2017年版，第728—730页。

的报告，提出："要全面贯彻党的教育方针，落实立德树人根本任务，发展素质教育，推进教育公平，培养德智体美全面发展的社会主义建设者和接班人。"①

2018年5月2日，在北京大学师生座谈会上，习近平进一步指出："教育要培养德智体美全面发展的社会主义建设者和接班人"。②

2018年8月30日，在给中央美术学院老教授的回信中，习近平指出："加强美育工作，很有必要。做好美育工作，要坚持立德树人，扎根时代生活，遵循美育特点，弘扬中华美育精神，让祖国青年一代身心都健康成长。"他"希望学院坚持正确办学方向，落实党的教育方针……努力把学院办成培养社会主义建设者和接班人的摇篮。"③

2018年9月10日，在全国教育大会上，习近平强调指出，培养什么人，是教育的首要问题。必须把培养社会主义建设者和接班人作为教育的根本任务，作为教育现代化的方向目标，全面贯彻党的教育方针，坚持中国特色社会主义教育发展道路，坚持社会主义办学方向，努力构建德智体美劳全面培养的教育体系，形成更高水平的人才培养体系，加快推进教育现代化，建设教育强国，办好人民满意的教育，培养一代又一代拥护中国共产党领导和我国社会主义制度、立志为中国特色社会主义奋斗终生的有用人才。④

概览习近平关于教育方针重要论述的发展脉络，一方面，他积极推进教育公平，强调要办好人民满意的教育；另一方面，他深入推进素质教育，倡导创新教育教学方法；再一方面，他着力推进立德树人，要求全面践行社会主义核心价值观。总之，习近平的教育方针论述，既扎根于深厚的中国文化教育土壤，立足于现实的中国教育基础，又着眼于未来中国梦的实现，具有宽阔的国际视野和深邃的历史洞察力，不仅是对党的教育方针思想的继承与丰富，更是党的教育方针思想在新的历史时期与时俱进的创新与发展。为实现"两个一百年"奋斗目标和中华民族伟大复兴的中

---

① 本书编写组：《党的十九大文献汇编》，党建读物出版社2017年版，第1页。
② 习近平：《在北京大学师生座谈会上的讲话》，《人民日报》2018年5月2日。
③ 新华社：《习近平给中央美术学院老教授的回信》，《美术》2018年第10期。
④ 张烁：《习近平在全国教育大会上强调坚持中国特色社会主义教育发展道路，培养德智体美劳全面发展的社会主义建设者和接班人》，《人民日报》2018年5月2日。

国梦,他提出办"中国特色、世界水平的现代教育",具有典型的中国特色、国际眼光和时代特质。

综上所述,中华人民共和国 70 余年来,党的几代领导人的教育方针思想及其论述既承前启后、彼此兼容、一脉相承、前后贯通,又分别烙上时代的印记,丰富多彩而各具特色。比如,他们都着眼于社会发展全局,站在历史发展的制高点上定位教育的性质、地位、目的、内容、方法、功能、作用和方向,确立教育发展的指导方针、培养目标和实施途径。毛泽东特别关注教育为无产阶级政治服务,提倡教劳结合,培养无产阶级革命事业的接班人;邓小平更加重视教育的经济意义,提出教育的"三个面向",主张培养"四有新人",强调提高国家的综合实力;江泽民提出教育为社会主义服务、为人民服务,教育与生产劳动和社会实践相结合,培养社会主义的建设者和接班人;胡锦涛更重视教育的基础性、先导性和全局性的战略地位与作用,坚持教育的社会主义方向和人文关怀,注重以人为本,致力教育公平,努力办好人民满意的教育;习近平特别重视弘扬社会主义的核心价值观,强调教育为人民服务、为中国特色社会主义服务、为改革开放和社会主义现代化建设服务、为中华民族伟大复兴的"中国梦"服务。无疑,中国共产党几代领袖的教育方针思想,对我国社会主义的教育理论与实践具有重大而深远的指导意义,也是制定和实施我国教育方针的理论基础和思想依据。

二 新时期教育方针的历史演进

前面已详细介绍,1978 年 12 月,中共十一届三中全会以后,组织了一系列教育方针的研讨,主要集中在对新中国成立 30 年来的教育方针怎么看、今后还要不要制定一个新的教育方针、教育为无产阶级政治服务及教劳结合是否适用于新时代、应培养什么样的人、对受教育者应进行德智体"三育"和德智体美"四育"还是德智体美劳"五育"等一系列理论和实践相交叉、相结合的基本问题上。系统梳理 1978—2020 年中华人民共和国教育方针 40 余年的演进历程,以 1995 年为界,分为前后两个发展阶段。

前 17 年主要探讨新中国前期"两个必须"教育方针的正误及其存废、改革开放新时期教育方针的内容及其表述等问题,至 1995 年 3 月 18

日第八届全国人民代表大会第三次会议审议通过《中华人民共和国教育法》、厘定新的教育方针而告一段落。后25年主要探讨新教育方针的修正及其完善等问题，包括要不要加上美育、教育为人民服务、教育与社会实践相结合等内容，以2015年12月27日第十二届全国人民代表大会常务委员会第十八次会议审议通过修改后的《中华人民共和国教育法》、公布新修订的教育方针为标志。

前者制定于1990年《中共中央关于制定国民经济和社会发展十年规划和"八五"计划的建议》，批准于1991年七届人大四次会议，修改于1993年的《中国教育改革和发展规划纲要》，载明于1995年《中华人民共和国教育法》；后者新定于2002年中国共产党第十六次全国代表大会报告，宣示于2010年《国家中长期教育改革和发展规划纲要（2010—2020）》，完善于2012年11月中国共产党第十八次代表大会的报告，颁布于2015年12月修订后的《中华人民共和国教育法》。两次历史性转变和飞跃，不仅标志着中国共产党人对教育方针、教育规律认识的不断深化，而且也表征了马克思主义教育学说在中国教育方针实践中的创新性继承和发展。

（一）1978—1995年教育方针的沿革

经过1976—1978年对"两个估计"和"两个凡是"的挞伐，并经过真理标准的大讨论，教育战线的春天千呼万唤，走到了前台。伴随着教育本质、功能的讨论，教育界乃至社会各界开展了空前的声势浩大的教育方针的大讨论，为新时期党和国家的教育方针的出台奠立了丰厚的理论研究基础。1978—1995年间，除了开展多种多样的讨论以外，党和国家也有过一系列教育方针的提法。

1978年12月18—22日，中国共产党在北京召开的第十一届中央委员会第三次全体会议，决定停止使用"以阶级斗争为纲"的口号，否定"无产阶级专政下继续革命"的理论，确立以经济建设为中心、坚持四项基本原则、实行改革开放的总路线，从而不仅开辟了社会主义建设的新纪元，而且也为教育方针的探索提供了总方针依据。

1981年6月27日，中国共产党第十一届中央委员会第六次全体会议审议通过《关于建国以来党的若干历史问题的决议》。《决议》提出："坚持德智体全面发展、又红又专、知识分子与工人农民相结合、脑力劳动与体力劳动相结合的教育方针。"①

1982年9月1日,在中国共产党第十二次全国代表大会上,邓小平提出建设有中国特色社会主义的时代命题。同年12月4日,第五届全国人民代表大会第五次会议审议通过的《中华人民共和国宪法》第二章"公民的基本权利和义务"第四十六条规定:"国家培养青年、少年、儿童在品德、智力、体质等方面全面发展。"②

1983年7月1日,《邓小平文选(1975—1982)》出版发行,收录了他1978年4月22日《在全国教育工作会议上的讲话》。在审阅定稿时,邓小平对有关教育方针的表述作了重大修改。一是将第一处的"教育为无产阶级政治服务"全部删除,二是将第二处的"更好地为无产阶级政治服务"改为"更好地为社会主义建设服务",三是将第三处的"这些要求本身就是为无产阶级政治服务"改为"这些要求本身就是无产阶级的政治要求"。③

1983年10月1日,邓小平为北京景山学校题词:"教育必须面向现代化,面向世界,面向未来。"④

---

① 中国教育年鉴编辑部:《中国教育年鉴(1949—1981)》,中国大百科全书出版社1984年版,第22页。

② 《中华人民共和国宪法》,1982年12月4日第五届全国人民代表大会第五次会议通过,http://bbs1.people.com.cn/post/60/1/2/143740565.html。1988年4月12日第七届全国人民代表大会第一次会议通过的《中华人民共和国宪法修正案》、1993年3月29日第八届全国人民代表大会第一次会议通过的《中华人民共和国宪法修正案》、1999年3月15日第九届全国人民代表大会第二次会议通过的《中华人民共和国宪法修正案》和2004年3月14日第十届全国人民代表大会第二次会议通过的《中华人民共和国宪法修正案》,均沿用这一表述。

③ 1978年4月22日,邓小平在全国教育工作会议上指出:"最近,五届人大通过的《宪法》规定了新时期的总任务,……为了完成这个任务,要极大地提高整个中华民族的科学文化水平,为着实现这些要求,我们的教育工作有许多问题要解决,有许多事情要做。这里主要的关键,是怎样在新的历史条件下,进一步贯彻执行毛主席提出的'教育必须为无产阶级政治服务,必须与生产劳动相结合'的根本方针";要"提高教育质量,提高科学文化的教学水平,更好地为无产阶级政治服务";要把"我国建设成为现代化的社会主义强国,……就必须培养具有高度科学文化水平的劳动者,必须造就宏大的又红又专的工人阶级知识分子队伍,这些要求本身就是为无产阶级政治服务";要"认真搞好教育革命,全面地正确地贯彻执行教育为无产阶级政治服务、与生产劳动相结合的方针"。

④ 邓小平:《面向现代化,面向世界,面向未来》,人民网,http://www.people.com.cn/GB/shizheng/252/5303/5304/20010625/496628.html。1980年5月26日,邓小平曾给《中国少年报》和《辅导员》杂志题词:"希望全国的小朋友,立志做有理想、有道德、有文化、有纪律的人,立志为人民作贡献,为祖国作贡献,为人类作贡献。"

1985年5月27日,《中共中央关于教育体制改革的决定》提出:"教育必须为社会主义建设服务,社会主义建设必须依靠教育。……面向现代化,面向世界,面向未来。"①

1986年4月12日,第六届全国人民代表大会第四次会议审议通过《中华人民共和国义务教育法》,其中第三条规定:"义务教育必须贯彻国家的教育方针,努力提高教育质量,使儿童、少年在品德、智力、体质等方面全面发展,为提高全民族的素质,培养有理想、有道德、有文化、有纪律的社会主义建设人才奠定基础。"②

1987年10月25日至11月1日,中国共产党第十三次全国代表大会阐明了社会主义初级阶段的理论及其基本路线,作出了我国社会主义现代化建设"三步走"的战略部署,强调要坚持教育为社会主义建设服务的方针。

1990年12月25—30日,中国共产党第十三届中央委员会第七次全体会议通过的《中共中央关于制定国民经济和社会发展十年规划和"八五"计划的建议》提出,要"继续贯彻教育必须为社会主义现代化服务,必须同生产劳动相结合,培养德、智、体全面发展的建设者和接班人的方针"。③

1992年10月12—18日,中国共产党第十四次全国代表大会确立了邓小平建设有中国特色社会主义理论的指导地位,强调"各级各类学校都要全面贯彻党的教育方针,全面提高教育质量"。④

1993年2月13日,中共中央、国务院颁发《中国教育改革和发展纲要》,根据我国社会主义现代化建设"三步走"的战略部署,提出:"各级各类学校要认真贯彻'教育必须为社会主义现代化建设服务,必须与生产劳动相结合,培养德、智、体全面发展的建设者和接班人'的

---

① 《中共中央关于教育体制改革的决定》,1985年5月27日, http://www.moe.edu.cn/publicfiles/business/htmlfiles/moe/moe_177/200407/2482.html。

② 杨天平、黄宝春:《中国共产党教育方针90年发展研究》,重庆大学出版社2015年版,第179页。

③ 《中共中央关于制定国民经济和社会发展十年规划和"八五"计划的建议》,人民出版社1991年版,第56—63页。

④ 《中国共产党第十四次全国代表大会文件汇编》,人民出版社1992年版,第25—35页。

方针。"①

1995年3月18日，中华人民共和国第八届全国人民代表大会第三次会议审议通过新中国历史上第一部《中华人民共和国教育法》。其中，第一章"总则"第五条规定："教育必须为社会主义现代化建设服务，必须与生产劳动相结合，培养德、智、体等方面全面发展的社会主义事业的建设者和接班人。"②

至此，经过17年的反复讨论乃至不断地实践和探索，党和国家在社会主义建设新时期的教育方针经过必要的法律程序，明文载入《中华人民共和国教育法》第一章"总则"中的"第五条"，不仅是对改革开放10余年教育方针争鸣探讨的总结，而且也是新中国教育发展史上第二个里程碑式的教育方针。"教育必须为社会主义现代化建设服务"，既是对"教育必须为无产阶级政治服务"的继承和发展，更是对新时期社会主义教育功能和任务的根本性概括；"教育必须与生产劳动相结合"，是实现社会主义培养目标的基本途径；"培养德、智、体等方面全面发展的社会主义事业的建设者和接班人"，既是各级各类教育关于人才培养的总目标，也是新的历史阶段社会主义教育的根本目的和要求。

（二）1995—2015年以来教育方针的发展

1995年《中华人民共和国教育法》的颁布及其关于教育方针的规定，是当代中国教育发展史上的大事件，不仅推动了依法治教的进程，促进了教育方针的贯彻，而且也有利于提高教育管理的科学化水平，进一步将教育事业引上健康发展的轨道。其后20多年，随着社会环境的日益宽松和学术空气的逐步开放，有关教育方针的讨论一直没有止息，且越来越深入。经过教育界、学术界乃至社会各界反复不断的争议、讨论、补充和完善，党和国家又陆续推出一些新的提法和表述。

1997年9月12—18日，中国共产党第十五次全国代表大会高举邓小平理论伟大旗帜，强调要"认真贯彻党的教育方针，重视受教

---

① 《中国教育改革和发展纲要》，中共中央、国务院1993年2月13日印发（中发〔1993〕3号），http://ggw.mnkjxy.com/article/59.html。
② 国家教委政策法规司编：《中华人民共和国教育法》，1995年版，第1—2页。

者素质的提高,培养德智体等全面发展的社会主义事业的建设者和接班人"。①

1998年8月29日,第九届全国人民代表大会常务委员会第四次会议审议通过的《中华人民共和国高等教育法》第四条规定:"高等教育必须贯彻国家的教育方针,为社会主义现代化建设服务,与生产劳动相结合,使受教育者成为德、智、体等方面全面发展的社会主义事业的建设者和接班人。"②

1999年6月13日,《中共中央、国务院关于深化教育改革全面推进素质教育的决定》提出,要"全面贯彻党的教育方针,以提高国民素质为根本宗旨,以培养学生的创新精神和实践能力为重点,造就'有理想、有道德、有文化、有纪律'的、德智体美等全面发展的社会主义事业建设者和接班人。要面向现代化、面向世界、面向未来,……把德育、智育、体育、美育等有机地统一在教育活动的各个环节中……教育与生产劳动相结合是培养全面发展人才的重要途径。"③

2002年11月8日,江泽民在中国共产党第十六次全国代表大会上作《全面建设小康社会,开创中国特色社会主义事业新局面》的报告,提出"三个代表"重要思想,要求"全面贯彻党的教育方针,坚持教育为社会主义现代化建设服务,为人民服务,与生产劳动和社会实践相结合,培养德智体美全面发展的社会主义建设者和接班人"。④

2006年6月29日,第十届全国人民代表大会常务委员会第二十二次会议修订通过的《中华人民共和国义务教育法》第三条规定:"义务教育必须贯彻国家的教育方针,实施素质教育,提高教育质量,使适龄儿童、少年在品德、智力、体质等方面全面发展,为培养有理想、有道德、有文

---

① 中华人民共和国年鉴编辑部:《中华人民共和国年鉴1997》,中国年鉴社1997年版,第104—115页。

② 中华人民共和国第九届全国人民代表大会常务委员会:《中华人民共和国高等教育法》,法律出版社1998年版,第4页。

③ 国务院法制办公室:《中华人民共和国教育法典》,中国法制出版社2016年版,第69—72页。

④ 中共中央文献研究室:《改革开放三十年重要文献选编》(下册),中国文献出版社2008年版,第1240—1269页。

化、有纪律的社会主义建设者和接班人奠定基础。"①

2007年10月15日，胡锦涛在中国共产党第十七次全国代表大会上作《高举中国特色社会主义伟大旗帜，为夺取全面建设小康社会新胜利而奋斗》的报告，系统阐述科学发展观，强调要"要全面贯彻党的教育方针，坚持育人为本、德育为先，实施素质教育，提高教育现代化水平，培养德智体美全面发展的社会主义建设者和接班人，办好人民满意的教育"。②

2010年7月8日，中共中央、国务院公布《国家中长期教育改革和发展规划纲要（2010—2020年）》。其中，第一部分"总体战略"第一章"指导思想和工作方针"第一条明确规定："全面贯彻党的教育方针，坚持教育为社会主义现代化建设服务，为人民服务，与生产劳动和社会实践相结合，培养德智体美全面发展的社会主义建设者和接班人。"③

2012年11月8日，胡锦涛在中国共产党第十八次全国代表大会上作《坚定不移沿着中国特色社会主义道路前进，为全面建成小康社会而奋斗》的报告，强调提出："要坚持教育优先发展，全面贯彻党的教育方针，坚持教育为社会主义现代化建设服务、为人民服务，把立德树人作为教育的根本任务，培养德智体美全面发展的社会主义建设者和接班人。"④

2015年4月24日，第十二届全国人民代表大会常务委员会第十四次会议修正通过的《中华人民共和国义务教育法》第三条规定："义务教育必须贯彻国家的教育方针，实施素质教育，提高教育质量，使适龄儿童、少年在品德、智力、体质等方面全面发展，为培养有理想、有道德、有文化、有纪律的社会主义建设者和接班人奠定基础。"⑤

---

① 国务院法制办公室：《中华人民共和国义务教育法》，中国法制出版社2006年版，第3页。

② 中共中央文献研究室：《改革开放三十年重要文献选编》（下册），中国文献出版社2008年版，第1712—1742页。

③ 国务院法制办公室：《中华人民共和国教育法典注释法典》（新4版），中国法制出版社2018年版，第69—83页。

④ 中共中央文献研究室：《十八大以来重要文献选编》（上），中央文献出版社2014年版，第1—44页。

⑤ 《中华人民共和国义务教育法（2015年修正）》，1986年4月12日第六届全国人民代表大会第四次会议通过；2006年6月29日第十届全国人民代表大会常务委员会第二十二次会议修订；根据2015年4月24日第十二届全国人民代表大会常务委员会第十四次会议《关于修改〈中华人民共和国义务教育法〉等五部法律的决定》修正，http://law1.law-star.com/law? fn = chl523s826.txt&titles = &contents = &dbt = chl。

2015年12月27日,第十二届全国人民代表大会常务委员会第十八次会议审议通过修改后的《中华人民共和国教育法》。其中,第五条规定:"教育必须为社会主义现代化建设服务、为人民服务,必须与生产劳动和社会实践相结合,培养德、智、体、美等方面全面发展的社会主义建设者和接班人。"①

同日,第十二届全国人民代表大会常务委员会第十八次会议审议通过修改后的《中华人民共和国高等教育法》第四条规定:"高等教育必须贯彻国家的教育方针,为社会主义现代化建设服务、为人民服务,与生产劳动和社会实践相结合,使受教育者成为德、智、体、美等方面全面发展的社会主义建设者和接班人。"②

至此,又经过20年的探索,中国特色社会主义建设新时期的教育方针重新修正颁定。此后几年,党和国家又发表系列论述,对教育方针的内涵与贯彻作了进一步的阐释和丰赡。2016年9月9日,习近平在北京市八一学校考察时指出,教育决定着人类的今天,也决定着人类的未来。基础教育是立德树人的事业,在国民教育体系中处于基础性、先导性地位,必须把握好定位,全面贯彻落实党的教育方针,旗帜鲜明加强思想政治教育、品德教育,加强社会主义核心价值观教育,引导学生自尊自信自立自强。③

2016年12月7—8日,习近平在全国高校思想政治工作会议上发表讲话,强调指出:"高校思想政治工作关系高校培养什么样的人、如何培养人以及为谁培养人这个根本问题。要坚持把立德树人作为中心环节,把思想政治工作贯穿教育教学全过程,实现全程育人、全方位育人……让学生成为德才兼备、全面发展的人才。"④

---

① 《中华人民共和国教育法》,2015年12月27日第十二届全国人民代表大会常务委员会第十八次会议修正通过,2016年6月1日起施行,http://zz.mnw.cn/edu/1068644.html。

② 《中华人民共和国高等教育法》,1998年8月29日第九届全国人民代表大会常务委员会第四次会议通过,根据2015年12月27日第十二届全国人民代表大会常务委员会第十八次会议《关于修改〈中华人民共和国高等教育法〉的决定》修正,http://blog.sina.com.cn/s/blog_7b8ee4e90102vxfv.html。

③ 习近平:《全面贯彻落实党的教育方针,努力把我国基础教育越办越好》,新华社北京9月9日电,记者霍小光、张晓松。

④ 张树军:《十八大以来全面深化改革纪事》(2012—2017),河北人民出版社2017年版,第728—730页。

2017年10月18日，习近平在中国共产党第十九次全国代表大会上作《决胜全面建成小康社会，夺取新时代中国特色社会主义伟大胜利》的报告，提出："要全面贯彻党的教育方针，落实立德树人根本任务，发展素质教育，推进教育公平，培养德智体美全面发展的社会主义建设者和接班人"。①

2018年5月2日，在北京大学师生座谈会上，习近平进一步指出，"教育要培养德智体美全面发展的社会主义建设者和接班人"。②

2018年8月30日，在给中央美术学院老教授的回信中，他指出："加强美育工作，很有必要。做好美育工作，要坚持立德树人，扎根时代生活，遵循美育特点，弘扬中华美育精神，让祖国青年一代身心都健康成长。"他"希望学院坚持正确办学方向，落实党的教育方针……努力把学院办成培养社会主义建设者和接班人的摇篮。"③

2018年9月10日，在全国教育大会上，习近平强调指出，培养什么人，是教育的首要问题。必须把培养社会主义建设者和接班人作为教育的根本任务，作为教育现代化的方向目标，全面贯彻党的教育方针，坚持中国特色社会主义教育发展道路，坚持社会主义办学方向，努力构建德智体美劳全面培养的教育体系，形成更高水平的人才培养体系……④

2019年2月23日，中共中央、国务院印发《中国教育现代化2035》，要求"全面贯彻党的教育方针，坚持马克思主义指导地位，坚持中国特色社会主义教育发展道路，坚持社会主义办学方向，立足基本国情，遵循教育规律，坚持改革创新，……培养德智体美劳全面发展的社会主义建设者和接班人，加快推进教育现代化、建设教育强国、办好人民满意的教育"。⑤

概言之，新时期的教育方针经历了曲折而复杂的修润丰赡过程，既准确反映了马克思主义教育理论研究的最新成果，标志着中国共产党人对马

---

① 本书编写组：《党的十九大文献汇编》，党建读物出版社2017年版，第1—48页。
② 习近平：《在北京大学师生座谈会上的讲话》，《人民日报》2018年5月2日。
③ 新华社：《习近平给中央美术学院老教授的回信》，《美术》2018年第10期。
④ 张烁：《习近平在全国教育大会上强调坚持中国特色社会主义教育发展道路，培养德智体美劳全面发展的社会主义建设者和接班人》，《人民日报》2018年9月11日。
⑤ 中共中央国务院印发：《中国教育现代化2035》，《人民日报》2019年2月24日第11版。

克思主义教育学说的科学认识，也充分体现了马克思主义教育思想在中国教育方针实践活动中的继承和发展。

从"教育必须为无产阶级政治服务，教育必须与生产劳动相结合"旧的"两个必须"到"教育必须为社会主义现代化建设服务，必须与生产劳动相结合"新的"两个必须"，从"教育为社会主义现代化建设服务"的"一为"到"教育社会主义现代化建设服务，教育为人民服务"的"二为"，从"教育与生产劳动相结合"的"一个结合"到"教育与生产劳动和社会实践相结合"的"两个结合"，从"使受教育者在德育、智育、体育几方面都得到发展"到"德智体全面发展"再到"德智体等方面全面发展"到"德智体美全面发展"乃至"德智体美等方面全面发展"直至"德智体美劳全面发展"，从培养"有社会主义觉悟的有文化的劳动者"到培养"建设者""建设者和接班人"再到"社会主义事业的建设者和接班人"乃至"社会主义建设者和接班人"等。党的教育方针思维日臻缜密，内容日趋完善，结构前后贯通，形式基本一致，一些工具书和研究文献将其概括成"为谁培养人、培养什么人、怎样培养人"三个基本要素，不仅历史地呈现了新时期教育方针的构成和发展，而且也充分反映了中国特色社会主义教育学理论的发展和创新，集中体现了中国共产党人的教育意志，代表了马克思主义教育理论中国化的最新成果。

第四篇

教育方针评价论

本篇遵循历史分析和逻辑分析相结合即史论结合的原则，着重对中国教育方针百余年的发展及其内在活动过程进行系统而简洁的纵向梳理和评价，同时，运用马克思主义的教育原理和政策科学的分析框架，对党和国家现行教育方针的丰厚意涵进行学理性分析。第一部分，教育方针的百年回视，对清末政府的教育宗旨、民初政府的教育宗旨、南京政府的教育宗旨、新中国的教育方针、新时期的教育方针逐一进行分析和评论；第二部分，教育方针的内容分析，分别对教育为社会主义现代化建设服务、教育为人民服务、教育与生产劳动相结合、教育与社会实践相结合、培养德智体美劳全面发展的社会主义建设者和接班人等内容进行条分缕析，阐明其丰富博大的思想内涵和精神实质。

第十二章 教育方针的百年回视

纵览 19 世纪末至 21 世纪初 100 余年、特别是中华人民共和国 70 年教育方针的演进与发展，经历了三个不同性质的政权形式及其所颁定的五个界碑式的教育方针。其中，前清和民国称为教育宗旨，新中国改称教育方针，不同时期有不同的侧重点和特点，集中体现了不同历史阶段国家的教育意志及其关于教育发展的总方向、总目标、总纲领、总政策和总原则。前清和民国的教育宗旨内容较为单一，或强调教育的自身目的，或强调教育的实施内容，或强调教育的社会目的。新中国成立后，赋予教育方针新的涵盖，既有教育的培养目标，又有教育的社会目的，既有教育的主要内容，又有教育的基本途径，还有教育的性质、地位、方向、任务、功能等规定。内涵越来越丰富，外延越来越宽广，其概念的发展走过了由简单到宏富、由抽象到具体的运演旅程。

一 清末政府的教育宗旨

清末政府的教育宗旨，系指 1906 年 3 月学部奉谕向全国公布的教育宗旨。其表述为："忠君，尊孔，尚公，尚武，尚实。"[①] 这一教育宗旨的公布，是近现代中国教育发展及其管理史上具有划时代意义的大事件之一。中国历代王朝都十分重视教育的教化作用及其对于维持社会稳定的意义，但除了做一些祭孔、幸太学立碑、榜谕天下学校、谕礼部臣敕、谕国子监师生敕等事情以外，并没有更多的作为。如果说晚清政府在教育方面有什么重大建树的话，那么第一次以国家文告的形式颁布教育宗旨，并第一次正式确认国民教育的概念，作为教育发展的主要方向，在当时举国期待以兴学而强国富民的背景之下，具有十分重大而深远的历史和现实

---

① 舒新城编：《中国近代教育史资料》（上册），人民教育出版社 1981 年版，第 217 页。

意义。

　　将该教育宗旨与戊戌变法关于兴学的谕旨和1901年复行"新政"关于兴学的谕旨相比，有着显著而根本的差别。前两份谕旨主要是强调教学内容的改革，即对科举旧学空疏无用、浮薄不实的弊端进行改造，务求"博通时务，讲求实学"，而这个教育宗旨其意"不在造就少数之人才，而在造就多数之国民"。① 在于发展普通之学，以全体国民为教育对象和教育主体，"以造就全国之民"为依归。它表明了晚清统治集团在教育指导方针上的重大转折。就其所包含的内容而言，"忠君、尊孔、尚公"三项，大体属于对受教育者品德发展方面的要求以及办教育者、施教育者对受教育者所施加的德育范畴；"尚武，尚实"两项，则分属于对受教育者体力和智力发展方面的要求，应归类于体育和智育范畴。可见，这五项内容已经蕴含了德智体三育并举以及全面发展的现代教育思想雏形。

　　将该教育宗旨与1902年"壬寅学制"所规定的各学堂具体的宗旨和1904年"癸卯学制"所规定的"无论何等学堂"都需遵守的立学宗旨及其体系相比，亦有明显的不同。

　　首先是内容不同。那两个宗旨无非是"中体西用"原则的翻版和简单演绎。而这个教育宗旨则是对"中体西用"思想创造性的体现和应用，虽然它仍强调"忠君、尊孔"等维护皇权与国君道统的指导思想，但却注入了国家主义、军国主义和国民教育等新观念，并鼓吹"尚公、尚武、尚实"三端，将早期维新人物经世致用的主张进一步发展为实业救国的方针，以培养国民公共心、国家观念和基本生活技能及提高国民素质为目标。这种力图沟通新旧、调和中西、以救时艰的思路，与康有为的托古改制有异曲同工之义，亦与清廷推行"新政"、实施教育救国、教育兴国方略的本义相符，更反映了晚清趋新改革人士对于教育在国家、民族发展中的地位与作用的深层思考以及积极推动社会新旧更替的努力与追求。

　　其次是形式不同。"壬寅学制"尚无全国统一的立学宗旨自不待言，"癸卯学制"始称"立学宗旨"，但这个概念不仅外延狭窄，而且内涵单一贫乏，主要侧重于办学目标。"教育宗旨"一词涵括则要广泛得多，它不仅将办教育之目的与受教育之目的融合于一体，而且集教育的性质、地位、功能、内容等于一身，包含了教育方针和教育目的的双重含义，既指

---

① 关晓红：《晚清学部研究》，广东教育出版社2000年版，第312—313页。

国家教育工作的总方向，又指培养受教育者的总目标，涵盖丰富而多彩。如果说"立学宗旨"是一个抽象同一概念的话，那么"教育宗旨"则是一个具体同一概念，是一个包含了"立学宗旨"含义在内的多样性统一的概念。就其语言表达及其覆盖范围来看，"癸卯学制"所定立学宗旨繁复而且冗长，而该教育宗旨则简明扼要，通达晓畅。前者仅面向办学者和管理者，后者则兼顾教育者和受教育者，面向全体国民和社会，其影响力、作用力及其范围所及既大且广，充分反映了20世纪初新旧教育理念转换过程中清廷统治者对教育认识的质的转变。

就其内容而言，晚清教育宗旨萌芽于19世纪初叶的教会教育，发轫于19世纪60年代以后的洋务教育。教会学堂系外国人举办，其办学旨要单一而零散。而各类洋务学堂虽也是分散举办，既无统一规划，亦无统一领导，更无统一宗旨，但均有各自具体的有别于旧式书院和科举制教育培养封建士大夫的办学目标，且都自觉服从服务于洋务运动"自强""求富"的宗旨，贯彻"中体西用"的指导思想，以培养懂外语、会科技的各类洋务人才为旨归，是为近代教育宗旨的奠基时代。

戊戌变法前后，维新派人物既承继了洋务教育一些好的做法和传统，同时也针对其不教西政、不重视德育和爱国教育的弊病进行了一系列改革。他们既重视教育与社会的关系，企图把教育兴革与社会改良结合起来，也十分注重整个教育政策的制定和办学原则的确立，并且明确提出"立学宗旨"这一概念，以培养维新人才、促进国家和社会的变法革新为旨趣，是为近代教育宗旨的变革期。

20世纪初叶，在晚清回光返照式的"新政"期间，首先是"壬寅学制"规定了各级学堂具体的办学之旨，继而"癸卯学制"规定了全国所有学堂都必须共同遵守的"立学宗旨"，并以此为依据制定了各级各类学堂具体的立学宗旨，从而建构了近代教育史上第一个完备的立学宗旨系统。其后，伴随着中央学部的成立，清廷将"立学宗旨"更名为"教育宗旨"，提出了"教育宗旨"这一全新的概念，并赋予其更为简洁、明晰、规范的内容和文字表述形式，将"中体西用"的统治思想加以政策化和条文化，从而最终完成了教育宗旨的厘定工作，是为近代教育宗旨的创建期。

总之，从洋务学堂重"西文""西艺"的办学目标到维新教育重"西史""西政"的指导思想，再到两者结合的"新政"期间的"立学宗旨"，直到清廷正式颁布的"教育宗旨"，由最初较为单一的国家或社会集团办教育之目的，逐步扩展到既包括办学目标及其对人才的素质要求，又包括受教育、施教育之目的，融教育的总体目标、具体目标及个体目标于一体的教育宗旨，由抽象到具体，由简单到丰富，由知性到理性，概念的内涵不断丰富，外延也不断扩大。

就其形式而言，也经历了一个先分（具体，concrete）、后合（综合，synthesize）、再总（统一，unify）的过程。如前所述，洋务学堂的办学目的是分散无序的，而且也并无"立学宗旨"或"教育宗旨"一说。后来维新派在筹备京师大学堂、制定章程时提出"立学宗旨"的概念，但未获朝廷批准推行。直至1904年，《奏定学堂章程》在总结、合成洋务学堂和维新学堂及前此《钦定学堂章程》所定各学堂办学宗旨的基础上，始提出"无论何等学堂"都要共同贯彻执行的立学宗旨。到了1906年，朝廷更总其成、概其要，以皇帝签署命令的形式，发布全国统一施行的教育宗旨。其语词形式由最初的日常语言逐步过渡到"立学宗旨""设学旨要（要指）""立学旨趣"等半专业语汇，进而发展到国家明文宣示的"教育宗旨"这一术语化程度较高的专业词语。其文字表述从最初的零散与繁简不一到后来的集中、严密和条理化直至最后的简明扼要与规范统一，经历了一个由繁而约的过程，从而具备了教育宗旨所应有的基本要件和特征。

就其意义而言，它不仅与清末社会改革的总路线、总方针、总策略相一致、相呼应，而且也是其在教育方面的延伸和深化，并有力地促进了我国近代教育健康有序地发展。综清季社会改革成就彰显者而观之，"学堂最为新政大端"，论功行赏，其宗旨功不可没。因为它不仅代表了那个时代教育革新的呼声，奏响了我国教育现代化的序曲，而且与清末师从德日等国建立中央集权型的教育行政管理体制相呼应，首开运用教育宗旨指导、规范和管理教育活动一代之风气，从而奠定了我国中央集权式教育管理体制的根基，为后世的教育管理树立了样板，对后此历届政府的教育宗旨（方针）都产生了极大的影响，经过一个世纪的演变和发展，现已积淀为我国教育管理文化的一部分，形成具有中国特色的教育宗旨（方针）现象与传统。

当然也不能把它捧得太高，无论是其所蕴含的"中体西用"的思想内容，还是1906年所发布的能够代表晚清最高成就的5条10字的教育宗旨的文字表达形式，其所能达到的历史高度，终究要受时代的限制。梁启超曾将中国近代社会变革分为器物改革、政治改革和观念改革三个时期。纵观清末教育革兴50年，百日维新试图改制，但如昙花一现，余均处于"器物改革"水平。清末最后10年的改革，名曰"新政"，事实上确也进行了一系列卓有成效的牵动整个社会的革新，比如在教育方面，结束了延续1300年之久的科举制度，建立了规范的全国学制系统，新式学堂迅速扩展，设置了近代教育管理体制，提出了普及国民教育的先进思想，增进了"西学"的教学内容，引进了西方的学校教育组织形式，形成了规模空前的留学教育高潮，促进了教育理论的发展等，但终未能触及封建政体的根本，逃不脱"中体西用"思想的框架，说到底，它还是一种换汤不换药式的"器物改革"。回视此一时期的教育宗旨，其内容亦万变不离其宗，以"中体西用"一条线而贯始终，封建教育的精髓仍寄生于其中，其本质是要将教育作为政治的附庸和奴仆，为维护摇摇欲坠的清王朝统治服务。因此，随着1911年辛亥革命的成功，这样的教育宗旨无疑要被抛进历史的故纸堆，从而被新的具有资产阶级民主共和性质的教育宗旨所代替。

二　民初政府的教育宗旨

民初政府的教育宗旨，系指1912年初酝酿于南京临时政府而后北京政府于9月公布的教育宗旨。其表述为："注重道德教育，以实利教育、军国民教育辅之，更以美感教育完成其道德。"[①] 这个宗旨标揭德智体美四育并重，而以道德教育为中心。虽然不免带有理想化色彩，但它否定了清末封建皇权的绝对权威和儒家纲常的一统地位，体现了民初政府开启民智、为国育才的共和思想，反映了资产阶级民主派的政治原则和人权思想，并保持了教育的相对中性和独立，突出了教育自身的特点和规律，从而代表了新兴资本主义德智体美和谐发展的教育理念。较之清末教育宗旨着眼于对受教育者的素质要求也即对教育目的的约定，它更侧重于对教育内容的重构。同时，它首倡美育，表现出对近代工业文明所需科技人才所应具备的品质素养前所未有的关怀和重视，从而也表达了刚刚取得政权并

---

① 宋荐戈：《中华近古通鉴·教育专卷》，中国广播电视出版社2000年版，第138页。

作为先进生产力代表的资产阶级在教育指导思想方面所表现出来的睿智及其所达至的最高成就。具体而言，该宗旨既忠实体现了民初政府的共和思想，又保持了教育的相对独立，突出了教育自身的特点与功用。

首先，清政府以专制立国，其教育宗旨亦以"忠孝为本"，提倡"忠君""尊孔"，以强迫学生"尊崇孔教，爱戴大清国"，① 为封建专制服务。民国初立，政体革新，教育宗旨亦随之改革，遂定位于开通民智、培养民德，"养成共和国民健全之人格"，② 以贯彻新生资产阶级的共和精神。何谓共和精神？共和乃是与专制相对的政体形式，它奠基于某种程度的平等原则之上，但不同的利益集团会产生不同的共和体制与形式。近代西方资产阶级的民主共和政体，建立于从文艺复兴到启蒙运动的思想家们所充分揭示的理性、人权、自由、平等、博爱等信条之上。其内核包括科学、理性与天赋人权等思想，这一思想不仅将欧洲从中世纪宗教统治下解放出来，而且历经数百年的演绎和张扬，现已成为西方民主共和政治最动听最时髦也最诱人的自我推销与包装的广告用语。由是，所谓共和精神，不外乎是坚持理性、推崇科学、发扬民主、尊重人权、讲求自由平等博爱的精神。就这一点而言，政治的真髓与教育的本义是贯通一致的，民初的教育宗旨力图体现与贯彻这一本义，无疑具有重要的历史和时代意义。

纵观5000年华夏文明，尽管有所谓"周召共和"的美谈，有"天下为公"的理想，但它们与近代的共和精神完全是两回事。在中国这样一个古老沧桑的国家，数千年的君主专制统治已演绎为不证自明的永恒真理，而孔道儒教则是其集中代表，因为它所标揭的三纲五常和四维八德适应了建立于宗法血缘之上的君主专制的需要。但溯其源头，春秋战国时代，孔教的价值并未被统治集团所体认和看好。尽管鲁哀公在公元前478年致祭孔子，但那仅是统治者对一个曾为自己服务过的政治家和学者所持的一种礼节和纪念。汉高祖刘邦开始领会孔子及其学说的意义，于是有以其君临天下的万乘之尊带着冻牛肉祭拜孔子的美谈。但直至汉武帝时代，才罢黜百家，独尊儒术，使儒学逐渐成为其后历代政府唯一的思想武器和理论指南，从而也使尊孔演变为维护专制体制和捍卫守成观念的既定方

---

① 璩鑫、唐良炎主编：《中国近代教育史资料汇编·学制演变》，上海教育出版社1991年版，第480页。

② 同上书，第639页。

针，并益渐附会叠加增补，使之成为统治者禁锢思想、涂炭生灵、扼杀人性、扭曲人格、愚弄人民的牢笼和手段。

虽然以孔教人伦道德为中心、以科举入仕为目的的旧教育，早在北宋就受到了批评。王安石、胡瑗等人对这种空疏无用的教育曾做过变革修补的尝试，但小有一时之效而无长久之功。明末清初，黄宗羲在《明夷待访录》中也曾对君主专制做过尖锐的批评，指出天子是"天下之大害"，但开列的仍是"天下为公"的旧方。另一些批判者企图用西方传教士带来的东西对旧教育进行改组和重塑，但随着康乾盛世的结束，亦以无功而果。从鸦片战争至有清覆亡，对旧教育的批判与改造一直没有停止。清末康、梁等人倡民权，主张培养"新民"，以建立"新制度""新政府""新国家"，但中国教育并没有在这种批判与修补中获得新生。那么，为什么从宋代开始的对旧教育的批判与对新教育的重构始终未能完成呢？原因是多方面的，但根本的一条是教育不能脱离现实，不能揪着自己的头发想上天，更何况这种批判与修补本身又是在维护专制政体和孔道儒教的前提下运作的。很难设想，这样一种典型的"主题先行式"的"命题作文"，能够给批判者留下多大的自由发挥的空间，遑论去撼动旧教育的根基、打破旧教育的营盘、推毁旧教育的堡垒，更何谈创构新教育的理念，厘定新教育的宗旨，建造新教育的大厦？

只有当历史运行到20世纪初叶，发生于神州大地上的辛亥革命砸碎了专制政体的枷锁，建立了新型的共和政府体制，才为新教育的诞生清扫了道路、准备了净地、夯实了桩基，并提供了契机。而蔡元培等民主教育家正是此时挺身而出，秉承共和意旨，站在时代前沿，叩响时代的教育强音，发出民国教育的狮吼，紧锣密鼓，掀起论争，而后通过全国教育会议研究推定，予以公布施行。现在看，该教育宗旨不仅对民初十数年的教育改革与起步发挥了正确的指引和导向作用，而且也为近百年来我国教育事业的开放和发展提供了有益的历史启迪和借鉴。

其次，在清末的五项宗旨中，"尚实"摆尾，而在民初的教育宗旨中，实利教育却跃居第二。至于美感教育，更是民初教育宗旨的独创。固然，中国古代教育有重视"乐教的传统"，也有人将儒学称作"乐感文化"，甚至晚清王国维等还提出过美育一说，但终未能被当时的政府所重视和采纳，当然也不可能在其教育宗旨中有所体现和规定。可见，真正意义上的不受伦理约束的美感和达成心灵自由的美育，在民国以前的教育中是鲜有提倡和实践的，更不用说将其载入国家明定的教育宗旨之中了。

关于道德教育的问题，虽然从该宗旨的表述形式来看，似乎道德中心主义的余韵犹存，但其内涵和实质已有根本的改变，其意在用"自由、平等、博爱"等资产阶级的道德思想和人文教育观念来取代封建主义的"尚公"教育，顺理成章地将公民道德教育推上了民初教育宗旨的核心乃至整个民国教育中心的地位，这是由当时特定的政治时代背景所决定的，所以，后来蔡元培曾补充说："教育而至于公民道德，宜若可为最终之鹄的矣？曰：未也。"[①] 按照蔡的意思，民国教育宗旨的本义不在于固守一隅或偏执于一面，而在于德、智、体、美四育并举、和谐共进，以保持教育之独立品格，"养成独立、自尊、自由、平等、勤俭、武勇、绵密、活泼之国民，以发达我国势，而执二十世纪之牛耳"。[②] 也就是说，要以道德教育为核心，将培养受教育者具有共和国民的健全人格作为首要任务；以军国民教育和实利教育引导体育和智育，从而发挥教育在培养捍卫国家主权、抑制武人政治、振兴民族经济和促进社会发展的人才方面独特的作用。

总之，这个教育宗旨以"期合共和政体"的崭新内容得立于民国初年，不仅是资本主义新教育反对封建主义旧教育的大胜利，而且也为民国的教育管理树立了总的旗帜和指导法则。特需提出的是，该教育宗旨一反清末教育宗旨将重心固着于单一的培养目标的传统思维习惯及其做法，而是将着力点置于对受教育者所施加的教育内容及其所采取的措施、方法、途径或手段上，不仅开辟了教育宗旨的新思维，拓宽了教育宗旨内容的空间和范域，而且在形式上也更契合资产阶级共和时代的性质和要求，便于和当时欧美等国际教育的新思潮新成果接轨。后此数十年，虽政局混乱动荡，教育宗旨迭经反复，但该宗旨日渐深入人心，为促进近代教育管理由片面走向全面、由封闭专制走向民主开放、由缺少科学性走向科学化奠定了基础，对革除清末教育旧规、推行民主教育主张、促进中国教育的现代化建设，都发挥了巨大的作用。应该说，民初教育宗旨是我国教育方针史上继清末教育宗旨以后的第二个里程碑。

[①] 喻本伐、熊贤君：《中国教育发展史》，华中师范大学出版社1991年版，第499页。

[②] 陆费逵：《民国普通学制议》，转引自董宝良、周洪宇主编《中国近现代教育思潮与流派》，人民教育出版社1997年版，第111页。

三　南京政府的教育宗旨

南京政府的教育宗旨，系指1929年4月南京国民政府通令公布的教育宗旨。其表述为："中华民国之教育，根据三民主义，以充实人民生活、扶植社会生存、发展国民生计、延续民族生命为目的，务期民族独立、民权普遍、民生发展，以促进世界大同。"[1] 对于这个教育宗旨究竟怎么看，就仅见的一些零散资料而言，难免不受党派政治思维的影响，难持公允之论而多贬抑之词，至于褒誉之言，更罕见凤麟片甲。看来隔代修史，较为专门系统而全面的评论性文字确需假以一段时日。现在，历史早已进入新的发展世纪，中华人民共和国立国也已成立70余年，随着斗转星移和时势变迁，站在历史唯物主义的制高点上来回眸并审察这个教育宗旨，是可以给它一个较为客观允当的"说法"了。毋庸置疑，该教育宗旨直接脱胎于广东革命政府的党化教育方针，同时也是国民党党义在教育方面的忠实翻版，其源溯可以远绍至民初政府所确立的教育宗旨及"五四"前后大肆张扬却未及施行的教育本义。

从其文字本身来看，总共62字，包括三个内容：第一，指明了中华民国教育的性质、地位及其教育宗旨制定的总政策依据是三民主义；第二，指明了中华民国教育的直接目的是充实人民生活、扶植社会生存、发展国民生计、延续民族生命；第三，指明了中华民国教育的终极目的是实现民族独立、民权普遍、民生发展，以促进世界大同，将这后两个内容统合起来，则表现为中华民国教育的功能、任务和发展方向。总而言之，这个教育宗旨不仅明确了教育的性质、地位、功能和作用，而且也指明了教育的目的、任务和方向。

由是，经晚清至"五四"前后由教育目的而教育内容再教育本义的教育宗旨概念的演进终于冲出教育自身的"围城"，由内部转向外部，侧重于教育的社会定位及其功能作用的发挥。这样，不仅实现了教育宗旨的内涵由教育的目的、内容、本义向功能的转换，拓宽了其疆界，使其增添了新的东西，而且将教育从原初仅注重服务于育人目标的狭隘视域引导到服务于社会、与社会发展相适应的宽广的轨道上来。更为重要的是，它将

---

[1] 宋荐戈：《中华近世通鉴·教育专卷》，中国广播电视出版社2000年版，第165页。

社会发展的总目标和总政纲直接作为教育宗旨的内容条文，将三民主义的文字表述原封不动地引入教育宗旨文本，钦定为教育的最高宗旨，并规定了实现该宗旨中介性的教育目标，从而既以三民主义为大前提，将教育宗旨置于其总章程的基础之上，又以三民主义为母政策、将教育宗旨纳入其总框架以内，进而实现两者的化合，使其合为一个整体。

也就是说，它从教育的内部规律和外部规律相结合的角度，着眼于教育自身的具体目标和社会发展的总目标的联合通约，体现为并致力于发挥教育的特定功能作用，从而在对清末民初至"五四"时期教育宗旨概念的狭窄内涵和对党化教育的口号式提法及处于操作层面的党化教育方针等的辩证扬弃的基础上，实现了教育宗旨概念内涵的多样化整合与连贯，并使其在立意、内容及对教育规律的体现与表述等方面都达到了前所未有的高度和境界。

1929年，国民政府公布《中华民国教育宗旨及其实施方针》，宣示教育宗旨及其实施方针是一个完整和谐的统一体。1930年，发布《三民主义教育实施原则》，则进一步加以细化。这样，不仅避免了历代教育宗旨只有干巴巴条文的毛病，给三民主义教育宗旨的实施提供了可供操作的细则，同时也给后世提供了为贯彻教育宗旨而制定具体政策条文行诸实际的范式。其外延由原先的学校教育进而拓展到社会教育、蒙藏教育、农业教育、华侨教育和留学教育等方方面面，从而使教育宗旨概念及其指导下的教育概念外延的包容性和广阔度均达至一个新的水平。换言之，三民主义的教育宗旨所指称的教育已非传统意义上的局限于学校教育圈层内的小教育，而是具有现代意义的涵括社会教育、民族教育等学校以外教育在内的大教育，或者说是以学校教育为中心、以其他教育为辅益的现代大教育，这种教育理念的提升和教育版图的扩容，不仅在近现代中国教育史上是破天荒的，而且它发生于20世纪30年代，实在也是非常可贵的。

特别值得一提的是，在当时强邻环伺、豆剖瓜分、悠悠华夏摇摇陆沉、民族矛盾和阶级矛盾交叉错杂那样一种情势之下，能够从现代法治国家管理教育的高度着眼，更从培养战时及战后国家建设所需人才的大计考虑，以三民主义教育宗旨贯彻，即使抗战期间小有微调也不改此宗此旨，坚持走以法治教的教育管理之路。应该说，这是符合历史发展的方向和教育管理的世界性潮流的，而且也为其后的中国共产党及其领导下的中华人民共和国政府将党和政府的教育方针及其对教育方针的贯彻实施以国家法律的形式固定下来，综合运用方针政策和法律武器管理教育也提供了先例。

综而论之，无论从内容还是形式以及两者的结合等角度看，三民主义教育宗旨都代表了旧中国教育宗旨发展的最高阶段。该教育宗旨一直沿用至 1949 年国民政府迁台。

在内容方面，它不仅继承了清末、民初及"五四"前后教育宗旨所涵蕴的教育目的、教育内容、教育本义，而且添加了教育的性质、功能和发展方向等新的内容，并且对上述内容进行了多样性的总括，从而完成了从对教育自身目的及其实施途径和内容的关注转向既关怀教育内在的目的更注重其外部的功能进而对它们进行集成的过程；不仅对三民主义教育宗旨的文字作了简括和表述，而且对三民主义教育所涵括的类型和范畴作了突破性的界说，使长期以来框限于学校教育狭小空间的小教育宗旨开始了向以学校教育为主、辖含其他教育在内的现代大教育宗旨的演进，进而据以制定各级各类教育的宗旨及其实施方针，且不断给予充实、调整和完善，从而构成一个完整的总纲和分则相结合的三民主义教育宗旨体系，使得自晚清即已萌发其胚芽且演变至今的教育宗旨概念无论在内涵、外延还是在两者的结合上都登堂入室，达到了最大的多样化统合和丰富。

在形式方面，它切合中国教育管理实际，不仅其文字表述更加简约、凝练、畅达，而且它宣告了"五四"时期关于要不要教育宗旨论争的中止，打碎了一批天真的知识分子所鼓吹的教育独立、教育救国等不切实际、不周世用的幻想，从而"继绝世、兴灭国"，给教育以服务社会的科学定位，从党化教育方针给教育以在以党建国思想指导下为北伐战争服务的社会定位到三民主义教育宗旨给教育以在以党治国思想指导下为和平建设时期的政治服务的社会定位，也即在三民主义总宗旨之下制定教育宗旨，又以实现三民主义总宗旨作为教育的宗旨、任务和方向，这样，教育既是三民主义性质的教育，又是三民主义指导下的教育，更是服从服务于三民主义的教育，是三民主义事业的基本内容和组成部分，进而结束了"五四"前后 10 年间中央政府涣散无能、教育发展无宗旨可依的分崩离析状态，拨乱反正，恢复了教育宗旨这一契合中国传统和现实国情的教育管理形式及其所应有的工具价值和功能，使得一度濒临无序的教育管理走上正轨、走向常规，最终完成了近现代中国教育从最初的师承德日到后来的效颦英美直至孙中山制定新的三大政策以俄为师模式的转换和集成，并由此积极引导和促进了民国中后期教育的顺利发展，使其在极端困难的情况下仍为国家培养了大批人才，保证并支援了民族战争和国家建设的需要。

　　从此以后，国共两大党虽由史称的第一次联合而走向分道扬镳，并逐渐形成了致力于修补屋顶的旧民主主义和力图从底部摧毁所有结构的新民主主义两大阵营和系统，但殊途而同归，此种苏联式的以党建国和以党治国的集权型教育管理体制及其副产品的教育宗旨或教育方针形式一直为两党所袭用，而且此后政党政治似乎与教育宗旨和教育管理结下了不解之缘，无论国民党还是共产党，都把教育宗旨或教育方针作为其自身的重大方针，且不断给以强化，直至载入宪法和教育法。新中国成立以后，"党的教育方针"更成了一个专有名词，沿用至今。

　　至于三民主义教育宗旨所存在的局限或缺陷，概其大端而言之，最主要的是其以党义代替并包容教育本义，以党旨取代并覆盖教育宗旨及其以党代政、以政代教、党政不分、政教合一等僵硬死板、食俄不化的极权性做法，不仅一味地强调教育的社会本位和对三民主义的效忠与服务，或者说是对政党政治的依附和服从，而且无视教育自身的本质规律和教育本真的育人目的，食俄不化。从纠正"五四"时期对独立个性和个人本位的张扬转而走向对人性尊严与人性发展的控制和扼杀，将教育的社会本位及其功能推向极致，为后世教育管理开了一个不好的先例。对其62字的文本内容作辩证检视，无论是第一层意思中有关教育宗旨和总纲领及总理据的界说，还是第二、三层意思中有关教育宗旨直接与间接目标的陈述，一切都围绕着三民主义转，至如什么教育的独立品质和特征，什么受教育者自身的目标诉求和旨趣以及由民初所倡导的又经"五四"发扬光大的自由、平等、民主、人道等共和宏旨，几乎了无踪影。其片面如是，无复要言。

　　特别有意思的是，该教育宗旨中的"促进世界大同"末句，既具有几千年传统民族文化潜意识中所积存的天下公器、大同社会等幼稚的平等幻想原型味道，我吃一个馒头，你也只能吃一个馒头，人人平等，又具有现代社会乌托邦式的平等奢求色彩，因为一切以均贫富为宗旨的革命都是这样做的，以三民主义为内核的民国中后期的资产阶级继续革命当然也不例外。对此，已故著名散文家林语堂先生曾有过一段绝妙佳词，这里不妨引作对世界大同的注脚与解读。他说：世界大同的理想生活，就是住在英国的乡村，屋子里安装有美国的水电煤气等管子，有个中国厨子，有个日本太太，有个法国情妇。可以说，将这种美丽时髦的政治空话作为教育的最高纲领，实在是三民主义教育宗旨的独创和专利，而不能不使它染上教育宗旨空洞化的瑕斑。但瑕不掩瑜，这丝毫不会影响它作为近现代中国教育宗旨史上继1906年和1912年教育宗旨之后第三个教育宗旨丰碑的历史地位和作用。

四　新中国的教育方针

新中国的教育方针，系指20世纪50年代与60年代之交中共中央批准公布并得到1978年《中华人民共和国宪法》所确认的教育方针。其表述为："教育必须为无产阶级政治服务，同生产劳动相结合，使受教育者在德育、智育、体育几方面都得到发展，成为有社会主义觉悟的有文化的劳动者。"[①] 显然，这是我国社会主义建设时期全新的教育方针。就其称谓而言，它将教育宗旨改为教育方针，从而更为准确地反映了教育方针作为国家政权关于教育发展的总纲领以及体现国家教育意志的本质特征。就其意涵而言，它集清末教育宗旨立足于对人的德智体基本素质的诉求、民初教育宗旨致力于对受教育者施诸德智体美全面发展的教育内容以及民国后期教育宗旨强调教育为三民主义政治服务的功能等之大成，融教育的性质、地位、目的、任务、内容、方法等于一体，具有高度的简括性和凝练性。就其性质而言，它不仅承继了中国共产党在民主革命时期关于新民主主义文化教育总方针的优良传统，而且与时俱进，具有鲜明的时代印记，为中国社会主义的教育事业指明了前进的道路和发展的方向。因而其后数十年一直沿用这个教育方针，并于1978年将其载入《中华人民共和国宪法》。其影响之大、执行时间之长，在人民共和国历史上是唯一的。

早在20世纪30年代初期，中国共产党领导下的苏区政府及其后的边区政府以及再其后的解放区政府，就曾提出过人民政权关于文化教育的总方针。1934年1月，中国共产党在江西瑞金召开中华苏维埃第二次全国代表大会，发表《第二次全国苏维埃代表大会宣言》（1934年2月1日）。

[①] 负峰、朱选朝主编：《教育政策法规要论》，陕西人民出版社1991年版，第136—137页。

毛泽东在大会的开幕词中提出："苏维埃文化教育的总方针在什么地方呢？在于以共产主义的精神来教育广大的劳苦民众，在于使文化教育为革命战争与阶级斗争服务，在于使教育与劳动联系起来，在于使广大中国民众都成为享受文明幸福的人。"① 1939 年，毛泽东提出："边区的教育方针应该是民主主义的，应该是宣传当前民主主义的任务，同时又宣传共产主义思想体系。"② 1949 年 10 月，中华人民共和国成立，承续了这一传统。是年底，中央人民政府教育部在北京召开第一次全国教育工作会议，确定了新中国成立初期教育工作的总方针：中华人民共和国的教育是新民主主义的教育，它的主要任务是提高人民文化水平，培养国家建设人才，肃清封建的、买办的、法西斯的思想，发展为人民服务的思想。这种新教育是民族的、科学的、大众的教育，其目的是为人民服务，首先为工农兵服务，为当前的革命斗争与建设服务。③

1957 年 2 月，毛泽东在最高国务扩大会议上发表《关于正确处理人民内部矛盾的问题》的讲话时指出："我们的教育方针，应该使受教育者在德育、智育、体育几方面都得到发展，成为有社会主义觉悟的有文化的劳动者。"④ 1958 年春，毛泽东在另一次讲话中又提出："教育必须为无产阶级政治服务，教育必须同生产劳动相结合，劳动人民知识化，知识分子劳动化。"⑤ 同年 9 月，中共中央、国务院发布《关于教育工作的指示》，指出："党的教育工作方针，是教育为无产阶级的政治服务，教育与生产劳动相结合，为了实现这个方针，教育必须由党领导。""教育的目的，是培养有社会主义觉悟的有文化的劳动者。"⑥ 其后，中共中央于 20 世纪 60 年代初对毛泽东 1957 年和 1958 年两次关于教育的讲话进行简

---

① 杨天平、黄宝春：《中国共产党教育方针 90 年发展研究》，重庆大学出版社 2015 年版，第 29 页。

② 人民出版社编：《毛泽东年谱（1893—1949）》（中卷），人民出版社 1993 年版，第 149 页。

③ 毛礼锐、沈灌群主编：《中国教育通史》（第 6 卷），山东教育出版社 1989 年版，第 7—8 页。

④ 人民教育出版社编：《毛泽东同志论教育工作》，人民教育出版社 1992 年版，第 258 页。

⑤ 同上书，第 273 页。

⑥ 毛礼锐、沈灌群主编：《中国教育通史》（第 6 卷），山东教育出版社 1989 年版，第 134 页。

单相加与合成,形成了"57+58 型"的教育方针范本,并在 1978 年出台的《中华人民共和国宪法》中予以进一步强化。

"教育必须为无产阶级政治服务",继承了党在革命战争时期的光荣传统,体现了教育要服务国家建设、服务人民、服务政治的共同性。其历史进步性在于,从"文化教育为革命战争服务与阶级斗争服务"到"教育必须为无产阶级政治服务",体现了教育方针的时代性。因为新中国成立后,以工农联盟为基础的无产阶级已成为国家的主人、掌握了政权。至于"教育必须与生产劳动相结合",不仅体现了教育方针的继承性,且更为明确地指出了实现教育任务和目的的途径。而"使受教育者在德育、智育、体育几方面都得到发展,成为有社会主义觉悟的有文化的劳动者",则旗帜鲜明地提出了社会主义的培养目标。总之,这是一个以马克思主义的教育思想为理论依据、以我国社会主义的基本国情及其教育活动为实践依据、以中国共产党在特定历史时代的基本路线为政策依据而制定的具有中国特色的社会主义教育方针。正是在这个教育方针的指导下,我国社会主义的教育取得了很大的成就。但它也不可避免地带有一定的历史局限性。

应当承认,在社会发展进程中,特别是新政权刚刚建立的时期,政治对教育的影响,往往比经济更为直接和集中,所以强调教育为政治服务是必要的。但是问题在于,1956 年召开的中国共产党第八次全国代表大会明确提出,在完成生产资料私有制的社会主义改造后,国内主要矛盾已经不是阶级矛盾,而是人民日益增长的物质文化需要同落后的社会生产之间的矛盾,摆在全国人民面前的主要任务是发展社会生产力,因此应把主要精力转入经济建设。在这种情况下,还一味强调"教育为无产阶级政治服务",着意强调教育的政治功能,强调教育为阶级斗争服务,而忽略教育的其他功能,这样不仅偏离了教育的服务方向,而且与社会主义建设面临的总任务也是不适应的。在阶级斗争扩大化的历史条件下,为政治服务就自然理解为单纯地、直接地为政治运动服务,教育跟着政治斗争转。

应该说,中国共产党人在夺取政权、转入社会主义建设后,对教育的要求也相应地发生着变化。比如,1950 年新中国成立初期提出"教育为生产建设服务""教育为工农服务",改革开放新时期提出"教育为社会主义建设服务""教育为社会主义现代化建设服务"。这些提法与"教育为政治服务"的口号并不矛盾,因为在当时它就是"最大的政治任务"。但问题在于,实施过程中往往把政治理解为阶级斗争,导致学校培养人才的主要任务不明确、教学工作的中心地位不存。另外,还发生将教育为政治服务简单化、狭隘化的问题。如新中国成立之初,刚成为执政党,囿于战争年代的经验,简单化地让教育服务于一时一地的政治任务,学校政治运动不断。学生大都下乡土改半年,"三反五反"运动也停课进行。同时,党、政、工、团多头向学校布置政治活动,随便停课,拉出师生配合中心工作。例如,某市1所小学4个月演革命戏30多个,计50来场。某省1所学校,全年演戏139次,把学校当作文工团使用。

为了纠正上面这些混乱,新中国成立头几年,中央也曾严令学校以教学为重,不得过多参加政治活动。1952年5月,中央发出指示:不得抽调学生参加工作和停课搞中心工作。1953年3月,《人民教育》发表社论《教学工作是学校压倒一切的中心任务》,批评师生参与社会活动过多。1953—1954年,政务院相继发出《关于整顿和改进小学教育的指示》《关于改进和发展高等师范教育的指示》《关于改进和发展中等教育的指示》,指出:"教学是学校压倒一切的中心任务,校长与教师的主要任务是教学,学生的主要任务是学习";"为了纠正教师、学生过多地参加社会活动和校内非教学活动的偏向,克服当前学校中的混乱现象","学校的工作和学习,应由教育行政部门统一领导布置,其他单位和团体,不得直接向学校布置工作","除政府规定的假日外,学校不得任意停课、放假,教师不得随意旷课"。[①]

然而,到了1958年,再次强调"教育为政治服务",再次回到"阶级斗争为纲"。这样,本来并不算错的"教育为政治服务"的方针,实际成了教育为"阶级斗争为纲"服务,在很长时期里,教育工作沿袭战争年代的非常做法,随意停课配合中心工作,师生直接参加社会上的政治运动。"文化大革命"中,更发展到"政治冲击一切、代替一切",排斥文化课和智育,把政治与业务、德育与智育对立起来,在师生间开展"阶级斗争",搞乱了学校、破坏了教育。

[①] 全国教育学研究会编:《培养全面发展的人——兼论教学为主》,人民教育出版社1979年版,第81—83页。

关于教育必须与生产劳动相结合。首先，教劳结合是马克思主义教育的基本原理。在马克思、列宁看来，现代物质生产劳动要想达到现代科学技术发展水平所要求的高度，或是教育发展、教育质量要想达到现代科学技术发展水平所要求的高度，就必须将教育与现代生产结合起来。现代生产是现代教育的基础，现代教育又是现代生产的前提条件，而现代科学技术则是现代生产和现代教育的结合点。如果离开了科学和技术的内涵，那就不是现代生产，也不是现代教育。可见，教育与生产劳动结合的基本点是现代科学技术，结合的基本标志是使受教育者（或劳动者）掌握现代科学技术。

原始劳动是与原始教育结合在一起的。随着生产力进步、脑体劳动分工以及学校教育从生产劳动中分离出来，出现了教劳分离。这既是一种社会进步，也造成了人的片面发展。继之也就出现了主张读书人参加一定农业劳动的思想，这就是早期的劳动教育思想。而教劳结合思想萌生于资本主义大工业的兴起。大工业生产消灭了手工工场的旧分工而代之以新的分工，大工业的本性决定了劳动的变换、职能的更动和工人的全面流动性，这就要求通过教劳结合来培养全面发展的工人，以取代手工工场造成的终身固守一技的片面发展的工人。

在中国，随着近代工业的兴起，一些进步学者已经注意到脑、体劳动结合和教育与生产劳动结合问题。蔡元培曾提出"工学并进"，"工学互助"，"日日工作，日日求学"，养成全国人民劳动的习惯，使劳心者亦出其力以分工农之劳，而劳力者亦可减少工作时间，而求得研求学识机会，人人皆须致力于生产事业，人人皆得领略优美的文化，希望学生成为劳心而又劳力的完全劳动者。这一时期，不仅讨论了教劳结合的理论问题，而且还把教劳结合原理付之于实践。如蔡元培倡导的勤工俭学、陶行知试行的生活教育、黄炎培所办的职业教育等，都可以看作是教劳结合的尝试。然而，由于中国现代工业发育程度甚低，传统教育影响甚深，教育与劳动结合未能成为有影响的教育主张。

中国共产党在执政前的1934年在中华苏维埃政府时就已提出教育与生产劳动相联系的文化教育总方针，执政后更是多层面提倡。到1958年，则把它作为教育的根本方针，并且发动了以教劳结合为中心的"教育大革命"。但是这场革命很不成功，原因就在于指导思想过"左"，给教劳结合附加了许多不恰当的政治意义。中央宣传部长陆定一发表文章说，教劳结合是社会主义教育与一切剥削阶级教育的分水岭。将教劳结合作为"思想革命""政治革命"来搞,将知识分子作为对立面来"革命"。教劳结合还被视为培养"全面发展新人"、向共产主义跃进的捷径。而推行教劳结合又采取了群众运动、"一刀切"、长官意志等不当方式,造成教育界的混乱。

1954年和1957年,先后发生高小毕业生和初中毕业生的升学与就业危机。当时的对策是,动员这些毕业生到农村去参加农业生产劳动。这种做法与一般发展中国家的工业化进程是乡村人口涌向城市的潮流刚好相反。1957年3月16日,中央宣传部发出通知,加强中小学毕业生的劳动生产教育。4月8日,《人民日报》发表社论,动员中小学毕业生去农村。此后由于国内经济发展受挫,工业部门无法吸纳日益增多的中学毕业生,知识青年上山下乡政策成为长期执行的国策。当时农业落后而原始,知识青年在农村无法发挥他们所学,许多人荒废了学业。教劳结合主要是把现代教育与传统农业生产劳动强扭在一起。从"大跃进"到"文化大革命",在批判教育脱离生产劳动时都着重追究学生"韭麦不辨""五谷不分",要求学生"拿起锄头能种田",教劳结合一步步走向歧途。也有人提出,教育与手工劳动结合也是教劳结合。其实,这只是古已有之的劳动教育或原始意义上粗放式的教劳结合,并非马克思所高度评价的现代大工业生产条件下的教劳结合。

当时,对教劳结合的理解,就是要求广大师生既读书又劳动,师生多参加体力劳动,越多越好。1958年,全国更是掀起教育与生产劳动相结合的热潮,各大、中、小学安排的劳动(时间、次数、内容等)急剧增加。北京师范大学党委稍前就提出,师生劳动实践时间为学年的一半(4—6个月)。[①] 9月,国家农业部召开农业院校教劳结合现场会,传达中央指示,全体师生一律下放农村锻炼半年。10月,国家林业部决定,林业院校师生下放农村1—2年,学院迁出大中城市。与此同时,全国大、中、小学生停课大炼钢铁。据20个省市统计,是年9月底,22100所学校共建高炉86000多个;到10月中旬,397所高校办厂7240多个,13000

[①] 北京师范大学校史编写组编:《北京师范大学校史》,北京师范大学出版社1982年、1958年条目;中国教育年鉴编辑部编:《中国教育年鉴(1949—1981)》,人民教育出版社1988年版,第467页。

多所中专、中学办厂 144000 多个。①

虽然一些城市大学是有条件把教学与工业生产结合起来的，但由于客观上找不到结合点、主观上又未意识到结合点的至关重要，所以大都未能做到教劳结合，后来发展到以劳代教、劳冲击教。一般的大、中、小学师生多是参加与教学内容无关的体力劳动。比如，当时各方面条件都很好的武汉大学，化学系师生到化工厂。对此，全部教师和大部分学生都持否定性看法，认为这样劳动只能培养化学工人，中国的生产如此落后，若这样联系生产实际，就永远赶不上英国等发达国家，这样搞生产实习和写毕业论文是狭隘的实用主义。②

1958 年 12 月，广西黎塘中学致信教育部：开学 4 个月，半天上课半天劳动一周，办厂若干天，挖矿炼铁 17 昼夜，运木头 4 天，采树种 4 天，半天上课半天办厂场一段时间，做棉衣一周，种 400 亩亚麻苦战 5 天，过劳卫制③苦战 7 天，水利积肥苦战 20 天。到 1959 年初，有的小学开学两个月，劳动 41 天。当时有篇《论教育大革命》的文章说："'学习'二字在社会上要把它去掉，用'劳动'二字代替。因为'劳动'二字包括了任何生产和任何学习的含义"，学校可以改叫"新生一代劳动生产园地"，不按大、中、小学划分学业阶段，而"在劳动程度上分阶段"。④ 可见，对教劳结合的理解达到了多么荒谬的程度。

为了纠正上述现象，1959 年 3 月，国务院发出《关于全日制学校的教学、劳动和生活安排的规定》，明令各级政府布置学校生产任务时应考虑教学计划的完成，其他单位不要直接向学校布置劳动任务。5 月 28 日，周恩来强调："教育与生产劳动相结合，教是主导方面的……认不清主导

---

① 中央教育科学研究所编：《中华人民共和国教育大事记（1949—1982）》，教育科学出版社 1984 年、1958 年条目；中国教育年鉴编辑部编：《中国教育年鉴（1949—1981）》，人民教育出版社 1988 年版，第 467 页。

② 中共武汉大学委员会办公室编：《拔掉白旗　插上红旗》，湖北人民出版社 1958 年版，第 44 页。

③ 注：劳卫制，是劳动与卫国体育制度的简称，即通过运动项目的等级测试，促进国民特别是青少年积极参加各项体育运动，以提高身体的体力、耐力、速度、灵巧性等素质，按年龄组别制定达标标准。该制度由苏联创立，中国曾在 20 世纪 50 年代推行。

④ 《教育部档案》，1959 年永久卷，卷 50。

就没有重点。"① 1961年起，国家先后制定大、中、小学工作条例，总结1958年以来教育工作的经验教训，明确提出，"生产劳动过多、科学研究过多、社会活动过多等妨碍和削弱教学工作的现象，应该纠正"，并规定全日制中学劳动、休假、学习的比例为1∶2∶9。同时提出"教学为主"的原则。在政策方面纠正了教育与劳动结合实践中的错误，但遗憾的是思想理论上的是是非非一直没有得到认真的清理。

1958年提出"以生产为结合点"，但是现代教育很难找到与传统手工劳动的结合点，因为教劳结合只能是现代工业与现代教育提出的客观要求，它不会服从主观的行政命令。然而，在新中国的新兴工业部门中，教劳结合却无心插柳柳成荫。高科技的生产线，要求低文化的工人读书学习。在生产与学习中，涌现出一批一批劳动模范、土专家、土发明家，他们是教劳结合的产物。教劳结合的运动发生在学校以外，发生在新兴工业部门的新一代工人之中，他们迫切需要在参加生产劳动的同时学习现代科学文化。当然，让脑力劳动者参加一些体力劳动，也确是一个不错的劳动锻炼和教育，今天或将来都值得提倡，但这并不是教育与劳动结合的本义。

其次，教劳结合是现代社会的产物，是未来社会教育的幼芽。马克思有关教劳结合的全部10余条语录，都不含有用体力劳动来改造知识分子的内容。它们只是指出：教劳结合是现代大工业发展提出的客观要求；教劳结合是提高生产力的一条途径；要用教劳结合提高工人阶级文化素质；教劳结合能造就全面发展的新人，是改造社会强有力的手段；等等。以上全都针对工人阶级及其后代，并未涉及要求知识分子生产劳动，更没有让现代学校教育去跟传统手工劳动结合。

1958年提出的教劳结合，不是在工厂、在工人中进行，而是在学校、在教师学生中作为一场"教育大革命"来开展，把教劳结合变成"革知识分子命"的阶级斗争命题。中央宣传部长陆定一发表于《红旗》的《教育必须与生产劳动相结合》一文，是指导这场革命的权威性文件。他指出，教劳结合"必须经过斗争，而且将会有长期的斗争，为什么呢？因为这是教育工作中反对几千年的旧传统的一个革命"。实际上这场"教

---

① 中央教育科学研究所编：《周恩来教育文选》，教育科学出版社1984年版，第181页。

育大革命",只是肇始于 1957 年反右的"政治上、思想上、文化上的社会主义革命"的一个组成部分。反右斗争的意义被夸大为"政治上的社会主义革命",革的是"资产阶级右派"的命。所谓继续进行"思想战线上文化战线上的社会主义革命",革的则是"中间派的资产阶级知识分子"的命。革"中间派"的命不采取政治打倒的办法,而是剥夺他们的声望资本。为此,发动了一系列的小运动:用红专大辩论剥夺他们的政治资本、搞臭他们的"个人主义",在"拔白旗、插红旗"运动中剥夺他们的业务资本,而在教劳结合运动中抓住知识分子的总病根——"脱离体力劳动、轻视劳动人民"。

"思想政治战线上的社会主义革命"的对象,就是"资产阶级知识分子"。作为这场革命组成部分的"教育大革命"要解决三个问题(陆定一文章所列):"为教育而教育","教育由专家领导","劳心劳力分离"。其中,第三条是重点。应该说,第一条不过是教育思想上的一般性偏差,第二条有合理性成分,第三条倒确实是知识分子的通病。多年来,"脱离劳动""轻视劳动"成了知识分子的原罪,因为这是知识分子与剥削阶级的"共性"。文章说,"知识分子在未彻底改变其剥削阶级的观点和剥削阶级的意识形态时,不论其在经济地位上是否剥削劳动人民,始终总是属于剥削阶级,也绝不会因为是脑力'劳动者',就改变了剥削阶级的地位"。[①] 因而,对知识分子的革命,就是通过教劳结合,对其实施"劳动改造""思想改造"。教育与劳动结合到中国来,改变了马克思赋予它的原义,附加了政治意义和意识形态意义,变成了对学校师生(现在的知识分子与未来的知识分子)进行"劳动改造"。

1964—1965 年,再次掀起以教育与劳动结合为目标的半工半读热潮。《人民教育》于 1965 年 5 月发表社论说:教育与劳动结合就是要消灭脑、体力劳动差别,如果让"保持脑力劳动特权的人"存在下去,就会存在"资本主义复辟的社会基础"。这里,把教育与劳动结合说成是防止知识分子成为"脑力劳动特权人物""复辟社会基础"的革命手段。12 月号的《人民教育》社论说得更明确:如果不搞教劳结合,就会培养凌驾于劳动人民头上的精神贵族,扩大了脑力劳动与体力劳动之间的差别,造成

[①] 中共武汉大学委员会办公室编:《拔掉白旗 插上红旗》,湖北人民出版社 1958 年版,第 32 页。

一个与工农对立的社会阶层，成为修正主义产生的社会基础之一。及至"文化大革命"，更视知识分子为异己力量，把教劳结合作为"革知识分子命"的手段。

最后，教劳结合是培养"全面发展新人"的基本途径。但在当时，却作了庸俗化的解释，把教劳结合当作"向共产主义直接过渡的捷径"。陆定一的文章说：教劳结合在目前是培养"工人兼农民""农民兼工人"的多面手，而不久即可培养"能够担任任何职业的""全面发展的人"。校办厂场、厂社办校，出现了学生即工农、工农即学生，是"共产主义萌芽"。1958年9月19日，中共中央《关于教育工作的指示》要求：教育为建设消灭城市与乡村的差别和消灭脑力劳动与体力劳动的差别的共产主义社会服务。

当时认为，已摸索出直接向共产主义过渡的捷径，教劳结合就是捷径之一。试图通过师生参加劳动、工农业余学习这么一些虽然规模巨大却极普通的活动，来轻而易举地实现"消灭资产阶级法权"，"消灭三大差别"，"培养全面发展的新人"，从而向共产主义直接过渡的宏大社会目标。在1964年至1965年的半工半读高潮中，一直坚持这些超阶段的社会目标。1965年12月的《人民教育》社论说：半工半读是教育与劳动结合的最好形式，是共产主义教育方向，是消灭三大差别的根本措施。在无产阶级专政条件下，要使新培养的年青一代一开始就是脑力劳动与体力劳动相结合的新型劳动者。"文化大革命"时，"五七指示"描绘了教劳结合、全社会成员亦工亦农、亦学亦军的"五七公社"图景。

可见，当年所倡导的那种教劳结合，其基础是传统农业手工劳动。而所要跑步进入的"共产主义"，也不是以大工业文明为基础而是以小生产为基础的平均主义社会。至于所要消灭的脑体劳动差别，也并不是如同现代科技发展所展示的脑力劳动取代体力劳动的最终结局，而是立即消灭脑体劳动分工，人人劳动又读书。这只是一种原始粗浅的农民式的乌托邦的文化平均主义，而非泯灭脑、体劳动差别的共产主义。

总而言之，新中国成立以后提出的社会主义教育方针，既有历史的进步性，又有历史的局限性，在实践过程中，走过了一段弯路，出现了一系列偏差。

总结历史的经验值得总结，历史的教训值得记取。第一，要运用科学社会主义的理论视野和观点认识中国教育事业和教育方针的发展规律。百年大计，教育为本。教育在当今世界已成为推动社会发展的原动力，是一个国家兴衰的关键。必须站在科学社会主义的制高点上，把教育方针放在社会发展的宏观大背景中进行综合性、全局性的考察，赋予其全新含义。要树立大教育观念，在更广阔的领域内研究教育方针，充分考虑到教育与政治、经济、社会发展的多方面关系，制定出更为完善科学的教育方针，以期对教育的发展起到极大的指导作用。

第二，要坚持实践是检验真理的标准，解放思想，实事求是探讨教育方针的经验教训和成败得失。这一时期比较习惯于用领导人的讲话充作教育方针，而他们的讲话往往是在特定的条件下着重强调某一方面，有时并不是专门表述教育方针的，因而难免有失偏颇。对此，不能用牵强演绎的方法为他们的讲话作注解，把教育方针的表述生硬弄成他们讲话的翻版，而应按照政策民主化的原则，广泛寻找依据，再进行科学论证，继而用归纳法确定表述方式。同时，根据新时期的历史形势和总任务对教育提出总要求，确定教育方向、目的、要求和人才培养目标。

第三，要尊重教育和教育方针的客观规律制定教育方针，指导和促进教育事业的科学发展。通常教育制约于以下四方面因素：社会生产力发展水平；社会制度性质；民族文化传统；青少年生理心理发展规律。制定教育方针时，只有充分考虑到这些因素，才能正确反映教育的客观规律，促进教育事业的发展。而教育方针总是代表了一定阶级的教育主观意志，总是一定历史时期的教育方针，教育方针的制定和实施是一个相辅相成的完整的体系，具有主观性、历史性和整体性等客观规律。较之于教育规律，它们对教育方针具有更直接的决定性作用。只有正确地认识它们，才能使教育方针的理论研究和实践活动有所依归，进而使教育事业少走弯路，健康地向前发展。

五 新时期的教育方针

新时期的教育方针，系指1995年3月18日第八届全国人民代表大会第三次会议审议通过的《中华人民共和国教育法》第一章"总则""第五条"所规定的教育方针和2015年12月27日第十二届全国人民代表大会常务委员会第十八次会议审议通过修改后的《中华人民共和国教育法》第一章"总则""第五条"所规定的教育方针。前者表述为："教育必须为社会主义现代化建设服务,必须与生产劳动相结合,培养德、智、体等方面全面发展的社会主义事业的建设者和接班人。"① 后者表述为:"教育必须为社会主义现代化建设服务、为人民服务,必须与生产劳动和社会实践相结合,培养德、智、体、美等方面全面发展的社会主义建设者和接班人。"② 对于1995年公布的教育方针怎么看？最初几年颇有一些阐释性文字,后来较少见到。

首先必须指出,该教育方针是对新中国第一个教育方针在新的历史条件下的发展与完善。它不仅是对改革开放17年教育方针争鸣探讨的总结,而且也是新中国教育发展史上第二个里程碑式的教育方针。"教育必须为社会主义现代化建设服务",既是对"教育必须为无产阶级政治服务"的继承和发展,更是对新时期社会主义教育功能和任务的根本性概括;"教育必须与生产劳动相结合",是实现社会主义培养目标的基本途径;"培养德、智、体等方面全面发展的社会主义事业的建设者和接班人",既是各级各类教育关于人才培养的总目标,也是新的历史阶段社会主义教育的根本目的和要求。

就其内容而言,它将"教育为无产阶级政治服务"改为"教育为社会主义现代化建设服务",这决不仅仅是改动几个字的问题,而是集新中国成立几十年教育方针理论和实践正反两方面的经验教训、经过广泛讨论和冷静思考以后而得出的符合中国社会实际的科学结论,它充分反映了作为执政党的中国共产党在教育的总指导政策和指导原则方面所获致的全新认识。"教育为无产阶级政治服务",作为特定时代的产物,有其客观必然性,但是其流弊也十分明显。一方面,它以偏概全,将教育的多种功能窄化为一种功能;另一方面,它又以政代教,将教育作为政治的附庸和仆从,从而抹杀了教育自身的独立性,把教育引向了歧路。"教育为社会主义现代化建设服务",其涵盖则既宽广又全面,可以从静态层面理解成为社会主义的物质文明现代化建设和精神文明现代化建设或物的现代化与人的现代化包括教育自身的现代化建设等社会生产生活的方方面面提供立体式全方位的服务,也可以从动态层面把现代化看作是一个过程,是一个演

---

① 《中华人民共和国教育法》,《中国教育报》1995年3月22日。
② 《中华人民共和国教育法》,2015年12月27日第十二届全国人民代表大会常务委员会第十八次会议修正通过,2016年6月1日起施行,http://zz.mnw.cn/edu/1068644.html。

进发展的、纵贯社会主义建设全程和始终的概念。教育为政治服务与为现代化建设服务，两种提法，句式一致，但内容殊异，反映了不同的思想境界及其对教育规律的把握和表达程度。

至于"教育与生产劳动相结合"，除了给予完整的保留以外，还赋予其新的含义及解释。第三句"培养德智体等方面全面发展的社会主义事业的建设者和接班人"较之于"使受教育者在德智体几方面都得到发展，成为有社会主义觉悟的有文化的劳动者"，除了中心词"劳动者"与"建设者和接班人"在表述上略有变化外，其本质内容仍然是统一的。

就其形式而言，这两个教育方针都是由教育的方向任务、培养目标和途径方法三个基本要素所构成，也就是通常人们所说的"57+58型"的基本架构，只是前一个教育方针64字，后一个教育方针58字，在字数上做了删减。

其次需要说明的是，该教育方针既已载明于《教育法》，那就应严格依法实施，但这并不妨阻对其作进一步的理论探讨和追问。

一是对社会主义现代化如何认识。按照科学社会主义的观点，社会主义的生产力应该远远高于资本主义的生产力。邓小平讲，社会主义的本质是要解放生产力、发展生产力，也就是要解放和发展被资本主义束缚和阻碍的生产力。同样，社会主义的生产关系及与其相统一的生产方式也远比资本主义的生产关系及其生产方式成熟，当然，社会主义的现代化也应比资本主义现代化更先进。但是中国现实的国情是，虽然经过新中国成立70余年、改革开放40余年的发展，我国社会已进入决胜全面建成小康社会，进而全面建设社会主义现代化强国的时代，但是生产力还不是很发达，生产关系也不是很成熟，上层建筑也还不是很完善，按照小平同志的说法，还处于社会主义的初级阶段，它决定了我们所搞的现代化只能是具有中国特色的社会主义初级阶段的现代化，因而教育为社会主义现代化建设服务也只能定位于为有中国特色的社会主义初级阶段的现代化建设服务，因为只有这样认识，才能将教育工作的方针路线与现阶段党和国家总方针、总路线保持一致，使教育工作的性质、地位、目标、方向和任务更明确、更准确、更科学、更具体。

二是对教育与生产劳动相结合如何定位。应该说，作为马克思主义理论的一个基本命题，它不仅是培养和造就全面发展新人的一种方法和途径，而且也是一种理想和境界，它不仅标刻着人类进步的时代，而且也反映了人类社会本质和内涵衍化的水平,反映了世界发展的潮流和普遍规律。我们知道,马克思、恩格斯在论述人类社会发展的必然趋向以及未来的社会主义社会将在哪里突破时,是根植于对高度发达的资本主义社会的生产力与其落后的生产关系之间不可调和的矛盾进行深入剖析的土壤之上的,他们始终把注意力和着眼点放在西方发达的资本主义国家,恩格斯甚至点出了英、法、美、德四国首先和同时向社会主义过渡,这就是通常人们所熟悉的马、恩提出的第一种方案。马克思曾惊叹19世纪西方资本主义社会创造了人类前所未有的成就,并精辟地指出,社会主义需要有发达的资本主义作基础才能实现。同样,他们对未来社会教劳结合的设想也是建立在这样一个理论支架上,即以上述欧美国家为考察对象,以现代社会发展的客观规律为基础,以现代教育和现代生产劳动的本质特点为依托而提出来的。两者思维的出发点是同一的,都是从现代唯物主义的视角提出的一个严肃的科学社会主义的命题。

三是对人的全面发展如何理解。概览马克思主义人的全面发展学说,它包括三个层次:第一个层次是指人的心智的全面和谐发展,第二个层次是指人的身心的全面和谐发展,第三个层次是指个体和社会的协调统一和全面发展,这是从广阔的社会背景中具体地、历史地把握人的全面发展,它是我们研究人的全面发展的一个重要方法论,同时也是我们理解"德智体等方面全面发展"的一把钥匙。也就是说,人的全面发展是一个历史的概念,在不同的历史时期不同的国家民族不同的群体个体甚至在同一个体不同的发展阶段,都会表现出不同的特点和要求。马克思主义人的全面发展学说,不仅是一个教育学命题,而且是一个哲学、经济学和科学社会主义的命题,马克思主义的经典作家不仅从教育学角度研究了人的全面发展问题,而且从哲学、经济学和科学社会主义的角度研究了它。但问题恰恰就在于,长期以来我们对马克思主义的这一基本观点认识不清,把他们针对遥远的共产主义未来所作的人的全面发展的预想当作现实层面中可供操作的要则,结果犯了许多不该犯的错误。因此,站在历史唯物主义的思维平台上,"历史"地考察人的全面发展,才是理解这个问题的唯一正确之途。

对于2015年公布的教育方针怎么看?应该说,这个教育方针是在1995年《中华人民共和国教育法》公布了新时期的教育方针以后,又经过20年的探索,集中体现和代表了全党全国人民的教育意志而修订公布的新教育方针。它以 1995 年的教育方针为基础，又根据新的历史阶段党和国家的中心任务和基本路线以及教育发展自身的特点和要求，集思广益，修改而成，既准确反映了马克思主义教育理论研究的最新成果，标志着中国共产党人对马克思主义教育学说的科学认识，也充分体现了马克思主义教育思想在中国教育方针实践活动中的继承和发展。

从"教育必须为社会主义现代化建设服务"的"一为"到"教育必须为社会主义现代化建设服务、为人民服务"的"二为"，从教育"必须与生产劳动相结合"的"一个结合"到教育"必须与生产劳动和社会实践相结合"的"两个结合"，从"培养德、智、体等方面全面发展的社会主义事业的建设者和接班人"到"培养德、智、体、美等方面全面发展的社会主义建设者和接班人"等。其内容日趋丰厚，思维日臻缜密，结构前后贯通，形式日益完善，不仅历史地呈现了新时期教育方针的构成和发展，而且也充分反映了中国特色社会主义教育学理论的发展和创新。

纵观中国共产党教育方针近百年的演进和丰赡，从不规范到逐步规范，从不完善到逐步完善，既有宝贵的经验，又有深刻的教训，是一部寻求马克思主义教育原理同中国教育实际相结合、不断探索和遵循教育规律、根据党在各个时期的总路线确定教育工作总方针的发展史。

以 1949 年中华人民共和国成立为界，党的教育方针走过两段"之"字形路程。新中国成立前 28 年，走过了从共产主义文化教育总方针到新民主主义文化教育总方针的"之"字形路。新中国成立后 70 余年，走过了由社会主义建设初期教育方针到社会主义建设新时期教育方针的"之"字形路。前后两段"之"字形发展，既迂回曲折、步履维艰，又一脉相承、相辅相成。没有前面共产主义文化教育总方针的探索，也就没有后来新民主主义文化教育总方针的科学理论和实践；没有前面新中国社会主义建设初期教育方针的探索，也就没有后来社会主义改革开放新时期教育方针的科学理论和实践；没有新中国成立前 28 年文化教育方针的探索，也就没有新中国成立后 70 余年教育方针的创新和发展。任何单方面否定与肯定前者或后者的说法与做法，都有违于史实，有悖于历史唯物主义，也是不客观、不科学、不准确的。这是党的教育方针百年演进的基本认识。

从"文化教育为革命战争与阶级斗争服务"，到教育"为人民服务，首先为工农兵服务，为当前的革命斗争与建设服务"，再到"教育必须为无产阶级政治服务"，进而到"教育必须为社会主义现代化建设服务"，乃至"教育必须为社会主义现代化建设服务、为人民服务";从"使教育与劳动联系起来",到"教育必须与生产劳动相结合",再到教育"必须与生产劳动和社会实践相结合";从"使广大中国民众都成为享受文明幸福的人",到"使受教育者在德育、智育、体育几方面都得到发展,成为有社会主义觉悟的有文化的劳动者",再到"培养德、智、体等方面全面发展的社会主义建设者和接班人",进而到"培养德、智、体、美等方面全面发展的社会主义建设者和接班人",又到"培养德智体美劳全面发展的社会主义建设者和接班人";不仅清晰展示了中国共产党教育方针百年的发展脉络和运演轨迹,而且也集中体现了教育方针的阶级性与人民性、科学性与时代性、规范性与导向性的有机统一。这是党的教育方针百年演进的基本特点。

　　作为近现代中国意识形态和制度形态的统一体,无论是新民主主义革命时期党的文化教育总方针还是社会主义建设时期党的教育方针,都始终围绕着党的中心工作,服从服务于党的基本路线,既一以贯之,又与时俱进,既体现了党在不同时期教育的主导思想和价值取向,也代表了党在教育为国家和社会培养人才方面的主观意志和根本宗旨,表明党的教育方针具有典型的主体意向性。同时,党的教育方针产生并修改于特定的历史年代,它既决定于并积极能动地反映各年代的生产力发展水平及其生产关系,也决定于并积极能动地反映各年代的经济基础及其上层建筑,还决定于并积极能动地反映各年代的社会制度及其教育制度,并最终决定于乃至必须积极能动地反映教育自身的发展规律,表现出不以主观意志为转移的客观制约性。主观性与客观性协同作用,历史性与发展性辩证结合,这是党的教育方针百年演进的基本规律。

　　站在实现社会主义现代化和中华民族伟大复兴的历史制高点上,应该系统总结中国共产党教育方针百年的发展道路,深刻领会、解读和贯彻党的现行教育方针,科学规范、指导和促进我国教育事业的健康发展,从而将建设中国特色社会主义现代化教育的伟大事业推向前进。首先,必须坚持"教育为社会主义现代化建设服务、为人民服务"的发展方向,将教育"为社会服务"和"为人民服务"结合起来,着重解决好"为谁培养人"的问题。其次,必须坚持"教育与生产劳动和社会实践相结合"的方法论原则,将教育"与生产劳动结合"和"与社会实践结合"统一起来,不断探寻新的路径和方法,着重解决好"如何培养人"的问题。最后，必须坚持"培养德、智、体、美等方面全面发展的社会主义事业建设者和接班人"的教育宗旨，将"培养建设者"和"培养接班人"有机融合在一起，促进人的全面发展和社会的全面进步，着重解决好"培养什么人"的问题。这是党的教育方针百年演进的基本经验。

综上所论，作为中央政府规范指导教育发展的工具及其与集权型管理模式相符的教育方针，其概念由抽象到具体、由简单到宏富，其语式由旧中国的教育宗旨到新中国的教育方针，它之所以能够在近现代中国得到不断的运演、进化乃至强化，有着深刻的历史渊源和复杂的时代背景，既是中国教育管理规制的核心内容，也构成中国教育管理文化的传统特色，是国家教育意志的集中体现和教育基本政策的总概括。虽然其不免从国家和社会角度对教育提要求，希望教育为国家和社会服务，习惯于以办教育者、管教育者、施教育者的思维出发点提出教育方针，意图端正教育趋向、指导教育活动、约律教育行为、提高教育质量、培养优秀人才，偏重乃至偏颇于教育的社会本位及其价值导向，从而表现出对个人本位的漠然和怠慢，既淡泊和疏忽于对受教育者个体个性需求的眷顾与关怀，更在不同时期、不同程度地表现出对教育规律的违拗乃至背离，但这是由中国特殊的国情民情、特殊的发展阶段、特殊的管理水平等因素综合决定的。

19世纪末至21世纪初的100余年，中国社会虽完成了由半封建半殖民地社会向社会主义社会的过渡，但其教育管理尚处于由经验管理向科学管理转进阶段，这是一个特定的社会发展阶段。立基于这样的时代坐标来看待教育方针，其负面往往也可以看作正面，诚如恩格斯所言，一个苹果切掉一半就不是苹果，因为它契合中国实际，在近现代中国教育发展的长河中，它所处的地位、所扮演的角色和所发挥的作用，是任何教育管理手段都无法替代、无与伦比的。因此，以唯物史观和马克思主义教育思想为理论指导，以近现代中国特别是中国共产党教育方针的演进与发展为研究对象，以中华人民共和国教育方针的理论与实践活动为研究重点，以社会主义现代化国家的大教育方针思维为分析框架，跳脱旧有意识形态的束缚，将政治的敏感性与时代的适切性、历史的真实性与理论的科学性有机统一起来，对党在新民主主义革命时期的文化教育总方针和社会主义建设时期的教育方针进行全面考察，发凡探微，兼综条贯，鉴往知新，总结成败得失，进一步深化基础理论研究，从而为党和国家的教育方针活动提供系统的学理支持，应该是当前及今后一个时期我国教育方针研究的方向。

第十三章　教育方针的内容分析

教育方针的内容分析是教育政策分析的组成部分。教育政策分析有两个方面：[①] 一是以价值分析为工具分析教育政策，即教育政策过程研究；二是分析教育政策本身的价值，即教育政策内容研究。有关教育方针的过程研究，前文已有所论，下面侧重于教育方针内容分析。

教育方针是一定时期社会观念形态与制度形态的合金。现行教育方针同样集中了全党和全国各族人民的教育理念和智慧，代表了党和国家的教育意志和对教育发展的认识，反映了社会主义现代化建设对教育的需求，概括了社会主义教育的方向、功能和任务，体现了教育方针的阶级性、人民性、科学性和时代性的和谐统一，标志着马克思主义教育理论在我国的新发展和新成就。它既是对教育者的总规范，也是对受教育者的总要求；既是国家对各级各类教育人才培养规格的总标准，也是提高中华民族素质的具体化；既是对新中国成立 70 余年来各级各类教育实践的科学总结，也是当前及今后一个历史时期教育工作的总方向、总路线、总目标和总任务。它是一个以马克思主义教育理论为指导，以中国基本国情为基础，以教育方针规律为依据，以国际政治、经济、文化、科技、教育发展趋势为背景，经过广泛民主讨论和研究而制定的中国特色的社会主义教育方针。

教育必须为社会主义现代化建设服务、为人民服务，必须与生产劳动和社会实践相结合，培养德、智、体、美、劳全面发展的社会主义建设者和接班人。就其文意来看，短短三句，68 字（含标点），言简意赅，内涵非常丰富。

第一句话，教育为社会主义现代化建设服务、为人民服务，是就教育的外部规律，即教育与社会发展的关系、教育对社会发展的影响、教育的社会目的或间接目的而讲的，即"为谁培养人"，它指明了教育的性质、

[①] 李仙飞：《教育政策价值分析溯源》，《高教探索》2007 年第 6 期。

地位、方向、目的、任务和作用。

第二句话，培养德、智、体、美、劳全面发展的社会主义建设者和接班人，即"培养什么人"，它有三层意思，首先，培养的建设者和接班人必须是德智体美等方面全面发展的；其次，必须是社会主义的；最后，建设者和接班人更应是统一于受教育者个体与群体身上的。三重限定表达的意思只有一个，那就是强化教育培养人的本体功能，是就教育的内部规律，即教育与人的发展关系、教育对个体身心和实践能力发展的影响、教育的自身目的或直接目的而言的，它规定了教育本体的育人功能，明确了人才培养的总规格和各级各类教育的总目标。两者互为目的、互为手段、互为基础、互为前提、互相作用、互相转化，有着紧密的内在逻辑联系。

第三句话，教育与生产劳动和社会实践相结合，则是联系两者的中介环节，是将教育的直接目的与间接目的、教育的社会功能与育人功能以及教育的内在价值和外在价值统一整合起来的桥梁和纽带，即"如何培养人"，它既是社会主义教育的基本原则，又是实现教育目的的基本途径。总之，这个教育方针，对于深化教育改革、促进教育公平、提高教育质量、加速社会主义现代化建设的进程，对于促进人的全面发展和社会的全面进步，具有十分重要的指导作用。

一　教育为社会主义现代化建设服务

教育为社会主义现代化建设服务，系由 1934 年苏维埃文化教育的总方针中"教育为革命战争和阶级斗争服务"、1950 年当前教育工作的中心方针中"教育为工农服务，为生产建设服务"、1958 年《中共中央、国务院关于教育工作的指示》中"教育为无产阶级政治服务"、改革开放之初强调的"教育为社会主义经济建设服务"、1985 年《中共中央关于教育体制改革的决定》中"教育为社会主义建设服务"、1990 年中共中央《关于制定国民经济和社会发展十年规划和"八五"计划的建议》和 1991 年中华人民共和国《国民经济和社会发展十年规划和第八个五年计划纲要》中"教育为社会主义现代化服务"等提法演化而来，正式见诸 1993 年的《中国教育改革和发展纲要》，后经 1995 年首次公布的《中华人民共和国教育法》确认和强化，并经 2015 年修订公布的《中华人民共和国教育法》再次确认和强化。

其准确表述为"教育必须为社会主义现代化建设服务",既是我国社会主义教育性质、地位、方向、目的、任务、功能和作用的综合体现,也是社会主义建设新时期以发展生产力为中心、全面推进社会进步、提高社会文明的集中反映。它从发挥教育的整体功能出发,富于高度概括性、现实针对性和未来前瞻性,充分反映了中国共产党人在教育指导方策和思想认识上质的飞跃。

(一) 现代化

现代化是一个历史范畴,其思想可以追溯到14—16世纪的文艺复兴、16—17世纪的科学革命、17—18世纪的启蒙运动、18—19世纪英国的工业革命和法国的政治革命等。在英文里,现代化(modernization)一词产生于18世纪,但至今尚没有统一定义,只有关于其词义解释、政策解释和理论解释等释义。一般认为,现代化是18世纪以来的一种世界现象,既是一种世界潮流,也是一种社会选择,既有共性和现代性,又有个性和多样性,是一种文明变化和国际竞争的指代或表征。

具体而言,现代化是指工业革命以来人类社会所发生的深刻变化,是在20世纪中期形成的全球性概念。先是作为发展中国家在战后为缩短与发达国家的差距、发展本国经济、维护民族独立提出来的口号,而后逐步演进为各个国家和民族共同为之奋斗的目标,并形成一种全球性的运动,既发生在先锋国家的社会变迁里,也存在于后进国家追赶先进水平的过程中,成为当今世界社会变迁的一种宏大主题。形象地说,现代化就像一场国际马拉松比赛,跑在前面的成为发达国家,跑在后面的成为发展中国家,两类国家之间及各自内部在不停地转换。[①]

作为社会变迁的一种宏观形式,现代化的意义不仅标刻着人类进步的时代,更反映了人类社会本质与内涵衍化的水平,反映了世界发展的潮流。人类社会发展的文明经历了工具时代、农业时代、工业时代、知识时代乃至信息时代等几个时代及每个时代中的起步、发展、成熟和过渡等几个阶段。从农业时代向工业时代、农业经济向工业经济、农业社会向工业社会、农业文明向工业文明的转变过程是第一次现代化,即现代化1.0;从工业时代向知识时代、工业经济向知识经济、工业社会向知识社会、工

[①] 何传启:《中国现代化报告2011:现代化科学概论》,北京大学出版社2011年版。

业文明向知识文明的转变过程是第二次现代化,即现代化2.0。①

换言之,如果把20世纪70年代前以工业化、城市化为特征,以发展工业经济为基础的经典现代化称为第一次现代化,那么这次现代化是人类对大自然的征服。如果把20世纪70年代后以知识化、智能化、信息化、网络化、国际化、多元化、第二现代性为标志,以发展知识经济为基础的新现代化称为第二次现代化,那么这次现代化则是人类对大自然的回归。站在人类历史发展的制高点上看,现代化是一个过程,具有周期性和加速性,第二次现代化不是文明进程的终结,而是中转站,不同的历史时期有不同的现代化标准和特征,后来的现代化以前面的现代化为基础,又有新的特异性、超常规式的发展。②

概言之,人类的现代化走过了第一次现代化、第二次现代化和综合现代化三段路程:第一次现代化包括工业化优先、城市化优先、民主化优先等内容,第二次现代化包括知识化优先、信息化优先、绿色化优先等内容,综合现代化包括工业化优先、信息化优先、生态化优先、协调发展等内容。它有三个特质:有利于生产力的解放和提高,又不破坏自然环境;有利于社会的公平和进步,又不妨碍经济发展;有利于人的自由解放和全面发展,又不损害社会和谐。③ 在政治领域,其特征是知识化、全球化、平权化和分散化;在经济领域,其特征是知识化、全球化、信息化、技术智能化、知识管理和创新管理;在社会领域,其特征是知识化、社区化、网络化、学习化和家庭多样化;在知识领域,其特征是知识产业化、高等教育普及化、知识生活化和创新社会化;在文化领域,其特征是文化多样化、文化产业化和自然主义。④ 现代化有三个基本层次,即物质层(表层)、制度层(中层)和观念行为层(深层);包括七项基本内容,即以工业化为核心的经济现代化、以效率和民主为标志的政治现代化、以科层制为起点的组织管理的现代化、城市化、社会结构的变化、文化和人的现代化以及生活方式的现代化。其中,人的现代化是核心。

---

① 中国科学院《中国现代化报告2011》新闻发布会,国务院新闻办公室门户网站,www.scio.gov.cn,2011年1月17日,来源:中国网。

② 同上。

③ 同上。

④ 何传启:《第二次现代化理论与中国现代化》,《中国国情国力》2002年第10期。

1. 人的现代化（individual modernization）

历史唯物主义认为，人民群众是历史的创造者，在人类社会演进过程中，人既是手段，更是目的。人的现代化，既是实现社会现代化的决定力量，更是社会现代化的奋斗目标和衡量现代化水平的标准和尺度。美国社会学家英格尔斯在《人的现代化》一书中指出：一个国家可以引进作为现代化最显著标志的科学技术，移植先进国家卓有成效的工业管理方法、管理原则、政府机构形式、教育制度以至全部课程内容。但是，如果其人民缺乏一种能赋予这些制度以真实生命力的广泛的现代心理基础，"如果执行和运用这些现代制度的人，自身还没有心理、思想、态度和行为方式上都经历一个向现代化的转变，那么，失败和畸形发展的悲剧结果是不可避免的"。[①] 1971年6月，在维也纳发展研究所举行的"发展中的选择"讨论会上，智利知识界的领袖萨拉扎·班迪博士在回顾发展中国家追求现代化的坎坷道路时，曾说过这样一句含义深刻的话："落后和不发达不仅仅是一堆能勾勒出社会经济图画的统计指数，也是一种心理状态。"[②]

这就告诉我们，无论哪个国家，只有当它的人民是现代人，它的国民从心理、态度和行为上都转变为现代的人格，它的现代政治、经济和文化管理机构中的工作人员都获得了某种与现代化发展相适应的现代性，这个国家的现代化才真正能够得以实现。一言以蔽之，人的现代化是国家现代化必不可少的因素。它并不是国家现代化过程结束后的副产品，而是现代化制度和经济赖以长期发展并取得成功的先决条件。人是现代化社会历史舞台上的主角，没有人的现代化或人的精神的现代化，物质生活现代化和制度现代化是不可能实现的，即使取得某些成就，也是不能持久和最终成功的。

什么是人的现代化？概括地说，是指在当代社会历史的时空中形成的适应世界现代化发展潮流和趋势的人所具有的种种"现代人"特征，包括人的心智、品质、体能、美感诸方面的综合，是某种历史共性和个性的统一。换言之，人的现代化，是指人的个体现代化，即个人的现代性发生、发展和实现的现实活动，包括个人的价值观念、思想道德、知识结构、行为方式由传统性向现代性的转变，是由传统人向现代人的转变。其

[①] 英格尔斯：《人的现代化》，四川人民出版社1985年版，第26页。

[②] 同上书，第3页。

共性是与现代化社会普遍性要求相适应的人的抽象本质，其个性则是各个国家、各个民族、各个时代特色和要求的具体表现。随着人类社会整体的进步和个体的发展，人的现代化意涵更富创造性、更加成熟化、更有适应性、更具个性化，而且没有止境，持续地向更高层面发展。

与社会现代化的两个阶段相对应，人的现代化在人类历史上也包括两个阶段：一是人从农业社会向工业社会的转变，二是人从工业社会向信息社会的转变，相对于信息社会而言，工业社会也是传统社会。在现代化的先行国家如欧洲发达国家，这两个阶段是先后依序展开的，当前处于第二阶段。而我国则不同，尽管当下处于21世纪，我国也启动了2.0阶段的现代化进程，但由于长期存在的城乡二元社会结构以及传统农业文明与封建文化的影响渗透，加上现代化1.0尚未完结，使得我国人的现代化1.0的进程还在路上。如何双管齐下，两步并做一步走，继续推进人的现代化1.0，同时推进人的现代化2.0，实现人的现代化1.0和2.0的齐头并进，让所有中国人都具有科学理性、平等开放、民主法治等现代精神与现代素质，既要适应工业社会，也要适应信息社会对于人的素质的要求，这是一个十分重要而艰巨的任务。

美国学者英格尔斯认为，人的现代化至少包括生活、素质、能力、关系四个层次及其全面发展，才能实现人的现代化。[1] 1988年，柯林·博尔在向经合组织提交的一篇论文中提出，未来的人应掌握三张"教育通行证"，即学术性、职业性和证明其事业心和开拓能力的通行证。[2] 中国学者叶澜则从认知能力、道德面貌和精神力量三个维度对现代人的特征作了概括。[3] 成有信认为，现代人应具有以下四个特征：最主要的特征是人的独立性和个性自由；其次是开放性、创造性、开拓精神；再次是具有科学知识、技术、理性和科学精神；最后是效率、时间观念、自律、责任感和集体精神或群体意识等方面。[4]

我国台湾学者杨国枢等认为，个人现代性（individual modernity）是指"现代化社会中个人所最常具有的一套认知态度、思想观念、价值取

---

[1] 王宇：《试论教育现代化与人的现代化》，《中国青年政治学院学报》2007年第3期。
[2] 李增义：《"三张通行证"与学科馆员制》，《图书与情报》2003年第5期。
[3] 叶澜：《时代精神与新教育理想的构建》，《教育研究》1994年第10期。
[4] 成有信：《简论现代社会、现代教育和现代人》，《江西教育科研》1992年第1期。

向及行为模式",与之相反的是个人传统性(individual traditionality)。他结合中国文化特点,把个人传统性分为遵从权威、孝亲敬祖、安分守成、宿命自保、男性优越五个维度,很明显,这些是传统农业社会的人格特征;他又把个人现代性分为平权开放、独立自主、乐观进取、尊重感情、两性平等五个维度,而人的现代化就是个人传统性转化为个人现代性的过程。[①]

20世纪90年代以来,为了应对21世纪信息社会、知识经济和全球化的挑战,国际组织与许多国家或地区相继构建和颁布核心素养框架。一个跨国研究团队于2009年启动了跨国研究项目"21世纪素养的评价与教学项目"(Assessment and Teaching of 21st Century Skills Project, ATC21S),在对人的12个核心素养框架进行比较分析的基础上,于2012年提出了一个共识性框架,包括10个方面的基本素养:创造与创新,批判性思维、问题解决能力、决策能力、学会学习、元认知,交流能力,合作能力(团队工作),信息素养,信息通信技术(ICT)素养,公民素养(地方性与世界性),生活与职业生涯素养,个人责任与社会责任。[②]

教育工作的根本任务是培养德智体美劳全面发展的社会主义建设者和接班人,而在现代化强国建设中,消极保守、墨守成规、因循守旧的传统人是不能成为合格的社会主义建设者和接班人的,只有具备现代精神的现代人、只有具备21世纪核心素养的现代人尤其是具备创新能力的现代人,才能成为真正的建设者与接班人。

首先,教育要完成人的现代化1.0的任务,培养适应工业社会的个人现代性。其次,教育要完成人的现代化2.0的任务,培养适应信息社会的个人现代性,尤其是培育适应21世纪社会需要的核心素养,即培养21世纪的现代人。应该走综合现代化之路,把人的现代化1.0没有完成的关键任务与21世纪人的现代化2.0的重点诉求结合起来,合二为一,形成一个充分体现我国人的现代化优先诉求的核心素养清单,包括创新能力、批判性思维、公民素养、合作与交流素养、自主发展素养、信息素养

[①] 杨国枢等:《中国人的个人传统性与现代性:概念与测量》,桂冠图书公司1991年版,第241—306页。

[②] Marilyn Binkley, et al. Defining Twenty-First Century Skills [A]. Patrick Griffin, et al. Assessment and Teaching of 21st Century Skills [C]. Netherlands: Springer, 2012: 18-19.

六个方面。这些核心素养，是创新创业精神、科学理性精神、民主法治精神、人道宽容精神、独立自主等精神的外显行为表现，不仅反映了21世纪全球现代化的客观要求，而且反映了21世纪中国现代化强国建设、人的现代化、国民性改造的客观要求，既体现了国家民族的长远利益和根本利益，也体现了公民个体的长远利益和根本利益，它为我国国民性的改造和国民素质的提升指明了方向。

2. 社会现代化（social modernization）

社会现代化是指文艺复兴以来特别是工业革命以来人类社会所发生的整体性的、走向现代社会的变迁过程，即"从传统社会转化为现代社会"的过程，工业社会和信息社会是现代社会的两个阶段。社会现代化变迁过程有起点而没有终点，现代化进程不会终结于一个具体的历史时段如后工业社会、信息化时代或者知识经济时代。所谓"二次现代化""后现代化""综合现代化""新现代化"等，不过是现代化整体进程的一个阶段。

在社会现代化1.0阶段，现代化意味着从农业社会的小农经济、君主专制、等级制、宗教权威、神灵崇拜走向工业社会的市场经济、经济工业化、人口城市化、政治民主化、管理科层制、社会法治化以及社会分工细化、科学方法盛行与科技发展、重视经济成就与物质文明等。简言之，现代化1.0，意味着工业化、市场化、城市化、民主化、科层化、法治化、科学化等。在现代化1.0阶段，人们用理性精神对抗宗教迷信、发展科学技术、设计理想制度（如权力制衡制度、科层制等）、改造社会、征服自然、算计个人利益，用自由精神和主体性反抗宗教压迫和专制统治、追求人人平等和政治民主、追求物质财富和尘世幸福、追求个性发展与自我实现。理性、自由以及主体性是现代社会的内在精神气质。这些内在精神的外化，就表现为现代社会的外在有形特征，如市场经济、民主政治、科层制度、科技发展等。

在社会现代化2.0阶段，后现代思潮产生，民权运动兴起，科技迅猛发展，信息化时代到来，社会步入20世纪70年代的所谓"后工业社会""后现代社会""信息社会""知识社会"；工业化与信息化融合发展，走向新工业化；自由放任的市场经济受到国家力量的约束，企业的社会责任被强调，环境问题受到关注，可持续发展理念深入人心；民主化进一步推进，妇女和少数族群获得更多政治权利，人权更为普遍，权利的时代真正来临，互联网为民主参与提供了新技术手段；为解决市场失灵和政府失灵，在传统政治民主（以选举制与代议制为主要特征）之外，新型社会治理（基层、直接参与的新型民主）兴起，民主参与出现新形态，科层化的僵化僵硬得到改善，信息技术和大数据被用于社会治理，网络立法突飞猛进；发达国家城市化进程已经完结，智慧城市建设提上日程，人类认识能力大幅提升，创新能力增强，科技进步加速。

21世纪是"人的世纪"，其社会现代化2.0的指导原则是人道主义。在坚守理性、自由、主体性等早期现代性的基础上，它吸收了多元现代性、复杂现代性、晚期现代性等新理念以及价值理性、差异性、多样性、社会责任、与自然和谐相处、可持续发展等新观念，形成升级换代后的新现代性，进而力图以价值理性引领工具理性，以精神文明引领物质文明，以道义平衡功利，以新现代性优化人与自然、与社会、与自我的关系，从而为人类找到精神家园。在社会现代化1.0阶段曾经被窄化了的理性、自由、主体性获得更丰富的新含义，人道主义赋予现代性之理性、自由、主体性等要素以新的生命与活力。

从空间上看，现代化席卷全球，具有全球化特征，任何一个国家在现代化浪潮中都无法置身事外，都无处藏身，现代化的后来者要追赶先行者，先行者则面临继续现代化的问题。我国现代化是全球现代化的组成部分，伴随着全球社会现代化进入2.0阶段，我国的社会现代化也进入2.0阶段。中国是现代化的后来者，现代化进程起步较晚，从1840年鸦片战争开始算，迄今为止不到两百年，其间历经风风雨雨。改革开放以来的40多年是我国现代化进展最快的40多年，取得了举世瞩目的成就。从发展模式来看，现代化没有固定的、单一的、线性的发展模式，不仅发达国家与发展中国家不同，西方诸国也不同，现代化模式具有多样性和差异性，那种单一模式论、西化论的观点是片面的。我国走的是具有中国特色的社会主义现代化道路，尽管依然存在一些发展中的问题，但实践证明这种现代化模式是成功的。

3. 中国特色社会主义现代化（Socialist modernization with Chinese characteristics）

中国现代化的进程，大致经历了19世纪中后叶至20世纪之初晚清政府的洋务运动、维新运动、立宪运动及其后至20世纪中叶共和时代的现代化努力等阶段。1949年中华人民共和国的诞生，拉开了全面现代化建设的序幕。最初，提出要着力实现工业的现代化；后来，则提出要实现四个现代化,即农业、工业、国防和科学技术四个方面的现代化;再后来,则提出要全面实现社会主义的现代化,包括了经济、政治、文化、教育和人自身的现代化等丰富内涵。同时,在"现代化"前面冠以"社会主义"的限定词,即社会主义的现代化,其意义更加明确,也更具有中国特色。

社会主义(Socialism)一词,源于拉丁文 socialis,原意指"同伴""善于社交"等。19 世纪 30—40 年代,"社会主义"一词在西欧广为流传。马克思、恩格斯赋予"社会主义"概念以科学的解释,认为社会主义是资本主义和共产主义之间的过渡,系社会主义思想、社会主义运动和社会主义制度的总称。早在 20 世纪 20 年代,李大钊就曾指出:"社会主义是要富的,不是要穷的",要"使人人都能安逸享福,过那种很好的精神和物质生活"。① 现在,社会主义一词,通常用来表示以符合公众利益为目标、以对社会发展有利为标准、以按劳动分配为获利模式、以社会需要为价值目标的社会,其特征是由国家、社会和集体拥有、控制、管理、分配资源,实现社会生产力的高度发展和人自身最全面的发展。②

现在世界上有两种现代化:一种是社会主义现代化,另一种是资本主义现代化。社会主义现代化不同于资本主义现代化。社会主义现代化是要发展社会生产力,发展公有制,增加全民所得,逐步做到按劳分配,走共同富裕之路。其发展生产的目的是最大限度地满足人们的物质文明和精神文明需要。资本主义现代化则与之相反,是为了发展私有制,维护剥削制度。我国的现代化,是在共产党的领导下、以马克思主义为指导、在中国这个特定的环境中所建设的现代化,即中国式的社会主义现代化。它早已超出"四个现代化"范畴,覆盖了社会主义的政治、经济、科学、文化、教育的现代化和人自身的现代化等社会生产、生活、生存、发展等各方面的内容。

按照科学共产主义的观点,社会主义是资本主义自身不可调和的矛盾发展到一定阶段的产物,也就是资本主义的生产关系与上层建筑已成为阻碍生产力发展的桎梏,因而必然为社会主义所代替,进而解放生产力、发

---

① 李大钊:《社会主义不排斥民主与自由》,2011 年 3 月 21 日,人民网,http://history.news.qq.com/a/20110321/000607_1.htm。

② 杨天平:《我国现行教育方针的历史演进与发展》,《高校教育管理》2013 年第 7 期。

展生产力，社会主义的生产力发展水平应远高于资本主义的生产力发展水平。这与邓小平的社会主义的本质论、初级阶段论、市场经济论"三论"的思想实质是一致的，完全符合他所讲的社会主义的本质是要解放生产力、发展生产力的精神。同样，按照科学共产主义的学说，社会主义的生产方式及与其相统一的生产关系也远高于资本主义，比它更成熟、更适应乃至更有利于促进生产力的发展。一句话，由高度发达的社会主义生产力和生产关系结合而成的社会主义现代化及其建设应远远超过资本主义。

从全球范围看，人类已经进入信息社会，21世纪的现代化是"信息社会"的现代化，全球现代化进入2.0阶段，走向综合现代化。中国现代化是全球现代化的一部分，不能自外于、落后于全球进程，中国的社会现代化、人的现代化也进入现代化2.0阶段，向综合化迈进。但是，中国是最大的发展中国家，是现代化的后来者，其现代化的历史基础、社会条件、发展路径与他国不同，与欧美发达国家尤其不同，因此，21世纪的中国现代化是全球综合现代化的中国版本，既要反映全球社会现代化和人的现代化的共性要求，又要充分反映中国国家现代化与人的现代化的特殊要求，应集中体现当代社会不同于古代社会、传统社会的理性、自由、民主性、主体性、法治性等特征。要彰显其独特性、主体性与卓越性，凸显与现代社会相适应的精神气质、思想态度与行为方式。

需要指出的是，虽然经过新中国成立后70余年的建设和发展，特别是40余年改革开放的大发展，中国的经济发展和社会进步实现了跨越式增长，经济总量已无可争议地位居世界第二，既取得了举世瞩目的成就，更创造了人类发展的奇迹。但冷静分析，现实的国情是，生产力还有待发展，生产关系和上层建筑也都还有待完善，政治、经济、文化、教育、科技、医疗乃至社会福利诸多体制的系列改革，都有待进一步深化，而且必须采取渐进式。按照小平的论断，中国仍处于社会主义的初级阶段，而且这个阶段不可逾越、时限漫长，还不是马克思主义经典作家所说的科学共产主义，只是社会主义的初级阶段。按照中国科学院的研究，中国社会主义现代化建设的进程表现出以下态势。

2010年1月，《中国现代化报告2010：世界现代化概览》指出，如果从19世纪40年代算起，中国现代化已经走过了160多年历程，经历了现代化起步、局部现代化和全面现代化的三个阶段。如果按照1990—2005年的年均增长率估算，中国有可能在2020年前后完成第一次现代化，在

2040年前后超过世界平均水平，达到中等发达国家水平，提前10年左右实现中国现代化"三步走"的发展战略。①

2011年1月，《中国现代化报告2011：现代化科学概论》指出，当今世界，发达国家有20多个，发展中国家有100多个，各国实现现代化的路径有别，但战略重点主要集中于提高生产力、推动社会进步和人的发展三个方面。在过去300年里，发达国家的比例不到20%，发展中国家的比例超过80%；在最近50年里，发展中国家升级为发达国家的可能性约为5%，发达国家保持发达水平的可能性约为90%。中国科学院院长路甬祥说，现代化既是中国的国家目标，也是全国人民的共同期盼。中国的发展目标分为四步：第一步是进入世界前60名，完成第一次现代化；第二步进入世界前40名，成为中等发达国家；第三步进入世界前20名，成为发达国家；第四步进入世界前10名，走到世界前列。② 但无论走到哪一步，中国特色社会主义现代化都包括物的现代化与人的现代化，尤以人的现代化为核心，而这是教育的基本职责和任务。

（二）教育为社会主义现代化建设服务

教育是一种有目的、有组织、有计划地培养人的活动，社会的进步、经济的发展、文化的繁荣、年青一代的成长，都离不开教育，教育是社会的重要领域。教育方针所涉及的根本问题就是为谁服务的问题，即关于教育方向和任务的规定。教育是为社会发展和人的发展服务的，其目标在于促进"社会现代化"与"人的现代化"，在于增进社会现代性与人的现代性。教育以育人为本，教育服务于社会现代化，要通过育人、通过人的现代化予以实现。

1. 教育服务的方向

按照历史唯物主义的观点，把复杂的社会现象分为经济基础（生产力和生产关系）和上层建筑（包括意识形态）。教育是培养人、造就人的复杂的社会现象，有其自身的本质特征。不能按照历史唯物主义的公式对

---

① 中国科学院中国现代化研究中心30日发布：《中国现代化报告2010：世界现代化概览》，新华网，北京2010年1月30日电（记者胡浩）。

② 中国科学院《中国现代化报告2011》新闻发布会，国务院新闻办公室门户网站，http://www.scio.gov.cn，2011年1月17日，来源：中国网。

它作简单的裁剪：或者把它归结为生产力，或者把它归结为上层建筑。单纯地归结为上层建筑，就否定了教育与生产的联系，否定了教育的社会经济功能，就不能从把握教育本质的高度揭示其对物质生产和对人类社会的巨大推动作用。若简单地归结为生产力，就混淆了教育过程与生产过程的区别，而且也必然否定教育与精神生产的联系。

教育与社会的生产和经济基础、与社会上层建筑的政治、法律、道德、宗教、文化等有着多种多样的联系。教育的社会作用也是多方面的，它既可以促进社会生产力的发展，也可以促进社会政治制度和经济制度的巩固，同时，还可以发展科学文化和促进良好道德以及社会风气的形成等。换言之，教育具有服务政治、经济和传递发展文化、培养人才等多种功能。教育对人类文明和社会进步的重大奠基作用已为世所公认。"社会主义现代化建设"涵盖了社会生产、生活的方方面面，"教育为社会主义现代化建设服务"指明了教育发展的总方向和总任务。

在建设社会主义现代化强国、实现中华民族伟大复兴的大背景下，教育不仅是民生，更是国计。民生求公平，国计求卓越。教育既要追求公平，更要追求卓越。

2. 教育服务的内容

现行教育方针开宗明义：教育是社会主义的教育，是为社会主义现代化建设服务的教育。教育要为中国特色社会主义初级阶段的物质文明、精神文明和民主政治服务，服务的中心是发展社会生产力，提高全民族的科学文化素质。

首先，教育要为社会主义的政治服务，为维护四项基本原则、巩固人民民主专政、建设社会主义民主和社会主义法制服务。教育工作的方针要与国家的总路线保持一致，使教育的目标和任务更加明确具体。教育要与社会发展的战略目标及其步骤相适应，通过培养人才为现代化建设服务。作为社会主义政治文明建设的一个组成部分，教育在促进全社会的政治理想建设和民主法制建设等方面具有不可替代的作用。应深刻总结和吸取历史的经验教训，防止再度陷入教育政治化、庸俗化的泥潭，又应根据教育的特点，充分发挥其政治功能，继续强化教育在社会主义的政治改革和民主化进程中的作用。

其次，教育要为社会主义的经济服务，主动适应社会主义生产力发展的需要，积极维护和发展社会主义的经济基础，为把我国建设成为发达的社会主义强国服务。现代教育和古代教育的根本区别之一在于它的生产性。教育虽然不直接参与生产过程，但是具有潜在的生产力性质。劳动生产率的提高和生产资料消耗率的降低，都和劳动者的技能熟练程度以及生产技术设备有关，而生产技术设备也要依靠劳动者来创造和使用。因此，要紧紧围绕社会主义经济建设这个中心，通过培养社会主义经济建设所需要的人才，以巩固生产资料公有制和按劳分配为主体的社会主义的经济制度，维持社会主义的经济秩序，促进社会主义的经济发展。

最后，教育要为社会主义的科学文化发展服务，以培养合格人才为基础，进行马克思主义的思想教育，为提高中华民族的整体素质服务。要加强公民基本道德教育和社会公德教育，引导和促进教育对象把个人的道德理想、职业成就理想和社会的共同理想、最高理想结合起来，把理想的实现和脚踏实地的工作结合起来。要通过教育传播文化科学知识，延续、活化并弘扬祖国的文化传统，促进中外文化交流，增强中华民族的凝聚力和战斗力。要对广大受教育者进行民主、法制和纪律教育，培养他们的民主意识和法制观念，教育他们自觉维护宪法的尊严，科学认识社会主义民主的本质，正确行使公民的权利和义务。

总之，"教育为社会主义现代化建设服务"，就是要全方位地为社会主义的经济富强、政治民主、文化文明、社会和谐、生态美丽"五位一体"的现代化建设服务。在经济现代化方面，要贯彻创新、协调、绿色、开放、共享新发展理念，建设现代化经济体系；在政治现代化方面，要健全人民当家做主制度体系，发展社会主义民主政治，体现人民意志、保障人民权益、激发人民创造活力；在文化现代化方面，要发展面向现代化、面向世界、面向未来的，民族的科学的大众的社会主义文化；在社会建设现代化方面，要提高保障和改善民生水平，加强和创新社会治理；在生态文明建设现代化方面，要加快生态文明体制改革，建设美丽中国。一句话，教育要通过育人、培养现代化的人来实现为上述五个方面的社会主义现代化建设服务、为中华民族伟大复兴服务。

3. 教育服务的重点

教育是人类自身的再生产与再创造，它既不同于物质生产，又不同于精神生产，有着自身独特的发展规律。教育是促进人的发展和社会发展的辩证统一过程，是联系两者的中介，它通过对人的发展发生作用进而推动社会的进步。

1998年，诺贝尔经济学奖得主阿玛迪亚·森指出，贫困不单纯是由低收入造成的，在很大程度上系由缺乏基本能力所致。权利的丧失使得贫困人口难以拥有脱贫机会，进而更加难以获得应有的权利。法国学者让·莫内也曾明言，搞现代化，应该先化人后化物。现代社会要由现代人来创造，要实现现代化当然需要培养现代人，而现代化教育则是一条基本途径。教育为社会主义现代化建设服务，既要注重化物，更要注重化人，将两者结合起来。

考察一下20世纪以来至21世纪世界教育改革的历程，就不难发现，不同时期有不同的着眼点。20世纪上半叶，比较注重教育的政治作用。教育家希望通过改革教育来推进国家民主化的进程，为建立理想的民主制度服务。到20世纪中叶，教育改革的重心逐渐向经济方面转移。这是因为，科学技术的发展越来越显示出自己的威力和潜力，对经济的发展起着越来越重要的作用。在20世纪50年代前后，一些学者致力于教育的经济效益研究，用实证材料证明教育确有促进经济发展的功能。但事实是，教育的发展并不一定能带来经济的繁荣。一些不发达国家在以发展教育推动经济繁荣的思想指导下，曾一度挖掘本国有限财力，甚至举借外债发展教育，企求推动经济发展，如某些国家高校在校生的比例达到同龄人口的20%甚至30%，但未获成功，原因在于，培养出来的人，不是学以致用、学用结合的人才，也即人才培养的质量、规格、素质跟不上或达不到社会（现代化）的需求。

1972年，联合国教科文组织的报告《学会生存——教育世界的今天或明天》指出："在许多情况下，尽管教育经费不断增加，而事实上却在培养着越来越多不合用的人。"[①] 这时，人们的注意重心，开始逐步从教育单一的政治功能或经济功能转向培养全面适应现代社会要求的人，明确提出人的现代化建设及其发展目标。普遍认为，人的现代化不仅是现代化的前提，也是现代化的目的。其核心内容是，人的思想道德、科学文化、精神心理和身体生理等基本素质的现代化，即教育方针所概括的德智体美劳全面发展。其要领是，现代人格的塑造和人性素质的提高，包括掌握现代科学文化知识的体系和科学的思维方式及相应的创造能力，具有健康的

---

① 联合国教科文组织国际教育防止委员会编著：《学会生存——教育世界的今天或明天》，华东师范大学比较教育研究所译，上海译文出版社1982年版，第59页。

价值观念和文明的行为方式，具有健全的心理素质和合理的协调适应能力等。应该说，上述素质的综合培养，均离不开教育，这是当今世界多数国家的共识，并已演绎为各国教育改革的共性指向和行动，也是教育为现代化服务的重点。

4. 教育服务的前提

教育为现代化建设服务，首先必须实现自身的现代化。在中国现代化的进程中，教育具有基础性、先导性和战略性的作用。文献检索表明，中国教育现代化的过程，经历了从与农业社会政体相适应的教育向与工业社会政体发展相适应的现代新式教育转化的过程：清末洋务教育、维新教育、新政教育等旧式科举制内的教育变革和起自清末、兴于民国的西式教育变革及新中国成立前30年师法苏俄模式又力图有所突破的教育变革直至改革开放以来的教育现代化浪潮。教育现代化命题的提出，始于20世纪80年代末，正式见诸1993年中共中央、国务院颁布的《中国教育改革与发展纲要》。2010年7月，在中共中央、国务院颁布的《国家中长期教育改革和发展规划纲要（2010—2020年）》第一部分"总体战略"第二章"战略目标和战略主题"第三条"战略目标"中郑重提出，"到2020年，基本实现教育现代化，基本形成学习型社会，进入人力资源强国行列"。[①]

对当今世界各市场国家的发展历程稍作分析，就不难看出，西欧走的是"（先发展）市场经济——（后发展）教育（培养作为市场主体的人，下同）——（再发展）市场经济"的路子，东亚遵循的是"（先发展）教育——（后发展）市场经济"的模式，两种类型各有特点，但它们都体现了市场社会的本质要求，即市场经济发展到一定阶段必然要求教育的相应发展，它要求教育培养各种参与市场活动的生产者、经营者、管理者和消费者，并致力于其素质的提高。人类历史演变至今，教育是社会趋向文明和成熟的重要标志和内在支撑因素。现代文明社会无不依赖于教育的支撑，而落后的教育无不制约着市场经济和社会的发展，使之具有愚昧和病态的特征。经济越发展，对教育发展的要求也就越迫切，教育越发达，社会也就越趋向文明，离开教育的相应发展，社会的文明发展是绝无可能的。

在未来10—15年中，我国正处于完善社会主义市场经济体系、建设

---

① 中共中央、国务院：《国家中长期教育改革和发展规划纲要（2010—2020年）》，中央政府门户网站，http://www.gov.cn，新华社北京2010年7月29日电。

社会主义现代化文明的关键期,作为更高类型的文明社会,其主体应具有符合社会主义本质要求的文化支撑因素。这就决定了教育在社会主义现代化建设中具有不可忽视的地位和作用。因此,探索教育方针规律在现代化条件下所表现出的许多新特点,正确把握现代社会发展规律对教育的影响以及教育在现代化建设中的地位和功能,把教育发展与社会发展有机契合起来,使教育之舟在现代社会的汪洋大海中破浪前进,使教育更好地为社会主义现代化建设服务,这是历史赋予教育的重大时代课题。"教育为社会主义现代化建设服务"的提出,正是解决这一重大课题的唯一正确之途。它把教育同社会主义现代化建设的命运紧紧连在一起,并赋予了教育在现代化建设中特殊战略地位和历史使命与任务。

对党和国家教育方针的发展和演变稍作回顾就可以发现,围绕党和国家的中心任务而提出相应的教育方针,在我国有着光荣的传统。在民主革命时期,党的文化教育方针提出教育要为革命战争和阶级斗争服务,新中国成立以后则改为教育为社会主义革命和建设服务。现阶段,我国社会主义建设的中心任务发生了重大变化,社会主义现代化建设是党和国家工作的重点,因此教育方针提出"教育为社会主义现代化建设服务",顺应并反映了这一历史要求。它表明了我国教育从单纯为政治或经济服务转向为社会主义现代化建设服务这样一个全方位、多层次的服务领域,充分体现了新的历史时期社会主义现代化建设对教育所提出的更高更全面的要求,是教育方针最具时代性的表现。

二 教育为人民服务

"人民"一词古已有之。在中国古籍中,"人民"一般指人生,也指平民、庶民、百姓。在古希腊、古罗马,一般指奴隶主和自由民,不包括占人口大多数的奴隶。近代以后,"人民"的概念被广泛使用,但往往与公民、国民混同,泛指社会的全体成员。在西方政治学辞典中,"人民"(people)一词,广义上指国家主权的构成主体,与国民(nation,Nation)、民族(nation,Volk)、国族(nation,state-nation)同义。[①] 马克

[①] 黄现璠遗稿,甘文杰、甘文豪整理:《试论西方"民族"术语的起源、演变和异同》(一),《广西社会科学》2008年第1期。

思主义诞生后,"人民"这一概念有了科学而确定的含义。历史唯物主义认为,"人民"是一个历史的、政治的范畴,是一个集体概念,是众多人的集合体,其本意是指普通百姓,类同于公民,即拥有国籍且具有选举与被选举等权利的人民群众,① 泛指占大多数、顺应历史发展和推动历史前进的阶级、阶层和社会集团,即区别于少数特权者、以从事物质与精神资料生产的劳动者为主体的社会基本成员。②

(一) 教育为人民服务的思想旅程

在人类历史发展的进程中,人民始终是推动历史前进的决定性力量。但在不同的国家、不同的历史时期,人民有不同的内容,其所处的地位及其作用也不尽相同。比如,中国抗日战争时期,一切抗日的阶级、阶层和社会集团都属于人民;解放战争时期,一切反对帝国主义、地主阶级、官僚资产阶级的阶级、阶层或社会集团都属于人民;社会主义时期,人民的范围更加广泛,不仅包括工人、农民和知识分子,而且还包括一切参加社会主义建设的劳动者及赞成和拥护祖国统一的爱国者。1982年公布的《中华人民共和国宪法》第二条规定:中华人民共和国的一切权力属于人民。③ 人民是国家的主人,在社会政治经济生活中起主导作用,人民的积极性、主动性和创造性可以得到充分的发挥,国家从法律、制度和物质上保障人民的主导作用的实现。④

"现代民族国家乃是具有价值共识和政治认同的人民共同体,尤其在经过了人民革命的中国,必须实现民众权利。为人民服务的政治伦理要求民众的利益高于一切。"⑤ 教育是一个国家经济和社会发展的基础,也是

---

① http://en.wikipedia.org/wiki/People, In philosophy and theory.
② http://dictionary.reference.com/browse/+people+Word Origin & History people.
③ 《中华人民共和国宪法》,1982年12月4日第五届全国人民代表大会第五次会议通过,1982年12月4日全国人民代表大会公告公布施行;根据1988年4月12日第七届全国人民代表大会第一次会议通过的《中华人民共和国宪法修正案》、1993年3月29日第八届全国人民代表大会第一次会议通过的《中华人民共和国宪法修正案》、1999年3月15日第九届全国人民代表大会第二次会议通过的《中华人民共和国宪法修正案》和2004年3月14日第十届全国人民代表大会第二次会议通过的《中华人民共和国宪法修正案》修正。
④ 张全景:《对苏联亡党亡国的现实思考》,《光明日报》2011年4月1日,http://baike.baidu.com/view/2193.htm,人民,百科名片。
⑤ 姚立文、刘建平:《毛泽东的"雀巢"比喻》,《经济观察报》2011年4月18日。

公民个人发展的基础。强调教育为人民服务,坚持为人民服务的教育方针,既是历史经验的总结,又是时代要求的产物,既是中国共产党立党宗旨的体现,也是中华人民共和国国名、国体的表征,同时也是教育为人的现代化服务、为人的全面发展服务、为提高中华民族整体素质服务的概括。

教育为人民服务,源起于马克思、恩格斯在《共产党宣言》中提出的为绝大多数人谋利益、而不是为少数人谋利益的思想。其后,列宁也作过相关论述。他强调,哪里有群众,就一定要到哪里去工作。[①] 毛泽东继承、丰富和发展了马克思主义的为人民服务学说。1944年9月8日,在张思德追悼会上,他发表演讲,系统阐述中国共产党人为人民服务的宗旨及其科学内涵。在中国共产党第七次全国代表大会的开幕词中,他再次强调,要"全心全意地为中国人民服务"。[②] 新中国建立后,"为人民服务"明文载入《中国共产党章程》和《中华人民共和国宪法》。

作为党的第一代领导集体的成员和第二代领导集体的核心,早在1956年党的第八次全国代表大会上所作《关于修改党章的报告》中,邓小平就指出,"全心全意地为人民群众服务"是中国共产党的全部任务。[③] 第三次复出以后,他强调,要把全心全意为人民服务作为立党执政的根本宗旨和基本要求,一切从最广大人民的根本利益出发。他特别提出,应该将"人民拥护不拥护""人民赞成不赞成""人民高兴不高兴""人民答应不答应"四项基本标准作为制定各项政策的出发点和归宿。

以江泽民为核心的党的第三代领导集体提出的"三个代表"重要思想,其根本宗旨就是要代表广大人民群众的利益,全心全意为人民服务。1999年6月,江泽民重申,党的教育方针是,教育为社会主义、为人民服务。[④]

以胡锦涛为总书记的党中央领导集体更进一步指出,"三个代表"重

[①] 中共中央马克思恩格斯列宁斯大林著作编译局:《马克思恩格斯选集》(第1卷),人民出版社1995年版,第283页。

[②] 毛泽东:《毛泽东选集》(第2卷),人民出版社1991年版,第1004、1027页。

[③] 中共中央文献编辑委员会:《邓小平文选》(第1卷),人民出版社1994年版,第217页。

[④] 江泽民:《全面建设小康社会,开创中国特色社会主义事业新局面》,《中国共产党第十六次全国代表大会文献汇编》,人民出版社2002年版,第11页。

要思想，其本质就是要立党为公、执政为民，坚持权为民所用、情为民所系、利为民所谋，坚持群众利益无小事，从而赋予为人民服务崭新的时代内涵。①

以习近平为核心的党中央领导集体继承和发展了马克思主义的为人民服务学说和老一辈革命家的为人民服务思想。他站在中华民族伟大复兴和人类社会和平发展的高度，着眼于传承中华文化和治国理政的大局，运用科学社会主义和辩证唯物主义相结合的理论思维，强调指出，为人民服务是我们党的根本宗旨，我们讲了很多话，但说到底还是为人民服务这句话（表13.1）。

表13.1　　　　　　　　教育为人民服务思想的演进

代表人物	重要思想
马克思 恩格斯 列　宁	《共产党宣言》：过去的一切运动都是少数人的或者为少数人谋利益的运动。无产阶级的运动是绝大多数人的、为绝大多数人谋利益的独立的运动。② 哪里有群众，就一定要到哪里去工作。
毛泽东	《为人民服务》：我们的共产党和共产党所领导的八路军、新四军，是革命的队伍。我们这个队伍完全是为着解放人民的，是彻底地为人民的利益工作的。③
	《中国共产党第七次代表大会开幕词》：我们应该谦虚、谨慎、戒骄、戒躁，全心全意地为中国人民服务。④
	新中国成立后，"为人民服务"载明于《中国共产党章程》和《中华人民共和国宪法》。
邓小平	中国共产党第八次代表大会《关于修改党章的报告》：党的全部任务就是全心全意地为人民群众服务。⑤
	要把"全心全意为人民服务"作为立党执政的根本宗旨和基本要求，要求一切从最广大人民的根本利益出发，把"人民拥护不拥护""人民赞成不赞成""人民高兴不高兴""人民答应不答应"作为制定各项政策的根本标准。

---

① 胡锦涛：《在"三个代表"重要思想理论研讨会上的讲话》，人民出版社2003年版，第16、19、20页。

② 中共中央马克思恩格斯列宁斯大林著作编译局：《马克思恩格斯选集》（第1卷），人民出版社1995年版，第283页。

③ 毛泽东：《毛泽东选集》（第2卷），人民出版社1991年版，第1004、1027页。

④ 同上。

⑤ 中共中央文献编辑委员会：《邓小平文选》（第1卷），人民出版社1994年版，第217页。

续表

代表人物	重要思想
江泽民	"三个代表"重要思想的出发点与落脚点是，全心全意为人民服务。党的教育方针是，教育为社会主义、为人民服务，以提高国民素质为根本宗旨，以培养学生的创新精神和实践能力为重点，努力造就有理想、有道德、有文化、有纪律和德育、智育、体育、美育等全面发展的社会主义事业建设者和接班人。
	我们党始终坚持人民的利益高于一切。党除了最广大人民的利益，没有自己特殊的利益。党的一切工作，必须以最广大人民的根本利益为最高标准。① 在任何时候任何情况下，都必须坚持全心全意为人民服务的宗旨，把实现人民群众的利益作为一切工作的出发点和归宿。②
胡锦涛	"三个代表"重要思想的本质是立党为公、执政为民，要牢固树立全心全意为人民服务的思想和真心实意对人民负责的精神，坚持权为民所用、情为民所系、利为民所谋，为群众诚心诚意办实事，尽心竭力解难事，坚持不懈做好事，群众利益无小事。③
习近平	始终坚持全心全意为人民服务的根本宗旨，是我们党始终得到人民拥护和爱戴的根本原因。我们任何时候都必须把人民利益放在第一位，把实现好、维护好、发展好最广大人民根本利益作为一切工作的出发点和落脚点。我们党是为人民服务的，是要为人民做事的。我们讲宗旨，讲了很多话，但说到底还是为人民服务这句话。一切为了人民，为了人民的一切。④

（二）教育为人民服务的思想内涵

概览中国共产党近 100 年的发展历程，不论是革命战争年代，还是在和平建设时期，都始终坚持教育为人民服务的方针，只是不同时期有不同的表述而已。1934 年，江西中央苏区规定的苏维埃文化教育的总方针即提出"以共产主义精神教育广大劳苦民众……，使广大中国民众都成为享受文明幸福的人"。1949 年 9 月，《中国人民政治协商会议共同纲领》提出：中华人民共和国的文化教育为民族的、科学的、大众的文化教育，应以提高人民文化水平，培养国家建设人才……发展为人民服务的思想为

---

① 江泽民：《在庆祝中国共产党成立八十周年大会上的讲话》，《人民日报》2001 年 7 月 2 日。

② 江泽民：《全面建设小康社会，开创中国特色社会主义事业新局面》，《中国共产党第十六次全国代表大会文献汇编》，人民出版社 2002 年版，第 11 页。

③ 胡锦涛：《在"三个代表"重要思想理论研讨会上的讲话》，人民出版社 2003 年版，第 16、19、20 页。

④ 李自强：《为人民服务，担起该担当的责任》，《中国纪检监察报》2018 年 6 月 5 日。

主要任务。正式确立"教育为人民服务"的指导方针。[1] 是年12月,第一次全国教育工作会议将其具体化,要求教育首先"为工农兵服务"。[2] 次年5月,教育部副部长、党组书记钱俊瑞在《人民教育》杂志创刊号上提出:教育要"为工农服务"。[3]

自1958年9月《中共中央关于教育工作的指示》提出"教育必须为无产阶级政治服务"起,至1993年2月《中国教育改革和发展纲要》和1995年3月《中华人民共和国教育法》提出"教育必须为社会主义现代化建设服务",前后30余年间,"教育为人民服务"的提法一度中断,不再被提起。直至2002年11月,党的十六大再度提出"教育为社会主义现代化建设服务,为人民服务"的指导方针,从而为教育事业的改革发展指明了新的方向。从最初的"二为"(即"教育为工农兵服务,为当前革命斗争和建设服务"),到后来由旧的"一为"转变成新的"一为"(即由"教育为无产阶级政治服务"转变成"教育为社会主义现代化建设服务"),进而又回归至新的"二为"(即"教育为社会主义现代化建设服务,为人民服务"),从1934年的"使广大中国民众都成为享受文明幸福的人",到1949年的"发展为人民服务的思想""为工农兵服务"和1950年的"为工农服务",再到2002年直至2015年的"教育为人民服务"(《中华人民共和国教育法》),建党近100年、新中国成立70年教育方针的演变,既充分反映了教育工作服从服务于党和国家中心工作的基本规律,同时也生动再现了中国共产党立党为民、执政为民、一以贯之、不断与时俱进和继承发展创新的思想脉络。

教育为人民服务,既是"三个代表"重要思想在教育领域的直接体现,也是坚持以人为本的教育理念和落实科学发展观的具体表征,更是满足人民的需要、促进人的全面发展的必然要求。社会主义现代化建设的根本目的在于增强国力、提高人民生活水平及促进社会和谐发展与个人全面发展,这是人民的根本利益所在。可以说,教育为现代化建设服务与教育为人民服务,是并行不悖、相互促进的。教育为人民服务与为社会主义现

---

[1] 张模超:《新编中华人民共和国史》,成都科技大学出版社1994年版,第63页。
[2] 同上。
[3] 蒋华:《新中国历次教育方针变革及评论》,《四川师范大学学报》(社会科学版)2012年(第4卷)第6期。

代化建设服务，反映了教育内部规律和外部规律的辩证统一。马克思主义的教育价值观则认为，教育过程是社会发展需要与人的发展需要辩证统一过程，教育不仅是社会延续和发展的需要，也是满足人类自身发展的需要，促进社会发展和促进人的发展是教育最基本的职能。中国社会主义的教育方针必然是社会需要和人的发展需要的辩证统一。

从幸福学的角度来看，教育为人民服务也就是要为人民群众谋幸福。费尔巴哈曾说过，人的本质，就是追求自我保存、自我需求、自我幸福。恩格斯也曾指出：每个人都追求幸福是一种无须论证的颠扑不破的原则。阿奎那则认为，教育的目的，亦即生活本身的目的，是通过培养道德、理智和美德来获得幸福。马卡连柯说，教育的目的不仅在于培养能最有效地参加国家建设和具有创造性的公民，而且应将受教育者培养成幸福的人。1948年通过的《世界人权宣言》规定：人人享有受教育的权利。1990年通过的《世界全民教育宣言》更明确提出：教育是人的权利，教育应该造福于人，使人幸福。因此，教育为人民服务，其根本目的和要求就在于，要为人民大众全体的和谐幸福奠定坚实基础，要为普通民众个体的自由发展提供优良服务。

首先，要按照面向现代化、面向世界、面向未来的要求，充分认识教育的战略地位，坚持优先发展教育，进一步完善现代国民教育体系，最大限度地保障人民群众平等接受良好教育的权利和机会，在满足人民群众多样化教育需求的基础上，推进教育公平，促进教育事业在新的历史起点上协调科学发展，体现政府对所有公民的教育关怀，使广大民众共同享受改革开放和社会进步的成果，成为享受文明幸福的人。其次，要以促进人的个性全面发展为指向，树立科学的教育质量观，坚守对人民负责的精神，坚持育人为本、德育为先，以改革创新为动力，以促进公平为重点，以提高质量为核心，全面实施素质教育，着力提升教育品质，办好人民群众满意的教育，满足人民群众对优质教育的需求，弘文厚德，培养德智体美全面发展的"四有"新人，从而为实现中华民族的伟大复兴和人类文明进步作出卓越贡献。

前已述及，社会主义的现代化包括物的现代化和人的现代化，教育为社会主义现代化建设服务，同样包括为物的现代化和人的现代化建设服务，其中，为人的现代化建设服务是其核心和重点。教育为人的现代化建设服务与为人民服务，是相容、交叉、包含乃至同一关系，但又有所区别。在其同一性上，人和人民均泛指人类。人，可以从生物、精神、教育与文化等各个层面来定义，或是这些定义的结合。从教育学的角度看，人是一种存在的可能性，具有发展的本质和潜质，具有自主性和创造性、历史性和现实性、多样性和差异性。人民更多的是一个政治概念和语汇。在古代中国，"人"和"民"各有所指，"人"是指人的生物个体和思想、文化、教育个体，"民"则是指底层的大众百姓。在当代中国，教育为人民服务和为人的现代化服务，在本质上是统一的，它们从不同方面诠释了教育的服务指向与功能，也就是要为人民群众自身的现代化建设服务，为提高中华民族的整体素质服务。

更需强调的是，人民不是一个抽象的概念，而是由每个个体组成的集合概念；教育为人民服务也不是一句空洞的口号，而是必须切实贯彻执行的教育方针，必须落实于各级政府和各类教育的具体行为中。这与一些地方或政府或个人假服务人民之名、行独裁专断之实和打着为人民服务的幌子、干着营私牟利的勾当的做派是背道而驰、格格不入的。历史上或现实中，这样的现象见怪不怪，这样例子俯拾即是。由于民主和法制的不健全，人民的公仆有时滥用人民赋予的权力，转过来做人民的主人，权力被异化了。[①] 谁有权力，谁就代表人民；谁是权力的中心，谁就是最大的人民；人民或者被添加了新的意义，或者被抽去了旧有的美好含义，有的甚至干脆拧到了意思完全相反的方向上去。教训不惟不深刻，当须十分警惕和认真记取。

三　教育与生产劳动相结合

教育与生产劳动相结合（Combination of Education and Labor/Combining Education with Labour），既是一个教育学概念，又是一个经济学概念。从现代生产发展的角度看，是指教育与生产劳动这两个过去相对独立的社会过程在现代社会条件下的结合。其基本意思有两个：一个是指在教育过程中，教育与生产劳动的结合；另一个是指在生产过程中，生产劳动与教育的结合。无论哪一种结合，其目的都在于促进社会生产力的发展和人的全面发展。也就是说，这种结合是双向而不是单向的，当然更不是

---

① 周扬：《关于马克思主义的几个理论问题的探讨》，1983年3月7日。

教育与生产劳动的简单相加。

生产劳动（productive labor），系指社会劳动诸类型中的一种，与非生产劳动相对称，一般指人类为了达到满足自身消费的需要，通过对人、财、物力等因素的组合、投入及有目的的消耗，直接创造物质财富或与创造物质财富有直接关系的劳动，① 是具备人类性、财富性、物质性、社会性、历史性及体现特定社会生产关系本质的劳动。② 生产劳动是人们赖以生存和生活的基础，它与人类相伴而生，既是自然的，也是社会的。离开了生产活动，人的其他活动，包括教育活动，都无从谈起。同样，教育与生产劳动无论在古代的混合还是在现代的结合，都是前后贯通，是社会发展内在、必然的趋势。马克思敏锐地洞察这一规律，并适时提出教劳结合的主张，强调教育活动与生产劳动在现代社会的有机结合。

作为马克思主义关于教育的基本原理之一，长期以来，教劳结合一直是我国社会主义教育的一条原则。其重要意义甚至远远超出教育学理论的范畴和领域。因为马克思主义创始人在阐述这一教育原理时，是把它同无产阶级的解放和消灭私有制及其旧式分工所造成的人的片面性和畸形的发展，培养共产主义全面发展的新人这样一个科学社会主义理论结合在一起的。因此，不能简单地把它仅仅理解为实现教育目的的一种具体方法和途径，作为马克思主义教育的基本理论，它充分体现着社会主义教育培养全面发展的新人的指导思想。

（一）马克思主义教育与生产劳动相结合的思想

在人类社会的初期，原始的教育是与生产劳动和社会生活融合在一起

---

① http://www.opensubscriber.com/message/marxism@lists.econ.utah.edu/482807.html ［Marxism］Rakesh on productive labor by Jurriaan Bendien.

② 注：在教育部官网2009年5月26日公布的《中华人民共和国教育法》(Education Law of the People's Republic of China) 英译版第一章"总则"（Chapter I General Provisions）第五条（Article 5）中，"生产劳动"一词的英文为"production and labour"；而在2009年7月21日公布的《中华人民共和国高等教育法》(Higher Education Law of the People's Republic of China) 英译版第一章"总则"（Chapter I General Provisions）第四条（Article 4）中，"生产劳动"一词的英文为"productive labour"。《教育法》的译述，不仅与《高等教育法》不一致，而且涉及一系列基础理论问题，特别是对马克思主义关于"教育与生产劳动相结合"的基本原理是否重新看、如何看等问题，是特意、有意、刻意而为，还是随意、无意、大意为之？须专文探讨，这里姑且存论。

的。随着社会分工的出现和体脑、城乡的分离，尤其是阶级和阶级对立的出现，教育与生产劳动逐渐分开了。到了资本主义社会，生产发展既为教育的发展提供了丰富的物质基础，同时也提出了教育与生产劳动相结合的要求和可能。但是，由于资本主义生产的社会化和教育的私人占有之间不可调和的矛盾，教育与生产劳动不仅未能按照社会发展和人的发展的客观需要结合起来，而且两者的分离所造成的危害远远超出以往。面对这一现实，许多进步的思想家、社会改革家和空想社会主义者纷纷提出加强劳动教育、教育与生产劳动联系、教育与生产劳动结合的思想，并积极付诸实践。

对于这些思想和实践，马克思的伟大，就在于他运用社会生产和劳动分工的理论，具体地考察和分析了资本主义生产及其矛盾，探索了教育与生产劳动之间的关系，在人类历史上第一次科学地预见并论证了教劳结合在现代化大工业生产条件下的必然趋势，并且第一次把教劳结合的理论和实践同无产阶级推翻资本主义制度、寻求人类的彻底解放、实现共产主义的理想联系起来，从而摆脱改良主义空想的束缚，使之成为科学共产主义的一条基本原理。他不仅没有停留在教育与生产劳动的简单结合或并行形式的分析上，而且把教育与生产劳动相结合建立在当时最先进的生产方式，即大工业生产的物质条件之上，使其拥有革命的技术基础和强大的动力，从而为整个人类教劳结合的实践提供了科学的理论指导。

列宁继承、捍卫和发展了马克思、恩格斯关于教育与生产劳动相结合的思想。他认为，教劳结合是现代大生产的产物，是现代教育的基本特征，是培养全面发展的社会主义新人的重要条件，因此，应把教育教学和社会生产劳动紧密结合起来，包括教育教学的目的、内容、方法与社会生产劳动的紧密结合和教育过程与生产过程的紧密结合以及实施综合技术教育。他认为，在资本主义制度下，教育与生产劳动是脱节的，学校完全变成了资产阶级统治的工具，浸透了资产阶级的等级思想，它的目的是为资本家培养恭顺的奴才和能干的工人。而社会主义国家的学校，其目的在于培养能够最终实现共产主义的一代人。必须把教育同生产劳动结合起来，使正在成长的年青一代真正理解马克思关于"体力劳动是防止一切社会病毒的伟大的消毒剂"的深刻含义，逐渐杜绝人们厌恶劳动的旧思想。

列宁认为，没有年青一代的教育和生产劳动的结合，未来社会的理想是不能想象的：无论是脱离生产劳动的教学和教育，或是没有同时进行教学和教育的生产劳动,都不能达到现代技术水平和科学知识现状所要求的高度。因此,学校应该让全体儿童无一例外地都参加必要的生产劳动。他说,为了使普遍生产劳动同普遍教育相结合,显然必须使所有的人都担负参加劳动的义务。为了反对当时俄国民粹主义者尤沙柯夫等人只有穷人须参加劳动的空想计划,列宁提出,应建立统一的劳动的普及义务学校,在这种学校里,既要讲授有用的知识,也要让全体学生劳动,要对16岁以下的全体男女儿童实施免费的义务的普及的综合技术教育(即从理论上和实践上熟悉一切主要的生产部门),使教育与儿童的社会生产劳动密切结合起来,既反对脱离生产劳动的注入式教育,也反对学校用生产劳动代替儿童的知识学习。只有用现代科学技术和现代生产实践的知识充实年青一代的头脑,才能使他们掌握现代生产过程的基本原理和基本生产技能,以适应现代生产的需要。

毛泽东在长期的革命斗争与建设实践中,力图运用马克思主义教劳结合原理探索适合中国国情的教劳结合内容和形式。早在1919年12月,在《学生之工作》一文中,他就强调要"一边读书,一边工作",实行"半耕半读"。[①] 1921年,毛泽东在湖南自修大学的组织大纲中宣称:教育应"求知识与劳力两阶级之接近,应注意劳动",并将学员参加劳动、脑力劳动与体力劳动相结合、知识分子接近劳动阶级等内容纳入大纲,定为学校的教育指导方针。[②] 1934年,在第二次全国苏维埃代表大会上,他提出:苏维埃文化教育的总方针"在于使教育与劳动联系起来"。[③] 在延安时期,他要求各级各类机关、学校和部队,一面学习,一面生产。

新中国成立以后,毛泽东高度重视教劳结合的问题,并始终将着眼点放在通过教劳结合培养全面发展的人才进而为社会主义革命和建设服务上。1957年2月,在最高国务会议第11次(扩大)会议上,他提出:"我们的教育方针,应该使受教育者在德育、智育、体育几方面都得到发

[①] 孙喜亭:《试论毛泽东关于教育与生产劳动相结合思想的特定含义》,《江西教育科研》1996年第6期。

[②] 中央文献研究室:《毛泽东年谱(1893—1949)》,中央文献出版社2002年版,第86页。

[③] 毛泽东:《中华苏维埃共和国中央执行委员会与人民委员会对第二次全国苏维埃代表大会的报告》,《毛泽东同志论教育工作》,人民教育出版社1958年版,第15页。

展,成为有社会主义觉悟的有文化的劳动者。"① 是年8月,在视察天津大学时,他说:"高等学校应抓住三个东西:一是党委领导;二是群众路线;三是把教育和生产劳动结合起来。"② 1958年春,毛泽东再次重申,教育必须同生产劳动相结合,"劳动人民要知识化,知识分子要劳动化"。③ 其后,他还发表一系列讲话,鼓励各级各类学校因校制宜开展丰富多样的教劳结合实践。

邓小平在新的历史时期,根据国际国内经济和科技发展的形势,对教劳结合的含义作了本质性的揭示,并赋予其新的思想内容。首先,他创造性地发展了马、列关于社会发展阶段的理论,明确提出"社会主义初级阶段论",即在我们这样一个经济文化比较落后的国家进入社会主义以后,必须经历一个初级阶段,这个初级阶段不是泛指而是特指的,我们干一切事情都必须从这个最大的也是最基本的国情出发。这一思想的提出,澄清了一系列大是大非的理论问题。它使过去在一定程度上离开了历史唯物主义和科学共产主义理论的社会主义运动重新回到了健康科学的轨道上来,把超越了的历史拉回到原来应居的位置,从而为我们科学解读马克思主义的教劳结合原理提供了一个光辉的思想范式和认识论武器。

其次,他对教劳结合在社会主义建设时期的内涵作了全新的揭示。1978年4月,他提出,教育事业必须同国民经济发展的要求相适应,制订教育规划应与国家的劳动计划结合起来,切实考虑劳动就业发展的需要。1987年4月,他再度强调指出:要把教育同生产劳动相结合作为新时期教育改革和发展的根本方针之一,必须认真研究在新的条件下,如何更好地贯彻教育与生产劳动相结合的方针。他强调的教劳结合,其主要精神有两个,一是教育事业与国民经济发展的要求相适应,二是教劳结合应该在内容和方法上不断有新的发展。④

以江泽民、胡锦涛和习近平为总书记的党中央几任领导集体,在新的历史条件下,继承和丰富了教劳结合的思想,在不同场合和时间,一再重

---

① 腾纯:《毛泽东教育活动纪事》,湖南教育出版社1993年版,第293页。
② 中国教育年鉴编辑部编:《中国教育年鉴(1949—1981)》,人民教育出版社1988年版,第688页。
③ 毛泽东:《毛泽东选集》(第5卷),人民出版社1977年版,第408页。
④ 邓小平:《在全国教育工作会议上的讲话》,1978年4月22日,人民网-中国共产党新闻网,2014年9月10日。

申要加强教育与生产劳动相结合,并进一步提出教育与社会实践相结合,培养社会主义建设者和接班人,从而将教育方针的思想内容推向一个新的高度。从1992年党的十四大到2017年党的十九大,从1995年《中华人民共和国教育法》的第一次公布到2015年《中华人民共和国教育法》的第二次修订及其公布,党和国家关于教劳结合的方针一以贯之。教劳结合既是我国教育方针的一项基本内容,又是坚持社会主义教育方向的一项基本原则。

总而言之,马克思、恩格斯、列宁、毛泽东、邓小平等关于教育与生产劳动相结合的理论,内容十分丰富和深刻。它是马克思主义教育学说的一个重要组成部分,是我国社会主义教育方针重要的思想武器和理论指南,是科学的真理。20世纪下半叶以来,世界各国越来越重视对这一原理的研究,不少国家把教劳结合作为教育方针政策的一个重点和主要内容。1981年,在日内瓦召开的第38届国际教育大会把教劳结合作为会议的两大主题之一。这次大会最后通过的唯一的一项建议书提出,在学校教育中增加生产劳动的内容,以促进学生体力、情感、智力和道德方面的和谐发展,使他们懂得不同种类工作的社会和经济价值,并教育他们在提高自己本领的同时尊重劳动人民,为促进各国的经济文化建设和社会发展作出贡献。可见,教育与生产劳动相结合已演绎为全人类的共同思想财富。

(二) 教育与生产劳动相结合思想的科学定位

中国共产党建立之初,就把教劳结合作为指导教育工作的重要思想,经过近百年的实践和发展,特别是新中国成立以后,教劳结合已成为我国教育方针的一项基本内容,成为坚持社会主义教育方向和原则的一项基本措施。但是,在相当长的一段时间内,既有成功的经验,也走过不少弯路,有不少教训值得记取。特别是1958年毛泽东同志提出"两个必须"以后,由于受极左思潮的影响,对教育与生产劳动相结合作了形而上学的理解,致使两者的关系出现了严重的扭曲。

一是从小生产的观点出发,以过多地参加笨重的、落后的工农业生产劳动取代教育与生产劳动的结合,在"文化大革命"中,甚至将劳动作为整人的手段,用原始粗笨的体力劳动折磨广大的师生员工,不是组织师生下厂下乡,就是自办工厂和农场。二是把教劳结合的问题提高到政治原则的高度,作为社会主义教育的根本特征之一。本来,教育与生产劳动相结合是现代教育与现代化大生产的内在要求，是现代社会的必然趋势，但在我国却成了革命与否、突出政治与否的外在试金石与分水岭，其基点完全偏离了马克思主义创始人所提倡的教育与生产劳动相结合的初衷和原旨。三是背离国情，超越阶段，将教劳结合作为培养"全面发展的人""会做一切工作的人"以及消灭人与人之间的分工、消灭脑力劳动与体力劳动之间的差别、使人类进入共产主义的指导方针，造成许多灾难性的后果。

1978年以后，有人提出异议，认为它不是马克思主义的教育原理，而仅仅是马、恩针对当时资本主义社会的生产和教育状况以及未来社会的设想而讲的一些语录，不能作为我国教育方针的基本内容。但这种声音很是微弱，很快就被当时占主流地位的声音所淹没。因此，新教育方针的表述中还是保留了教劳结合的基本内容。现在看，这个问题还可以重新认识。一是在理论上应该给它一个科学的定位，要搞清楚：教劳结合是马克思主义经典教育原理，还是远远超出教育学的理论范畴，是整个马克思主义的一个基本原理？二是在实践中应该正确把握和处理马克思主义教劳结合的思想与我国教育方针之间的关系，要搞清楚：教劳结合是我国教育方针的理论基础和指导思想，还是我国教育方针的基本内容？

众所周知，马、恩关于教育与生产劳动相结合的一些观点，散见于其经济学和哲学等著述之中。但决不能由此下结论说，教劳结合不是他们的基本思想，而仅是一些只言片语。无论从教劳结合所产生的思想渊源和现实基础来看，还是从马克思主义经典作家的一系列论述来看，教劳结合都是他们一以贯之的思想，而非一时一地的讲话。同时，在马、恩的一系列著述中，教劳结合也不单纯是一个教育学的问题，而且也是一个更广泛的哲学、社会学和经济学的问题，是一个重大的科学社会主义理论的问题。马克思、恩格斯毕其一生，对这个问题都始终十分关注，他们不仅从教育的角度研究了它，而且也从经济的、生产的、社会发展的角度研究了它，这既是他们所生活时代的一个现实的问题，也是他们关于未来共产主义的一个理想问题。教劳结合的思想和人的全面发展学说一样，或者作为其人的全面发展学说的一个组成部分，在马克思主义理论中占有十分重要的地位。虽然马克思、恩格斯都不是专门的教育家，不能要求他们从纯粹教育学角度来阐述教劳结合的问题，但这并不影响他们作为一个职业革命家和思想家站在社会发展的全局对教劳结合所作的居高临下的哲学式的审视和论述，乃至从经济学和科学社会主义的角度赋予其更为丰富的内涵和意义。

系统的文献检索与分析显示，马克思主义经典作家关于教劳结合的论述，主要分散于《资本论》《共产党宣言》《哥达纲领批判》《〈政治经济学批判〉导言》《临时中央委员会就若干问题给代表的指示》《关于现代社会中普及教育的发言记录》《共产主义原理》和《反杜林论》等著述。然而，将这些"语录"联系并荟萃起来，做一番梳理工作，特别是结合其上下文及其语境分析，明显可以看出，是一个完整的思想体系，它们准确充分地反映了马、恩教劳结合的基本思想和主张，既是马克思主义关于教育的一条基本原理，是其教育思想的基本内容，更是整个马克思主义的一条基本原理，是马克思主义的哲学、政治经济学和科学社会主义理论的一个有机组成部分。

换言之，作为马克思主义理论的一个基本命题，马克思、恩格斯分别从经济学、哲学、教育学乃至科学社会主义等不同视角阐明了教劳结合深广而丰厚的意涵。它不仅是培养和造就全面发展新人的一种方法和途径，而且也是一种理想和境界，不仅标刻着人类进步的时代，而且也反映了人类社会本质和内涵衍化的水平，反映了世界发展的潮流和普遍规律。他们认为，在现代社会，包括当前的资本主义社会和未来的社会主义社会，无论是教育与生产劳动的结合，还是生产劳动与教育的结合，其目的都在于促进社会生产力的发展和人的全面发展。马克思说："没有年青一代的教育与生产劳动的结合，未来社会的理想是不能想象的"，① 教育与生产劳动相结合，"不仅是提高社会生产的一种方法，而且是造就全面发展的人的唯一方法"。②

综合马、恩在不同时期不同著作中关于教劳结合的论述，其基本观点如下：第一，教育与生产劳动相结合是在资本主义制度下抵制把工人变为积累资本的简单工具的一种必要的抗毒剂，是改造资本主义社会、培养共产主义新人的手段；第二，教育与生产劳动相结合不仅是现代大工业生产发展的要求和提高社会生产力的一种有效手段，而且是造就全面发展新人的唯一途径和方法；第三，教育与生产劳动相结合必须以消灭旧的分工为

---

① 《马克思恩格斯全集》（第 3 卷），人民出版社 1972 年版，第 220 页。
② 《马克思恩格斯全集》（第 23 卷），人民出版社 1972 年版，第 530 页。

前提和目标，以大工业生产的技术为基础，以现代化的教育和现代化的物质生产劳动为内容，以普遍的教育和普遍的劳动为保障条件；第四，无产阶级夺取政权以后，必须实行教育与生产劳动相结合。总之，马克思主义的教劳结合思想，根植于资本主义社会现实，指向于共产主义未来；既为在资本主义制度下饱受剥削和摧残的童工争取受教育权，又把它作为无产阶级胜利后社会主义制度下教育的一个普遍原则；既表明它是现代化大工业生产的必然要求和提高社会生产力的一种方法，又把它作为改造旧社会、培养全面发展新人的唯一方法。

但是，如前所述，这些基本观点都是经过缜密的科学论证和逻辑推导、以历史唯物主义为支点、以科学社会主义理论所揭示的资本主义制度终将为社会主义制度所替代的人类社会发展趋势为基础而提出的对未来社会教劳结合的预想。同样，他们对未来社会教劳结合的设想也是建立在这样一个理论支架上，即以上述欧美国家为考察对象，以现代社会发展的客观规律为基础，以现代教育和现代生产劳动的本质特点为依托而提出来的。两者思维的出发点是同一的，都是从现代唯物主义的视角提出的一个严肃的科学社会主义命题。而20世纪初叶和中叶，俄国革命和中国革命的相继成功，使这两个生产力比较落后的国家直接跨越资本主义的"考夫丁峡谷"，过渡到社会主义。这种情况虽然在马、恩晚年所提出的东方社会理论也即第二种方案中有所表述，但它仅仅是一个地域性、地缘性的命题，是科学共产主义运动史上的一个特例，而不具有普遍性。它与教劳结合理论所赖以产生的大工业生产的现实基础和对未来社会的科学预测不具有同一性，因为两者处于不同的生产力发展阶段，而生产力的发展对社会形态的更替具有更直接的决定作用。

马克思、恩格斯也从来不把生产关系作为衡量社会发展形态及其特征的唯一标尺，他们所指称的未来社会是生产力和生产关系完美统一的高度发达的社会主义社会。他们对未来社会教劳结合的预想也是针对这种发达的社会形态和特定的考察对象而言的。马克思把这种社会形态分为第一阶段和高级阶段，列宁则把马克思所指的第一阶段细分为最初阶段、低级阶段和中级阶段。几十年来，我们对这些科学的论断始终缺乏深入细致的研究，没有能把社会主义社会看成是相对独立的发展阶段，既混淆了社会主义和共产主义发展阶段的界限，也混淆了社会主义较低发展阶段和较高发展阶段及其在不同国家不同地域的区别，以至于把教育方针的理论指南当成了教育方针的内容本身，干出许多急于求成、急于过渡乃至"无异于叫四岁的小孩去学高等数学"的事情来，而且一直没有能跳出理论上要维护它而实践中又行不通的两难怪圈，这大概也就是把教劳结合直接作为教育方针的社会历史根源。

令人欣慰的是，中共十一届三中全会后，邓小平继承和发展了马克思主义教劳结合的光辉思想，以无与伦比的理论勇气明确指出，在我们这样一个经济文化比较落后的国家进入社会主义以后，必须经历一个初级阶段，这个初级阶段不是泛指而是特指的，我们干一切事情都必须从这个最大的也是最基本的国情出发，这就是其著名的社会主义初级阶段论。它使过去在一定程度上离开了历史唯物主义和科学共产主义理论的社会主义运动重新回到了健康科学的轨道上来，把超越了的历史拉回到原来应居的位置，从而为我们准确理解和运用马克思主义的教劳结合原理提供了一个光辉的范式和方法论钥匙。

毋庸讳言，自1958年提出教劳结合的方针以后，我们在这方面进行了持续不断的探索，既有许多宝贵的经验，更为国家培养了一批又一批体脑结合、又红又专的劳动者和理论联系实际的社会主义建设者与接班人。但也走过一些弯路，有不少教训。突出的问题是，脱离基本国情，超越社会历史发展的阶段，不切实际，好高骛远，将教劳结合拔高到培养"会做一切工作的人"、消灭劳动分工和体脑差别的唯一途径。1978年以后，试图拨乱反正、纠正上述极端性做法，但又走向了另一种片面性，即重视理论知识的教育，轻视社会实践，忽视生产劳动，片面注重升学率，注重应试教育，结果又造成新的教育与生产劳动的脱节。为什么经过这么多年反反复复的探索和实践，就始终找不到一条正确的符合我国实际的教劳结合的有效途径呢？原因是多方面的，但最根本的一条，就是我们对马克思主义教劳结合的基本思想作了形而上学的庸人式的理解，把本属于基本原理或科学规律的东西当成现实性和可操作性很强的教育工作方针，把教劳结合这样一个哲学、经济学、科学社会主义多维聚焦的命题窄化为一个纯粹教育学的命题，把制定教育方针的理论指南当成教育方针的内容本身，把两者搞混了。

如前所述，马克思主义的教劳结合思想建基于对资本主义发达的生产力与其落后的生产关系不可调和矛盾的客观分析，他们所预想的未来社会是生产力和生产关系高度统一的社会主义社会，列宁将这一社会分为初、低、中三个阶段，邓小平则创造性地提出中国正处于社会主义初级阶段的思想，经过江泽民、胡锦涛、习近平几任领导集体的丰富和完善，逐步形成了我国社会主义建设"三步走""两个一百年""中国梦"等完整的思想体系。长期以来，我们在教劳结合方面一直缺乏上述理论视野，脱离实际，不注重研究在社会主义不同的发展阶段教劳结合的性质与区别，干了不少错事、想当然和急于求成的事。

因此，科学理解现行教育方针关于教劳结合的提法，恢复其马克思主义教育原理和我国教育方针理论依据和指导思想的本来面目，准确定位其在我国教育方针中的内容含义，是解决教劳结合这样一个历史性难题的不二选择和最佳办法。一方面，我们已进入社会主义社会，也就是马、恩所讲的"未来社会"，应严格遵循他们的思想路线，毫不动摇地将教劳结合作为我国教育的指导方针，始终不渝地坚持教劳结合的原则、贯彻教劳结合的方针；另一方面，又必须清醒地认识到，我们还处在社会主义的初级阶段，生产力还不很发达，生产方式也还需进一步完善，除了教育发展与国民经济及社会发展相适应以外，教劳结合的思想内容、方式方法等都应该围绕培养社会主义建设者和接班人、基于现实国情，不断有新的创造和发展，不能随意拔高。

应综合运用马克思主义关于社会发展和教劳结合的思想，科学揭示我国社会主义生产方式和教育活动的现实特征，以新中国成立70年教劳结合的实践为基础，认真总结经验教训，分析成败得失，从弘扬社会主义核心价值观、以劳动托起中国梦的高度，充分认识推进教育与生产劳动相结合的重大意义，将全面贯彻教劳结合的方针与实现中华民族伟大复兴的总方略统一起来，准确把握马克思主义经典作家教劳结合思想的丰富内涵，积极开展在新的历史条件下教劳结合的本土化实践，加快马克思主义教劳结合理论的中国化进程，探索中国特色的教育与生产劳动相结合的道路。

应以造就全面发展的人才和促进社会的全面进步为根本目的，积极开展在社会主义建设新时期教劳结合的新探索。各级各类教育，特别是学校教育，应根据自身性质和特点，采取切实可行的措施，组织丰富多样的活动，寻求教劳结合具体的途径和方法。应"在学生中弘扬劳动精神，教育引导学生崇尚劳动、尊重劳动，懂得劳动最光荣、劳动最崇高、劳动最伟大、劳动最美丽的道理，长大后能够辛勤劳动、诚实劳动、创造性劳动"。① 应将着眼点放在引导受教育者以劳动者的角色认同和定位、积极参加不同层面的生产劳动中，让他们通过参加生产劳动，加深对劳动过程的了解，提高对劳动人民的认识，增进对劳动人民的感情，培养劳动精神，形成劳动习惯，掌握劳动技能，尤其是熟悉和掌握现代生产劳动的原理、程序、技术，并强化劳动创造一切的意识，走与劳动人民相结合的道路。

四 教育与社会实践相结合

社会实践（social practice）是一个广泛的概念，涵括了人类的一切实践活动，系指人类认识世界和改造世界等各类活动的总和，即人类为了自身的生存和发展所进行的适应自然、改造自然的全部活动。其涵盖十分宽泛，按照马克思的说法，人的本质在其现实性上是一切社会关系的总和，因而人的所有活动都是实践，人的所有活动都属于社会实践。在人类历史的进程中，初始的实践是生活实践，即人类祖先为适应周围自然的条件和环境、谋求自身的生存和生活、获得种族的繁衍和发展而从事的活动，继而产生了防病、治病的医疗实践和哺育、影响后代的教育实践，其后，随着人类智慧的发展和生产工具的制造，才逐渐有了生产劳动，进而随着生产力的发展，产生了其他社会实践，包括独立的科学研究和教育实践。随着生产的发展和社会的进步，实践的内容和形式日益丰富多样，既包括生活实践、生产实践、政治实践、科学实践，也包含法律活动、道德活动、宗教活动、管理活动、教育活动、文化活动、艺术活动、体育活动乃至社会调查、人际交往、公共服务等一切同客观世界相接触的目的性活动等。诚如马克思所说，全部社会生活，无论物质生产还是精神生产，归根结底都是实践的。

（一）马克思主义的社会实践观

实践思想，是马克思主义的核心思想，在马克思主义的理论体系中具

---

① 张烁：《习近平在全国教育大会上强调坚持中国特色社会主义教育发展道路，培养德智体美劳全面发展的社会主义建设者和接班人》，《人民日报》2018年9月11日。

有十分重要的地位。马克思主义经典作家关于社会实践的观点有三个要义：第一，实践是认识的来源；第二，实践是认识发展的根本动力；第三，实践是检验认识正确与否的唯一标准。

马克思主义的社会实践观内蕴丰厚、外延宽广。在《关于费尔巴哈的提纲》一文中，马克思指出，人类的实践包括物质资料的生产、精神资料的生产和生命的生产三个方面，进而衍生出物质交往（生产力的交往）、精神交往（脑力的、政治的、宗教的活动）、人际交往（家庭的自然关系与社会关系的发生）三种交往形式。[①] 物质资料的生产，即满足衣、食、住以及对其他东西需要的生产，是改变自然、迫使自然满足人们物质生活需要的生产活动，它决定着其他一切活动，是实践的基础。精神资料的生产，即思想、观念、意识以及同语言文字交织在一起的生产，是以调整和改善人与人之间社会关系为目的的活动，它反作用于物质生产活动和其他社会活动。生命的生产，即自己生命的生产（通过劳动）和他人生命的生产（通过生育），它是物质生产和精神生产得以发生的前提和基础。在《德意志意识形态》一文中，马克思指出，生命的生产，无论是通过劳动而达到的自己生命的生产，或是通过生育而达到的他人生命的生产，表现为双重关系：一方面是自然关系，另一方面是社会关系。在这里，社会关系是指许多个人的共同活动。

在肯定人是社会的产物的同时，马克思又指出，教育是人类社会特有的现象。人不是消极的客体，人是具有实践活动的主观能动性的。遗传素质是人赖以发展的物质基础和前提，而人的遗传素质存在着个别差异。社会环境与教育对于人的形成和发展固然有作用，但人是作为认识活动的主体而加入环境与教育影响过程的。教育也好，环境也罢，都统一于人的社会实践。"有一种唯物主义学说认为，人是环境和教育的产物，因而认为改变了的人是另一种环境和改变了的教育的产物，——这种学说忘记了：环境正是由人来改变的，而教育者本人一定是受教育的。因此，这种学说必然会把社会分成两部分，其中一部分高出于社会之上（例如在罗伯特·欧文那里就是如此）。环境的改变和人的活动的一致，只能被看作是

[①] 中共中央马克思恩格斯列宁斯大林著作编译局：《马克思恩格斯选集》（第1卷），人民出版社1972年版，第16—19页。

并合理地理解为革命的实践。"① "哲学家们只是用不同的方式解释世界,而问题在于改变世界。"②

1937年7月,毛泽东发表《实践论》,对马克思主义的实践观与认识论进行了系统的阐发。他指出,社会实践是人类最基本的物质资料的生产活动,是人类赖以生存和发展的源泉,而生产劳动则是最基本的实践,是决定其他一切活动的东西,其他一切活动都是由它派生的。但是,人类的社会实践绝不仅限于生产活动一种形式,还有多种其他形式,如阶级斗争、政治生活、经济生活、科学实验、教育教学、组织管理、伦理道德、宗教信仰、文化艺术等活动。③ 社会实践是人类从自我、自觉走向自由的一切行为与活动,人们实际生活的所有领域和各个方面都属于社会实践。人类社会的发展史,也就是人们的实践活动不断演进、分化与丰富的历史。人自身和人的认识都是在实践的基础上产生和发展的,实践既是世界和万物的创造者,又是社会发展与改变的原动力与推进器。

(二) 教育与社会实践结合的时代要求

20世纪90年代初,在讨论新时期教育方针的表述时,中国教育学会副会长吕型伟等人曾倡言,将"教育与生产劳动相结合"改为"教育与社会实践相结合"。1995年《中华人民共和国教育法》规定新教育方针以后,华中师范大学教授肖宗六等人更进一步建议,生产劳动固然是基本的社会实践,但绝不是全部的实践活动,因而,不能以"教育与生产劳动相结合"代替"教育与社会实践相结合",应该将"教育与生产劳动相结合"改为"教育与社会实践相结合"。

1999年6月,在全国教育工作会议上,江泽民代表党和国家明确提出,"坚持教育为社会主义为人民服务,坚持教育与社会实践相结合"的方针。2000年2月,江泽民发表《关于教育问题的谈话》,着重强调:"不能整天把青少年禁锢在书本上和屋子里,要让他们参加一些社会实践",各级各类学校都要认真贯彻执行教育方针,强化教育为社会主义事

---

① 中共中央马克思恩格斯列宁斯大林著作编译局:《马克思恩格斯全集》(第3卷),人民出版社1972年版,第4页。

② 同上书,第6页。

③ 毛泽东:《实践论》,载《毛泽东选集》(第1卷),人民出版社1951年版,第21页。

业服务、与社会实践相结合。①

2002年11月,江泽民在中国共产党第十六次代表大会报告《全面建设小康社会,开创中国特色社会主义事业新局面》中正式提出,要全面贯彻党的教育方针,"坚持教育为社会主义现代化建设服务,为人民服务,与生产劳动和社会实践相结合,培养德智体美全面发展的社会主义建设者和接班人"。② 2010年7月,中共中央、国务院发布的《国家中长期教育发展规划纲要(2010—2020)》进一步确认和强化了这个方针。2015年12月,国家主席习近平批准公布(主席令第三十九号)修改后的《中华人民共和国教育法》,将其载明于第一章《总则》第五条,从而完成了中国共产党关于教育的指导原则上升为全国人民的教育意志、党的教育总政策升格为国家的法规条文、党的教育方针升华为国家的教育方针的法律程序,实现了党和国家教育方针的统一。

需要特别指出的是,社会实践有多种含义,不同的学科对它有不同的解释。随着人类社会的不断发展,实践的内容和形式越来越多样,社会实践的内涵也日益丰富,不仅包含生产劳动、政治活动、科学实验,还包括生活实践、管理实践、文化实践、艺术实践乃至社会调查、公共服务等,甚至包括教育实践自身。其中,生产劳动仍然是最重要的社会实践,它与社会实践是一种包含而不是并列关系。哲学上的社会实践,涵指人类认识世界、利用世界、享受世界和改造世界等各种活动,教育活动、生产劳动以及教育与生产劳动相结合的社会活动都包括在内,都是社会实践活动。也正是基于此,有人提出,"教育与生产劳动和社会实践相结合",将"两个结合"并提,虽然内涵更丰富、领域更广泛、程度更深刻,也表明了党和国家对社会实践的高度重视,但在意义上说不通、有语病,在逻辑上不并列、有错误。同时,教育本身也是一种社会实践,或者说教育实践也包含于社会实践之中,那么,该如何厘清其与社会实践的关系?又该如何理解教育与生产劳动和社会实践相结合的教育方针?云云。

这些说法,其思维出发点就值得商榷。作为教育的总政策和总纲领,

---

① 罗建勤:《从"教育与生产劳动相结合"到"教育与社会实践相结合"》,《毛泽东思想研究》2001年第3期。

② 宁波外事学校团委编:《党的十六大报告(中英版)》,宁波外事学校团委2002年版,第64页。

与其他大政方针和法规条文一样，教育方针的研拟和制定，既要发扬学术民主，集思广益，更应准确体现中国共产党的教育意志，体现国家和人民的教育意志，而不能以简单化的语法分析和逻辑推演作任意解读。诚如马克思、恩格斯在《德意志意识形态》中所说："在任何一个时代，统治阶级的思想都是占统治地位的思想。"① 当然，这绝不意味着教育方针的内容可以随心所欲、想怎么定就怎么定，更不能违背教育发展的规律和教育方针特有的规律、违反人类思维及其表达的基本规律。但上述这些说法是有问题的，不仅混淆了社会实践在哲学、教育学等不同学科、不同语言环境里的特指意义，而且也忽视了教育、社会实践等概念在教育学里的窄义、宽义或广义与狭义等区别。

在教育学上，窄义的社会实践侧重于指学校教育之外的实习活动，作为学校教育的延伸和补充，它是教育的一部分，既是教育的内容，也是教育的方法，是学生利用节假日等课余时间参与社会政治、经济、文化、科技生活等具体的教育活动。显然，教育方针所提的社会实践包含它又不限于它，其涵盖远高于它，是宽义的社会实践，即学校教育实践与生产劳动实践之外的其他实践活动。

同样，作为人类社会特有的现象，教育也有广义、狭义、特指义等不同含义。广义的教育，泛指一切有目的地影响人的身心发展的社会活动，即培养人的社会实践活动。但教育学所研究的教育，通常是指狭义的学校教育（有时还专指思想教育、品德教育、政治教育等），即教育者根据一定的社会要求和受教育者的发展规律，有目的、有计划、有组织地对受教育者的身心施加影响，期望受教育者发生预期变化的活动，它与教育方针所提的教育在内涵和外延上是相通的，固然谓指乃至规范各级各类教育，但主要是指学校教育。在这里，（学校）教育、生产劳动、社会实践，三者是并列的，它们围绕着共同的教育目的、指向于一定的教育对象。

新的教育方针将"教育与生产劳动相结合"和"教育与社会实践相结合"并提并重，既重视教育活动与生产劳动相结合，又强调教育活动与其他社会实践活动相结合，不仅给教育事业的改革和发展提供更为科学全面的政策指导，而且也有利于使受教育者做到理论与实践结合、学与用

---

① 中共中央马克思恩格斯列宁斯大林著作编译局：《马克思恩格斯全集》（第3卷），人民出版社1972年版，第52页。

相结合、脑力劳动与体力劳动相结合，有益于强化对受教育者文化素质、科学实验、创新精神和实践能力的培养。一方面，不仅是对几十年一以贯之的教劳结合方针优良传统的继承，具有鲜明的时代特色，充分反映了党和国家在新的历史时期强调什么、导向什么的教育宗旨及关于我国社会主义教育的基本原则和目标导向，而且也完整体现了马克思主义教劳结合和社会实践理论的丰富性，代表了马克思主义教育思想在中国的最新成就。另一方面，不仅有利于规范教育事业的科学发展，而且也有益于引导受教育者逐步做到理论学习与社会实践结合、脑力劳动与体力劳动相结合。

　　首先，要坚持以素质教育为导向，以促进受教者个性的全面发展为宗旨，坚持文化知识学习与思想品德修养的统一、理论学习与社会实践的统一、全面发展与个性发展的统一。优化学生的知识结构，丰富学生的社会实践，不仅要加强教育内容、方法、手段与社会实践的联系，更重要的是要让受教育者接触社会实际，增加接触社会实践的内容和时间。要积极探索和促进各级各类教育尤其是学校教育，在内容、形式和方法方面，如何与相应的社会实践保持有机联系与和谐统一。要创造条件让受教育者广泛接触社会实际，有足够的机会参加劳动锻炼和各类社会实践，着重强化对受教育者文化素质、科学实验、创新精神和实践能力的培养。要结合有关课程教学组织各种参观实习和实验，让受教育者有足够的机会参加劳动锻炼和社会实践，通过参加现代生产劳动和政治、经济、科学、文化以及社会服务等实践活动，进一步优化受教者的知识结构、丰富其社会实践，使他们对最新的科技成果从理论到实践均能了解贯通，进而具有大工业生产基础上产生的社会主义的思想意识和知识、技能。

　　其次，要以马克思主义的社会实践观为指导，不断开拓受教育者的胸襟和视野，鼓励和引导他们着眼于国家民族的未来，面向实践，走进城市，走进乡村，深入基层，扎根于人民群众之中，主动适应社会，在社会实践的大学校中全面锻造自己、砥砺自己，学会动手动脑，学会生存生活，学会做人做事，学会合作交流，学会创造创新，不断提高自身的思想觉悟、道德水平和文化知识水平，综合提升自己的学习能力、实践能力和创新能力，更好地完善和发展自我。要结合课外教学，让受教育者通过深入田野街道，通过与社会实际和人民群众面对面的接触，考察国情民情，了解国计民生，养成劳动观点，强化劳动习惯，增进劳动人民的情感，增强社会责任的意识，提振自己的爱国热情和建设社会主义、实现"中国梦"的信心，努力把自己培养成对国家、对人民、对社会有用的、有所作为的人才。

五　培养德智体美劳全面发展的社会主义建设者和接班人

培养德智体美全面发展的社会主义建设者和接班人，是教育方针的核心内容。它有两层意思：一是培养的人应该是社会主义建设者和接班人，二是"建设者和接班人"必须德智体美等方面全面发展。培养什么人的问题，历来是教育的根本问题，是带有方向性的问题。教育工作、教育事业和教育活动的发展都是以它为出发点和落脚点乃至前进的方向和终极的归属。从根本上讲，能否培养出德智体美等方面全面发展的社会主义建设者和接班人，直接关系到社会主义现代化建设的成败和中华民族的兴衰。任何时代、任何性质的教育，都不能回避这个问题。现时代，还没有哪个国家、哪一个政府（政权组织）说自己办教育是没有目的、没有要求的，只是各自申明的教育目的、教育要求的内容及其表述各各有别而已。

（一）社会主义建设者和接班人

关于"社会主义"，前文已有所论述，作为"建设者和接班人"的限定语，诚如邓小平1980年所说，社会主义是一个很好的名词，但是如果搞不好，不能正确理解，不能采取正确的政策，那就体现不出社会主义的本质，因此，这里从另一角度再作适当论述，以阐明"建设者和接班人"的社会主义特殊性要求。

1. 社会主义

关于"社会主义"一词，在前文"中国特色社会主义现代化"中已有论述，这里再作补充。"社会主义"的概念，最早产生于英国，19世纪70年代传入日本，1902年由梁启超辗转引进中国。在从空想到科学的发展历程中，形成了科学社会主义（又称科学共产主义）、民主社会主义（又称社会民主主义）、国家社会主义（又称拉萨尔主义）几大流派及多种含义。马、恩科学揭示了社会主义的本质，形成了科学社会主义理论。在《共产党宣言》中，他们把除了科学社会主义以外的19世纪中叶欧洲流行的社会主义思潮归纳为反动的社会主义，包括封建社会主义、小资产阶级社会主义和"真正"社会主义、资产阶级社会主义和批判的空想的社会主义等。①

马、恩认为，社会主义社会是自由人的联合体，"代替那存在着阶级和阶级对立的资产阶级旧社会的，将是这样一个联合体，在那里，每个人的自由发展是一切人的自由发展的条件"，②"一切民族，不管他们所处的历史环境如何，都注定要走这条道路，——以便最后都达到在保证社会劳动生产力极高度发展的同时又保证人类最全面发展这样一种经济形态"。③也就是说，人的自由而全面的发展是未来社会的本质特征，社会主义是最大限度地发展个性、促进个人自由全面发展的民主法治社会，是一个充满活力与安定有序相统一的社会。

中国特色社会主义是中国共产党对现阶段发展的纲领性概括，其科学含义是要把马克思主义的普遍真理同本国的具体实际结合起来，重点发展生产力，逐步实现现代化，包括社会现代化与人的现代化。换言之，作为西欧发展的文化产物，马克思主义教育原理传播到中国之后，得到了本土化的继承。其精义就是以"社会"为"主义"，以个体的自由发展与社会的和谐发展为旨归，培养为社会主义现代化建设服务、为人民服务的建设者和接班人。

2. 建设者和接班人

关于人才培养的规格，即将受教育者培养成什么样的人的问题，古今中外有很多说法，概括起来，不外乎培养"自然人""社会人""文化人"几种观点。新中国成立以来，先后也有"全面发展的人才""有社会主义觉悟的有文化的劳动者""合格公民""又红又专的人才""有理想、有道德、有文化、有纪律"的"四有新人"等多种提法。那么，新时期怎么提？前些年讨论教育方针时，多数人主张用"建设者"代替"劳动者"，其理由是"劳动者"长期被片面理解为体力劳动者，而"建设者"既包括脑力劳动者，又包括体力劳动者，"建设者"的提法或许更符合新的历史语境，更具有时代感和使命感。因而，20世纪90年代初公布的教育方针明确提出要培养"建设者"，同时，为了确保教育的社会主义性质

---

① 社会主义，百科名片，http://baike.baidu.com/view/8059.htm。

② 同上。

③ 同上。

和方向，在"建设者"后面又加上"接班人"。

就其积极意义而言，新教育方针关于培养"建设者"和"接班人"的提法，是在更开阔的视野下和更高的层面上对教育目的的审视与限定，充分反映了社会主义现代化建设对教育的根本要求以及教育为社会主义现代化建设服务的基本职能。"建设者"着重就经济建设要求而言，突出教育的经济功能，着重体现了教育在发展社会生产力中的地位和作用，体现了社会主义培养目标的基本特征和原则，覆盖了各级各类人才规格的具体目标，同时也与教育方针的第一部分"教育为社会主义现代化建设服务"相呼应。"接班人"是就政治要求而言，突出教育的政治功能，强调人才培养的社会主义性质和方向。两者和谐地统一在每一个受教育者身上。

关于在新的教育方针中要不要加上"接班人"的提法，八届人大三次会议在审议通过《中华人民共和国教育法》时，对这个问题讨论得十分热烈，最后投票表决，以压倒性多数通过了"接班人"的提法，并在其前面加上了"社会主义事业的"限定词，2002年中共十六大报告直接改为"社会主义（建设者和接班人）"，使其更明确。"接班人"有几种说法：共产主义接班人，无产阶级革命事业接班人，社会主义事业接班人，社会主义接班人等。这些提法都不错，但联系到新时期党和国家改革开放的总方针和总任务，以提培养"社会主义接班人"最为科学而精准。共产主义作为一种社会制度，还是相当遥远的事。无产阶级革命事业主要指推翻资产阶级统治，建立人民政府，这个任务早已完成。当前的中心任务是坚持"一个中心，两个基本点"的总路线，集中精力搞好社会主义现代化建设，所以，培养"社会主义接班人"不仅十分重要，而且也非常必要。

从教育的生产性来看，培养有社会主义觉悟的有文化的劳动者的提法是科学的。但是长期以来，在极"左"思潮影响下，把劳动者理解为工农群众，而将知识分子和其他人民排斥在外，不仅挫伤了广大人民群众的积极性，而且延误了现代化建设的进程，既违背社会发展的规律，更违背教育发展的规律。因此，新的教育方针用"建设者"取代"劳动者"，概念扩大了，外延拓宽了，既避免了歧义，含义也更加广泛和全面。它既包括体力劳动者，也包括脑力劳动者，泛指一切参加社会主义现代化建设的合格公民。从教育的阶级性来看，应该培养社会主义事业的接班人。在阶级社会中，政治上、经济上占统治地位的阶级总是按自己的意志培养人的。社会主义教育理所当然地要培养具有坚定政治方向的接班人。建设者也好，接班人也好，它们在本质上是一致的，就是要培养又红又专、德才兼备的社会主义人才。这样的提法，不仅确立了人才培养的社会性质、社会地位、社会价值和社会要求，而且也反映了现行教育方针及其培养目标崭新的时代特征。

当然，也有不同的看法。有人认为，"劳动者"与"建设者"并没有实质性差别，因为就其原义而言，它们都包含了体力劳动者与脑力劳动者，"劳动"一词本身就合指体力劳动和脑力劳动。从这个意义上说，"劳动者"的提法或许比"建设者"的提法更直接更顺畅。至于人们习惯偏重于把"劳动者"当体力劳动者理解，那只要重新纠正一下、给以科学的解释就行了。至于"建设者"和"接班人"，分属于不同层次的培养对象和培养目标，新教育方针将它们并列并提，也许就其出发点而言，是要从经济建设与政治建设的双重角度反映社会主义现代教育的特质及其对人才培养规格的统一要求。但由此而产生的歧解或误导，可能是教育方针的制定者所始料不到的。

首先，在同一个教育方针表述的教育目的中，对人才培养规格，用"建设者"和"接班人"两种提法，是否意在说明教育的培养对象、目标与结果，也即培养出来的人，一部分人将成为"劳心"的白领、金领阶层，是接班人；另一部分或更大一部分人则要充当"劳力"的蓝领、灰领、黑领阶层，是建设者？其次，如果把"建设者"和"接班人"当作一个整体的两个方面加以理解，也就是说，对于受教育者个体而言，要成为又红又专、德才兼备的"建设者"和"接班人"的和谐统一体，那对"建设者和接班人"前面的限定语"德智体美等方面全面发展的社会主义"又该如何解释？一是"德智体美等方面全面发展"是不是已包含了德才兼备？二是"社会主义"是不是也已包含了又红又专？三是"建设者"是不是纯粹指"专"、指"才"，"接班人"是不是单纯指"红"、指"德"？当初废止"劳动者"的口号而代之以"建设者"的提法，为的就是要避免误解，如今在"建设者"后面添上一个"接班人"，又易产生新的误解，用新误解代替旧误解，显然是不合适的。

当然，如果把"建设者"和"接班人"当作同一概念或同一关系，两者只是角度和提法不同而已，内涵相互包容，外延完全重合，提一个足以涵括另一个，那么两者相加或并提，无非是在强调培养的人才，既要是

"建设者",又要是"接班人"。事实上,"建设者"和"接班人"也是可以互换互代的,我们培养的"建设者",理所当然是"德智体美等方面全面发展的社会主义建设者",既包括物质文明的现代化建设者,也包括精神文明的现代化建设者,泛指一切参加社会主义国家建设的合格公民,"接班人"当然也囊括在内。同时,"接班人"不仅是一个政治学概念,而且也是一个较为宽泛的人类学、社会学和教育学概念,与教育活动有特殊的相联,因为人类社会的延续、社会生活的发展,均需要经过教育训练的下一代去接替,这是历史发展的规律。从这个意义上说,"接班人"这个概念在时空上具有最大的广延性,"建设者"无疑也包含其中。

(二)德智体美劳全面发展

德智体美劳全面发展有几层意思、多种理解。从教育学的角度看,既指受教育者品德、智力、体质、美感等方面的全面发展,又指对受教育者施加的德育、智育、体育、美育等方面全面发展的教育,更指两者的有机结合。多年来,虽然一直有人试图对这两个概念加以甄别分析,但至今仍在混用。因此,有必要运用马克思主义的教育原理,从学理上加以厘清,将人的全面发展与人的全面发展的教育两者既严格区别开来又辩证统一起来。

1. 人的全面发展

人的全面发展(all-round development),既是人类社会共同的价值追求,也是人类一路走来的美好向往,在不同的时期有不同的标准和特点,既有原初低级的全面发展,又有未来社会高级的全面发展,是与人类社会发展始终相伴相随的永恒主题。早在原始的蛮荒社会,人类的始祖或先民们就已产生了对全面的人或人的全面发展的懵懂憧憬和朦胧向往。古希腊哲学家柏拉图从雅典教育中吸取了和谐教育的思想,在他的《理想国》中提出了体智德美和谐发展的主张。14 世纪中叶至 16 世纪末期的文艺复兴运动和十七八世纪的启蒙运动,大张旗鼓地肯定人的价值、人的地位、人的尊严、人的能力,主张以人为本,倡导个性解放和全面发展。19 世纪初,空想社会主义者不但提出了关于人的全面发展的主张和设想,而且还试图通过实验培养全面发展的新生一代。

19 世纪中叶,在批判地吸收别人理论与实践成果的基础上,马克思、恩格斯创立了以科学社会主义为内核的人的全面发展学说。起初,他们主要是从哲学角度探讨人的全面发展，研究人的本质和社会发展规律问题；其后，他们主要是从经济学或政治经济学的角度进一步分析人的全面发展，深刻揭示资本主义社会的私有制生产关系和社会分工造成人的片面发展，现代大工业生产将人的全面发展问题提了出来，也即历史性地提出了人的全面发展的客观要求，进而从根本上揭露了私有制和社会分工导致的片面发展与大工业生产对人的全面发展两者之间的对抗性矛盾；再后，他们主要是从科学共产主义的视野系统阐述人的全面发展，相继发表一系列论述，阐发扬弃人的异化的现实途径，论证无产阶级革命的理想，指明无产阶级的奋斗目标和具体道路，探讨人类历史不可逆转的发展趋势。这三个方面虽然角度不同，却有着不可分割的内在联系。前两者是人的全面发展思想的理论基础，后者则是人的全面发展学说的实质和核心。在《资本论》等鸿篇巨制中，马克思将人的全面发展看作是社会发展的目的本身，并定义为社会主义的基本原则和前提条件。他认为，未来共产主义是自由人的联合体，是人的全面发展的社会。可见，人的全面发展问题是马克思主义学说的精髓，是科学社会主义的核心内容，也是共产主义的基本要求和标杆。

（1）全面发展。马克思主义关于人的全面发展学说，理论界的研究和解释有数十个之多，处于支配地位的观点有两种。一种认为，"人的全面发展"是指"实现人的最后解放"，即人的"一切方面的充分发展"；另一种认为，"人的全面发展"是指"人的智力和体力即劳动能力的充分发展"。上述观点从不同侧面对全面发展的内涵作了诠释。综合马克思主义经典作家的有关论述，可以从下面几个层次把握人的全面发展的科学内涵：一是人的心智的全面和谐发展，这是从人的心理素质角度概括的；二是人的身心的全面和谐发展，这是将人的生理和心理素质结合起来把握的；三是个体与群体或集体、个人与社会、个性与群性等之间的协调统一与全面发展，这是将人的全面发展置于更广阔的社会进程和背景中加以考察，是历史地、具体地把握人的全面发展，从而也给世人研究和把握马克思主义人的全面发展学说提供了重要的认识论范本和方法论原则。

值得注意的是，马克思主义关于人的全面发展学说与我国教育方针中全面发展的教育目的、教育内容，其内涵是不完全相同的，不能把两者等同混淆。如前所述，马克思本人除了在政治经济学的范畴内详尽地论述了人的全面发展以外，还从哲学、历史、美学和科学共产主义的多维视角广泛论及这一问题。这表明了马克思使用的这个概念的多重性以及所指对象的丰富多样性。我国教育方针所提的全面发展，主要是从教育学角度讲的。两者视角不同，宽窄不一，是指导与被指导的关系，不能互换互代。前者可以作为后者的理论依据（当然不是全部或唯一的理论依据），后者必须以前者为指导，并与其基本原理吻合；前者内涵丰富、外延宽广，后者内涵较为单一，外延也较窄。如果以前者代后者，则逻辑上不周延；如果以后者代前者，则以偏概全。

从教育学角度来看，人的素质的全面发展包含多种因素。这些因素在结构上具有共同性。无论是古希腊时期的"身心既美且善"，还是现代社会所提出的"个体和谐发展""全面发展"等要求，无一不是出自对个体素质结构发展的考虑，并且得出大体相同的品德、智力、体质、美感等几个基本因素，也即生理、心理两个基本方面的结论。这里着重谈一谈美的发展问题。美感（asthetische/aesthetic），是指由客观对象的审美属性引起的人在感情上愉悦的心理状态，即由感受、知觉、想象、情感、思维等心理功能在审美对象的刺激下交织活动而形成的心理状态。它既以初级的生理快感、痛感为基础，又与高级的审美理性、审美评价、审美愉悦相联系，属于高级的心理体验；既直接反映美的事物的个别属性，又间接反映美的事物的类本质及其之间的规律性联系。概言之，美感包括美的情感、情操、情趣、情意、情性和追求美、感知美、欣赏美、评价美、创造美的能力诸多发展。新教育方针将"美"纳入其中，既补充其在现实教育中的失位，更强调其在我国社会主义教育活动及人才素质结构中的不可或缺性。

德智体美劳是一个多层次、多因素的素质结构。教育方针中关于"德智体美等方面全面发展"的概括，是在深入了解各个层次所包含的因素及其在整体中的地位、作用和相互关系的基础上对受教育者提出的最基本的素质要求。这和我国1982年公布的《中华人民共和国宪法》、1985年公布的《中共中央关于教育体制改革的决定》、1986年公布及2006年和2015年两次修订的《中华人民共和国义务教育法》等法规政策的规定是一致的，与前文关于教育为人的现代化服务（即为提高现代人的素质服务）、为人民服务的要求也是一致的，充分说明人的素质结构的发展及其表现形式的共同性。当然，这并不否认在特定历史时期和特定社会中人的发展所表现出的差异性。这些差异性在于，人的素质结构的发展同什么样的社会要求与社会影响即什么样的教育的结合，表现出一种什么样的发展内容与性质。这就是不同历史时期、不同阶级社会中教育方针所提的德智体美劳等方面全面发展之间存在质的区别的原因。

（2）个性发展。关于个性发展的问题，理论界有几种说法。一说认为，全面发展包含了个性发展，马克思主义的全面发展学说以及我国教育方针中所提的全面发展都包含了个性发展的意思。个性发展，从心理学角度看，是指人格的全面发展，即指个人心态的全面发展；而人的全面发展不仅包括心理面貌，还包括身体素质等方面的发展。二说认为，全面发展与个性发展是并列的，是两个相对独立的概念，是一个问题的两个方面。三说认为，全面发展就是指个性全面发展，是个性的全面发展，个性发展就是全面发展，是全面的个性发展。在苏联的教育学中，个性的全面发展与人的全面发展是同一含义。三种说法各有理据，对实施素质教育、促进个性全面发展不无启发。

需要注意的是，多年来，我们习惯于把全面发展理解成平均发展或均衡发展，不重视受教育者的主体地位，不爱护受教育者的独立人格，不尊重受教育者的个人价值，强调统一要求而忽视个性发展，把促进受教育者的社会化理解成驯服工具化，整个的教育制度、内容、形式和方法等，都是一个模子，往往把有血有肉的受教育者作为实现教育社会目的的工具来塑造，像对待工厂加工的自然物那样，培养的人循规蹈矩有余而个性特色不足。1956年以来，虽也曾多次提过"全面发展与因材施教相结合"，力图以因材施教来弥补全面发展和统一要求之不足。但是，出发点是为了把"因材施教"当作更好地实现"全面发展"（与独立个性相对立的全面发展）或"统一要求"的手段来看待，并非是为了受教育者的个性发展需要。究其根源，它与我国教育重集体、轻个别，重社会、轻个人，重整齐划一、轻个性发展的特点是相关的，与教育方针所具有的社会本位的属性也是分不开的。

人是人类社会的主体，既是人类社会历史剧的剧作者和剧中人，又是它的观众，因而，"人们的社会历史始终只是他们的个体发展的历史"。[①]人的全面发展始终是个体的全面发展。马克思、恩格斯在一切场合提到的

---

① 中共中央马克思恩格斯列宁斯大林著作编译局：《马克思、恩格斯选集》（第4卷），人民出版社1972年版，第321页。

人的全面发展都是指个人或个体的全面发展，即每个社会成员的全面发展，而且是"有个性的个人的全面发展"。概言之，也就是人在才能、品质、身体、情感诸方面发展的普遍性及个人丰富的内在差异性同社会整体发展的协调和统一。可以说，独立个性的发展是马克思主义人的全面发展理论的核心内容，其精义一是指个体的充分和谐发展，二是指个体与社会的协调发展，包括重视人的发展，肯定人的价值，尊重人的个性，维护人的尊严。

个性，是相对于共性而言的一种矛盾的特殊性。按照苏霍姆林斯基的说法："人的个性是一种由体力、智力、思想、情感、意志、性格、情绪等熔成的最复杂的合金。不了解这一切，就谈不上教育。"[①] 就教育的本质而言，就是要促使受教育者个性自由发展，增强其主体意识，提高其个人价值，使其形成开拓精神和创造才能。1944年8月，毛泽东在《致秦邦宪》的信中就曾指出："被束缚的个性如不得解放，就没有民主主义，也没有社会主义。"[②] 1945年5月，在中共第七次代表大会上，针对有些人怀疑中国共产党不赞成发展个性，他明确提出，应"保障广大人民能够自由发展其在共同生活中的个性"。[③] 可见，社会主义的教育方针不仅不排斥个性的全面发展，而且以普遍的个人全面而自由的发展为社会主义社会的理想和社会主义的教育目的。

人是复杂的，每个人的发展可能也是多种多样的，没有一种对所有人的发展都适应的最佳模式，正是这种多样性和复杂性决定了教育的培养目标及其模式不具有唯一性。强调这一点，对于我们这个有数千年封建传统、习惯于把一切都纳入壁垒森严的等级结构中的国家来说特别重要。偌大的中国，不怕培养出一些木讷、不善与人交往但却在研究上确有深邃目光和扎实功底的科学家，也不会不需要博而不够精深却善与人交往的公关和管理人才；最可怕的倒是把受教育者统统纳入一个模子去培养，哪怕是用最美的模型制作，也是可悲的。因此，绝不应抽象地谈论人的全面发

---

① 中国教育学会教育学研究会：《论教育和人的全面发展》，人民教育出版社1982年版，第48页。

② 毛泽东：《致秦邦贤（1944年8月31日）》，载《毛泽东书信选集》，人民出版社1983年版，第239页。

③ 毛泽东：《论联合政府》，载《毛泽东选集》（第3卷），人民出版社1991年版，第1058页。

展，因为任何教育目的最终都要落实和体现在对个体的教育上。受教育者是一个个活生生的人，而不是一伙抽象人的集合体。如果不承认个性，那么人的全面发展也就成了一句空话。特别是在现代社会财富的尺度已经越来越不在于劳动的耗费即劳动时间的数量，而是取决于个人发展程度的情况下，更应防止教育方针所固有的社会本位特质及其负面性，不能将教育为社会发展服务和为个体发展服务对立起来，不能错误地认为发展个性就是提倡个人主义。

全面发展，是指受教育者个体必须在体智德美劳诸方面都得到发展，即个性的全面发展。事实上，由于受教育者是社会的现实的人，他们在社会生活中处于不同的境地，有不同的经历、经验和不同的智慧、品质、兴趣、爱好、价值观念、人生追求，对教育有不同的态度和选择，故而德智体美劳等基本素质在他们身上也就会有不同的形式及其构成与组合，呈现出不同的个人气质和特点，而不会是同一个脸谱、同一副模样。因此，全面发展不能不是个人的全面发展，全面发展的过程不能不是个人的个性形成过程。

个性又有广义、狭义之分。广义的个性指"个人的一些意识倾向与各种稳定而独特的心理特性的总和，即个人的心理面貌"；[1] 狭义的个性指"个人心理面貌中与共性相对的个别性，即个人独有的心理特征"。[2] 无论广义、狭义，强调的都是"独特性"与"个别性"，即"个体最能发挥其自身存在的社会价值的特性"。[3] 个性问题属于每一个人内心的精神世界，属于个体的感受、本意、观点、思想方式和世界观等范畴。个性自由、充分、和谐的发展既是受教育者高层次的需要，也是当今世界教育民主化、个性化、多元化、人道化发展的必然趋势。时代呼唤着个性发展。没有个性是古代人的特征（依赖性），具有个性是现代人的特征（创造性、独立性、责任感）。教育方针的制定和实施，必须准确把握全面发展与个性发展的关系。

当然，强调个性发展并不是指自我中心或个人主义的恶性膨胀，个性化也不是个人至上化。教育方针所提倡的个性是全面发展的个性，所提倡

---

[1] 《中国教育大百科全书·教育》，中国大百科全书出版社 1985 年版，第 289—290 页。
[2] 同上。
[3] 同上。

的个性发展是指人的个性的全面发展,所提倡的个性化是与社会同向的个性化,所指明的个性自由发展是与社会同向的自由发展。承认他人、理解他人、体会他人、关爱他人、尊重他人,既是现代共同体政治学的基本原理,也是教育方针应该秉持的基本原则。应强化使命感和责任感的培养,让受教育者学会与别人、与社会、与自然和谐相处,进而认识自我、实现自我、超越自我,逐步从自在走向自为、从自为走向自觉、从自觉走向自主、从自主走向自由,达至个性的全面发展。

现实生活中,在某些受教育者身上,的确存在着与社会发展需要逆向或异轨的极端个性化要求乃至刚愎自用、特立独行乃至我行我素的个人主义,这是应该坚决防止和杜绝的。但这毕竟是少数人的问题,不能因此而忽视和排斥对广大受教育者独立个性的培养。这是社会主义社会人的个性自由全面发展的应有之义。在实现人的社会化的同时,实现与社会同向的个性化;在统一要求的前提下,把着眼点放在受教育者全面发展的个性上,促使其个性的全面发展,进而把他们培养成具有鲜明个性和创造性的社会主义新人。

2. 人的全面发展的教育

关于人的全面发展的教育的问题,亚里士多德就曾有体、智、德三育之说。马克思在《临时中央委员会就若干问题给代表的指示》中更多的是从经济学角度,即培养合格劳动力的角度来谈这个问题的。他把全面发展的教育概括为心智教育、体育和技术教育三件事,与教育学中所说德、智、体全面发展的教育迥然有别。有关研究表明,马克思在《指示》信中用了一个明显有别于 intellectual education(智育)的词,即 mental education(心智教育),这是有所斟酌和考虑的。因为这个词的概括性和包容性极强,它不仅指智育,而且也包含了德育、美育、情感教育、意志教育、性格教育、世界观教育、价值观教育等一切有关心理和精神方面的教育。这一思维过程及其表达,对突破传统研究的狭隘视野,综合运用经济学、社会学、教育学、心理学乃至其下位的各分支学科的理论思维,对人的全面发展教育概念展开多学科、跨学科的审察,无疑具有十分重要的启发价值。

首先,谈一谈美育的问题,这是新教育方针的一个亮点。美育的思想,古已有之,柏拉图、亚里士多德等人都曾有所著述。到了 18 世纪,康德正式提出美育科目,主张通过审美情感教育,将认识和实践统一起来，以解决主、客体之间的矛盾。席勒丰富和发展了康德的美学思想，他发表《美育书简》，主张通过审美教育实现个性自由全面的发展。马克思主义的美学教育理论认为，审美教育是培养全面发展的人的基本条件之一。在我国近现代教育史上，王国维、蔡元培等人均主张将美育列入教育宗旨，以塑造"完全之人物"（王国维语）、养成"健全的人格"（蔡元培语）。早在1951年3月，教育部部长马叙伦在第一次全国中等教育会议上首先提出"使青年一代在德育、智育、体育、美育各方面获得全面发展"的问题，后来走上邪路，将"美"和"美育"与资本主义教育及资产阶级思想画等号，以致几十年中，缺"美"少"美育"，自称是全面发展的教育，却是残缺不全的教育。从这个角度讲，新的教育方针将"美"纳入其中，恢复美育本来的地位和作用，并赋予其对受教育者审美素质要求的时代内涵，具有正本清源的意义。

其次，需着重指出，德智体美劳五育是一个完整的教育整体。为了阐明问题，我们常常把某一方面的教育从整体中抽出来加以具体分析，而在教育实践中，并不存在什么独立的与其他教育相分离的德育、智育和体育。虽然任何一育都有着自己独特的任务和作用，但相互制约、相辅相成、统一发展则是全面发展教育的基本规律。德、智、体、美、劳诸育中任何一育的存在和发展，都是以其他各育的存在和发展为条件，并为其他各育的存在和发展提供前提的，如果不恰当地突出某一育，必然会造成教育的扭曲和畸形。这一点我们是有过深刻的教训的。多年来，我国教育实践中一个十分突出的问题就是对教育方针的理解各取所需，抓一点不及其余，一会儿强调德育，一会儿注重智育，忽左忽右，严重阻碍了对教育方针的全面实施。应该吸取这些教训，坚持德智体美劳全面发展的教育，促进受教育者德智体美劳等方面全面发展。

最后，谈谈如何实施全面发展教育的问题。为了使受教育者在品德、智力、体质、美感、劳动技术等这几个基本素质方面能够得到健康、全面的发展，有必要在通过对其实施德智体美劳等方面全面发展教育的同时，注重研究和改进教育的形式和方法，改革教育教学的内容，促进人的德智体美劳等方面全面发展。如果只强调某一方面的教育，势必单纯发展人的某一方面的素质。比如，智育第一、片面追求升学率等时下的通病，极易造成人的片面发展，这样不仅会削弱甚至损害其他方面的教育，而且会使人的发展片面化和畸形化，那也就没有什么人的全面发展可言了。因此，应促进德智体美劳五育有机融合，综合提高学生素质，培养德智体美劳等方面全面发展的社会主义建设者和接班人。

3. 人的全面发展与全面发展的教育

人的全面发展与全面发展的教育既相联系又相区别。人的全面发展，是人的全面发展教育的目的和结果，是教育方针中有关教育目的的规定；人的全面发展的教育，是实现人的全面发展的途径和手段，是教育方针中有关教育内容的表述。为了实现人的全面发展，就须实施全面发展的教育，两者的位置不容颠倒和混淆。就受教育者个体而言，其内在身心发展的素质结构，必须通过与外部影响的结合，即教育的作用，才能得以形成。所以，人的素质的全面发展，并不等同于人的身心全面发展的教育，它们是两个不同的概念，但又是一体两面、不可分割的概念。

德智体美劳五要素的全面发展，是受教育者所应具备的基本素质标准，是就其自身发展的要求而言的，也即教育活动终极目的的人的素质的全面发展。德智体美劳全面发展的五育，是作为对受教育者施加的教育内容，是指教育单位或学校对教育对象要施行什么样的教育，是教育活动的类型和方式。前者是一个有机的整体，不存在主要和次要的关系，不可以把人的统一的、多方面的发展肢解开来，或人为确定孰轻孰重，只有这五方面素质的有机和谐，才谈得上人的全面发展。后者在任务、内容、方法、主次上各有侧重，但同样不可分割，共同施加于教育对象，协同影响其成长和发展。

如此看来，"德智体美劳全面发展"，有两个基本意思：一是国家、教育单位或学校为了使受教育者素质得到全面发展所施加的德育、智育、体育、美育、劳动技术教育等教育影响，二是受教育者自身素质发展中的品德、智力、体质、美感、劳动技术能力等素质要求。科学的解释是，它们是两者的辩证统一，是人的全面发展与全面发展教育的结合体。在研究活动中，为了论述与操作的方便，可以将它们分开论述，乃至逐一分析，但在教育方针的理论思维中应该将它们作为一个整体，进行综合性的阐述。

令人遗憾的是，迄今为止，官方或学界对这些问题还是缺乏明确清醒的认识，更少见专门的鉴别、研究与说明。前些年，在讨论教育方针的表述时，不少人提出要加强美育，强调要提"德智体美全面发展"，而不能只提"德智体全面发展"，或只提"德智体等方面全面发展"而将"美育"暗含于"等方面"之中，以致忽略美育应有的地位和作用，有的还甚至古今中外地讲了很多理由，说明美育的重要以及教育方针不提美育的缺陷。同时，自从2018年9月10日全国教育大会召开，习近平在会上提出德智体美劳全面发展以来，不少人提出要加强劳动技术教育，强调要"德智体美劳等方面全面发展"，且呼声越来越高。但问题在于，大都将人的全面发展与全面发展的教育两个概念混淆了，明明是针对教育方针末句中的培养目标也即受教育者品德、智力、体质、美感、劳动技术能力素质的全面发展讲的，却又扯到培养内容的美育、劳动技术教育上去，在下意识中将对受教育者施加的教育影响与受教育者自身素质的发展混为一谈，把全面发展教育的目的与全面发展教育的内容及全面发展教育的结果搞混了，没有将两个概念的意涵搞清楚，以致指东说西，含混沿用至今。

结　　语

纵览19世纪末至21世纪初100余年特别是中华人民共和国成立70余年以来教育方针内容的演进，不同时期有不同侧重点和特点。前清和民国的教育宗旨内容较为单一，或强调教育的自身目的，或强调教育的实施内容，或强调教育的社会目的。新中国成立后，赋予教育方针新的涵盖，既有教育的培养目标，又有教育的社会目的，既有教育的主要内容，又有教育的基本途径，还有教育的性质、地位、方向、任务、功能等规定，现已约定俗成为三个要素，即"为谁培养人、培养什么人、怎样培养人"，且作为范本，得到1978年《中华人民共和国宪法》及1995年、2015年《中华人民共和国教育法》的确认和强化。

美国科学史家、科学哲学家托马斯·库恩（Thomas Samuel Kuhn）在研究科学发展问题上，提出一个"范式"概念。他认为，科学革命就是较老的范式被较新的范式所取代。什么叫范式呢？按照库恩的解释，它是包括规律、理论、标准、方法等在内的一整套信念，它为一个时期的科学家集团所共有，是某一学科领域的世界观，它决定某一时期的科学家怎样观察世界、研究世界的方式。持同一范式的科学家组成了一个科学共同体，他们有共同的信念、价值标准和技术等。在库恩看来，一个范式的维持或被取代，与人们的信念有关。当大多数科学家皈依到新范式的阵营，旧范式便自然退居幕后。

在某种意义上，一套价值行为规范（如教育方针）也类似于一个科学范式。一个科学范式有它特有的概念和特有的命题。当然，价值行为规范与科学范式终究还有些不同。科学范式主要是一种理解世界的方式，它的功能是认识性的，价值行为规范则既有认识功能，又有实践规范与评价功能，它提供了一套行为的指令，任何一套价值行为规范最终都要落实到对行为的指导，教育方针亦在例内，它是认识规范和行为规范的统一。[1]

---

[1]　参见周农建《价值逻辑》，湖南人民出版社1999年版，第82—104页。

因此,开展对教育方针的元认识和元研究,不仅有助于指导教育方针的制定和实施,而且也有利于指导教育方针的评价、分析、调适等活动过程,进而为根据时代的特征和要求构架新的教育方针内容及其组合范型提供科学的研究基础。

人类社会之初,既没有农业,也没有农作物。在采食植物的过程中,人类逐渐发现某些植物适合食用,这是第一次基因选择。在适合食用的植物中,又发现有一些适合人工种植,这是第二次基因选择。在适合人工种植的植物——比如水稻中,有一些品种产量大、抗虫害、口味佳……所以又被挑出来,这是第三次基因选择。所谓常规稻的培育,其实就是指把这第三次基因选择不断进行下去。后来,用人工杂交来制造优良品种,也就是杂交稻,从而将常规育种差不多做到了极限。现在,人们不用再把两个品种雌雄合体来诞生新品种,而是可以直接对一个品种的基因"动手术",将其欠缺的优势给"补"进去,这就是最前沿的转基因技术,它代表了分子育种的未来方向和趋势。可以说,人类种植水稻的历史就是优化水稻基因的历史。[1]

同样,一部近现代中国教育方针的演进史也是不断完善、丰润的发展史。如果将20世纪前半叶清朝政府和民国政府颁定的三个教育宗旨比作前三次基因选择,那么20世纪后半叶直至21世纪以来中华人民共和国政府颁定的三个教育方针则是从内容到形式将其推向了极致。随着时移势迁,需要对教育方针进行创新性的审视、定位和表述,而作为分子技术之一的转基因技术的研究视角、理论思维及其切入点与突破点,无疑给了我们新的灵感和诸多启示。

奥地利逻辑哲学家路德维希·维特根斯坦(Ludwig Wittgenstein)讲过,透识一个深层且棘手的问题,最为关键的办法是"开始以一种新的方式来思考,这一变化有着决定性的意义,打个比方说,这就像从炼金术的思维方式过渡到化学的思维方式一样",[2] 而当一种思维方式能够从一个意想不到的视角重新审视某个在社会上备受瞩目的话题时,它的力量就

---

[1] 腾讯评论、Topic today:《袁隆平该不该放下杂交水稻》,http://view.news.qq.com/zt2011/zjsd/index.htm。

[2] P. Bourdieu and L. Wacquant, An Invitation to Reflexive Sociology, Chicago: University of Chicago Press, 1992: 1.

会凸显。联系到教育方针的学理思境，一如法国学者皮埃尔·布迪厄（Pierre Bourdieu）在谈及社会学科的发展时所说，目前，它也需要这种思维方式的转换，开展后思性的检视与理论突破，进而运用教育与政策科学的分析框架及其价值分析工具，对其过程和内容进行战略性审视。如前所述，作为一定社会观念形态与制度形态的合金，教育方针受制于并反映一定时期党的总路线及其对教育工作的总要求。同时，作为一种价值行为规范或指令，教育方针又是规范引导各级各类教育政策制定与实施的准则和指南，其内容设定及其约律范围总是随着时势变迁而变化。它集中体现了教育方针的阶级性与人民性、科学性与时代性、规范性与导向性的有机统一。

教育方针既是事关教育发展方向且具有广泛指导性和综合性的宏观政策，又是各项教育基本政策、法律法规的核心和要旨，是规范与引导各级各类教育政策法规制定行为本身的准则、指南或依据，要言之，它是教育政策的政策、教育法规的法规，即元教育政策和元教育法规，它牵涉并影响到整个教育政策法规的制定与实施系统。[①] 同时，教育方针自身的内容也受制于一定的规范和标准，这些标准和规范主要来自于国家、民族、社会和执政党在一定历史时期的总路线、总方针及其对教育工作总的指导思想和要求，它们是制定教育方针的方针，是为元教育方针。教育方针的内容、形式及其制定程序、依据、原则和方法等都要受其影响。因此，研究教育方针的内容，不能就事论事，否则就是无解的，也是找不出科学答案或结论的，因为教育方针作为一种价值行为规范或指令，其内容设定或约定（包括结构形式）总是因时势和主体的变迁而发生变化的。

自 1965 年 12 月保罗·朗格朗提出终身教育（lifelong education）理念以来，作为一种普遍的教育原则，越来越多的国家将其作为教育发展的指导方针和基本政策。1993 年 2 月，《中国改革和发展纲要》首次将终身教育纳入党和国家的法规文件。[②] 1995 年 3 月公布和 2015 年 12 月修订公布的《中华人民共和国教育法》都规定：适应社会主义市场经济发展和社会进步的需要，推动各级各类教育协调发展、衔接融通。2002 年 11 月、

[①] 张金马：《政策科学导论》，中国人民大学出版社 1992 年版，第 31—32 页。

[②] 《中国教育改革和发展纲要》，http://www.eol.cn/article/20010101/19627.shtml.

2007年10月、2012年11月、2017年10月,党的十六大、十七大、十八大、十九大一再强调,要办好各级各类教育,完善终身教育体系,建设学习型社会,促进人的全面发展。① 2010年7月发布的《国家中长期教育改革和发展规划纲要（2010—2020年）》和2017年1月发布的《国家教育事业发展"十三五"规划》也都明确要求,促进学历教育和非学历教育协调发展、职业教育和普通教育相互沟通、职前教育和职后教育有效衔接。②

如果说发轫于20世纪20年代初、形成于20世纪50年代末、沿用了半个多世纪之久、着眼于学校教育（以学校教育为主体）的指导方针,已实现了其时代的符号意义、发挥了特有的功能作用,并且还在完成它的历史使命；那么,在中国特色社会主义新时代,除了继续将现行教育方针作为学校教育总方针、切实贯彻于各级各类学校以外,应该跳出传统的学校教育方针思维,在党和国家的纲领性政策法规文献中适时提出面向现代化、面向世界、面向未来的大教育方针,重新认识终身教育的意义,丰富教育方针的内涵,拓展教育方针的外延,增扩教育方针规制的范围,将学校教育与非学校教育、国民教育与非国民教育以及婴儿教育、幼少年教育、青壮年教育、中老年教育或学前教育与初、中、高等教育及继续教育等统一起来,将"三个面向"作为教育改革和发展的总方针,涵盖各级各类教育,包括全部正规的（formal）、非正规的（non-formal）与不正规的（informal）教育,规范、指导并促进全体人民的全面发展和社会的全面进步。

然而,"历史的悖论是,当人类处在历史之中时,常因陷入其中而不识庐山真面目；当人类走出历史之外时,却又因为历史已成为历史而唏嘘

---

① 《党的十六大报告（全文）》, http://www.ce.cn/ztpd/xwzt/guonei/2003/sljsanzh/szqhbj/t20031009_1763196.shtml；《党的十七大报告（全文）》, http://news.xinhuanet.com/newscenter/2007-10/24/content_6938568.htm；《党的十八大报告（全文）》, http://www.xj.xinhuanet.com/2012-11/19/c_113722546.htm；《党的十九大报告（全文）》, http：//news.xinhuanet.com/politics/19cpcnc/2017-10/18/c_1121822489.html。

② 《国家中长期教育改革和发展规划纲要（2010—2020年）》, 教育部门户网站, http：//www.moe.edu.cn/publicfiles/business/htmlfiles/moe/moe_838/201008/93704.html；《国务院关于印发国家教育事业发展"十三五"规划的通知》, 国发〔2017〕4号, 2017年1月19日, http://www.gov.cn/zhengce/content/2017-01/19/content_5161341.html。

不已。如今，我们既在历史之中又在历史之外，我们还可以作为！"① 因此，应系统总结近现代中国100余年教育方针的经验教训，根据国内外教育发展新的走势，冲决旧有的教育方针思想围城，重新审视、准确定位、扼要表述、科学制定教育方针，从而积极规范、引导和促进教育事业的健康发展，这是一个意义重大、影响深远的历史性命题。

需要指出的是，自1983年10月邓小平为北京景山学校的题词公布后，有关"三个面向"的研究每年都有不少。有说它是教育方针的，有说它是教育指导方针的，有说它是教育工作方针的，有说它是教育战略指导方针或战略指导思想的等。其中，尤以肖宗六先生的观点影响为大。② 他认为，"三个面向"不必写入教育方针，因为它是教育发展的战略方向，不是工作方针，云云。

现在看来，需要重新认识。教育的"三个面向"是根据党和国家新时期的总线路、总任务、总方针而提出的教育发展的战略方向，既是社会主义现代化建设对教育的客观要求，也是教育改革发展总的指导方针。从其文字来看，短短16字（不含字符），句式统一，结构严谨，表意畅达，一气呵成，便于记诵，便于理解，便于实施，足可与文化艺术界"百花齐放，百家争鸣"的"双百"方针相媲美。从其内容来看，它是教育目的与内容、教育原则与方法、教育性质与地位、教育方向与任务的统一。三句话，三层意思，如"金字塔"之三面，互相关联与补充，综合反映了教育方针的本质特征。但是，作为领袖人物的一个题词，它还不是党和国家颁行的教育方针。

因此，应按照依法治教的要求，通过一定的组织和法律程序，创造性地运用辩证唯物主义和历史唯物主义的理论思维，将邓小平1983年所题写的"教育要面向现代化，面向世界，面向未来"确定为教育总方针，将现行教育方针确定为学校教育总方针，分别载入《中华人民共和国宪法》《中华人民共和国教育法》等大法，繁荣教育方针的学术研究，促进教育事业的健康发展，逐步完善中国特色的教育方针政策体系，进一步开辟中国特色的社会主义教育发展道路。

---

① 李建新：《人口变迁、人口替代与大国实力兴衰》，《探索与争鸣》2013年第5期。
② 肖宗六：《也谈新时期的教育方针——兼评张承先、顾明远等同志的教育方针表述方案》，《中国教育学刊》1990年第6期。

进而言之，应该以唯物史观和马克思主义教育思想为理论指导，以近现代中国特别是中国共产党教育方针的演进与发展为研究对象，以中华人民共和国教育方针的理论与实践活动为研究重点，以社会主义现代化国家的大教育方针思维为分析框架，跳脱旧有意识形态的束缚，将政治的敏感性与时代的适切性、历史的真实性与理论的科学性有机统一起来，着重对党在新民主主义革命时期的文化教育总方针和社会主义建设时期的教育方针进行全面考察，发凡探微，兼综条贯，总结经验教训，分析成败得失，进一步深化基础理论研究，从而为党和国家的教育方针活动提供系统的学理支持，应该是当前及今后一个时期我国教育方针研究的方向。

主要参考文献

学术著作类

蔡和森：《蔡和森文集》，人民出版社1980年版。

车树实：《马克思主义教育思想史初编》，广西教育出版社1990年版。

陈独秀：《陈独秀文章选编》（上、中、下册），三联书店1984年版。

陈光：《高举党的教育方针的红旗，巩固与发展教育革命》，江苏人民出版社1959年版。

陈桂生：《教育原理》，华东师范大学出版社1993年版。

陈景磐：《中国近代教育史》，人民教育出版社1983年版。

陈庆云：《公共政策分析》，中国经济出版社1996年版。

陈向明：《质的研究方法与社会科学研究》，教育科学出版社2000年版。

陈佑清：《教育目的论》，湖北教育出版社1994年版。

陈元晖：《中国现代教育史》，人民教育出版社1979年版。

陈元晖：《老解放区教育简史》，上海教育出版社1989年版。

成有信等：《教育政治学》，江苏教育出版社2000年版。

程晋宽：《"教育革命"的历史考察（1966—1976）》，福建教育出版社2001年版。

辞海编辑委员会：《辞海》，上海辞书出版社1980年版。

崔相录：《东方教育的崛起——毛泽东的教育思想与中国教育70年》，河南教育出版社1993年版。

Dan E. Inbar、Wadi D. Haddad、Terri Demsky、Andre Magnen、John P. Keeves：《教育政策基础》，史明洁等译，教育科学出版社2003年版。

邓小平：《邓小平文选》（第2卷），人民出版社1983年版。

邓小平：《邓小平文选》（第 3 卷），人民出版社 1993 年版。

董纯才：《中国革命根据地教育史》（第 1、2 卷），教育科学出版社 1991 年版。

董纯才：《中国革命根据地教育史》（第 3 卷），教育科学出版社 1993 年版。

董孟怀等：《百年教育回眸》，中国经济出版社 2000 年版。

杜学斌等：《思想理论十年风云（1978—1987）》，青岛出版社 1989 年版。

高菊村、刘胜生：《青年毛泽东》（修订本），中央文献出版社 2008 年版。

高奇：《新中国教育历程》，河北教育出版社 1996 年版。

高奇：《中国教育史研究》（现代分卷），华东师范大学出版社 2009 年版。

顾明远：《教育大辞典》（第 1 卷），上海教育出版社 1990 年版。

顾明远等：《中国教育大系——马克思主义与中国教育》（上、下册），湖北教育出版社 1994 年版。

扈中平：《教育目的论》，湖北教育出版社 1997 年版。

郭笙、王炳照：《新中国教育 40 年》，湖南教育出版社 1994 年版。

国家教育委员会计划建设司：《中国教育事业统计年鉴（1994）》，人民教育出版社 1992 年版。

国家教育委员会师范教育司：《教育法导读》，北京师范大学出版社 1996 年版。

国家教育行政学院：《新中国教育行政管理五十年》，人民教育出版社 1999 年版。

国家教育委员会政策法规司：《十一届三中全会以来重要教育文献选编》，教育科学出版社 1992 年版。

郝克明：《中国教育体制改革 20 年》，中州古籍出版社 1998 年版。

郝克明、谈松华：《走向 21 世纪的中国教育》，贵州教育出版社 1997 年版。

郝瑞庭：《教科文的春天——科教文化界的拨乱反正》，安徽人民出版社 1998 年版。

何东昌：《中华人民共和国重要教育文献》，海南出版社 1998 年版。

何东昌：《中华人民共和国教育史》，海南出版社 2007 年版。

吉尔伯特·罗兹曼：《中国的现代化》，上海人民出版社 1989 年版。

江西省档案馆等：《中国革命根据地史料选编》（下册），江西人民出版社 1982 年版。

江泽民：《论有中国特色的社会主义（专题摘编）》，中央文献出版社 2002 年版。

《教育方针学习资料汇编》，江苏人民出版社 1958 年版。

金铁宽：《中华人民共和国教育大事记》（第 1—3 卷），山东教育出版社 1995 年版。

金一鸣：《中国特色社会主义教育研究》，山东教育出版社 1998 年版。

靳希斌：《马克思恩格斯教育原理简述》，北京师范大学出版社 1992 年版。

瞿葆奎：《教育学文集——教育目的》，人民教育出版社 1989 年版。

康敏庄：《和同学们谈谈党的教育方针》，辽宁人民出版社 1960 年版。

劳凯声：《教育与生产劳动相结合问题新探索》，湖南教育出版社 1998 年版。

李成智：《公共政策》，团结出版社 2000 年版。

李大钊：《李大钊文集》（下册），人民出版社 1984 年版。

李大钊：《李大钊全集》（第 1、2 卷），河北教育出版社 1999 年版。

李桂林：《中国现代教育史教学参考资料》，人民教育出版社 1987 年版。

李桂林：《中国教育史》，上海教育出版社 1989 年版。

李桂林：《中国现代教育史》，吉林教育出版社 1991 年版。

李剑萍：《中国现代教育问题史论》，人民出版社 2005 年版。

李颜福：《著名无产阶级教育家教育思想史》，广西人民出版社 1990 年版。

廖盖隆、庄浦明：《中华人民共和国编年史（1949—2009）》，人民出版社 2010 年版。

廖其发：《新中国教育改革研究》，重庆出版社 1996 年版。

林明：《学习全面发展的教育方针》，湖北人民出版社 1956 年版。

主要参考文献

刘伯龙:《当代中国公共政策》,复旦大学出版社 2000 年版。

刘复兴:《教育政策的价值分析》,教育科学出版社 2003 年版。

刘世峰:《中国教劳结合研究》,教育科学出版社 1996 年版。

刘仰峤:《为保卫党的教育方针而斗争》,湖北人民出版社 1960 年版。

刘英杰:《中国教育大事典》,浙江教育出版社 2004 年版。

鲁洁:《教育社会学》,人民教育出版社 1990 年版。

马克思、恩格斯:《马克思恩格斯选集》,江苏教育出版社 2000 年版。

毛礼锐、沈灌群:《中国教育通史》(第 5 卷),山东教育出版社 1988 年版。

毛礼锐、沈灌群:《中国教育通史》(第 6 卷),山东教育出版社 1989 年版。

毛泽东:《毛泽东选集》(合订本),人民出版社 1966 年版。

毛泽东:《毛泽东同志论教育工作》,人民教育出版社 1958 年版。

毛泽东:《毛泽东早期文稿》,湖南出版社 1990 年版。

人民教育出版社:《毛泽东周恩来刘少奇邓小平论教育》,人民教育出版社 1994 年版。

人民教育出版社:《毛主席的教育方针岂容篡改》,人民教育出版社 1977 年版。

人民教育出版社:《认真执行教育方针》,人民教育出版社 1958 年版。

任建树:《陈独秀大传》,上海人民出版社 1999 年版。

陕西师范大学教育研究所:《陕甘宁边区教育资料·教育方针政策部分》,教育科学出版社 1981 年版。

上海人民出版社党史资料丛刊编辑部:《党史资料丛刊》,上海人民出版社 1980 年版。

上海教育出版社:《老解放区教育工作回忆录》,上海教育出版社 1979 年版。

上海师范大学教育系:《马克思恩格斯论教育》,人民教育出版社 1979 年版。

沈灌群、毛礼锐:《中国教育家评传》(三),上海教育出版社 1989

宋恩荣、吕达：《当代中国教育史论》，人民教育出版社 2004 年版。

宋荐戈：《中华近世通鉴·教育专卷》，中国广播电视出版社 2000 年版。

江西省教育学会：《苏区教育资料选编》，江西人民出版社 1981 年版。

中国现代史资料编辑委员会：《苏维埃中国》，中国现代史资料编辑委员会 1957 年版。

孙丽荣：《中国近代教育史》，黑龙江人民出版社 2009 年版。

孙绵涛：《教育政策学》，武汉工业大学出版社 1997 年版。

孙培青、李国钧：《中国教育思想史》（第 3 卷），华东师范大学出版社 1995 年版。

孙培青：《中国教育史》，华东师范大学出版社 2009 年版。

孙喜亭：《教育学问题研究》，天津教育出版社 1989 年版。

滕纯：《中国教育魂——党的三代领导核心教育理论体系的创立与发展》，江西教育出版社 2000 年版。

田正平：《中国教育史研究》（近代分卷），华东师范大学出版社 2009 年版。

童富勇、张天乐：《李大钊陈独秀教育思想研究》，辽宁教育出版社 1997 年版。

王炳照等：《简明中国教育史》，北京师范大学出版社 1985 年版。

王道俊、王汉澜：《教育学》，人民教育出版社 1989 年版。

王铁：《中国教育方针的研究——新民主主义教育方针的理论与实践》（上册），教育科学出版社 1982 年版。

王铁：《中国教育方针的研究——社会主义教育方针的理论与实践》（中册），教育科学出版社 1999 年版。

王燕生：《党的教育方针的光辉胜利》，河南人民出版社 1959 年版。

吴畏：《教育方针的理论与实践》，天津教育出版社 2000 年版。

肖宗六：《教育管理研究》，华中师范大学出版社 2000 年版。

杨第甫：《贯彻教育方针大搞教学改革》，湖南人民出版社 1958 年版。

杨天平、黄宝春：《中国共产党教育方针 90 年发展研究》，重庆大学出版社2015年版。

叶新等：《永远坚持毛主席的教育方针》，河北人民出版社1976年版。

喻本伐、熊贤君：《中国教育发展史》，华东师范大学出版社1991年版。

袁振国：《教育政策学》，江苏教育出版社1996年版。

约翰·怀特：《再论教育目的》，李永宏等译，教育科学出版社1997年版。

恽代英：《恽代英文集》（上、下卷），人民出版社1984年版。

张健：《邓小平教育思想研究》，浙江教育出版社1992年版。

张健：《中国教育的方针与政策研究》，教育科学出版社1992年版。

张健、吴畏：《毛泽东教育思想研究》，浙江教育出版社1993年版。

张金马：《政策科学导论》，中国人民大学出版社1992年版。

张同替：《马克思主义关于人的学说与教育》，教育科学出版社1992年版。

赵世平、田玉敏：《教育政策法规》，天津社会科学院出版社1991年版。

郑登云：《中国近代教育史》，华东师范大学出版社1994年版。

郑金洲、瞿葆奎：《中国教育学百年》，教育科学出版社2002年版。

郑其龙：《怎样贯彻全面发展的教育方针》，湖南人民出版社1957年版。

中华人民共和国教育部：《共和国教育50年（1949—1999）》，北京师范大学出版社1999年版。

中华人民共和国教育部《中国共产党教育理论与实践》编写组：《中国共产党教育理论与实践》，北京师范大学出版社2001年版。

《中华人民共和国教育法》，科学出版社1995年版。

《中华人民共和国宪法》，人民出版社1978年版。

中央科学研究所：《周恩来教育文选》，教育科学出版社1984年版。

中央教育科学研究所：《老解放区教育资料：土地革命战争时期》（一），教育科学出版社1981年版。

中央教育科学研究所：《老解放区教育资料：抗日战争时期》（二），教育科学出版社1986年版。

中央教育科学研究所：《老解放区教育资料：解放战争时期》（三），教育科学出版社 1991 年版。

中央教育科学研究所：《杨贤江教育文集》，教育科学出版社 1982 年版。

周全华：《"文化大革命"中的"教育革命"》，广东教育出版社 1999 年版。

筑波大学教育学研究会编：《现代教育学基础》，钟启泉译，上海教育出版社 1986 年版。

学术论文类

蔡国春：《我国教育目的理论的若干实践范畴探讨》，《教育理论与实践》2002 年第 10 期。

蔡国春、仲兆华：《中国教育方针现象之观察——兼论"教育为人民服务"》，《中国矿业大学学报》（社会科学版）2004 年第 4 期。

操国胜：《论江泽民对社会主义教育方针的坚持和创新》，《中国教育学刊》2003 年第 12 期。

车百千：《贯彻教育方针，明确培养目标》，《教育研究》1997 年第 4 期。

陈厚丰：《为人民服务：党的教育方针的新亮点》，《中国高等教育》2003 年第 9 期。

陈立民：《贯彻党的教育方针，坚持社会主义办学方向》，《上海教育》2004 年第 20 期。

陈沙麦：《试论新时期教育方针的表述》，《高等教育研究》1986 年第 4 期。

陈文心：《论邓小平对"教劳结合"思想的新贡献》，《教育研究》2000 年第 1 期。

成有信：《教育与生产劳动相结合理论的新探索》，《北京师范大学学报》（社会科学版）1997 年第 3 期。

成有信：《试论教育方针的根本性转变——兼论两个教育理论在转变中的作用》，《教育研究》1999 年第 6 期。

杜德栎、苏振武：《江泽民对我国教育方针的丰富与发展》，《教育探索》2002 年第 4 期。

段作章:《对教育方针内涵的探讨》,《中国教育学刊》1992年第3期。

方晓东:《从我国教育方针的发展看邓小平的历史贡献》,《教育研究》2004年第8期。

顾明远:《有必要科学地准确地表述社会主义新时期的教育方针》,《中国教育学刊》1990年第3期。

顾明远:《教育同生产劳动相结合应该成为社会主义教育方针的重要内容——与肖宗六同志商榷》,《中国教育学刊》1991年第2期。

顾明远:《教育必须为社会主义现代化服务,必须与生产劳动相结合》,《辽宁高等教育研究》1994年第3期。

郭殿文:《略论建国五十年来教育方针的演变》,《辽宁教育学院学报》1999年第3期。

何宝安:《"教育方针""教育目标""教育目的"的区别和联系》,《江苏教育研究》1992年第4期。

洪宝书:《关于教育目标问题的探讨》,《教育研究》1988年第1期。

扈中平:《全面发展与自由发展》,《教育研究与实验》1986年第3期。

黄济:《对教育方针的重新学习》,《教育研究》1982年第2期。

黄济:《关于劳动教育的认识和建议》,《江苏教育学院学报》2004年第5期。

江泽民:《关于教育问题的谈话》,《人民日报》2001年3月1日。

姜崇廊:《解析教育方针新内涵,促进高等教育蓬勃发展》,《中国高等教育》2003年第6期。

姜树卿:《教育方针的丰富发展和教育创新》,《人民教育》2003年第8期。

姜晓丽、杨竞业:《人的全面发展的实践性范畴》,《贵州社会科学》2005年第1期。

蒋笃运:《全面贯彻教育方针,加快推进素质教育——读〈何东昌论教育〉》,《人民教育》2010年第5期。

金一鸣:《教育目的论》,《湖北大学学报》(哲学社会科学版),1996年第6期。

靳乃铮:《重新学习党的教育方针——关于培养目标》,《教育研究》1981年第7期。

赖志奎:《浅析苏维埃的教育方针和政策》,《江西社会科学》1982

年第 3 期。

李韧竹、郭戈：《党的教育方针的演进与发展》，《党的文献》1994 年第 3 期。

李涛、陈玉玲：《新时期我国教育方针的变迁及其文化透视》，《南通大学学报》（教育科学版）2009 年第 9 期。

李英：《我国教育方针的过去、现在和未来的趋势》，《天府新论》2004 年第 12 期。

厉以贤：《关于教育工作方针的几个理论问题》，《教育研究》1982 年第 2 期。

厉以贤：《教育方针的内涵及表述》，《中国教育学刊》1991 年第 2 期。

梁崇科：《论全面建设小康社会时期党的教育方针的时代特征》，《教育与现代化》2004 年第 1 期。

林绿茂：《美育在人的全面发展中的重要作用》，《教育探索》2005 年第 2 期。

林泽龙：《关于教育方针的内容及其表述》，《中国教育学刊》1990 年第 1 期。

刘海南：《论新中国教育方针的演进与启示》，《西南师范大学学报》（哲学社会科学版）1999 年第 5 期。

刘铁芳：《新时期我国教育方针的基本问题》，《教育科学研究》2010 年第 5 期。

吕小蓟、方晓东：《刘少奇对制定和实施新中国教育方针的贡献》，《党的文献》1998 年第 5 期。

梅克：《我的三点看法》，《中国教育学刊》1990 年第 3 期。

米俊魁、杨伊生：《如何看待毛主席 1957 年提出的教育方针》，《前沿》1997 年第 10 期。

茹宗志：《浅析我国教育方针的丰富与发展》，《教育探索》2004 年第 10 期。

舒荣江、唐闻捷：《江泽民对教育方针的论述探析》，《浙江教育学院学报》2003 年第 2 期。

宋荐戈：《略论新民主主义教育思想的形成和发展》，《河北师范大学学报》（教育科学版）1999 年第 3 期。

苏甫：《关于新时期教育方针研究的思考》，《普教研究》1989年第3期。

孙喜亭：《试论毛泽东关于教育与生产劳动相结合思想的特定含义》，《江西教育科研》1996年第6期。

孙喜亭：《新教育方针的确立步履维艰——由"教育为无产阶级政治服务"向"教育为社会主义现代化建设服务"转变的曲折过程》，《高等教育研究》2000年第1期。

孙亚东：《论我党教育方针的形成与发展》，《辽宁教育学院学报》2001年第7期。

特约评论员：《补好真理标准讨论这一课，教育问题要来一次大讨论》，《教育研究》1979年第4期。

汪高鑫：《周恩来论社会主义教育方针》，《安徽教育学院学报》1998年第3期。

王秉琦：《论教育方针新内容对高等学校提出的要求》，《陕西师范大学学报》（哲学社会科学版）2003年第1期。

王炳照：《传承与创新——从新民主主义教育方针到社会主义教育方针》，《北京大学教育评论》2009年第1期。

王润平：《国内外教育方针内涵表述的比较》，《上海教育科研》1991年第2期。

王栅：《"教育方针、教育目的、教育目标"辨析》，《教育研究与实验》1990年第4期。

王先俊：《新时期党的教育方针发展变化述评》，《中共党史研究》2003年第5期。

王学义、王海萍：《毛泽东、邓小平、江泽民三代领导人关于我国教育方针的哲学理念探析》，《黑龙江高教研究》2002年第1期。

温梁华：《对我党教育方针的溯源和思考》，《云南高教研究》1987年第3期。

文辅相：《教育与生产劳动相结合的目标思考》，《高等教育研究》1991年第4期。

吴福生：《关于教育指导思想的表述问题》，《中国教育学刊》1991年第1期。

吴畏：《关于教育方针的几点认识》，《中国教育学刊》1990年第

3期。

吴向东:《论马克思人的全面发展理论》,《马克思主义研究》2005年第1期。

吴翼鉴:《关于教育方针的表述与内涵的探讨》,《江西教育科研》1990年第4期。

肖宗六:《论我国新时期的教育方针》,《华东师范大学学报》(哲学社会科学版)1984年第3期。

肖宗六:《新时期教育方针的再探讨》,《教育研究与实验》1986年第1期。

肖宗六:《简论教育功能、教育目的与教育方针的表述》,《江西教育科研》1990年第4期。

肖宗六:《也谈新时期的教育方针——兼评张承先等同志的教育方针表述方案》,《中国教育学刊》1990年第6期。

肖宗六:《教育方针、教育政策和教育法规》,《人民教育》1997年第11期。

肖宗六:《怎样理解教育与生产劳动相结合》,《教育研究》1999年第6期。

肖宗六:《现行教育方针应该修改》,《中小学管理》2000年第10期。

肖宗六:《我的治学之道(六)质疑教育方针》,《中小学管理》2002年第6期。

肖宗六:《我的治学之道(七)"质疑教育方针"引发的大讨论》,《中小学管理》2002年第7期。

肖宗六:《我的治学之道(八)再次质疑教育方针》,《中小学管理》2002年第8期。

徐海鹰:《教育方针的现实考察》,《上海教育科研》1988年第1期。

徐志京:《对〈"教育方针、教育目的、培养目标"辨析〉一文的商榷》,《教育研究与实验》1991年第1期。

徐志伟:《解读"十六大"对教育方针的新表述》,《教育与现代化》2004年第1期。

杨天平:《试析教育必须为社会主义现代化服务》(上),《基础教育研究》1990 年第 2 期。

杨天平：《试析教育必须为社会主义现代化服务》（下），《基础教育研究》1990 年第 3 期。

杨天平：《全面准确地理解和贯彻现行的教育方针》，《上海教育科研》1993 年第 4 期。

杨天平：《教育方针基本理论初探》，《教育理论与实践》1995 年第 6 期。

杨天平：《论人的全面发展与全面发展的教育》，《上海教育科研》1996 年第 3 期。

杨天平：《应该给教育与生产劳动相结合一个科学的定位》，《上海教育科研》2000 年第 12 期。

杨天平：《"两个必须"与"三个面向"》，《教育与现代化》2001 年第 1 期。

杨天平：《论教育方针的基本规律》，《浙江师范大学学报》（社会科学版）2001 年第 1 期。

杨天平：《有关教育目的的反思性评析》，《教育导刊》2001 年第 10 期。

杨天平：《晚清教育宗旨史论》，《教育研究》2001 年第 12 期。

杨天平：《论民初教育宗旨的理论基础》，《浙江师范大学学报》（社会科学版）2002 年第 4 期。

杨天平：《教育方针述论》，《教育导刊》2002 年第 5 期。

杨天平：《党的三代领导集体关于教育方针的思想旅程》，《河南职业技术师范学院学报》（职教版）2002 年第 5 期。

杨天平：《厘清对现行教育方针的几个认识》，《教育导刊》2002 年第 11 期。

杨天平：《20 世纪中国教育方针的百年之旅》，《学术研究》2002 年第 12 期。

杨天平：《人民共和国教育方针五十年论略》，《社会科学战线》2003 年第 2 期。

杨天平：《论"五四"时期的教育无宗旨现象》，《浙江师范大学学报》（社会科学版）2003 年第 4 期。

杨天平：《民国早期教育宗旨的流变》，《理论界》2003 年第 5 期。

杨天平、衷发明：《关于我国现行教育方针的反思性解读》，《西华师范学院学报》（社会科学版）2003 年第 6 期。

杨天平：《民国中后期三民主义教育宗旨述评》，《理论界》2004 年第 1 期。

杨天平：《"五四"前后共产主义知识分子的教育方针思想》，《马克思主义研究》2009 年第 6 期。

杨天平：《中国教育方针概念界说》，《国家教育行政学院学报》2013 年第 1 期。

杨天平：《中国教育方针百年研究》，《浙江师范大学学报》（社会科学版）2013 年第 1 期。

杨天平：《我国现行教育方针的历史演进与创新发展——对党的十八大报告中教育"二为"方针的学理性解读》，《高校教育管理》2013 年第 1 期。

杨天平：《经典逻辑与价值逻辑的统一——中国教育方针概念的理论研究》，《国家教育行政学院学报》2014 年第 6 期。

杨天平：《马克思主义教育思想在中国的创新性发展——对新修订〈教育法〉中"两个结合"方针的学理性释读》，《国家教育行政学院学报》2016 年第 11 期。

杨天平：《习近平论人的全面发展》，《国家教育行政学院学报》2018 年第 3 期。

杨东平：《与时俱进地更新我国现行的教育方针》，《教育评论》2010 年第 4 期。

叶朗：《关于把美育正式列入我国教育方针的建议》，《历史教学问题》2001 年第 1 期。

于文书：《党的教育方针的新视角》，《光明日报》1999 年 10 月 18 日。

俞家庆、于福建：《我国社会主义教育方针的形成与发展》，《教育研究》1999 年第 10 期。

俞家庆：《党的三代领导人对教育方针的理念创新》，《中国高等教育》2008 年第 1 期。

袁海军：《民本教育思想的回归与超越——评新世纪教育方针的新发展》，《教育科学研究》2003 年第 1 期。

翟博：《新中国教育方针的形成与演变》，《中国教育报》2009年9月22日。

张承先：《准确表述全面贯彻教育方针——在教育方针座谈会上的讲话》，《中国教育学刊》1990年第3期。

张承先：《关于新时期教育方针的表述——与肖宗六同志商榷》，《中国教育学刊》1990年第6期。

张承先：《坚持教育与生产劳动相结合深化基础教育改革》，《中国教育学刊》1995年第2期。

赵敏政：《对全面发展教育方针应如何理解》，《教育研究》1981年第2期。

钟毅：《试论党的教育方针的表述》，《河北大学学报》（哲学社会科学版）1984年第1期。

周小李：《新中国教育方针之"血脉"与"灵魂"溯源》，《社会科学家》2010年第12期。

周扬：《进一步解放思想搞好教育科学研究》，《教育研究》1980年第4期。

朱登武：《论党的教育方针的与时俱进》，《教育与职业》2004年第17期。

Yang Tian ping. Transmutation of China's Educational Tenets from 1906s to 1949s [J]. *Journal of US-China Education Review*, Jun, 2005.

Yang Tian ping. A Brief Statement on Educational Principle of the People's Republic of China [J]. *US-China Education Review*, Aug, 2006.

后　　记

　　我之对教育方针研究产生兴趣，缘于1984年11月在南京华东饭店参加新时期教育方针的研讨会。30多年来，一直念兹在兹，关注着它的进展。

　　1995年，我的硕士学位论文题目是《关于教育方针的系统研究——一个跨世纪的课题》。2011年，我的博士学位论文题目是《中国教育方针发展研究》。2008年，我和黄宝春老师获得浙江省哲学社会科学规划马克思主义研究专项课题《中国共产党教育方针发展史论》（08MLZB023YB）立项。2010年，我获得全国教育科学规划办（国家级）一般课题《党的教育方针研究》（BAA100012）立项。这两个项目均于2016年结项。

　　2015年，以上两个项目的结项成果为基础，我在重庆大学出版社出版了《中国共产党教育方针90年发展研究》著作。此外，先后在《马克思主义研究》《教育研究》等刊物发表论文40余篇，其中多篇被《新华文摘》《中国社会科学文摘》、人大报刊复印资料《教育学》等全文转载。

　　《中国教育方针论稿》一书，可以说既是上述成果的荟萃，也是我多年研究的心得和集成。需要说明的是，与《中国共产党教育方针90年发展研究》一书相比，本书增加了"第一篇　教育方针基础论""第二篇　教育方针演变论"和"第四篇　教育方针评价论"，而将《中国共产党教育方针90年发展研究》一书重新改写，删除原书稿中枝蔓性的文字，作为本著的"第三篇　教育方针发展论"，从而构成全书的著作框架。

　　文明社会演化至今，在物质层面，人有时仍难以穿越时空，但在思想和精神层面，却可与不同时代、不同地域的人对话或神交。谨以区区文字，向时贤请教，与同人切磋。

杨天平
2020年6月16日